文化传承与服务创新

2023年湖北省图书馆学会年会论文集

（上）

刘伟成　杨　萍◎主编

光明日报出版社

图书在版编目（CIP）数据

文化传承与服务创新：2023 年湖北省图书馆学会年
会论文集：上下册 / 刘伟成，杨萍主编 . ﹣﹣北京：光
明日报出版社，2024. 10. ﹣﹣ ISBN 978 - 7 - 5194 - 8327 - 2

Ⅰ . G250 - 53

中国国家版本馆 CIP 数据核字第 2024LN9357 号

文化传承与服务创新：2023 年湖北省图书馆学会年会论文集（上下册）
WENHUA CHUANCHENG YU FUWU CHUANGXIN：2023NIAN HUBEISHENG
TUSHUGUAN XUEHUI NIANHUI LUNWENJI（SHANGXIACE）

主　编：刘伟成　杨　萍

责任编辑：刘兴华　　　　　　责任校对：宋　悦　龚彩虹
封面设计：中联华文　　　　　责任印制：曹　净

出版发行：光明日报出版社
地　　址：北京市西城区永安路 106 号，100050
电　　话：010-63169890（咨询），010-63131930（邮购）
传　　真：010-63131930
网　　址：http：//book. gmw. cn
E － mail：gmrbcbs@ gmw. cn
法律顾问：北京市兰台律师事务所龚柳方律师

印　　刷：三河市华东印刷有限公司
装　　订：三河市华东印刷有限公司
本书如有破损、缺页、装订错误，请与本社联系调换，电话：010-63131930

开　　本：170mm×240mm
字　　数：799 千字　　　　　印　　张：44.5
版　　次：2025 年 1 月第 1 版　　印　　次：2025 年 1 月第 1 次印刷
书　　号：ISBN 978 - 7 - 5194 - 8327 - 2

定　　价：148. 00 元（上下册）

编　委　会

前　言

　　加强文化传承与服务创新既是全面贯彻落实党的二十大精神和习近平新时代中国特色社会主义思想的必要举措，也是实现图书馆事业高质量发展的重要途径。习近平总书记指出："优秀传统文化是一个国家、一个民族传承和发展的根本，如果丢掉了，就割断了精神命脉。"① 党的十八大以来，习近平总书记将推动中华优秀传统文化创造性转化和创新性发展摆在突出位置，推动中华优秀传统文化传承发展、焕发新生。加强文化传承，创新服务模式，不仅是每一位图书馆工作者的责任，更是时代赋予我们的崇高使命。

　　湖北省图书馆学会紧跟国家战略步伐，积极投身全省图书馆智慧化建设的浪潮中，致力于推动湖北省内各图书馆之间的学术交流与合作，在探索新时代图书馆事业改革的方向上，凝心聚力，共谋发展。2023 年 6 月至 9 月，湖北省图书馆学会组织开展了学会年会征文和评选活动，共征集到来自全省的 130 余篇文章。大多数论文观点明确、层次清晰、逻辑性强，作者能密切结合工作实际进行论述，条分缕析，有理有据；部分论文不仅观点深刻、颇具新意，且具备较强的可操作性。湖北省图书馆学会本着公平、公正、普及和提高相兼顾的原则，经过学术系统查重和评审专家初评、复评、终评，确定一等奖 6 篇、二等奖 10 篇、三等奖 15 篇。评审结果公布后，经与作者本人沟通，同意编入论文集的论文 101 篇。

　　湖北省图书馆学会年度学术论文集的编纂与发布，已然成为湖北省图书馆界学术交流领域的一项重要活动。其在凝聚全省图书馆学术研究的向心力、激发基层图书馆的研究活力、推动理论研究向纵深发展等方面，均有积极意义。这一从实践中提炼理论，再以理论指导实践的良性循环机制，不但为图书馆学的理论研究开拓了新的视角与路径，也有助于指导基层图书馆工作的开展。希

---

① 习近平. 在纪念孔子诞辰 2565 周年国际学术研讨会暨国际儒学联合会第五届会员大会开幕会上的讲话 [N]. 人民日报（海外版），2014-09-24（3）.

望随着论文集的出版，能进一步提升图书馆工作者的专业素养与认知水平，拓展其研究视野，同时规范并优化图书馆服务，加快推动图书馆文化传承与服务创新发展。站在一个新的起点，我们坚信，广大优秀的图书馆工作者将以更加勇于探索、敢于创新、勤于实践的精神风貌，在科研与工作实践的征程中不断攀登新的高峰，收获更加丰硕且璀璨的成果。

本书的编辑出版工作得到了学会学术工作委员会的大力支持，在湖北省图书馆张文静、邓巍、叶黎、张弛、刘林玲、李红等同志的大力协助下得以完成，在此为他们的辛苦付出表示诚挚的谢意。

由于水平有限，加之时间仓促，所编文集难免有疏漏不妥之处，恳请广大读者批评指正。

湖北省图书馆学会理事长　刘伟成
2024 年 10 月

目 录
CONTENTS

上　册

浅谈洪山区图书馆微信公众号服务现状 …………………………… 向　艳 1

数字阅读服务路径优化研究
　　——以湖北省图书馆为例 …………………………………… 余　耽 9

智能化环境下图书馆业务与服务创新发展 ………………………… 张　倩 15

地方文献创造性转化促进地域文旅融合发展 ……………………… 朱春霖 20

口袋公园 24 小时自助图书馆建设与发展探讨
　　——基于十堰市图书馆服务延伸的构思 ………………………… 王　艺 25

"双减"政策下青少年阅读推广服务的实践与思考
　　——以江汉区图书馆为例 …………………………………… 彭苏函 31

乡村振兴战略下的基层图书馆建设研究 …………………………… 柴景梅 37

共同缔造理念下基层图书馆高质量发展路径研究
　　——以来凤县图书馆为例 …………………………………… 李树林 43

乡村振兴视域下基层公共图书馆文化服务体系建设路径探索 ……… 柴景梅 49

基于高校多层次帮扶就业工作模式的图书馆服务探索 …………… 张　兵 54

AI 背景下的民办高校图书馆智慧服务体系探索
　　——以武汉工商学院图书馆为例 ………………………………… 郑安安 60

城市公共阅读空间建设发展与提升路径 …………………………… 蒋　慧 66

促进特殊儿童阅读的公共图书馆对策研究 ………………………… 徐水琴 72

地方文献创造性转化促进地域文旅融合发展 ……………… 许艳玲 83

对乡村振兴背景下县级公共图书馆建设的几点思考
　　——以建始县图书馆为例 …………………… 徐　秋 88

智慧图书馆建设背景下公共图书馆读者信息素养提升研究 ………
　　……………………………………………… 田　媛　龚　黎 94

儿童友好阅读服务品牌打造的探索与实践
　　——以硚口区图书馆硚硚童书会为例 …………… 王　惠 101

公共图书馆"助力共同缔造　建设书香环境"实践探索
　　——以恩施土家族苗族自治州图书馆为例 …… 李光炼　谭华梅 107

地方文献助力区域协调性发展的探索思考
　　——以秭归县图书馆地方文献库为例 ……… 向红梅　王　玲 115

播撒阅读种子　点亮求知明灯
　　——公共图书馆开展儿童绘本阅读推广的实践与思考 …… 陈　梅 121

图书馆开展亲子阅读推广活动的思考 …………………… 徐思芹 126

公共图书馆全龄友好社会阅读推广服务的探索 …………… 付　榕 132

浅论人均接受文化场馆服务次数提升
　　——以孝感市图书馆为例 …………………… 刘　锋 138

公共图书馆少儿读者阅读现状及其思考 …………………… 刘　胜 144

第七次评估定级对副省级图书馆参考咨询服务资鉴
　　——以武汉图书馆为例 ……………… 谢玉清　李方迪 148

公共图书馆助力基层文化空间发展探索 ……… 谢正芬　王　黎 157

浅谈公共阅读空间的创新建设与创意营造 ………………… 赵　艳 163

公共图书馆提升家长亲子阅读素养的实践研究 ………… 桂霄雨　刘婕妤 168

国内三大中文报纸数据库的比较分析 …………………… 石　星 174

浅议新时代"双高"背景下高职院校图书馆管理机制变革的方法与路径 ………
　　……………………………………………………………… 魏　翔 179

浅谈基层图书馆开展青少年红色文化阅读推广服务
　　——以孝感市图书馆为例 …………………… 杨　帆 187

基层图书馆为乡村振兴战略提供服务助力 ……… 施　毅　涂　容 192

基层智慧图书馆体系建设与智慧服务浅探 ………………… 朱志伟 199

基于 5G 异构网络的智能化图书馆虚拟现实技术应用研究 ………………

…………………………………… 高　峰　胡　蓝　胡亚诺 205

基于读者信用的图书馆管理思考 …………………… 郭　丹　柴国萍 212

基于数字孪生的智慧图书馆建设思考 ………………………… 何楚龙 218

荆门市图书馆开展阅读疗法的实践与经验 …………………… 宋照丽 225

智慧图书馆体系建设与智慧服务 …………………………… 吴成诚 230

老龄化背景下公共图书馆适老化服务建设的实践研究

　　——以湖北省图书馆为例 ………… 段雪晴　聂　曚　戴　梦 237

基层公共图书馆助力乡村振兴路径探索

　　——以南漳县图书馆为例 ………………… 张东明　石　浩 243

探讨"双减"背景下公共图书馆的作用和地位

　　——以南漳县图书馆为例 ……………… 张东明　杨梅兰 250

浅谈公共图书馆开展青少年航天科普教育推广工作的实践与思考

　　——以孝感市图书馆为例 ……………………………… 李媛媛 256

浅谈智能化环境下图书馆业务与服务创新 …………………… 韩　南 263

浅析公共图书馆信息用户需求层次分析及其对策

　　——以湖北省图书馆现阶段信息服务为例 ………………… 张定高 268

浅析新形势下图书文化在群众文化道路发展的重要性 ………… 谢先樟 274

全民阅读环境下的青少年阅读推广服务 …………… 连亚飞　雷雨晴 279

全民阅读时代城市书房建设的实践与探索

　　——以武汉地区城市书房建设为例 ………………… 刘　欢 286

生成式人工智能（AIGC）对图书馆信息资源领域的冲击与影响 … 刘晓文 293

人工智能在智慧图书馆建设中的应用 ………………………… 陈　帆 303

"校地共育"模式下培养高校文化志愿者的实证研究

　　——基于湖北科技学院图书馆与咸宁市图书馆合作的实践思考

　　…………………………………… 茹丽君　孙彩霞　蔡　骏 309

少儿图书馆开展志愿者活动的实践与思考 …………………… 汪纪文 319

如何让志愿活动持续有机发展

　　——以武汉市少年儿童图书馆为例 ………………………… 陈昌龙 324

公共图书馆短视频运营策略与效果研究

　　——以湖北省图书馆抖音号为例 …………………………… 段雪晴 330

城市书房建设与公共图书馆文化服务高质量发展 ·················· 陈　晔 336

优秀传统文化阅读推广项目品牌化发展设计与实践

　　——以十堰市图书馆"走近传统文化"为例 ·········· 赵　璐　郝梦寅 344

图书馆服务缺陷发现与防范路径研究 ·············· 张　俊　童保红　徐小双 351

下　册

智慧图书馆背景下公共图书馆实现期刊自助借还路径探析 ··············

　　·················· 聂　矇　王　黎　赵　颖 363

湖北省公共图书馆适老化服务模式研究 ···················· 汪慧娟 371

老龄化背景下公共图书馆老年教育服务探析

　　——以中部六省省级公共图书馆为例 ·············· 王　黎　谢正芬 378

文旅融合背景下公共图书馆地方文献创造性转化路径探析

　　——以武汉图书馆为例 ························· 王　钢 385

文旅融合背景下公共图书馆文创产品开发现状及发展探析

　　——以襄阳市图书馆为例 ················· 孟子祎　李雪西 393

公共图书馆儿童绘本阅读推广的服务实践 ················· 李雅茜 401

乡村振兴背景下公共图书馆乡村阅读推广服务探析

　　——以十堰市图书馆为例 ················· 涂小红　李　悦 406

以乡村振兴助推基层图书馆的建设与探索 ·········· 杨　柳　熊　蕊 412

乡村振兴背景下基层图书馆建设研究

　　——以孝感市孝南区图书馆为例 ·············· 周　雯　曾思琦 417

孝南区公共图书馆数字化建设的探索及成果概述 ·········· 钟亚华　杨　杰 427

新时代图书馆管理机制变革 ················· 李晚秋　何　群 433

新时代图书馆事业变革与智慧化建设全龄友好社会阅读推广服务 ··············

　　······································· 许灿灿 440

新型公共阅读空间发展建设研究

　　——以湖北省城市书房建设为例 ···················· 叶青青 446

新型公共阅读空间主题特色服务探索

　　——以十堰市一丢城市书房为例 ·············· 李　悦　涂小红 454

精准服务视域下公共图书馆网借服务研究 ……………………… 杨 彦 460

以评促建，推进十堰地区公共图书馆事业高质量发展 ……………………

………………………………………… 熊 蕊 何珍珍 杨 柳 470

现阶段公共图书馆打造以人为本的阅读空间的主要特点及前景探讨 ……………

…………………………………………………………………… 刘佳丽 476

智慧图书馆建设中基于自然语言处理技术的应用探析 ……………… 朱 玲 484

智慧图书馆体系建设与智慧服务探究 ……………………………… 许灿灿 492

智能化技术在图书馆服务管理中的应用 …………………………… 张华兰 501

生成式人工智能对公共图书馆信息服务的思考 …………………… 汪 敏 507

社会力量助力乡村振兴：来自省图书馆公益项目"相约乡读"实践案例的探究

…………………………………………………………………… 周紫丹 513

公共服务视角下城市书房的服务体系研究 ………………………… 张 弛 523

浅析乡村图书馆参与乡村文化振兴发展策略 ……………………… 熊 蜜 531

创新服务方式 履行社会职责

——荆门市图书馆未成年服务模式之实践 ……………… 常佩竹 537

浅谈基层公共图书馆在乡村振兴背景下的发展思路 ……………… 李新星 543

公共阅读空间的创新建设与创意营造

——以恩施土家族苗族自治州图书馆为例 …… 谢黎黎 李光炼 汪泓成 550

色彩对公共阅读空间室内氛围的营造策略研究 ………… 王 玲 向红梅 557

艺术高职图书馆参与全龄友好社会阅读推广的探索 ……………… 魏 翔 562

基层图书馆助力乡村文化振兴的几点思考 ………………………… 陈 梅 570

新时代图书馆智慧化服务路径 …………………………………… 龙志安 576

基于儿童友好理念的公共图书馆绘本阅读服务策略

——以宜昌市图书馆为例 ……………………………… 刘文涛 583

浅谈乡村振兴战略下基层图书馆的建设与发展 …………………… 易娟娟 593

公共阅读空间的创新建设与创意营造 ……………………………… 王传雄 600

公共阅读空间的创新建设与创意营造

——以武汉市汉阳区新型公共阅读空间为例 ………… 李方迪 谢玉清 606

智能图书馆借阅导航框架及相关数据应用 ………………………… 王文圣 613

使用与满足理论视域下省级公共图书馆抖音号传播效果探析

——以中部六省公共图书馆联盟为例 ………………… 滕林林 620

从第七次评估谈荆门市县级公共图书馆发展存在的问题与对策 …… 何金涛 629

新型公共阅读空间建设发展研究

　　——以湖北省城市书房为例 ………………………………… 刘林玲 634

公共图书馆业务数据有效性研究述评 ………………………… 李　红 640

关于公共图书馆文化志愿服务工作的思考 …………………… 李良军 648

打造阅读品牌建设书香长阳

　　——长阳土家族自治县图书馆阅读品牌"雏鹰关爱"的探索与实践…………

　　………………………………………………………… 田丰华 655

浅析公共图书馆空间服务转型及其人才培养 ………………… 胡　盼 663

湖北省图书馆口述史实践之初探

　　——以湖北省图书馆"阳海清口述史"为例 ……… 梅　琳　张雅俐 669

《藏书绝句》作者考 …………………………………………… 孙智龙 675

公共图书馆移动阅读平台用户画像研究 ……………………… 吴汶瑾 686

浅谈洪山区图书馆微信公众号服务现状

向 艳

（武汉市洪山区图书馆 430070）

摘 要：通过对洪山区图书馆微信公众号服务进行分析，发现在微信公众号服务中存在的问题，以期能为以后微信公众号服务提供参考。

关键词：公共图书馆；微信公众号服务

随着移动通信及互联网技术的发展，微信作为一种新媒体服务形式正被各图书馆所重视。公共图书馆陆续推出微信公众号服务，以更好地实现图书馆与读者之间的互动与沟通。

一、洪山区图书馆开展微信公众号服务的原因

（一）微信使用人数众多

腾讯控股公布的 2022 年第一季度财报显示，截至 2022 年 3 月 31 日，微信及 Wechat 的合并月活跃账户数为 12.883 亿，微信平台因受众面广成为公共图书馆新媒体服务的重要手段。

（二）公共图书馆的行业标准

通过第六次、第七次全国县级以上公共图书馆评估定级标准（县级）中相关指标分值和评分标准对比，可以很明显地发现微信服务在公共图书馆服务中的比重在加大。洪山区图书馆作为国家一级图书馆，认真按照评估定级的要求，积极开展微信公众平台服务工作。

表1　第六次、第七次全国县级以上公共图书馆评估定级标准

	指标名称	分值	评分标准
第六次全国县级以上公共图书馆评估定级标准（县级）	微信公众平台、微博服务	10	1. 基本分项：有正式注册微信或微博平台，5分。 2. 加分项：能定期推送（每月至少2次）服务信息，加5分
第七次全国县级以上公共图书馆评估定级标准（县级）	新媒体服务	40	1. 在微博、微信等新媒体平台上有官方账号，并为用户提供信息推送服务。（7分） 2. 年信息推送数量（条）。（5分） 3. 年推送信息浏览量（万次）。（5分） 4. 通过APP、小程序、微信公众号等新媒体平台提供预约、检索、借阅等移动图书馆服务。（8分） 5. 加分项说明：具备多种新媒体服务渠道，并取得良好服务效果（15分）

（三）手机阅读成数字阅读主要形式

2023年4月23日，中国新闻出版研究院发布了第二十次全国国民阅读调查结果。

报告显示，2022年成年国民数字化阅读方式的接触率为80.1%，成年国民图书阅读率为59.8%。

有77.8%的成年国民进行过手机阅读；71.5%的成年国民进行过网络在线阅读；26.8%的成年国民在电子阅读器上阅读；1.3%的成年国民使用平板电脑进行数字化阅读。

成年国民人均每天手机接触时间最长。2022年我国成年国民人均每天手机接触时长为105.23分钟；人均每天互联网接触时长为66.58分钟；人均每天电子阅读器阅读时长为10.65分钟；人均每天接触平板电脑的时长为8.79分钟。

二、洪山区图书馆微信公众号服务情况

腾讯公司于2011年1月21日推出为智能终端提供即时通信服务的免费应用程序——微信，洪山区图书馆紧跟步伐于2015年8月10日发布了第一篇微信推文。随着图书馆重视程度的增强，洪山区图书馆微信公众号成为新媒体服务的

一个重要手段。截至 2022 年 12 月 31 日，洪山区图书馆微信公众号关注人数为 33977 人，微信推文数量为 1068 篇。根据 2021、2022 年《全国公共图书馆微信微博监测月报》统计，洪山区图书馆微信公众号排名虽有起伏，但一直在全国服务号前 100 名，全省前 10 名。

（一）洪山区图书馆微信公众号的服务功能

基础服务功能：本馆简介、开放时间、数据服务平台、新书推荐、书目检索、预约到馆、活动报名等。

个性化服务功能：在微图大厅、我的或读者证等菜单中，可通过绑定读者证实现续借、当前借阅查询、个人资料查询、私信等相关功能。

通过微信公众号可以使读者全面地了解图书馆。例如，书目检索功能，可以让读者来馆之前对所需图书进行检索，了解图书的在馆情况，也可避免到馆之后查阅不到相应图书而造成的空跑，节约读者时间。

洪山区图书馆于 2017 年 10 月开通"手机借还书系统"，通过关注洪山区图书馆微信公众号将自己的借书证和微信号绑定，使读者能够灵活、快捷地办理借还书手续，并且免除忘带借书证的烦恼。并且于 2018 年 9 月升级到人脸识别自助借还系统，2019 年 12 月又启动人脸识别预约入馆服务，为读者提供便捷、安全的借阅服务。

通过图书馆到馆预约，不仅能够使读者了解图书馆的开放时间，还能让读者在图书馆的读书和学习更加舒适，增加读者的阅读体验。图 1 是 2022 年 7 月洪山区图书馆微信公众平台的菜单分析页面，虽然处于疫情常态化防控时期，但由于处于暑假，通过微信预约到馆人数达到 36038 人次，而通过"'游'湖北"预约到馆 167 人。

版本	菜单	子菜单	菜单点击次数	菜单点击人数	人均点击次数
	微图大厅	-	13660	7952	1.72
	电子微渡	-	4308	3020	1.43
20211221.02版		预约到馆	36038	16916	2.13
		资源中心	844	716	1.18
	我的	"游"湖北	167	153	1.09
		数据服务平台	273	252	1.08
		"网格书香·阅见美好"	122	115	1.06
	微图大厅	-	1	1	1.00
20210311.02版	电子微渡	-	1	1	1.00
	我的	预约到馆	4	1	4.00

图 1　洪山区图书馆微信公众平台菜单分析页面

（二）数字资源服务

洪山区图书馆通过微信公众平台提供了 14 种数字资源，类型包括电子书、期刊、视频、音频、讲座、展览等等。通过微信公众号读者可以在任意时间任意地点，打开手机就能够获知相关信息，打破了时间和空间的限制，这样不仅节约了读者的时间，还提高了图书馆的工作效率。

表 2 洪山区图书馆微信公众号电子资源阅读量（部分）

序号	资源名称	年访问量（万次）
1	中华连环画	3.0154
2	看展览	4.0523
3	云图数字有声图书馆（成人）	14.36
4	云图数字有声图书馆（少儿）	
5	中文在线数字图书馆	17.2045
6	上业科技宝宝智库	9.7833
7	红色故事会	3.0194

（三）阅读推广宣传

开展阅读推广是公共图书馆的重要职能之一。洪山区图书馆通过微信公众号开展线上线下活动预告、活动报名及活动总结等宣传推广。读者关注图书馆微信公众号后，通过此类功能了解图书馆相关活动情况，避免了因不知道活动信息而错过活动的情况出现，而且不受时间和空间的限制。

例如，洪山区图书馆 2020、2021 年连续两年在党风廉政建设宣传教育月开展的"洪山区党风廉政建设知识竞赛活动"，利用微信平台组织，通过手机终端答题，每次活动的访问量都达 16 万余人次，2020 年有 4000 多人参与答题，844 人获得满分，2021 年有 7246 人参与答题。

三、微信公众号运行面临的问题

（一）人员和经费的限制

公共图书馆微信公众平台的后台管理大致分为日常维护、发布信息等，微信运营人员不仅要熟悉后台操作流程，还需要具备新闻在线编辑能力，对推送的信息进行严格的审核，建立快速应答机制，这需要一个优秀团队。而目前图书馆受制于人员和经费，无法引入专业人员，确保微信公众平台能够正常、持续、高效的运作。

洪山区图书馆微信公众平台推送信息的方式是群发信息，人工回复读者留言。读者可以随时随地在推送的信息下留言或者发送信息到微信公众平台后台咨询，但是工作人员无法24小时在线解答。该馆进行人工回复读者留言的工作人员由其他部门工作人员兼职，在工作日且没有其他工作安排的情况下，每天下班前将读者留言回复完毕，因此就存在回复遗漏、滞后等问题，降低了读者满意度。

（二）推送信息缺乏针对性，形式单一

微信公众平台后台的统计功能包括用户分析、图文分析、菜单分析、消息分析、接口分析、网页分析等模块，图书馆可通过分析各项数据，及时调整信息推送策略，增强与读者的互动。

以洪山区图书馆7月用户分析为例：2023年7月31日微信公众号关注人数为40796人。

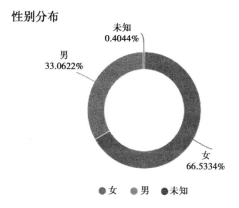

图2　性别分布图

表3　性别分布表

性别	用户数	占比（％）
女	27143	66.5334
男	13488	33.0622
未知	165	0.4044

表4 年龄分布表

年龄	用户数	占比（%）
60以上	685	1.68
46~60岁	3748	9.18
36~45岁	15933	39.06
26~35岁	12380	30.35
18~25岁	6870	16.84
18岁以下	1084	2.66
未知	96	0.23

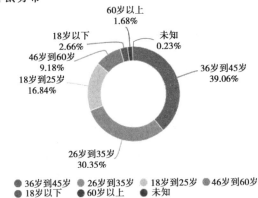

图3 年龄分布图

作为一个公共图书馆，服务的读者面较广，不同的读者群对信息的需求水平和层次有较大差异，通过微信公众号的关注人数统计，可以很明显看到，洪山区图书馆的读者主要集中为女性读者，是男性读者的2倍左右。在到馆的读者中26~45岁的读者占到了到馆读者的69.41%。根据读者性别、年龄进行自定义分组管理，合理安排信息推送数量和推送频率，避免读者频繁收到与之不相关的信息，满足读者的个性化需求。

但是受到多种因素的制约，洪山区图书馆微信公众平台推文采用的是群发方式，同一条信息推送给所有读者，无法进行分类管理用户，分类精准推送。

（三）推文原创内容较少，内容缺乏新意

洪山区图书馆通过微信公众号推送文章来发布消息、推介资源、推广阅读、吸引读者。2015年至2022年共发推文1068篇。

表5　洪山区图书馆微信公众号推文统计

年份	推文数量	信息浏览量（万次）
2015	37	无统计
2016	43	无统计
2017	98	5.09
2018	120	5.36
2019	177	8.30
2020	166	7.30
2021	218	8.90
2022	209	10.10

洪山区图书馆借助微信公众平台推文在数量、信息浏览量上逐年增加，类型也很丰富，但是原创内容很少。微信公众号推送的信息多以发布通知公告、活动预告、活动报名、转发网络信息等为主，提供的数字资源也是购买的资源库，没有自建资源。

（四）宣传力度不大

洪山区图书馆在2015年开通了微信公众号，但是并没有对公众号进行宣传。该馆微信公众号的关注度主要依靠到馆读者和参加活动人员进行口口宣传。线下活动鼓励读者关注图书馆微信号，又通过线上宣传和活动吸引读者走进图书馆。而这些关注者通常是常到图书馆的读者，许多并不常来的读者或者是没有来过的读者就完全不知道这一信息，更不会去关注其微信公众号。

（五）线上阅读活动开展形式单一

洪山区图书馆开展的线上活动包括讲座、展览、各类主题活动等。

表6　洪山区图书馆读者活动统计表

年份	活动场次	服务人次	线上活动数量	线下活动数量
2019	81	136585	17	64
2020	57	183636	41	16
2021	110	243014	62	42
2022	105	23436	37	52

根据 2019—2022 年读者活动统计表，可以分析出，洪山区图书馆线上读者活动很明显有一个先上升然后下降的趋势。2020 年由于新冠疫情，线上活动数量急剧上升，线下活动数量下降。2021 年和 2022 年虽然都是处于疫情防控常态化时期，但由于线上活动主要集中在节假日期间，形式多为线上答题，读者的参与度并不高，因此 2022 年减少了线上活动数量，线下活动数量增加。而且由于疫情防控常态化的要求，该馆开展的都是小型的读者活动，因此虽然 2022 年开展了 105 场读者活动，但是对比 2019 年 81 场读者活动，参与人次明显下降。

虽然目前很多公共图书馆的微信服务还存在着各种问题，但是在未来公共图书馆对这些问题进行改善并优化后，微信服务必将成为公共图书馆在未来发展的主要工具之一。

参考文献

［1］冀爱斌. 公共图书馆微信服务的思考［J］. 图书情报导刊，2017，2（8）：28-31.

［2］刘丽. 微信公众号在公共图书馆读者服务中的有效性研究［J］. 河南图书馆学刊，2023，43（1）：28-29，32.

数字阅读服务路径优化研究
——以湖北省图书馆为例*

余 耽

（湖北省图书馆 430071）

摘 要：在智慧图书馆体系建设的时代浪潮下，针对不同类别用户多元化、多层次的数字阅读需求，湖北省图书馆相继通过加强数字资源体系建设、数字阅读平台建设、数字阅读品牌宣传推广逐步优化数字阅读服务路径，提升公共图书馆数字资源的服务效能，从而推动公共数字文化服务高质量发展。

关键词：数字阅读；路径优化；服务效能；公共数字文化服务

一、引言

（一）国家政策指引

近年来，党和国家高度重视国家文化数字化战略实施。《"十四五"公共文化服务体系建设规划》将"推动公共文化服务数字化、网络化、智能化建设"作为公共文化服务体系建设的主要任务之一。2021 年 3 月，文旅部、发改委、财政部三部委联合发文《关于推动公共文化服务高质量发展的意见》中明确提出"加快推进公共文化服务数字化"的任务要求。2022 年 5 月，在中央两办印发的《关于推进实施国家文化数字化战略的意见》中，提出统筹推进国家文化大数据体系、全国智慧图书馆体系和公共文化云建设，增强公共文化数字内容的供给能力，提升公共文化服务数字化水平的明确要求。2022 年 10 月，习近平总书记在党的二十大报告中对"实施国家文化数字化战略，健全现代公共文化服务体系，创新实施文化惠民工程"做出战略部署，为公共图书馆推进公共数

---

* 本文系 2022—2023 年度湖北省图书馆科研项目"智慧图书馆建设背景下公共图书馆知识服务创新与探索"（鄂图科 2022-08）的研究成果之一。

字文化建设提供了根本遵循。

（二）数字阅读深入国民生活

伴随大数据、云计算、人工智能、移动通信技术等新一代信息技术的高速发展与应用普及，数字化阅读方式受到越来越多的成年国民喜爱。中国音像与数字出版协会发布的《2023 年度中国数字阅读报告》显示，2023 年全国数字阅读用户规模达 5.7 亿，同比增长 7.53%，数字阅读用户规模占网民规模的比例，首次超过 50%。中国新闻出版研究院发布的第二十一次全国国民阅读调查结果显示，2023 年全国成年国民图书阅读率为 59.8%，其中数字化阅读方式（电脑端网络在线阅读、手机阅读、电子阅读器阅读、Pad 阅读等）的接触率为80.3%，较 2022 年的 80.1% 增长了 0.2 个百分点。此外，听书和视频讲书等新兴的数字化阅读方式受到越来越多的国民喜爱。2023 年全国城镇成年居民对居住的街道附近有公共图书馆、社区阅览室、城市书房、报刊栏、书店、绘本馆等至少一种公共阅读服务设施的知晓率为 53.4%，较 2022 年的 52.5% 增长了0.9 个百分点。其中，有 31.6% 的人表示在所住街道附近有公共图书馆；而且在使用过以上公共阅读服务设施的城镇成年居民中，公共图书馆的使用满意度最高，为 78.7%。可见群众对于畅享优质数字阅读资源与公共数字文化服务的需求日益旺盛。

（三）公共图书馆面临挑战

公共图书馆较以往相比，需要更为高效地实现用户、资源、设施的实时互联，满足云端与用户终端的信息数据交互需求，为不同类别、不同需求的读者普及共享公共数字文化资源，推出更加丰富、智能、便利的数字阅读服务。在有限的人力物力与经费预算条件下，公共图书馆如何向读者提供最迫切需要的优质资源，如何提升数字阅读服务知晓度与数字资源利用率，如何进一步提升公共文化服务的现代化与数智化，这既是公共图书馆面临的挑战，也是其建设与发展的方向。

二、数字阅读服务路径优化

为了更好地普及和推广数字阅读，让图书馆公益服务更加深入、均等，湖北省图书馆在数字阅读服务的建设方向和服务路径上首先制订了工作规划。省图书馆向用户提供的数字资源作为数字阅读的主要载体，具有海量性、多样性、公益性、动态性等特点。一方面需要以读者需求为导向不断进行整理更新与动态调整，另一方面需要联动全馆各部门与更多社会力量形成合力进行宣传推广。

基于此，由省图书馆数字图书馆工作部牵头，主要围绕数字资源调整、服务平台优化、数字资源与服务宣传推广三方面进行建设。

（一）优化数字资源采购配置

数字资源的权威性和实用性是数字阅读服务中的核心内容，直接关系到是否可以长期吸引黏合读者，形成良好的口碑效应。省图书馆一方面逐年增加数字资源采购的经费投入，另一方面根据资源类别、读者点击率、资源服务满意度等多维度进行排名，实行末位淘汰制。2023 年除续订深受读者喜爱的中国知网、超星读秀搜索、万方数据、维普中文期刊等知识服务平台，还针对青少年、家长、职场人士、专业人员等不同用户群体，新增喜马拉雅、QQ 阅读、新语听书、百度文库等群众喜闻乐见、使用频繁的 C 端数据库以及法律、古籍、专利、外文相关优质数据库，有效提升了省图书馆数字资源的大众文娱属性与专业应用属性。此外开展"你选资源我买单"服务，通过问卷调查了解用户对数字阅读的反馈及需求；重点了解团体用户对数字资源的需求，共同作为下一年度调整资源采购配置的参考因素。

数字资源点击量作为判断读者使用频率、喜好的依据，成为是否续订数据库的重要参考指标之一。为了更加真实、准确、详尽地统计读者使用数字资源的数据，省图书馆于 2021 年升级了数字资源使用数据统计系统。通过分析 2021 年、2022 年点击量排名前 10 的数据库使用统计表，可以看出知网、读秀、万方、维普等排名稳定，持续增长。读者最喜爱的资源类型还是以学术搜索、电子期刊、电子报纸、电子书为主。

为了进一步加强数字资源体系建设，省图书馆还逐步整合本馆数字资源，通过对元数据进行收集、整理、清洗与不断沉淀更新，建成符合湖北省图书馆馆情、具有一定个性化定制功能的元数据仓储，并构建基于元数据仓储的统一检索系统；同时对自建资源进行整合分类，形成线上培训、科普教育、少儿阅读、经典期刊等专题资源，搭建楚天智海学习中心，提升公民基本信息素养，有效提高了数字资源利用率。

（二）优化用户平台使用体验

近年来，为保障全省用户便捷畅享数字资源，湖北省图书馆不断优化相关数字阅读服务平台与服务流程，与时俱进升级系统功能，为读者带来更好的数字阅读体验。目前，湖北省图书馆现有门户网站、微信公众号、阅读小程序、"掌上鄂图"APP、支付宝小程序等多个线上服务平台，并开通了微博、抖音、B 站、小红书等新媒体账号。

湖北省图书馆门户网站于 2013 年正式上线，2019 年进行了功能升级与部分页面优化，但随着信息资源与读者服务的不断扩充，之前的门户页面在整体风格展现、栏目布局设置、内容呈现方式、功能服务体验等方面无法完全满足读者需求。因此，2023 年省图书馆遵循"页面简洁、布局合理、功能清晰、使用便捷"的原则对门户网站进行了改版升级，将门户网站建设成读者体验个性化、内容展现人性化、信息应用集成化、系统功能配置化、服务管理灵活化的数字门户系统，同时取消远程访问系统上限 300 人同时使用的并发数限制，为后期大范围推广时读者体验数字阅读服务的流畅性提供了有力支撑。

湖北省图书馆微信公众号作为资源发布时效性最高、数字资源易用性最好的平台之一，主要以看书、听书及音视频类的普适性资源为主，对接图书馆相关基础文献服务，非常适合大部分读者的日常使用需求。近两年，省图书馆逐步调整取消移动端资源的二次登录，提升读者的使用体验。2022 年，省图书馆改变原有微信小程序 SAAS 化模式，重新开发、发布了湖北省图书馆阅读小程序——"楚天读库"，升级后的阅读小程序上载 QQ 阅读、懒人听书等 10 余家热门数据库的最新阅读资源，还可实现阅读圈子、在线笔记、资源分享等新颖功能，成为用户进行移动数字阅读的新选择。2023 年，省图书馆为进一步扩大优质数字资源覆盖范围，提升全省基层公共图书馆数字阅读服务能力，实施阅读小程序对接计划，着力打造全省数字资源共享及线上活动联动平台，进一步推动区域间文化服务的数字融合发展。今年上半年，省图书馆与支付宝深度合作，推出了"湖北省图书馆"支付宝小程序，在线提供免押金办证、馆藏查询、刷码借书、读者指南、数字资源浏览一站式服务，为用户畅享数字阅读提供了新的选择。

（三）优化数字阅读推广方式

调整数字资源配置结构，优化系统平台体验，最终的目的还是让更多用户知晓、使用省图书馆的优质数字资源，让更多老百姓通过数字阅读受益。因此，数字图书馆工作部根据用户需求和工作实际，特别策划针对不同人群的数字阅读活动，创新服务与推广方式，进一步提升数字资源的覆盖范围。

作为公共文化服务的主阵地，湖北省图书馆充分发挥阵地服务优势，开展数字阅读推广服务。2023 年暑期，在一楼东厅设立数字资源服务纳凉点，将提前来馆的读者指引进一楼东厅，宣讲海量数字资源优势，现场提供电子读者证注册绑定服务与 VR 体验，解决他们使用中遇到的问题，提高他们体验数字阅读服务的意愿；在 6 楼数字图书馆体验区提供数字阅读、数字临摹、数字朗诵等数字化服务，消除读者畅享数字阅读的疑惑与障碍，引导读者养成良好的数字阅读习惯。

不断擦亮提升数字阅读品牌，针对不同人群开展数字资源推广活动，扩大数字阅读的影响力。将沿用多年的"e海悦读"进行重新规划，推出"e海悦读·出行"系列数字资源服务，结合数字资源全省覆盖的丰富性和便捷性，陆续开展e海悦读企业行、高职高专校园行、社区行、基层行等服务。2023年7月，湖北省图书馆分别走进中南建筑设计院、武汉城市建设集团、武汉市公交集团、中铁第四勘察设计院，为1500名企业员工提供现场咨询及相关服务。同年暑期，在举办湖北省第三届企业辩论赛的过程中，主动走进大型国企，开展定向及个性化数字阅读服务，接受企事业单位及社会团体预约上门服务。同时，先后与长江读书节、童之趣少儿读书节等省图书馆其他阅读品牌活动进行联动，在馆内其他部门活动和业务工作中植入数字阅读元素，进一步扩大数字资源的宣传范围。

三、持续加大数字资源传播力度

根据各家数据库的资源特点，数字图书馆工作部每年策划20余场线上资源推广活动，活动不定期派发各种纪念品，吸引读者参与联动，每年线上活动2万余人参与。去年，根据不同类型数字资源特征，数字图书馆工作部定制打造时尚、简约、科技的数字阅读宣传标语、系列资源手册、不同体系阅读书单、各楼层数字阅读海报等宣传资料，通过服务窗口摆放自取、相关推广活动赠送等方式发放相关资源宣传折页3万余份。同时，每月定制1至2篇数据库推文在省图书馆公众号进行推送，以热议话题导入进行知识输出、引出介绍资源库的形式推广数字资源，均取得了良好的效果，多篇推文成为平台爆款，点击量过万。此外，省图书馆还尝试以轻知识为内容，制作包含时事、热点、科普等各类主题的短视频进行资源传播，让用户更直观地了解数字资源，吸引更多读者进行数字阅读。

四、结语

新时代新征程，湖北省图书馆将深入贯彻落实党的二十大精神，继续加快推进公共数字文化建设与智慧图书馆建设，促进公共文化服务和数字技术深度融合；以不断优化数字阅读服务路径，丰富公共数字文化供给，培育和擦亮数字阅读品牌为抓手，以提升公共图书馆数字资源服务效能，融合创新实施文化惠民工程与公共数字文化工程为目标，积极推动公共文化服务数字化普惠与高质量发展，让广大人民群众享有更高质量的精神文化生活。

参考文献

[1] 文化和旅游部关于印发《"十四五"公共文化服务体系建设规划》的通知 文旅公共发〔2021〕64 号 [EB/OL]. 中国政府网，2021-06-10.

[2] 文化和旅游部、发展改革委、财政部关于推动公共文化服务高质量发展的意见 [EB/OL]. 中国政府网，2021-03-08.

[3] 中共中央办公厅 国务院办公厅印发《关于推进实施国家文化数字化战略的意见》[EB/OL]. 中国政府网，2022-05-22.

[4] 华东杰，何东凝. 数字阅读服务高质量发展的实践探索——以宁波图书馆为例 [J]. 图书馆研究与工作，2023（7）：74-78.

[5] 项松林，杨彪. 公共数字文化服务高质量发展：内涵、逻辑与路径 [J]. 图书馆理论与实践，2023（6）：12-17.

[6] 陆健. 区域一体化背景下公共数字文化服务平台建设研究 [J]. 河南图书馆学刊，2023（7）：114-116.

[7] 封丽. 国家文化数字化战略背景下公共图书馆数字包容服务探析 [J]. 图书馆学研究，2024（2）：92-99，91.

[8] 第二十一次全国国民阅读调查成果发布 [EB/OL]. 中国全民阅读网，2024-04-23.

[9] 数字阅读用户规模达 5.70 亿《2023 年度中国数字阅读报告》重磅发布 [EB/OL]. 搜狐网，2024-04-24.

智能化环境下图书馆业务与服务创新发展

张 倩

（武汉市洪山区图书馆　430070）

摘　要： 随着信息技术的飞速发展，智能化环境已经成为图书馆发展的重要背景。图书馆作为知识的宝库，其业务与服务的创新发展对于满足读者需求具有重要意义。本文旨在探讨在智能化环境下，图书馆如何利用现代信息技术手段，提高服务质量，满足读者需求。通过对国内外图书馆智能化服务的调研，分析当前图书馆智能化服务的主要形式和发展趋势，提出加强图书馆智能化服务创新的策略和建议。

关键词： 智能化；图书馆业务；服务创新

近年来，随着信息技术的快速进步，智能化环境已经深刻地改变了我们生活和工作的方式。在这一背景下，图书馆作为知识管理和信息服务的重要机构也不可避免地受到了影响。智能化技术的广泛应用为图书馆带来了新的机遇，使其能够更好地适应现代社会的需求，提供更高效、个性化的服务，推动图书馆业务与服务的创新发展。

一、县级公共图书馆在智能化环境下的发展需求

（一）数字化资源建设

随着信息技术的不断发展，数字化资源已经成为图书馆不可或缺的一部分。县级公共图书馆应积极引进和整合各类数字化资源，包括电子图书、期刊数据库、多媒体资料等，以满足读者多样化的信息需求。这些数字化资源不仅能够扩充馆藏，还能够提供更为便捷的访问方式，为用户提供丰富的知识资源。例如，电子图书可以随时在线阅读，期刊数据库能够提供最新的学术研究成果，多媒体资料则为用户提供了多元化的学习和娱乐选择。通过数字化资源建设，

县级公共图书馆能够跟上时代的步伐，为读者提供更加便捷、多样化的服务。

（二）智能化检索系统

智能化检索系统是图书馆信息服务的核心，对县级公共图书馆而言尤为重要。因此，图书馆应该不断加强智能化检索系统的建设，以提高检索效率和准确性。通过引入先进的搜索引擎技术和信息组织方法，图书馆可以实现更精准的文献检索和资源定位，帮助读者更快速地获取所需信息。此外，图书馆还应该积极开展用户培训，提高读者对智能化检索系统的使用水平，使其能够更好地利用这一工具来满足信息需求。

（三）个性化服务

县级公共图书馆应该以读者为中心，提供个性化的服务。通过数据分析和挖掘技术，图书馆可以了解读者的阅读偏好和需求，从而为他们量身定制推荐图书和资料。这不仅提高了用户体验，还能够激发用户的兴趣，促进阅读和学习的积极性。同时，图书馆还可以借助移动终端应用等方式，为读者提供更加便捷的服务体验，例如，通过手机 APP 进行图书预约、续借和查询馆藏信息，使用户可以随时随地享受到图书馆的便利服务。

（四）社交化学习环境

县级公共图书馆应该积极营造一个社交化学习环境，鼓励读者之间的交流和互动。例如，可以定期举办读书会、讲座等文化活动，为读者提供互动的平台，促进知识的分享和交流。此外，借助社交媒体等现代通信工具，图书馆可以与读者建立更为紧密的联系，传播馆内信息、推广活动和互动讨论，提高图书馆的知名度和社区影响力。通过社交化学习环境的建设，县级公共图书馆能够更好地满足社区民众的文化需求，促进文化传承和共享。

二、智能化环境下图书馆业务与服务创新发展的意义

（一）提高图书馆服务效率

智能化技术的应用能够极大地提高县级公共图书馆的服务效率。通过引入智能化自助借阅设备和数字化图书馆管理系统，读者可以更加方便快捷地进行图书查询、借阅和归还。这不仅提升了用户体验，还降低了人工处理的负担，释放了图书馆工作人员的时间和精力，使其能够更专注于提供高质量的服务。在县级图书馆中，这种服务效率的提升尤为重要，因为通常资源有限，需要更

好地管理和运用现有的资源，以满足社区居民的需求。智能化自助借还设备还能够降低管理成本，提高资源的利用率，进一步提升图书馆的可持续发展能力。

（二）提升用户体验

在智能化环境下，县级公共图书馆可以更好地提供个性化、多样化的服务，从而提升用户体验。引入智能化推荐系统是一个例子，通过分析读者的借阅历史和阅读偏好，系统可以为用户推荐符合其兴趣的图书资源。这不仅提高了用户满意度，还能够激发用户的阅读兴趣，促进阅读的积极性。县级图书馆还可以提供多样化的学习形式，包括在线课程、电子图书、多媒体资源等，以满足不同用户的多元化需求。这种个性化和多样化的服务有助于吸引更多的用户，提高他们的参与度和忠诚度，使图书馆成为社区的文化和学习中心。

（三）促进知识传播

智能化环境下的县级公共图书馆可以更好地推动知识的传播。通过建立数字化图书馆，馆藏资源可以以数字化形式在线提供，方便读者随时查阅和下载。这不仅提高了知识的可及性，还加速了知识的传播速度。同时，智能化图书馆可以跨越时空和地域的限制，提供跨学科、跨文化的知识服务，促进不同领域、不同地区之间的交流与合作。在县级图书馆中，这种知识传播的推动将有助于提高社区居民的信息素养，促进教育和文化的发展。

（四）推动图书馆事业发展

智能化环境下，县级公共图书馆不仅可以提高服务质量和效率，还有助于推动图书馆事业的发展。通过引入智能化技术，图书馆可以吸引更多的读者和使用者，提高其社会影响力。同时，智能化图书馆还可以提供新的服务模式和商业模式，为图书馆事业的发展注入新的活力。例如，智能化技术可以用于读者行为分析，为图书馆的运营和管理提供参考和指导，帮助图书馆更好地满足社区的需求。在县级图书馆中，这种发展将有助于提升图书馆的地位和影响力，为社区居民提供更丰富的文化和教育资源。

三、智能化环境下图书馆业务与服务创新发展的路径

（一）智能化自助借阅设备的应用

智能化自助借阅设备的应用是图书馆提高服务效率和读者体验的重要途径。这些设备配备了高效的条码扫描器和图书识别系统，使读者可以通过设备进行

图书查询、借阅和归还操作，无须借阅员介入。读者只需将图书放置在设备上，设备便能够自动识别图书信息，并记录借阅信息，大大节省了借阅时间。智能化自助借阅设备还能自动完成图书归还和续借的操作，进一步提高了服务效率。这些设备的操作界面通常简单易懂，配备了多语种和图形化的界面，使得读者能够轻松地进行操作。

同时，设备还提供了实时的图书库存查询功能，读者可以准确地了解图书馆中所藏有的图书信息，帮助他们更好地选择合适的阅读材料。智能化自助借阅设备的应用还带来了更多的便利性和灵活性。无论图书馆开馆还是闭馆，读者都可以通过这些设备进行借阅和归还操作，节省了时间，也打破了空间上的限制。

（二）数字化图书馆管理系统的应用

数字化图书馆管理系统的应用对于提高图书馆的管理效率至关重要。这样的系统能够自动记录图书的借阅情况、归还情况以及到期提醒等信息，使图书馆员能够更加高效地进行图书的管理和维护。首先，数字化图书馆管理系统能够实现对图书的自动借阅和归还管理。读者通过智能化自助借阅设备进行借阅和归还操作时，系统能够自动记录借阅和归还信息，无须人工干预。这样一来，图书馆员可以更加专注于其他工作，如提供参考咨询、开展培训等。

其次，系统能够实时监测图书的借阅情况和归还情况，并生成相应的报告和统计数据。例如，系统可以提供借阅排行榜，展示热门图书的借阅情况，帮助图书馆了解读者的阅读偏好和需求。系统还可以生成图书的流通统计报告，为图书采购和馆藏发展提供依据。数字化图书馆管理系统还可以配合智能化设备，实现图书的自动分拣和整理。设备配备的传感器和机器视觉技术能够准确地辨识图书，并将其放置到相应的位置。这样一来，图书馆员的分拣和整理工作量大大减少，提高了工作效率。

（三）个性化推荐服务的提供

借助智能化推荐系统，图书馆能够根据读者的阅读历史和借阅偏好，为其推荐合适的图书资源。这种个性化的推荐服务不仅提高了用户体验，还能促进读者对图书馆的忠诚度。通过分析读者的阅读记录和借阅习惯，智能化推荐系统能够精准地向读者推荐他们感兴趣的图书。系统可以根据读者的借阅历史和借阅频率，推测他们的阅读偏好和兴趣领域，并根据这些信息为其提供相应的图书推荐。例如，如果读者经常借阅心理学相关的图书，系统可以推荐更多与心理学相关的作品。智能化推荐系统还可以通过多种推荐算法和技术来优化推荐结果。基于协同过滤的推荐算法可以分析不同读者之间的相似性，根据相似读者的喜好为当前读者推荐图书。基于内容过滤的推荐算法可以分析图书的内容特征，将具有相似特征的图书推荐给读者。此外，深度学习和自然语言处理等技术的应用也能够提升推荐系统的准确性和个性化程度。

（四）多样化的学习形式和资源提供

智能化图书馆通过提供多样化的学习形式和资源，满足读者的多元化学习需求。除了传统的纸质图书，智能化图书馆还可以提供丰富的电子图书、在线课程和多媒体资源等。一方面，电子图书是智能化图书馆中重要的学习资源之一。电子图书具有便携性和可搜索优点。读者可以通过智能化图书馆的数字化管理系统，方便地访问和借阅电子图书。这些电子图书可以在各种设备上阅读，如电脑、平板电脑和智能手机，使读者能够随时随地进行学习。另一方面，智能化图书馆可以提供在线课程和学习资源。通过与教育机构和在线学习平台的合作，图书馆可以为读者提供各种学习课程和培训资源，涵盖各个学科和领域。读者可以通过智能化图书馆的学习平台，参与在线课程、观看教学视频和获取学习材料，拓宽知识面和提升技能。

四、结语

总之，智能化环境下图书馆业务与服务创新是一个充满希望和挑战的领域。通过不断努力，图书馆可以更好地满足用户需求，为知识的传播和共享做出更大贡献。期待未来智能化技术在图书馆领域的持续发展，以推动图书馆业务与服务迈向更加智能化、创新化的未来。

参考文献

[1] 王苗. 智能环境下图书馆业务与服务创新 [J]. 参花（下），2022（11）：108-110.

[2] 姚鹏，白英杰. 图书馆智能化机器人与图书馆服务创新的融合 [J]. 内蒙古电大学刊，2019（3）：109-112.

[3] 张若兰. 图书馆智能化机器人与图书馆服务创新的融合 [J]. 农业图书情报学刊，2018，30（10）：153-156.

[4] 孙雅萍. 图书馆发展中的创新——智能化 [J]. 科技传播，2017，9（9）：72-73.

地方文献创造性转化促进地域文旅融合发展

朱春霖

（武汉市洪山区图书馆　430070）

摘　要：地方文献是县级图书馆的重要特色资源。"十四五"规划和"二十大"报告，对文旅融合提出了新的更高的要求。在文旅融合战略下，县级图书馆开展地方文献服务创新促进文旅深度融合意义深远。文章阐述县级公共图书馆文旅融合时代开展地方文献资源服务创新意义、资源建设、特色服务创新实践活动，探求推进文化旅游深度融合向公共服务深度融合的新途径。

关键词：地方文献；文旅融合发展；图书馆

2018 年 4 月，文化和旅游部正式挂牌成立，文旅融合成为国家发展战略。党的二十大报告进一步对推动文化和旅游深度融合发展提出了新要求，强调要"坚持把社会效益放在第一位，社会效益和经济效益相统一"。新时代文旅融合，由文化和旅游的产业融合，向公共服务融合拓展与深化。县级图书馆作为一个地区的公共文化中心，保存了本地域最具地域文化特色的地方文献资源，能促进地域丰富的文化元素与地方特色旅游融合发展，本文旨在探讨县级图书馆新时期提高公共文化服务效能，促进文旅和谐共生的新途径。

一、推动地方文献创造性转化对地域文旅融合发展的意义

（一）提升地域文化的影响力

地方文献作为地域文化的重要组成部分，承载着丰富的历史、文化和旅游资源。通过对地方文献进行创造性转化，可以将其转化为各种形式的旅游产品和体验，进一步丰富和展示地域文化的魅力，吸引更多的游客和投资，提升地域文化的知名度和影响力。

（二）促进文化保护和传承

地方文献的创造性转化活动往往伴随着对文献资源的整理、开发和利用。这不仅有助于地域文化的保护和传承，还能够提高公众对地方文化的认同和保护意识。有针对性地开展文化宣传和教育活动，可以让更多的人了解和热爱地方文化，进一步推动地域文化的传承与发展。

（三）推动地域文化与旅游业的有机融合

旅游业是地域经济发展的重要组成部分，而地方文献中蕴含的历史、文化和传统习俗等元素正是旅游业所需要的资源。通过地方文献的创造性转化，将其转化为旅游产品和体验，可以推动地域文化与旅游业的有机融合。旅游业通过吸引游客，为地域文化的传播和保护提供了重要的平台，同时地域文化的影响力和知名度也可以进一步推动旅游业的发展。

二、湖北全域基层图书馆地方文献建设现状

湖北全域基层图书馆地方文献建设现状是一个值得关注的话题。湖北作为一个历史文化底蕴深厚的省份，拥有众多重要的地方文献资源，这些地方文献不仅记录了湖北全域的历史变迁和社会发展，还蕴藏着丰富的人文情感和文化智慧。因此，基层图书馆在地方文献建设方面扮演着重要的角色。

从图书馆数量与分布来看，湖北全域基层图书馆数量众多，覆盖了城市、县级和乡村等不同区域。这使得当地居民可以方便地接触到图书馆的资源和服务。然而，有些农村地区的图书馆规模较小，设施也不够完善，存在一定的差距。

关于馆藏文献，湖北全域基层图书馆的馆藏文献种类较为丰富，包括图书、期刊、报纸、地方史志、档案等。然而，随着社会的发展和知识的更新，一些新型的文献形态，如数字化文献、电子书籍等在地方图书馆中的数量和质量还有待提高。

在数字化建设方面，湖北全域基层图书馆将数字化建设纳入了日常的工作中，通过数字化馆藏的建设，提供在线检索和资源共享服务，提高了图书馆的信息化水平。一些图书馆也在积极推动地方文献的数字化转型，但是仍然存在数字化资源的可访问性不够广泛的问题。

文献保护与传承是另一个重要的方向。湖北全域基层图书馆在文献保护方面采取了一些措施，如文献的保存、修复、数字化等。然而，由于资源和技术的限制，目前仍有一部分地方文献的保护工作没有得到很好的落实。对于文献

传承方面，一些图书馆也开展了相关的项目和活动，但是整体上仍然需要加强。

读者服务与教育是图书馆的核心职责之一。湖北全域基层图书馆在地方文献教育方面发挥了积极的作用。图书馆通过各种阅读推广活动、培训课程等，吸引更多的读者参与，增强了地方文献的传播和认知。

合作与资源共享也是一个值得关注的方面。多个基层图书馆之间进行合作，共享文献资源的机制将有助于提高各图书馆的文献水平和服务质量。在湖北全域，一些图书馆积极开展地方文献展览和研讨会等交流活动，促进了地方文献工作的互通和共享。

政策和资金支持是推动地方文献建设的重要保障。湖北省政府在地方文献建设方面提出了相应的政策支持，加大了资金投入。然而，在一些基层图书馆中，仍然存在着资金和专业力量不足的问题，需要政府进一步加大支持力度。综上所述，湖北全域基层图书馆在地方文献建设方面已取得了一定的成绩，但在馆藏文献、数字化建设、文献保护与传承、读者服务与教育、合作与资源共享等方面还存在一些挑战。进一步加大政策支持、资金投入和专业培训，将有助于提升湖北全域基层图书馆地方文献建设的水平。

三、地方文献创造性转化促进地域文旅融合发展的对策

（一）加强地方文献的整理、保护和传承工作

首先，强化地方文献的保护工作至关重要。具有历史、收藏、研究和独特价值的地方文献必须得到妥善保护和储存。为了确保其完整性，应制定切实可行的保护政策和措施，以免地方文献遭受流失和破坏。这一工作需要社会各界的合作，包括政府、文化机构和民间团体。其次，地方文献的整理工作也不容忽视。未经整理的地方文献需要进行仔细整理、编辑和出版，以便更广泛传播和应用。此外，应积极鼓励和支持民间爱好者和专业学者参与到地方文献的整理工作中，以确保整理工作的权威性和专业性。这样可以更好地保护和利用这些珍贵资源。最后，教育工作在地方文献的推广和传承中起着关键作用。地方文献是地方文化的重要组成部分，因此应加强教育和宣传，让更多人了解和认识其价值和意义。教育过程中应注重实践，将地方文献融入地方文化传承的关键环节中，使其成为传承地方文化的有力工具。这将有助于提高地方文献的知名度，同时也促进了地方文化的传承和发展。

（二）开发地方文献的价值

湖北地方文献既是一扇窥视湖北历史的窗口，也是湖北文化传承的重要载

体,其中记录着湖北地区过去的兴衰沉浮,还有人民智慧的结晶,是深入了解湖北的宝贵资源。例如,《湖北通志》详尽地记录了湖北各地的风土人情和历史沿革,而《湖北文献》则保存了各个时期的文化遗产,包括文学作品、史料、考古资料等等。利用湖北地方文献,可以开发出各类旅游产品,用以展示湖北的独特魅力。比如,可以设计湖北地方文献主题的旅游路线,带领游客沿着历史足迹探索湖北的风土人情;也可以推出湖北文化体验项目,让游客亲身参与传统手工艺和民俗活动,感受湖北文化的魅力。此外,在各大重要时刻,可以组织相关主题展览,展示湖北地方文献中的精华,向广大游客传递深刻的历史文化内涵。通过利用地方文献,可以实现湖北文化的广泛传播。展览、演出、出版等形式都可以用来将湖北文化推向更广阔的舞台。借助现代科技手段,如互联网和社交媒体,可以将湖北地方文献的珍贵内容传递给更多人,激发大家对湖北历史和文化的兴趣。这不仅会吸引更多游客前来湖北参观和体验,还能促进湖北文化的传承和发展。总之,湖北地方文献的价值不可忽视。通过开发旅游产品、举办文化活动、展览等手段,利用湖北地方文献展示和传播湖北文化,可以吸引更多游客前来,深入了解湖北的历史、文化和民俗。这将对湖北的旅游业和文化产业的发展带来积极的影响。

(三) 促进地方文献与旅游业之间的融合

充分利用湖北地方文献来丰富旅游业的文化内涵至关重要。湖北地方文献中蕴含着丰富的历史、文化和民俗资料,游客可以通过研究这些文献来深入了解湖北的独特文化内涵,从而更全面地体验和感受湖北的风土人情。湖北地方文献的多样性和独特性为旅游业的文化创意提供了宝贵的资源。这些文献可以作为创意的灵感和素材,为旅游业的发展提供更多的文化支持。例如,可以借鉴湖北地方文献中的传统故事和元素来设计独特的旅游活动和产品,激发游客的兴趣。利用湖北地方文献来推动旅游业的文化传播对于湖北的文化传承和旅游业的发展具有重要意义。这些文献记录了湖北丰富的文化遗产,通过展览、演出、出版等形式将其传播给更广大的观众,可以让更多的游客了解和认识湖北的文化。这种文化传播不仅有助于吸引游客前来参观,还促进了湖北文化的传承和发展,为旅游业的可持续发展提供了坚实的文化基础。

(四) 加强地方文献的传播和推广

湖北地方文献的普及和推广是非常重要的,可以通过多种渠道将其传播给公众。首先,可以通过湖北的图书馆、文化机构等场所提供地方文献的阅读和借阅服务,让更多人有机会接触和利用这些宝贵的资源。其次,网络平台也是广泛传播地方文献的有效途径，可以通过建设专门的网站或在线图书馆，提供便捷的获取途径和丰富的数字化资源。借助媒体的力量，可以通过电视、广播、报刊等渠道开展宣传推广，通过精心制作的专题节目、报道或专栏文章，引起公众的关注和兴趣，让更多人了解和利用湖北地方文献。最后，政府在地方文献的宣传和推广方面起着重要作用。政府可以加强对湖北地方文献的宣传和推广工作，通过举办地方文献展览、文化节庆等活动，吸引更多的目光，让社会大众了解到湖北的丰富文化资源。政府还可以鼓励和支持相关机构和个人积极参与地方文献的创造性转化，通过创意设计、文化产品开发等方式，将地方文献融入旅游、文化创意产业中去，促进湖北地区的文化旅游融合发展。总之，通过多种渠道向公众推广湖北地方文献，可以让更多人了解和利用这些宝贵资源。政府在宣传推广方面的发力和鼓励地方文献的创造性转化，将为湖北地区的文化旅游融合发展提供有力的支持。

四、结语

地方文献创造性转化是促进地域文旅融合发展的重要手段，通过开展地方文献的调查和收集工作，支持地方文献的整理、出版和传播工作，将地方文献应用于地域文化旅游，支持地方文献在文化创意产业中的应用等措施，可以为地域文旅融合发展提供文化支持，促进文化创意产业的发展，为人类文明进步做出贡献。

参考文献

[1] 刘学香. 文旅融合背景下县级图书馆地方文献服务创新 [J]. 中文科技期刊数据库（全文版）图书情报，2023（6）：63-66.

[2] 陈诚. 文旅融合视域下基层公共图书馆地方文献建设研究 [J]. 河南图书馆学刊，2023，43（1）：30-32.

[3] 邹华享. 地方文献工作若干问题的再认识 [J]. 图书馆论坛，2004（6）：150-154.

口袋公园 24 小时自助图书馆建设与发展探讨

——基于十堰市图书馆服务延伸的构思

王 艺

（十堰市图书馆 442000）

摘 要： 2022 年 8 月住建部下发《住房和城乡建设部办公厅关于推动"口袋公园"建设的通知》，口袋公园的规模小、造型美等特点在优化城市空间结构、完善城市服务功能等扮演着重要角色；十堰市"口袋公园"就近简约时尚的开放性空间呈现空前繁荣，体育型、游园型、夜游型口袋公园遍布其间；"十四五"公共文化服务视域下，公共文化服务布局需更加均衡的任务更明确，十堰市图书馆的文化赋能、文化惠民的初衷与口袋公园服务的普惠性不谋而合，该市需抢抓机遇，持续完善文化服务体系；笔者结合十堰市"口袋公园"和市图书馆总分馆建设基础，从试点建设、完善章程、读者分众化、社会共建共享等方面着手，搭建 24 小时自助图书馆，持续形成"全覆盖、全方位、全天候"的自助、高效、可持续服务新格局，以期扩大文化信息服务覆盖面，助力书香十堰建设。

关键词： 公共图书馆；口袋公园；自助服务

一、十堰市（城区）口袋公园的建设现状

十堰市是鄂、豫、陕、渝毗邻地区唯一的区域性中心城市，是一座山地城市，被秦岭、巴山余脉和武当山环抱，对此，十堰依山建绿，按照"园中建城、城中有园、城园相融、人城和谐"的理念，"十三五"期间共建设各类公园 70 余处，让市民"推窗见绿，出门进园，就近休闲"，新建一批街头游园、"口袋公园"，持续助推十堰"现代新车城、绿色生态市"建设，实现跨越式发展和经济腾飞。在城市化建设和文旅融合业态发展的多重背景下，城市文化街区建设事业发展迅速，《"十四五"文化和旅游发展规划》中指出，要"打造一批文化

特色鲜明的国家级旅游休闲城市和街区"。笔者通过网络调研，按主题、功能等方面，梳理了十堰城区部分各具特色的"口袋公园"。网络调研截至2023年6月。

（一）体育型口袋公园

①浙江路体育公园，位于茅箭区，紧邻和昌中央公园，是十堰市首个以体育为主题的绿色公园。总规划面积约6万平方米，含休闲游园、运动球场、儿童活动场地、健康跑道、停车场、服务驿站及相关配套服务设施，其配套设施完善，周围含和昌一期二期三期、中瑞领航城、图安盛景、阳光金苑等小区，市审计局、市人民检察院等众多行政企事业单位，太和医院东院区、多个社区卫生服务站等康养医疗机构，人口相对聚集，服务受众广泛。②体育型口袋公园，位于茅箭区，林荫大道与发展大道交叉口处，于2019年建成，经改造成为融休闲、健身、娱乐为一体的体育型口袋公园。有5人制笼式足球场、羽毛球场各1处，该园体育健身属性相对明确。③体育型口袋公园，位于茅箭区，重庆路与林荫大道交会处，该游园根据山地地形设计为竹林游步道，连接上下两层，总共6000多平方米，栽植有朴树、香樟、樱花、桂花、月季杜鹃、石楠、钢竹等，1700平方米的地被及色块植物，该园属于以休闲、健身、观赏为主的口袋公园。综上所述，三处体育型口袋公园均位于茅箭区，建议茅箭区整体规划24小时自助图书馆，以体育、休闲为主打造。

（二）十堰地方特色口袋公园

①"口袋公园"之车城广场，位于张湾区，汉十高速公路十堰东出入口处，发展大道与东风大道交会处，总占地面积335亩，分主广场游览区、湿地水系区、山地休闲区三大功能区；该园是体现车城文化内涵、树立旅游品牌形象的生态示范性广场。擦亮"汽车城"世界级名片的同时，融入鄂西北生态文化，品牌发展史与文旅热潮融合，品牌发展史和文旅热潮交相辉映，"城市客厅"门户的定位相对清晰。②"口袋公园"之夏家店河道公园，位于张湾区，该园将河道治理和游园建设全面统筹，形成"河绿景美醉游人"的和谐画卷。

（三）夜游型口袋公园

①口袋公园之"城墙遗址公园"，位于郧阳区，汉江大桥北岸桥头东侧，紧临郧阳区城关镇。夜晚，城墙、树梢、灌木丛都以灯带装饰，仿若时空隧道，引领后人感知郧阳老城时光。②口袋公园之"沙滩乐园"，位于郧阳区，汉江二桥至汉江一桥沿岸。夜景、晚风、霓虹、江滩相映成趣，是市民夏日解乏休闲

的好去处。

（四）故事型口袋公园

①口袋公园之"竹壶幽居"，位于张湾区放马坪，传说闯王李自成率部队经过该村安营扎寨养马，故命名为"放马坪"，面积百余亩；在古巷入口，建设苏式园林型口袋公园，命名"竹壶幽居"。②"口袋公园"之蕊园，位于茅箭区，天津路与林荫大道交会处，占地约 1.3 万平方米，其中绿地面积约 1 万平方米，休息平台约 1600 平方米，入口雨水花园约 300 平方米。命名取自诗人杜甫《江畔独步寻花七绝句》中"稠花乱蕊畏江滨，行步欹危实怕春"，寓意是四季花草生机盎然，蓄势待开。在特定时节（每年 3 月），美丽的碧桃花竞相开放，花香溢满，引客入园。

十堰巧用"边角地块"拓展城市服务空间，这些各具特色的口袋公园如棋子般散落在十堰星盘之中，如何在现有范围框架内谋篇落子，将文化底蕴、图文信息、休闲娱乐作为市民满意的工作出发点和落脚点，优化服务布局、创新服务能力，充分发挥便民利民惠民的重要作用，持续打造智慧化、高品质服务模式。

二、十堰市依托口袋公园兴建 24 小时自助图书馆的优势

习近平总书记调研桂林时强调，"要立足特色资源……以文塑旅、以旅彰文，提升格调品位，努力创造宜业、宜居、宜乐、宜游的良好环境，打造世界级旅游城市"。对此，笔者尝试逆向思考如何以旅塑文、以生态塑文。作为具有同样富集自然和人文两大旅游资源的生态型城市，十堰市的口袋公园建设优势凸显，与此同时，该市持续开展下基层察民情解民忧暖民心实践活动，市图书馆自身在总分馆建设、流动服务等延伸服务中经验丰厚，依托口袋公园配套建设 24 小时自助图书馆的机遇较好，笔者通过深入分析，建议十堰市借势借力，以期谋划好文化生态资源整合"一盘棋"。

（一）十堰市口袋公园自身优势

一是选址上，在公园绿化活动场地服务半径覆盖不足的区域，公共图书馆的参与在一定程度上弥补了服务缺口。二是在建设上，口袋公园前期调研在充分考虑人口分布及分析周边群众需求，针对性落实体育休闲、适老化和适儿化等要求。三是在管理上，组建行业、院校等专业人才队伍，深入实地开展技术服务和现场指导，以专业视角配置服务团队，形成长效机制。

（二）十堰市图书馆自身优势

除常态化服务外，十堰市图书馆总分馆体系建设成效显著，一是以制度建设为基石，明确目标方向。先后制定《十堰中心图书馆总分馆建设标准》《十堰中心图书馆总分馆行业服务标准》等，从建设、管理、培训、服务等方面有章可循、有规可依。二是以新型管理技术为抓手，统一搭建管理技术平台。投入搭建总分馆 Interlib2.0 区域图书馆集群化管理系统技术平台，实现了体系内"通借通还"及统一编目、采访、检索、配送、数字服务，整合信息的同时确保信息对称。三是以汽车流动图书馆为甬道，实现图文信息的流通和需求反馈，通过统一调配，充分整合体系内现有文献资源，以专用书库的形式为总分馆补充文献资源。当前，除了解决开馆时间与市民工作、上学部分时间重叠的情况外，口袋公园中的 24 小时自助图书馆能缓解周末节假日用户高峰期图书馆防疫压力，以 365×24 小时的服务途径突破了时间限制，扩大了图书馆服务半径、提高了文献资源利用率，在推进书香社会建设方面能够发挥重要作用。

三、十堰市 24 小时自助图书馆的建设及服务期待

城市是居民的家园，在家门口拥抱"诗和远方"，见缝插"绿"，见绿设"馆"，改善城市环境的同时，在建设上费心思、在维护上下功夫，顺势而为，依园设馆，将 24 小时自助图书馆配套设置，努力实现城园相融、人城和谐、人文交互、共建共管的大氛围。笔者认为，图书馆应从调研分期建设、完善服务章程、读者群体分众、社会共建共管共享等方面入手推进 24 小时自助图书馆建设。

（一）投建前调研论证，分期分批建设推进

当前，部分城市的 24 小时自助图书馆陆续出现了资金浪费和图书闲置等现象，未取得预期社会效益，与建设初衷相悖。鉴于此，在筹建 24 小时自助图书馆时，建议采取分期分批建设思路，可进行广泛征求民意、试点建设，根据借阅率、关注度投入资源，从地理位置、服务人群、环境条件、运营管理、其他因素这五个维度出发，指标化分析与建设；如茅箭区先设置中心自助图书馆，结合上文所探讨的体育型口袋公园基础上，在自助图书馆中适量投放运动、养生、家庭教育类读本；在郧阳区汉江二桥桥头区域建设中心自助图书馆，确保两处口袋公园游玩市民均兼顾，通过定期调整研判，一方面征集文献信息需求，形成供需拟合的高效配送体系；另一方面，动态研判投建新站点的可行性、科学性、系统性，待社会效益持续向好后，以样板间形式逐步扩大建设范围和规模。

（二）制定完善规定章程，规范阅读行为

24 小时自助图书馆无人值守，应制定相应的规章制度，规范用户的借阅行为，比如，对办证方式、借还期限、续借时间、污损赔付、超期处理方式等进行详细的规定；对恶意损坏者，予以相应的警告、处罚或限制其借阅权限。健全的规章制度是 24 小时自助图书馆正常开放的根基，需在充分调研的基础上制订相关规则，以规范用户行为，保障自助图书馆的可持续发展。

（三）读者群体分众均等化，制定个性化服务策略

"分众"一词最早出现在传播学领域，指在某一时间段内，由于有共同属性而需要相似信息的一部分受众群体。选址工作结束后，结合人口统计数据，按年龄、职业、受教育程度等细分群体。用户群确定后，根据不同用户群的特点，再制定相应的个性化和特色服务策略，有效提升 24 小时自助图书馆的图书借阅率。比如，学校附近的馆应以教育类、历史类、科普类等为主；市民生活居住区域的馆应侧重配置生活类、保健类、医疗类、少儿类等文献；位于火车站等区域的馆应侧重配置时尚类、经管类、科技类等读物；位于河道、车城广场等地方特色口袋公园、故事型口袋公园等区域的馆应侧重配置地方文化类、教育类、生活类等图书；在医院卫生站以及行政单位的馆应推送法律、医药卫生、社科类等图书，让市民通过主题了解十堰本土文化；位于植物种类繁多的口袋公园等区域的书馆，需在最佳观赏期，配置农业类、苗木种植类、摄影艺术类等图书。

（四）社会参与下的共管、共享模式

一是争取相关部门的支持。24 小时自助图书馆建设需要图书馆、社区、企业、高校等机构的联合协作。一方面储备人力资源。除单位专业的馆员外，定点联系十堰市志愿服务联合会及驻市三所高校，招募选定志愿馆长、馆员，接受为期三周的专业培训，考核合格后正式在各个点位开展志愿服务。服务内容含现场指导读者使用自助设备、协助监管和维护环境安全、宣传普及图书馆服务等。另一方面，企业、高校捐书扩充 24 小时自助图书馆书库类目，企业可以通过捐赠智能设备的方式支持建设。二是加大投资力度。24 小时自助图书馆建设需政府在免费开放方面予以支持，资金来源单一是自助图书馆在发展中的痛点堵点，因此，政府应发挥主导作用，提倡企业、爱心人士等参与建设，拓宽资金来源途径。三是购买服务型管理。资金筹措到位后，进行公开招标，纳入

专业的物流团队，负责调配、分拣等工作；纳入专业的维修团队，负责设备的运维修复、升级改造等工作；市图书馆承担监管、规范、梳理、反馈的工作，从用户感知体验、用户阅读效果、用户满意度、资源满意度、服务满意度、环境满意度六大维度构建评价指标体系。24 小时自助图书馆解决了用户借还书"最后一公里"的难题，提升服务便利化、智慧化、品质化、均等化水平，提升群众文化获得感、幸福感，推进全民阅读、建设书香十堰。

"双减"政策下青少年阅读推广服务的实践与思考

——以江汉区图书馆为例

彭苏函

（武汉市江汉区图书馆　430021）

摘　要： "双减"政策出台，给公共图书馆的青少年阅读推广服务带来了新的契机与挑战。本文以江汉区图书馆为例，探究公共图书馆发挥社会教育功能，积极开展青少年阅读推广服务的创新实践，分析公共图书馆在双减政策下存在的不足，对提升青少年阅读推广服务提出思考与建议。

关键词： "双减"政策；公共图书馆；青少年阅读推广

近年来，校外培训机构层出不穷，"鸡娃""内卷"之风甚嚣尘上，中小学生学业负担过重成为社会大众关注的问题。为减轻学生课业负担，营造青少年健康成长的社会环境，中共中央办公厅、国务院办公厅于 2021 年 7 月印发《关于进一步减轻义务教育阶段学生作业负担和校外培训负担的意见》（以下简称"双减"政策），强调完善家校社协同机制，加强学校课后服务水平，满足学生多样化需求，把学生从沉重的课业和课外培训中解放出来，回归教育"教书育人"的本质。公共图书馆具有辅助正规教育的使命，"双减"政策的基本要求与公共图书馆服务目标具有内在一致性。"双减"政策实施，疫情开放，青少年有更多课余时间走进图书馆阅读书籍，图书馆作为文化载体，社会教育的重要机构，为青少年读者提供更多元的阅读推广服务，培养青少年阅读习惯，成为公共图书馆需要研究的重要课题。

一、"双减"政策给公共图书馆带来的机遇与挑战

（一）公共图书馆成为延伸学习的热门文化场所

阅读素养是青少年全面成长的重要基础，"双减"政策第八条强调学校和家

长要"科学利用课余时间，引导孩子开展阅读和文艺活动"，在小红书、微博、知乎等网络平台"如何给孩子读绘本""怎样培养孩子的阅读兴趣和习惯"等讨论和经验帖越来越多，阅读的重要意义和作用更加凸显。"双减"政策出台后，青少年有了更多的空闲时间。公共图书馆作为社会公益文化服务机构，免费的期刊、图书、数据库资源，丰富的阅读推广活动，为教育青少年提供思想指引和学习指导，又不会为家长增加额外的经济负担，加上近几年"15分钟便民文体圈"的建设日趋完善，公共图书馆成为青少年和家长"碰得到""够得着"的文化场所。目前，公共图书馆正常开放，很多图书馆出现一座难求的现象，成为青少年课后热门"打卡地"。

（二）公共图书馆阅读服务亟须创新升级

在"双减"政策出台前，图书馆日常服务的主要对象是备考人士、老年居民等成人群体，中小学生课业任务繁重，来公共图书馆等文化场所次数有限，且主要集中在寒暑假等假日。公共图书馆对于义务教育阶段学生的阅读推广服务并不多，馆员也缺乏与青少年打交道的经验，面对不善言辞的青少年，无法为其提出有针对性的阅读建议。现在，公共图书馆地青少年读者增多，对公共图书馆馆员的专业能力提出更高要求，馆员要更加积极主动地与青少年交流，了解他们不同的阅读状态和需求，提供个性化阅读服务。另外部分家长、学生对公共图书馆观念陈旧，认为到公共图书馆阅读是"看闲书"，不能提升成绩，学生只需要把时间放在课本和练习册上。有些学生习惯于电子化浅阅读，没有耐心坐下来阅读纸质书籍，而讲座、新书推荐会等传统阅读推广方式多为单向性输出，缺乏互动体验，对青少年不够有吸引力。如何打破家长、学生的陈旧观念，创新青少年阅读推广方式是当前公共图书馆需要思考的重点。

二、江汉区图书馆开展青少年阅读推广服务的具体实践

（一）传承中华优秀传统文化，发挥文化传承功能

保护文化遗产是图书馆最重要的社会功能之一。江汉区图书馆借助辖区丰富的非物质文化遗产资源，立足于传承中华优秀传统文化，开展丰富多彩的非遗体验活动、经典诵读活动，根据传统节日开展系列读书活动，提升青少年的文化审美，培养他们热爱祖国、热爱传统文化的认知情感，增强青少年的文化自觉和文化自信。如今年开展的"品味传统文化 传承中国非遗"端午读书活动，通过观看短片、互动提问、引导启发的方式带领青少年学习传统文化知识和习俗，并开展艾草香囊粽子手工制作活动，活动还通过武汉广播电视台微直

播进行同步直播，吸引近 2 万名观众来到直播间共同参与，增进了青少年对传统文化的了解，激发青少年自主学习传统文化的兴趣。

（二）开展多元阅读活动，培养青少年阅读兴趣

开展多样化趣味阅读活动，可以让青少年在参与活动的同时，提高阅读兴趣，让青少年爱上图书馆。2022 年 8 月 10 日，江汉区图书馆开展"小小图书管理员"志愿服务活动，近 20 名小志愿者参加这次活动，通过学习图书馆业务、阅读绘本等方式，让青少年们爱上读书，感受阅读的魅力。2023 年暑期举办的"小小领读者培训"阅读实践活动，通过培训、展示等方式，遴选一批青少年为领读者，在活动中，小小领读者们分享自己的阅读体会。此活动让青少年在轻松愉悦的环境下增长见识，从而更加热爱阅读。此外，江汉区图书馆积极开展比赛、竞赛形式的阅读活动，吸引青少年积极参与。这些趣味阅读活动提升了青少年的阅读技巧和阅读能力，增强了青少年的阅读自信心，培养了青少年的"图书馆情怀"。

（三）打造"图书馆+"模式，探索馆社共建新途径

图书馆与社会组织共享资源、场地、活动，能最大限度地满足青少年阅读需求，营造全民阅读的社会氛围，推动建设书香社会。江汉区图书馆与书店、楼宇企业等社会组织开展合作，建设德芭与彩虹城市书房、三联书店城市书房、爱齿尔口腔城市书房等 5 个江汉区城市书房，纳入全市图书馆通借通还系统，打造"图书馆+"模式，拓展了青少年的阅读场所。如德芭与彩虹城市书房，以德芭与彩虹博物书店为载体，依托江汉区图书馆资源打造城市公共阅读空间，内设 45 个阅读座位，5000 多册纸质书，5 万册云端电子书，2021 年落成以来持续开展自然读书会、重拾甲骨文等青少年阅读活动，带领儿童学习自然、传统文化知识。

三、公共图书馆青少年阅读推广服务存在的问题

（一）阅读推广对象针对性不足

公共图书馆在进行青少年阅读推广时，往往笼统地将阅读推广的受众群体归为青少年群体，忽略了对不同年龄对象的划分，不利于推广活动高效开展。公共图书馆青少年推广对象主要为 6 至 12 岁年龄群体，对 6 岁以下及 12 岁以上群体的阅读推广服务有所忽略，且对不同年龄段缺乏进一步细分。"双减"政策下，公共图书馆的青少年读者数量正在增加，青少年阅读需求也在增加，对儿

童阅览室图书、阅读推广活动主题进行细化分级十分必要。

（二）馆校家合作共建机制不完善

"双减"政策强调完善家校社协同机制，公共图书馆是公民终身学习的场所，具有辅助正规教育的使命。目前公共图书馆服务对象主要是到馆读者，以图书借阅、讲座、展览等为主要服务形式，与学校、家庭的合作实践主要集中在阅读推广领域，且多为短期行为，缺乏面向学校师生、家长孩子的针对性资源和服务模式。公共图书馆应创新管理和服务方式，帮助形成家庭、学校、社会的教育合力，充分发挥公共图书馆作为青少年第二课堂的功能作用，拓展馆校、馆家合作的深度、广度和长度，制订长期的发展计划，完善共建机制。

（三）平台有限导致少儿阅读行为受阻

目前绝大部分图书馆数字资源，需要通过馆内访问和馆外账号认证进行登录使用，这样的访问限制大大降低了青少年对数字资源的使用率。面对"互联网+"时代的发展趋势和现阶段的环境变化，很多公共图书馆在开展少儿阅读推广工作中缺乏创新意识，依然是线下活动为主、线上活动为辅的表现形式，这样的推广方式，实质上还是单向信息流动。虽然网络技术、智慧技术已经被很多公共图书馆所应用，但也仅仅侧重于对阅读推广活动进行前期宣传，在活动中后期应用有限，缺乏延续性和针对性。伴随新媒体的普及应用，单向传播方式已远远落后于交互式传播方式，无法诱发少年儿童的阅读积极性，导致少年儿童的阅读行为受阻，最终的服务成效达不到预先期望。

四、公共图书馆提升青少年阅读推广服务的思考与建议

（一）提升自身软硬件水平，打造青少年阅读空间

《中华人民共和国公共图书馆法》中规定"公共图书馆应当设置少年儿童阅览室，根据少年儿童的特点配备相应的专业人员"。一方面，公共图书馆要根据义务教育阶段学生的认知特点，总结归纳不同年龄阶段的阅读规律，将少年儿童阅览室图书进行分龄、分类细分，合理规划空间布局，设置不同的阅读主题，开展形式多样的阅读推广活动。另一方面，公共图书馆要定期培训馆员针对青少年的参考咨询服务，引导馆员增强责任意识，结合青少年读者的学习阶段、身心特点、阅读需求，精心挑选与青少年认知阶段匹配的图书。还要立足馆员自身的专业背景和特长，挖掘与义务教育阶段学生文化需求相匹配的要素，重点强化培训，发挥馆员个人特长，开展朗诵教学、科普阅读、绘本阅读等青少

年特色阅读推广活动。

（二）开展家馆合作，大力推广亲子阅读

"双减"政策强调要完善家校社协同机制，帮助家长树立科学的育儿观念，共同促进青少年健康成长。公共图书馆应扮演好全民阅读文化阵地的角色，不断拓宽服务范围，开展家馆合作，大力推广亲子阅读，让家长参与到青少年的阅读过程中，共同促进青少年的全面发展。一方面，公共图书馆的家庭阅读推广活动要强调家庭成员的共同参与，突出家庭成员的沟通体验，为亲子阅读提供专门空间，方便家长与儿童沟通、朗读，也可以开展在线阅读打卡活动，引导家长与孩子共读一本书，互相分享读书体会。另一方面，公共图书馆的家庭阅读推广活动要强调家庭成员的持续学习，为家长提供学习机会和成长平台，让父母爱上阅读，从而带动、指导青少年开展阅读，营造良好的家庭阅读氛围。例如，福建省三明市图书馆开展以父母带动孩子成长的家庭共享阅读活动，提升父母的阅读水平，增强父母阅读的主动性和持续性，从而发挥父母的影响作用，让父母成为孩子阅读的指导者。

（三）承担社会教育职能，探索馆校合作新模式

公共图书馆与学校的基本属性不同，但在"双减"政策下，两者有着共同的使命，即提升青少年的阅读能力，养成终身学习的习惯。公共图书馆要利用馆藏资源优势，积极承担社会教育职能，探索馆校合作新模式。苏州图书馆依托总分馆制开展馆校合作就是一个可供借鉴的例子，通过在学校图书馆设立分馆，提供专业指导，共享公共图书馆业务管理系统，实现总馆与学校分馆通借通还，增强了学校图书馆的图书资源，提升了服务水平。同时，还可以创新志愿服务方式，派遣馆员作为文化志愿者进入校园，指导学校设置阅读课程、组织阅读推广活动，帮助老师开展阅读教学，发挥公共图书馆社会第二课堂的作用。

（四）运用新媒体平台，开展多元阅读推广

青少年好奇心充沛、探索能力强，对于电子产品和科技网络具有先天优势，新媒体平台已经成为公共图书馆阅读推广的重要平台。一方面，公共图书馆应积极拓展阅读推广服务平台，减少访问限制，利用官方网站、微信公众号、微博、抖音、哔哩哔哩、小红书等新媒体平台，开展线上阅读推广活动，分享阅读方法，与青少年读者和家长建立良好的互动。如江西省图书馆在抖音开设官方账号，上线"书香江西""赣图荐书"等栏目，为读者推荐书籍，收获 36.9

万粉丝。另一方面，对读书会、书展等传统阅读推广活动进行创新，可以在进行传统线下书展的同时，推出网络直播、云逛书展等丰富多彩的线上服务，实现线上、线下同时开展，帮助青少年及其家长构建随时随身阅读学习的空间，培养良好的阅读学习习惯，让少年儿童阅读的积极性、主动性与参与度大大提升。

五、结语

综上所述，公共图书馆要把握"双减"政策带来的机遇，积极作为，创新服务理念，继续探索共建合作机制，提升青少年阅读推广服务质效，发挥公共图书馆社会教育职能，为青少年的健康成长保驾护航。

参考文献

[1] 高泉泉."双减"政策下公共图书馆提升青少年阅读服务工作的现状与发展策略 [J]. 河北科技图苑，2022，35（5）：29-34，28.

[2] 程焕文. 图书馆的价值与使命 [J]. 图书馆杂志，2013（3）：4-8.

[3] 张晓翔. 公共图书馆展览服务助力体验式阅读推广：以"上海图书馆展览活动"为例 [J]. 新世纪图书馆，2021（8）：32-36.

[4] 白亚丽. 公共图书馆法视野下的公共图书馆与中小学合作构想——以甘肃省图书馆为例 [J]. 甘肃科技，2020（12）：78-80.

[5] 朱芸，吴爱武，向君."双减"政策背景下公共图书馆开展家庭阅读推广活动的研究 [J]. 图书馆理论与实践，2023（1）：131-136.

[6] 孙祝丽，黄蓉."图书馆+拓展课程"：未成年人传统文化阅读推广的探索与实践——以绍兴图书馆为例 [J]. 图书馆研究与工作，2020（4）：63-66.

[7] 韩亚光."双减"政策驱动下图书馆的功能定位与服务策略研究 [J]. 河南图书馆学刊，2023，43（6）：138-140.

[8] 刘爽. 公共图书馆开展合作的路径与策略 [J]. 图书馆界，2017（3）：59-61，69.

[9] 丁乙."双减"背景下公共图书馆阅读推广思考 [J]. 办公室业务，2023（6）：176-177.

乡村振兴战略下的基层图书馆建设研究

柴景梅

（武汉市武昌区图书馆 430061）

摘 要：基层图书馆作为乡村重要的基础设施，其在乡村振兴战略发展中发挥重要作用。本文立足乡村振兴战略发展，分析基层图书馆建设的价值，进而具体探讨基层图书馆建设的实践策略，以期为进一步推动乡村振兴提供参考。

关键词：乡村振兴战略；基层图书馆；建设

乡村振兴战略的实施主要是为了发展乡村经济文化，强化乡村精神文明建设，改善乡村居民生活。基层图书馆作为乡村振兴的重要阵地，其对乡村经济发展、文化传播、文明建设等方面均发挥重要作用。但是目前基层图书馆建设水平未能满足乡村振兴战略发展的要求，缺乏整体规划与布局，图书馆活动形式单一，缺乏完善的制度体系，影响基层图书馆在乡村振兴战略中的积极作用。因此，有关部门要加大基层图书馆建设力度，根据乡村振兴战略需求，完善与改进建设策略。

一、基层图书馆建设在乡村振兴战略发展中的价值

（一）有利于促进乡村文化传播

乡村振兴战略发展中文化振兴是重要内容，其主要是指做好乡村文化建设与文化传承，让优秀的乡村文化得到有效传播与发扬。基层图书馆在乡村文化建设与传播过程中发挥重要价值，具体体现在以下几方面：（1）基层图书馆通过开展各类文化活动，能够发挥好其在乡村振兴战略发展中的知识传播、社会教育的文化振兴作用。（2）基层图书馆的建设为乡村优秀的物质文化与非物质文化提供了良好的保管与传播平台，可以将乡村地区特有的手工艺品、文化古迹等收集起来，在保存优秀乡村文化的同时，开展文化展览活动，加深人们对优秀乡村文化的认知，促进乡村优秀文化的传承和发展。由此可见，加强基层

图书馆的建设对促进乡村文化振兴有重要价值。

（二）有利于带动乡村产业发展

产业振兴是乡村振兴战略中的重要组成部分，其对发展乡村经济、提升乡村居民生活水平有重要的促进作用。基层图书馆建设对乡村产业振兴同样有重要价值，其具体体现在以下几方面：（1）基层图书馆建设中，在借助自身资源优势的基础上，与县级以上公共图书馆进行合作，不断丰富图书馆资源，开展图书下乡、信息服务下乡等活动，为乡村产业发展打下扎实的文化知识基础。（2）基层图书馆建设中，可以根据当地产业发展需求，邀请相关领域专家或技术人员，下乡开展科普讲座或者技能培训等活动，为乡村的产业发展提供技术支持。基层图书馆还可以利用自身优势为乡村产业发展做好宣传，打造具有特色的乡村产业品牌形象，为提升乡村产业知名度做出贡献。与此同时，借助基层图书馆的大力宣传，能够吸引更多人才回乡创业，共同助力乡村振兴发展。（3）基层图书馆的建设还能够为乡村产业振兴打造综合性发展平台，深度融合乡村文化、乡村特产、乡村创意产品、乡村旅游等，不断丰富乡村产业发展方向，构建完善的乡村产业链，为乡村产业持续健康稳定发展提供保障。

（三）有利于推进乡村文明建设

乡村文明建设也是乡村振兴的关键途径，乡村文明具有自身的特色，其主要是指淳朴的乡风，包括热情好客、邻里有爱、互帮互助、尊老爱幼等，乡村文明建设在提升乡村文化生活品质上同样有重要作用。基层图书馆的建设在推进乡村文明建设方面具有重要价值，比如，可以通过开展以精神文明建设为主题的多元化活动，让乡村居民逐渐习惯使用文明用语，养成文明习惯，构建文明生态与文明家风。借助基层图书馆建设将城市优秀文明引入乡村，拉近城乡距离，丰富乡村精神文明建设内容。由此可见，基层图书馆建设在提升乡村居民文化生活品质以及促进乡村乡风文明建设方面发挥着积极作用。

二、乡村振兴战略下基层图书馆建设的措施

（一）完善基层图书馆整体规划和布局

乡村振兴战略下基层图书馆建设中应做好整体规划布局，为基层图书馆充分发挥乡村振兴职能提供保障。相关部门应根据各地乡村的实际情况，从以下几方面做好基层图书馆整体规划布局。

1. 明确基层图书馆建设目标

相关部门要立足乡村振兴战略发展要求，对基层图书馆建设目标进行明确，一方面，基层图书馆的建设应该能为乡村精神文明建设起到助推作用，可以为乡村提供图书借阅服务、开展多元化阅读推广活动以及文化活动等，进而提升乡村居民知识水平和文化素养，改善居民的生活习惯，打造文明乡村。另一方面，基层图书馆要围绕乡村产业振兴，针对性丰富图书馆资源，创新图书馆服务功能，使图书馆可以为乡村产业振兴、文化振兴、文明建设等提供个性化服务。

2. 多元合作实现基层图书馆资源统筹

基层图书馆主要是依靠馆内资源为乡村提供服务，借助文化知识传播、推广与交流，达到启迪乡村群众智慧、开阔其知识视野、提升其文化素养的目的。在开发多元合作实现资源统筹管理的过程中，一方面是要不断改革与创新乡村文化机制，使乡村区域范围内的各种文化馆、图书馆、艺术馆等实现有效合作，共同挖掘乡村特色文化，在产品开发、服务等方面实现差异互补，不断完善乡村文化资源。另一方面是要对民办文化服务机构给予足够的支持和帮扶，鼓励更多社会力量参与到乡村公共建设中，从而实现乡村地区基层图书馆资源的统筹管理。

3. 加强基础建设，提升基层图书馆服务水平

乡村振兴背景下，基层图书馆建设中需要有足够的基础设施作为支持，相关部门要加大对基层图书馆建设的投入力度，根据乡村实际情况，进行基础设施建设的整体规划，完善乡村路网布局，健全基层图书馆服务体系，为充分发挥基层图书馆在乡村振兴中的职能作用奠定基础。一方面，相关部门根据乡村经济、文化等的发展现状，合理规划文化广场、综合文化站、阅览室、基层图书馆、文化馆、体育馆等的布局，确保公共设施建设水平符合乡村振兴战略发展要求，为提升基层图书馆服务水平提供帮助；另一方面，加强基层图书馆信息化建设，引进先进的信息技术、数据技术、智能技术等，构建信息化基层图书馆平台，为乡村群众提供更加便捷的、特色的图书馆服务。与此同时，基层图书馆还应与社会组织与团队进行良好的战略合作，汇集多方力量共同为乡村振兴战略发展提供良好的图书馆服务。

（二）丰富基层图书馆活动形式和内容

基层图书馆在乡村振兴战略中发挥作用，主要是依靠开展各种图书馆活动来实现，从目前基层图书馆建设情况来看，活动形式和内容相对单一，在一定

程度上影响基层图书馆职能作用的充分发挥，因此，有关部门需要从丰富活动形式和内容的角度出发，加强基层图书馆建设。具体可以从以下几方面实施。

1. 构建基层图书馆网络平台，开展网络化的图书馆活动

在信息时代，互联网技术、信息技术对促进乡村振兴发展有重要作用，基层图书馆建设中也应积极运用"互联网+"模式，不断丰富基层图书馆网络资源，推出线上线下相结合的基层图书馆文化活动，比如，开展线上直播讲座活动、线上图书推广活动等，还可以开展具有较强专业性、针对性的课程讲座，给乡村群众讲解有关农业发展、科技发展等方面的专业知识和技能，这些生动形象的视频课程更容易加深群众的理解。此外，基层图书馆网络平台可以为乡村群众提供智能化图书馆服务，根据读者需求制订个性化阅读方案，结合读者喜好推送相关信息资源。基层图书馆网络平台的构建，为其与大型图书馆合作提供了便利，通过互联网实现图书馆信息资源的整合与共享，不断丰富、完善基层图书馆的馆藏资源。创新"图书馆+"服务模式，打造更具个性化的基层图书馆服务体系，给乡村群众带来更好的阅读体验，为开展线上图书馆多元化文化活动提供保障。

2. 挖掘乡村特色丰富活动内容，打造特色的基层图书馆活动项目

基层图书馆建设中应充分利用乡村特色资源优势，采取多种举措，实施开展多样化特色阅读活动，明确活动主题，丰富活动内容，鼓励全民参与，打造图书馆特色活动品牌。一方面，基层图书馆可以在乡村文化站、阅读室、读书屋等基础场所开展法律讲堂、技能讲座、朗诵会以及读书沙龙等活动，围绕某一主题，整合活动资源，提升活动开展效果。另一方面，基层图书馆应以乡村振兴发展需求为核心，针对培养乡村人才、发展乡村教育、提升群众素养等方面开展读书活动。针对不同人群设计开展不同主题、不同形式的读书活动，提升乡村居民整体文化素养。

3. 做好基层图书馆文化活动的宣传和推广工作

乡村振兴战略下，基层图书馆活动开展的效果离不开前期的宣传和推广，借助多种媒体的宣传，使乡村沉浸在浓郁的阅读氛围中，激发乡村群众参与阅读活动的积极性。有关部门要将融媒体与基层图书馆建设相结合，借助融媒体实现基层图书馆文化活动的宣传。一方面，基层图书馆通过搭建新媒体平台，为读者营造良好的互动交流空间，将最新的图书馆活动信息公布到新媒体平台中，借助宣传短片使读者了解活动的主要内容、形式、主题及意义。引进 VR 技术，帮助文化水平低的读者获取所需信息，为其提供智能化阅读服务。另一方面，基层图书馆利用微信公众号、自媒体、新媒体、门户网站等做好公益广告

的宣传和推广工作，以此营造人人读书的文化氛围，强化乡村精神文明建设。此外，根据乡村实际情况，成立读书日，定期开展读书会，鼓励群众积极参与读书分享和讨论，激发其阅读热情。在文化宣传推广中也可以利用地方电视台、广播等进行，最大限度提升宣传和推广的效果。

（三）加强基层图书馆制度体系的建设

完善的制度体系是保障基层图书馆正常运行与提升其服务质量的关键，结合乡村振兴战略要求，基层图书馆相关工作人员要落实好制度体系的建设与完善，具体可以从以下几方面落实。

1. 完善人才建设机制

人才建设是基层图书馆建设中的重要内容，特别是在乡村振兴战略下，对基层图书馆工作人员的要求不断提高，引进专业人才、提升工作人员技术及能力水平，是保障基层图书馆建设发展的关键。一方面，要成立健全的培训机制，通过培训提升工作人员图书管理专业知识和专业技能，根据不同岗位工作需求，制订针对性培训计划，帮助工作人员制订合理的职业生涯规划，采用有效激励措施，帮助工作人员更好实现人生价值；另一方面，与专业院校合作，共同培养专业的图书馆人才。

2. 完善服务机制及监督机制

基层图书馆建设的最终目的是为乡村振兴战略发展提供服务，要加强服务机制建设，明确服务标准和服务范围，使工作人员能够具备良好服务意识，根据乡村群众的阅读需求、当地的产业发展、文化发展以及精神文明建设需求，提供个性化的服务，保障服务管理水平。与此同时，基层图书馆要构建健全的服务监督机制，开通电话、网络平台、公众号等多种监督反馈渠道，接受群众的意见反馈，加大对基层图书馆的监督力度。此外，上级部门要对基层图书馆做好定期检查和指导，指导其内部事务的处理，保障基层图书馆正常运转。

三、结语

综上所述，创新乡村振兴战略中发展乡村文化是重要的内容之一，对提升我国社会整体素质水平、促进乡村精神文明建设等至关重要。有关部门要充分认识到基层图书馆建设在乡村振兴中的重要价值，分析当前基层图书馆建设中存在的问题，通过加大图书馆建设投入力度，完善基础设置，优化人才队伍以及丰富图书馆文化活动形式，加强图书馆活动宣传推广以及构建健全的基层图书馆制度体系等，提升其建设水平，为基层图书馆在乡村振兴战略中发挥应有作用提供保障。

参考文献

［1］苏雅.基于乡村振兴战略的基层公共图书馆建设［J］.文化产业，2022（24）：77-79.

［2］刘京京.乡村振兴战略下的基层图书馆建设［J］.山西农经，2022（2）：139-141.

［3］邓玉祥.乡村振兴战略下乡村图书馆建设研究［J］.河北科技图苑，2021，34（4）：9-13.

共同缔造理念下基层图书馆高质量发展路径研究
——以来凤县图书馆为例

李树林

（来凤县图书馆　445700）

摘　要：图书馆高质量发展成为时代要求，为破解基层图书馆高质量发展之困，本文在高质量发展观和共同缔造理念的指引下，描绘了共同缔造理念下基层图书馆高质量发展的模式，阐述了来凤县图书馆的初步做法，以求为广大基层图书馆找到高质量发展的方法路径。

关键词：共同缔造；基层图书馆；高质量发展

一、前言

（一）政策背景

2017 年 10 月 18 日，习近平总书记在党的十九大报告中提出，我国经济已由高速增长阶段转向高质量发展阶段。各行业、各领域纷纷高举高质量发展大旗，谋求高质量发展之路。2022 年 10 月 16 日，习近平总书记又在党的二十大报告中提出，高质量发展是全面建设社会主义现代化国家的首要任务。发展是党执政兴国的第一要务。没有坚实的物质技术基础，就不可能全面建成社会主义现代化强国。必须完整、准确、全面贯彻新发展理念，坚持社会主义市场经济改革方向，坚持高水平对外开放，加快构建以国内大循环为主体、国内国际双循环相互促进的新发展格局。全国上下进一步聚焦高质量发展这一主题，保持战略定力，牢牢把握发展主动权，开始在中国式现代化建设新征程上，续写新的更大的发展奇迹。

（二）必要性分析

2021 年 3 月 8 日，文化和旅游部、国家发展改革委、财政部三部委联合印发了《关于推动公共文化服务高质量发展的意见》（以下简称《意见》），全面阐述了公共文化服务高质量发展的内涵。图书馆作为公共文化服务体系的重要组成部分，《意见》自然成为图书馆高质量发展的总体蓝图和行动指南。2023年2月12日，文化和旅游部党组书记、部长胡和平在全国推进公共文化服务高质量发展工作会议上明确指出，要着力提升公共文化服务品质，建设高水平图书馆，打造更高水平的基层公共文化空间。图书馆高质量发展成为当前和今后一个时期的重要课题。

二、基层图书馆高质量发展的内涵和面临的主要问题

（一）基层图书馆高质量发展的内涵

图书馆高质量发展，就是借鉴高质量发展的思想，实现图书馆全要素的高质量，具体体现为以下几点：

1. 馆藏高质量

图书馆馆藏资源是图书馆赖以生存的物质基础，高质量的馆藏资源才能满足读者高质量的阅读需求。基层公共图书馆的馆藏资源高质量，就是要突出综合性和通用性，馆藏发展尽可能地满足读者的信息需求，做到基础学科、边缘学科、地方特色文献的全面收藏。

2. 人员高质量

所谓人员的高质量就是图书馆员的高素质。图书馆员是图书馆服务的主体，没有高素质的馆员，图书馆高质量发展就无从谈起。基层公共图书馆馆员应具备较强的专业能力，包括图书情报专业知识、计算机和网络应用技术、信息资源开发利用能力、一定的外语水平、较强的服务能力。

3. 管理高质量

高质量的管理是图书馆高质量发展的助推剂。高质量的管理就是要确保图书馆运行实现标准化、人性化、科学化。作为基层公共图书馆，要尽可能地组织、发挥图书馆中物力、人力、财力等资源的功能，谋求馆内运行高效率。同时，注重发展"图书馆+"，进行跨行跨域的融合管理，实现开放发展。

4. 服务高质量

高质量的服务是图书馆高质量发展的终极目标。传统的图书馆服务主要是文献借阅，高质量的服务应对传统服务进行扩充和创新，提供多元的信息服务、交流服务、培训服务、文艺服务等。

（二）基层图书馆高质量发展面临的主要问题

目前，基层图书馆面临的较为明显的制约瓶颈主要有经费保障不足，购书经费及书刊入藏量少；专业人才缺乏，专业采编人员、系统网络设计与维护人员、古籍保护专业人员等相对匮乏；信息服务水平偏低，科技赋能手段不多，智慧化建设程度不高。

三、共同缔造理念下基层图书馆高质量发展的模式研究

（一）共同缔造的内涵

共同缔造产生于云浮，成熟于厦门，推行于沈阳和其他省区市建设系统。2022 年 5 月，中央办公厅、国务院办公厅印发《乡村建设行动实施方案》提出："完善农民参与乡村建设机制。在乡村建设中深入开展美好环境与幸福生活共同缔造活动。"2022 年 6 月，湖北省第十二次党代会报告提出要"广泛开展美好环境与幸福生活共同缔造活动"。

共同缔造的核心在共同，共同是一个整体性概念，涉及一个整体中的所有人，在差异中寻找"最大公约数"，在分化中凝聚共识。共同缔造的真谛是缔造，缔造是一个从无到有的行动概念，指创立、创造、创新等行动。共同缔造既是认识论又是方法论，其核心和实质是组织群众、发动群众，最大限度凝聚人心，凝聚力量，共同实现美好目的，让群众在"共谋、共建、共管"中"共享"。

（二）共同缔造理念下基层图书馆高质量发展的目标与行动策略

1. 目标

共同缔造理念下基层图书馆高质量发展的最终目标是转变过去"靠政府"的观念，变为"靠大家"更为灵活的方式，探索图书馆社会力量分馆、阅读推广联盟、图书馆之友、图书馆基金会、社会化运营等公共图书馆与社会力量合作模式，培育有责任心、有文化情怀的文化类组织和志愿者队伍，吸引多元主体共同参与图书馆建设、管理，解决基层图书馆发展中遇到的困难和矛盾，形成共谋、共建、共管、共享的可持续发展的图书馆发展模式，最终使广大读者能够有更多获得感、幸福感。

2. 行动策略

在决策上，坚持问题导向、需求导向，汇聚广大读者智慧，凝聚发展共识。通过走访、座谈等形式，倾听读者心声，找准读者真实需求。积极搭建读者参与议事的平台，发挥阅读俱乐部、读者会等群众组织作用，让广大读者能参与

图书馆建设的协商共谋，形成推动发展的方案。

在建设上，以读者集中需求为重点，激发读者的主人翁意识，调动党政机关、群团组织、社会组织、企事业单位、志愿者、公益组织等各方力量共同参与，通过成立阅读协会、朗诵兴趣活动小组，以"图书漂流"等方式，将读者发动起来、组织起来，提供人力、物力、财力、智力支持，增强共建合力。

在管理上，从组织架构上出发，实现图书馆建设管理体制全覆盖。从图书馆自身的单向行政化管理转变为社会广泛参与，由单一主体建设管理到多元主体共建共管，进一步理顺职能，明确职责，创新方式，提高图书馆建设、管理能力，拓展服务内容，提升服务质量。

在享有上，引导读者建立和完善成果共享规则，让广大读者共同享有图书馆提供的丰富多彩的文化服务，深入推进阅读推广活动，打造各具特色的阅读品牌，增强图书馆事业发展的浓厚社会氛围。

四、共同缔造理念下基层图书馆高质量发展

（一）共谋

1. 找准读者需求

来凤县图书馆坚持读者至上，全体工作人员常态化开展读者走访活动，通过座谈、电话等形式，倾听读者心声，找准读者真实需求，有针对性地开展"预约服务""上门办证""解答咨询"等服务。2022 年以来，全馆 14 名工作人员走访读者 2000 余人次，收集问题意见 200 余条。

2. 搭建交流平台

来凤县图书馆根据实际，建立起读者交流会为主要形式的交流平台，发挥读者交流会的作用，自主研究解决图书馆存在的相关问题。2022 年以来，来凤县图书馆开展读者交流活动 12 次，解决问题 34 个。

3. 凝聚读者智慧

来凤县图书馆通过开设微信公众号和设置联络电话、邮箱、留言簿等，让每一名读者都能参与到图书馆事业发展中来，能够随时参与共谋协商重要事项，凝聚读者智慧和力量。2022 年 7 月，面对地方民族文化类文献资料不足的问题，广大读者纷纷提出建议，最终通过接受捐赠的方式，有效解决问题。

（二）共建

1. 发展大事读者决定

来凤县图书馆把阅读环境、功能布局、文献信息、服务项目等图书馆发展

大事的决定权交给读者，全面激发读者参与热情。近年来，应广大读者要求，在机关单位、学校、农村建设基层服务点 26 个。2022 年，在图书资料采购时，广泛征求读者、专家以及相关行业组织对文献采购类别、数量等方面的意见，做到让读者满意。

2. 参与方式灵活多样

来凤县图书馆让读者成为图书馆的主人，广大读者可以根据实际情况，参与"我为图书馆发展献一计"、捐赠图书、担任义务图书管理员等志愿服务。据不完全统计，2022 年，来凤县图书馆共有 62 名读者以不同形式参与到了图书馆的发展建设中。

3. 广泛凝聚共建合力

来凤县图书馆协调发改、教育、人社等部门在各自职责范围内参与图书馆管理有关的工作，运用网站、广播、电视等媒体加强图书馆的宣传，鼓励支持公民、法人和其他组织等社会力量参与图书馆建设，增强共建合力。2022 年以来，在社会力量的参与下，开展活动 65 场，受交、受赠图书 2000 余册。

（三）共管共享

1. 建立共管机制

来凤县图书馆建立起读者参与管理机制，对图书馆的运营和管理进行监督。目前，已吸纳热心公益事业、热爱阅读、责任心强、自愿参与服务与管理工作的 5 名志愿者进行书籍管理、前台值班、处理投诉信息、组织图书馆志愿者等多个领域的日常工作。

2. 修订行为规范

来凤县图书馆通过积极组织读者交流会议修订读者行为规范，让读者自己拟定标准。将"爱护图书馆的文献信息、设施设备，合法合理利用文献信息；妥善保管借阅的文献信息并按照规定期限归还；遵守文明行为规范，服从管理，不得扰乱图书馆秩序、影响其他读者"等纳入读者行为规范，广大读者互相监督、共同践行。

3. 建立共享规则

来凤县图书馆引导读者建立和完善成果共享规则，让读者形成共同建设、共同管理、共同享有的意识，让读者通过管理、参与等多种方式在共同建设中得到实实在在的"红利"，平等享有图书馆完整的设施与服务，各类文化活动，使共建成果最大限度惠及读者。

五、结语

本文以来凤县图书馆发展为例，以共同缔造理念与观点为核心，得出基层图书馆高质量发展的共同缔造路径。采用以读者现实需求为导向，培养社会参与决策的意识，通过多方参与，集思广益，谋求图书馆高质量发展，力争改变基层图书馆举步维艰的发展局面，解决基层图书馆发展面临的问题，让基层图书馆在发展上更具有可持续性，探索打造出多方参与、合作共赢的基层图书馆发展新模式，为其他基层图书馆高质量发展提供借鉴和参考。

参考文献

［1］习近平著作选读［M］. 北京：人民出版社，2023.

［2］李后卿. 图书馆高质量发展的要素解析［J］. 高校图书馆工作，2022（4）：7-11.

［3］冯勇财. 西部基层图书馆高质量发展的内涵与策略［J］. 国家图书馆学刊，2021（5）：3-15.

［4］中国图书馆学会. 县级图书馆生存发展启示录［M］. 北京：北京图书馆出版社，2007.

［5］住房和城乡建设部. 农村美好环境与幸福生活共同缔造工作指南［M］. 北京：中国建筑工业出版社，2019.

乡村振兴视域下基层公共图书馆
文化服务体系建设路径探索

柴景梅

（武汉市武昌区图书馆　430061）

摘　要： 基层公共图书馆是我国公共文化设施建设中重要的一部分，做好基层公共图书馆的文化服务体系建设工作关系到基层文化事业的发展。在乡村振兴战略中基层公共图书馆肩负着重大使命，是为基层人民群众提供文化产品和服务的重要途径之一，但是当前图书馆文化服务体系建设相对薄弱，存在较多的问题，需要有针对性地解决问题提升建设水平，这样才能为乡村振兴提供精神文化支撑。

关键词： 乡村振兴；公共文化；图书馆建设

在乡村振兴战略中，文化振兴是基础与前提，只有文化振兴才能带动生态振兴和人才振兴，为乡村建设带来勃勃生机和源源不断的活力。在乡村振兴大背景下，基层公共图书馆是文化建设的主要阵地，加强图书馆文化服务体系建设能够充分推动文化传播、教育宣传等工作的有效开展，增强乡村文化的多元化。基层公共图书馆文化服务体系建设方面还存在着一些问题，发展模式较为落后，当前在乡村振兴中未能充分发挥其优势。因此，在新时期，在乡村振兴的大背景下，要加强其文化服务体系的构建与完善，为人民群众提供更加优质的文化服务。

一、基层公共图书馆文化服务体系建设的现状及存在的问题

基层公共图书馆是一种基层公益性图书馆，为基层人民群众提供公益性的文化服务，是我国文化建设网络中的重要组成部分。因此，在乡村振兴战略中，应该注重基层公共图书馆文化服务体系建设。但是，当前在基层公共图书馆文化服务体系建设中存在着许多问题，主要表现在以下几方面。

（一）基层公共图书馆资金、人员不足

基层公共图书馆是属于社会事业的一部分，发展图书馆文化服务事业应该作为一种社会事业来办，需要各级政府给予一定的人力、物力支持。但是在现实发展中，基层公共图书馆面临着资金和人员不足的发展困境。基层公共图书馆在筹备、发展中都需要有大量的资金和人员投入，文化服务体系建设是一项长期工程，需要长时间投入才能取得一定的成效，但是在实际工作中，公共图书馆在筹备、建设和管理中，通常由各基层政府负责建设。一些基层政府领导对于公共图书馆的建设工作不重视，对文化服务体系建设的认识不正确，以致在工作中出现资金和人员短缺的问题。通常在建设中初期购买大量的图书，建立起图书馆之后，对于后续图书的更新、维护和发展都不重视。在人员管理方面，缺乏专业的图书管理专业人员，图书管理人员的薪酬难以保证，导致图书管理人员数量不足，管理人员素质参差不齐，有的存在对待工作态度不认真，管理能力欠缺等问题。另外，图书馆工作人员存在自身服务意识薄弱的问题，缺乏图书信息资源整合、共享意识。

（二）基础设施建设管理不够完善

基层政府部门为公共图书馆的建设提供了一定的资金支持，但是依然存在支持力度不足导致公共图书馆建设多个项目难以有效开展，尤其是在文化服务体系建设项目中，基础设施建设缺乏，限制了乡村文化发展，难以有效为基层人民群众提供高质量的文化服务。当前，全世界都处于信息化的时代，数字化建设层位基层公共图书馆发展的趋势，文化服务体系建设离不开数字化的支持，但是基层缺乏先进的技术手段和资金支持，导致图书资源和文化服务共享受到限制。近年来，我国各地都在大力建设基层公共图书馆，但是建成后存在基层公共文化空间利用率低，基础设施闲置、浪费的情况。基层领导及主管机构对基础设施后续管理、监督维护不力，导致基层公共图书馆出现了基础设施老化、闲置，造成了管理人员被抽调的情况。这些情况导致基层文化建设工作开展困难。

（三）教化功能缺位

基层公共图书馆的发展有着自身的职责与利益诉求，受资金和人员缺乏的限制，导致其教化功能难以充分实现。公共图书馆在管理方面存在一定的问题，县级公共图书馆与乡镇的书屋联系不够紧密，在提供文化服务和文化帮扶活动中存在较大的阻力。同时，在基层公共图书馆文化服务体系建设中，缺乏对基层文化服务现状的深入调研，对实际情况和问题了解不深入，对乡村文化振兴中遇到的瓶颈掌握不足，导致基层公共图书馆文化服务体系建设方面缺乏针对性，难以实现符合大部分基层人民群众的实际文化需求。因此，在文化服务建设开展过程中既不能获得基层人民群众的广泛关注，也难以与人民群众产生思想共鸣。另外，在文化服务建设过程中，没有充分挖掘乡村特色文化，为人民群众提供的文化服务不贴近现实生活，难以得到广大人民群众的认可，文化活动开展有效性不足，村民参与度较低。

二、乡村振兴视域下基层公共图书馆文化服务体系建设的作用与意义

基层工作图书馆文化服务体系建设有助于繁荣发展乡村文化。乡村文化的发展和繁荣是实现乡村振兴的必然之举。乡村文化是广大村民在劳作、生活中创造并传承的物质和精神成果的总和，其中包含了道德品行、思想情感、风俗习惯、认知模式等，能够直接反映村民在处理邻里关系和劳动工作中的处事风格和价值评价，是村民生存和发展的精神寄托。新时期，伴随着社会主义现代化建设的推进，我国农村发展取得了前所未有的成就，社会和谐稳定，人民安居乐业，生活水平显著提高。但是，在文化建设方面还存在着许多问题。网络的快速发展，西方思想不良文化和价值观念在农村悄然发展，对农民的思想形成了一定的渗透和破坏，同时，我国还是一个多民族国家，民族文化和乡村文化多样，在现代化发展进程中存在一定程度上的传承断层、裂变、衰落和消亡，以至于一些地区乡村文化出现问题，亟须改变和重塑。例如，当前受消费主义的影响，有些村民出现了享乐主义和拜金主义思想，甚至对于那些无私奉献、诚实守信、勤俭节约的村民进行嘲讽。还有些村民法律法规意识淡薄，有时候会做出一些不符合法律法规规定的行为，严重影响到社会公德建设。这些问题的出现无不提醒我们乡村文明式微，乡村文化在发展中出现了问题，需要重塑。基层公共图书馆作为传播文化的主要阵地，在乡村公共文化建设方面有着重要的作用。基层公共图书馆作为文化传播的重要载体，通过加强文化服务体系建设，提升自身文化服务能力，为人民群众提供高质量的文化服务和产品，是助推乡村文化振兴重要的力量，有助于繁荣发展乡村文化。新时期，基层公众图书馆应该扎根基层，充分挖掘当地文化特色，传播社会主义先进文化，在乡村振兴战略的实施中，勇于担当，积极作为。

三、基层公共图书馆文化服务建设创新举措

（一）加强资金支持和队伍建设，提高馆员素质

基层公共图书馆作为乡村文化振兴的重要途径之一，需要强有力的资金保

障和人员支持。首先，各级政府要对基层图书馆建设给予足够的重视，保证资金支持。一是将基层图书馆建设资金纳入政府年度发展目标中，财政层面保障资金的投入。二是合理使用各项资金。公共图书馆领导层要合理利用资金，确保文化服务体系建设资金投入。三是充分发挥政府部门的主导作用，在文化服务体系建设资金使用中严格监督其落实情况及资金使用情况，避免出现资金使用不当的混乱局面。其次，加强基层图书馆队伍建设。一是提升图书馆工作人员的业务素质和专业能力。根据基层公共图书馆的发展要求，坚持以读者需求为核心，提高工作人员的服务意识和水平。加强公共图书馆服务人员创新服务理念教育，加强管理人员现代图书管理信息技能。二是加强工作人员的职业继续教育。通过向先进公共图书馆学习，积极推进经验交流，提升文化服务体系建设经验的融合创新，从而提高本区域内的文化服务建设。三是保证公共图书馆工作人员的工作能力和业务素质。优化人员上岗流程和途径。基层图书馆作为事业性服务机构，要确保工作人员持证上岗，在招聘时尽量选取图书馆学习背景的工作人员，同时建立和健全从业资格考核制度，从源头提升工作人员的素质。在后续的人员管理中，要持续开展继续教育与定期考核的做法，单位可以邀请专业的人员讲授文化服务方面和图书管理的知识，明确人员工作述职制度和流程，积极开展年度工作述职活动。

（二）完善基础设施建设

在大数据时代，基层公共图书馆文化服务体系建设内容庞杂，因此需要完善基础设施建设。第一，加强数字图书馆建设。通过数字化的形式加强对馆藏图书海量数据信息的分析，加大信息技术应用力度，明确乡村振兴视域下基层人民群众对文化的需求，以便更好地为人民群众提供有针对性的文化服务。第二，更新传播方式，加强信息化传播建设。新时期，图书馆在文化服务建设中应实现传播方式多样化建设，实现传统传播方式与现代传播方式相结合，满足各年龄层群众对于文化服务的需求。实现传统媒体与"两微一端"等新媒体的有效融合，做到信息传播的全覆盖。多样化宣传文化下基层活动，在本辖区营造良好的活动氛围。第三，设定总分馆制，推进图书流动服务。在乡村振兴战略下，推进图书流动服务能够大力提升文化服务水平。基层公共图书馆通过设立总分馆的发展模式，助推图书的流动，让人民群众有选择性地接受文化服务，加速资源共享效率，实现优势互补效果，提高基层图书馆和各图书屋的公共文化服务，进一步拉近与公众的距离，满足人民群众对文化产品和服务的现实需求。通过总分馆制建设，实现公共图书馆服务内涵的延伸，不断拓展文化服务发展空间，提高图书馆文化服务的主动性与优质性。

（三）积极融入当地精神文明建设与全民阅读工作，发挥教化功能

基层公共图书馆是在各级政府的领导管理下为本辖区的人民群众提供文化服务，因此在文化服务体系建设方面应坚持因地制宜，积极融入当地精神文明建设工作中，将公共图书馆的文化服务建设工作与其他领域的精神文明建设工作紧密联系，充分发挥教化功能。第一，基层公共图书馆要合理利用馆藏图书，应充分利用世界读书日、宣传周等活动，结合当地文化特色积极筹划宣传活动和读书活动，融入精神文明建设工作中，营造出倡导全民读书的活动氛围，助力乡村文化振兴。同时，还可以举办寻好书、读好书的主题活动，在乡村开展图书阅览与捐赠活动，为人民群众提供图书阅读等服务。第二，创新连接本地区的基层公共图书馆，实现资源共享，实现本地区阅读服务的统一性与联动性。结合公共文化领域内最新的研究成果，对本地区基层公共图书馆内的图书资源和信息资源进行整合和科学选取，有效推进公共文化服务建设。第三，推助全民阅读，发挥教化功能。基层公共图书馆文化服务体系的目的是实现全民阅读，为人民群众提供所需的文化服务。图书馆文化服务具有极强的包容性与开放性，可以选取一定的文化主题开展阅读专题和专题文化服务，提升全民参与度，唤起人民群众的阅读兴趣，助力文化振兴，还能够在举办专题活动的同时提升图书馆的学术与服务水平，提高基层公共图书馆文化服务体系建设能力。

四、结语

公共图书馆为文化传播的重要途径之一，是乡村振兴战略下基层文化服务建设的主要力量。图书馆以其包容性和开放性为发展特点，为人民群众提供学习知识、提升文化素质的文化服务和场地，提高基层人民文化素养，繁荣基层文化，促进乡村文化振兴，为我国文化复兴贡献了力量。

参考文献

[1] 龙松. 现代公共文化服务体系建设与公共图书馆发展 [J]. 中国航班，2021（17）：105-106.

[2] 祁红. 谈图书馆公共文化服务体系建设创新 [J]. 大庆社会科学，2022（3）：124-127.

基于高校多层次帮扶就业工作模式的
图书馆服务探索[*]

张 兵

（武汉商学院图书馆　430056）

摘　要： 本文总结了当前高校毕业生就业工作存在的现实问题，提出了高校推进就业工作的措施，并从建立包括图书馆在内的全员参与就业机制、开展服务于毕业生读者的回访调研、搭建"图书馆+就业"多措并举工作模式、图书馆与学院开拓合作育人新模式、制定就业工作激励措施等方面提出建议。

关键词： 就业工作；图书馆服务

就业是民生之本。毕业生就业工作一直以来都是高校的重点工作，关系着为党育人、为国育才的国计民生。虽然疫情过后，就业工作的环境和形势发生了一些变化，但就业问题也呈现出多样化特点。高校聚焦稳就业保就业、提升就业服务能力，需要思考举全校之力，加强包括图书馆在内的各部门联动，积极探索构建更为完善的高校毕业生就业育人新模式，促进学校专业建设和学科发展，为高校毕业生就业工作提供制度保障。

一、高校就业工作存在的现实问题

（一）人才市场供需要求不匹配

目前企业用人需求大幅减少，现有岗位仍存在持续裁员情况，而毕业生总量仍然居高不下，且有大量海外留学生回归国内就业市场，就业人数的持续增加，导致就业岗位供给相对较少，就业形势较为严峻。

---

* 本文系教育部产学合作就业育人项目《基于"通专融合、创新驱动、思政赋能"的商科特色人才培养实践》阶段性成果，项目编号：20220104234。

（二）毕业生慢就业缓就业趋势加重

毕业生慢就业缓就业现象一般存在四种情况。一是学生当年考研失败，心有不甘，继续二战考研；二是毕业生自我设定的考研目标定位较高，比如，金融专业学生有非上海财经大学、中央财经大学不去，一战失败就二战，二战失败再三战，已经做好了打持久战的心理准备和条件准备；三是学生目前能够找到的工作离预期目标相去较远，个人无法接受，而学生的家庭环境能够支撑其个人生活，家长也比较支持，愿意给予孩子充分的时间找到理想工作；四是存在极少数的学生既不想考研也缺乏找工作的动力，行动上不自信，思想上逃避就业的现象。

（三）高校就业工作机制需要调整

高校中，各学院就业工作的主力军是辅导员，但其实辅导员的平台资源非常有限，特别是新进的辅导员自己没有多少岗位资源，需要学校各部门、学院全员动员群策群力。辅导员在实际工作中，时刻牢记的是红线范围不可触碰。在工作中依靠打感情牌，给学生晓之以理，动之以情，分析利弊，引导学生主动寻找相匹配的岗位。如因特殊原因，辅导员、班主任所带班级临阵换"帅"，新接手的毕业班辅导员、班主任与学生联系较少，学生可能不会积极响应，工作起来较为被动。而且因为就业工作很少安排专职人员，辅导员、班主任工作变动后，就业的岗位资源也随之"带走了"。

（四）就业指导等服务方式需要优化

高校通常的做法有，在学校就业服务工作网站上实时发布相关用人单位招聘启事等信息，或组织企业进入学校开展专场招聘宣讲会为学生提供互动平台，在学校课程设置方面长期开设就业指导课程……这些方式固然有效，但仍需探索更加多元的就业工作模式和方法。

二、高校推进就业工作的建议措施

（一）建立包括图书馆在内的全员参与就业机制

就业工作需要突出以学生为中心的就业工作职能，加强组织领导。学校层面制订"多层次对口帮扶就业工作方案"，实行校领导、各部门就业工作联系责任制，强化各部门的服务职能，主动对接学院解决实际问题，多渠道、积极主动联系用人单位，包括实习单位、就业基地、校友企业、校企合作单位，挖掘各类招聘信息，开展各类线上线下招聘活动，打好多层次对口帮扶就业工作组合拳。

教辅部门也需要重视就业工作。如图书馆工作重心日益从注重馆藏向注重服务转变。支持学校人才培养的服务日益成为工作重点。图书馆需要提高主动服务就业工作的意识，为毕业生做好各项服务，为他们提供学习资源、工具使用、政策资讯等各方面的支持，通过线上线下等方式积极组织学生参加"大学生就业技能与知识竞赛"等活动。

学院方面，成立由学院党政主要领导和由专业教师组成的各专业团队的毕业生就业工作指导小组，从就业工作人员到全体教职员工全员参与就业工作，建立"学生干部—辅导员、班主任—实习指导老师、论文指导老师—教研室主任—学院领导"五级就业帮扶机制，以"就业育人"为理念，以"一对多"包干负责的方式，制定目标责任制。

（二）开展服务于毕业生读者的回访调研

在毕业生座谈会上，有学生充满感情的表达诉求：毕业后希望能够进入母校看看，希望回到图书馆看看，重温学习时光，这里充满了成长过程的幸福回忆。

诚然，学院每年会组织教师回访毕业生，目的是通过走访用人单位和毕业学生，调研人才培养方案是否符合用人单位需求，所开设的课程是否符合市场需要，帮助及时调整提升，更好地培养适应社会需要的合格人才。

而图书馆对于毕业生读者的回访调研，目的也是更好地听取意见，提升图书馆的服务质量。调研人群可以是在图书馆勤工俭学的同学，可以是经常来图书馆学习的学生，还可以是借阅排行榜前端的读者。调研方式可以与学院毕业生座谈会、校友会等时间同步，也可以采取电话调研等方式，调研内容重点立足于图书馆资源建设和服务内容。

需要提及的是，图书馆的服务价值始终应保持与高校就业目标一致。树立图书馆资源建设必须服务专业，链接市场的服务理念。加强与学院的主动沟通和联系。做到"三个有"："读者需求调研有落实，就业指导书目有提供，就业专题书展有开展。"

开展毕业生读者回访的目的是要接受毕业学生检验，及时根据毕业学生反馈意见调整资源建设方向。只有将资源建设与学生就业挂钩，扑下身子去了解已经走向社会的毕业学生的建议是什么，做到图书馆的资源能够弥补和满足目前在校学生的急需，让学生感受到图书馆的价值，这样既利于学生就业，也利于相互促进，更利于服务好地方经济发展。当然具体怎么做，做到什么程度，路很长，难度也很大，但也是长期的探索方向。

（三）搭建"图书馆+就业"多措并举工作模式

信息化时代，加强网上就业库的建设非常重要。学校搭建数字化就业云资源平台，以提供就业信息、毕业生生源简介、就业指导和就业手续一站式服务，并链接图书馆主页。

图书馆主页设置就业资源专栏，除了提供就业信息服务，图书馆的角色和工作重点，可以侧重促进学生学习、帮助学生提升信息技能等方面，特别是突破信息茧房和甄别虚假信息方面。

可以配合学院通过对毕业生开展演示宣讲，让学生熟练掌握注意事项，做好准备工作，毕业生除了能够得到学校平台及时推送的岗位信息，还可以通过平台链接到图书馆就业资源专栏，积极主动对接毕业验印工作，当然更多的作用是加强与意向单位的互动交流。

"图书馆+就业"的模式优点是手续简化，高效快捷，充分节省了学生办理各类毕业手续的时间成本，同时对提升就业率起到了助推作用。平台同时能够贯通毕业生与图书馆之间的信息通道，提升就业服务软环境。

（四）图书馆与学院开拓合作育人新模式

在图书馆角色功能方面，图书馆也可以是学生就业工作的贡献者。图书馆立足于立德树人根本任务，支持促进学生就业，同时与学院密切合作，提高学生就业概率，也是图书馆的服务工作事项。

可以借鉴先进图书馆的好做法，设立学院学生实习实践基地，提供教学支持与学生培养支持。比如，华中科技大学图书馆，2019 年作为"社会学院实习实践基地"并正式挂牌，图书馆与学院共同探索三全育人新模式。

图书馆作为学院学生的实习实践基地，可以充分发挥文献信息资源优势和知识服务优势，在科研数据支持、文献信息检索指导和讲座培训等方面，服务学院学科建设和专业人才培养。

具体而言，图书馆提供的勤工助学岗位，以关爱帮扶重点学生群体为主。与学院就业工作两相结合，重点建立经济困难学生台账，完善一人一策的工作机制，开展一对一精准帮扶。形成以辅导员为桥梁和纽带，学院教职工、图书馆馆员广泛参与，学校各部门、学院领导积极支持的就业育人新体系。充分利用高校的职工、校友等，挖掘充分的、更多的就业资源，尽可能多地帮助学生，对其进行就业指导、心理疏导、岗位推荐，以提高毕业生的综合素质和就业竞争力，直至其升学或找到工作。帮扶措施可采取多轮次多形式的方式，一直跟踪帮扶服务到学生就业。

图书馆层面的观念转变还在于发挥就业育人功能。如果勤工助学学生就业期望值偏高，则需要加强思想引领，强化学生在自我认知和社会认知上的培养和引导，做具体工作时就要跟学生讲清楚就业观念，先就业有了工作积淀和社会历练后再行择业。同时，配合学院开展毕业生就业意向调查，尽最大可能尊重学生们的就业意愿。

（五）制定学校和部门两级就业工作激励措施

学校和各部门需要加强就业育人，完善就业体系，引导建功立业。学校层面设立毕业生就业工作专项奖，除针对学院总就业率达到或超过当年全省高校平均就业率给予表彰和奖励，同时也对对口帮扶部门进行奖励。

图书馆层面，在年度奖项设置上也可以单设就业工作奖。对在促进就业工作中做出成绩的部门和个人，设立就业团队奖和先进个人奖，比如，资源建设部和参考咨询部合力，以实习基地和就业基地为抓手，在工作协作和相互融合中表现突出等。

而一线馆员，如同学院辅导员，是学生的良师益友，离学生最近，互动最密切，是学生就业工作天然的引路人和就业导师。只有通过激励措施，才能充分发挥好包括一线馆员和毕业班辅导员等教职工在稳就业工作中起到的"压舱石"作用。

学校在突出典型示范引领的同时，注重结果导向和过程考核奖励双结合，将就业工作细分并计入工作量考核，积极引导和激励各部门教职员工团结协作，用心、用情参与就业工作。

三、结语

面对当前就业形势，高校通过建立包括图书馆在内的多层次多元化就业帮扶机制，搭建就业资源平台，为学生提供"互联网+就业"等无障碍服务方式，具有积极的现实意义，也是新形势下就业服务工作的新尝试。诚然，毕业生就业工作任重而道远，需要实时跟进社会大趋势，把握市场需求脉搏，做好人才培养方案定位，以就业质量检验育人成果，才能充分发挥高校就业育人功能。

参考文献

［1］陈烁．以"三全育人"理念开展高校就业工作创新探索——以中国石油大学（北京）克拉玛依校区工学院为例［J］．新西部，2022（12）：133-135，138．

［2］郭智芳，李强．新时代高校就业工作师资队伍专业化建设的路径选择［J］．中国大学生就业，2022（23）：18-22．

［3］燕君，王晟．"消极慢就业"对高校就业工作的影响以及应对措施［J］．活力，2022（21）：175-177．

［4］陈峰．新时代背景下能源类高校就业工作服务国家需求的实践与探索——中国石油大学（北京）为例［J］．中国大学生就业，2022（17）：10-15．

［5］解廷民，梅阳，钟馨．高校毕业生就业工作实践与思考——以中国政法大学为例［J］．中国大学生就业，2022（10）：3-11．

AI 背景下的民办高校图书馆智慧服务体系探索

——以武汉工商学院图书馆为例

郑安安

（武汉工商学院图书馆　430070）

摘　要： 在当今人工智能（AI）技术造福于各行各业的同时，民办高校图书馆也应充分利用 AI 创新技术为读者带来更加便捷化、智能化的服务体验。本文将以武汉工商学院图书馆智慧化建设为例，构建以智慧学习空间、智慧借阅服务、智慧咨询服务以及智慧管理服务为框架的图书馆智慧服务体系，同时指出民办高校图书馆在智慧化建设过程中所遇到的挑战及未来发展方向。

关键词： 人工智能（AI）；民办高校图书馆；智慧服务体系

2017 年 7 月，国务院印发了关于《新一代人工智能发展规划的通知》，指出"人工智能的迅速发展将深刻改变人类社会生活、改变世界"。近年来我国人工智能技术发展迅猛，在诸多领域都得到了广泛应用，为现代生活与工作带来了极大的便利。对于民办高校图书馆，有效利用 AI 技术推进传统服务模式发展创新，构建更加便捷化、智能化、个性化的新时代图书馆智慧服务体系，不仅能拓宽知识获取渠道，提升图书馆的服务质量，还能支持学校的学术交流与合作，帮助提高高校教师的科研水平和创新能力，对民办高校未来的教育教学评估与高质量水平发展有着重要的影响。

一、AI 技术在高校图书馆服务场景中的应用

（一）图书推荐与个性化服务

通过分析读者的阅读历史、兴趣偏好以及借阅记录等信息，AI 技术可以利用推荐算法为每位用户提供个性化的图书推荐。一方面，这些推荐可以基于相似用户的喜好进行协同过滤，或者基于用户兴趣的主题模型等方法进行推断，

从而让读者更容易找到自己感兴趣的书籍；另一方面，图书馆可以利用推荐数据及智能化数据分析系统，对读者的阅读行为和借阅记录进行分析，构建读者画像，了解读者的阅读偏好、兴趣爱好等信息，精准把握广大读者的阅读需求，并且根据学科建设的前沿态势提供图书情报咨询服务，有助于构建智能化、个性化的精准检索服务系统。

（二）虚拟助手与智能问答服务

利用自然语言处理和对话系统技术，可以开发智能问答系统或虚拟助手，能够回答读者的问题、提供检索指导、解决常见问题等，从而提升读者的咨询服务体验。智能问答系统可以回答读者关于图书的查询与借阅等问题，包括图书馆中是否有某书、该书的位置、是否可借阅、借阅的流程和期限等信息；同时，也可以为读者提供图书馆的功能指引和使用帮助，如解答读者关于图书馆开放时间、自助借还机使用方法、电子资源登录等方面的问题，帮助读者更好地利用图书馆的各项服务。对于研究者和学术人员，智能问答系统可以提供学术资源的查询和获取支持，通过向虚拟助手咨询特定领域的文献信息、数据库使用方法、引用管理等问题，帮助其进行学术研究和论文撰写。

（三）数据挖掘与信息管理服务

利用 AI 技术可以对大量的图书馆使用数据进行挖掘和分析，从而发现隐藏在数据中的规律、趋势和关联性，这些数据可以包括借阅记录、检索记录、用户行为等。通过数据挖掘，高校图书馆可以对读者的各类数据进行分析建模，形成"读者画像"，从而为实施个性化服务提供数据支持。同时，AI 技术也可以帮助高校图书馆更好地管理和组织信息资源。例如，利用自然语言处理技术和文本分类算法，对图书馆的文献、期刊、论文等信息进行自动标引和分类，提高图书馆资源的可检索性和利用价值；利用数据挖掘技术，分析图书的流通情况和借阅趋势，可以预测某些图书的需求量，从而优化图书的采购和馆藏管理；通过数据管理服务，图书馆也可以更好地管理和共享自己的资源，比如，通过建立合作关系，实现图书馆间的资源共享，提供更多的图书选择和服务。

二、高校"AI+图书馆"智慧服务体系构建

高校图书馆不仅是信息资源的仓库，更是学术文化交流与传播的重要场所。通过提供智慧学习空间、智慧借阅服务、智慧咨询服务和智慧管理服务这四大模块的服务功能，构建起以"AI+图书馆"的智慧服务体系，高校图书馆可以为全校师生提供全方位的学习、研究和参考支持，也可以提高图书馆的管理效能。

而人工智能技术以其自适应、高效性的优势，为高校图书馆提供智能化、个性化的服务提供了强劲动力。

（一）智慧学习空间

图书馆作为大学生进行深度学习的重要场所，深度学习的智能服务需要智慧学习空间的支持，智慧学习空间的建设要与当代大学生的学习特征相适应。通过应用人工智能技术构建的智能化环境，可以为师生们提供更便捷、高效、个性化的图书馆服务。智慧学习空间涵盖了多方面的应用和功能，例如，在图书馆的学习空间内可以配备智能桌椅、智能照明系统和智能空调系统等设备，根据读者的需求和环境变化自动调节温度、光线和音量，提供更舒适的学习环境；提供在线学习工具，如在线讨论平台、协作编辑工具等，促进学生之间的互动和合作；依托先进设备如3D打印机、激光切割机、电子元件、编程设备等开设的创客空间，提供一个自由、开放的环境，鼓励学生进行创新和创造，让学生能够动手实践、尝试新的想法和项目。

武汉工商学院图书馆目前正利用AI相关技术建设"未来学习中心"，将持续引进和配备高速的无线网络、电脑终端、电子图书资源、多媒体设备等，为学生们提供一个创新、便捷和舒适的学习环境，促进学生的学习和研究能力的提升。

（二）智慧借阅服务

图书借阅与流通作为图书馆基础的服务功能，在传统的服务模式下需要耗费大量的人力资源，而在AI技术的支持下，高校图书馆可以通过自动化设备和系统来实现图书馆借阅服务的智能化和自动化。智能借阅系统通常包括自助借还机、自动书架、RFID技术、图书馆管理软件等组成部分，可以实现图书的自助借还、自动分类、自动定位、自动统计等功能。

1. 自助借还机：高校图书馆智能借阅系统通常配备自助借还机，学生可以通过扫描借书证或人脸识别进行自助借还操作，无须等待人工办理，既节省排队的时间，又能打破人工窗口的服务时间限制。

2. 自动分类和定位：智能借阅系统通常采用RFID技术，能够实现图书的安全监测、自助借还、定位与自动盘点、可视化导航、馆藏位置查询、自动分拣上架、读者自动识别与记录等功能，方便读者查找和借阅所需的图书。

3. 在线续借和预约：智能借阅系统可以实现在线续借和预约功能。通过在线续借服务，读者可以在图书到期前通过网络续借图书，避免因为时间或地点限制而无法及时归还的问题；通过在线预约服务，读者可以提前预约到馆图书，确保在到馆后可以迅速取书，节省读者的时间和精力。

4. 数据统计和分析：智能借阅系统可以实时统计图书借阅情况，并生成相关报表和分析数据，为图书馆管理者提供数据支持，帮助他们更好地了解图书馆资源使用情况，及时调整购书策略。

武汉工商学院图书馆引进了自助借还机、超星电子书阅读本自助借还柜、瀑布流电子图书借阅机等智能化设备，为全校师生读者们提供了更加便捷的借阅体验与丰富的电子资源。在图书馆一楼的大数据可视化平台上，详细直观地展示了当日的入馆总人次、读者借阅排行榜、检索排行榜，以及阅读趋势统计等相关信息，为图书馆管理提供了更多的数据支持，帮助图书馆更好地管理和调整图书资源。

（三）智慧咨询服务

智慧咨询服务是指在智慧化服务理念指导下，图书馆为适应用户的新需求，改变以往参考咨询以用户提问为主导的方式，由"被动服务"向"主动服务"转变，向个性化、智慧化方向发展的新型咨询服务形式。通过自然语言处理、机器学习、知识图谱等技术可以实现对大量用户问题的自动化处理，减轻图书馆工作人员的负担，提高咨询效率和用户体验。同时，AI系统还可以根据用户的反馈和行为，不断学习和优化，提供更准确、更有针对性的咨询服务。该服务可以通过智能问答系统、虚拟助手或在线聊天等方式实现。读者可以通过这些渠道向智能系统提出各类问题，包括图书馆资源查询、借阅政策解释、学术文献检索方法、馆内设施介绍等内容。系统会根据读者提供的问题，利用自然语言处理和数据挖掘等技术分析并生成相应的回答，为读者提供准确、便捷的咨询服务。这种智能咨询服务可以帮助读者更好地利用图书馆资源，提升学习和研究效率，并且可以在任何时间、任何地点提供支持，为读者提供全天候的咨询服务。

武汉工商学院图书馆积极引进试用"图书馆 ChatLibrary 服务平台"，该平台旨在为图书馆提供智能化综合服务，探索和实践"未来学习中心"，为科研人员、教育工作者和学生提供多样化的图书馆咨询和科研辅助服务。通过运用实体识别、语义相似度计算、语义推理、词向量表示、自然语言生成等最新 AI 技术成果，"图书馆 ChatLibrary 服务平台"可以实现智能、精准且具备自主学习能力的服务，同时，它还支持结合图书馆资源特点、服务内容和高校学科特色，打造贴合高校实际需求的专属平台，为"未来学习中心"概念的实现注入动力。

（四）智慧管理服务

高校图书馆的智能管理服务是指利用 AI 技术对图书馆的管理和服务进行智能化处理和优化。通过引入人工智能技术，可以提高图书馆的管理效率、提供更好的服务体验，以及开展更多的智能化应用和创新。人工智能技术可以在馆藏管理、资源管理、阅览室管理以及数据分析与决策支持等方面支持图书馆开展智能化管理。在资源管理方面，可以对图书馆馆藏的质量、数量、流通等进行智能化监控和管理，包括智能化的馆藏统计、流通分析、损失预警等；在阅览室管理方面，利用 AI 技术对阅览室的座位管理、空气质量监测、噪声控制等进行智能化处理，提供更好的阅读环境和服务；在数据分析与决策支持方面，以 AI 技术为基础的智能数据分析系统可以对图书馆的数据进行分析和挖掘，提供决策支持和管理优化建议，从而帮助图书馆更好地了解读者需求和优化服务。

三、民办高校建设"AI+图书馆"过程中面临的挑战

（一）重视程度不高，缺乏资金支持

近年来，我国民办高校在办学水平方面得到了跨越性的发展，涌现出一批具有鲜明办学特色、注重高质量发展的民办院校。图书馆作为民办高校办学质量评估中重要的一环，也得到了快速的发展。然而，由于民办高校没有财政拨款，办学经费主要靠自筹，因此在建设智慧图书馆方面与公立院校还存在一定差距。在民办高校的建设发展过程中，学校往往把大量资金投入校园基础设施建设之中，而图书馆则因得不到资金支持，难以引入智能化设备、吸引专业化人才，导致图书馆智能化进程缓慢，现代化程度不高，严重制约了图书馆发展。

（二）技术设备不足，缺乏专业人才

在建设"AI+图书馆"的过程中，高校图书馆需要有高性能的硬件设备和庞大的数据资源来支持其算法模型的训练。然而，民办高校图书馆由于在经费和资源方面的种种限制，很难投入大量资金来购置和维护这些设备，使得图书馆在 AI 技术的实际运用与研究上受到阻碍。同时，AI 技术也是一个高度专业化的领域，需要图书馆馆员具备较为深厚的计算机科学和数据科学方面的相关知识。然而，由于民办高校图书馆在人力资源经费的投入方面相对有限，很难吸引和留住具备人工智能技术背景的专业人才，这就导致民办高校图书馆在智能化建设上的基础较为薄弱，前进步伐缓慢。

（三）创新意识不够，缺乏前沿研究

AI 技术的发展需要不断深入研究和实践创新。但是在民办高校图书馆中，AI 技术方面的创新意识普遍存在不足的问题。这种创新意识不足和缺乏前沿研究的现象导致了民办高校图书馆在人工智能技术方面的应用相对滞后。一些图

书馆仍然采用传统的图书管理和服务模式，缺乏智能化和个性化的服务。在当今 AI 技术快速发展的背景下，这样的情况显然不利于高校图书馆跟上时代的步伐。为了解决此问题，民办高校图书馆需要加强对 AI 技术的研究和学习，提高对其应用和潜力的认识，积极引进相关的培训和学习资源，提供给馆员们学习和应用的机会。

四、结语

随着人工智能技术的快速发展，全面构建智慧服务体系已经成为现代高校图书馆发展的必然趋势。通过引入 AI 技术，高校图书馆可以为学校师生提供更加智能化、个性化、精细化的服务，满足读者们的多样化需求，这将在极大程度上提升高校图书馆的服务质量和效率。与此同时，民办高校图书馆在智慧化服务体系建设方面面临一些特有的挑战，需要克服因为规模和资源相对有限所带来的困难与阻碍。在未来，民办高校可以通过建立与其他高校图书馆的合作，共享资源和经验的方式，借鉴先进的智慧服务模式，并逐步建立适合自身特点的智慧服务体系。

参考文献

[1] 国务院印发《新一代人工智能发展规划的通知》[EB/OL].中国政府网，2017-07-20.

[2] 张健，张兴福，刘丽萍，等.浅谈人工智能提升高校图书馆服务效能 [J].黑龙江档案，2021（6）：323-324.

[3] 金瑾，蒋茵婕，江科.人工智能在高校图书馆中的应用与发展思考 [J].西部素质教育，2022，8（14）：121-123.

[4] 刘敏.高校图书馆面向大学生深度学习的智慧服务实践路径 [J].图书馆界，2023（3）：23-28.

[5] 杨静，贺聪，魏继勋，等.智慧图书馆背景下的未来学习中心探索与实践 [J].图书馆杂志，2023，42（9）：23-28，43.

[6] 杨敏.5G 时代智能技术下高校图书馆自助服务建设 [J].河南图书馆学刊，2021，41（12）：60-62.

[7] 蒋逸颖，蒋逸婷."双一流"高校图书馆智慧服务现状研究 [J].图书馆研究与工作，2023（8）：77-81，96.

[8] 曹宝旭.ChatLibrary：未来学习中心的 AI 之路 [EB/OL].盈科新学术公众号，2023-06-29.

城市公共阅读空间建设发展与提升路径

蒋　慧

（湖北省图书馆　430071）

摘　要：近年来，全国各地不断探索创新推广阅读，像城市书吧、城市书房、文化驿站等公共阅读空间不断涌现。公共阅读空间是公共文化服务体系的重要组成部分，为人民群众提供了阅读活动和文化交流的重要场所。本文以武汉市公共阅读空间建设发展现状为例，结合国内学者研究理论，总结当前公共阅读空间的现状和存在的问题，提出公共阅读空间提升路径。

关键词：公共阅读空间；发展；提升

随着城市生活的节奏加快、压力加大，长期生活在都市的人们容易精神疲乏，向往自由和自然、舒适绿色的环境，让精神得到释放和解脱。2012 年我国大力推行公共文化服务体系，鼓励社会力量参与公共阅读空间建设，公共阅读空间的建设情况形势大好。2021 年，文旅部、国家发展改革委、财政部联合发布《关于推动公共文化服务高质量发展的意见》，提出"创新拓展城乡公共文化空间"；同年，文旅部发布的《"十四五"文化和旅游发展规划》中提出，"要创新打造一批'小而美'的城市书房、文化驿站等城乡新型公共文化空间"，并提出要"创新培育城市公共文化空间"。这一系列重要文件的发布，表明国家越来越重视公共文化空间的建设和升级。

一、城市公共阅读空间概述

（一）城市公共阅读空间的由来

城市公共阅读空间是指社会组织在政府支持下，在一定的空间范围或区域内利用现代科技手段向社会（区）公众提供公共阅读、流通借阅、艺术赏析等文献资源和数字资源公共文化服务以及开展阅读推广、艺术交流、教育培训等公共文化活动的新型场所。它是在政府的支持下，采取政府与社会资本合作模式，由社会力量提供的公共文化服务方式；它既是一种公共文化服务设施，本身也是一种公共文化服务产品；它不同于传统的图书馆，它提供或者综合性的或者专题性的图书阅读服务；它既提供公共阅读，也举办各类公共文化推广活动。

（二）城市公共阅读空间的特点

城市公共阅读空间具有以下特点。（1）公益性。公共阅读空间具有免费的行业属性，公共阅读空间面向社会公众开放，为公众提供有效的公共文化服务，满足人们对读书阅读的需求，为人们提供休闲娱乐的场所。（2）多元性。公共阅读空间的建设主体有政府、社会组织和个人。公共阅读空间在建设过程中结合当地发展水平和民族文化特点，建设具有当地特色的多元化公共阅读空间。（3）开放性。公共阅读空间对所有人群进行开放，开放时间有 8 小时以上，甚至还有实行 24 小时开放。（4）现代性。公共阅读空间智能化水平高，将无线网络、自助借还、手机电脑自助远程操作控制等现代科技与阅读深度融合，提供了便捷的智能化服务。

二、武汉市公共阅读空间的发展状况

（一）武汉公共阅读空间建设背景

武汉市一直以来大力促进公共阅读空间的建设，市委、市政府加大对城市公共阅读空间的规划和投入，在"十三五"时期已有明显成效。形成了四级公共文化服务设施网络体系，共建成省、市、区级公共图书馆 16 个，数量居副省级城市第四位。2021 年，武汉市文旅局发布《武汉市文化和旅游发展"十四五"规划》，提出要创新拓展公共文化空间，推动打造城市书房、文化驿站等新型文化业态，将打造城市书房列入工作清单。与此同时，在武汉发布的《武汉市城市书房建设指导标准》中，对城市书房的选址条件、运营管理、服务提供三方面也提出了详细要求，并划出专项资金对城市书房进行扶持补助，在全市范围内开展城市书房的试点建设工作。至 2023 年，武汉市改造提升 28 个市级新华书店门店，新建 23 个大学校园书店，建设 35 家城市书房，建成 1200 个社区书屋、2149 个农家书屋和 29800 多个职工书屋，连同社会主体投资近 100 亿元，形成了省市区公共图书馆、校园图书馆、社区书屋、城市书房、实体书店、主题书吧、农家书屋等相互联通的线下阅读空间网络，打造 12 分钟文化圈。

（二）武汉城市书房的建设特点

武汉市已建成开放 35 家环境优美、各具特色的"小而美"城市书房。武汉市各区城市书房的数量，与经济发展水平正相关，呈现出中心城区较为密集的分布特点。江夏区 6 家，洪山区 5 家，江汉区、武昌区各 4 家，江岸区、汉阳区、新洲区各 3 家，蔡甸区 2 家，硚口区、青山区、黄陂区、东西湖区、经济技术开发区各 1 家。这些公共阅读空间引入社会力量参与书房建设，依托现有社会空间设施，设计出各具特色的城市书房。

1. 武汉城市书房在地址选择上各具特点

整体来看，武汉城市书房根据各区人口的数量、分布、交通和环境等因素，因地制宜、合理布局，建设能覆盖城乡的图书馆总分馆服务体系。按照"服务半径 1.5 公里或服务人口 5000 人"的标准布点，武汉市现有的 35 家城市书房分散在武汉市各个区域，服务半径没有重叠，真正把"诗和远方"送到了老百姓的家门口。

通过查询 35 家城市书房周围环境和建筑，可以发现有 14 家城市书房建设在旅游景区、博物馆、历史建筑、著名地标、公园等周边。例如，武汉江城书房，地址位于武汉市汉口镇。2022 年 6 月 9 日对外开放，是武汉首个开在近百年历史建筑中的城市书房，书店的周围是典型的武汉老街区，书房闹中取静，藏书少而精，阅读环境典雅精致，非常适合在市中心上班的白领们，午休或下班闲暇时光，来这里看看书平复一下心情；武昌城市书房·云曰书馆位于热门文化景区昙华林，书房名字有"一半书香一半云"的意蕴。昙华林承载了中国近代百余年的风云变幻，中西文化在这里交汇，形成了一部活生生的近代史书，它是江城新名片、文青聚集点、网红打卡地；武汉花博汇百花书房，选址在花博汇景区内，书房由景区湿地边的老式渔棚改建而成，修旧如旧，保留原有乡村土坯房外观，结合周边有渔有耕的自然生态环境，营造出"渔樵耕读"的美妙景象，是一个融阅读、分享、休闲、茶饮为一体的多功能城市阅读空间。

2. 武汉城市书房在文化服务上各具特色

共性方面。武汉城市书房在提供服务上遵循平等、免费、开放、共享和便利原则，公众可以通过身份证、读者证等实体证件或者互联网身份认证免费进入。城市书房不仅提供自主文献信息查询、书籍借阅服务、学习交流的空间场所，还开展各种公益讲座、展览鉴赏等阅读推广活动，同时书房内还提供急救药箱、便民雨伞等常规便民物品。

差异化方面。城市书房开放时间不同。对比来看，所有的城市书房开放时间为 6～10 小时，其中有两家是 24 小时开放。部分城市书房采取弹性开放时间，周末比工作日延长 0.5～1 小时，方便满足读者阅读需求。

城市书房的设计主题不同。城市书房除了拥有基本的馆藏存书，有些城市书房在重点馆藏和阅读推广上有其独特的地方。例如，汉阳城市书房·琴台书院坐落于历史文化底蕴浓厚的月湖风景区内，前身为琴台太和书院，成立于2009 年，藏书种类丰富，主要以中国传统文化及艺术类型书籍为主，致力于营造和谐融洽的"现代文人阅读空间"；"博艺·1890"城市书屋位于月湖之畔的张之洞与武汉博物馆，它有其他城市书屋无法比拟之处——书店+迷你美术馆的创意组合，室内精致的历史工业风设计，让读者穿越历史，在书屋来一次最酷的跨界；YOYO 书馆是依托空悠悠书局开设的一家城市书房，是一家有心理学专业背景支持的武汉儿童城市书房，书馆目前馆藏纸质书 5000 册，电子图书 10万册，由学龄前儿童书房、幼儿绘本阅读室、多人共享阅读室与多媒体阅读空间三个空间构成。

城市书房的运营管理模式不同。城市书房鼓励引入文创产品展销等多种业态，运营管理有"公益"和"公益+商业"模式。因此，大部分城市书房都是复合型空间，除了基础的公共阅读服务外，还提供图书、文创产品零售、教育培训等。例如，武昌城市书房外文书馆藏身于湖北省外文书店里，由四楼的外文书咖·城市书房和五楼的未来书店构成，面积 400 平方米，现有馆藏图书3000 册，是一个融阅读、活动、沙龙等为一体的多功能复合型体验式文艺空间。还有武昌城市书房 39 文化书馆，是武昌区第二家开放的城市书房。这里既是茶室，也是书房，随处可见的古画、石器、旧物件、水草花卉，在这里构成了一幅禅意画卷，是上班族打发休闲时光的惬意宝藏地，也是附近居民纳凉看书的好去处。

三、城市公共阅读空间的提升路径

（一）完善制度标准，加强监管机制

我国已经颁布公共图书馆法，城市公共阅读空间主要依照执行本辖区指定的指导标准和政策规定。各地应结合地区发展水平，制定合理并可行的规范及政策，确保城市公共阅读空间的可持续发展。政府应建立监督与考评机制，借助社会监督渠道，避免城市阅读空间流于形式。并且要制定考核标准，对公共阅读空间进行调研和考评，并提出建设优化建议，从而提升城市公共阅读空间的服务效能与质量，确保其稳定持续发展。

（二）平衡利益关系，实现公益性和经营性有效统一

由于公共阅读空间的建设有多重渠道和方式，要平衡好公益性和经营性的关系。公共阅读空间不同于公共图书馆，恰当的经营活动，例如，售卖文创产品、各类纸质出版物、电子出版物，提供餐饮等服务进行辅助性经营，有助于吸引民众，增加公共阅读空间的人流量。要明确区分公益阅读借阅区和经营区，在不影响阅读空间开展公益性服务的前提下，积极开展多元化的市场业务，为读者提供更便利、舒适和智能的阅读服务，丰富人们的阅读体验。

（三）文旅共建，促进公共服务文旅融合

城市公共阅读空间是文化和旅游互相融合的新型尝试，很多公共阅读空间特意选址在旅游街区、景区，要利用好地理优势，设计打造符合景区特色的场馆空间，吸引更多的市民和游客前来观光阅读。利用景区特色和游客量多的特点，增加对游客的阅读服务，比如，陈列地方特色书籍，建设地方文献资源库，制作文化墙，增加当地文化旅游简介、旅游线路图，提供旅游文创产品等，让城市公共阅读空间成为景点的文化宣传阵地。

（四）提升服务内涵，拓展智能服务

第一，要加强公共阅读空间管理人员的服务培训。针对不同岗位和级别的管理人员，进行差异化的指导和培训，建立完整的培训体系，增强工作人员的服务意识，提高工作人员的管理运营水平。第二，提供多方位精准服务。公共阅读空间不同于公共图书馆，要发挥其容量和功能优势，从地方文化、社会热点、读者喜好等方面入手，推出个性化的特色服务。第三，开展丰富多彩的阅读推广活动。阅读推广活动是促进全民阅读的重要载体。常态化和个性化的阅读推广活动有助于公共阅读空间增强吸引力和活力。第四，提高智能化、信息化服务。进一步提高公共阅读空间的智能化水平，增加自助办证机、借还书机、电子查询屏、电子阅读屏等智能阅读设备，利用智能技术提升实现资源共享，通过服务模式改变促进阅读发展。

（五）加大公共阅读空间宣传推广力度

近几年，全国公共阅读空间建设力度很大，建设速度也很快，但是对公共阅读空间的宣传推广还比较少，这使得市民无法了解完整的阅读空间情况。因此要加强新媒体推广，创新宣传思路，拓宽宣传路径，整合公共阅读空间建设发展信息，及时推送公共阅读空间的介绍、营业时间、活动开展等相关消息，

让城市公共阅读空间活跃在公众的视线里。

四、结语

在建设社会主义文化强国、大力推进全民阅读的活动中，城市公共阅读空间是公共图书馆的有益补充，它以个性化的特色公共文化服务和艺术培育空间，带动读者追求更高层次的精神文化体验。城市公共阅读空间的良好发展需要政府、企业和社会组织共同努力，需要从政策条例、位置选择、环境设计、服务管理等各方面齐头并进，创建高颜值、高品质、可持续发展的公共阅读空间。

参考文献

[1] 王金花，朱淑华. 城市公共阅读空间建设、管理与服务研究 [J]. 晋图学刊，2023（1）：63-70，79.

[2] 陈志良. 公共阅读空间品质提升路径 [J]. 图书馆界，2021（6）：53-58.

[3] 王勋荣. 面向全民阅读的新型公共阅读空间建设研究 [J]. 图书馆界，2022（4）：70-73.

[4] 陆和建，李丽珍. 我国城市公共阅读空间运营模式分析与发展对策研究 [J]. 图书馆，2022（6）：66-71.

[5] 吴小冰，李昊远，张旭露. 我国城市公共阅读空间政社合作模式及发展对策研究 [J]. 大学图书情报学刊，2023（4）：39-44.

促进特殊儿童阅读的公共图书馆对策研究

徐水琴

（武汉市少年儿童图书馆　430014）

摘　要：特殊儿童的阅读不容忽视。公共图书馆应当重视特殊儿童阅读服务工作。本文通过调研25家公共图书馆的特殊儿童服务情况，从一定层面上了解我国公共图书馆特殊儿童阅读服务现状，在此基础上分析公共图书馆开展特殊儿童阅读服务的障碍，进而提出公共图书馆促进特殊儿童阅读的对策。

关键词：特殊儿童；儿童阅读；公共图书馆；阅读推广

特殊儿童的阅读是全民阅读的重要组成部分。国家政策和国际组织倡导、支持和保障特殊儿童的基本阅读需求和基本阅读权益。《中华人民共和国未成年人保护法》《中华人民共和国公共文化服务保障法》《中华人民共和国公共图书馆法》的相继出台，充分体现我国对特殊儿童阅读的立法保障。《中国儿童发展纲要（2021—2030）》明确指出："完善面向儿童的基本公共服务（包括文化服务）标准体系，推动基本公共服务向特殊儿童群体倾斜。"联合国教科文组织发布的《公共图书馆宣言》提出："每一个人都有平等享受公共图书馆服务的权利，而不受年龄、种族、性别、宗教信仰、国籍、语言或社会地位的限制。"

一、特殊儿童的定义

广义的特殊儿童是指一切偏离常态的儿童，既包括智力超常和才能非凡的儿童，也包括身心障碍的儿童。狭义的特殊儿童概念则是指具有生理或心理缺陷的儿童，例如，聋哑儿童、视障儿童、肢体残疾儿童、孤独症儿童等。对公共图书馆来说，笔者认为，对特殊儿童的概念界定应该更为宽泛，一切无法正常享有图书馆阅读资源和服务，或者是需要借助外力帮助才能在图书馆获取阅读资源和服务的儿童，都应该纳入特殊儿童的范围。

二、公共图书馆特殊儿童阅读服务现状调研

笔者以中国图书馆学会未成年人图书馆分会组织成员馆根据各馆的工作实施情况，填报"特殊儿童阅读活动服务情况摸底表"为契机，辅以网络查询、邮件咨询、电话问询等方式，获取 25 家公共图书馆特殊儿童服务的相关信息，汇总总结如下表所示，从中可以一窥我国公共图书馆特殊儿童阅读服务现状。

表 1　公共图书馆特殊儿童阅读服务情况汇总表

图书馆	活动名称	活动形式	活动对象	社会合作（或服务效能、经费等其他信息）
兰州市少年儿童图书馆	穆睿流动人口服务中心流动图书阅览站	配送儿童读物	边缘社区贫困、疾病、智障、残障儿童；回族、东乡族、撒拉族等多民族聚集地儿童；单亲家庭儿童等	与甘肃穆睿流动人口服务中心、五星坪服务社区合作。该馆每年提供 2 次流动图书配送，对方提供阅览书架和环境
广州少年儿童图书馆	星火传爱——广州少年儿童图书馆关爱特殊儿童系列活动	手工、文艺表演、讲座、展览等	残疾、留守、贫困儿童	与广州市聋校、郊区边远学校等开展馆校合作。提供助残扶弱平台，跟社会机构、公益基金会合作，巧妙借力，共同开展文化助残活动，扩大活动影响力
武汉市少年儿童图书馆	小种子流动阅读推广	故事会、阅读分享会、非遗手工制作、国学、电影、童书展、图书借阅等	贫困、疾病、智障、残障儿童，劳教帮扶对象等	合作单位除了对接活动的学校、社区及村委会之外，还包括公益性组织

续表

图书馆	活动名称	活动形式	活动对象	社会合作 （或服务效能、 经费等其他信息）
天津市 图书馆 （天津市 少年儿童 图书馆）	京津冀成长讲坛进社区	对家长开展阅读指导	外来务工人员子女、留守儿童、贫困儿童等	与天津市西青区一米阳光心理服务中心合作，在偏远社区开展"陪伴阅读"活动30多场次
	关爱孤独症儿童，走进"宜童孤独症"服务中心	建立服务网点，开展绘本讲读、故事会活动，以及对患孤独症儿童家长开展心理辅导、教育指导等	4至12岁孤独症儿童	与"宜童孤独症"服务中心合作开展活动
佛山市三水区图书馆	启智学校献爱心慰问活动	推介图书馆资源和服务、赠送礼物、互动、玩游戏等	智障儿童	活动经费来源于读者捐赠的滞纳金款项。款项全部用于购买礼物。每年举办1场活动，服务人次100人
中山纪念图书馆	普特儿童融合阅读行动计划	以绘本为依托，结合儿歌、童谣、手工创作、舞蹈等艺术形式	各年龄段儿童，包含普通儿童和特殊儿童	与中山市青少年活动中心、中山市特殊教育学校和中山市残疾儿童教养学校等合作。年开展融合阅读活动70多场，吸引近14万人次参加
深圳少年儿童图书馆	"阳光陪伴"重症儿童陪伴阅读计划	陪伴阅读服务	血液肿瘤科的重症儿童及其家庭	活动共开展100余场，直接服务受益对象近500人次，间接服务受益对象近千人

图书馆	活动名称	活动形式	活动对象	社会合作（或服务效能、经费等其他信息）
吉林省图书馆(吉林省少年儿童图书馆)	农民工子女阅读基地系列活动	建立"学生书房"，举办书画精品展、书画培训、公益捐书等	农民工子女	吉林省文化和旅游厅、吉林省教育厅、共青团吉林省委对农民工子女阅读基地系列活动给予大力支持，每年联合发文面向全省开展农民工子女书画精品展活动。成立"学生书房"60余所，累计提供图书近10万册；开展活动近百场，受益人群10万余人次
大连图书馆少儿分馆	总分馆服务	为特殊儿童群体送书	包括贫困、智障、残障儿童，劳教帮扶对象等	活动经费来源于财政拨款，专款专用。全年为特殊群体送书近万册，累计受益2000余人
长春市少年儿童图书馆	关爱特殊儿童系列服务活动	建分馆送书、讲座培训、主题活动	贫困、疾病、智障儿童	年均开展活动10场，300人次参与
温州市图书馆少儿馆	少儿阅读服务点建设	以建设阅读服务点、提供图书援助	贫困、疾病、智障、残障、留守儿童，农民工子弟等	与温州市特殊教育学校、温州市爱星缘儿童心理发展中心、七都侨界留守儿童快乐之家、育蕾民工子弟学校等合作
扬州市少年儿童图书馆	关爱特殊儿童	送书、互动阅读，英文故事分享等	贫困、疾病、智障、残障儿童等	由上级主管部门牵头，与相关学校合作，每月定期开展活动。每月进校园活动2至3场，全年共计约40场，服务少年儿童2000多名

续表

图书馆	活动名称	活动形式	活动对象	社会合作 （或服务效能、经费等其他信息）
山东省少年儿童图书馆	"会说话的绘本"帮扶孤独症儿童康复项目	绘本故事课程	孤独症儿童	项目自2017年创办以来,在济南安安特殊儿童康复中心和济南星神特殊儿童关爱中心年均举办活动80期,570余名孤独症儿童参与活动,得到了家长和老师的高度赞誉
	阳光阅读文化行	举办专家讲座	未成年犯、聋哑儿童	该项目主要以馆员、公益课堂教师、心理学专家和社会志愿者组成讲师团,在山东省未管所举办绘本阅读、公益课以及讲座,满足学员深层次、精细化的阅读需求
沈阳市少年儿童图书馆	"书香伴成长 阅读助成功"——大东区聋校书香校园读书活动	赠送有声读物及数字阅读卡,开展校园读书活动等	聋哑少年儿童	建立大东聋校分馆特色阅读基地,并开展有针对性的送书、送活动等服务。援助、支持大东聋校图书馆建设,培训聋校图书馆业务工作不断向科学化、规范化迈进
	"快乐扬帆 阅读领航"——为福利院儿童阅读服务行动	建立图书馆分馆;送书、阅读、故事会等	福利院的特殊儿童	邀请东北航空有限公司、江苏商会等社会爱心人士及企业爱心团队参与活动,并为活动进行赞助

续表

图书馆	活动名称	活动形式	活动对象	社会合作（或服务效能、经费等其他信息）
蚌埠市图书馆（蚌埠市少年儿童图书馆）	"萤火照亮天使屋"系列公益活动	送书、阅读、游戏、故事会、手工等	贫困、留守、疾病、智障、残障儿童等	合作单位有蚌埠市妇联、蚌埠市青少年宫、蚌埠市蚌山区青年商会等，还包括多家社会组织、学校、媒体、商会、学生社团、志愿者组织等
合肥市少年儿童图书馆	"牵手星星·阅读筑梦"关爱孤独症儿童活动	办理借书证和数字资源卡、购买专用电子资源、关爱行动	普通儿童与孤独症儿童及其家长	活动经费来源为免费开放经费
	"流动的书香"——汽车图书馆服务偏远地区和农村留守儿童	阅读、游戏、故事会、手工	偏远乡村、留守儿童、回迁小区和少数民族聚集区等边远社区儿童	开展文化扶贫。汽车图书馆走遍合肥东西南北 100 多个服务点，服务读者近 10 万人次，借阅图书逾 20 万册次，开展各类读书活动 100 多场次
北京市西城区青少年儿童图书馆	共享阳光残障人读书会	活动多以动手为主，再辅以各种拓展知识讲解、打造大龄残障儿童的康复与就业平台	智障、大龄自闭儿童	活动经费主要来自北京市西城区青少年儿童图书馆，北京市西城区新街口残联负担部分活动经费。合作单位有北京市西城区新街口残联，北京市西城区我们的家园残疾人就业服务中心
厦门市少年儿童图书馆	盲人象棋比赛	建设分馆，举办盲人象棋选拔赛	视障儿童	该馆每学期为分馆送书 1 次，每次 300 册，年流通人次 1500 人，册次 2500 册

图书馆	活动名称	活动形式	活动对象	社会合作 （或服务效能、 经费等其他信息）
延吉市少年儿童图书馆	"让好书流动起来"暨"乡村学校亲近阅读行"活动	赠送图书、读书汇报演讲、图书交换活动	乡村贫困儿童	活动年开展 3 次，受益儿童达 3000 余人
	"关爱留守儿童、残障儿童阅读行动"活动	"推动信息无障碍——关爱残障儿童数字资源体验"活动	社区残障儿童、乡村留守儿童	活动经费为免费开放资金
河南省少年儿童图书馆	"手拉手·阅读齐步走"主题活动	设立分馆、送书、故事比赛、绘本剧、诵读、手工作品展、亲子阅读活动等	听障儿童、智障儿童、孤独症儿童、留守儿童等	该馆牵头 18 个地市公共图书馆、少儿图书馆共同开展活动。年活动开展 185 场，服务 27000 余人。 活动特色是通过特殊儿童与健全孩子一同参加活动，在融合的过程中学会相互尊重和包容
佛山市顺德图书馆	"关爱陪伴，阅读成长"——特殊儿童阅读活动服务	阅读、故事会、艺术创作、学习指导、技能培训、捐赠书籍、学习用品、生活用品及玩具等	贫困、疾病、智障、残障儿童，事实孤儿等	合作单位有顺德区妇女联合会、顺德区大良街道汇爱婚姻家庭促进会、顺德区大良一心志愿者协会等

续表

图书馆	活动名称	活动形式	活动对象	社会合作（或服务效能、经费等其他信息）
佛山市图书馆	"阅读·温暖"佛山视障儿童关爱行动	送书、阅读、故事会等	视障儿童	合作单位有佛山市传媒集团、广东省千禾社区公益基金会、爱心企业、专业志愿者协会、佛山市民政局、佛山市残联、佛山市盲协、佛山市各级政府相关部门、佛山市启聪学校等特殊教育学校、佛山市各区级图书馆、其他公益团队
	"筑梦佛山"文化艺术公益阅读夏令营	阅读、故事会、手工、游戏、传统文化实践、戏剧体验、参观等	异地务工人员子女及本地低保家庭儿童	由佛山市图书馆牵头举办，统筹协调全市公共图书馆、公共文化机构参与举办的模式，活动至今已经举办10余年
湖南省少年儿童图书馆	"用我的声音做你的眼睛"关注盲童阅读、关爱儿童成长系列读书活动	为盲童朗诵、讲故事；征集为盲童朗读的音频作品；送书、送音频给盲童等	以视障儿童为服务主体，兼顾其他弱势群体儿童	与湖南天闻地铁传媒、新语数字图书馆合作开展活动
重庆市少年儿童图书馆	亲子阅读会特殊儿童专场	现场分享绘本，引导儿童对绘本进行感官体验	发育迟缓儿童、智力障碍儿童	亲子阅读会活动每月举行1次，近万名读者参加。与重庆市丹佛儿童康复中心签订合作备协议，全年合作开展不少于5次的少儿活动
北京怀柔区图书馆	图书馆进校园活动	送书、开展知识讲座；到馆参加社会实践活动	贫困、弱势群体	经费来源于政府财政拨款

　　调研结果显示，各图书馆面向特殊儿童都有比较完备的制度保障和设施设

备保障，且开展有针对性的阅读推广和特殊服务。例如，制定了《特殊少年儿童阅览服务措施》《残障读者服务措施指南》《盲童阅览服务措施》等。为方便特殊儿童读者出入图书馆，馆外均设立了专门的残疾人通道指示牌，读者经该通道能直接进入馆内乘电梯上下，便利到达各个阅览室。此外，各馆卫生间也设有残疾读者专用座厕。部分图书馆专门建有残障儿童阅览室或阅览专区。例如，湖南省少年儿童图书馆设有盲人阅览室，重庆市少年儿童图书馆设有视障阅览室，天津市图书馆设有视障读者阅览专区。

各馆提供服务的特殊儿童年龄段大部分为小学阶段，学龄前及初中占比较小，高中（职高）阶段占比最小，调研对象中仅有北京市西城区青少年儿童图书馆一家图书馆为大龄特殊儿童提供专门服务。已提供阅读推广服务的特殊儿童对象范围包括智力障碍儿童、听力障碍儿童、视力障碍儿童、孤独症儿童、多动症儿童、肢体残疾儿童、言语和语言障碍儿童、重症住院儿童、未成年犯、弱势儿童（外来务工人员子女边缘、留守、单亲等）以及其他儿童，如少数民族儿童、外国儿童等。

各馆面向特殊儿童提供的服务类别比较丰富，包括免费或优惠办理借阅证、建立服务点或者送书上门、设立专门的阅读空间、配备特殊馆藏（大字本或其他类）、绘本讲读、读书会（文字类图书）、公益讲座（知识类、心理辅导类等）、书画活动、展览、面对面朗读、多媒体视听资源、听书机、数字资源服务、信息素养教育、信息咨询服务等。

各馆均开展了社会合作。合作单位包括残联以及其他残疾人服务机构、普通学校（幼儿园、中小学校等）、特殊学校（包括公立、私立）、儿童福利院、监狱、未管所、戒毒所、医院、民政部门和其他社会机构等。

各馆与相关机构的合作形式主要分两种，一种是定期开展活动或上门志愿服务，另一种是根据需求不定期开展活动。其中定期开展活动已形成品牌活动的占比仅有15%。专门的品牌活动会产生更好的活动效果，进而增加特殊儿童的参与度。例如，武汉市少年儿童图书馆的"小种子流动阅读推广"活动，依托流动图书车"送书上门"，走进学校、幼儿园、社区、广场、边郊贫困地区等留守儿童聚集地，以及儿童福利院、盲童学校、未成年犯管教所等地并开展丰富多彩的阅读推广活动，让特殊儿童也能享受到同等的阅读资源。该活动深受读者好评与社会肯定，连续两次获文化和旅游部表彰，活动预定应接不暇。深圳少年儿童图书馆的"阳光陪伴"重症儿童陪伴阅读计划，为在深圳市儿童医院血液肿瘤科住院接受治疗的小朋友提供陪伴阅读服务，由专业的阅读推广阳光义工进行陪伴阅读，以阅读的名义陪伴孩子们成长。活动非常受家长和孩子的欢迎，多次获评"全民阅读示范项目""市民满意项目"。

总的来看，随着我国公共图书馆事业的快速发展，面向特殊儿童的阅读服务
也在不断提升。但是，这个"提升"更多体现在数量上，如服务设备更新、馆藏
资源增加、活动增多等，而其中最关键的服务方式，在本质上未见根本性的改变。
国内公共图书馆现阶段为特殊儿童提供的阅读服务还无法有效满足其需求。

三、公共图书馆特殊儿童阅读服务存在的障碍

我国公共图书馆特殊儿童阅读日益受到关注与重视，在研究与实践层面都
有所推进。与此同时，也应正视发展中的问题，厘清公共图书馆特殊儿童阅读
服务存在的障碍。第一，对特殊儿童阅读的重视程度不够。部分图书馆没有将
特殊儿童阅读推广工作纳入儿童阅读推广工作总体规划。第二，服务于特殊儿
童的文献信息资源较少，且无法有效覆盖特殊儿童的类别。第三，专业人员不
足，无法针对不同的特殊儿童群体开展分众化阅读服务，已开展的服务也存在
不同程度的相关培训、活动开展以及服务不到位的情况。第四，服务空间不足。
部分图书馆在场馆设计和布局上存在不适合特殊儿童需求的问题。

四、公共图书馆促进特殊儿童阅读的对策

（一）争取政府支持，营造良好社会氛围

公共图书馆应当最大程度地争取政府支持，让政策和经费向特殊儿童倾斜。
将特殊儿童阅读推广纳入全馆儿童阅读推广工作总体规划。同时，要加大宣传
力度，不断增强公共图书馆为特殊儿童服务的社会影响力。一方面借助社会媒
体，如电视、广播、报纸、互联网、社交媒体等进行广泛宣传。另一方面可以
通过提炼实践经验，形成优秀案例并进行分享，供其他图书馆学习和借鉴做法，
发挥示范引领的作用，营造社会关注特殊儿童阅读的良好氛围。例如，中山纪
念图书馆开展特殊儿童与普通儿童融合阅读服务项目，总结经验形成"星悦童
行·普特儿童融合阅读行动计划"案例，入选2022年度广东省公共文化服务优
秀案例名单，为业界提供了可复制可推广可借鉴的经验和模式。

（二）提升服务意识，加强"软硬件"建设

第一，图书馆员应当树立平等服务意识。一方面图书馆要培训馆员和志愿者树
立平等服务意识，另一方面还要对全体用户做好平等接受服务的宣传工作。让大众
消除歧视，对特殊儿童及家庭予以更多关爱和帮助，理解并支持图书馆为特殊儿童
提供的服务举措。第二，加强为特殊儿童服务的"硬件"建设。建立特殊儿童阅读

空间，配备相应的阅读辅助设施。根据特殊儿童的特点，有针对性地增加特殊读物的入藏，例如盲文读物、智力障碍人员读物、聋人读物等。第三，优化为特殊儿童服务的"软件"建设。提升馆员的综合素质，打造专业服务队伍，吸纳具有特教经验的志愿者加入。条件允许的情况下可以成立特殊儿童阅读服务部门。

（三）联合社会力量，开展多元合作

为特殊儿童服务是全社会的责任，需要全社会的关注与帮助。公共图书馆应该联合与特殊儿童有关的社会力量，如残联、特教专业机构、特殊儿童居住地社区、儿童教育机构、儿童医院，以及公益组织等，建立联合服务平台，不断丰富服务内涵，提升服务质量。例如，与乡村学校合作，为留守儿童开展阅读推广活动。与特殊教育学校合作，开展盲童、孤独症儿童阅读推广活动等。此外，还要重视特殊儿童家长的作用，组织家长开展活动，交流亲子阅读经验。图书馆也可借助已有体系平台，如由地区图书馆学会牵头，成立公共图书馆特殊儿童工作委员会，按照特殊儿童的特点和区域分布情况，结合各馆的服务情况，将特殊儿童服务资源进行共建、共享。

（四）开展"分众式"阅读推广活动

"分众式"阅读推广是指对特殊儿童群体进行细分，针对细分群体开展个性化的阅读推广服务。公共图书馆可以对本地区的特殊儿童开展摸底调查并建立档案，收集记录包括儿童基本情况、家庭情况、生活状况、身体和心理发展状况、学习情况、行为习惯、阅读倾向等信息，建立长效管理机制，根据儿童的需求特点定制活动内容，提供跟踪式服务。活动内容和方式的设计相较于普通儿童阅读推广活动应有一定的转化和升级。例如，武汉市少年儿童图书馆在儿童活动空间"千字屋"内设置了一处"神秘屋"，里面漆黑一片，没有一丝亮光，视障儿童和普通儿童一起参与活动，在教师的引导下用听觉或触觉感知活动教具，启发想象力，编创故事。

参考文献

［1］陈媛媛. 公共图书馆特殊儿童阅读权利保障问题研究 ［J］. 图书馆工作与研究，2019（9）：112-116.

［2］马英. 公共图书馆特殊儿童阅读服务研究 ［J］. 图书馆学刊，2020，42（9）：30-34.

［3］万宇，章婕. "分众阅读"视角下的特殊儿童图书馆服务 ［J］. 图书馆杂志，2019，38（4）：12-15.

地方文献创造性转化促进地域文旅融合发展

许艳玲

（安陆市图书馆 432600）

摘　要： 地方文献是历史文化的载体，是地域文化的重要组成部分。它们的创造性转化可以推动地域文旅融合发展，提升地域文化影响力。因此，地方文献的创造性转化成为一种重要的途径，以实现地方文献的价值最大化和可持续发展。

关键词： 地方文献；创造性转化；地域文旅融合；发展

一、地方文献的价值

地方文献是指以地域性文化为背景，具有地方特色和历史价值的各种文化遗产，如地方志、家谱、传说、民间艺术，反映了一个地区的风土人情和文化传统。这些文献记录了地方的历史、文化，是人们认识和理解地方历史文化的重要资料。地方文献不仅提供了丰富的历史和文化信息，也是地域特色的重要体现。

1. 历史价值：地方文献记载了特定地区的历史事件、发展变迁等重要信息，是我们了解和研究历史的重要材料。通过对地方文献的研究，通过研究这些文献可以了解地方社会的演变历程，从而更全面地认识历史。地方文献保存了丰富的历史资料和文化信息，可以为研究地方历史、文化和社会结构提供重要参考；我们可以更好地理解安陆市的历史发展和文化特色。

2. 文化价值：地方文献作为区域文化的载体，记载了特定区域的语言、风俗、传统工艺等方面的文化资料，在地方文化的保存与继承方面起到了很大的作用。它反映了地方人文精神和独特的文化背景，是文化多样性的重要体现；它反映了安陆市的文化特色和精神风貌。通过对地方文献的研究可以深入了解特定地区的文化传统，促进文化多样性的发展。

3. 教育价值：地方文献中包含了丰富的教育资源，如历史故事、民间传说、道德伦理等。通过对地方文献的教育和推广，可以提高公众的历史文化素养，培养公民的道德品质。

4. 科研价值：地方文献是科研的重要资料，为学术研究提供了丰富的资料来源。比如地方政府档案、地方志、地方报刊等，可以帮助学者进行深入的地方社会、经济、民俗等方面的研究，为历史学、地理学、社会学等学科的研究提供丰富的数据和信息。通过对地方文献的研究，可以推动相关学科的发展。

5. 经济价值：地方文献的创造性转化可以推动文化产业的发展，如旅游业、出版业、创意设计等。通过对地方文献的开发和利用，可以促进安陆市的经济增长和社会发展。

6. 社会价值：地方文献中包含了大量关于社会经济发展、社会结构变化等方面的资料，通过地方文献可以了解地方社会的变迁演化过程，为社会改革和发展提供参考。

二、地方文献创造性转化对地域文旅融合发展的影响

1. 促进地方文化产业发展。地方文献是地方文化产业的重要资源，通过创造性转化，可以将地方文献资源转化为具有商业价值的产品或服务，推动地方文化产业的发展。

2. 丰富地域文化旅游产品。地方文献蕴含着丰富的历史和文化内涵，通过创造性转化，可以将地方文献融入地域文化旅游产品中，丰富旅游产品的内涵和吸引力。

3. 增强地方文化自信。地方文献是一个地区的独特文化符号，通过创造性转化，可以将地方文献展示给更多的人，增强地方文化的自信心和认同感。

4. 促进地域经济发展。地方文献的创造性转化可以带动相关产业的发展，促进地域经济的繁荣和增长。

三、地方文献创造性转化在地域文旅融合发展中的作用

（一）地方文献创造性转化对丰富旅游产品的促进作用

1. 挖掘地方文献中的历史信息。地方文献中蕴含了丰富的历史信息，包括地方的起源、演变过程和重要事件等。通过对地方文献的研究和挖掘，可以了解和掌握地方的历史背景和发展脉络，为创造性转化地方文献提供理论基础和历史依据。

2. 创造性转化地方文献为旅游产品。创造性转化地方文献意味着根据地方文献的内容和特点，通过创新和创造的方式将其应用于旅游产品的开发和设计中。创造性转化旅游产品需要考虑地方文献的独特性和地域特色，将其融入旅游产品的设计中，以满足游客的需求和期望。

3. 丰富旅游产品内容和体验。地方文献的创造性转化可以丰富旅游产品的内容和体验，提高游客的满意度和重游率。通过挖掘地方文献中的风土人情、民俗习惯和传统艺术等，可以为旅游产品增加独特的元素和特色。

（二）地方文献创造性转化对传承地方文化的促进作用

1. 地方文化的保护和传承。地方文献是地域文化的重要组成部分，通过创造性转化地方文献，可以保护和传承地方文化。

2. 利用地方文献传承非物质文化遗产。地方文献中蕴藏着各种各样的非物质文化遗产，通过创造性转化这些非物质文化遗产，可以促进其传承和发展。

3. 通过创造性转化地方文献传承地方传统习俗。地方文献中记载的习俗和传统活动是地方文化的重要组成部分，通过创造性转化这些习俗和传统活动，可以促进其传承和发展。

（三）地方文献创造性转化对促进产业发展的促进作用

1. 传承本地优秀文化传统：地方文献记录了地区的历史、民俗、文化传统等，通过创造性转化，可以让这些文化资源与产业发展相结合，传承和发扬本地的优秀文化传统，增强地域特色和认同感。

2. 优化产业结构：地方文献的创造性转化可以为产业发展提供创新思路和灵感，促进产业结构的优化和升级。通过发展与地方文献相关的产业，可以增加就业机会，提高地方经济的竞争力。

3. 增加文化创意产业价值：地方文献蕴含着丰富的历史、人文和艺术元素，将其进行创造性转化，可以衍生出文化创意产品和文化旅游项目，增加产品和项目的附加值，推动文化创意产业的发展。

4. 增强地方品牌竞争力：通过创造性转化地方文献，可以为地方产业塑造独特的品牌形象，提升地方产品和服务的品牌竞争力。地方文献作为特色资源的加持，可以为地方企业开拓市场提供独特的竞争优势。

5. 促进产业协同发展：地方文献创造性转化的过程中，需要各种产业的参与和支持，这就促进了不同产业之间的协同发展。地方文献的创造性转化可以促进各个产业的交叉融合，推动产业链的延伸和扩展。

四、地方文献创造性转化开发利用

地方文献的开发利用不仅可以丰富人们的文化生活，也可以推动地方经济和文化事业的发展。合理利用地方文献可以吸引游客，增加地方旅游收入，推动当地文化旅游的繁荣发展；地方文献可以被应用于文化产业中，推动地方文创产业的发展和地方文化的传承发扬。首先，加强地方文献的收集、整理和保护。要建立完善的地方文献档案系统，分类储存、数字化和网络化管理，确保地方文献的安全和可持续发展；其次，要利用先进的技术手段，如虚拟展览、多媒体展示、移动应用等，推广地方文献的知识普及和宣传；最后，要鼓励地方文献的创新利用，如将地方文献融入文艺作品、建筑设计等，推动地方文化产业的发展。

五、地域文旅融合发展的案例

以湖北省安陆市为例，安陆市位于湖北省中部，历史文化底蕴深厚，拥有丰富地方文献资源。近年来，当地政府和文化部门通过对地方文献的创造性转化，推动地域文旅融合发展，取得了显著的成果。

（1）地方文献主题学术研究

当地学者的著作对学术成果具有重要贡献，安陆市 1986 年 12 月开始出版《李白在安陆》，先后出版《李白在安陆十年诗文系年》《安陆李白文化丛书》《李白在湖北诗文选注》《李白在安陆诗文选注》《李白与安陆》《李白游踪·安陆卷》《安陆李白文化故事》《李白安陆诗文通俗读本》《安陆历史文化故事读本》等相关著作 50 余本。

（2）地方文献数字化工程

安陆市图书馆等单位联合开展了地方文献数字化工程，对馆藏的地方文献进行全面数字化处理，使得这些珍贵的历史资料得以更好保存和传播。普通民众也可以在线查阅和学习这些地方文献，进一步提高了地方文献的利用率和影响力。

（3）地方文献创意设计

安陆市文化部门将地方文献中的元素融入旅游产品设计中，如将安陆地方文献中李白在安陆、千年古银杏的经典故事及李白文化元素融入旅游产品中，使游客在旅游过程中能够更好地了解和感受到安陆的历史文化底蕴。

（4）地方文献主题活动

安陆市长期举办系列以地方文献为主题的活动，如珍贵古籍《安陆郡县志》

展览、地方志展览、安陆姓氏族谱展览、地方老报刊展览、涢水大讲堂、李白故里知识竞赛、李白诗词比赛、全国李白文化节、地方文献捐赠公益、全国李白文化学术研讨会及古银杏学术研讨会等大型活动，吸引了大量市民和游客参与，提高了地方的知名度和影响力。

（5）地方文献主题景区

安陆市将地方文献融入旅游景区的建设中，如涢水文化旅游区、古银杏森林公园、白兆山景区、赵棚红色景区，李先念纪念馆、李白纪念馆、李白诗碑文化长廊、李白文化艺术村等旅游区，使游客在游览过程中能够更好地了解和感受到安陆的历史文化。

（6）地方文献主题建筑

安陆城区建设不断丰富李白元素，城区命名的有太白广场、太白大道、太白初中、太白酒楼和太白湖公园。

（7）地方文献文化创意产业

安陆市鼓励企业将地方文献中的元素融入文化创意产业中，如开发从赵棚红色旅游经白兆山李白文化旅游景区至钱冲景区的银杏旅游线旅游线路及文创产品涢酒、李白宴、银杏枕、银杏白果等文创产品，推动了文旅融合发展。

这些案例表明，地域文旅融合发展中，地方政府通过充分挖掘和传承地方独特的文化资源，地域文旅融合可以实现文化的传播和保护，并为地方旅游产业带来经济效益。

六、结语

地方文献的创造性转化对地域文旅融合发展具有重要的推动作用。通过地方文献的创造性转化，可以促进地域文化产业的发展，丰富地域文化旅游产品，增强地方文化自信，促进地域经济的发展。为了推动地方文献创造性转化和地域文旅融合发展，需要加强政策支持和措施落实，提高地方文献的保护和传承水平，培养和引进地方文献传承人才，推动地方文献的创造性转化。

参考文献

[1] 朱宗尧. 李白在安陆 [M]. 武汉：华中师范大学出版社，1986.

[2] 李白研究学会. 李白研究论丛 [M]. 成都：巴蜀书社，1987.

[3] 湖北省安陆市地方志编纂委员会. 安陆县志 [M]. 武汉：武汉出版社，1993.

对乡村振兴背景下县级公共图书馆
建设的几点思考
——以建始县图书馆为例

徐 秋

（建始县图书馆 445300）

摘 要：党的二十大报告指出，要全面推进乡村振兴，坚持中国特色社会主义文化发展道路，要推进文化自信自强，铸就社会主义文化新辉煌。作为县级基层公共图书馆，提高公民科学文化素质，提升社会文明程度，传承人类文明，为乡村文化振兴提供发展动力源泉。本文分析了基层公共图书馆在乡村振兴中的重要作用、发展现状以及图书馆建设的思考。

关键词：乡村振兴；文化振兴；基层图书馆

党的二十大作出了全面建设社会主义现代化国家，最困难最严峻的任务依然在农村，坚持农业农村优先发展，坚持城乡融合发展，畅通城乡要素流动，积极推进建设社会主义新农村，按照扎实推进农村生产、人才、文明、生态、组织全面振兴的决策部署。

县级公共图书馆作为基层公共文化服务的主力军，要以党的二十大重要思想为指引，牢固把握社会主义先进文化的前进方向，紧密围绕乡村振兴、文化强国的重要方向策略，以完善公共文化服务体系为重心，以加强文化基础设施建设为手段，以推动文化建设技术创新为动力，以满足人民群众日益增长的精神文化需求为出发点和落脚点，立足本职工作，切实保障人民群众的基本文化权益，大力弘扬中华优秀传统文化，促进民族团结，全面助力乡村振兴。

县级公共图书馆致力于为社会公众提供优质的文化服务，包括借阅、在线阅读、知识咨询等，并且作为整个县域文献资源的收集、整合和分析的重要平台。并承担着汇集馆藏文献资讯、提供信息资源查阅服务、维护民众基本阅读权益、进行居民素质培养与社会教育等职责。

一、县级公共图书馆建设在乡村文化振兴的作用

（一）阵地服务，丰富群众文化生活

基层公共图书馆发挥其公益性及藏书量较为丰富的优势，免费提供借、阅、讲座等服务，丰富乡村群众文化生活，让群众远离黄赌毒，树立正确的价值观、人生观、世界观，同时，基层公共图书馆还是宣传党的领导方针、路线、政策等信息的主战场，有利于提升党员干部群众的道德思想素养，促进乡风文明建设。

（二）知识传播，提升村民文化修养

新时代的发展一日千里，信息技术发展日新月异，为适应社会发展，人们对知识的渴望与日俱增，基层公共图书馆发挥较为丰富的藏书资源，在为村民提供知识信息服务的同时，村民通过阅读活动文化素质修养也在不断提升，精神文明和物质文明取得双丰收。

（三）收集馆藏，提高村民文化自信

图书馆收集的丰富的馆藏文献资料，特别是优秀的民族文化、传统习俗等具有民族、地域特色的古籍文献，对弘扬优秀民族传统、激发村民热爱家乡，建设家乡，宣传家乡的热情，增强村民凝聚力，实现民族复兴提供文化自信源泉。

（四）提高乡村公共文化服务水平

城乡统筹，进一步完善社会公益文化资源配置，面向基层，面向农村，有效利用民族传统节日、大型庆典活动等传统民俗文化资源，扎扎实实开展文化惠民活动，形成"种文化"的工作机制，积极开展民众喜闻乐见、富有浓郁地方民族特色的文化公益活动。

二、县级公共图书馆在乡村振兴中的做法

（一）县级图书馆总分馆建设

因地制宜推进总分馆制建设。依托县级图书馆进行建设，在乡村两级基层综合性社会文化服务中心建立分馆。进一步推进农家书屋和县级图书馆信息资源整合和互联互通，符合条件的农家书屋成为县图书馆分馆。没有成为分馆的其他基层公共文化设施可以设立基层服务点，成为总分馆业务服务的补充与拓

展。总馆和分馆之间要主动畅通群众社会文化精神诉求的反馈渠道，并通过"订单"服务的方式，进行社会文化精神供需高效衔接。高效利用业务区域内的公共借阅信息资源，实现在总馆领导下的文献内容信息资源统一购买、统一编目、统一配送、通借通还，以及对工作人员的信息系统技术培训。充分发挥信息网络和现代技术资源的优势，充分利用国家重点公共数字文化工程和资源，积极建设县域公共数字文化服务平台。充分利用流动图书车等服务设施和现代技术手段，深入开展流动社会文化服务项目，进一步扩大公共文化服务的有效覆盖。

（二）阅读推广活动的开展

面向大众，通过"走出去、请进来"的方式，积极开展全民阅读推广活动，打造"书香建始 悦读人生"读书品牌，像亲子阅读、留守儿童阅读、志愿者阅读等，创建具有特色的阅读品牌，凝聚广大阅读人群，并注重展览展示推广，借助红色文艺轻骑兵、流动图书车，利用节庆活动、旅游推介、文体活动等平台，展示宣传文化知识，传播信息、传递正能量，使更多的群众关注认识了解图书馆，推动全民阅读活动开展，注重阅读活动引流，通过举办阅读分享、讲座、读书会、新书推介、亲子阅读等多种形式的系列读书活动，把广大阅读人群邀请到图书馆，让读者了解图书馆，熟悉图书馆，爱上图书馆，以培养阅读群体。鼓励共同参与，形成良好的阅读风尚。

（三）举办乡村文化培训

为了提升农民的综合素质与应用技能，基层图书馆要大力开展乡村文化培训，这是公共图书馆发挥教育职能的重要措施。在乡村振兴战略的指引下，县级公共图书馆可联合当地乡政府、图书分馆、农家书屋，成立农业技术培训班，开展政策宣讲、知识培训、教育培训、乡村文化培训或与其他部门合作，开设农民文化课堂，邀请专家组织讲座，促进农业信息技术交流。

（四）开展农村实用技术推广

县图书馆将购买的农村实用技术资料分发至各乡镇分馆及村社区服务点，满足村民对农村实用技术的需求，让农民的综合素质与应用技能得到提升。

（五）文旅融合，突出乡村特色文化

文旅融合发展，乡村文化振兴，图书馆该怎么做？针对上述问题，建始县图书馆结合自身优势积极作为，积极参加各种文旅宣传推介活动，为群众提供丰富的文化精神食粮，精准识别农村地区的地域社会人文元素，并借助红色传统历史文化及山水环境，进一步挖掘和发展农村地区的独特社会文化资源，积极发展乡村文化特色，努力打造"农村文化+旅游"的服务模式，实现文化效益和经济效益的双丰收；结合广大乡村的农业特点和风俗民情，利用好文化阵地，充分发挥县级公共图书馆的文化创意优势，打造具有本地特色的文化创意产品。

（六）资源共享，大力发展数字化文化

构建文化资源共享机制，健全机房功能，建立网上图书馆，使用数字化终端和手机设备进行文化资源的数据共享，依托文化共享工程、农家书屋、公共电子阅览室，构建便捷高效的数字文化服务网，把各类数字资源传递至基层乡村，包括电子图书、音像、音频等资源，以保障公共数字服务的高效运行，基层群众也能够使用固定网络终端、互联网电视、手机软件等多种方式共享文化信息资源，在基层形成共建共享、互联互通的公共文化信息服务网络平台。

三、县级公共图书馆建设的现状及遇到的困难

（一）重视程度不够

一是缺乏地方领导关注，部分领导工作重心主要放在经济建设发展上面，对基层图书馆的建设缺乏认知，不够重视，忽视基层图书馆的建设工作；二是社会不够重视，当前，随着人民群众获取信息的渠道多而快捷，图书馆逐渐边缘化，社会地位和功能作用在群众心中日益淡化。

（二）基础条件落后，馆藏资源极度匮乏

建始县图书馆是由财政拨款，由于县财力有限，财政拨款只够维持日常的正常办公开支，因此近年来购书经费几乎为零，只能依靠社会人士捐赠，对口帮扶捐赠以及上级部门赠与图书等形式勉强充实馆藏，且书籍更新缓慢，导致基层图书馆藏书结构不合理，藏书种类少、质量低下，现有图书十分陈旧，严重制约了县级公共图书馆的发展。由于馆舍年代久远，馆舍面积小，设施陈旧，环境差，馆藏图书贮存条件差，这也导致图书馆在读者心中形象寒酸。

（三）服务能力欠缺

一是基层图书馆无学历、无专长的人员较多，专业人才缺乏，无法为人民群众提供优质的阅读服务，且从未招录专业对口人员，没有足够的人力资源做保障；二是由于编制受限，基层公共图书馆人少事多且队伍老龄化严重，常常

导致一人多用，图书馆工作成为兼职，不能及时为读者提供服务，导致读者群体流失；三是图书馆的管理模式落后，管理意识不强，信息化技术的投入和建设未能跟上。

（四）对基层图书馆的认识不足

在电子产品横行的时代，依靠一部智能手机就可获取想要的信息资源，传统式图书馆鲜为人知，不少从图书馆门口常年经过的人，居然不知道这就是图书馆，还有部分人，不知道图书馆在哪里，甚至有人惊讶居然有图书馆的存在，由此可见，图书馆在本地知名度不高。

四、在新时代如何做好图书馆事业，助力乡村文化振兴，结合建始县图书馆实际，提出如下建议：

（一）完善体系

乡村文化振兴，公共图书馆责无旁贷，完善以县公共图书馆为总馆、乡镇文化综合服务中心为分馆，村（社区）、农家书屋、职工书屋为图书流通服务点的三级服务体系。明确由县图书馆负总责，承担资源调配、人员培训、活动组织、业务指导、绩效考核职责，乡镇分馆作为关键节点承上启下，上对接县级资源和业务，下指导检查督办流通服务点工作，各流通服务点要按照业务部门的要求开展业务工作，建成全县公共图书服务统一资源调配，统一服务标准，统一宣传推介，统一量化考核的图书馆联盟。

（二）整合资源

第一步整合全县现有图书馆、农家书屋、职工书房等财政资金购置图书、书桌、书架等资源，统一进行登记造册，做到家底清；第二步把图书资源作为资产统一登记到县图书馆名下，由县图书馆负责资产的管理、运行，在丰富图书馆馆藏做大做强的同时，也确保图书资产能得到有效保护和利用，明确责任人；第三步将总馆、分馆工作人员编制合并，按照派出制或县聘乡用的模式落实乡镇图书分馆工作人员，实现有人管；第四步经费统筹，在财政资金紧张的情况下，图书馆建设发展经费要整合统筹使用，钱用到刀刃上，不搞各自为政，不做重复投入，集中力量办大事。

（三）推广营销

在信息化、智慧化、数字化日新月异的今天，图书馆要得到长足发展，必须用运营的理念，经营图书馆，实现资源变资产，资产出效益（社会效益）。

走出去：就是通过进村组，进屋场，进学校，进院坝，进家庭等方式，大力开展乡村文化培训，宣传党的方针政策、农村实用技术，占领文化宣传主阵地。请进来：就是将读者请进图书馆，用精细化的管理，优质的个性化的服务将读者邀请进图书馆读书，获取他们想要的信息知识。月月红：就是每月要策划读书分享、专题讲座、科技培训等形式的主题活动，开展营销推介活动。抖起来：就是利用自媒体，鼓励读者开展线上阅读活动，传递正能量，塑造读书品牌。结亲戚：就是加强县内公共图书服务单位的交流合作，取长补短，实现资源共享，携手共创，共同促进图书馆事业的发展，促进乡村文化振兴。

（四）量化考核

通过将公共图书馆事业的建设发展，以量化的方式，纳入乡村文化振兴考核内容，推动各级领导重视公共图书馆建设发展，为丰富人民群众文化生活，促进乡风文明建设，占领思想宣传阵地，传播科技文化知识提供组织保障。

五、结语

乡村振兴、文化振兴，图书馆是主力军。我们既要借助文化振兴利好的东风，创新发展思路，突破性发展，将图书馆事业做大做强，还要通过精细化的管理，为读者提供优质服务，不断满足群众对精神食粮的需求，在文化振兴路上贡献图书馆的力量。

参考文献

[1] 江山. 全面推进乡村振兴进程中基层图书馆建设路径探析 [J]. 商业经济，2024（9）：144-146.

[2] 王现忠. 乡村振兴战略背景下地方高校图书馆助力乡村文化振兴的实现路径研究 [J]. 文化学刊，2024（5）：120-123.

[3] 宋蕊. 乡村振兴背景下公共图书馆参与乡村文化建设研究 [J]. 河南图书馆学刊，2024，44（3）：45-48.

智慧图书馆建设背景下公共图书馆读者信息素养提升研究

田 媛 龚 黎

（恩施土家族苗族自治州图书馆 445000）

摘 要： 随着信息时代的快速发展，读者的信息素养成为一个越来越重要的能力。智慧图书馆作为新一代图书馆的代表，正在快速崛起并发展，但如何利用智慧图书馆提升读者信息素养仍是目前的研究热点。本文将探讨智慧图书馆建设对公共图书馆读者信息素养提升的影响，旨在为图书馆建设者和管理者提供参考和借鉴，以进一步提升公共图书馆的智慧化服务的功能和效果，促进读者信息素养的全面发展。

关键词： 公共图书馆；智慧图书馆；读者信息素养；影响

一、智慧图书馆的建设背景

（一）智慧图书馆的定义和特点

智慧图书馆是以信息技术为基础，运用现代科学技术和理念，并结合图书馆的实际情况，利用现代信息技术对传统图书馆进行创新改造的新一代图书馆。公共图书馆的智慧化建设是在传统图书馆基础上发展起来的，它基于物联网、云计算和大数据等新技术，构建一个智慧化的服务环境，向读者提供便捷的服务。

智慧图书馆具有以下特点：（1）采用"智能感知"技术，实现信息资源、馆员、读者三者之间的协同互动；（2）将空间、技术等要素进行深度融合，通过智慧化服务提升图书馆价值；（3）整合利用各种数字资源和各种设备，为读者提供一体化服务；（4）利用物联网技术实现对馆员和读者的实时监测。

（二）公共图书馆建设智慧图书馆的意义和目标

公共图书馆打造智慧图书馆的主要目标是实现资源的互联互通、精准化推荐、个性化服务，提高信息服务效率；将读者的个人需求和智慧馆员的专业知识和技能进行有效整合，构建智能图书管理系统；加强智能技术在公共图书馆中的应用，实现人与信息资源之间的有效互动。

公共图书馆智慧化建设有利于读者利用电子资源，提高其利用效率，满足其多样化的需求。智慧图书馆建设可以有效促进读者信息素养提升，将读者信息素养水平提高到一个新的高度，为社会公众提供更好的服务。

二、读者信息素养概述

（一）读者信息素养的定义和要素

信息素养是人们在信息社会中对信息进行判断、选择、分析、处理和利用的能力。作为一种个体行为，信息素养具有主观性和个体性，每个人对信息的认知程度不同，信息素养也会有所差异。在阅读中，读者通过主动检索、利用图书馆馆藏资源和各种设备，来获取和处理所需的知识，并不断提升自身的信息意识、信息能力和信息道德。

读者信息素养主要包括以下几项：第一，读者是否具备识别、获取和处理信息的能力；第二，读者是否具备使用各种设备进行文献检索的能力；第三，读者是否具备将获取的文献进行加工、处理的能力；第四，读者是否具有使用各种设备和技术来提升自身信息素养的能力。读者信息素养涵盖了信息获取、评估、组织与管理、应用、创造和传播等多个方面，是读者在信息时代中必备的能力。

（二）读者信息素养的重要性

随着科学技术的迅猛发展，人类社会已经进入信息时代，信息资源的获取、利用和管理已经成为人们生活和工作中不可或缺的组成部分。信息素养是人们处理、分析、评价、创造和利用信息资源的能力，它不仅关系到个人信息素养的高低，而且关系到公共图书馆服务质量的高低。因此，如何有效提升读者信息素养，是当前智慧图书馆建设亟待解决的重要问题。

读者信息素养是指读者利用各种方法获取、理解、分析、评价和利用信息资源，以解决实际问题的能力。智慧图书馆可以提供丰富的信息资源，包括电子书籍、期刊论文、数字资料等，读者需要具备获取、评估、使用、创造和传播信息的能力，才能够利用智慧图书馆提供的资源和服务，实现个人学习和发展的目标。图书馆作为一个知识传播和知识创新平台，需要通过有效途径和方法，不断提升读者的信息素养，为读者提供更好的服务，从而促进图书馆自身发展。

三、公共图书馆智慧化对读者信息素养的影响

随着科技的发展和社会的进步，智慧图书馆以其便利的服务和丰富的资源成为现代读者获取信息的重要途径。公共图书馆的智慧图书馆建设为读者信息素养的提升提供了有力的支持和促进，为读者在信息时代的发展中发挥更重要的作用奠定了基础。

（一）提供更便捷的获取信息途径

1. 智能搜索引擎和资源导航系统

从现有研究成果来看，智能搜索引擎和资源导航系统是公共图书馆的智慧图书馆建设中的重要组成部分。智能搜索引擎可帮助读者快速获取信息，降低搜索成本，提高查询效率。公共图书馆可以利用智能搜索引擎为读者提供个性化的信息服务。首先，利用智能搜索引擎可以帮助读者快速找到所需信息，并提高信息获取效率；其次，利用智能搜索引擎可以将信息精准推荐给读者，让读者在海量的信息中找到自己所需的信息；再次，利用智能搜索引擎可以根据读者的阅读习惯和兴趣爱好为其推荐相关内容和资源，帮助读者提高信息获取效率；最后，利用智能搜索引擎可以让读者以最便捷、最迅速的方式获取相关的信息服务。

2. 移动应用程序和在线图书馆平台

随着信息技术的快速发展，公共图书馆的智慧化服务方式也在不断创新，目前主要有以下两种服务方式：一是移动应用程序（Mobile Application，APP），通过移动设备应用程序进行信息查询和获取；二是在线图书馆平台，通过网络浏览器或网络应用程序进行信息查询和获取。两种服务方式的使用方式和优缺点均有所不同。移动应用程序是基于移动设备的一种应用，提供移动阅读、检索等功能。网络平台是基于互联网的信息资源和服务平台，其优点在于读者可随时随地通过网络进行信息的获取和学习。但由于网络平台的开放性、便捷性等特点，其缺点也较为明显：其使用人群较为广泛，导致了信息资源的海量化和资源缺乏个性等问题；此外，网络平台具有一定的滞后性，无法及时响应读者的个性化需求。而在线图书馆平台则是以互联网为基础，读者通过在线图书馆平台进行信息查询和获取的一种服务方式，其优点在于用户只需要登录网络图书馆平台即可获取所需信息资源；缺点在于用户需下载安装相应应用程序。

（二）提供个性化的信息服务

1. 个性化推荐系统和读者需求分析

智慧图书馆建设的一大特点是实现读者个性化服务。一方面，公共图书馆应在智慧图书馆建设中引入个性化推荐系统，从而为读者提供更多的资源和服务。例如，公共图书馆可根据不同读者的阅读习惯，建立与读者阅读偏好相匹配的数字资源库，并将其嵌入图书推荐系统中；另一方面，公共图书馆应积极分析读者需求，及时了解读者信息素养的现状和发展趋势，并通过分析了解读者在信息获取、信息处理、信息利用和信息创新等方面的需求，从而为读者提供更精准的服务。

智慧图书馆建设在完善基础设施、实现数据资源共享的同时，也需加强对用户隐私的保护。一方面，公共图书馆应建立完善的隐私保护法律法规，并加强对智慧图书馆建设中涉及的用户数据的保护。另一方面，公共图书馆应完善智慧图书馆相关规章制度，加强对用户信息素养和隐私保护等方面的监管力度。同时，公共图书馆也应加强对馆员和智慧馆员服务态度、专业技能和职业素养等方面的培训。只有这样才能更好地为读者提供个性化服务。

2. 个人信息管理和阅读记录追踪功能

智慧图书馆不仅是一种技术，更是一种服务。对个人而言，智慧图书馆可以帮助读者进行信息检索、信息组织、信息分析等，从而更好地完成个人阅读计划；对智慧馆员而言，可以为读者提供个性化的阅读记录追踪功能，包括自动跟踪读者的阅读习惯，比如：记录读者的阅读时间、阅读地点、阅读主题等，通过分析读者的阅读偏好，为读者推荐更适合其阅读习惯的文献资源；对公共图书馆而言，可以为读者提供更多的阅读记录追踪功能，比如：跟踪用户的检索行为、发现用户感兴趣的文献资源、帮助用户选择更适合自己的文献资源、协助用户实现文献信息资源的有效利用等。

（三）提供多样化的学习资源和学习机会

1. 在线学习平台和电子资源库

在线学习平台是指利用互联网和移动通信技术，提供相关学科知识的学习资源。读者可以通过在线学习平台获取丰富的学习资源，提高信息素养。在信息社会中，图书馆利用自身优势，提供在线学习平台和电子资源库，为读者提供多样化的学习机会。例如，美国公共图书馆为读者提供了多个在线学习平台，如"阅读世界""阅读世界数字图书馆""美国大学数字图书馆""数字图书馆教育中心"等，供读者使用。同时，美国公共图书馆也为读者提供了丰富的电子资源库，如"科学数字图书馆""科技信息资源共享网络""教育与科技数字图书馆"等。因此，公共图书馆应充分发挥自身优势，为读者提供多样化的学习资源和学习机会。

2. 虚拟学习社区和互动学习工具

智慧图书馆的建设为读者提供了多样化的学习资源和学习机会，但随着公共图书馆数字化进程的不断推进，读者获取数字化资源的渠道变得更加多样化，但并不意味着读者可以随意获取数字资源。读者在获取数字资源时会面临多种障碍，比如信息素养不足、网络安全意识不足、计算机技术知识储备不足等。因此，在智慧图书馆的建设过程中，公共图书馆应提供多样化的学习资源和学习机会，使读者能够获取多样化的学习资源，比如虚拟学习社区。虚拟学习社区是读者参与智慧图书馆建设过程中一个非常重要的途径。当读者可以在虚拟学习社区中完成自己感兴趣的内容时，他们就会通过这种方式了解数字化资源并提高自身信息素养，从而更好地利用数字化资源。

（四）提供信息素养培训和教育活动

1. 信息素养培训课程和工作坊

随着信息技术的快速发展，读者对信息资源的获取方式也在发生着变化，传统图书馆获取信息资源的途径不再是唯一的。因此，公共图书馆需要在智慧图书馆建设过程中注重信息素养的提升，为读者提供多种教育服务和培训课程。根据读者信息素养需求的不同，可选择不同类型的培训课程：对于信息素养较低的读者，可以选择阅读技能培训、信息检索技能培训和图书馆技能培训等；对于信息素养较高的读者，可以选择信息分析与评价能力培训、计算思维能力培训和元认知能力培训等。此外，在工作坊中可以结合智慧图书馆的功能、技术和设备，通过案例教学、模拟教学等多种方式对读者进行相关知识技能的教育，从而促进读者信息素养的提升。

2. 读者教育活动和讲座

公共图书馆作为为社会公众提供阅读服务的机构，应利用智慧图书馆的优势，在信息素养教育方面发挥更大作用。智慧图书馆可以为读者提供更多的教育机会，如开设相关信息素养课程，为读者提供信息检索、文献检索等培训。此外，还可以举办各种类型的读者教育活动，如通过数字资源分享、宣传推广和馆员培训等方式提高读者的信息意识和能力。

信息素养教育讲座是一种以解决读者问题为中心的形式，具有灵活性和互动性。其通过介绍典型案例、分享实际经验等方式，帮助读者了解如何有效地使用图书馆资源和服务。公共图书馆可定期邀请专家学者开展讲座活动，提高读者对信息资源的认识和利用能力。

四、智慧图书馆建设与读者信息素养提升相结合的影响因素与挑战

（一）技术因素：智慧图书馆平台的技术支持和更新

技术在智慧图书馆中的作用主要表现在以下几个方面：第一，技术可以为读者提供更多的服务和资源，包括数字资源、互动交流和信息咨询等；第二，技术可以增加图书馆的服务功能，使图书馆更加人性化；第三，技术可以改善图书馆的阅读体验，为读者提供更加舒适的阅读环境；第四，技术可以实现图书馆与其他机构之间的协作。

公共图书馆智慧化建设过程中，技术因素对读者信息素养提升的影响是多方面的。由于智慧图书馆建设具有一定的复杂性和系统性，涉及众多技术和设备，需要一个综合、协调、高效的平台作为支撑。因此，在智慧图书馆建设过程中，应该不断更新智慧图书馆平台中各种设备和系统。

（二）培训因素：图书馆员工和读者的信息素养培训

读者信息素养的提升是一个系统工程，需要从图书馆内部和外部两方面入手。从内部看，读者的信息素养受个人、团队和技术等多方面因素影响，而这些因素均受图书馆员工培训水平的影响。从外部看，国家和政府、社会和图书馆等都应重视对图书馆员工的培训。此外，还应根据读者信息素养的影响因素制订相关的培训计划和目标。例如，图书馆应加强智慧馆员对读者信息素养影响因素的分析，结合自身发展情况和读者实际需求，制订个性化信息素养培训计划，为读者提供有效、系统和有针对性的信息素养培训服务。与此同时，公共图书馆应将智慧图书馆建设与读者信息素养提升相结合，通过构建智慧图书馆为读者提供全方位、一站式、个性化服务。此外，还应通过积极宣传、开展阅读推广活动等方式大力提高社会公众对智慧图书馆建设的认识度和参与度。

（三）社会因素：读者接受新技术和适应新环境的态度

公共图书馆智慧化建设是一项复杂的系统工程，在智慧图书馆的建设过程中，技术是重要的影响因素。智慧图书馆建设需要多种技术来支持，其中，图书馆管理系统、智能阅读设备、无线网络和多媒体技术等是公共图书馆智慧化的重要组成部分。这些技术不仅可以提供用户个性化的服务，还可以提高用户体验。但技术并不是绝对的，随着技术的发展，图书馆管理系统也会逐渐更新

和完善。随着互联网的迅速发展，人们对网络技术也有了更多的了解和认识，网络安全问题越来越得到重视。在未来一段时间内，新技术将继续促进公共图书馆中智慧图书馆的建设。

五、结语

本研究通过对智慧图书馆建设背景下的公共图书馆读者信息素养的影响进行深入研究，得出了以下结论：公共图书馆在建设智慧图书馆过程中，通过提供便捷的获取信息途径、个性化的信息服务、多样化的学习资源和学习机会，以及信息素养培训和教育活动，显著提升了读者的信息素养水平。然而，公共图书馆的智慧化建设仍面临技术支持、培训和社会接受等方面的挑战。

本文只是在一定程度上揭示了智慧图书馆建设与读者信息素养之间的关系，并没有深入探讨智慧图书馆建设如何通过其他相关影响因素来促进读者信息素养的提升。因此，在未来的研究中应进一步研究智慧图书馆平台的技术支持和更新，加强图书馆员工和读者的信息素养培训，以及引导和推动社会对智慧图书馆的认知和接受，以实现公共图书馆的智慧化建设对读者信息素养的最大化影响。

参考文献

[1] 吴杨. 读者信息素养教育模式现状及优化策略研究——以国家图书馆综合咨询服务为例 [J]. 晋图学刊，2020 (3)：46-52.

[2] 刘旻净，黎环. 高校图书馆信息咨询服务与读者信息素养提升 [J]. 兰台世界，2014 (32)：107-108.

[3] 雷俊琼. 浅议图书馆信息资源建设中读者信息素养的提升 [J]. 科技情报开发与经济，2011，21 (23)：90-92.

儿童友好阅读服务品牌打造的探索与实践

——以硚口区图书馆硚硚童书会为例

王 惠

（武汉市硚口区图书馆　430030）

摘　要： 本文以硚口区图书馆"硚硚童书会"为例，从创立背景、发展历程和经验分析等三方面共同探索公共图书馆在儿童友好阅读推广服务品牌打造中的实践创新，为更好推进儿童友好阅读推广服务提供参考性意见。

关键词： 儿童友好；阅读推广；硚硚童书会

儿童是全民阅读的基础，也是全民阅读的希望和未来。2021 年国家发改委等 23 部门联合发布的《关于推进儿童友好城市建设的指导意见》中提出"要进一步丰富儿童文体服务供给，开展儿童友好图书馆建设"。这为公共图书馆推进儿童友好阅读服务提供了指导性意见。儿童友好型图书馆，就是要求图书馆的硬件设施和服务均从儿童友好角度出发，符合儿童优先的原则。

阅读推广服务作为公共图书馆的重要服务职能之一，也是深化全民阅读的重要推手，从儿童友好角度出发，就是要依据儿童的兴趣和特点，通过各种渠道、多种形式的载体向广大儿童传播阅读理念、开展阅读指导，从而提升儿童的阅读兴趣和能力，培养儿童的阅读习惯，促进儿童的全面发展，让儿童成长为德智体美劳全面发展的社会主义建设者和接班人。硚口区图书馆打造硚硚童书会阅读服务品牌，通过开展丰富多彩的儿童阅读活动，让儿童爱上阅读，培养全民阅读的新生力量。

一、硚硚童书会创立背景

近年来，随着经济社会的快速发展，网络环境的日益开放，儿童的阅读方式和阅读内容也发生了翻天覆地的变化，传统的、单一的阅读活动已经无法满足现代儿童的深层次阅读需求。作为区级公共图书馆，如何创新方式方法，吸引更多儿童走进图书馆，更好地为广大儿童提供阅读服务，也是我们一直在思考的问题和努力的方向。

从 2017 年起，硚口区图书馆开始探索开展更加多样化的少儿活动，先后举办了绘本分享、电影展播、书法培训等一系列内容丰富、贴近儿童的阅读推广活动，向他们传播快乐阅读的理念。

经过 7 年经验积累，根据少年儿童的发展需求，硚口区图书馆在结合本区域实际情况，立足馆藏资源的基础之上，动员社会力量，有针对性推出了硚硚童书会品牌活动，内容涵盖绘本课堂、智慧父母课堂、科普课堂、非遗课堂、国学课堂、小小图书管理员等 6 个项目，旨在培养广大儿童从小热爱阅读的良好习惯，提升阅读能力。

二、硚硚童书会发展历程

（一）星星之火

硚硚童书会前身为硚图·绘课堂，服务对象以 0~6 岁低幼儿为主，活动内容多为老师讲解绘本故事。这一时期活动内容比较单一，活动场次较少，覆盖面也比较窄。

（二）逐渐发展

2017 年开始，硚口区图书馆开始探索更加全面和专业化的少儿阅读推广服务，在原有分散的少儿活动基础上，推出了快乐寒假和快乐暑假少儿活动，内容以绘本分享、电影展播等为主。2022 年，又在绘本分享的基础上，推出了非遗体验、亲子课堂、少儿志愿者体验等活动。这一时期阅读推广活动内容更加丰富，体验性也更强，并开始走出图书馆，走进社区。

（三）形成体系

随着儿童阅读推广活动的深入推进，硚口区图书馆发现儿童的需求也越来越个性化和多样化，不同年龄段的儿童也有不同的需求。为了更好地满足儿童的多样化阅读需求，硚口区图书馆结合街道分馆和读者调研情况分析，进一步丰富和细化了活动项目，逐渐打造出绘本课堂、智慧父母课堂、科普课堂、非遗课堂、国学课堂、小小图书管理员六大重点项目，同时，也将活动品牌正式命名为硚硚童书会。硚硚童书会坚持周周有活动，月月有亮点，季季有精彩，并不断向社区、学校等基层延伸。仅 2023 年 1 月至 8 月我们就举办少儿活动近40 场，累计接待读者超过 1600 人（次），受到了少儿读者和家庭的喜爱。活动从最开始的参与人数不多，到现在的基本场场爆满，逐渐形成了自己的品牌影响力。

硚硚童书会·绘本课堂。在原有绘本阅读分享的基础上，增加了互动游戏和手工体验环节，以各种不同的延伸活动加深儿童对绘本的理解，通过活动带领更多亲子家庭走进图书馆，爱上阅读。

硚硚童书会·智慧父母课堂。设置亲子阅读课堂，帮助家长提升阅读指导能力，营造良好的家庭阅读环境，提高亲子阅读质量，增进亲子关系。

硚硚童书会·科普课堂。通过理论讲解和实验活动相结合的科普形式，扩展儿童的知识视野，提升他们的科学素养，激发他们对科学知识的兴趣。

硚硚童书会·非遗课堂。邀请专业老师或者非遗传承人讲解非遗文化，通过亲身体验活动，增强儿童对我国优秀非遗文化的参与感、获得感和认同感。

硚硚童书会·国学课堂。设立传统礼仪、书法等国学传统文化课程体验，引导儿童亲近优秀传统文化，传承中华文明，传播社会正能量，激发民族自豪感。

三、硚硚童书会经验分析

（一）加强宣传推广

在信息爆炸的时代，人们获取知识的途径非常广泛，如果公共图书馆不能与时俱进，极可能面临被边缘化的危险。公共图书馆在开展阅读推广活动中，应该摒弃传统的坐等思维，加大宣传力度、扩宽宣传渠道、创新宣传形式，主动吸引更多读者参与到图书馆举办的各类活动中来，提升服务效能。在宣传渠道上，硚口区图书馆会主动与区级融媒体中心联系，通过硚口微信公众号发布硚硚童书会一段时间内的重点活动安排，每期活动前也会通过图书馆微信公众号发布预告，并在大厅设置宣传牌，进一步扩大活动宣传面。在宣传内容上，我们会尽量设计活动亮点来吸引读者报名，如提供精美奖品、突出体验环节、设计创意海报等，让读者看到之后就有报名的冲动。在每次活动结束后，工作人员也会向读者预告下次活动的时间和内容，通过各类媒体发布活动回顾，展示活动效果，让没有参与的读者感受到活动的精彩，以此吸引更多读者参与进来。

（二）优化空间设计

良好的阅读环境是增强阅读活动体验感的重要基础之一，一个充满童趣的阅读空间将大大提升儿童阅读幸福感。硚口区图书馆属于临时过渡馆舍，在硬件条件上非常有限，但是图书馆在装修之初也尽量从儿童友好角度出发，对儿童阅读区域进行人性化设计，创造一个舒适、安全、温馨的阅读环境。比如设置了儿童专用的座椅、桌子，色素上用蓝色、黄色和白色等儿童比较喜爱的颜色，同时对书架、桌椅进行软包改造，避免造成磕碰，保护儿童安全。投放哆啦 A 梦造型的借还机以及米老鼠造型的电子显示屏，增加趣味元素，以吸引孩子们的注意力。

（三）丰富活动形式

好动是儿童的天性，很少儿童能像大人一样长时间保持高度的注意力，因此单纯以老师讲解为主的阅读活动无法吸引儿童的兴趣。针对传统阅读活动模式单一、互动性不强的弊端，砳砳童书会在常规的阅读活动基础上，增加了各种动画欣赏环节、手工体验环节、游戏互动环节。在游戏、体验、互动的过程中，有效地引导儿童开展阅读、提升阅读兴趣。同时我们了解到儿童也需要表达和交流平台，因此砳砳童书会特别推出了小小图书管理员活动，搭建儿童阅读与实践有效整合的专业公益平台，让广大儿童能够在志愿服务中锻炼能力，在与同伴的交流中培养合作互助意识，在服务其他读者的过程中实现自我价值，这也是一种阅读能力的培养。

（四）开展分级阅读

2021 年 9 月 27 日，国务院通过中国政府网对外公布《中国儿童发展纲要（2021—2030）》，纲要中明确提出"分年龄段推荐优秀儿童书目"。提倡在指导儿童阅读的过程中尊重分级阅读的规律，科学培养其阅读兴趣和能力。砳砳童书会在具体开展阅读推广活动中，探索根据儿童的年龄、认知特点、生理和心理规律等综合因素来设置适合的阅读活动，提升阅读活动效果。从年龄特点出发，0~6 岁学龄前儿童，认知能力有限，主要培养阅读意识和兴趣，通过绘本课堂，既让幼儿享受到阅读的乐趣，又让幼儿享受到成人的爱；6~12 岁的学龄儿童，已经在学校接受系统教育，逐步有了自主的阅读能力，这一阶段的阅读活动主要是学校以外知识的补充和世界观的塑造。为此我们设计了科普课堂、非遗课堂、国学课堂三个板块，一方面满足儿童的好奇心，另一方面也激发了他们对传统文化和自然科学的热情，培养阅读兴趣。从心理、生理发展特征出发，儿童尤其是学龄前儿童的大部分阅读活动，都需要通过父母这个媒介完成，因此公共图书馆儿童阅读推广服务的另一个重要对象是儿童父母，尤其是学龄前儿童父母。一方面，父母是孩子阅读的领路人，最能调动他们的积极性；另一方面，父母的阅读理念也时刻影响着儿童阅读的实践水平。要想培养孩子良好的阅读习惯，父母既要重视阅读陪伴，又要注重阅读方法指导。因此硚硚童书会特别推出了智慧父母课堂，针对儿童家长进行相关的阅读指导培训，培养父母的阅读习惯，通过提升父母的阅读水平，最终提高儿童的阅读兴趣和阅读水平。

（五）寻求社会合作

对大多数区级公共图书馆来说，存在着人力、财力、物力的局限性，因此在推进儿童友好阅读推广活动上需要借助更多的社会力量，实现1+1>2的效果。硚硚童书会在开展阅读推广活动的过程中，也一直积极探索与政府单位、学校、家庭、机构、公益人士等各界社会力量加强合作，构建长效合作机制。硚硚童书会+单位，与文化馆合作开展非遗体验，与其他公共图书馆开展合作交流，与团区委合作融入暑期青少年托管项目等；硚硚童书会+家庭，主要表现为开展各类亲子阅读活动，构建良好家庭阅读氛围；硚硚童书会+学校，主要表现为共建学校图书室，走进幼儿园、走进中小学开展线下活动；硚硚童书会+机构，硚硚童书会与新华集团开展阅读合作，利用其强大的阅读资源和平台开展推广活动，与辖区企业合作共建城市书房，拓展阅读平台；硚硚童书会+公益人士，积极招募志愿人士参与阅读推广，寻找绘本妈妈、绘本姐姐等。

（六）延伸馆外服务

2015年，中共中央办公厅、国务院办公厅印发《关于加快构建现代公共文化服务体系的意见》中提出"大力开展流动服务和数字服务，打通公共文化服务最后一公里"。图书馆作为开展少儿阅读推广活动的主阵地之一，受众是有限的，如何将阅读活动带到基层儿童身边，让阅读走进每个角落，一直是硚口区图书馆在不断探索的问题。硚硚童书会在推儿童进阅读服务的过程中，以街道分馆和基层服务点为依托，进一步下沉服务重心，深入社区、学校、特殊机构等基层单位开展儿童喜闻乐见的阅读活动，不断延伸公共文化服务半径，向全社会儿童传播阅读力量。2022年至今硚硚童书会先后走进硚口区11个街道、20余个社区、10余个单位开展了30余场活动，与1000多名儿童共沐书香，让广大儿童享受家门口的阅读快乐。

（七）注重效果反馈

活动办得好不好，参加活动的少儿说了算。一个优秀的儿童友好阅读品牌需要建立读者需求反馈机制，及时准确了解和掌握儿童阅读需求，开展"菜单式""订单式"服务。硚硚童书会作为一个新创立的，还不甚成熟的阅读品牌，更需要及时听取读者意见、不断改进提升。硚硚童书会工作团队会不定期进行调研评估，通过发放调查问卷、现场咨询等形式，听取儿童及其家长的意见和建议，及时改进和创新儿童友好阅读服务内容和形式，以满足儿童不断变化的需求、提升儿童阅读体验。同时主创团队也会定期召开活动研讨会，对活动前期的宣传，活动中好的经验和不足的地方，进行反思和总结，不断加强活动宣传、丰富活动内容、改进活动形式，努力使硚硚童书会成为硚口区儿童乃至武汉市儿童喜爱的阅读品牌。

四、展望

儿童友好阅读服务品牌的打造是一项系统性、长期性的工程。面对数字化时代的飞速发展和儿童日益多元化、个性化的阅读需求，硚硚童书会也将面临更多挑战和机遇。硚硚童书会将继续立足儿童友好角度，打造更加人性化的阅读空间、建立更加互动性的阅读平台、开展更加有效性的宣传推广、组织更加全面性的读者调研、引入更加专业性的社会团队、开展更加针对性的分级阅读、设计更加创新性的阅读活动，让广大儿童主动走进图书馆，自觉阅读、热爱阅读，促进儿童的全面发展和阅读素养的提升，为推进儿童友好城市建设贡献书香力量。

参考文献

[1] 周卫彬，张喜年，赵书苑.论公共图书馆少儿阅读推广的服务发展趋势——以苏州为例 [J].新世纪图书馆，2018（10）：28-33.

[2] 陈菁，陈哲彦.绘本阅读与图书馆儿童读者服务——以吴翠红及其团队的儿童绘本阅读推广实践为中心 [J].图书馆杂志，2023，42（3）：75-82.

[3] 樊露露.公共图书馆儿童分级阅读推广研究 [J].河南图书馆学刊，2016，36（2）：5-6，37.

[4] 杨威娜.少儿阅读推广活动的策略研究 [J].现代交际，2012（7）：115.

[5] 谢光雷.未成年人阅读推广实践新路径——以扬州市少年儿童图书馆个人图书馆服务为例 [J].图书馆工作与研究，2020（4）：124-128.

[6] 王萍.基于读者文化程度的分众阅读推广策略探析 [J].图书馆建设，2021（2）：135-140，150.

公共图书馆"助力共同缔造 建设书香环境"实践探索

——以恩施土家族苗族自治州图书馆为例

李光炼　谭华梅

（恩施土家族苗族自治州图书馆　445000）

摘　要：共同缔造书香环境是推进基层治理体系和治理能力现代化的重要抓手，是提高人民群众幸福生活指数的创新举措。本文以恩施土家族苗族自治州图书馆（以下简称恩施州图书馆）为例，指出了共同缔造书香环境的现实意义，分析了公共图书馆助力共同缔造的行业优势，介绍了恩施州图书馆助力共同缔造，打造书香环境的实践经验，从引导社会参与、推动志愿服务、融入区域发展等方面给出了思考路径。

关键词：共同缔造；书香环境；实践探索

湖北省第十二次党代会提出，广泛开展美好环境与幸福生活共同缔造活动，发动群众决策共谋、发展共建、建设共管、效果共评、成果共享。书香环境作为环境建设的重要组成部分，2022年12月1日正式实施的《湖北省公共图书馆条例》，为共同缔造书香环境提供有力的法治保障。公共图书馆作为公共文化服务体系建设的生力军，对繁荣新时代中国特色社会主义文化，健全公共文化服务体系，助力共同缔造书香环境具有重要作用。

一、共同缔造书香环境的现实意义

发展公共文化服务，建设书香环境，是保障人民文化权益、改善人民生活品质、补齐文化发展短板的重要途径。习近平总书记在首届全民阅读大会贺信中勉励广大党员、干部带头阅读学习，修身养志，增长才干；鼓励孩子们养成阅读习惯，快乐阅读，健康成长；希望全社会都参与到阅读中来，形成爱读书、读好书、善读书的浓厚氛围。习近平总书记率先垂范、亲自倡导，为书香中国建设指明了方向。各种智慧图书馆体系、城乡新型公共文化空间不断涌现，全民阅读蔚然成风，华夏大地充盈书香，全社会形成共同缔造书香环境，共创幸福生活的良好风尚。

（一）书香环境与幸福生活是人民群众共同追求的美好愿景

进入新发展阶段，人民的需求从有没有到好不好转变，从谋求生存到追求美好生活转变。公共图书馆是文化发展水平的重要标志，是滋养民族心灵、培育文化自信的重要场所，是公共文化服务体系的重要组成部分，在服务全民阅读、建设书香环境中扮演了不可替代的角色。当前，人民群众的阅读方式、信息获取方式发生了巨大变化，阅读需求呈现多样化、差异化、数字化、网络化的特点。必须坚持打造以政府主导、社会参与、重心下移、共建共享的书香环境，进一步推动公共图书馆向公益性、基本性、均等性、便利性方向发展，为人民群众享受更加高效便捷的公共图书馆服务提供便利。

（二）共同缔造是实现书香环境与幸福生活相互融合的有效途径

共同缔造的主体是人民，成果由人民共享。公共图书馆要积极争取政府机构、主管部门的支持力度，加强与社会组织、乡贤能人、文化志愿者的合作共建，参与覆盖城乡的总分馆和流动图书服务体系建设，举办各种品牌阅读推广活动，开展面向特殊群体的个性化志愿服务等行之有效的举措，进一步丰富公共图书馆的服务内容、创新服务方式、提升服务水平，更加有效地发挥公共图书馆的阵地作用，助力书香环境建设，增强人民群众的阅读获得感和生活幸福感。

二、公共图书馆助力共同缔造的优势

公共图书馆作为政府举办的公益一类事业单位，在开展全民阅读，助力共同缔造，打造书香环境方面具有三大优势。

（一）丰富的馆藏文献资源优势

公共图书馆的馆藏文献资源面向社会公众免费开放，具有系统性、多样性、连续性、公益性的特点。除了传统的纸质文献资源外，还有海量的数字资源，以及各具特色的地方文献资源，可以满足不同层次、不同需求的读者要求。近年来，各级人民政府自上而下对各类公共图书馆源源不断的经费投入，使得馆藏结构不断完善、文献种类不断丰富、资源数量不断扩充，为书香环境的打造奠定物质基础。

（二）功能齐全的馆舍环境优势

根据《公共文化服务体系保障法》《公共图书馆法》等法律法规要求，公共图书馆建设已经纳入城市发展总体规划，作为文明城市建设的重要考核指标，覆盖城乡、便捷高效、普惠均等的现代图书馆服务体系逐步形成。图书馆的馆舍面积、空间布局、阅览座席、文献藏量均按照标准规划、设计、建设。现代图书馆馆舍基础设施完备，温馨舒适的阅读环境，各种新奇的创意空间，智慧化设施体验，书香人文气息与和谐时代特征并重，吸引了越来越多的爱好阅读的人士。

（三）专业的馆员人才队伍优势

当前公共图书馆的馆员人才队伍，在学历职称、年龄结构、专业技能、业务素养、服务效能、继续教育、创新意识、学术水平等方面均有了质的提升，服务读者的能力和水平显著提高，能够适应和满足新时代图书馆事业发展需求。

三、恩施州图书馆助力共同缔造的实践探索

习近平总书记指出，人民对美好生活的向往，就是我们的奋斗目标。恩施州图书馆紧跟时代步伐，顺应读者需求，紧紧依托本馆优势，积极开展社会合作，建设服务城乡的总分馆体系，打造阅读推广品牌，不断完善公共文化服务体系，以高质量文化供给增强人民群众的文化获得感和幸福感，为助力共同缔造，打造书香环境交出了群众满意的恩施答卷。

（一）总分馆建设持续发力

1. 老馆改造换新颜

小空间有大作为，硬件不足软件补。通过对老馆维修升级改造，恩施州图书馆实现从传统图书馆向现代化、智慧化图书馆的转型。一是建成"智慧墙"，汇集本馆馆藏信息、到馆人次、读者数据分析，以及各项服务数据，让读者对于全馆信息一目了然。二是实现"信用"办证和"自助"借阅，读者可自主选择读者证、身份证、微信、支付宝、人脸识别和账号密码等多种图书借还方式。三是建成"数字图书馆"，一部手机玩转"知网"等60余个资源库，35TB自建数字资源，读者足不出户就可享受数字阅读体验。四是建成"人脸识别系统"和"门禁访客系统"，自动识别身份，高清摄像头全覆盖，打造安全的阅读环境。

2. 新型空间齐发力

下基层访民情，我为群众办实事。为实现公共文化服务城乡均等化，着力开展下基层"我为群众办实事"实践活动，恩施州图书馆建成9个直属分馆，将分馆建到了乡镇集中安置点、城市社区、旅游景点、企事业单位，让更多的人享受到优质的图书馆服务。一是与当地乡镇政府合作，在宣恩县建成恩施州图书馆高罗分馆、沙道沟分馆，为留守儿童搭建起梦想平台，辐射周边居民10万余人。《"四点半学堂"里的图书馆分馆》案例获全国公共图书馆创新创意案例三等奖。二是与城市社区合作，在恩施城区建成恩施书房书院分馆、黄泥坝分馆，打造城区"15分钟"阅读圈，得到州领导批示，建设经验被《图书馆报》推介。三是与文旅企业合作，在4A级景区女儿城和施州老城景区建成女儿城分馆、国学分馆，深受广大游客喜爱。四是与机关单位合作，建成政法分馆、文化传媒分馆，得到机关干部的欢迎。五是拓展服务空间，在总馆一楼建成恩施书房中心分馆，每天开馆时间从早上8：30到晚上20：30，实现无人值守，更好地满足读者需求。

3. 流动图书点遍开花

以点带面，辐射引领书香环境建设。流动图书点的建设是打通服务群众"最后一公里"的重要抓手。恩施州图书馆成立红色文艺轻骑兵小分队，通过开展流动图书进乡村、进社区、进学校、进景区、进警营、进企业等"六进"活动，把流动图书车开到全州8县市的山山水水、村村寨寨，共建立流动图书点43个，配送图书5万余册次，服务城乡居民超100万人次，满足了社区群众、留守儿童、干部职工的文化需求。《恩施州公共图书馆阅读推广联盟"汽车图书馆"巡展》被省图书馆学会评为"全民阅读创新案例"，恩施州图书馆被评为长江读书节"十佳汽车图书馆"。

(二)"悦读恩施"品牌逐步成长

"悦读恩施"是恩施州图书馆立足本地、寄情远方所打造的特色阅读品牌。践行着"诗在远方 更在故乡 悦读恩施 阅见美好"的核心理念。该品牌已形成馆长领读、家庭阅读、相约乡读、经典共读等多栏目矩阵和线上线下齐发力的传播模式。累计开展各类活动超过1000场次，服务读者超50万人次。

1. 馆长领读引风尚

不忘初心，不负韶华。为号召广大读者不负青春、不负时光，走进图书馆、爱上阅读，恩施州图书馆开设"馆长领读"栏目，馆长谭华梅引领读者在阅读中增添书卷气、才气、朝气、正气。一是在"4·23"世界读书日，领读《书籍

春风 还有你——给读者的一封信》，向读者发出诚挚的阅读邀约，得到学习强国推介。二是做客中央广播电视总台《文艺之声》栏目，参加馆长访谈，就"绿水青山的生态文明，开展生态阅读实践和百姓生活之间的关系"与网友互动，推介恩施"两山"资源，介绍文旅融合背景下图书馆开展生态文明阅读的具体做法。三是参加湖北楚天音乐广播《声音倾城》栏目，荐读恩施红色经典《清江壮歌》，通过一本书推介一座城，做客直播间与网友线上交流互动。

2. 家庭阅读强支撑

家庭是社会最小细胞，家和方能万事兴。恩施州图书馆是湖北省家庭亲子阅读体验基地、恩施州家风家教实践基地。依托双基地建设，恩施州图书馆秉承"读者第一 服务至上"的宗旨，将家庭主题阅读作为"悦读恩施"品牌的重要内容。一是深入贯彻落实习近平总书记关于注重家庭、注重家教、注重家风的重要指示精神，充分发挥基地职能作用，2021 年基地建立以来，共接待州、市直单位 50 余家，1000 余人次。二是多形式开展家风家教主题阅读活动。以三八、五四、六一、九九、端午、中秋等特定节假日为契机，开展"为您读书""绘本故事""我们的节日"等家庭主题阅读活动，以家风促社风、带民风，创清廉恩施，树新风正气，共开展活动 110 余场次，惠及近 2000 个亲子家庭。

3. 相约乡读献爱心

相约乡读，陪伴成长。"相约乡读"是长江读书节为乡村文化振兴量身定制的阅读推广项目，也是发展乡村文化、缔造乡村文明的重要举措。州图书馆以"相约乡读"家庭阅读推广为指引，开展了一系列关爱留守儿童、关爱老年人的阅读活动。一是恩施州图书馆联合湖北省图书馆、巴东县图书馆，开展"相约乡读"阅读季进乡村活动，省、州、县三级公共图书馆走进恩施州巴东县野三关镇，同时在红军小学、鼓楼小学等五所中小学校开展阅读活动指导 32 场，为3000 余名留守儿童筑起心灵的港湾。二是携手太原市图书馆"春雨工程"文旅志愿服务队，为沙道沟分馆和高罗分馆的留守儿童送去关爱大礼包，将"少年思政课"延伸到乡村学校，让山区的孩子也能享受优质图书、红色课堂、数字资源、文体用品，传播红色文化，弘扬红色精神，积极引导青少年扣好"人生第一粒扣子"。三是为庆祝恩施土家族苗族自治州建州 40 周年，联合武汉市少儿图书馆开展知识工程"手拉手 共筑未来——城市乡村文化社会实践家乡推介官活动"，通过家乡推介官、开心彩泥等创意课程，引导少年儿童了解恩施传统文化、特色美食、历史建筑及背后故事、各行各业英雄事迹，用孩子自己的创意作品，向大家推介家乡恩施。四是在咸丰县坪坝营镇中坝村、建始县茅田乡太和街村开展"书香伴读"服务特殊群体阅读活动，为留守老人们送书、送报纸、送阅读，关爱老年人精神生活，缩减知识鸿沟。

4. 经典共读传文化

百花齐放春满园，书声琅琅传经典。中华经典是民族文化的精髓，是中华民族的魂与根。通过开展经典共读活动，引导更多的读者能够主动诵读经典，吸收传统文化的营养。一是以庆祝中国共产党成立 100 周年为契机，开展"山河交响·共读国学经典""山河交响·喜迎国庆""山河交响·传承家风家教"等系列活动，通过共读百年红色经典，举办精品红色图书展，重走革命之路，赓续红色血脉。二是以传承青年楷模何功伟红色家书为原型，创作《狱中家书——何功伟的故事》情景剧，荣获全省图书馆员风采大赛才艺展示二等奖。三是以"9·28"孔子诞辰为节点，开展主题图书展、恩图之声经典朗诵展播、国学绘本故事会等活动，激发读者品读经典、欣赏国学的热情。四是开展讲巾帼故事线上活动，组织 8 县市图书馆馆员积极参与，用好红色资源，讲活英雄事迹，共展播 22 期，累计开展各类线上线下活动 56 场次，服务读者 5 万余人次。

（三）文旅志愿服务赋能共建共享

以推动《湖北省公共图书馆条例》的贯彻实施为契机，大力推进文旅志愿服务，推动群众参与共建共享，为建设宜居宜业宜养宜游的书香恩施，贡献图书馆人力量。

1. 锻造一支志愿者队伍

成立了恩施州图书馆红色文艺轻骑兵志愿服务小分队，带领文化志愿者在馆内及馆外图书流通服务点开展文旅志愿服务。结合下基层实践活动，为乡村中小学送书下乡，开展校园阅读推广活动，播种知识，点亮山区孩童希望。恩施州图书馆"童心童廉"家庭研学志愿服务项目荣获长江读书节"优秀志愿服务项目"，指导推荐巴东县野三关镇红军小学、恩施市白果乡桑树坝小学等 6 所学校的班级创建成为"十佳班小组"。

2. 带动一批志愿服务组织

建好阵地的同时，整合社会资源参与志愿服务，通过社会组织共建、社会公开招募等形式，与大专院校、中小学校、企事业单位、爱心人士等社会各界建立合作关系，实现互惠共赢。与湖北民族大学、恩施学院等高校合作，定期选派大学生志愿者到馆参加志愿服务，开展阅读推广，引导帮助读者。吸收中小学生到馆开展寒暑假"小小图书管理员"活动，体验职业角色扮演，培养孩子们的公益心，锻炼动手能力和沟通能力。联合州气象局、州科技局、州妇联等单位,走进全州中小学校,送气象知识、科普知识、法律知识,得到学校、家长和孩子们喜爱。与施南读书会、漫读公益读书会、老街坊千里读书会、爱阅大眼睛等社会公益组织合作,常年开展绘本故事、手工制作、民俗文化体验等多种形式的阅读推广活动,开拓孩子们的视野。

3. 结成一个公共图书馆联盟

恩施州图书馆联合全州八县市公共图书馆,成立恩施州公共图书馆阅读推广联盟,实现"自愿参与、规范管理、共建共享、协同发展"。全州9辆流动图书车在图书馆宣传周、世界读书日、孔子诞辰开展志愿服务,配送图书超过10万册次,服务读者达30万人次,把优质图书资源送到读者家门口,打通服务群众"最后一公里"。两两联合也是志愿服务的开展方式,州馆与宣恩县图书馆承办宜昌市、恩施州两地公共图书馆馆际志愿交流活动,就地方文献收集整理研究保护、评估定级、一体化发展深入交流。与来凤县图书馆共同走进绿水镇茅坝小学,开展"红领巾心向党,经典朗读进校园"志愿活动,带领孩子们走进阅读,用文化为乡村振兴赋能。与建始县图书馆走进业州镇当阳坝村,畅游春日桃园,倡导生态阅读。与宣恩县图书馆走进彭家寨土家泛博物馆,建立流动图书点,不断完善公共文化服务体系,推动图书馆事业高质量发展。与咸丰县图书馆走进坪坝营,送文化进景区,开展志愿者研学。

四、公共图书馆助力共同缔造的思考

(一)注重引导社会力量参与

必须坚持政府主导、社会参与、共建共享,实现公共文化服务供给方式多元化。要建立社会力量参与图书馆服务供给示范和引导机制,引导一批社会主体将优质文化空间、志愿服务纳入基本公共文化服务,继续深化公共图书馆法人治理结构改革。

(二)着力推动志愿服务增效

发挥文旅志愿者网络服务平台作用,健全志愿服务组织体系,完善志愿者招募管理工作,建立志愿者激励保障机制,实现文化志愿者队伍全覆盖。将文化志愿服务与新时代文明实践中心建设相衔接,组织文化能人、社会文艺爱好者、非遗传承人、大专院校学生、退休老同志、社会文化从业人员等加入志愿服务活动。

(三)融入区域协同发展布局

建立健全"宜荆荆恩"公共图书馆区域协同发展机制,推进"宜荆荆恩"

公共图书馆一体化建设，联合编目、统一书目检索，逐步实现区域内图书通借通还。

五、结语

"助力共同缔造 建设书香环境"既是保障和改善民生的重要举措，也是扩大供给，实现人民群众共建共享发展成果的重要体现，是一个长期而艰巨的使命。广大图书馆人必须坚持以习近平新时代中国特色社会主义思想为指引，继续发扬艰苦奋斗精神，充分发挥主观能动性和群众伟力，才能不负韶华，为书香中国建设贡献图书馆人的智慧和力量。

参考文献

[1] 中国共产党湖北省第十二次代表大会关于十一届省委报告的决议[EB/OL]. 荆楚网，2022-06-22.

[2] 习近平致信祝贺首届全民阅读大会举办 希望全社会都参与到阅读中来形成爱读书读好书善读书的浓厚氛围 [EB/OL]. 中国共产党网，2022-04-23.

地方文献助力区域协调性发展的探索思考

——以秭归县图书馆地方文献库为例

向红梅　王　玲

（宜昌市秭归县图书馆　443600）

摘　要：本文以秭归县图书馆地方文献库为例，论述地方文献的开发、利用与区域协调性发展之间的关系，思考在信息环境下，基层公共图书馆如何进一步加强资源建设，创新服务模式，丰富服务手段，为当地协调性发展提供助力。

关键词：地方文献；区域协调性发展；秭归县；基层公共图书馆

区域协调性发展是国家"十四五"规划和2035年远景目标纲要的重要内容，也是实现全面建设社会主义现代化国家的战略要求。公共图书馆地方文献作为记录和反映一个地区历史沿革、自然环境、人文风貌、经济社会等各个方面的综合信息资源，对于促进区域协调性发展具有重要意义。

一、地方文献对促进区域协调性发展的作用

地方文献是反映一个地区历史、文化、经济、社会等各方面情况的文献资料，是地方文化的重要载体和宝贵资源，是对地方杰出文化和信息的综合性记录，是反映地方历史发展的"百科全书"。区域协调性发展是指在国家统一规划和宏观调控下，各地区根据自身资源禀赋和发展条件，充分发挥比较优势，实现优势互补，形成良性互动，以促进区域间的协调发展和整体效益。基层公共图书馆是基层文化惠民的主阵地，开展地方文献的建设与服务，不仅是公共图书馆履行法定职责、满足人民群众精神文化需求的重要内容，也是促进区域协调性发展、增强地方特色和竞争力的有效途径。

（一）提供信息资源和智力支持

地方文献是一个地区最全面、最权威、最系统的信息资源库，它涵盖一个

地区的自然资源、人力资源、科技资源、社会资源等各个方面，对于一个地区的规划、决策、管理、服务等具有重要的参考价值。公共图书馆通过收集、整理、保存和利用地方文献，可以为政府决策部门、企事业单位、科研院所等提供有关本地区或其他地区的历史资料、现状数据、发展趋势等信息，帮助他们了解本地区或其他地区的优势与不足、机遇与挑战、需求与供给等情况，为制定符合实际的区域协调性发展战略和政策提供信息支持和智力支撑。例如，在秭归县编制"十四五"规划时期，秭归县图书馆在充分挖掘秭归县富集的生态资源、人文资源、产业资源、旅游资源等文献信息的基础上，形成了大量二次、三次文献，编制的参考信息，为该县脱贫攻坚和全面小康提供了信息资源和智力支持。

（二）提供历史经验和启示

对地方文献的开放和利用，可以让我们了解一个地区在不同历史时期的发展状况、问题和成就，从中总结出适合该地区的发展规律、特色和优势，为当前和未来的发展提供借鉴和指导。例如，秭归县历史悠久，有 7000 年的文明史、3200 年的文字史、2000 年的置县史，所以文化遗存丰富多彩，地方文献的种类和数量都比较多。通过对秭归县地方文献的研究分析，可以发现该县自古以来就是长江上游的交通咽喉，长江流域文化的发源地，长期以来秉承以农业为基础，以工商业为辅助，以文化为根魂的综合发展模式，这为秭归县在新时代实现高质量、协调性发展提供了有益的经验和启示。

（三）提供文化支撑和价值引领

地方文献是一个地区文化传承和创新的重要载体，它反映了一个地区的民族精神、地域特色、社会风尚等文化因素，对于塑造一个地区的文化形象和品牌具有重要作用。公共图书馆通过开展地方文献的传播推广、展示利用、教育引导等活动，来弘扬当地优秀历史文化传统，彰显当地特色、塑造鲜明形象，从而增强区域的文化自信和凝聚力，为区域协调性发展提供强大的文化支撑和动力。例如，秭归县作为爱国诗人屈原的故里、坝上库首第一县，有关屈原文化、端午文化、长江文化、移民文化等的文献信息特别丰富璀璨，该县加强对此类地方文献的开发、利用，着力打好"屈原牌""长江牌""柑橘牌"，推出"实施屈原文化研究阐释工程、品牌打造工程、保护振兴工程、教育普及工程、传播交流工程、文化创作生产工程"计划，作为培育和践行社会主义核心价值观的重要内容，特色文化品牌和形象享誉全国、知名国际，为秭归在"长江经济带"发展中发挥更大作用提供了文化支撑和价值引领。

（四）提供产业发展的资源和内涵

地方文献种类繁多，按照载体来进行区分，可分为图书、杂志、报纸、图片、照片、影片、画片、唱片、拓本、表格、传单、票据、文告、手稿、印模、簿籍等。这些文献信息，有的本身就具备较高的美学价值、史料价值、教育价值和经济价值，可直接成为产业发展的重要资源。例如在秭归县屈原故里景区，展览、陈列了一些金石铭刻、古籍古玩、声像档案等内容，就是具有代表性的旅游资源。另外，地方文献也为当地企业发展提供了内涵来源，提升了文化价值。例如秭归县图书馆为当地屈姑国际农业集团，提供了充分的屈原文化、柑橘文化文献信息，集团在此基础上形成了企业文化，并以此为思路开发出系列产品，打造出一条"从花到果、从皮到渣、吃干榨尽"的脐橙"零废弃加工综合利用"全产业链，成为当地文化企业的龙头。如今，旅游业呈现多元化发展态势，文旅融合势在必行，地方文献构成了众多旅游文化产品的文化依托。以秭归县为例，当地在充分挖掘屈原作品的基础上，推出了光影秀《九歌大典》、原创民俗歌舞剧《大端午》等，极大丰富了旅游产品的供给；在充分整合红色文献信息资源的基础上，推出了九条大思政课线路，切实提高了旅游品牌的市场竞争力。

二、基层公共图书馆开发地方文献助力区域协调性发展的优势

（一）丰富的馆藏数量

在基层，地方文献信息主要保存在文化馆、博物馆、公共图书馆、非遗中心等文化部门，其中，公共图书馆保存的种类最为齐全、数量最为庞大。以秭归县图书馆地方文献库为例，该馆馆藏地方文献1000余种，近万册（件），其中仅屈原文化、端午文化相关的古籍文献信息就达到300余种，体现出鲜明的地方特色，是当地不可估量的文化瑰宝。当地被誉为"中国脐橙之乡""中国龙舟之乡""中国诗歌之乡""中国民间文化艺术之乡""中国美食之乡"和"中国最美外景地"，有人类非遗1项，国家级非遗3项，省级非遗6项，市级非遗14项，县级非遗9大类43项，与此相关的文字出版物、音像资源、图片资料和分析报告等都极为丰富，这些文献信息最大程度地记录了地方的发展和演变的历史，秭归县图书馆对这批地方文献的收集、整理和保存，为地方文化的溯源、民族精神的传承、传统民俗的发展提供了实物载体保障。

（二）特色数据资源库的建设

数字时代，特色数据库的建设也成为基层公共图书馆收集、整理和保存地方文献的重要手段之一。近年来，依托文化共享工程，各级公共图书馆都加快了数字化发展进程，在地方文献的工作上，结合地方特色深入挖掘、整合、制作出了大量具有本地特色文化内涵的优秀资源，创建了大量特色数据库。如秭归县图书馆，建立了"秭归传说"地方文献特色数据库、图书馆光盘资源库、文化活动图片资源库、文化活动视频资源库等4个特色数据库，内容涉及传统文化、民间习俗、红色文化、文学艺术、农业科技等各领域，较为全面地展示了当地特色文化的内涵与价值，并将这些数据库植入门户网站平台，长期为读者提供阅读、研究服务。

（三）强大的信息服务能力

依托丰富的馆藏资源和大数据技术，公共图书馆可以通过对馆藏信息的监管、整理、重组、分析，满足用户个性化的信息咨询服务需求，并根据他们的阅读喜好、专业分类、习惯等为读者推荐更为精准、更为专业的信息资源。另外，图书馆联盟的成立，打通了各级各地图书馆之间的服务壁垒，实现了一定程度上的资源共建、共享。特别是进入数字时代后，越来越多的图书馆加入联盟之中，联合采购电子资源，实现馆际互借，共享馆藏目录，共建信息服务平台，能有效解决读者需求与资源不足之间的矛盾。由此可见，在地方文献的开发利用上，大力加强数字化建设，将极大提升文献信息的数量和使用频率，为地方提供更为真实可靠、精准有效的信息资源，助力区域的协调性发展。

三、基层公共图书馆开发地方文献助力区域协调性发展的策略

为更好地发挥基层公共图书馆地方文献在促进区域协调性发展中的作用，可以结合自身实际情况，采取以下对策实践：

（一）加强地方文献资源建设

基层公共图书馆应当制订科学合理的地方文献资源建设规划和标准，加大经费投入和人力支持，完善采集渠道和方式，充分利用数字技术手段，广泛收集本地或其他地区出版、内容涉及本地的各类载体形式的文献资料。要做好统一编目、整理归档、数字化转换等工作，确保地方文献资源的完整性、系统性和可利用性。同时，还应当加强对本地或其他地区特色或珍贵的非正式出版物或非出版物（如民间刊物、手抄本、手稿本等），以及口述历史资料等非物质形式的文献资料的采集保存，并加强对这些特殊类型文献资料的整理研究和利用推广。

（二）加强地方文献资源整合与共享

从国家层面上来说，应当充分利用现代信息技术手段，构建覆盖全国各级公共图书馆及其他相关机构（如档案馆、博物馆等）的联合目录检索系统和数字资源平台，并实现与国家数字图书馆平台等的互联互通。在此基础上，要建立全国范围内覆盖各类载体形式和内容类型的综合性国家级、省级、市县级、乡镇村级以及专题特色等不同层次、不同维度的地方文献信息资源总库与总目，向社会开放查询检索服务。从地方层面上来说，要加强对零次、一次文献的收集、整理和保护，强化分析和利用，做好二次、三次文献的梳理整合，并加强与其他系统或部门（如教育部门、科技部门等）之间的沟通协作，在保障知识产权和隐私权等法律法规的前提下，推动不同系统或部门间进行联合建设或互联互通，实现互借互换或互访互用。

（三）加强地方文献服务创新与拓展

基层公共图书馆可以根据自身地方文献资源特点和社会需求，开展多样化的地方文献服务项目和活动。如秭归县作为屈原故里，地方文献库最大的特点和亮点就是屈原文化文献信息较为丰富。近年来，该馆立足屈原文化传承和发展，开设专题展览、讲座、培训、咨询、指导等，举行"屈原文化知多少"线上知识竞赛、"屈子吟诵"短视频征集大赛、"我写屈原"征文征集、"馆长开讲"线上讲座等，提高了公众对地方文献的认识和利用，激发了公众对地方文化的兴趣和热爱，促进了地方文化的传承和发展。

同时，基层公共图书馆也应当主动探索利用地方文献资源开展跨区域、跨领域、跨学科的合作交流与服务创新，如秭归县图书馆与宜昌市图书馆联合开展了屈原文化数字资源库建设，参与了"宜荆荆"图书馆联盟，经常与成员馆之间开展地方文献资源互换或互赠，开展地方文献资源的联合研究、联合培训，进一步推动服务创新，实现了地方文献资源在不同层面和不同领域的优势互补和价值提升，为区域协调性发展提供更多的信息支持和智力支持。

（四）加强地方文献研究人才队伍的建设与培训

特色文化深藏于乡土，基层图书馆在收集、整理、保护地方文献方面责任重大。地方文献的开发与利用也能彰显各地公共图书馆的特色和亮点。但人才队伍严重不足，成果转化迟缓、滞后也是基层图书馆最大的短板。各地应当重视地方文献工作人员的选拔和培养，根据地方文献工作的特点和要求，制订合理的岗位设置和职责分配制度，优化人员结构和配置，鼓励和支持相关工作人员参加学习培训和学术交流，提高其专业素养和业务能力。同时，还应当加强对地方文献志愿者或爱好者的引导和培育，通过开展地方文献志愿者招募、培训、管理、评价等工作，充分发挥他们在地方文献资源的采集、整理、利用等方面的积极作用，形成公共图书馆与社会各界共同参与和推动地方文献工作的良好氛围。

（五）加强地方文献工作的评价与监督

应当建立健全地方文献工作评价与监督机制，制订合理的评价指标和标准，定期对地方文献资源的建设、整合、共享、服务等各个环节进行全面的质量检查和效果评估，并根据评价结果进行相应的调整和改进，不断提高地方文献工作的水平和质量。同时，应当加强对地方文献工作的宣传和推广，通过各种媒体和渠道，及时向社会公开地方文献工作的目标、规划、进展、成果等信息，增强社会对地方文献工作的关注和支持，接受社会的监督和反馈，促进地方文献工作的透明化和规范化。

四、结语

综上所述，地方文献对区域协调性发展有着不可替代的作用，应该引起各级政府和社会各界的高度重视和积极支持。加强对地方文献的收集、整理、保存、开发、利用等工作，不仅是保护和传承地方历史文化遗产的需要，也是促进区域协调性发展的必然要求。

参考文献

[1] 湖南图书馆.全国地方文献工作与研究 [M].北京：国家图书馆出版社，2020.

[2] 孙敏霞.关于加强县级图书馆地方文献工作的思考 [J].科技信息，2008（33）：749，736.

[3] 顾美雯.文旅融合背景下公共图书馆地方文献挖掘研究：以上海市嘉定区图书馆为例 [J].图书馆理论与实践，2020（5）：41-45.

[4] 陈倩.文旅融合视角下地方文献的服务策略研究 [J].新世纪图书馆，2022（10）：25-29，74.

播撒阅读种子　点亮求知明灯

——公共图书馆开展儿童绘本阅读推广的实践与思考

陈　梅

（荆门市图书馆　448000）

摘　要： 公共图书馆是公共文化服务设施机构，必须承担起养成儿童早期阅读习惯的使命，创新儿童阅读推广活动，运用多种绘本阅读的手段激发阅读兴趣，培育良好的阅读习惯。通过向更多的孩子介绍和推广图书馆，帮助他们培养良好的思维能力，激发他们的智慧，促进全民阅读。该文结合笔者所在馆实际工作经验，探讨了公共图书馆儿童绘本阅读推广开展的几点实践探索与思路。

关键词： 公共图书馆；儿童绘本阅读推广；实践与思考；全民阅读

"要养成并强化儿童早期的阅读习惯"被视为公共图书馆的核心使命，它强调了阅读对儿童发展和成长至关重要。儿童的生理心理特点决定儿童的初始阅读要从绘本开始。

一、儿童绘本的定义及特点

绘本，即图画书，是以图画为主的作品。绘本以图画为主要的知识载体，图画具有连续性，学龄前儿童直接可以通过看图画明白故事内容。绘本不仅有成人绘本也有儿童绘本。

儿童绘本是儿童文学的重要一环，它的主要阅读对象是幼儿。儿童绘本语言简洁、易于理解、图画精美、色彩艳丽、搭配和谐，更容易引起儿童想要阅读的欲望。儿童绘本符合儿童的生长特点和阅读习惯，因此被公认为是幼儿早期阅读和教育的最佳读物。它通过讲故事，明道理，全面帮助儿童搭建精神世界。

二、公共图书馆开展儿童绘本阅读推广的意义

近年来，随着互联网的普及，传统的纸质图书已经不再具有吸引人的特点。因此，图书馆作为一个提供优秀的公共文化服务的场所，应该更加注重提供有价值的信息。只有通过开展适宜的阅读推广活动才能够吸引儿童参与到阅读中来。

（一）儿童绘本阅读推广是助推全民阅读活动重要的一环

《中华人民共和国公共图书馆法》第三十四条规定，政府设立的公共图书馆应当建立适合孩子们的阅读空间，拥有经验丰富的工作人员，以便能够帮助孩子们在社会环境中获得更多的知识，使公共图书馆成为一个重要的少儿阅读推广平台。通过提供丰富的儿童绘本阅读推广活动，帮助他们建立起对阅读的热爱，培育良好的阅读习惯，实现自身的社会责任。

（二）儿童绘本阅读推广助推少儿品牌阅读活动推向深入

基于"以馆藏为中心"转换"以读者为中心"的服务模式，我们不断拓展活动内容，努力提升知识性、益智性、大众性和社会性，为少儿读者提供一条能够获得知识、培养品德、开阔思维、提升审美能力的道路。孩子们在图书馆开展的系列阅读推广活动中体验到阅读的快乐，家长在活动中与导读老师、孩子互动交流，有效地提升了阅读效率。吸引更多"小读者"进入图书馆，为图书馆开展其他阅读推广活动打好基础。助推少儿品牌阅读活动推向深入。

（三）通过推广儿童绘本阅读，我们可以帮助培养孩子良好的阅读习惯，并启发他们的智慧

阅读是人类获取知识信息的渠道之一，阅读习惯的养成是一个长期的过程。培养孩子的阅读习惯应尽可能从启蒙做起。在我们的成长过程中，父母和教育机构都扮演着第一任启蒙角色，而图书馆则是我们培养良好阅读习惯的重要场所。儿童绘本图画鲜艳、文字简洁，比较容易吸引孩子的兴趣，更适宜儿童阅读，儿童绘本阅读可以培育儿童的阅读习惯，帮助儿童学习语言，促进儿童创造性学习能力的发展。通过使用图画书来吸引孩子的注意，促进他们的想象能力和创造性，并且有利于他们养成良好的阅读习惯，开拓他们的潜能。

三、公共图书馆开展儿童绘本阅读推广的实践探索

以笔者所在的荆门市图书馆少儿读书活动品牌"快乐星期天"为例。该馆

"快乐星期天"活动品牌创建于2008年，利用周末时间，坚持优质服务，开展一系列主题鲜明、形式新颖多样、内容丰富多彩的少儿读书活动。其中开展"童心绘本剧场""绘本物件偶剧""故事妈妈"、科普小课堂—巧手制作系列、"城乡孩子手拉手"、图书漂流、"粒粒皆辛苦"农耕体验、"亲近大自然"亲子户外读书等丰富多彩的儿童绘本阅读推广活动。让孩子们能在轻松和快乐的环境中获得知识。主要从以下几方面着手：

（一）布置舒适的阅读环境

人的阅读习惯不是天生的，需要进行引导与培育，尤其需要营造阅读环境。阅读空间、装饰布局以及书籍的选择都需要符合儿童心理特点，创建童趣化的阅读环境，让孩子自觉亲近书籍。让孩子们拿起一本书阅读时感觉是一种享受，在潜移默化中受到阅读的熏陶。

荆门市图书馆建立了专门的儿童绘本馆，设置了亲子绘本阅读区域，配置符合少儿读者喜好的书架以及富有童趣的桌椅，地板铺设舒适的软胶地板，墙面、屋顶装饰有五彩的图画以及彩灯，营造了一个舒适且充满童趣的环境。配置有博看触摸动画显示屏、博看朗读亭、多功能影音室等着力创设儿童绘本家园，尽可能地满足少儿读者的各种需求。让少儿读者能够快速地进入阅读状态，培养儿童良好的阅读兴趣，推动亲子共读，让儿童读者在图画书中受到阅读的启蒙和召唤。

（二）优化绘本资源配置

优化绘本资源配置对于提升孩子们的阅读体验至关重要，荆门市图书馆不断调整资源配置，以便让所有的孩子都可以轻松地获取所需的绘本，无论是翻翻书、洞洞书，还是其他类型的有声书，工作人员都精心挑选采购回来，以便最大化地适应各个年龄孩子的读书需要。同时对经典和热门的绘本读物加大采购量。

该馆还开展"你读书我买单""我读书我做主"活动，和当地新华书店或者博雅书屋联合，让家长和孩子持本馆借阅证自行到书店选书借回家看，看完后还回到图书馆，采编部再进行采编整理编目，满足读者的借阅需求。绘本资源优化为本馆做到特色化、个性化的绘本阅读推广打下了坚实的基础。

（三）绘本阅读推广形式多样化

通过多种形式的绘本推广活动，图书馆希望能够以生动有趣的方式和丰富的内容，让孩子们喜欢上阅读并培养他们对阅读的兴趣。荆门市图书馆一直致力于为儿童提供一个优质的阅读环境，从最初的家庭共读活动到现在的绘本推广。该馆 2016 年开展的"故事妈妈"绘本阅读故事会以及近几年开始的"童心绘本剧场""绘本物件偶剧"从开始一直常态化坚持，借由"故事妈妈""童心绘本剧场""绘本物件偶剧"将更多、更优质的故事和图书推荐给更多的孩子和家庭。常态化开展了"儿童科技体验区、宝贝童话展示区"等智慧空间的体验活动。通过宝贝童话数字阅读产品——宝贝童话 APP、有声读物音频、"3D 海洋馆""体感互动学舞蹈"等科技体验活动，将孩子的学习、娱乐、运动完美结合为一体。在传统节日开展端午节包粽子、元宵节开展巧手做灯笼、猜谜语等元宵庙会活动等，既弘扬和传承了传统文化，又锻炼了孩子们的动手能力。开展交通安全知识、科普知识讲座，开展小小图书管理员志愿者活动，开展摘橘子等户外农耕体验活动和绘本剧表演等活动。这些方式让孩子们在"玩"中学习，培养孩子良好的思维能力，帮助孩子开拓视野、增长知识、明白事理、锤炼性格，让孩子们体会绘本阅读的乐趣，从而喜欢上绘本阅读。这些活动拓宽了图书馆的服务模式，提升了图书馆的服务水平。

（四）加强绘本阅读推广队伍的专业性建设

开展绘本阅读需要高素质的图书馆员作为保障之一，目前这类人才公共图书馆比较缺乏。为了更好地推动绘本阅读的发展，图书馆应该加强馆员培训，引进专业人才，或者与拥有相关背景的人士合作，并且招募热心参与的志愿者，他们不仅具备情怀，还具备丰富的经验，以期能够更好地推动绘本阅读的普及。荆门市图书馆采取的做法是联合市妇联、市阳光社工、海豚国际儿童之家荆门店共同发起故事妈妈招募，集中进行专业学习，然后推广儿童绘本阅读，以故事为桥梁，让孩子爱上阅读。

（五）构建儿童绘本阅读推广联盟

要开展好儿童绘本阅读推广活动，应走各个阅读机构、社会组织之间联盟的道路。近年来，由于绘本的价格不断上涨，破损率增加，为了解决这个问题，公共图书馆应该与其他的图书馆和阅读中心结为伙伴，架构一个绘本阅读推广服务联盟，实现资源信息的互通和共享。为了提升服务水准，公共图书馆需要充分发挥它的作用，并通过结合当地的文化站、社区图书馆和绘本阅读机构，打造一个互相支持的平台。此外，它还需要和当地的学校、企业和事务所进行协作，以吸引更多的孩子加入。荆门市图书馆与城区企事业单位联合建立"九渊书吧"，"九渊书吧"目前在城区、近郊四处开花，全面覆盖。同时与天天童话绘本馆、海豚之家等建立合作联盟，与社区、学校积极联络加强合作交流。

从 2010 年起，宜荆荆图书馆联盟应运而生，三地图书馆的合作与交流得到了极大的提升，为鄂西城市圈的发展带来了新的机遇和挑战，共同构建和分享绘本、文献资源。

（六）加强儿童绘本阅读推广的宣传

儿童绘本阅读推广活动需要用多种媒体形式广泛宣传，让更多的人了解认识从而参与进来，更好地助推儿童绘本阅读推广。本馆"快乐星期天"每期活动除采用传统的展板形式向市民预告活动外，还利用新媒体对外宣传，如在荆门市图书馆的网站、微信平台、"快乐星期天" QQ 群提前向市民读者发送活动预告，预告活动的主题、内容、时间、地点。通过线上线下为读者提供便捷的服务，让他们可以随时随地获取信息，并且可以及时互动交流，形成了良好的学习交流氛围，有效促进了儿童绘本阅读推广活动的开展。

四、儿童绘本阅读推广存在的问题

目前，儿童绘本阅读推广还处于探索实践阶段，还存在许多的不足，还无法全面满足各层面儿童读者的需求。第一，儿童绘本数量、质量还有待提高，绘本资源还有待丰富。第二，儿童绘本阅读推广的高素质专业人才缺乏。第三，儿童绘本阅读推广形式还不够深入，比如深层次的加工、导引儿童绘制绘本的推广活动很少触及或者触及不深。第四，儿童绘本阅读推广没有针对年龄层次细分因材施教。第五，儿童绘本阅读推广有地域差，一、二线城市与三、四线小城市、城市与农村之间差异显著。第六，普及面不够，对于特殊群体等的儿童绘本阅读推广做得很少。对于这类型的绘本资源也不足。

总之，阅读要从娃娃抓起，儿童早期阅读要从绘本阅读抓起。为了促进孩子对于阅读的热情，公共图书馆应该设计并实施一系列有益的儿童绘本阅读项目，以激发孩子的兴趣和热情，让更多的儿童真正爱上阅读，在他们心中播撒阅读种子、点亮阅读明灯。

参考文献

[1] 贡晓丹. 公共图书馆开展绘本阅读推广的思考 [J]. 内蒙古科技与经济，2022（20）：145-146.

[2] 宫鲁闽. 公共图书馆绘本推广阅读开展的实践与思考 [J]. 文化产业，2022（31）：89-91.

图书馆开展亲子阅读推广活动的思考

徐思芹

（孝感市孝南区图书馆　432100）

摘　要：要推进全民阅读，家庭和孩子是主题，亲子阅读是全民阅读的重要载体。亲子阅读，就是父母陪伴孩子一起阅读，也叫亲子共读，是家庭教育的有效载体，也是一种高质量的亲子陪伴互动方式。孩子和父母通过书籍和阅读建立联系，增进亲子间的感情，形成安全的依恋关系，既丰富了孩子的课外阅读量，培养孩子的兴趣，双方还能共同学习，收获阅读带来的快乐。

关键词：图书馆；亲子阅读；儿童阅读

在文明的传承中，书籍是不可替代的记录工具。人类能从荒蛮走到现代，通过阅读对书籍代代相传、传承发展，应是最伟大的贡献。为贯彻落实党的二十大报告中"深化全民阅读活动"的要求，推进全民阅读活动已经迫在眉睫，想要推进全民阅读，家庭和孩子是主题，亲子阅读是全民阅读的重要载体。亲子阅读，就是父母陪伴孩子一起阅读，也叫亲子共读，是家庭教育的有效载体，也是一种高质量的亲子陪伴互动方式。孩子和父母通过书籍和阅读建立联系，增进亲子间的感情，形成安全的依恋关系，既丰富了孩子的课外阅读量，培养孩子的兴趣，双方还能共同学习，收获阅读带来的快乐。可以说，随着亲子阅读的观念培育，社会各阶层对于亲子阅读的理解也开始悄悄发生变化。

一、亲子阅读的重要性及意义

亲子阅读，顾名思义，就是家长长期以来有一个固定的时间，陪伴孩子一起读同一本书。这里，有三个关键词值得强调，一是陪伴，二是同一本书，三是固定的时间。只有做到这三个关键点，才能叫作真正意义上的亲子阅读。亲子阅读可以让家长与孩子有更多的共同话题，增进父母与孩子之间的情感交流。通过阅读，父母能及时了解孩子的心理活动，从而进行正面引导。孩子通过大量阅读积累可以形成一定的语言能力，还可以储备词汇继而发展他的语言表达能力、语言组织能力、语言理解力。亲子共读会让孩子明白，阅读也是一种很好的娱乐方式。

（一）亲子阅读可以帮助孩子养成良好的阅读习惯

亲子阅读可以让孩子接触到丰富多彩的知识和文化，开拓视野，提升兴趣，提高孩子的语言表达、想象力、创造力、逻辑思维和批判性思维。

（二）亲子阅读可以提升孩子的语言表达能力

孩子通过倾听父母的朗读和对话，接触到更多的词汇和语言表达方式，丰富了他们的词汇量、语法结构和理解能力。父母应引导孩子，让孩子用语言表达自己对书中内容的理解和感受，通过提问、讨论、复述、写作、画画等方式，帮助孩子整理思路、梳理情感、提高表达能力。

（三）亲子阅读可以培养孩子的独立学习能力

既能锻炼思维，增加孩子的知识储备量，同时也是一种自主性的学习，提高孩子学习能力，对后期的成长会有很大的帮助。

（四）亲子阅读可以帮助孩子塑造正确的人生观价值观，培养孩子的情商

许多书籍的故事中都包含了情感体验和道德教育的元素，亲子阅读可以让孩子通过故事中的角色和情节，学习如何处理各种生活中的问题和挑战，如何与他人相处和合作，如何表达自己的情感和需求。

（五）亲子阅读可以促进亲子关系

父母和孩子参与亲子阅读活动，不仅让父母和孩子有了思想上的碰撞，也有了心灵上的相通，可以帮助家庭培养和谐友爱的亲子关系。亲子阅读为父母创造了与孩子沟通的机会，在共读期间可以分享读书的乐趣，在此过程中，父母与孩子共同学习，一同成长，同时带给孩子善良、勇敢和智慧。

二、影响家庭亲子阅读的因素

如今，在这个飞速发展的社会里，亲子阅读已被大多数父母认可与推崇，但仍有很多问题值得我们思考和研究。通过进一步的调研发现，亲子阅读在推广过程中主要存在以下五个问题。

（一）对亲子阅读的理解存在误区

多数家长认为亲子阅读就是识字、写字，激发阅读兴趣，提高语言表达能力和阅读理解能力等，而忽视或轻视亲子情感加深亲情的价值。大多数父母在孩子学龄前会和孩子一起阅读，等孩子入学后，就会慢慢丢掉这个习惯，事实上，孩子上学后，更需要家长的陪伴。

（二）阅读书籍的选择不科学

大部分父母为孩子挑选阅读的书籍，首先是站在成人的立场上，选择自己认为对孩子有益的书籍，盲目选购过于专业的书籍，导致孩子看不懂、不愿意看，影响阅读的积极性。父母应该根据孩子的年龄、喜好和需求，选择适合孩子的优质书籍，可以参考一些获奖优秀图书或专家推荐的书单，避免让孩子只读一些轻松搞笑的"可乐"书，而是要读一些经典佳作，让孩子从中获得知识、情感和思想的营养。

（三）亲子共读的时间有限

如今，随着人们收入水平的提高，对孩子的教育与能力培养的投入越来越大，每个孩子都会参加各种课外兴趣班，阅读的时间本身就在减少，再加上越来越多的父母每天忙于上班，回家后只想放松休息，有时候亲子共读的机会甚至会被手机、点读笔、音箱等电子设备所替代。父母应该每天保证固定的共读时间，陪伴孩子一起学习与进步。

（四）父母共读的方法不科学

父母的综合素质参差不齐，在各方面都存在差异，所以开展亲子阅读活动过程中取得的效果也不尽如人意，部分父母还会根据自己的情绪来决定是否与孩子一起阅读，导致了共读的不稳定性。还有一些父母由于自身的知识储备量不足，影响了共读的效果。作为父母，我们应认识到共读是一个长期的且不间断的读书方式，我们要多考虑孩子的感受，尽量满足孩子的需求。应该尊重孩子在阅读过程中选择绘本的权利、读不完的权利、反复读的权利、跳着读的权利，不要强迫孩子读自己不喜欢或不理解的书，也不要打断孩子的阅读节奏或强加自己的解释，让孩子按照自己的兴趣和节奏去探索书中的世界。

（五）阅读环境受限

有很多父母觉得自己无法为孩子提供安全可靠的阅读环境，从而导致亲子阅读开展受阻。想要创造一个良好的阅读环境，父母应该帮孩子固定一个阅读区域，在这个阅读区域中有很多书籍，并且孩子们一旦进入这个区域就必须去进行阅读，只有这样才能够更好地让孩子们拥有良好的自主学习能力。其次父母与孩子一起共读时，可以采取抱着、坐在膝上、紧挨着等姿势，让孩子感受到父母的爱和陪伴。

三、发挥图书馆优势，积极推进亲子阅读

欢快的阅读方式将快速增进父母与孩子之间的亲密关系，为少年儿童通向社会、探索世界搭建一座温暖的桥梁，同时让儿童了解到阅读的乐趣和重要性，并提高阅读的兴趣，培养良好的阅读习惯。基于家庭中亲子阅读存在的诸多问题，图书馆作为社会文化教育建设的服务机构，它浓郁的阅读氛围、丰富的书籍教材、专业的图书馆员、常规性的公益活动，成为亲子阅读的有力支撑，从而弥补了家庭亲子阅读的不足。

（一）设立亲子阅读活动专区

图书馆设立了儿童阅览室，为儿童提供了温馨的阅读环境，宽敞明亮的阅读空间、与儿童身高相符的桌椅、多媒体设备及 WiFi 全覆盖，使得亲子阅读活动得以顺利开展。同时根据孩子的年龄段，提供不同类型适合他们阅读的书籍，并指导家长掌握引导孩子阅读的方法，提升阅读的有效性。

（二）丰富儿童阅览室图书资源

图书馆的书籍种类和数量要远高于学校和家庭，还设置了少儿阅读专区，图书馆员会定期整理书籍，将孩子们喜欢的文化、语言、艺术等类别的图书进行分类，能够给孩子们提供阅读的各种素材，还能满足孩子对于知识的需求，提高少儿阅读图书的兴趣，为孩子开展阅读活动营造了良好的环境和氛围。

（三）定期举办亲子主题活动

图书馆坚持以人为本的理念，定期开展亲子阅读活动，既改变图书馆传统的单一阅读方式，也让孩子们在轻松愉悦的氛围中学习更多知识，提高阅读的兴趣。图书馆在少儿阅读区域配置不同的阅读环境，在确保阅读光线、环境适宜的情况下，通过设置卡通动画人物、动物等模型，为孩子营造多彩的动画世界，有利于提高孩子的阅读水平。图书馆可以定期组织亲子类游戏和亲子教育心得分享会，为家长们提供一个共同提高育儿水平的平台，促进和谐健康的家庭教育环境。通过参加亲子阅读体验活动，可以增强孩子们的阅读兴趣，锻炼语言能力。图书馆还可以根据孩子们喜欢的内容来推广亲子阅读，与父母和老师开展合作模式，不仅能丰富亲子阅读教学活动的内容，还能够创新学习形式。通过皮影戏、雕花剪纸、航天模型制作等方式开展表演或动手操作，既加强了孩子对知识的理解，又提高了阅读的趣味性和灵活性，还能吸引孩子积极参与活动，激发他们的阅读热情。

（四）运用多媒体平台开展推广宣传

亲子阅读活动的开展，除了线下推广等方式，还需要通过网络、报刊等多媒体平台来进行宣传，比如微信公众号和微信视频号、抖音视频和直播等方式，从而构建一套广泛的宣传体系，提高亲子阅读活动的影响力，更好地促进各项亲子活动的开展。立足不同的媒体平台，以不同的形式开展阅读拓展活动，增强亲子阅读的目的性，可以让"阅读"走向"悦读"，促进亲子阅读的良性发展。

（五）经常举办父母培训活动

由于父母在孩子的成长过程中起到了至关重要的作用，图书馆应结合相关主题，开展家长交流培训会，请相关专家进行线上线下授课，引导父母互相交流教育方法，让父母能够了解更多有效的教育孩子的方式方法。如果孩子不愿意或不喜欢阅读，家长可以根据孩子的性格及语言表达等能力，制订个性化的指导方案，引导孩子养成喜欢阅读的习惯。

四、结语

亲子阅读是家庭教育中非常重要的一环。在亲子阅读中，培养孩子的阅读兴趣、阅读专注度、参与度是家长们在日常生活中应该关注的内容，特别需要图书馆提供相关服务，这也是图书馆未来服务的主要方向。图书馆应坚持开展各种类型的亲子阅读系列活动，与广大家庭携手，积极营造注重家庭家教家风和全民阅读的浓厚氛围，大力弘扬优良家风和文明新风，引导家庭形成读书习惯，让家长们和孩子享受阅读的快乐，从书中汲取知识，培育时代新风，培养时代新人，弘扬和践行社会主义核心价值观，为奋进新征程凝聚家庭力量。

参考文献

[1] 舒睿. 公共图书馆亲子阅读推广策略研究［C］//上海少年儿童图书馆，上海市图书馆学会. 连接·智慧·引领：新时代未成年人阅读工作创新与实践——2022 年少儿阅读与服务创新上海论坛论文集. 上海：上海图书馆，2022.

［2］牛翠屏．公共图书馆开展亲子阅读服务的思考［J］．鄂州大学学报，2018，25（4）：63-64，72．

［3］安仲佳．亲子阅读的现状及指导策略［J］．新教育时代电子杂志（教师版），2021（2）：2．

公共图书馆全龄友好社会阅读推广服务的探索

付 榕

（孝感市图书馆 430022）

摘 要：随着社会的发展和人口结构的多样化，建设全龄友好社会成为了现代社会发展的重要目标。全龄友好社会为每个人提供公平的发展机会，实现个人潜力的最大程度发挥。在这个背景下，公共图书馆阅读推广工作作为一种跨越年龄界限的社会普遍活动，扮演着促进文化交流、知识传递和社会凝聚的重要角色。阅读推广不仅可以打破年龄的界限，还能促进不同年龄群体之间的交流共享，加强社会凝聚力，推动现代社会共同进步和发展。

关键词：全龄友好；阅读推广；公共图书馆

通过研究当今阅读在不同年龄群体中的价值，分析新时代阅读推广所面临的问题和挑战，构建适应不同年龄段的阅读推广服务模式，推动全龄友好社会阅读推广服务的可持续发展。共同构建出一个更加包容、和谐且充满活力的全龄友好型现代社会，让不同年龄阶段的人们都能够从阅读中获得知识和力量，共同创造更美好的未来。

国外全龄友好的概念源于 20 世纪 90 年代，由 Joseph Rowntree Foundation、Habinteg-Housing-Association 和相关学者所提出的 "一生之宅" （Lifetime Home）的概念，指的是为全年龄段的居民提供住所、服务设施、环境设施的共享空间。形成健康、有平等的居民参与机会的社区，为全年龄段的居民包容性的高质量人居环境。

一、推动全龄友好社会阅读推广的意义

全龄友好社会强调不同年龄群体之间的相互尊重、理解和合作，致力于消除年龄歧视，为每个人提供平等的机会，使他们能够在不同阶段实现自己的潜力。在全龄友好社会的框架下，公共图书馆阅读推广工作作为一种能够跨越时

间和空间的文化体验，具有以下几个重要意义：

（一）知识传播与文化发展

阅读是知识的源泉，通过阅读人们能够获取来自不同时代、不同文化的信息和知识。在全龄友好社会中，不同年龄群体可以通过阅读来了解和尊重彼此的传统文化、历史背景和个人价值观，实现跨时代、跨文化的交流与理解。

（二）认知提升与思维扩展

阅读能够激发中老年、青少年等各个年龄层个体的发散性思维，充分培养个体的思维能力和创造能力。对于青少年儿童，阅读可以培养他们的逻辑思维、表达能力和想象力。对于成年人和老年人，阅读则可以开阔视野，延缓认知衰退，锻炼思维能力。

（三）社会发展与文化交融

阅读具有汇聚人群的力量，通过共同阅读活动，不同年龄群体可以聚集在一起，共同分享阅读体验，增进社会凝聚力。例如孝感馆定期举办文心读书会和青少年阅读分享交流会，以阅读为纽带，吸引了一大批青年读者参与阅读交流分享，凝聚了社会力量。

（四）个人发展与情感充实

在全龄友好社会中，每个人都有机会通过阅读充实和丰富自己的内心世界。无论是追求知识的年轻人，还是寻求心灵滋养的老年人，阅读都可以满足他们的需求，提升个人的幸福感和获得感。例如孝感馆举办的"澴川文化大讲堂"系列活动，邀请到了舒飞廉老师宣讲"金庸小说"，吸引了一大批"金庸迷"前来参加阅读推广活动。

通过以上分析，我们可以看出在全龄友好社会的背景下，阅读不仅仅是单一的个体活动，更是连接不同年龄群体的纽带，促进社会的多样和共融，接下来，我们将深入探讨世界各地优秀的全龄友好社会阅读推广模式。

二、全世界全龄友好图书馆建设模式的借鉴

（一）北欧国家图书馆推广模式

北欧国家图书馆提供各类图书、杂志、数字资源，以满足不同年龄段的需求。以芬兰为例，芬兰是世界上教育最发达的国家之一，也是一个热爱阅读的国家，芬兰最好的建筑、最好的设计都是学校和图书馆，芬兰人均年阅读量400

多本书。芬兰通过建设随处可见的各种主题阅读设施，还有定期提供在学校及家庭门口的流动图书车，保障学生不管是在学校还是在家中都能随时借阅图书。同时通过丰富的阅读活动，如家庭阅读日、阅读俱乐部等多种形式，吸引全年龄段人群参与到阅读中来。

（二）台湾书店社交属性推广模式

以台湾为例，书店将阅读空间设计得更加舒适和社交化，为顾客提供一个休闲的环境，让他们可以在阅读的同时交流互动。如台湾的诚品书店以人文、交流、生活的初衷，发展为以文化创意为核心的复合式经营模式，打破了传统书店的单一经营模式，先由品牌奠定成功基础，再带动商场、书店与零售的"复合式经营"，使书店不只是卖书，而是包罗书店、画廊、花店、商场、餐饮的复合组织。同时结合线上社交媒体，将读者的阅读体验拓展到虚拟社区中，促进跨年龄层的交流。

（三）欧美国家政府主导推广模式

欧美发达国家形成由政府主导，社会各界达成共识的多元参与的全民阅读推广活动。他们整合社会各界力量，设立国家级阅读推广机构，积极促使图书馆与教育机构、商业机构和基金等达成合作伙伴关系，健全阅读推广评级机制。同时通过高度重视阅读立法和加大阅读立法的力度等方式，为国民阅读提供了强大的法律和制度保障。

三、全龄友好社会阅读推广服务的挑战

公共图书馆阅读推广服务作为促进全龄友好社会建设的重要手段，具有不可忽视的重要性。它不仅可以在各个年龄段中培养阅读兴趣，还能够促进知识传递、文化多样性的传播以及社会凝聚力的增强。然而，实现全龄友好社会阅读推广服务也面临一些挑战。

（一）数字鸿沟的挑战

随着数字技术的飞速发展，数字阅读已经成为阅读的重要方式之一。然而数字鸿沟使得一些年龄较大、技术素养较低的人群难以享受到数字阅读的便利，导致不同年龄群体之间在阅读领域的差距进一步扩大。

（二）阅读习惯的变化

随着抖音、微信、快手等新型社交媒体的兴起，人们的阅读习惯正在逐渐发生改变。尤其是年轻一代更加倾向于浅阅读和碎片化的阅读模式，而忽视深度阅读。如何引导不同年龄群体养成良好的阅读习惯，成为一个亟待解决的问题。

（三）阅读资源的多样

社会的多元化发展，导致不同年龄群体的阅读兴趣和需求差异较大，因此现代阅读推广需要提供多样性和差异性的不同阅读资源。但是，如何平衡纸质图书、电子书、新媒体资源等各种阅读形式，确保满足全龄段的社会需求，是一个需要综合考虑的问题。

（四）阅读推广的创新

随着社会不断发展，阅读推广策略也需要不断创新。如何吸引全年龄段的人参与丰富多彩的阅读推广活动，如何使阅读成为一种愉悦和有意义的体验，需要积极探索和尝试。

面对上述挑战，新时代公共图书馆需要综合运用教育、科技和社会资源，通过有针对性的策略和措施，推动全龄友好社会阅读推广服务的实施。接下来我们将探讨如何利用群体划分和技术创新，构建全年龄段需求的阅读推广服务模式，促进全龄友好社会中的阅读推广和知识传播，实现知识共享、文化交流以及社会和谐的目标。

四、构建全龄友好社会阅读推广服务模式

在推广全龄友好社会阅读服务方面，我们需要设计适应不同年龄层、不同阅读方式、不同服务场景需求的阅读推广活动，建立有效的阅读推广组织与相关管理推广机制，创造多样性、丰富性的新时代阅读体验。

（一）针对全龄层的阅读推广设计

在不同群体广泛推进阅读推广服务。根据青少年个人兴趣和爱好，结合传统图书馆场地资源，开展群众喜闻乐见的阅读活动。如孝感馆利用一楼少儿活动室开展亲子绘本故事会、红色故事会、科普小实验、数字资源展播等活动，激发青少年儿童的阅读兴趣，培养青少年儿童阅读习惯；成年人组织读书俱乐部、文学讲座等，满足他们对深度阅读和思想交流的需求。孝感馆 2013 年至今，打造"澴川文化大讲堂"，邀请专家、名家现场开展讲座 180 余场，满足成年读者的阅读服务需求；中老年人开展关爱老年人系列阅读推广活动，鼓励他们将自己的经历和人生经验通过阅读分享给社会大众。如孝感馆定期前往福利院关爱孤寡老人送书，大力推动文化惠民工作；在公共图书馆服务工作中，满足特殊群体读者的需求是不可避免的，然而由于特殊群体读者的个体差异，部分工作人员在服务中心有余而力不足。因此，公共图书馆应该在服务群体读者方面加大投入。世界助残日期间，孝感馆以"残健融合 逐梦未来"为主题，开展盲人摸读快闪赛活动，旨在进一步提升孝感市残疾人公共文化服务水平，营造全社会助残和残疾人自立自强的文明社会氛围。

（二）针对不同阅览方式的阅读推广设计

随着数字技术的不断发展，技术创新为全龄友好社会阅读推广带来了新的机遇和可能性。这些创新不仅可以吸引更多人参与阅读，还可以提升阅读体验，增强社会凝聚力。例如孝感馆有丰富的阅读资源，能为不同年龄群体提供专业的阅读指导。全馆共有数字馆藏资源23TB，纸质图书40万册，可以提供适合不同年龄群体的图书、杂志、报纸等纸质阅读材料，满足不同群体的阅读需求；孝感馆配备有VR体验设备，将现实世界与虚拟信息融合，创造身临其境的阅读体验；线上数字媒体设立博看电子书、超星电子图书在线阅读平台，为读者提供更加便捷、更加多元的阅读方式；在社交媒体上创建阅读社群，让读者分享阅读体验、交流读后感，拉近全年龄层之间的距离。孝感馆微信公众号积极设计互动平台，推出阅读挑战、讨论话题等，鼓励人们更积极地参与阅读。建立抖音号，做好图书馆阅读推广，制作音频书和有声读物，提供多样化的阅读呈现方式，吸引更多人参与阅读活动。这些创新方式扩宽了阅读的受众群体，满足了不同年龄段的阅读需求，促进了全龄友好社会中的文化传承与交流。

（三）针对不同服务场景的阅读推广设计

为了在不同场景深入广泛推进阅读推广服务，促进全龄友好社会建设。以孝感市图书馆为例，在基层东杨社区、诸赵社区等多个社区，大悟县夏店村、云梦县义堂镇等多个乡镇广泛开展"红色文艺轻骑兵"送书下乡、文化惠民阅读活动，加强基层群众文化水平，深入推进乡村文化惠民工程；利用节假日，在文昌中学、诸赵小学、文昌中学澴川校区等学校广泛开展系列讲座和阅读推广活动，每周三将流动读书车开进校园，培养学生的阅读兴趣，提高他们的阅读能力，为全龄友好社会培养有素质的小读书者；定期前往福利院、养老院等特殊社会机构，为特殊群体送上图书，不断满足特殊群体的阅读文化需求；孝感馆根据全馆自身条件，积极采购了盲文书籍和阅读辅助工具，在二楼设置了盲人阅读专区，三楼设立影音专区，不断满足不同群体的阅读需求，使现代公共图书馆更加公益化、人性化。

通过构建这样的全龄友好社会阅读推广服务模式，我们可以更好地满足全年龄段人群的阅读需求，促进社会中各个年龄层之间的交流和合作，实现全民阅读向纵深发展，推动全社会阅读的传播和发展。

五、结语

公共图书馆全龄友好社会阅读推广服务的实现还需要各界的共同努力。通过构建适应不同年龄段需求的阅读活动，充分利用技术创新和场景创新，为每个读者提供丰富多样的阅读体验，促进社会的共融和进步。同时我们也要意识到，推广公共图书馆全龄友好社会阅读服务仍然面临着挑战和困难。数字鸿沟、阅读习惯改变等问题仍然需要我们持续关注和解决。在未来，我们需要紧密合作，充分发挥社会各界的科技创新的作用，共同推动阅读推广服务的可持续发展，为实现全龄友好社会的目标作出贡献。

参考文献

［1］SILLETT J. Towards Lifetime Neighbourhoods ［R］. England：Ed Harding International Longevity Centre UK，2007.

［2］王萍. 国外阅读推广活动经验剖析 ［J］. 图书馆工作与研究，2013（10）：107-109.

浅论人均接受文化场馆服务次数提升

——以孝感市图书馆为例

刘　锋

（孝感市图书馆　432000）

摘　要：随着我国社会经济水平不断提高，人民群众除了追求物质需求的提高，也越来越注重精神文化需求的满足。公共图书馆的建立除了要充实人们的文化生活，更是要打开人们的视野。同时，公共图书馆作为一种具有公益性的社会文化教育设施，应该为全体人民提供阅读服务，如何大力开展全民阅读，一个重要的指标就是人均接受文化场馆服务次数。基于此，本文主要研究了提高公共图书馆人均接受文化场馆服务次数的方法。

关键词：公共图书馆；文化服务；人均接受文化场馆服务次数

近年来，随着全民阅读开展以及建设社会主义文化强国的号召，各级各地政府大力加强文化建设，狠抓文化服务的各项指标，尤其是人均接受文化场馆服务次数这一指标，体现的是居民接受文化服务的多少。针对人均接受文化场馆服务次数不足这一现象，孝感市图书馆总结服务情况和经验，作出了以下判断：

一、公共图书馆人均接受文化场馆服务次数提高的必要性

（一）社会文化发展的需要

就我国目前的公共图书馆运营状况而言，公共图书馆本身的职能也在不断地发展补充之中，在我国社会经济大力发展的同时，公共文化服务的需求也在不断提升，而作为公共文化服务的重要阵地，公共图书馆在我国文化发展过程中占有着重要的地位，对地方文化发展服务至关重要。因此，提高公共图书馆人均接受文化场馆服务次数十分重要。

（二）提高服务水平的需求

地方县市视公共图书馆为重要的文献信息中心，也是读者进行资料查询和知识共享的关键场所。在我国社会不断发展的背景下，大量的群众进入图书馆接受文化场馆服务，也对图书馆员的服务给予了很大的考验，能刺激公共图书馆提高自身服务水平。因此，提高公共图书馆人均接受文化场馆服务次数十分重要。

二、人均接受文化场馆服务次数不足原因分析

（一）预约限流因素

近几年，孝感市图书馆年接待人数基本在四十多万，是之前年接待人数的66%左右。导致年接待人数下降的原因是图书馆实行预约限流政策，平时每日限制入馆 500 人，周末限制入馆 1000 人。限流导致到馆接受文化服务的总人数大幅下降，直接导致人均次数难以满足指标。

（二）影响力不足

2019 年 12 月搬入孝感市文化中心以来，许多读者便再也没来过市图书馆，仅以本人亲身经历为例，这两年遇见的人大都不知道市图书馆在哪里，对于市文化中心也是一问三不知。原来的老读者多集中在老城区，尤其以中老年人为主，他们对东城区的了解不多，也不便过来。在大量的潜在读者未被开发出来的同时，还存在不少的老读者流失的现象。

（三）宣传力度不够

作为一名公共图书馆馆员，经常会听到诸如"你们是新华书店吗？""你们这里书怎么卖啊？""书借回去一天多少钱啊？"此类问话。由此可见，社会上群众对公共图书馆缺乏基本的认识，很多人都不了解图书馆工作内涵和价值。如何唤醒群众的图书馆意识，让他们走进图书馆、利用图书馆，了解公共图书馆的阅读服务，对图书馆进行推广宣传尤为重要，而公共图书馆的宣传效果，也会直接想到群众进馆接受文化服务的次数。对于市图书馆开展的活动，了解的人数也不多，即使经常在公众号上推文、在报纸上发表，但是阅读量还是上不来，点赞者更是寥寥无几。

（四）馆藏不够丰富

公共图书馆的藏书和书店比起来，存在滞后的问题，以年初大火的《三体》

为例，各大书商可以第一时间将《三体》摆满书架，而市图书馆虽然早已购入过《三体》，但是限于副本数量，最多也不过十来本，无法满足读者一拥而上的阅读需求。其实这种现象一直存在，对于某一本书，总是要的时候大家都要，不要的时候在书架上落灰，不仅读者的阅读需求难以得到满足，馆藏利用率也不高。

（五）新媒体时代的冲击

随着社会发展和生活水平的提高，人们对精神文化生活的需求也越来越高。传统的图书馆馆藏已经不能满足人们多样化的文化需求。随着新兴媒体的冲击，获取信息的渠道多样，比起阅读，人们更愿意通过刷短视频、玩游戏等消磨时间，即使是愿意阅读的人，也可以选择数字阅读、网络阅读，图书馆的传统职能逐渐失去吸引力，"立身之本"受到猛烈冲击。而且社会竞争越来越激烈，人们的工作压力也越来越大，没有足够的时间和精力投入阅读，走进图书馆阅读成为他们的一种奢望。

三、人均接受文化场馆服务次数提升措施

如何提升人均接受文化场馆服务次数，说到底要从两个方面着手，一个是"引进来"——吸引更多的读者走进图书馆，另一个是"走出去"——让文化服务走出去送到更多市民手中。从这两个方面入手，我们需要大力实施以下举措：

（一）巩固阵地建设，提高公共文化服务效能

积极推进公共图书馆总分馆建设，以"全国公共图书馆评估定级"为契机，推动公共图书馆读者服务提档升级，完善设施设备，优化服务水平。通过大力开展免费开放和文化惠民活动等方面的创新发展，充分提高基层公共文化设施标准化、规范化建设，提高基层公共文化服务效能。阵地服务是图书馆的基本职能，只有保证阵地服务的高水平，才能让来图书馆的读者感受到良好的阅读体验，从而成为文化场馆的"老顾客"。

（二）加大宣传力度

公共图书馆的宣传推广必须轻形式重实效，要有计划、有目的地进行宣传，同时宣传还得有连续性，将宣传工作纳入图书馆业务制度中，与媒体联手加强宣传效果。继续依靠传统宣传手段，在图书馆宣传栏、展板、传单等传统宣传载体上融入富有图书馆文化创意元素，加大对读者的吸引，使之更了解图书馆。

同时还要大力借助新媒体的力量,充分利用电视、广播、报纸、网站等媒体加大对群众的听觉、视觉冲击,吸引广大群众的注意力。可以通过在抖音上发起打卡挑战等手段,把市图书馆打造成网红地标。初步计划有图书封面合影挑战、制作有趣短视频吸引更多的年轻读者入馆等。

(三)降低阅读门槛

阅读门槛:读者得到书前——简化办证手续或无须办证,图书馆门口设计更加人性化;读者获得书的过程——优化排架顺序,降低书架高度,优化阅览室环境,设计针对具体书籍类别的引导标识、书架等;读者获得书之后——简化借还手续、通借通还等。总之,最大化阅读体验,最小化麻烦获取书手续,尽量让读者和书之间的隔阂最小是努力的目标,这是最基本的阅读促进手段,也是其他一切手段的前提。

(四)充分利用馆舍资源

馆舍资源是图书馆手里最有价值的资源,包括本馆、城市书房、社区流通点、自助借还机等。在目前已经建成的总分馆体系之下,进一步完善十五分钟阅读圈建设,提高阅读服务的覆盖面,让市民充分了解离自己最近的城市书房,尽可能地提高市民的阅读体验。加快城市书房建设工作,让更多的社区拥有自己的社区书房。

(五)多样化举办文化活动

除了展示图书馆的社会职能,活动的举办还是宣传图书馆的有效手段。充分发挥阵地优势,在做好免费开放的前提下,大力开展各类文化活动,吸引群众参与。积极组织专业、业余文艺团队开展主题文艺巡演、红色剧目展演、书画展览、非遗展示等各类文化活动;在积极开展免费培训、专题讲座等馆内服务的前提下,积极组织流动文化服务,主动送戏、送展览、送讲座、送图书进基层、进社区、进校园等,拓展服务群体,延伸服务范围。积极推进文化和旅游融合,充分利用"清明""五一""中秋"等旅游高峰假期,将形式多样的文化活动送到景区、夜经济集聚区、文化街区等人员集中地,最大限度地惠及群众。

(六)通过已有读者的口碑力量

口碑宣传是最有效、最经济的阅读促进方法。可以在书里夹书签,上面介绍本馆的优点或者文艺、小清新的话也行,也可以写上我馆的地址和电话、网站，读者可以自己留下，放在家里可以被家人朋友看到，这就是一种宣传，而且书签也不值多少钱。也可以鼓励读者写留言、写读后感，分享到自己的朋友圈里，通过已有读者的亲身体验，一传十、十传百，逐步扩大影响面。这是最有效的阅读促进方法，不过这有一个前提条件，就是来过的读者要有很好的体验，所以这也要求我们加强馆员队伍建设，提高读者的阅读体验，让读者心甘情愿地成为我们的宣传员。

（七）针对不同的年龄结构采取不同措施

为少年儿童提供学与玩的温馨阅读环境，并结合教学资源开展各种知识竞赛、亲子活动，尤其是在双减政策落地的现在；与中小学对接，承接未成年人的课余时间，既能提高市图书馆的入馆率，也能解决中学生课外去哪儿的问题，同时顾全学习、安全、效率，是一举多得的解决方案。为中、青年人，根据其阅读特点，随着网络信息技术和通信技术的发展，即时提供网络服务，引进先进服务设备和技术，吸引他们走进图书馆；走进敬老院送温暖，为老年人准备老花眼镜、大字体读物、阳光听书机，举办读书会。开展健康讲座、书法绘画比赛；对于残疾人群体，大力推进无障碍服务，设置残障阅览室、无障碍通道、残疾人卫生间等，经常性与残联开展阅读活动，例如举办光明阅读快闪赛、盲人诗词大赛等。在助残日等特殊节日为他们送去温暖，将社会的关爱惠及残疾人群体。如此一来，便能从多层次、全年段吸引读者、留住读者。

（八）开展多种便民措施

以即将到来的暑假为例，炎炎夏日，可以呼吁市民到市图书馆纳暑乘凉，号召附近的司机、农民工、环卫工人等到馆午休，并为他们提供茶水，许多市民因为不了解或者觉得图书馆过于神圣而不敢进来，这就需要有人告诉他们。同时，市图书馆中央空调冬夏开放，也能提高利用率，避免资源浪费。

四、结语

综上所述，公共图书馆想要提高人均接受文化场馆服务次数，首先需要巩固阵地建设，提高公共文化服务效能，除此之外，还应该通过读者的口碑力量，加大宣传力度，降低阅读门槛，举办更多的文化活动，充分利用馆舍资源，针对不同年龄结构采取不同措施，开展多种便民措施，以便吸引读者走进图书馆，为建设社会主义文化强国贡献图书馆人的力量。

参考文献

［1］吴师泽.浅谈如何提升图书馆对读者的吸引力［J］.科技情报开发与经济，2014，24（7）：7-9.

［2］蔡琼娜.关于公共图书馆总分馆建设的几点思考——从历次全国县级以上公共图书馆评估标准谈起［J］.河南图书馆学刊，2019，39（2）：18-20.

公共图书馆少儿读者阅读现状及其思考

刘　胜

（孝感市图书馆　432600）

摘　要： 少年儿童是中华民族的未来，切实加强少年儿童人才的培育，也是少儿读者家长愈加重视的关键问题。图书馆提供的服务面向全社会的各类读者，其中未成年人也是图书馆不可或缺的一部分读者。图书馆少儿阅读区域是少年儿童除学校以外非常重要的一个自习、阅读的重要公共场所。

关键词： 图书馆；少儿；阅读方法

根据中国青年报通过全国少工委微信公众号，对 8000 余名小学生进行的调查，在国家认同感的测量中，受采访的少年儿童得分高达 9.78 分。98.0% 的受采访少年儿童立志"为中华之崛起而读书"。95.4% 的受采访少年儿童希望未来能成为对国家有用的人，这一比例高出青少年近 10.0%。

关于家长如何帮助，如何引导 6~12 岁少儿的读书兴趣，选择什么样的读物，以什么样的方式开心读书，互动读书。

亲子阅读是父母在和孩子一起读书时的交流，也是一种亲子间的互动，父母和孩子一起读书，可以有效帮助孩子提升识字量，为今后的说话表达能力打下良好的基础，更能在书中开阔孩子们的视野，能让孩子们学到以前不会的知识，更能促进孩子们对外面世界的了解。

父母和孩子们一起阅读，是一件非常快乐的事情。只有让他们感受到阅读的快乐，才能让孩子们自己主动去爱上阅读。我们的父母应该如何和孩子们一起阅读，才能达到最佳的阅读效果，下面来总结一下比较有用的方式方法：

在亲子阅读时，父母和小朋友们可以一起坐在同一视线水平的地方，这样更加方便，我们的父母去进行沟通引导和交流，跟孩子们一起阅读时，父母可以让孩子坐在离父母较近的地方，能确保父母和孩子都能看到书本，父母在读的过程当中也可以适当地进行沟通和交流，让孩子能体会到父母在读书时的动作和表情等。

父母和小朋友的亲子阅读，我们应该从什么时候开始进行，在孩子有了基本的认识、动作、语言时，我们就可以把一些绘本故事、图书等带进他的生活中，让他们初步产生一个好奇心和求知心，孩子们在这个阶段，都有一定的好奇心、求知心，他们也会学着身旁的人或物，做一些简单的动作或者发音。他们对鲜艳的颜色和奇形怪状的图形，会比较感兴趣，这时父母就可以选择一些颜色鲜艳、形状各异的图书，让孩子尝试着去翻阅，初步去指导孩子翻动图书，引导孩子自己去练习这些动作。在和孩子一起阅读时，父母应该在阅读的过程当中加入一些简单的动作或者表情去描述书本当中的内容和故事情节。在阅读时也可适当提出一些简单的问题，让小朋友自己去思考，去表达，以此来进行互动交流，用此方法反复地去激发孩子对阅读的兴趣。

当孩子进入幼儿阶段，随着幼儿对语言的理解和对语言表达能力的提升，家长在和幼儿一起进行亲子阅读时，更加需要注意方式和方法。家长可以规定每天在固定时间进行阅读，找一个相对比较安静的地方，关掉电子设备杜绝对阅读产生影响。在阅读时，家长可以尝试使用不同的声音或者动作，扮演故事中不同的角色，使故事情景变得更加生动有趣。家长在带领孩子阅读时尽量放缓速度，让孩子自己能有时间去构想故事情节。阅读时家长应该点读，帮助孩子认识更多的文字和发音。

一、激发兴趣，促成阅读

兴趣是最好的老师。老师们应该要尽力去唤起小朋友们对课外阅读的浓厚兴趣，让小朋友们能开心心开展课外阅读，让他们谈谈自己的读书体会从而唤起他们的阅读兴趣。老师们要常常叙述阅读所带来的切身感受，激发小朋友们的新鲜感、好奇感，使之具有浓厚的阅读兴趣，即使在课后也会积极主动去尝试阅读。

充分运用故事情节、谜团引起孩子们的浓厚兴趣。小朋友都喜欢听故事，特别是童话故事。一听见老师要讲童话故事，小朋友们都非常开心，兴致勃勃地跑来听老师讲故事。特别是在老师惟妙惟肖地诉说故事情节的时候，小朋友们都被带进了一个个有趣的童话世界里。在所有的小朋友都听入迷的时候，老师的声音戛然而止，而后意味深长地告诉小朋友们，后面的故事更加有趣，想要知道后面的故事，请同学们自己去阅读。小朋友们被后面的童话故事引起了浓厚兴趣，都争先恐后地去借书，积极主动地阅读起了童话故事，这效果也许比别的事情更能使小朋友产生阅读兴趣。

二、选择适合小朋友的课外阅读内容

课外阅读丰富多彩，生动有趣，各种类型都有。优秀的图书会让小朋友们受益很多，但低俗的图书可能会直接影响小朋友们的心理健康，所以，挑选图书非常关键和重要。在小朋友们看书的过程当中，家长要不断引导孩子挑选好的图书，不仅要多看书，更重要的是要看好书，特别是应该多看些老师推荐的和图书馆推荐的好的图书。

三、教给方法，指导阅读

阅读的方式方法有很多，在这里我们谈谈经常使用的阅读方式方法：

1. 选择法。根据需要，选择不同的图书来满足自己的需求，以便更好地理解和运用。

2. 默读法。不发出声音，快速地阅读图书、期刊。这就要建议读者们高度集中精力注意力，较快地对所读内容进行消化和理解。

3. 摘录批注法。感兴趣的句子、感兴趣的诗词、感兴趣的插画可以备注出来，可以将生僻字或不明白的语句标记，让老师写出评语互动。

四、鼓励先进，坚持阅读

课后读书的习惯不是一天两天就能养成的，想要激发小朋友长久的浓厚兴趣，不断提升读书的质量，每隔一段时间应该通过定时和不定时来进行阅读的抽查和评选。其方法应该举办相对应的读书交流活动，或者展出优异的心得体会。对课后读书取得好的名次的同学，老师要适当给予激励，让小朋友们感受成功的快乐。当小朋友在感受到成功后，他们就会越来越热爱看书，较好的阅读习惯也就随之产生。所以，家长和老师要坚持不懈带领小朋友们阅读好的图书。

五、培养小朋友自觉的课外阅读习惯

我们只有培养好小朋友们良好的读书习惯，才能使其获得更多的知识，对其以后才会有更大更好的帮助。我们要多利用课外的时间进行阅读，来提高自己的阅读量，在阅读的过程当中，也会不断地提升自己的阅读能力和知识储备。学校也应重视学生的阅读，利用空余场地，给学生营造一些阅读的场所，激发孩子们的阅读兴趣。

六、结语

今天的中国已是发展最快的国家之一，我们不能忘掉过去而安于现状。在很多方面我们的国家仍然很落后，譬如科技创新。所以我们应该为了使中国更加强大而读书，我们应该将国家建设成社会主义强国，从而实现共同富裕这一根本目标。这一目标并不是梦。实现的过程不可能风平浪静，我们肯定会碰到许许多多的问题、难题，只要努力读书，认真读书，从书中解决问题、难题，总有一天梦会实现。

参考文献

[1] 朱淑华.公共图书馆与儿童阅读推广 [J].图书馆建设，2008（10）：61-65.

[2] 陈伟丽，吴庆珍.少年儿童图书馆阅读服务工作的分析与思考 [J].图书馆论坛，2012，32（4）：132-135.

[3] 王丽.公共图书馆少儿阅读推广新策略探索 [J].江西图书馆刊，2012（6）：50-53.

第七次评估定级对副省级图书馆
参考咨询服务资鉴
—— 以武汉图书馆为例

谢玉清　李方迪

摘　要：公共图书馆评估定级工作有助于图书馆服务的规范化、标准化，且其标准的制定可对日后图书馆的事业发展提供方向。本文对武汉图书馆评估期内提供的一系列参考咨询服务进行研究，对标准进行分析并结合新形势的发展态势，为副省级图书馆参考咨询服务的发展提供思路。

关键字：评估定级；参考咨询；副省级图书馆

一、第七次评估定级的参考咨询标准

公共图书馆评估定级工作由来已久，以评促建，有利于提高图书馆事业的发展水平和质量。"公共图书馆评估标准的制定经过了严格的前期调查、调研和分析，完全着眼于肯定和促进事业发展的出发点"。① 因此，评估定级的标准不仅需要对评估期内公共图书馆的整体发展状态进行反馈，还需要"体现图书馆行业的研究前沿和事业发展方向"②。第七次评估比起六次评估各方面都有一定的变化，现就对服务效能板块的参考咨询服务进行详细分析。

（一）评估背景

从第六次公共图书馆评估开始，"首次开启网上评估"，"并由中国图书馆学会配合负责评估工作的具体组织实施"③，评估标准"更注重图书馆服务能力的

---

① 石慧．评估定级工作与公共图书馆事业高质量发展［J］．图书馆理论与实践，2022，260（6）：31-37．

② 石慧．评估定级工作与公共图书馆事业高质量发展［J］．图书馆理论与实践，2022，260（6）：31-37．

③ 柯平，刘旭青，邹金汇．以评促建、以评促管、以评促用——第六次全国公共图书馆评估定级回顾与思考［J］．图书与情报，2018，（1）：37-48．

提高以及用户满意度的提升"①。第七次评估则是在沿袭六次的基础上，利用中图学会的线上系统进行网上评估，采取线上递交材料、线下实地评估的模式，侧重点也在于服务效能、业务能力、保障条件三个一级指标。囿于疫情的关系，公共图书馆各方面业务均受到较大影响，2022 年开始的七次评估数据评算机制上也更为灵活，标准也并未给出具体数值，从而可以更好评估疫情对图书馆的影响。

（二）评估标准

第六次评估中副省级城市公共图书馆与省级图书馆按统一标准参评，第七次评估则改为按照地市级图书馆标准参评。这一评估标准的调整"不是从级别而是从职能定位来考虑"②。考核内容与分数也发生了较大变化，现就对 1.4 参考咨询的评分标准进行对照分析（表 1）。

表 1　副省级城市 1.4 参考咨询服务第六次与第七次评估标准对照

第六次评估定级省级（副省级）图书馆标准				第七次评估定级副省级、地市级公共图书馆评估标准			
信号咨询服务				参考咨询服务			
二级指标	分值		指标解释与分项说明	二级指标	分值		性质	指标解释说明及填报要求
	基本	加分			基本	加分		
普通参考咨询	0-10	0-10	1. 基本分项:(1) 咨询台服务,2 分;(2) 文献提供,2 分;(3) 二、三次文献,2 次;(4)提供网上咨询和回复服务的,2分;(5)设立专职人员进行实时咨询回复的,2分。2. 加分项:(1)实现智能数字参考咨询,加5分;(2)实现移动数字参考咨询,加5分	普通参考咨询	15	0	定性/定量	1. 年普通参考咨询数量(次),12;2. 服务制度与服务规范,3分。服务制度、服务规范文本等

---

① 杨凡. 省级公共图书馆第七次评估定级中的新认知［J］. 河南图书馆学刊，2023，43 （6）：39-42，61.

② "省级公共图书馆是全省文献信息资源保障中心，对省域内公共图书馆展开业务辅导工作，接受本省内正式出版物的缴送；副省级城市公共图书馆的职能定位与地市级公共图书馆基本一致。"石慧. 评估定级工作与公共图书馆事业高质量发展［J］. 图书馆理论与实践，2022，260（6）：31-37.

第六次评估定级省级（副省级）图书馆标准			第七次评估定级副省级、地市级公共图书馆评估标准			
专题咨询与情报分析服务	0-10	0-10	1. 基本分项：(1)科技知识服务与企业情报服务,5分;(2)其他知识服务（包括为本地区重点教育和为其他部门提代卖主题知识服务等),5分。2. 加分项:(1)提供智库服务,加5分;(2)提供大数据分析服务,加5分。	专题咨询	15	0	定性／定量	指围绕特定主题进行的专业性咨询服务,包括事实性查询、信息查证、定题服务、文献信息开发等。1. 年专题咨询数据（次）,2分;2. 服务制度与服务规范,3分。1. 项目完成情况一览表,包括序号、名称、完成时间等;2. 服务制度、服务规范文本等
立法决策信息服务	0-15	0-10	1. 基本分项:(1)立法服务,5分;(2)决策服务,10分。2. 加分项:(1)立法决策服务效果突出,获得领导批示或立法决策部门表扬的,加5分;(2)获得省级以上表彰的,加5分	立法与决策咨询	10	0	定性／定量	1. 立法服务:为立法机构提供信息服务,为人大代表、政协委员履行职责提供服务。统计年服务数量（次）,4分;2. 决策服务:为党政机关决策提供信息国,统计年服务数量（次）,4分;3. 服务制度与服务规范,2分

据表1分析，第七次评估最大特点便是去掉了加分项，仅保留基本分。此外，考核关注重点也有一定的变化：一是更注重制度化、规范化。七次评估中三项指标均新增定性指标"服务制度与服务规范"，总计8分，分值不低。二是由定性变为定量分析，更注重服务数量、服务范围。六次评估重点在于定性，侧重于对该馆服务项目进行说明，基本项只要包括相应的服务即可。七次评估的重点在于定量，要求提供年普通参考咨询数量、年专题咨询数量等具体数字，根据数量进行得分。三是分数比重发生变化。立法决策服务的比重降低，普通

参考咨询与专题参考咨询评估分值上升。可见，参考咨询服务的侧重点在于更加广泛地开展相关参考咨询，面向的对象需增加，服务范围需扩大。

从参考咨询服务的指标来看，第七次评估注重服务质量，侧重于服务的规范化、制度化与服务的次数、效果。下一步，参考咨询服务的发展目标要更有针对性、对象更加广泛，增加服务次数与服务对象；并在实践的基础上不断修改和完善相应的制度与规范，形成完整的服务流程、服务台账。

二、评估期间武汉图书馆的参考咨询实践情况

第七次评估中参考咨询服务参评内容包括普通参考咨询、专题咨询、立法与决策咨询。武汉图书馆一直注重参考咨询服务，无论是各业务窗口都提供的普通参考咨询，还是提供了以地方文献、助农等为特色的专题参考咨询，抑或是疫情后提供日趋丰富的线上参考咨询服务。现就根据考核标准，概述武汉图书馆在第七次评估期间开展的参考咨询服务现状。

（一）普通参考咨询

武汉图书馆为读者提供了多种普通参考咨询服务，分为线下、线上参考咨询两部分。线下咨询主要以到馆咨询为主，一楼设读者服务中心（总咨询台），各开放部门入口都设有咨询台，调集各部门的业务骨干轮流到咨询台，以"随时愿意为您服务"的态度接待每一位读者，为读者提供各类普通咨询服务。不仅出台相关服务规范，借阅部还编写了工作手册并不断更新，内有"读者常见问题解答"板块，对简要问题进行规范解答。各开放部门的咨询台服务，让图书馆的各类资源得到充分介绍及利用。

随着新媒体的盛行、2020年疫情的暴发，武汉图书馆更加注重线上参考咨询服务的开展，利用微信、微博、网站等为读者提供多样化的服务。官网设置"咨询反馈"一栏，武汉图书馆人工智能自动回复相关常见问题，并由信息服务部专人解答其他问题，做到了简要分层。武汉图书馆也注重新媒体的媒介力量，利用电话、QQ群、微信群等沟通的便捷性，为读者提供即时性的普通咨询。

此外，武汉图书馆也积极开展馆际互借与文献传递服务，加入"全国图书馆参考咨询联盟"，通过与合作馆的密切合作实现跨地域的文献信息共享和服务。这些举措不仅使武汉图书馆信息服务范围扩大至全国，而且也提高了网络资源、共享资源的利用效率。

（二）特色专题参考咨询

武汉图书馆是区域性知识、文献信息中心，有着丰富的文献信息资源，开

展了各类具有特色的专题参考咨询服务。

注重地方文献的保存及开发工作。武汉图书馆相当注重对武汉地方文献资料的搜集、整理、利用、开发、研究，为武汉地方史、社会史等学术研究提供深层次专题咨询服务。武汉图书馆参与了各种课题、项目，提供了各类资料，甚至部分馆员还参与著作的撰写之中，如《辛亥革命武昌起义报刊资料选编》12卷本、《武汉地区公共图书馆发展史》《武汉沦陷史》等。

开发并利用了一系列二三次文献。武汉图书馆持续性开展对二三次文献的开发与利用工作，开发创办了《业务辅导简讯》《领导决策参考》、微信公众号"文化产业动态"、《廉政推荐阅读》4类信息决策类刊物，整理了近10种古籍、民国期刊等汇编。在2020年疫情防控期间，武汉图书馆积极收集、整理相关资料，并编录"馆藏抗疫文献与实物资料目录"，积极收录抗疫时期相关文献及物品120种，共550件实物。

开展科技助农长效性专题服务。作为武汉市公共文化服务体系中的市级中心图书馆，武汉图书馆拥有广泛的农业科技资源，成为信息扶贫、科教兴农的中坚力量之一。武汉图书馆面向广大的农村持续性地开展农业信息专题服务。2018年至2019年辅导部下区共举办农业科技讲座培训8场，开展科技赶集活动2场，发放《科技兴农汇编》。后因疫情影响，该活动停办，但仍为武汉市偏远地区定点专业农户提供专题服务及理论指导。

与各类单位共建提供持续性专题服务。为建设"读书之城"、打造"书香武汉"，武汉图书馆还广泛与医院、学校、看守所、居委会等单位进行基层共建，为其提供定点专题服务，四年间共与81个单位签订共建协议。武汉图书馆提供与之相关的海量书籍以及提供业务指导工作，不仅有利于该机构人员及时了解相关信息，提供针对性的书籍，更有利于文献的深度开发、利用。

日常对读者提供专题咨询服务。除了特色的专题咨询服务外，鉴于武汉图书馆珍贵文献馆藏较为丰富，其中报刊部、参考咨询部、地方文献部、古籍部都因为其馆藏资源，各部门还提供了众多线下专题服务。有些单位、读者提供介绍信，如各大院校师生为课题或论文查找资料；军运会期间《长江日报》向我馆借阅相关文献，为军运会的专题报道收集材料；中央电视台国际频道编导为纪录片收集材料等。有些读者则是为了业务或者爱好，进行查询，武汉图书馆馆员为其提供相关专题服务，如为社区居委会书记提供相关妇女工作著作、为读者查找家谱相关资料等。

（三）立法与决策咨询

为党政机关的立法与决策需要，武汉图书馆一直编制关于决策信息服务方面的内部刊物。《领导决策参考》为半月刊，在推动武汉城市建设、政府管理者决策中由于注重前沿城市建设管理观点、世界先进城市经验的捕捉和推送，因此发挥了政府领导决策的"帮手"作用。《文化产业动态》着重反映我市文化产业发展的最新进展，并通过微信平台进行数字化信息发布为大众提供信息推送服务。2019 年《领导决策参考》获得武汉市文化和旅游局杨相伟局长的肯定，并提出收集"文旅融合方面的文章及外地好的经验做法"的批示，随后，武汉图书馆迅速编撰"文旅融合"专题，以资借鉴。

武汉图书馆为党政机关提供各种便利的决策服务。为响应武汉市打造"书香机关"的倡议，我馆 2018—2019 年期间为 17 家党政机关集体办理读书证。2020 年，为响应开展学习习近平新时代中国特色社会主义思想系列论著读书活动，武汉图书馆向政府机关、事业单位免费开放相关书籍及数字资源。2021 年，在中共武汉市委办公厅的邀请下，武汉图书馆在中国共产党武汉市第十四次代表大会召开前后，在会场设立"武图微书房"，为与会的党员代表同志提供文化资源服务。

此外，武汉图书馆还参与《湖北省公共图书馆条例》修改意见、《公共图书馆馆藏文献信息处置工作管理办法》修改意见、武汉图书馆新馆建设等立法决策活动。

三、新形势下参考咨询服务展望

进入大数据智能化时代，ChatGPT 等技术迭代更新，图书馆的参考咨询服务也有了更高的要求、更多的期待，尤其是参考咨询的智慧化探索，对服务发展方向提出了新的展望。学界对参考咨询服务的发展提出了各类建议，本章选取图书馆咨询的新接待模式、咨询服务内容的新发展方向进行简要介绍。

（一）咨询分层设置

参考咨询一直贯穿于读者服务始终，但无论是从武汉图书馆的实际情况，还是国外统计①，或从第七次评估标准来看，简单咨询②占比最高。但随着互联网时代发展，参考咨询却又呈现出专业性增加、检索回复难度变大的倾向。因此近年来，国外图书馆出现了参考咨询新形式即咨询分层设置，将咨询职责根据问题难度在普通馆员和专业馆员之间进行划分，从而提高资源配置效率。

---

① 美国学者对不同的美国大学图书馆进行研究，统计相关咨询情况。详见唐琼. 图书馆参考咨询分层设置研究［J］. 图书馆研究与工作，2022（8）：59-64，69.

② 如对图书馆基本信息、读者活动信息、书籍检索与借阅等普通参考咨询服务。

1. 咨询分层设置的管理策略

对咨询的问题进行分层时，如何筛选问题进行合理分层便是第一要务。专业难度应成为问题筛选的第一项标准。解答专业性较强、难度较高的问题便是咨询服务的重要环节，一般采用延迟解答的方式，提供回复结果。这些问题除了让具有专业素养的资深馆员回答外，还可以让馆员进行合作并以请教高校专家的方式，使得回复更具有专业性。此举不仅有利于提高读者的满意度，而且也锻炼了年轻馆员的专业能力。

因此，公共图书馆也需不断增强与高校、科研院所的合作力度与服务力度。从武汉图书馆的实践经验来看，高校、科研院所的专家也是专题咨询的主要服务对象。公共图书馆加强与当地高校、科研院所的合作与宣传，不仅科研达到双赢，也可根据当地的特色资源打造具有地方特色的资源库，促进地方记忆的留存与研究，也有利于打造一支高、精、专的咨询队伍。

而对于专业性较低、易于检索的咨询问题，公共图书馆则需借助各种新媒体的渠道、宣传手段完成对图书馆相关情况、活动安排等信息普及。广而告之，则减少面对面的一般参考咨询次数。此外，从读者的角度来看，培养读者的信息咨询素养也是图书馆的科教职责之一。知识信息时代，公共图书馆应开展各类信息咨询教育及培训，以满足读者需求，"公共图书馆应针对用户开展包括本馆馆藏布局、资源建设情况、信息资源使用方法、检索技巧等相关课程的培训来提高用户信息获取和利用的能力"[1]。

根据咨询分层设置结果，公共图书馆应做好分析反馈，对咨询问题较为专业且普遍时，可开展相应的讲座、培训，并及时告知相关读者。不同的专家可以集中回答相关问题，如"参考医院的专家出诊表，制作专家馆员接待日程表，列明各专业馆员的服务时间，供有需要的读者选择"[2]。从而也对公共图书馆活动的开展起到参考作用，从而更有针对性地建立相关活动规划与目标人群的选定。

(二) 智慧参考咨询服务

随着大语言模型技术的不断发展，人工智能生成内容作为该技术的应用，对智慧问答系统带来了颠覆性变革，可以生成连贯、自然的对话内容。公共图书馆发展结合人工智能技术可以更加智慧化、智能化。不少学者也提出了智慧

---

①　陈楠.“十四五”时期公共图书馆参考咨询服务策略［J］. 中华医学图书情报杂志，2022，31（10）：68-74.

②　唐琼. 图书馆参考咨询分层设置研究［J］. 图书馆研究与工作，2022（8）：59-64，69.

参考咨询服务概念，让科技融入参考咨询服务。"大语言模型优秀的对话能力可以使参考咨询服务的智能性得到快速发展。"①

1. 利用人工智能技术实现智慧问答

目前，因 GPT 类技术和大语言模型为主的技术革新，使为读者提供的问题解答更人性化、内容更加专业严谨。图书馆参考咨询系统的智能化改进是发展目标和未来趋势。囿于实际工作中读者向咨询系统提出的问题多种多样，若"系统智能化不足则会难以理解用户的想法，从而只能转向人工服务，加大图书馆咨询员的工作量"②。技术迭代可以使得咨询占比最重的一般参考咨询回答更为有效，从而有效地减轻相关工作压力。馆员也应及时跟进技术发展趋向，不断实践、更新图书馆自动回复系统，使图书馆的服务更加智能化、个性化、多元化。

2. 根据用户画像提供智慧咨询服务

除了智慧问答服务外，在大数据时代，智慧参考咨询服务还包括"用户需求智慧感知""用户智能推送服务"③。基于读者画像提供具有个性化的参考咨询服务，利用大数据等技术，分析读者数据，从而"建立用户画像库和场景库"④。通过读者画像即根据这些数据进行分析、处理，从而挖掘图书馆读者各种数据之间的关联以提出更具个性化、针对性的解决答案。且在读者咨询服务结束后，还可以基于读者画像进行智能推送服务。且对相关群体进行画像相关分析，相似性强的群体可以提供相关咨询情况推送，从而提高服务效率。⑤ 对相关咨询服务进行积累，从而形成"知识资源库"。

"知识资源库以专业化的知识资源为根本，对这些知识进行提炼和组合，形成解决某类问题的方案。"⑥

---

① 王翼虎，白海燕，孟旭阳. 大语言模型在图书馆参考咨询服务中的智能化实践探索［J］. 情报理论与实践，2023，46（8）：96-103.

② 王翼虎，白海燕，孟旭阳. 大语言模型在图书馆参考咨询服务中的智能化实践探索［J］. 情报理论与实践，2023，46（8）：96-103.

③ 刘泽，邵波，王怡. 数据驱动下图书馆智慧参考咨询服务模式研究［J］. 情报理论与实践，2023，46（5）：176-184.

④ 陈楠."十四五"时期公共图书馆参考咨询服务策略［J］. 中华医学图书情报杂志，2022，31（10）：68-74.

⑤ 程秀峰，周玮珽，张小龙，等. 基于用户画像的图书馆智慧参考咨询服务模式研究［J］. 图书馆学研究，2021（2）：86-93，101.

⑥ 陈楠."十四五"时期公共图书馆参考咨询服务策略［J］. 中华医学图书情报杂志，2022，31（10）：68-74.

四、结语

评估定级一直是公共图书馆发展中的重要工作，评估标准变化也指导着图书馆工作的发展方向。结合武汉图书馆参考咨询实际工作的开展与大数据时代出现的新技术，为图书馆的参考咨询服务转型升级提供了新思路。参考咨询服务作为图书馆的核心服务之一，其智慧化发展不仅符合国家、省市相关政策方针①的要求，也有助于智慧图书馆的构建，从而提高读者服务的质量和水平。

参考文献

［1］石慧. 评估定级工作与公共图书馆事业高质量发展 ［J］. 图书馆理论与实践, 2022（6）：31-37.

［2］柯平, 刘旭青, 邹金汇. 以评促建、以评促管、以评促用——第六次全国公共图书馆评估定级回顾与思考 ［J］. 图书与情报, 2018（1）：37-48.

［3］杨凡. 省级公共图书馆第七次评估定级中的新认知 ［J］. 河南图书馆学刊, 2023, 43（6）：39-42, 61.

［4］陈楠.“十四五”时期公共图书馆参考咨询服务策略 ［J］. 中华医学图书情报杂志, 2022, 31（10）：68-74.

［5］唐琼. 图书馆参考咨询分层设置研究 ［J］. 图书馆研究与工作, 2022（8）：59-64, 69.

［6］王翼虎, 白海燕, 孟旭阳. 大语言模型在图书馆参考咨询服务中的智能化实践探索 ［J］. 情报理论与实践, 2023, 46（8）：96-103.

［7］刘泽, 邵波, 王怡. 数据驱动下图书馆智慧参考咨询服务模式研究 ［J］. 情报理论与实践, 2023, 46（5）：176-184.

［8］程秀峰, 周玮琏, 张小龙, 等. 基于用户画像的图书馆智慧参考咨询服务模式研究 ［J］. 图书馆学研究, 2021（2）：86-93, 101.

---

① 《2022 年提升全民数字素养与技能工作要点》《湖北省公共图书馆条例》等。

公共图书馆助力基层文化空间发展探索[*]

谢正芬　王　黎

（湖北省图书馆　430071）

摘　要： 2035 年初步完成我国现代化，主要任务之一就是建设世界文化强国。公共图书馆成为中国公共文化服务体系的组成部分，站在第二世纪征程的新起点，将打造中国特色全球领先的公共图书馆系统，成为我们的新任务。

中国公共图书馆的设备数量、建筑面积总数以及馆藏纸质书籍数量三个基本数据已经居于全球首位。目前，中国的主要问题之一就是基层、农村公共图书馆服务质量水平低下。所以我们应该关注基层、农村公共图书馆建设，以提高服务体系末端的公共服务能力，公共图书馆服务效率最大化地帮助发展基层阅读，最终建立完整的公共图书馆服务体系。

关键词： 公共图书馆；农家书屋；基层文化空间

2019 年 2 月 26 日，中共中央宣传部、中央文明办、教育部、财政部、农业农村部、文化和旅游部、国家广播电视总局、共青团中央、全国妇联、中国残联联合印发《农家书屋深化改革创新 提升服务效能实施方案》，推动农家书屋提质增效，助力乡村振兴战略实施。

在中国，公共图书馆经历日新月异的发展，尤其是文化强国政策之后，很多发展指标已经在世界首屈一指。但也存在不足，其中之一就是基层图书馆发展太缓慢，跟不上公共图书馆发展步伐。所以我们要重视乡镇公共阅读空间建设，强化公共文化服务的末端服务能力。公共图书馆要服务效能最大化，助力基层图书馆，最终形成完善的公共图书馆服务体系。

---

* 本文系 2022—2023 年湖北省图书馆科研项目"公共图书馆特殊人群服务"的阶段性研究成果之一，项目编号：鄂图科 2022-18.

一、公共图书馆拥有助力基层文化空间建设可持续发展的天然优势

基层文化空间在公共文化服务体系中扮演着至关重要的角色，既是提供基层公共文化服务的主阵地，也是保障广大乡镇居民基本文化权益的主体。而公共图书馆具有的天然优势条件，如资金充沛、专业图书资料人才充足、图书资源雄厚等，可助力乡镇图书馆、农家书屋等基层文化阵地，为基层阅读空间提供有效帮助。

（一）馆藏资源丰富

公共图书馆有充裕的图书经费，且藏书来源丰富多元，所以它拥有内容丰富的、专业类别齐全的、载体多样化的书籍，包括了农业养殖类、动物饲养类、农业医疗科普类、科技训练类、家庭休闲类等基层区域需要的各种信息资源，以及涵盖乡镇经济社会、人文活动的地方资料、地方书刊等基本知识资料与农业科技知识，能够满足乡镇区域内各个层面民众的各种图书需要。

（二）管理制度成熟

公共图书馆有着有效的管理制度和管理模式。公共图书馆管理制度健全，可保证公共图书馆向着高质量方向发展。这一管理制度可为基层阅读空间提供行之有效的管理参照。公共图书馆的总分馆管理模式有效，由总馆至分馆，统一协调统筹管理，为公共图书馆服务向基层分馆延伸奠定坚实的基础。

（三）信息资源先进

公共图书馆配备各种高新技术设备，如数字图书资源等，可最大限度发挥公共图书馆资源的使用率。公共图书馆数字图书资源可使乡村人民更加便捷地获取知识，随时随地阅读，让阅读跨越地域和空间。

（四）图书资料专业人才多

公共图书馆专业人员数量众多，主要以图书情报、信息技术等专业领域的专家学者居多，他们拥有坚实的基础业务知识和专业业务技能，因此能够为广大基层人民提供高品质的公益文化服务。

二、制约基层文化空间可持续发展的因素

农家书屋是"十一五"以来在我国农村地区推行的一项公共文化惠民工程。乡镇文化阅读场所经历了近二十年的建设发展取得了显著成就，但是也面临诸

多影响可持续发展的问题。

一是缺乏有效的管理机制，由于建设后期缺乏长效监督和管理，很多农家书屋沦为面子工程。再加上农家书屋专业管理人员匮乏，在推广书刊阅读、开展阅读活动等方面缺乏能力和经验，而这正是公共图书馆的优势之一。二是供需不符，很多乡村阅读空间是不能自主购书的，统一配送的书刊不能满足各乡村地域个性化需求，甚至出现不符实际需求的书刊，浪费国家资源的同时，也影响基层农家书屋服务效能的发挥。公共图书馆可以统筹规划，合理利用总分馆制指导基层阅读空间正常运作。

三、公共图书馆助力基层文化空间的探索

（一）实施"强县馆"计划——公共图书馆助力基层文化空间建设的中间环节

我国公共图书馆体系发展存在的问题之一就是基层图书馆发展滞后。县级公共图书馆在我国公共图书馆服务体系中处于承上启下的地位，在当前开展的总分馆制中居于统筹全局的基础位置，是强县图书馆体系和公共图书馆在服务基层文化空间发展的重要一步。目前我国正计划实施县级公共图书馆资源保障和服务效能倍增"三步走"。

表1 县级公共图书馆资源保障和服务效能倍增"三步走"目标

阶段指标	现状（2019）	五年目标（2025）	十年目标（2030）	十五年目标（2035）
人均馆藏量（册/件）	0.55	1.10	2.20	3 左右
人均年新增馆藏量（册）	0.04	0.08	0.16	0.2 左右
注册用户占比（%）	3.92	7.84	15.68	30 以上
人均到馆次数	0.52	1.04	2.08	4 左右
人均外借册数（册次）	0.36	0.72	1.44	3 以上
活动参与人次占比（%）	5.73	11.46	22.92	40 以上

强县馆，则强公共图书馆服务基层馆的中枢力量。强有力的县级公共图书馆，能在公共图书馆服务体系中更好地发挥承上启下作用，更有利于基层阅读空间的发展建设。

（二）实现以需定供——公共图书馆助力基层文化空间建设的基础

公共图书馆帮助乡村工作主要是建立在实际的基础上，以合理对接社会

大众的需要。基层图书室、文化场所更从需求出发，了解乡镇人民的心态和他们的需要，认真做好"有的放矢"，做好对症下药，以最有限的资源达到对发展效果的最优化。而不能一味要求发展规模和效益，应更注重于破解现实难题。

同时，也可满足各地区个性化要求。在实际行动上，可完善重大出版物的项目审核制定工作，创新"百姓点单"的方式，增加居民群众主动选书比重，加强出版单位与基层文化场馆有效衔接。公共图书馆在为乡镇留守儿童服务方面，可有针对性地举行心理咨询讲座，为孩子们心理健康发展保驾护航；可举行阅读+绘本、阅读+故事、阅读+音乐等"阅读+"模式，让乡镇孩子平等享受文化熏陶的权利。上述措施，都可以大大提升图书馆对公共文化服务效能的辐射范围和能力。

（三）创新服务方式，多元合作——公共图书馆助力基层文化空间建设的拓展

补齐公共文化的短板，机制创新是动力。乡村公共文化服务缺位已经是社会当下的共识，但是这样的思想意识并不可淡化，而应借助制度创新真正达到公共图书馆服务效率的最优化。乡镇文化空间可采用省市公共图书馆、区县图书馆、社会机构、媒体机构四级联动机制，省市图书馆总负责，区县图书馆负责具体事宜，社会机构负责监督，媒体机构负责宣传，重心下移、资源整合、条块联动、全面推进，真正打通公共文化服务"最后一公里"。

同时跨越式多元合作，公共图书馆与文化馆、博物馆、美术馆等传统文化组织融合，利用各方面资源优势特点，开展综合性"阅读+"文化活动。另外公共图书馆也可与高校、科研院所等协作，开展科学讲座、文化创意、艺术展览、文化沙龙等社会文化项目。最后鼓励社会资源加入文化服务行列，引导爱心单位通过提供资金、捐赠文献或设备等方式投入农家书屋的建设工作中，形成常态化的乡村公共文化社会服务机构，吸纳社会各界力量为乡村公共文化。

（四）开展提质增效工程行动——公共图书馆助力基层文化空间建设的新探索

中国乡村公共阅读设施配备水平已经走在全球首位，但在装备质量、应用效果上尚待提高。推进新城乡振兴规划为农村公共阅读发展提供了崭新的契机，促进了农村公共阅读空间由"量"的扩张转变为"质"的提高，从而促进了农村公众阅读的提质增效。

（1）促进农家书屋与城市公共图书馆总分馆体系的融合发展

截至 2018 年年底，全国共有农家书屋 58.7 万家，配送图书 11 亿册，创建了中国世界一流的乡村公共图书服务体系。我们要努力发挥农家书屋这一庞大的资源优势，把农家书屋融入也融合到公共图书馆总分馆系统，强化统筹监管，加强专业化指导，做到机构、经费、资源和业务与公共图书馆统一，彻底改变当前乡村基层阅读空间多头管理、资源散乱、重复建设和业务盲区存在的局面，进一步提高了整体效益。

（2）将阅读广泛嵌入的乡村文旅服务

近年来，在国家城乡振兴、文旅融合战略背景下，全国各地已打造了不少具有传统文化艺术与旅游服务特点的乡史馆、乡声馆、非遗馆等重点文旅设施。在进一步推动乡村公共阅读发展的进程中，应整合利用城乡公共文旅设施，利用农村文旅设施区位优越、人口集中、贴近百姓生活的优点，构建星罗棋布的文化服务网点，构建主客共同的读书新空间，既充实了农村旅游的书香内容，也增强了农村文化建设与发展的整体功能。

（3）推进城市公共阅读空间模式向农村拓展

紧密结合美好农村、文化乡镇打造，探索开展农村新兴阅读空间建设，促进"城市书房""智慧书屋"等模式向乡村拓展，形成一个以农村历史特点与自然相结合，兼顾艺术性和功能性的新型乡村读书空间，促进乡村阅读设施提档升级和高效开发。充分利用农村闲置的祠堂、老粮仓等老旧房屋以及农村文化观光点，打造了百姓书屋、农村图书馆、惠民书屋、民宿图书馆等，以表现其高品质、个性化、小而美和集文化娱乐、休闲观光、社区教育功能为一身的地方特色，同时引入了公共图书馆总分馆制度，让农村的图书资源提供能与县图书馆总体上的同量同质。

通过深化改革与创新，公共图书馆提高服务效率，助力乡村阅读空间发展，做强做优一批示范书屋，使农家书屋有书读、人会管、有项目引进，成为聚人气、有生命力、可持续发展的生动活泼格局。

参考文献

［1］史竞男. 中宣部等十部门印发《农家书屋深化改革创新提升服务效能实施方案》［N］. 光明日报，2019-02-27（9）.

［2］向宏华. 乡村振兴背景下公共图书馆助力农家书屋可持续发展路径探析［J］. 河北科技图苑，2022，36（1）：8-12.

［3］李国新. 面向 2035：建设中国特色世界一流公共图书馆体系［J］. 中

国图书馆学报，2022（1）：4-16.

[4] 金晓冬．基于服务效能最大化下关爱农村留守儿童的活动特色研究——以重庆图书馆蒲公英梦想书屋为例 [J]．图书馆理论与实践，2020（1）：114-117.

[5] 张贺．农家书屋深化改革再出发 [N]．人民日报，2019-02-27（6）.

浅谈公共阅读空间的创新建设与创意营造

赵 艳

（孝感市图书馆 432100）

摘 要： 公共阅读空间理念的出现，为市民打造了家门口的公共文化空间。创建公共阅读空间是为了把人们从紧张的工作环境中解脱出来，让人们从闲暇之余只会刷短视频转移到高雅的阅读环境中来，为人们提供一个缓解压力、摆脱焦虑的休闲场所，让人们的精神在此得到放松、休憩。公共阅读空间的建设与营造需要从多个方面考虑，既能为读者营造良好的阅读氛围，又能充分发挥其功能，实现社会效益最大化。本文从公共阅读空间的概念及效能、公共阅读空间的创新建设以及公共阅读空间的创意营造等三个方面进行论述，从而使公共阅读空间得以可持续发展。

关键词： 公共阅读空间；创新建设；创意营造

一、引言

现代人生活节奏越来越快，在经历了都市生活的喧嚣后，渴望能够返璞归真，寻找内心的宁静，公共阅读空间的出现使人们在精神层面得到解脱，它打破了时空限制，提供了多元化的公共文化服务，为市民提供身心休憩的空间、亲子交流的阵地、享受文化生活的场所。《"十四五"文化和旅游发展规划》提出要创新打造一批"小而美"的城市书房、文化驿站等城乡新型公共文化空间，促进城乡流动文化服务，健全公共文化服务体系，提高基本公共文化服务标准化均等化水平。基于此，图书馆必须借助这一机遇创新构建公共阅读空间，为读者营造创意阅读环境，建成城区"一刻钟文化圈"，建设一批百姓家门口的城市书房，打通公共文化服务的"最后一公里"。

二、公共阅读空间的概念及效能

（一）公共阅读空间的概念

公共阅读空间兴起于"倡导全民阅读，建设学习型社会"大背景，广义上是指由政府、企业、社会组织或个人在图书馆、文化馆、书店、街道、社区等空间独办或合办的个性化、公益性读书类公共文化服务平台，这些平台通过形式各异、各具特色的服务方式为公众提供文献资源知识服务，成为市民文化生活和城市个性塑造不可或缺的元素。狭义上就是我们平时生活中所看到的社区图书馆，像是澴川书房、尚行书院、六味书斋、24 小时自助图书馆等城市书房。

（二）公共阅读空间的效能

一是满足了市民的阅读需求。随着社会科技的进步，信息化时代各类知识的迅速更新，人们对阅读、学习场所的需求量猛增。许多城市都在重点场所建造了全天候 24 小时不打烊的城市书房，将图书馆的服务延伸到馆外，实现全覆盖，这种有空间有设计且 24 小时全免费开放的城市书房，一定程度上完美契合了市民在不同时段的阅读学习需求。二是创造了良好的阅读环境。现代人在图书馆除了对书籍内容有高要求之外，也更加关注阅读环境、阅读氛围以及精致的阅读服务体验等方面的需求，公共阅读空间的出现就满足了读者的需求，许多公共空间在建造时会根据不同的情况设计阅读场景，让读者能够沉浸其中，带来高品质的阅读体验。例如清和书苑在空间布局上以公园景观轴为中心，充分挖掘建筑本身特点，打造可同时观山、看水、读书的绝妙之地。三是提升了城市文化品质。传统图书馆的重心在为人们提供文献借阅和查询服务，随着人们生活品质的提高，现代人更注重阅读体验，对环境品质提出了更高要求。在室内设计上，要讲究布置整洁、环境优雅，营造出家居式、无束缚感的阅读环境，打造温馨舒适的阅读体验；在外观设计上，深度挖掘当地文化建筑的特点，以高品质设计、高标准建设融入城市建筑群，同时也要体现建造的创意和个性化，凸显城市文化中心深厚的文脉底蕴，构造出无界共享的阅读空间体系，实现文化阅读、综合服务、组织活动等多元功能的复合体，促使公共阅读空间布局体系与城市空间相呼应，提升城市文化品质。

三、公共阅读空间的创新建设

（一）统筹规划，科学布局

公共阅读空间由政府主导，整合多方资源，寻求市场合作，盘活闲置场地资源，高效合理规划建设，实现资源共建共享。在选址布局方面，相较于传统阅读空间，新型公共阅读空间往往选址在交通便利、人流密集之处，与街道、社区、商圈、银行、医院、地铁站等生活场景相结合，普遍呈现出服务场景生活化、服务内容多样化、空间设计艺术化等特点，可以更好地满足不同市民的阅读需求，从而更能贴近并融入人们的日常生活。

（二）坚持政府主导，社会参与

公共阅读空间除了具有公益性之外，还具有一定的市场属性，政府在购买公共服务的基础上，积极引导出版社、书店、电商平台、数据库运营商、企业以及个人等社会力量广泛参与公共阅读空间的建设和运营。政府则充分发挥监管责任，制定社会力量参与的准入条件和相关标准规范，对其进行有效监督和约束，促进服务水平提升。孝感市澴川书房书院分馆是引入社会力量参与城市书房建设运营的案例之一。建设初期，文艺爱好者邹某某在政府和有关部门支持下，自筹资金35万元装修改造自家房屋，由政府补助40万元配置书籍及全套智能设备，建成澴川书房书院分馆。书房分上下两层，二楼是个人工作室，用于经营美术培训，一楼是公共阅读空间，工作室负责书房日常运营支出。

（三）赋能数字资源，打造阅读新空间

基于丰富的阅读内容和创新的阅读方式，数字阅读已成为全民阅读的重要组成部分。公共阅读空间要以满足读者需求为导向，提升智慧化服务能力，充分利用现代信息技术，引入数字化、智能化的公共文化数字化创新设备。孝感市图书馆为每个澴川书房配备了自助借还机、自助办证机、图书查询系统、图书空间网络服务等智慧化设备，为读者提供图书借阅、报刊浏览、数字阅读、资源下载等免费服务，让书籍在书房和图书馆间自由流动、通借通还。公共阅读空间打破了时空限制，提供了更加多元化的公共文化服务，是传统阅读阵地的现代延伸和有益补充。各地图书馆都在通过高质量的数字化资源供给，旨在打造全民阅读新形态，创新阅读新模式，构建智慧化、规范化阅读新空间，引导读者在公共阅读空间体验沉浸式阅读。

四、公共阅读空间的创意营造

建设容易管理难，如何让公共阅读空间经久不衰，实现社会效益最大化，让阅读之旅行稳致远，是各地公共阅读空间面临的共同问题，因此公共阅读空间应因地制宜，探寻适合自身发展的运营模式。

（一）加强主体培育，提升运营能力

坚持以公共图书馆为主体，充分发挥公共图书馆的独有优势，将公共阅读空间与图书馆总分馆体系互联互通。一方面，由公共图书馆统一资源保障，负责公共阅读空间的图书配送和定期更新，以动态馆藏方式为读者提供更便利、更精准的文献服务。及时下架利用率低的图书、补充需求量高的文献复本及种类，使在架图书最大限度满足读者阅读需求；充分利用智能书架、室内定位导航系统，为到馆读者提供图书、空间等资源的精确查找与定位，还可通过读者的"点单预约"提供精准的图书服务，实现资源共建共享。另一方面，日常运营与管理，由公共图书馆负责专业指导和技术支持，同时整合公共文化单位、企业、社会团体、街道社区、志愿者等多方社会力量共同运行，努力实现公共阅读空间的标准化服务，确保服务质量和服务效能，实现服务效益最大化。

（二）多样化开展文化交流活动，提升服务效能

公共阅读空间作为公共图书馆的有机体，其最基本的功能是提供阅读服务，因此，首先必须坚持和完善阅读推广服务，通过寻找阅读推广人、举办讲书人比赛、读书分享会、经典诵读、亲子绘本、艺术交流活动等新型服务方式吸引公众参与、引领时尚潮流、激发居民阅读兴趣。例如，孝感市澴川书房城站路分馆开展暑期小小图书管理员、喜闹元宵等特色活动，孝感多个澴川书房与市图书馆形成阅读推广联盟开展亲子绘本活动，同时市图书馆配备流动图书车深入学校开展阅读定制服务；孝感城区澴川书房书院分馆开馆以来，坚持开展艺术沙龙、主题讲座、亲子阅读大课堂等各类活动近 40 场，广受读者欢迎。在此基础上，可以与所处的地理位置、社会场景和市民及游客的实际需求相结合，适当拓展服务功能，提供多样化服务。例如，部分书房为环卫工人等群体提供休息场所和免费茶水等便民服务，既拓展延伸了图书馆主体的服务，又创设了知识共享、信息交流、文化互动的新空间。

（三）体现地方文化特色，打造城市名片

公共阅读空间作为具有文化、交流和休闲等多重功能的综合空间，为市民提供各具特色综合性阅读服务的同时，也要融入地域特色，为城市涂抹上一道道文化亮色，成为城市新的文化地标与文化名片。孝感各地城市书房从命名到装修，无不彰显着城市文化和地域色彩，例如，孝感主城区的书房室内风格多变，或古朴雅致，或清新文艺，或简约自然，令人赏心悦目；云梦 3 家书房更是融入当地文化特色，有以云梦籍著名诗人晏明命名的"尚行书院·晏明书

房"，以云梦人乾隆进士、《四库全书》编纂者之一许兆椿命名的"尚行书院·兆椿书房"，以古在云梦之地为掌梦之职的大诗人屈原命名的"尚行书院·屈原书房"；汉川汉江书房多以时尚简约的木质格子书架、简单明快的色调构筑温馨的阅读空间。此外，公共阅读空间还应发挥文化纽带作用，利用地理优势，在空间构造上体现地方文化特色，发展地方旅游，促进文化创新要素的合理流动和优化配置。例如，青岛栈桥书店集海景、历史、旅游、阅读等要素于一体，成为国内首家国际文化背包客旅游主题书店；梅州文化驿站将客家文化融入其中，将其打造成一个集文化鉴赏、文化休闲、文化体验和文化宣传为一体的公共阅读空间，成为推广当地旅游的文化窗口；上海朵云书院位于上海中心大厦52层，为读者带来了云端的阅读体验。

公共阅读空间以其舒适的环境、良好的氛围、精致的服务、丰富的阅读推广活动，在促进全民阅读、构建书香社会以及完善公共文化服务体系等方面发挥着重要的作用。随着中国经济社会不断发展进步，人们对文化的需求日益增长，一群小而美的公共阅读空间的出现满足了人们的阅读需求，人们可以利用闲暇时间在此享受阅读的乐趣，也可以彼此交流分享，还可以参加、发起丰富多彩的阅读推广活动。公共阅读空间是当前社会发展的文化产物，它凝聚了社会的文化价值，为市民提供了精神需求，为现代人找到了心灵归属，在传播文化知识、提升全民素质以及社交交往等方面提供了重要价值。未来，各地公共图书馆应将重心转移到公共阅读空间的建设上，在选址、建造、装修风格等方面统筹规划，积极引导社会力量参与，加强运营管理，注重设计细节，为群众提供优质的文化服务，助力公共文化事业发展。

公共图书馆提升家长亲子阅读素养的实践研究

桂霄雨　刘婕妤

（湖北省图书馆　430071）

摘　要：随着《中华人民共和国家庭教育促进法》的颁布，公共图书馆作为公共文化服务供给的重要主体，有责任发挥本身阅读推广、信息服务的特长，通过提升家长亲子阅读素养，助力家庭教育。本文旨在通过研究公共图书馆提升家长亲子阅读素养的逻辑起点和实践概况，为未来公共图书馆更好地服务家长、服务少儿读者、服务家庭教育探索有益路径。

关键词：公共图书馆；家长素养 亲子阅读；实践

一、家长亲子阅读素养概念及相关研究

（一）家长亲子阅读素养概念

亲子阅读，又称亲子共读。关于亲子共读概念的细节化定义，不同研究者的理解不尽相同。宋欣指出，20 世纪 60 年代，新西兰教育家赫达维等人创建了一种成人与儿童之间的互动式阅读法，提出了"亲子阅读"的概念。这是一个以阅读为纽带，孩子和家长共同分享多种形式的阅读过程；田惠、冯莉认为，以相互尊重为前提，父母与孩子一起分享图书、相互交流阅读心得，称为"亲子共读"，作为家庭教育的重要范畴，亲子阅读是家庭教育模式创新化的一种路径；李晨雨、李甦提出，亲子阅读是父母与儿童一起读书的活动，父母、儿童、图书馆三位一体，交互运转，使亲子阅读成为一种社会性活动。

笔者认为，亲子阅读是一种以家庭教育为目标、以阅读材料为载体，让孩子和家长以交流、沟通、分享、共情为参与模式的互动阅读行为。而家长亲子阅读素养，指的是家长为了培育良好阅读习惯和良好亲子关系而指导、参与、规划亲子阅读项目的综合认知与执行能力。

（二）家长亲子阅读素养研究现状

笔者于 2022 年 11 月 17 日在中国知网（CNKI）以"亲子阅读"为主题进行检索，显示中文总库文献总量为 4847，以"家长素养+亲子阅读"为主题进行检索，显示中文总库文献总量仅为 59。两个检索结果的巨大差异说明当前从"家长素养"视角来探讨亲子阅读的研究是较为欠缺的。笔者又以"公共图书馆+家长素养+亲子阅读"为主题进行检索，中文总库文献总量为 18，这些研究成果或以家庭教育为目标，探究公共图书馆如何帮助家庭构建整体阅读环境；或以阅读推广为背景，阐述公共图书馆如何打造亲子阅读服务项目；或以调查问卷为依托，讨论公共图书馆如何与家庭、学校建成亲子阅读协作共同体。综上分析，以公共图书馆提升家长阅读素养为主线的研究微乎其微。家长亲子阅读素养，其本质是一种以阅读能力为核心的信息素养，公共图书馆有帮助公众提升信息素养的使命和职责，因此，本文选择以公共图书馆提升家长亲子阅读素养的逻辑起点为切入口，结合分析国内外实践概况，寻找优化路径，以期丰富"家长素养"视角下的亲子阅读研究。

二、公共图书馆提升家长亲子阅读素养的逻辑起点

（一）正当性：政策法规支撑体系

《中华人民共和国公共图书馆法》第三十四条规定，公共图书馆应当开展面向少年儿童的阅读指导和社会教育活动；《中华人民共和国未成年人保护法》第四十二条规定，国家鼓励、支持和引导各级企事业单位开展有利于未成年人健康成长的社会活动和服务；《中华人民共和国家庭教育促进法》第四十六条规定，公共图书馆应当定期开展家庭教育指导服务和实践活动，开发家庭教育类公共文化服务产品；《文化和旅游部 国家发展改革委 财政部关于推动公共文化服务高质量发展的意见》提出要面向中小学生设立课外教育基地；《全国家庭教育指导大纲（修订）》确立了家长主体原则，明确提出要引导家长注重提升自身素质，促进亲子互动共同提高；《中国图书馆学会"十四五"发展规划纲要（2021—2025 年）》提出要面向未成年人提供有针对性的阅读指导服务。以上政策法规确立了公共图书馆开展亲子阅读的合法合规性，为提升家长素养提供了法律保障和政策支持，构成了正当性来源。

（二）必要性：服务本质支撑体系

《国际图联/联合国教科文组织公共图书馆宣言 2022》（以下简称《宣言》）

提出，公共图书馆是各地的信息中心，用户可以随时得到各种知识与信息。这强调了公共图书馆有义务开展社会教育，面向家长群体进行培训。公共图书馆的任务包括为个人的创造性发展提供机会，激发想象力、创造力、好奇心和同理心，培养和加强儿童从出生到成年的阅读习惯。这强调了公共图书馆有义务开展亲子阅读相关服务，帮助培育少儿阅读兴趣。《宣言》从理论层面表述了公共图书馆服务家长、服务少儿读者、服务家庭的必要性：信息中心的使命、培育阅读的职责。回归到实践层面，"以读者为中心"是公共图书馆的核心服务理念，提升家长亲子阅读素养，一方面是在服务少儿读者，让其获得良好的阅读体验感和幸福感；另一方面也是在服务家长，让其获取更为科学有效的阅读指导理论知识和操作方法。这充分彰显了公共图书馆的服务本质，同时也拓展了服务对象的范围。

（三）可行性：资源条件支撑体系

公共图书馆是资源条件丰富的公共文化服务供给体，这些资源为公共图书馆提升家长亲子阅读素养提供了可行性保障：一是实体空间资源。公共图书馆一般都设有少儿读者服务专区，如绘本馆、科普馆、音乐厅、报告厅、多功能厅等，还设立了馆外流通点和共建书房，充分的空间可以开展满足家长不同需求的素养培训及阅读推广活动。二是文献资源。公共图书馆每年都会专门采购家庭教育类图书、报纸、期刊等文献，还会订购专业数据库，囊括海量电子信息资源，这为知识组织和服务打下了坚实的基础。三是人才资源。公共图书馆的在职馆员，大部分是经过专门招聘、层层选拔入职的高学历人才，形成了能够集组织、策划、执行于一体的专业团队。四是平台资源。公共图书馆拥有微信公众号、微博、抖音、官网等多个线上平台，同时与学校、社区、妇联、传媒、宣传、公安等机构保持长期合作关系，社会面合作平台众多，这些资源可以让家长和少儿读者共享，让其获取多维度信息渠道和展示平台。

三、公共图书馆提升家长亲子阅读素养的实践概况

（一）国外典型案例分析

1. 美国"Family Engagement"——家庭参与提案。该提案由美国图书馆协会下属的公共图书馆分会（简称PLA）发起，两位核心推动者早先分别主持过"Early Literacy"（早期扫盲）、"Every Child Ready to Read"（每一个孩子都做好了阅读的准备）这两个工程。该提案旨在协同社区、家庭和公共图书馆，以支持儿童的学习和发展，尤其强调了家长的第一重要性——监护人的终身教育责

任，希望提供亲子阅读成功实践的经验。PLA 还出台了与之配套的 "Engaging Latinx Parents" ——拉美裔家长参与提案：自 2020 年 10 月起，鼓励图书馆员协助拉美裔家长参加社区学习，当地图书馆官网会定期上传支持家庭参与、亲子阅读的有效策略及方案。Family Engagement 重在塑造阅读环境的整体性和阅读策略的科学性，帮助家长不断进步。

2. 荷兰 "Ouderpartnerschap" ——家长合作伙伴群工程。该工程系荷兰公共图书馆系统针对低语言婴幼儿家长群体设计，旨在通过联合社区、保育中心、教育单位等机构，与家长展开长期友好合作，形成固定的体系化家长合作伙伴群，旨在提升家长文化层次，鼓励家长大声朗读，进而刺激孩子的语言发展和阅读兴趣。该工程以家长会作为关键载体，由图书馆负责开发家长文件夹——包括家长在图书馆开会的想法、围绕家长会的合作伙伴、组织成功家长会的技巧、家长会议行动手册、亲子小组指南等子栏目，目的是倡导家长带年幼的孩子多多走进图书馆，分享不同的亲子阅读方案并进行深入的交流研讨。"Ouderpartnerschap" 最大的特点是回归书本和朗读本身，希望通过强化家长的语言文字和口头表达技能来提升家庭亲子阅读质量。

（二）国内典型案例分析

1. 苏州图书馆 "悦读宝贝计划"。为了对标风靡全球的 "Bookstart"（阅读起跑线），苏州图书馆于 2011 年开发了服务 0~3 岁婴幼儿家庭的 "悦读宝贝计划"。除了赠送阅读大礼包、听 "故事姐姐" 讲故事、"悦读宝贝大篷车" 开进幼儿园等多个常态化阅读推广活动，该计划还设计了 "家长沙龙" 和 "家长课堂"，强化家长 "教育引领者" 和 "阅读参与者" 的双重身份。"家长沙龙" 由馆员根据每期拟定的主题在 QQ 群、微信群分享阅读经验，家长们可以自由发表观点、交流心得。"家长课堂" 邀请苏州市儿童教育专家组成宣讲团，定期授课，推出了婴幼儿保育、亲子阅读技巧、儿童心理评估等特色课程，为家长提供科学有效的指导思路。"悦读宝贝计划" 以提升家长综合素养为依托，目的是给予婴幼儿一个健康稳定的成长教育环境。

2. 湖北省图书馆 "成长导师" 项目。该项目系湖北省图书馆搭建的 "导师资源库+指导对象库" 双向联系平台，"成长导师团" 由来自不同领域的专家组成，定期举办针对指导对象需求的沙龙分享会和现场咨询会。沙龙分享会通过不同的主题讲座，为家庭教育搭建起正确的三观指引，如《爱的教育》揭示了 "成才" 比 "成材" 更重要，《国学与家教》传播了家教智慧的国学渊源，《阅读与精神成长》解读了阅读的自我疗愈功能。现场咨询会通过生动的案例剖析和互动交流，启发家长就亲子关系培育、学习指导、个性塑造、习惯养成等教育问题展开更深入的思考。以培育高尚的人文素养、人生情怀为目标，"成长导师"的双向连接性，最大限度拉近了家长和家庭教育专家——"成长导师"之间的距离，为家长创造了充足的成长空间。

四、公共图书馆提升家长亲子阅读素养的优化路径

（一）推进文献开发利用，制作指导书目清单

丰富的文献资源，让公共图书馆具备了"智库"属性。馆员在开展提升家长亲子阅读素养的活动或方案设计时，深挖文献资源，强化对本馆文献资源的研究、开发和利用，可以产生充分的养料。根据本馆文献资源的组织和建设情况，公共图书馆可以开展针对家长目标群体的"荐书"活动，通过线上、线下双轨运行，依据不同层次的家长文化素养和不同年龄段青少年的身心发育特点进行分类分级，发布助力亲子阅读、家庭教育和家风建设的指导书目清单。

（二）强化阅读技能供给，组织亲子阅读比赛

家长的亲子阅读素养，回归到技能层面，其实就是听、说、读、写的掌握运用能力。公共图书馆可以定期开展家长培训，以专家讲座为主，辅以馆员答疑、案例分享等形式，教会家长正确理解阅读文本的中心思想和逻辑架构，强化对作品本身的鉴赏能力，提升家长的朗读、领读、诵读水平。培训过后，公共图书馆还可以组织亲子阅读比赛，鼓励各个家庭积极参赛、展示风采，并将优秀获奖作品通过视频展播的方式在本馆微信、抖音、微博等新媒体平台上进行宣传。

（三）激发家长投入热情，构建反馈评价机制

家长投入参与的稳定程度，直接影响着亲子阅读的效果。公共图书馆是一个广阔的文化空间，各级公共图书馆定期都会举办文化活动，以讲座、展览、读书沙龙、文献推荐、互动体验等多种形式弘扬优秀文化、传播先进知识。公共图书馆应主动邀请家长到馆参观学习，让家长充分感知图书馆的书香氛围，提升家长文化品位，增强家长投入亲子阅读的自觉性和主动性。公共图书馆还可以帮助制作可视化家庭阅读效果图，将阅读时间及地点，阅读文本主题，阅读数量，阅读后孩子的成长表现等要素进行量化评估，构建科学的评价机制，指导家长更好地实施亲子阅读计划。

参考文献

［1］宋欣．少年儿童图书馆亲子阅读服务研究［J］．图书馆学刊，2022（5）：6-11．

［2］田惠，冯莉．亲子共读的实践策略研究［J］．吉林省教育学院学报，2022（3）：81-84．

［3］李晨雨、李甦．亲子共读中的儿童行为研究述评［J］．中国特殊教育，2020（8）：67-74．

［4］中华人民共和国公共图书馆法［EB/OL］．中国人大网，2018-11-05．

［5］中华人民共和国未成年人保护法［EB/OL］．中国人大网，2020-10-17．

［6］中华人民共和国家庭教育促进法［EB/OL］．中国人大网，2021-10-23．

［7］文化和旅游部 国家发展改革委 财政部关于推动公共文化服务高质量发展的意见［EB/OL］．中国政府网，2021-03-08．

［8］全国家庭教育指导大纲（修订）［EB/OL］．中国关心下一代工作委员会，2019-05-14．

［9］中国图书馆学会关于印发《中国图书馆学会"十四五"发展规划纲要（2021—2025年）》的通知［EB/OL］．中国图书馆学会，2021-09-09．

［10］国际图联/联合国教科文组织公共图书馆宣言2022［J/OL］．《中国图书馆学报》编辑部，译．吴建中，校．《中国图书馆学报》编辑部网站，2022-12-12．

［11］Family Engagement［EB/OL］．Public Library Association，2016-08-02．

［12］Engaging Latinx Parents［EB/OL］．Public Library Association，2020-10-05．

［13］陈力勤．从"阅读起跑线"（Bookstart）到"悦读宝贝计划"——苏州图书馆特色婴幼儿阅读服务实证研究［J］．图书馆理论与实践，2018（5）：88-93．

［14］成长导师．湖北省图书馆"成长导师"平台［EB/OL］．成长导师公众号，2023-02-21．

国内三大中文报纸数据库的比较分析

石 星

（湖北省图书馆 430071）

摘 要：本文选取《人民日报》图文数据库，墨香华文数字报纸数据库，中国报纸资源全文数据库作为调查对象，分别从其收录报纸的覆盖率、界面的友好性、检索时的操作性和读者体验感等几个角度对三大中文报纸数据库进行比较和分析，为图书馆在数字资源的建设方面提供一定的参考。

关键词：人民日报图文数据库；墨香华文数字报纸数据库；中国报纸资源全文数据库

近年来，随着互联网的快速发展，数字资源的建设进入快速发展期，中文报纸数据库以中国报纸资源为主体，以其内容丰富、获取便捷等优势，极大地补充了图书馆报纸资源的建设，受到了读者喜爱和图书馆工作人员的好评。笔者选取了 31 个省级图书馆最常用的三大中文报纸数据库——人民日报图文数据库、墨香华文数字报纸数据库、中国报纸资源全文数据库作为调查对象，分别从其收录报纸的覆盖率、界面的友好性、检索时的操作性和读者体验感等几个角度进行比较和分析，以期从整体的角度反映中文报纸数据库的现状，为图书馆在数字资源的建设方面提供一定的参考。

一、三大报纸库覆盖率

报纸数据库的覆盖率是评判一个报纸数据库建设成功与否的首要因素，数据库收录报纸的种类、年份、缺失情况等一直是报纸数据库建设的重点。人民日报图文数据库收录《人民日报》创刊至今全部图文信息，收录报纸 70 多年，所有版面齐全。墨香华文数字报纸数据库包含 1500 余份报纸，1.4 亿多篇文章，完整覆盖中央及省级主流媒体，除《人民日报》《光明日报》等少数报纸可回溯至 20 世纪，其他报纸收录近 10 年或近 5 年，存在日期收录不全的情况。中国报纸资源全文数据库目前已获得报纸授权近 500 种，每月新上架 25~30 种，每年新增报纸超过 300 种，覆盖了 60% 以上的报业集团报纸，其收录报纸的年限基本为近 10~15 年，收录日期基本齐全。

三大报纸库覆盖率存在着明显的差异，其原因应是数据库建设的框架不同：人民日报图文数据库属于自建库，是人民数据—党刊党报的子数据库，是人民网依托《人民日报》，与全国人大、中央党校、中央党史和文献研究室及中央各部委紧密合作，整合信息、资料综合而成的，《人民日报》的全部图文信息得以完整的数字化。墨香华文数字报纸数据库是专业数字报纸汇聚检索阅览服务平台，是各个报社的数字报纸的汇总，例如《光明日报》的数字版是光明数字报，可追溯到 20 世纪 80 年代，《北京晚报》是北京日报出版社提供的数字报，只有近两年的数字版，原报社或出版社报纸的数字化建设直接影响着墨香华文数字报纸数据库的覆盖率。中国报纸资源全文数据库是北京方正阿帕比技术有限公司联合全国各大报社开发的报纸全文数据库，属于联合开发的数据库，报纸的数据需要取得各报社的授权，报纸库的覆盖率取决于技术公司和报社的合作进展情况。

二、三大报纸库的界面建设

（一）首页界面

数据库的首页界面是数据库的汇总和索引，报纸数据库的首页应包含报纸导航和检索栏。人民日报图文数据库首页分为左上、左下、右上、右下四个部分：左上为一般检索栏和今日报纸要闻；左下为今日导读；右上为缩小版的《人民日报》今日头版；右下为高级检索栏。墨香华文数字报纸数据库首页分为左右两个部分：左侧为本地生活、本地城事、党报头条、选择报纸；右侧是当天新闻媒体报道的简报内容和检索选项。中国报纸资源全文数据库首页分为上下两个部分：上端是中国地图和报纸点击排行榜，点击中国地图上的各个省份可进入各个省份的报纸收录情况表；下端依次为图片新闻、所在城市头版头条、专题专栏、时政要闻、财经、文化娱乐、体育、房产、旅游、教育、军事、阅读等十二栏摘要。

从报纸库的首页界面来看，三大报纸库各具特色，人民日报图文数据库可直接翻阅《人民日报》数字版，简易方便；墨香华文数字报纸数据库汇聚了本地新闻、少儿新闻、党报头条等 72 条当日新闻简报，方便用户第一时间了解今日头条内容；中国报纸资源全文数据库将报纸导航汇聚在一张中国地图上，富有创新性。三大数据库首页界面的建设是三种不同的风格，用户的感知有明显的不同。略显遗憾的是每个报纸库首页都有一些小瑕疵，人民日报图文数据库的今日要闻和今日导读内容有重复；墨香华文报纸在选择所需报纸时需点击"选择报纸"这一栏跳转全国地区报刊界面，再点击省份，选择报纸，行为逻辑略显冗余；中国报纸资源全文数据库首页右上侧的报纸点击排行榜可有可无。整体来说，报纸库首页界面应以用户能在第一时间内找到所需报纸为主，报纸导航应清晰有序，无关或重复内容应当减少。

（二）报纸浏览、下载界面

人民日报图文数据库的报纸浏览界面附有往期、上一期、下一期、版次、上一版、下一版、原版图等选项，每一篇文章可选定图文内容后放大进行局部阅读，也可点击原版图进行整版阅读，每个版面的报纸提供 PDF 格式的下载，清晰度较为一般。墨香华文数字报纸数据库的报纸浏览界面是直接跳转到报纸的数字版，每种报纸的数字版浏览界面均不相同，有的报纸可整体阅读，有的报纸提供图文信息，有的只提供文字内容，有的提供 PDF 下载，其清晰度各异，有的则没有下载选项。中国报纸资源全文数据库的所有报纸浏览界面均一致，左侧为报纸缩小图，右侧为版面导航和版面标题，用户点击版面内容后进入二级界面，在二级界面中提供内容放大后的局部阅读，若要进行整版阅读和下载，需下载 Apabi Reader 软件，下载的报纸版面清晰度很好。

报纸浏览界面应更简单明了，充分考虑用户的翻阅习惯和操作逻辑。人民日报图文数据库浏览逻辑简单，点击上一版下一版便可翻页，有如翻阅纸质报纸，墨香华文数字报纸和中国报纸资源全文数据库浏览点击内容后跳入二级界面，多操作一步。中国报纸资源全文数据库虽然提供原版阅读和下载选项，但选项图标非常细小，极易被忽略。

三、三大报纸库的检索情况

报纸库检索系统的设计和检索结果的输出是数据库能否发挥其价值的重要环节，好的检索系统和有序的检索结果的输出能让用户事半功倍，提高检索信息的效率。人民日报图文数据库提供一般检索和高级检索，一般检索的选项包括标题检索、正文检索、标题+正文检索，高级检索的选项包括日期选择、报纸版次、报纸版名、文章作者、文章标题、文章正文，结果设置可选择日期倒排序和正排序，检索结果提供日期、版面、标题、摘要、本版浏览。墨香华文数字报纸数据库的检索选项有关键词检索、包含任意关键词检索、不包含关键词检索，其他检索选项有时间范围选项、报纸或网站或微博或微信或不限、有图或无图或不限、全文或标题、精准检索或模糊检索、正面或负面检索，检索结果提供来源、发布日期、标题、摘要、本版浏览。中国报纸资源全文数据库的检索分为新闻检索、报纸名称检索、新闻图片检索，检索选项有标题、内容、作者、出处、出版日期、出版时间排序，检索结果提供报纸名称、日期、版面、标题、摘要、本版浏览。

从检索选项来看，三大报纸数据库从文章的标题、正文的内容、作者、出版的时间等提供检索入口，均能较好地满足用户查找报纸的需求。三大报纸数据库从用户的角度出发，提供了各具特色的检索选项，人民日报数据库精确到了报纸版次，墨香华文数字报纸数据库提供了报纸外的网站、微博、微信等新媒体检索，中国报纸资源全文数据库提供了新闻图片的检索，相较以往的报纸库进行了创新和突破。

从支持逻辑符来看，人民日报图文数据库提供日期、报纸版次、报纸版名、文章作者、文章标题、文章正文的"and"检索；墨香华文数字报纸数据库提供"not"关键词检索；中国报纸资源全文数据库的标题、内容、作者、出处支持"and""or"检索。但是没有一个数据库同时提供"and""or""not"检索。

从检索结果的排序来看，人民日报图文数据库和中国报纸资源全文数据库可按日期正序、倒序和相关性排序，墨香华文数字报纸则无法按时间排序。从检索结果的数量选择来看人民日报图文数据库可供用户选择一页 10 条、20 条、50 条结果，墨香华文数字报纸只能一页固定显示 20 条结果，中国报纸资源全文数据库则只能一页固定显示 10 条结果。遗憾的是三大报纸库的检索结果均未像部分期刊数据库一样能提供文献全部或部分导出选择，还是只能回到原版报纸中，一篇篇下载，用户在处理检索结果时比较麻烦。

四、结语

比较这三大报纸数据库，分析其覆盖情况和界面建设与检索情况等，可以看到报纸数据库的建设在近年来已经取得了一定程度的成绩，但是还存在着一些明显的不足，比如报纸收录的完整性仍亟须完善，PDF 打印版的清晰度也有待提升。

报纸数据库下一步的发展仍然要把用户的体验感放在首位，降低用户使用门槛，提升用户获取报纸数据的效率：在数据库首页中应简洁明了地提供报纸导航；在检索过程尽可能地为用户提供检索帮助；在用户浏览新闻时进行同类消息推送，主动帮助读者收集归纳同类新闻；在检索结果的呈现上更人性化等。

当下数字资源建设已经进入快车道，移动端数据库的建设如火如荼，报纸数据库也可在 PC 端的基础上覆盖移动端，同时加大宣传力度和范围，让更多用户知晓、熟悉、灵活地使用报纸数据库，便捷地获取报纸数据。

参考文献

[1] 王文娴. 公共图书馆数字资源智慧化建设研究 [J]. 河南图书馆学刊，2023，43（7）：42-44.

[2] 杨光. 公共图书馆报纸阅览室服务模式与问题探讨——以南京图书馆为例 [J]. 江苏科技信息，2021（23）：30-34.

[3] 周懿琼，蔚雷. 副省级公共图书馆数字资源建设情况调研分析 [J]. 数字图书馆论坛，2022（11）：60-66.

[4] 吴赢雨. 新媒体语境下的近代数字资源推广方式初探——以上海图书馆《全国报刊索引》微信公众号运营为例 [J]. 新闻研究导刊，2019（6）：237-238.

浅议新时代"双高"背景下高职院校图书馆管理机制变革的方法与路径

魏 翔

（湖北艺术职业学院 430072）

摘 要：国家"双高计划"实施以来，优质高职院校的建设成为教育界热点话题。本文主要通过介绍分析"双高"背景下高职院校图书馆的建设和发展，系统阐述通过图书馆软件硬件设施的建设，助力各优质高职院校教育教学工作取得高质量发展。

关键词："双高计划"；高职院校；图书馆管理机制

中国特色高水平高职学校和专业建设计划（以下简称"双高计划"）实施以来，要求各高职院校通过卓有成效的工作方式方法开展硬件设施建设和教育教学活动，确保扶持培育一批优质高职学校和专业群率先发展，希望通过改革创新和先行先试举措，引领我国职业教育实现高质量发展，全面服务国家战略需求，积极促进产业升级，达到国际先进水平。

通过对"双高计划"的解读我们知道，随着时代的发展，在党和国家的重视下，高职院校已经成为我国培养社会高端技能人才的主阵地，其主要职责就是为我国各地生产线条、建设公司以及企业管理输送人才。而高职院校想要培养出大量契合时代需求的技术人才，除了要按照教育教学计划开展相关育人工作之外，还要积极借助图书馆这个重要场所，全面发挥图书馆育人阵地作用，通过对图书馆合理科学的建设和设计，将图书馆打造成学校师生开展科学研究的学术机构，充分发挥图书馆的育人作用。能为学生的社会实践和学习生活带来极大的辅助作用。高职院校图书馆的作用和意义主要体现在其利用率上，图书馆的利用率主要是指学生读者对其馆藏资源的利用程度，如果通过数据来体现，则主要指在某一个集中的时间段内，图书馆中的各类文献被使用和借阅的次数和频次。可以说，高职院校图书馆各类图书的利用率很大程度决定高职院校办学水平的高低。

笔者认为，各高职院校图书馆的文脉和其校园文化是一脉相通的，在全国各地高职院校图书馆中珍藏了不少鲜活的思想智慧和文化底蕴，这些对各高职院校教师和学生来说，都是极其珍贵的知识资源。该怎样重新激发高职院校图书馆的活力，让图书馆的作用和意义既能契合"双高背景"的需求，又能符合现代学生的学习需要，成为优质高职院校的工作重点。

一、高职图书馆面临的新挑战

在"双高计划"背景下，给各地优质高职院校图书馆建设带来不小的挑战。面对日新月异的科技发展与瞬息万变的时代要求，面对教师和学生越来越多的阅读和学习需求，各地优质高职院校应该从以下几个方面进行图书馆建设准备。

（一）延伸服务要求

随着时代的发展以及党和国家对职业教育的高度重视，职业教育已经成为越来越多家长和学生的重点选择方向。在职业教育就是终身教育理念的驱动下，我们整个社会的劳动分工正在发生着翻天覆地的变化。而传统的"前端教育"模式已经无法适应当今社会许多领域职业技能以及就业结构的变化需求。所以，全力培养兼具适应不同领域产业转型升级的高水平创新人才和高素质劳动者迫在眉睫。基于此，全面延伸知识服务就成为高职图书馆一项工作重点，在全面延伸知识服务的前提下，高职院校的学生的职业能力才能实现可持续发展。

（二）创新服务方式

随着高职院校面对社会大范围招生，其生源的入学年龄跨度较大，且教育成长背景和经历也相对比较复杂，这都要求高职院校有必要适当改变调整教学管理模式，学校图书馆也要通过调研走访，了解契合学生需要的全新服务方式，确保能满足不同类型学生的学习需求。

（三）调整服务内容

"双高计划"明确指出，要聚合各方力量建设 50 所左右高水平高职学校和 150 个左右高水平专业群。所谓的高水平专业群，主要是指要根据我国不同产业链的人才需求，对相关专业人才进行组建整合，形成系统化、专业化的高端技术型人才阵营。在这些前提和计划下，高职院校图书馆的大部分资源和服务内容必然面临着调整重组，既要做到根据《中国图书馆分类法》的图书分类来为学生提供相关学习资源，也要按照高水平、专业化的方向进行建设规划，朝着既定目标前进。

二、高职图书馆发展过程中亟须解决的问题

数据显示，全国各地的高职院校图书馆，由于在资金、设备上投入的力度不同而存在着较大的区域性差距。主要体现在以下方面：

（一）要全面提升管理理念

通过分析，高职院校图书馆虽然作为高职院校的其中一个重要组成部分，在日常生活中其环境氛围是相对独立的。但由于图书馆是关联着学校师生与外界联系的重要载体，所以高职图书馆和外部社会环境之间存在着许多互动互联关系，高职院校图书馆存在着很多社会性，是学生了解外部社会的重要载体。在多方努力下，高职图书馆也慢慢意识到社会职能正在发生着巨大的变化，也明确了自身管理理念应该实现从以物为本的管理到以人为本的管理的转变，这就要求高职院校图书馆要认清实际工作要求，不断提升管理理念。

（二）要全面优化人才队伍

近几年，在社会各界的高度关心和支持下，可以说，高等职业教育的发展达到了前所未有的历史高度，高职院校在师资力量和硬件设施方面的投入力度正在全力匹配教育要求，但相关有效数据显示，高职院校图书馆的发展特别是人才队伍结构还存在以下问题：一是大部分图书馆馆长职位的专业化弱化，有90%以上的馆长其实不具备图书馆学专业知识和背景；二是随着图书馆馆舍面积、借阅人数和文献总量的不断攀升，要求图书馆在人员管理上必须投入更多的人力物力，但现实情况则是大部分图书馆在编工作人员的人数并没有进一步优化。为进一步契合新时代职业教育关于形成技术专业群和产业创新人才的需求，高职院校图书馆要进一步优化人才队伍建设，优化内部队伍结构。

三、在"双高"背景下图书馆发展建设的意见建议

笔者认为，在"双高"背景下，高职院校图书馆建设可以从馆藏资源、特色专业服务和现代技术引进等方面来开展工作。

（一）优化信息资源结构，丰富馆藏数量

近年来，随着媒介和技术的发展，网络环境下工作与学习方式都发生了变化，图书馆用户对数字资源的需求越来越大，这是一个普遍的趋势，而传统的高职院校图书馆服务模式很难提供有力的支持。当前高职院校图书馆的数字资

源以电子图书和各种类型的全文数据库为主。全文数据库主要以包库服务为主，相对简单；而电子图书则存在采选平台选择、纸电同步、电子书定价、长期保存等问题。

1. 要做到纸质图书与数字资源协调发展。经过对相关政策法规的查阅，我们发现在符合办学条件的各类学校中，生均图书可包括数字资源。在此政策指导下，高职院校应以图书资源总量为基础，优化职业教育布局结构，全面提高办学质量，提升办学形象，确保达到国家要求的办学条件。因为电子图书具有资源丰富、不占用实体馆藏空间、成本低、共享性好、后疫情时代无接触采购的便利、馆藏建设速度快等优势，纸电协同采购成为高职图书馆馆藏资源建设的主要采购方式，电子图书成为强劲的馆藏增长点。

2. 纸电一体化行业要健康发展。馆配数字化行业的健康发展要兼顾图书馆、出版机构、馆配商三方利益，推进纸电同步，从而构建从图书馆到馆配商再到出版机构三方联动且互助共赢的经营模式。除此之外，高职院校图书馆还要结合实际，科学制定馆配评价标准，组织招投标，并做好图书加工全过程的质量监督工作。营造和谐互信氛围，结合市场经济发展的特点和模式，不断将矛盾关系和谐转化为互惠合作关系，形成良好生态，促进纸电一体化行业健康向好发展。

3. 馆藏数量、质量要齐发展。当前部分高职图书馆的现实基础薄弱，馆藏数量不足，而评建任务（双高校、职教本科创建等）压力大，导致资源建设容易进入追求馆藏数量而忽视质量的误区。所以在馆藏数量方面，应立足当下，全力以赴解决高职院校图书馆馆藏底子薄的问题，高职院校要在馆藏查重和审查图书质量的基础上，通过一次性大量采购历年纸质图书和电子图书，完成馆藏量"原始积累"，解决部分历史欠账，同时要通过精准采购，筛选符合馆藏特色的重点出版社图书品种，以较低的价格买到合适的图书，节省部分预算。在馆藏质量方面，应着眼长远，推进纸电融合。出版机构需要构建健全的版权理念，合理制定纸电同步的出版战略，彰显出数字图书的特色。

4. 要合理选择馆配平台。电子书元年以来，馆配电子书平台不断发展，形成了以出版机构自身的平台（文泉学堂、科学文库、外研社等）、资源商的平台（超星、中文在线、田田网、畅想之星等）为代表的一系列平台。为实现各平台间的互联互通，高职院校图书馆可采用"1+1平台"的模式来实现信息共享。一类是数量平台，以远程访问为主，本地镜像为辅，其中镜像建立主要是因为拥有数字资源的产权的电子图书才能折合计入图书资源总量。另一类是正确选择优质第三方综合电子书平台，使之同时兼容各家平台，确保综合电子书平台能符合标准要求，成功避免图书馆必须与多家平台合作才能满足工作需求的现状，也能避免馆配商平台重复建设信息资源。如北京人天书店集团开发的"畅想之星"电子书平台，它是目前市场上较有代表性的电子书集成商和电子书馆配平台，注重"纸电同步""纸电融合"方面功能的开发，可便捷采购各个出版社的最新电子书，帮助解决高职院校图书馆传统电子书资源格式单一、不能全文检索、无法多终端阅读、管理和统计不完善等问题。

5. 要打造特色馆藏资源。为满足读者对数字资源不断增长的需求，高职院校应积极寻求服务转型，充分考虑到学科专业属性、发展战略等现实条件，提高对数字资源建设的重视程度，优化馆藏资源结构，实现图书馆纸电同步建设。为建设高水平高职学校和高水平专业群，培养出更多的专业技术人才，高职图书馆应在收集、整理优势专业有关的馆藏资源基础上，综合第三方电子书平台可以开设自建特色资源库功能，不仅收录电子图书，也可以加入教学实践中所获得的各类实习视频、企业信息等资源，解决不同的数字资源归类问题，让高职馆可以快速建立起贴合专业特色的电子资源馆藏平台，服务教学科研。

（二）嵌入"特色专业"服务，提升文化自信

随着时代的发展，高职院校图书馆社会化专业化的发展渐趋明显，图书馆的应用领域正在不断拓展和延伸。

1. 高职院校图书馆专业化的初衷是促进学生在毕业后参加各领域工作更加专业，更具备丰富的理论知识储备。一般而言，图书馆的文献资源尤其是数字资源是商业机构建设的，图书馆的信息系统是软件公司开发的，图书馆的硬件设备是专业公司生产的，尤其是在现代数字社会，图书馆的信息化、数字化、智慧化，都高度依赖技术的进步。为全面落实"双高"计划，高职院校图书馆要善于利用这些专业的资源、设备和技术，以体现出管理和服务的专业性，这对于扩展图书馆研究的视角和维度、扩大学生的就业领域，乃至促进高职院校图书馆事业的发展都具有重要的意义。

2. 对高职院校学生而言，图书馆的本质属性不是机构，不是场所，也不是文献集合，而是"一个保障信息查询暨获取的功能体"。当前国内外都有不少高等院校出现图书馆与其他相关机构如信息技术中心、档案馆合并，然后发展出新的图书馆形态的现象，如理海大学图书馆与其他相关部门合并后（Library & Technology Services，简称LTS）延伸了图书馆的服务，丰富了图书馆的内涵，诠释了现代新型图书馆形态的意义。现代化新型图书馆主要通过建立充满地区和学校特色的"专业群"，并通过"专业群"来引导学生和读者进一步就相关领

域知识进行探讨和分析，助力学生在某些专业领域取得长足发展，服务学生在毕业后的就业发展。

（三）塑造品牌形象，增强艺术魅力

面对网络资源冲击、学生读者需求的变化，高职院校图书馆必须转型、突破陈旧服务模式、寻求创新，从而应对不断变化的环境。在"双高"计划的驱动下，高职院校图书馆应该尝试塑造自身品牌形象，不断增强艺术魅力，成为高职院校一张行走的活名片。

1. 深入品牌理论研究，加强理论创新。结合时代的发展，高职院校不同学科之间的共同发展和交叉融合已经成为一种未来发展趋势，想要构建充满地区和院校特色的图书馆品牌，就应该深入结合院校的办学特色、文化底蕴以及师生的实际需求，寻找契合市场营销推广的新的生长点，构建出一套系统权威的图书馆品牌理论体系。

2. 品牌内容权威化，吸引读者共创品牌。作为院校文献信息最集中的资源中心，高职院校的图书馆品牌要从科学筛选品牌内容、挖掘权威信息资源等方面出发，有步骤有策略地进行推广。在通过有效途径打造自身权威品牌内容的同时，还应该通过系列卓有成效的措施，引导全体师生积极参与到院校图书馆品牌创建的工作中，营造浓厚的共创氛围，唤醒学生读者的积极性和主动性，使他们由信息的消费者慢慢朝信息生产者和传播者转换。

3. 拓展品牌营销策略，扩大品牌影响力。随着高新技术的发展日新月异，各式各样的网络社交媒体不断涌现出来，微信公众号的营销已经成为国内大部分高职院校营销打造品牌效应的主要阵地和依托，而较为传统的微博、官网等营销方式渐渐被弱化和淘汰，采取线下海报和宣传栏等传统方式作为营销途径也不契合时代发展要求。基于以上种种原因，高职院校图书馆应该唤醒警觉性，进一步寻找拓展品牌效应的新方法。高职院校图书馆可以通过组织建设品牌运营团队、邀请专家举办专题讲座和学术交流活动等形式，专注院校图书馆品牌的建设、升级、营销，减少由于疏于管理而出现的品牌弱化、老化等情况。

（四）引进 VR 技术，实现高科技阅读模式

在全球信息资源数字化、网络化的 21 世纪，VR 图书馆为广大读者提供了更大范围更方便的信息获取手段，为高职院校图书馆信息资源共享提供了新途径。

1. 结合当地文化特色，个性化定制 VR 资源软件。高职院校图书馆 VR 资源库可结合当地文化特色，根据学生的学习需求进行个性化定制。从技术层面来看，大部分学生期望图书馆提供的多场景 VR 服务以及 VR 资源软件是便捷的、多元的，所以根据学生要求打造充满地方文化特色的软件服务是非常必要的。

2. 多元化 VR 阅读，畅享优质体验。高职院校图书馆可以利用高科技 VR 技术与传统阅读结合助力阅读信息化建设，利用高科技手段助力优质文化传播，传播正能量与传统文化，并以此来吸引学生的阅读兴趣。高职院校图书馆要可以探索交互 VR 阅读模式，不断丰富图书馆的资源库，从实现学生读者与虚拟环境的高效交互方面来着手，积极营造虚构世界场景，使读者产生临场感，从而推动文字、图像等资源的三维转化，成果实现"人"和"物"的交互交替。

四、结语

在信息技术不断发展的今天，在"双高"计划的政策背景下，高职院校图书馆的建设已成为各优质高职院校的研究课题和工作重点，想要做好各方面工作，并确保图书馆的建设能够契合学生学习需求，就需要从各高职院校实际情况出发，做好数字化信息化图书馆的建设与改革工作，真正发挥数字化信息化图书馆的协同创新价值。

参考文献

[1] 韩红蕾. 高职院校图书馆信息素养教育的提升路径——基于对"双高计划"建设 10 所 A 档高职院校的调研 [J]. 新疆职业大学学报，2023（2）：12-17.

[2] 李景成. "双高计划"背景下高职院校图书馆文献资源建设研究 [J]. 图书馆工作与研究，2023（1）：76-81，90.

[3] 朱兼白，刘利芳，沈国强. "双高计划"背景下高职院校图书馆发展模式的创新——以"童书馆"建设为例 [J]. 办公室业务，2022（22）：108-110.

[4] 曹国凤. "双高计划"背景下高职院校图书馆转型发展策略 [J]. 大学图书情报学刊，2022（5）：78-81，125.

[5] 王君兰，李世刚，刘小红. "双高计划"建设背景下高职院校图书馆学科馆员制度建设 [J]. 重庆电力高等专科学校学报，2020（5）：50-52.

[6] 李改良. 高职院校图书馆微信公众平台思想政治教育实证研究——以"双高计划"建设 10 所 A 档高职院校为例 [J]. 图书馆工作与研究，2021（11）：63-68.

[7] 李勇. "双高计划"背景下高职院校图书馆服务能力建设探析——以

长沙航空职业技术学院图书馆为例［J］.图书馆工作与研究，2021（S1）：35-40.

　　［8］孟庆兰."双高计划"背景下高职院校图书馆学科服务研究［J］.时代报告（奔流），2021（7）：127-128.

　　［9］瞿沙蔓."双高计划"背景下高职院校图书馆的转型［J］.湖南教育（C 版），2021（6）：58-60.

　　［10］季学芳，袁西鹏，王炜."双高计划"建设背景下高职院校图书馆文献资源建设探讨——以 AS 职业技术学院图书馆为例［J］.安徽商贸职业技术学院学报（社会科学版），2021（1）：62-66.

浅谈基层图书馆开展青少年红色
文化阅读推广服务
——以孝感市图书馆为例

杨 帆

（孝感市图书馆　430022）

摘　要： 红色文化阅读推广工作是全民阅读的重要组成部分，彰显基层图书馆在文化建设中发挥的重要作用。本文以红色文化定义、红色经典阅读、推广举措以及存在的问题等方面介绍孝感市图书馆以青少年群体为研究对象，探索基层图书馆在红色文化阅读推广的方式方法。

关键词： 基层图书馆；红色文化；青少年；阅读推广

红色文化阅读推广是对读者群体开展党史学习教育的重要方式，多年以来学校和社会对青少年读者红色文化阅读越来越重视。基层图书馆以青少年读者为重点关注对象，通过形式多样的阅读推广活动，帮助青少年熟悉红色文化特征和环境，引导他们形成正确的与时俱进的爱国主义观念。

一、红色文化阅读推广

（一）红色文化定义

红色文化是中国共产党领导人民在革命、建设、改革进程中创造的，以马克思主义中国化为核心的先进文化。红色文化作为革命文化的重要组成部分，是基层图书馆重要的推广内容。习近平总书记曾强调要用好红色资源、讲好红色故事、搞好红色教育、传承红色基因。只有切实传承与弘扬凝结着无数革命先烈鲜血和生命的红色文化，增强人民群众的民族自豪感与文化自信，才能稳步推进中国特色社会主义文化事业。

（二）图书馆推广红色文化阅读的意义

革命战争时期孝感分属鄂豫皖和湘鄂两大革命根据地，是红二方面军和红二军团进行重大军事行动的地区，党在孝感辖区范围内领导人民进行革命斗争和社会建设实践中留下了丰富的红色资源。孝感大悟县被誉为将军县，走出过37名开国将军，他们的成长经历、英雄事迹和大无畏的勇气，是我们这块土地宝贵的文化财富。我们有责任采取多种方式向青少年读者介绍这些优秀红色文化素材，提升他们阅读红色文化的能力，使之成为自觉的、热忱的终身红色文化阅读者。

二、基层图书馆红色文化资源阅读推广的实践

（一）基层图书馆在红色文献资源阅读推广

首先，增加红色图书的馆藏量，多年来孝感市图书馆联合社会各界力量，通过专向搜寻、接受捐赠等多种途径，搜集了包括从建党到新中国成立期间，中国共产党机关或各根据地所出版发行的各种文献资料，以及党和国家领导人、军队将领等人的著作千余册。在丰富馆藏资源的同时，也为阅读推广工作提供了多元红色文化元素。其次，在馆内建立党史学习以及二十大专题专架和红色图书角让读者尽快找到所需的文献资料。

（二）基层图书馆通过新媒体推广红色文化资源

伴随着互联网的快速发展，基层图书馆红色文化阅读推广也要紧跟时代步伐。孝感市图书馆利用青少年喜闻乐见的载体，不断扩大红色文化的覆盖范围。截至2023年7月底，关注孝感市图书馆微信公众号的读者有43287人，抖音号1876人，视频号1202人。我们将充分利用这一新媒体推广红色文化资源，将虚拟现实技术，互动投屏等高科技手段应用于红色文化的阅读推广，利用新媒体推送红色文化资源，提高青少年的兴趣和参与度，提升红色文化资源的附加值，从而进一步提高基层图书馆红色文化阅读推广水平。

（三）图书馆开展阅读红色经典阅读推荐，让更多的青少年参与其中

诞生于我国20世纪20年代的红色经典，承载着中华民族独特的革命历史记忆和情感。图书馆一贯重视红色经典对于青少年的教育，定期在图书馆大厅和网站上推荐红色经典文学作品和最新出版的主题教育图书。依托丰富的馆藏资源，搭建起红色经典与教育相通的桥梁，让红色经典渗入课堂，真正回到学生身边，为培养青少年的高尚品格、健全人格和审美素养发挥独特的作用。通过不断更新和推荐红色经典书籍，鼓励读者阅读红色经典，帮助其养成阅读红色经典的好习惯。

（四）图书馆为青少年开办红色文化课程和讲座

长期以来孝感市图书馆针对青少年开发多种文化课程，让红色文化融入日常学科中。红色文化中有许多可作为语文课程学习题材的文章如《红岩》《创业史》《青春之歌》，有与历史课程相关的红色文化遗产，有与音乐课程相关的红色音乐素材如《歌唱祖国》《没有共产党就没有新中国》等。除此以外图书馆的澴川文化讲堂不定期邀请专家、学者、名师来馆内开展红色经典阅读的专题讲座。图书馆将利用好这个展示窗口，引导青少年形成正确的政治认识，强化民族文化认同。

（五）联合中小学校和社区举办弘扬红色文化为主题的讲故事比赛

图书馆一楼少儿活动室设立孝感市新时代文明实践道德馆，联合多所中小学校定期举办"讲好红色故事，传承优秀文化"红色经典故事演讲比赛。小选手用声音传递情感、缅怀先烈，讲述了一个个感人至深的红色经典故事，包括大家所熟知的《抗日英雄赵一曼》《半条被子》《战斗英雄黄继光》《抗日小英雄王二小》《朱德的扁担》《生的伟大死的光荣》等经典内容。举办红色故事演讲比赛，让同学们在讲故事、听故事的过程中进一步了解了党的光辉历史和先辈的革命事迹，有助于青少年铭记历史、缅怀先烈，同时也锻炼了他们的口头表达能力和舞台展现能力。

（六）流动图书车作为宣扬红色文化的载体进学校

流动图书车进校园自 2015 年起至今已开展多年，覆盖城区数个学校，是学校图书室和班级图书角的有益补充。流动车内长期摆放四百册红色文化书籍，六百册文学、历史、科普类书籍，每次都精心挑选并且定期更换。特别是刚入校的新生，工作人员都会向学生介绍流动图书车的服务内容，耐心地解答借阅证办理手续、使用范围及图书借阅期限等问题。学生可以凭借阅证，实现图书馆与流动图书车的图书通借通还。流动图书车进校园这种"馆校结合"新模式，拉近图书馆与学生的距离，通过增加流动图书车服务点，让书籍"流动"起来，让书香"流动"起来，为社会传递正能量，让更多的青少年从阅读中受益。

三、基层图书馆红色文化阅读推广存在的问题和提升途径

（一）馆藏资源建设不足

随着时代的进步，读者对红色文化资源的需求不断增加。以孝感市图书馆为例,首先是读者对本馆红色纸质文献借阅需求较大,藏书往往不能满足其需求;其次是红色文化数据库在数量和质量上占数字资源的比例较低,表现为红色文化专题数据较少、主题缺乏鲜明特色。这就要求我们不断地提升与发展具有地方特色的文献资源,不断增加馆藏数量和提升品质。现在基层图书馆普遍存在购书经费不足的问题,所以要在原有经费的基础上积极争取上级资金和政策扶持来增加采购,同时图书馆也可向当地档案馆、党史研究室等单位征集,并且鼓励以个人捐献、民间征集等方式搜集红色文化资源。

(二)图书馆员在红色文献的利用和开发上还有进一步提升的潜力

基层图书馆绝大多数馆员不是科班出身,图书馆专业知识和职业素养参差不齐,更缺乏复合型人才。图书馆作为搜集、整理、收藏信息资料的重要机构,要培养专人从多角度开展有地方特色的红色文化资料的整合、梳理,对革命老区红色文化进行二次文献研究,整理出版相关地方红色文化作品集,积极发表。在此基础上增加地方红色文化的专业参考咨询工作,为红色文化传承尽馆员自己的力量。

(三)基层图书馆红色文化的推广方式创新不足

红色文化推广只看到馆内的文献,举办读者活动和讲座等,方式单一陈旧,缺乏馆外互动合作模式。除图书馆自身资源外,还有一大批红色文物保护单位,如烈士陵园、中原突围纪念馆、部队军史馆等,孝感市图书馆今后会在横向上加强与这些单位的协作,利用这些红色资源,进一步发掘和利用红色文化独特的价值功能,加强红色文化研究的广度和深度。扩大图书馆红色文化宣传推广的社会影响力,提升公共文化服务效能。

作家钱理群先生说过"要用人类、民族文明中最美好的精神食粮来滋养我们的下一代,使他们成为一个健康,健全发展的人"。诞生于中国人民救亡图存、前赴后继的奋勇抗争年代的红色文化诠释了中国人为了信仰执着坚守和处于逆境依然无所畏惧的红色精神品格。孝感市图书馆有信心利用现有的馆藏体系,充分挖掘、整理孝感地区的红色文化资源中的"人、事、物、魂"等因素,突破红色文献阅读推广的界域,创新红色阅读推广方式。将传承和弘扬红色文化纳入青少年阅读推广范畴,提升青少年对中华优秀传统文化的认同感、归属感和他们的社会责任感。

参考文献

[1] 孙晓梅,刘晨.承红色文化 守初心情怀:陈仓区图书馆红色文献资源

整理与阅读推广服务创新 [J]. 当代图书馆, 2022 (1): 69-71.

[2] 魏雯. 面向未成年人的图书馆优秀传统文化阅读推广研究 [J]. 河南图书馆学刊, 2023 (5): 7-9.

[3] 贾旭楠. "文化基因"视角下图书馆红色文化阅读推广: 价值、模式与路径 [J]. 新世纪图书馆, 2023 (3): 5-11.

[4] 庾佩珍. 公共图书馆红色文化阅读推广 [J]. 中华医学图书情报杂志, 2022 (4): 76-80.

[5] 赵发珍. 面向红色文化资源的图书馆阅读推广: 价值、模式与路径 [J]. 图书馆学研究, 2021 (14): 87-94.

基层图书馆为乡村振兴战略提供服务助力

施 毅 涂 容

（大悟县图书馆　432800）

摘　要： 我国对广大乡村地区的持续发展振兴的核心战略部署，就是乡村振兴战略。乡村振兴战略是各地党政机关和政府部门日常工作的重要内容。2017年乡村振兴战略提出并实施以来，我国乡村经济迅猛发展，至2020年，众多地区已成功实现了"两不愁三保障"的脱贫目标。展望2035年，乡村振兴将进入关键阶段。在此过程中，公共图书馆作为农村基层文化设施，应积极发挥推动作用，以确保战略的持续推进。本文结合作者在县级图书馆多年的实践经验，从三个维度探讨了基层图书馆在乡村振兴战略中的作用、提升策略以及服务内容等议题。

关键词： 乡村振兴战略；县乡基层图书馆；服务助力

目前各地政府正积极探索乡村振兴的多种实施途径。基层图书馆不仅促进了居民文化素养和文化生活的丰富，也满足了社会发展需求。政府意识到基层图书馆在推动振兴中取得的成效，文化是对经济发展的反映，也对经济发展有正面影响。因此，文化在乡村振兴战略中扮演着不可或缺的角色。然而，战略推进中存在基层图书馆与农村建设发展的问题。解决这些问题，乡村图书馆才能在推动乡村振兴方面发挥应有的服务作用。

一、在乡村振兴战略背景下分析农村发展与乡村图书馆的现实状况

（一）过分强调经济发展而忽视文化建设在乡村地区是一个普遍问题

长期以来，乡镇政府和村民的重点往往集中在经济上，导致一些村庄从落后转变为先进。尽管政府工作报告和媒体报道了乡村的经济发展，但对文化建设的关注却相对不足。尽管我县级图书馆致力于乡村书屋建设和送书下乡活动，

但调查发现大多数书屋已成摆设，文化设施建设不足更无从谈起。村干部更看重经济增长。

（二）基层图书馆建设与乡村振兴的发展不同步

基层图书馆的建设旨在提高乡镇居民的文化素养，提供必要的文化读物和文献资料，方便查阅，支持美丽乡村建设。当前，基层图书馆普遍存在供需不平衡的问题，如藏书更新滞后、书籍内容陈旧、阅读方式单一，难以满足村民的阅读需求。同时，对基层图书馆的宣传不足，导致图书借阅率低，图书闲置，供大于求。基层图书馆在提升居民文化素养方面的作用未得到充分体现，无法有效支持乡村振兴战略。此外，乡镇图书馆缺乏专业图书管理人员。许多人认为，图书管理员可以直接处理书籍，而无须管理书籍。他们认为图书馆的主要任务是提高图书馆的利用率，而不是维护和保养。因此，图书管理员主要负责向读者发放新书，整理书籍，保证借阅流程和时间安排的准确性。然而，由于图书管理员的专业素质不高，在管理过程中缺乏对书籍的有效分类和整理，书籍乱放，影响图书的使用效率和借阅率。我国农村地区经济发展相对较慢，在农村地区阅读书籍是一项重要的文化活动。它不仅可以提高人们的文化素养和知识水平，还可以提高农村居民对社会经济发展的认识和理解。

二、在乡村振兴战略背景下，如何加强基层图书馆的助力作用

为了实现乡村振兴战略的目标，确保基层图书馆的有效支撑，政府必须发挥主导作用。政府需正确引导，让村民成为文化发展的新生力量。乡村振兴建设必须得到党和政府的领导，村两委和主要干部要起到承上启下的关键作用，严格执行党和政府的指导精神。

乡村振兴战略的实施要求地方政府加强对文化建设的重视，并提供必要的资金和资源支持。基层图书馆作为公共文化服务体系中的重要组成部分，应积极参与乡村振兴，并为乡村文化发展提供有力支持。为提高乡村居民的文化素养，县级图书馆应加强对乡村阅读群体的引导，帮助他们转变传统阅读习惯。同时，县级图书馆还可以通过举办读书活动、送书下乡等方式吸引村民参与阅读，激发村民对文化建设的兴趣和热情，进而提升居民对文化建设的参与度。县级图书馆应制定科学合理的借阅政策，让居民积极参与到乡村振兴中来。在管理模式方面，县级图书馆应完善管理机制，并制定科学合理的借阅政策。为了充分发挥基层图书馆的作用，还需制订相应的激励措施。此外，应考虑村民实际需求，提供针对性的资源配置方案。在服务模式方面，县级图书馆应积极开展文化活动和阅读推广活动，如举办专题讲座、读书会等，以增强村民的文化素养并提升其生活质量。此外，还可积极参与地方文化活动的组织策划，如节日庆典、文艺演出等。在阅读推广方面，县级图书馆可与当地村委会合作，定期为村民举办各类阅读活动。另外，图书馆还可以向村民提供有偿服务，以解决他们阅读需求不足的问题。政府需积极引导，让农村文化得到振兴。政府需充分认识到文化振兴的重要性和紧迫性，为乡村文化的振兴提供有力支持。为促进农村文化发展，县级图书馆应充分发挥其资源优势，做好当地的文化宣传和阅读推广工作。在图书馆日常运营过程中，县级图书馆应注重发挥自身优势，将其与当地的特色产业相结合，吸引更多的居民参与其中。

三、为助力乡村振兴战略，基层图书馆为此采取的方法和实施路径

世界图书馆学巨匠学者印度人阮冈纳赞1931年撰写了《图书馆学五定律》，其中的第一定律指明，书是为了用的。就是要打破传统保存图书习惯的限制，使图书藏以致用。新时代的我国图书馆员更不能墨守"你读书我借书"的传统理念，除了充分利用社会主义文化阵地资源，创新服务，吸引读者走进来，更要敢于创新服务理念，变被动为主动，让基层图书文化单位在乡村振兴服务中充分发挥作用以及价值。

（一）基层图书馆为乡村振兴战略发挥挖掘和培育智力支持作用

在我国的农村地区，由于干部年龄较大、学历普遍不高，他们的整体素质和能力尚待提高。这一现象在多个层面上得到了体现。2018年1月5日，国家新闻办公室就脱贫攻坚工作情况召开了新闻发布会，指出十八大以来，全国共有277.8万人被选派到贫困村开展帮扶工作。这一数据凸显出农村带头人在乡村振兴战略中的重要性。要实施乡村振兴战略，人才的重要性不言而喻。作为一线文化工作者，基层图书馆的工作人员扮演着至关重要的角色，如何为乡村振兴提供智力支持成为一个值得深入探讨和实践的课题。

首先，基层公共图书馆可以为打造文化产业项目提供智力支持。有句话说得好："民间多高手"。每个乡村都有其独特的文化和传承有待挖掘。图书馆应积极参与其中，深入田间地头，深入农家小院，搜寻那些具有地方特色的文化遗产。例如鄂北的手工技艺"面篓、麦秆剪贴"，以及"金岭、桃园"这样的传统村落等。通过调研和宣传，将这些优秀的乡土文化打造成农村的标志性元素，并协助当地居民开发这些资源，建立特色工作室。乡土的特色往往是最受群众欢迎的，也是最容易深入人心的。我们应该把保护和开发传统文化有机地

结合起来，使之融入当地的产业项目中，使乡土文化转变为文化旅游资源。这样不仅能增强农民的经济收入，还能增强凝聚力，净化民风。

其次，加强农村文化人才队伍建设，提供强有力的智力支持，是实现乡村振兴战略的关键所在。"授人以鱼，不如授人以渔"。我们必须充分挖掘并利用本土人才的力量，使他们掌握一技之长，从而不断提升自我发展的能力和竞争力。培育人才是支持乡村振兴的重要力量。基层图书馆应当积极创新培训平台和方法，充分利用多元信息服务、培训指导以及数字化服务等"互联网+"的优势，探索新的农村文化人才培训机制。采用"传帮带"的模式进行精确培训，以提高培训效率。鼓励本土人才发挥熟悉村情、地理环境和人际关系的优势，成为乡村发展的带头人和中坚力量，确保乡村振兴的人才基础稳固。

此外，还应积极鼓励有志于农村发展的青年学生，通过国家相关政策和资助项目，让他们能够学有所成、学以致用，为当地的经济社会发展注入新活力。

（二）为乡村振兴战略提供阵地扶持，基层公共图书馆发挥专业功能和引领作用

要实现乡村的全面振兴，文化建设必须先行一步。在这个过程中，"百姓书房"和"农家书屋"作为乡村文化的核心阵地，扮演着至关重要的角色，它们不仅是基层文化的重要延伸，而且也是提升基层文化水平的重要载体。因此，基层公共图书馆需要充分利用自身的文化引领功能来巩固和激发乡村文化阵地的活力。当前，尽管许多乡村都设有"书房"或"书屋"，但由于多种因素，这些地方往往处于闲置状态。基层图书馆应增强支持力度，推动乡村文化阵地的质量提升和升级，使之焕发生机。

为了增强吸引力，我们需要在设计上下功夫，打造独具特色的"百姓书房"。例如，设计"一村一特色"的百姓书房、4G网络全覆盖的智慧书房、有声结合纸质阅读的书房、以家风家训为主题的文化书房等。同时，协助管理和有效使用这些文化阵地，从日常运营到管理服务，实现"大馆带小屋"的目标。

此外，建立完善的服务制度可以增强图书馆的活力。基层公共图书馆应当制订服务计划，定期举办宣讲、阅读、手工制作、交流会等活动，以激发书房活力。定期充实藏书，确保公共图书馆和书房之间的藏书定期交换，实施"通借通还"制度，让书籍活动起来。以公共图书馆为主导，制定相应制度，每年开展"星级书房"的创建和评比活动，提升乡村文化阵地的服务功能，确保公共文化服务无"最后一公里"的障碍。

（三）为乡村振兴战略输送精神养分，发挥基层图书馆的宣传和创新优势

文化是民族的灵魂，对于"三农"建设和乡村全面振兴的推进至关重要。思想作为这一切的基础，也是推动其前进的内在动力。在大多数农民中，政治意识和大局意识相对薄弱，思想观念较为落后，缺乏积极投身于事业的热情。因此基层图书馆必须发挥自身优势，激发农民的精神动力，增强他们的自信心，并充分利用他们的主人翁意识。

为了实现这些目标，基层图书馆应当积极开展宣传工作，大力传播新时代中国特色社会主义思想。通过组织身边榜样进行宣讲活动，可以引导农民摒弃不良习惯，自觉地实践社会主义核心价值观，从而丰富他们的精神生活，提升他们的幸福感。如今，农民已经不再仅仅满足于基本的温饱需求，他们迫切渴望丰富多彩的精神生活。

基层图书馆应当"深入生活、扎根人民"，打造良好的文化活动平台，并建立常态化的"文化下乡"主题实践活动，以丰富农民的日常生活。例如，在中国传统节日如端午节、中秋节期间，可以举办新风尚活动和经典诵读等群众性活动。借此文明共建的契机，深入推广移风易俗、文明交通、诚信经营、扫黑除恶等行动，净化农村社会风气。随着农民精神层次的提升，家庭的文明精神振兴必将为乡村振兴带来圆满成功。

乡村振兴战略的实施为基层图书馆带来了新的机遇和挑战，因此，基层图书馆要不断创新发展思路，积极开展相关活动，为乡村振兴战略的实施贡献力量。

例如，针对农村地区的特殊情况，可以采用线上线下相结合的方式进行知识推广和信息传递。具体而言，线上可以通过微信公众号、微信朋友圈、抖音等平台发布乡村振兴战略相关信息，如"三农"相关政策、农村工作动态等。线下则可以组织一些有经验的专家或学者开展讲座和培训，向农民介绍现代农业技术以及网络新媒体知识。此外，也可以在基层图书馆的引导下，利用新媒体手段，通过发布短视频或直播等形式进行知识分享和宣传。

四、新时代文明实践站为乡村振兴战略提供坚实的服务保障

在基层的图书馆，新时代文明实践站会集了一批具有高度政治觉悟的党员和专业技术人才，他们是团队中的佼佼者。秉承"以人为本、服务农村"的理念，这些站点通过项目的方式积极参与，不仅展现出模范带头作用，还动员全

民共同投身其中，成为乡村振兴不可或缺的后勤支持。

针对特定群体，开展针对性服务，以关怀弱势群体为己任。乡村振兴不仅需要全体村民的参与，更应确保每位村民都能实现共同富裕。面对我国人口老龄化的严峻挑战——每个村居平均有五分之一的老年人以及残障人员和留守儿童等特殊群体，我们必须给予足够的关注。基层图书馆将提升弱势群体的精神生活质量纳入新时代文明实践站的服务项目中，定期开展健康与心理讲座、文化送上门、图书赠送等活动，以此丰富村民的精神世界，并提供志愿者服务，帮助他们解决实际困难。这一举措真正解决了乡村振兴中的一个难题，确保了乡村振兴的全面推进和村民整体面貌的显著改善。

引领群众发挥积极作用，激发参与乡村建设的实际行动。乡村振兴不仅需要帮助和扶持，更关键在于如何让广大村民用实际行动投身于乡村的建设之中。基层图书馆的精神文明实践站应当起到积极引导的作用，首先积极投身于建设美丽乡村，如改善乡村卫生环境、营造文化氛围等，使群众感受到实际的变化和服务的获得感，这样自然会吸引更多人加入服务队伍；同时，还可以促使乡贤回归，他们的经验、财富和修养为实现乡村振兴提供强大的支撑。

为村民提供知识服务，支持乡村振兴。基层图书馆的精神文明实践站应立足于农村，关注群众的文化需求，提供优质的文化服务。可以策划"农家书屋""流动图书馆"等公益项目，利用图书馆的资源优势进行非物质文化遗产的保护，同时将现代信息技术引入农村基层图书馆，便利农民群众通过互联网获取知识和信息。结合本地实际，组织志愿者深入乡村提供文化志愿服务，通过文化志愿者的宣传和引导，引导农民群众逐步接受现代文明理念，提升他们的综合素质和能力，共同推动乡村振兴。

五、结语

基层公共图书馆作为文化资源的重要载体和窗口，担负着向广大人民群众传播先进文化、提供阅读服务和普及科学知识的重任。在全面建成小康社会的关键时期，我们需要用好基层公共图书馆这一重要平台，为乡村振兴战略的实施提供智力支持。基层公共图书馆应将自身定位于面向农村、服务农村、扎根农村的文化平台，以更好地满足广大农民群众的阅读需求为目标，在乡村振兴中发挥重要作用。

总之，基层图书馆在推动乡村振兴战略中的重要角色不容忽视。乡村振兴不仅需要完善公共文化服务设施，还需提升服务质量和水平。各级政府应认真处理基层图书馆与乡村振兴之间的联系，确保图书馆能够发挥关键作用，成为支持农业、农村和农民的重要力量，为乡村振兴战略的实施提供坚实支撑。

　　基层公共图书馆应承担起推动战略的重要责任，积极与其他相关部门合作，形成强大合力，促进图书馆发展。同时，各级政府应增加对基层公共图书馆的支持，以更好地促进农村文化事业的发展。中国是一个农业大国，农村人口庞大，农民是主要的读者群体。因此，必须坚持以人为本，保护农民的基本文化权益。农村地区面临诸多挑战：农业生产水平不足、基础设施不完善、文化生活贫乏。解决这些问题需要加强对农民的文化培训，加大基础设施建设投入，支持乡村文化活动，并建立健全公共文化服务体系。

基层智慧图书馆体系建设与智慧服务浅探

朱志伟

（孝感市图书馆　430022）

摘　要：在智慧化图书馆进程中，先进的理念和技术在图书馆行业得到广泛应用，以大数据、人工智能、物联网等技术为基础的智慧化图书馆各地都在建设，实现方式各有不一，各有创新，各有所重，笔者就自己发现的一些问题，对于智慧图书馆体系建设与智慧服务提出自己的一些看法，从建设目的去分析路径，从问题找对策。

关键字：智慧化；体系建设；智慧服务

智慧是指生命所具有的基于生理和心理器官的一种高级创造思维能力，包含对自然与人文的感知、记忆、理解、分析、判断、升华等所有能力，将智慧延伸到其他领域，在智慧定义上衍生出很多概念，很多地方也提出相应的智慧电力、智慧医疗、智慧城市、智慧交通、智慧校园、智慧供应链等概念，并为之建设。

智慧图书馆源于 2003 年国外学者提出的"Smart Library"概念，他们认为这是一种不受时间、空间限制，可以被感知的移动图书馆。我国学者认为智慧图书馆=图书馆+物联网+云计算+智慧化设备。从智慧图书馆的概念来看，国外学者归纳了智慧图书馆需要具备的能力，我国学者则是给出了具体实现方案。2009 年，伴随着"智慧地球"和"感知中国"概念的提出，国内外也掀起了智慧图书馆的研究热潮。专家学者围绕智慧图书馆各个方面进行了深入探讨。随着智慧图书馆深入实践探索，相关研究成果百花齐放，智慧图书馆的内涵在不断地延伸和拓展。笔者认为，在智慧图书馆体系建设与智慧服务，首先要了解智慧图书馆建设的目的、意义、特点、问题，找对适合本图书馆建设发展路径。

一、基层智慧图书馆体系建设和智慧服务意义

(一) 提供全新阅读体验

随着社会与科技发展,目前图书馆已经不是传统意义上的藏书及阅读空间。数字化、智能化发展已打破原有的资源局限与空间局限,24 小时自助阅读空间、城市书房、社区图书室等多种形式的阅读空间、移动平台、数字图书馆等便捷阅读端进一步拓展服务阵地,延长服务时间,在智慧化进程中,不断涌现出基于智慧化管理与智能化服务的全新模式改变了图书馆服务模式,将优质图书馆资源和服务提供给读者。智慧化建设打造全新内容生产、阅读形态、体验和场景,为阅读体验带来了更多可能。如基于虚拟现实沉浸式阅读,基于 AR 的智能云游,基于人工智能个性化特色化推荐为广大读者提供可视化、场景化、沉浸式、互动式的阅读新体验。

(二) 满足社会大众需求

物联网、人工智能、虚拟现实、云计算等技术的普遍应用,在生活中随处可见,为读者提供了很大的便捷,那么读者对于图书馆需求也产生变化,向个性化、全方位、深层次、便捷化转变,图书馆必须进行从理念到技术,从管理到服务的全方位变革,不断提高数字化、智能化、智慧化水平,完成智慧图书馆的彻底转化,通过技术来实现智慧化的服务和管理,不限时间、不限地点、不限任何方式为大众提供服务。面对基层群众文化供给不充分不平衡的矛盾,智慧图书馆建设能够更好践行公共文化服务体系建设均等性、普惠性的要求。

(三) 传播文化知识价值

《中共中央关于制定国民经济和社会发展第十四个五年规划和二〇三五年远景目标的建议》指出:推动公共文化数字化建设。图书馆作为公共文化服务的载体,有传播知识、弘扬文化的职责。图书馆是国家文化发展水平的重要标志,是滋养民族心灵、培育文化自信的重要场所,智慧化图书馆建设拓宽了文化传播的渠道,提高了知识传播效率。从社会发展全局出发,进行城乡一体智慧化发展设计。智慧社会中的基本公共服务通过网络化、平台化、远程化等信息化方式,提高文化传播覆盖面以及文化服务均等化水平。

二、智慧图书馆的特点

(一) 互通互联

智慧化图书馆通过互联网技术将各种具有独立性的文献、信息、资源与读者、管理人员等进行互联，实现书与书、书与人、人与人智能连接，使读者能够通过个人计算机、移动终端等渠道，随时随地阅读书籍、观看讲座、参加培训、参观展览、知识分享等，同时通过新媒体获取图书馆的优质资源与服务，实现要素互通互联，知识共享。

(二) 高效高能

传统图书馆服务效率低、检索难度高、资源冗余，高效、灵敏是智慧图书馆发展的新要求。智慧图书馆所应用的技术具有方便数据传输、处理复杂问题、无须人工干预的特性，具备高效高能特点，如智慧图书馆大数据系统将各领域的新型信息数据资源纳入馆藏，建立多元立体知识资源体系，通过人工智能对其进行基于知识内容的精细加工与揭示，建立索引，形成面向深度学习和智慧决策的图谱，同时各系统具备的可拓展性，提升其应用宽度，以及延伸至各平台，提升应用深度，功能强大，高效便捷。

(三) 便利便捷

智慧图书馆是建立在以人为本的公益惠民的理念之下的，数字化、智能化、智慧化探索实践都是为了让服务更加便利快捷，读者进入图书馆获取知识，体验阅读，那么方便快捷应该是读者最直观的阅读体验，让每一位读者享受知识便利、服务快捷是智慧图书馆的实现目标也是智慧图书馆的显著特征。

三、基层智慧图书馆体系与智慧服务现状

图书馆中心业务网状互联的综合体，通过技术将图书馆服务串联起来提供给读者，技术的发展是图书馆发展的最大推动力。"智慧图书馆""智慧地球"等概念相继提出，党的十九大明确提出要建设"智慧社会"。2021 年，文化和旅游部发布的《"十四五"公共文化服务体系建设规划》明确提出，要以全国智慧图书馆体系建设项目和公共文化云项目为引领，推动公共文化数字化、网络化、智能化发展取得新突破。这些政策极大促进了智慧图书馆的研究，使其成为未来图书馆建设的主要着力点。

近十年来关于智慧图书馆研究呈每年递增的趋势，也将智慧图书馆核心要

素归为资源、技术、服务、馆员、空间、读者等，资源是智慧图书馆发展的基础与力量，技术是智慧图书馆发展的手段，服务是智慧图书馆建设的核心，馆员是智慧图书馆建设的主力军，智慧空间是智慧图书馆存在的形态，读者是智慧图书馆出现的根基。将智慧图书馆体系也细化为基础标准、技术标准、资源标准、服务标准、空间标准和管理标准等六个方面标准智慧图书馆标准体系框架。

目前很大一部分图书馆已经完成基于 RFID 技术、传感器网络的图书自助借阅系统，人工智能、云计算、AR 应用等技术或许还未能普及应用。

四、基层智慧图书馆体系与智慧服务存在的问题

（一）平台与平台未能有效整合

在图书馆智慧化探索中，建设过多功能平台，每个平台独立性强、功能单一、拓展性不高，未能有效整合到统一平台，造成难管理，出现问题不能第一时间解决。同一性资源平台重复建设，管理平台不能内嵌链接互联，造成资源无法统一在同一平台进行推介，过多牵扯人力提高资源曝光度。

（二）技术与服务未能最大化融合

云计算、物联网、大数据、RFID、区块链、人工智能等技术的快速发展和普遍应用才能推动智慧图书馆建设，未能考虑到馆情以及读者需求，盲目将资金投入技术的引进，引进不引用，融进不融合，忽视配套设施建设、人员培训，导致技术和服务不匹配，造成资源浪费。

（三）人员对于智慧应用了解不够深入

人才队伍是智慧图书馆要素中重要一环。无论多么先进的技术、设备，都是由"人"来主导使用。智慧馆员是智慧图书馆建设的主体，是推动智慧图书馆发展的核心要素，图书馆要提供相应智慧服务，需要馆员会使用智慧设备、智慧应用，了解技术使用的原理，碰到问题要有分析处理的能力，图书馆馆员有些可能不能流畅使用智慧化设备，对于新兴技术不够了解，普遍缺乏新技术环境下的创新理念、技术能力和信息素养，这也极大制约了公共图书馆智慧服务体系的全面构建和健康发展。

五、基层智慧图书馆体系建设与智慧服务解决策略

（一）资源平台进行整合

充分归纳统计图书馆所有平台和资源，进行整理筛选，以开发平台、整合资源、对接需求、优化流程思想，着力打通不同资源、平台之间的数据点。应用平台，取其共同点合理弃用冗余，能够二次开发对接到统一业务平台，对于独立性强平台，以内嵌链接到统一管理平台统一管理，资源平台，可统一集合到本馆官方网站、移动平台等平台统一管理，提高管理和服务效能。

（二）智慧服务深度融合

技术具有深度和广度，技术是提升服务的助力，服务是技术的最终表达，智慧化服务融合中充分探索其深度和广度，应重视和尊重不同群体读者需求，收集需求，探索同一功能不同平台的实现，以及不同功能集合于同一平台，实现设备与技术、技术与应用互相搭配，最大化发挥效用。将数字技术的无限可能性通过深度融合将知识融通、场景沉浸和可视化等变为现实，拓展功能应用场景，创新业务服务门类，创造全新的服务内容和服务场景。

（三）服务人员素养提升

智慧图书馆体系建设中要加强人员整体素质培养，要根据服务内容、业务重心合理设置部门职位，对于由传统业务升级为自动业务项目设置咨询员或者前台咨询即可，对于阅读推广、知识服务、数据应用等方面需要合理安排人员。建立持续学习培训计划，针对设备、应用、服务、技术知识、处理问题等方面制订培训计划，采取培训加实操方式，理论联系实际，鼓励馆员积极参加学术会议，了解图书馆行业前沿动态，多参与省图组织的业务培训，组织馆员参与科研项目，就某项内容或者关键案例进行研讨、交流，以教促学、教学相长。

参考文献

[1] 宋一兵. 智慧图书馆体系框架与建设研究 [J]. 青岛大学学报（自然科学版），2020，33（4）：88-92.

[2] 张树，朱琳，李晓舟. 智慧图书馆建设与创新服务 [J]. 河南图书馆学刊，2019，39（9）：123-124.

[3] 徐向东，王方园. 公共图书馆智慧服务体系建设研究 [J]. 图书馆学刊，2021，43（1）：23-27.

[4] 卢文辉. 智慧城市建设背景下的智慧图书馆发展 [J]. 图书馆研究, 2021, 51 (5): 28-35.

[5] 德国明, 陈德云. 智慧图书馆背景下图书馆员能力提升探索 [J]. 黑龙江工程学院学报, 2022, 36 (2): 84-88.

[6] 申晓娟, 邱奉捷, 杨凡. 智慧图书馆标准体系的构建 [J]. 中国图书馆学报, 2023, 49 (3): 41-54.

基于5G异构网络的智能化图书馆虚拟现实技术应用研究

高　峰[1]　胡　蓝[2]　胡亚诺[2]

（1 浪潮通信信息系统有限公司　430021；

2 中国移动通信集团湖北有限公司　430023）

摘　要： 本文研究了基于5G异构网络的智能化图书馆中虚拟现实技术的应用。通过利用5G异构网络的高速传输和低延迟特性，图书馆可以提供更广范围的无线覆盖和高速数据传输，从而构建虚拟现实图书馆、实现立体展示馆藏资源和发展虚拟教学。

关键词： 5G异构网络；智能化环境；虚拟现实技术

一、引言

在数字化时代，图书馆作为知识的仓库和信息的传播中心，扮演着不可或缺的角色。然而，随着技术的快速发展和人们对信息获取和学习方式的改变，传统的图书馆模式已经面临诸多挑战。为了适应这一变化，智能化图书馆应运而生，将现代技术与图书馆服务相结合，提供更便捷、个性化的知识获取体验。

近年来，5G异构网络技术的迅猛发展为智能化图书馆带来了新的机遇。作为一种高速传输和低延迟特性的网络技术，5G异构网络为图书馆提供了更广范围的无线覆盖和高速数据传输能力。这为构建虚拟现实图书馆、实现立体展示馆藏资源和发展虚拟教学等创新应用奠定了基础。

本文旨在研究基于5G异构网络的智能化图书馆中虚拟现实技术的应用。首先，我们将介绍5G异构网络和智能化图书馆的相关技术和理论。其次，我们将探讨虚拟现实技术在智能化图书馆中的应用场景，包括虚拟馆藏展示、远程虚拟教学。然后，我们将分析基于5G异构网络的智能化图书馆虚拟现实技术的优势和面临的挑战。最后，我们将提出相应的解决方案，包括优化网络架构、提升内容创作技术和加强用户参与，以促进智能化图书馆虚拟现实技术的发展。

通过本研究，我们期望能够深入探讨基于5G异构网络的智能化图书馆虚拟现实技术的应用潜力，为图书馆行业在数字化时代中的转型升级提供有益的思路和策略。希望这一研究能够为智能化图书馆的建设和发展提供有力支持，提升用户体验，促进知识传播的创新和进步。

二、相关技术与理论

5G异构网络是新一代移动通信网络的重要技术之一。它结合了多种不同的网络技术和频谱资源，如LTE、WiFi、毫米波等，以满足高速宽带需求。该网络架构可以实现更广覆盖、更高容量、更低时延和更好的用户体验。5G异构网络在智能化图书馆中发挥着关键作用，提供稳定的网络连接和跨设备的数据传输，为各种虚拟现实应用提供支持。

智能化图书馆是一种基于现代科技手段的图书馆服务模式。它利用人工智能、大数据分析、物联网等技术，提供个性化的图书馆服务和资源管理，使用户能够更快速、更便捷地获取所需的知识和信息。智能化图书馆的核心目标是提供高质量的用户体验，提升图书馆服务的效率和精确度，实现图书馆的数字化转型。

虚拟现实技术是一种通过计算机生成的仿真环境，使用户能够与虚拟世界进行交互和沉浸式体验的技术。它借助头戴式显示器、手柄、传感器等设备，创造出逼真的视觉、听觉和触觉效果，使用户感觉自己置身于虚拟场景中。虚拟现实技术在智能化图书馆中具有广阔的应用前景。它可以用于展示馆藏资源、提供沉浸式的阅读体验，甚至支持远程虚拟教学，将学习和阅读的体验推向一个新的高度。

通过研究5G异构网络、智能化图书馆以及虚拟现实技术，我们能够深入理解这些关键技术与理论在智能化图书馆中的作用和应用。这将为后续研究章节中探讨基于这些技术的智能化图书馆虚拟现实技术应用提供基础和理论支持。同时，深入了解这些技术与理论的发展和应用现状，有助于把握智能化图书馆发展的脉络与方向。

三、基于5G异构网络的智能化图书馆虚拟现实技术应用

（一）5G异构网络的作用

5G异构网络为智能化图书馆虚拟现实技术应用提供了重要支持。其高速、高可靠性的网络连接为实现虚拟现实体验提供了稳定的数据传输与交互环境。同时，5G异构网络的低时延特性可以大大降低用户在使用虚拟现实应用时的感知延迟，实现更真实、流畅的交互体验。

（二）虚拟现实技术在智能化图书馆中的应用场景

1. 虚拟馆藏展示

虚拟现实技术在智能化图书馆中的应用场景丰富多样，其中包括以虚拟现实形式展示中国特色社会主义新时代所取得的成就。在这方面，可以设计具体的虚拟现实体验，以展示"红色新征程"和"湖北传统文化"为主题，向用户传递相关的知识和体验。

通过虚拟现实技术，智能化图书馆可以创建一个逼真的环境，让用户仿佛身临其境地体验中国特色社会主义新时代所取得的成就。例如，对于"红色新征程"主题，用户可以通过虚拟现实设备沉浸在历史时空中，参观红色文化遗址、重要革命场景，聆听红色故事和英雄事迹。他们可以亲眼见证中国共产党领导下的革命斗争和社会主义建设历程，感受中国特色社会主义的伟大成就和独特魅力。

对于"湖北传统文化"主题，虚拟现实技术可以再现湖北地区的传统文化场景，如楚文化、荆楚文化等。用户可以在虚拟环境中探索湖北的传统建筑、美食、文学艺术等元素，了解湖北地区独特的文化传统和非物质文化遗产。他们可以与虚拟人物进行互动交流、学习湖北方言、参与传统工艺制作等活动，全面感知湖北传统文化的丰富内涵和发展现状。

通过以上的虚拟现实展示，智能化图书馆不仅可以提供丰富多样的学习和参与体验，还能够向用户传递中国特色社会主义新时代所取得的成就和湖北传统文化的魅力。这种虚拟现实技术的应用可以提高用户对相关主题的认知和理解，激发学习兴趣，同时也推动了智能化图书馆的数字化转型和文化传承。然而，要实现这些虚拟现实展示，需要解决技术、内容和资源等挑战，这将需要进一步的研究和合作。

2. 远程虚拟教学

基于5G异构网络和虚拟现实技术，智能化图书馆能够实现远程虚拟教学。教师可以利用虚拟现实技术进行教学示范和实践讲解，而学生则通过虚拟现实设备参与虚拟实验和模拟体验。这种远程虚拟教学的模式能够扩展教学资源的覆盖范围，提供更灵活、自主的学习机会。学生能够通过虚拟现实技术获得更直观、实际的教学效果，增强理解和实践能力，同时也促进教育的创新和发展。

通过虚拟馆藏展示和远程虚拟教学等应用场景，基于 5G 异构网络的智能化图书馆虚拟现实技术为用户提供了全新的阅读、学习和参与体验。这些应用不仅能够提升用户的知识获取效率，还能够拓展图书馆的服务范围和功能，推动智能化图书馆的数字化转型和创新发展。然而，实现这些应用所面临的挑战和解决方案，将在接下来的章节中进行探讨。

四、优势和挑战

（一）优势

丰富的体验和交互性：虚拟现实技术在智能化图书馆中可以提供丰富多样的学习和参与体验。用户可以通过虚拟现实设备沉浸在逼真的虚拟环境中，与虚拟对象进行互动交流，增加了学习的乐趣和参与度。

拓展学习机会：虚拟现实技术可以创造出无限的学习场景，将学习从传统的纸质书籍和课堂脱离出来。用户可以参观历史文物、探索科学实验、体验文化活动等，扩大了学习的领域和维度。

提高学习效果：虚拟现实技术可以提供沉浸式学习体验，使学习者更加专注和投入。通过身临其境的虚拟环境，学习者可以更加深入地理解和体验学习内容，提高学习效果。

（二）挑战

技术成熟度和设备成本：虚拟现实技术仍处于发展阶段，需要更好的技术支持和成熟的设备。目前虚拟现实设备的成本较高，限制了其在智能化图书馆中的普及和应用。

内容和资源丰富度：虚拟现实技术的应用需要丰富的内容和资源支持，包括虚拟现实场景的开发和教育内容的制作。这对图书馆和教育机构提出了挑战，需要投入大量的人力和物力资源。

用户接受度和体验需求：虚拟现实技术需要用户配备相应的设备并接受新的学习模式和体验方式。一些用户可能对虚拟现实技术持保留态度，需要提供相应的培训和引导，以提高用户接受度和满意度。

综上所述，虚拟现实技术在基于 5G 异构网络的智能化图书馆中具有丰富的优势，包括丰富的体验和交互性、拓展学习机会和提高学习效果。然而，技术成熟度和设备成本、内容和资源丰富度，以及用户接受度和体验需求等方面仍存在一些挑战，需要克服和解决。随着技术的进一步发展和普及，虚拟现实技术在智能化图书馆中的应用前景将更加广阔。

五、解决方案

（一）优化网络架构

为了支持基于 5G 异构网络的智能化图书馆虚拟现实技术，需要优化网络架构以满足高速、低延迟的需求。有以下几个关键点：

带宽分配和资源调度：在图书馆提供的 5G 网络中，需要根据用户的需求和应用类型，合理分配带宽资源以确保良好的用户体验。通过动态资源调度算法，可以根据用户数量和应用需求，实时优化调整带宽分配，使每个用户都能获得合适的带宽资源。

缓存和边缘计算：将虚拟现实内容进行缓存，可以减少数据传输的延迟和网络负载，提高用户对虚拟现实场景的体验。同时，将一些计算任务转移到边缘服务器上进行处理，可以减少数据传输的距离，降低通信时延，并减轻核心网络的负荷。

网络拓扑和部署优化：在基于 5G 异构网络的图书馆中，可以通过部署和优化无线接入点（如 Wi-Fi 热点、小基站等）的位置，改善信号覆盖与传播特性，提高网络吞吐量和覆盖范围。采用合适的网络拓扑结构，可以帮助用户更好接入网络，并实现通信纳什均衡状态。

协议优化和切换策略：针对虚拟现实应用的特点，可以优化网络传输协议，减小传输延迟和网络抖动。同时，制定合理的网络切换策略，使用户在移动过程中能够平滑切换不同的网络环境，确保无缝的通信连接。

通过优化网络架构，实现通信纳什均衡状态，可以提升基于 5G 异构网络的智能化图书馆虚拟现实技术的传输效率和用户体验。这将使用户能够更好地享受沉浸式的学习和参与，推动智能化图书馆的教育教学水平和服务质量的提升。

（二）提升内容创作技术

为了丰富虚拟现实内容，图书馆可以加强内容创作技术的开发和提升。

首先，图书馆可以与学术机构和文化机构合作，获取珍贵的文化遗产资源，如古董文物、博物馆藏品等，将其数字化并制作成虚拟现实的形式。这样，用户可以通过虚拟现实技术，身临其境地参观和探索珍贵文化资产，拓宽学习的视野和体验。

其次，图书馆可以培养专业的内容创作团队，掌握虚拟现实内容创作技术，制作高质量的虚拟现实场景和教育内容。这包括构建逼真的虚拟环境、设计交互式学习任务等。

此外，可以采用虚拟现实创作工具和平台，简化内容创作的过程，降低门槛，使更多的人参与进来，并创作出丰富多样的虚拟现实教育内容。

通过提升内容创作技术，可以为用户提供更加真实、丰富的虚拟体验，并促进智能化图书馆虚拟现实技术的应用和发展。

（三）加强用户参与

为了加强用户参与和提升用户体验，智能化图书馆可以采取以下措施：

创建互动性强的学习环境：为用户提供互动性强的学习环境，例如虚拟实验室、协作学习空间等。这些环境可以促进用户之间的交流和合作，增强学习的互动性和趣味性。

提供个性化的学习推荐：通过个性化推荐算法，根据用户的学习偏好和兴趣，为用户推荐适合他们的学习资源和内容。这样可以提高用户的参与度和学习动力。

鼓励用户分享和贡献：设立用户分享和贡献机制，鼓励用户将自己的学习心得、经验和创意分享给其他用户。可以通过社区讨论、博客、论坛等形式进行学术交流和知识共享。

举办活动和比赛：定期举办各种学习活动和比赛，如学术报告、科技创新竞赛等。这样可以提供一个展示和交流的平台，激发用户的学习兴趣和参与热情。

提供在线学习社区：建立一个在线学习社区平台，用户可以在这里相互交流、讨论学习问题，分享学习资源和体验。通过社区的互动，用户可以获得更多学习灵感和支持，增强他们的学习体验。

通过加强用户参与，智能化图书馆可以打造一个活跃、互动和有趣的学习社区，激发用户的学习热情和主动性。这将提升用户的学习成效和满意度，推动智能化图书馆的发展和应用。

六、结语

基于5G异构网络的智能化图书馆虚拟现实技术的优化和推动，将为学习者提供更丰富多样的学习体验，并推动教育教学水平的提升。智能化图书馆可以提供丰富多样的学习资源，包括红色历史文献、影像资料、虚拟实境展览等。用户可以通过虚拟现实技术，亲身感受红色革命的历史瞬间，了解革命先烈的事迹和精神。同时，用户还可以与其他用户进行讨论和交流，分享自己的学习心得和体会，共同探索红色历史的价值和意义。在传统文化方面，智能化图书馆可以提供传统文化的相关资料和内容，包括古籍、文物、传统艺术表演等。通过虚拟现实技术，用户可以参与到传统文化的展示和演绎中，如亲自体验汉服的穿戴、学习传统乐器的演奏等。用户还可以参与到传统文化的活动和比赛中，与其他用户一同探索传统文化的魅力和精髓。

通过智能化图书馆的虚拟现实技术，红色新征程和传统文化能够以更生动、互动的方式呈现给用户，激发他们对这些重要文化遗产的兴趣和热爱。用户可以通过互动学习的形式，与其他用户一同探索学习，共同传承和弘扬优秀的红色文化和传统文化。这将有助于增强用户对于文化认同和自豪感，推动红色精神和传统文化的传承与发展。

参考文献

[1] 余钊贤，易辉跃，裴俊. 5G超密集异构网络带内无线回传资源分配方案 [J]. 计算机工程，2021，47（3）：43-52.

[2] 吕亚平，贾向东，陈玉宛，等. 面向密集热点区域的多层异构网络建模方案 [J]. 计算机工程，2021，47（7）：146-154.

[3] 王晨晨. 虚拟现实技术及其在图书馆的应用 [J]. 图书馆学研究，2011（20）：34-37，33.

[4] 苏东出. 从可视虚拟书店到虚拟图书馆——谈虚拟现实技术在数字图书馆的应用 [J]. 现代情报，2009，29（7）：98-101.

基于读者信用的图书馆管理思考

郭　丹　柴国萍

(*孝感市图书馆　430022*)

摘　要：随着社会的发展和图书馆资源的丰富，图书馆办证管理变得日益重要。读者信用作为一种评估读者行为和信用水平的指标，在图书馆办证管理中发挥着重要的作用。本文通过对读者信用办证的相关理论和实践进行研究，探讨了读者信用对于图书馆办证管理的影响，并提出了一些改进办证管理的建议。

关键词：读者信用；图书馆；管理；思考

在全面推进社会诚信建设的大环境下，加强图书馆读者信用管理，图书馆为了提升读者管理、提高管理效益和服务水平，采取了一项重要举措，即实施和推广读者信用管理。这项举措旨在通过管理读者的信用，来改善图书馆的运营情况。通过这种方式，图书馆可以更好地了解读者的借阅习惯和行为，从而更好地满足他们的需求。同时，这也有助于提高图书馆的服务质量，使其更加高效和便捷。通过读者信用管理，图书馆可以更好地管理读者的借阅记录，并根据他们的信用情况来制定相应的服务策略。这不仅可以帮助图书馆更好地管理借阅流程，还可以增加读者的借阅积极性和参与度。总之，实施和推广读者信用管理对图书馆来说是一项重要的举措，可以提升其读者管理、管理效益和服务水平。切实加大读者失信行为成本，图书馆积极参与推进社会诚信建设。

一、读者信用的理论基础

(一) 读者信用的概念和特征

信用是人与人之间建立起来的一种承诺关系，它体现了人们对自己承诺的信守和不改变的行为选择，也是人们利用承诺来达成某种交换关系的社会活动方式。个人信用在社会活动的各个领域中被广泛应用，其中包括公共事业。

读者信用制，就是指图书馆或图书馆通过中介征信机构对社会公众建立起个人的信用档案信息，公众通过此信用信息在图书馆注册后，凭信用评估的等级分获得一定程度的借阅、使用图书馆文献资源权限的一种制度。在图书馆建立读者信用制度的目的是证明、查验读者资信情况，并通过此制度来规范读者个人在使用图书馆文献信息的同时，尊重自己的个人信用行为，增强守约意识，提高整体素质，从而建立良好的图书馆运行秩序。

读者信用制度能够规范读者的行为，便于读者与图书馆之间的信息传递，有利于稳定信用秩序的形成。读者信用制度作为读者与图书馆之间交往行为的规则，不仅是道德规范的选择，也是一种利益的选择。但是读者信用制度对比经济领域信用制度存在着其特殊性，首先是信任成本的偏差，读者的信任成本不明显，而图书馆负有较高的信任成本。以安全防范为目的设计的读者信用制度，不会引起读者的主动关注。然而，随着科技的发展和数字化时代的到来，传统图书馆的角色和功能正在发生变化。现在，读者可以通过互联网和电子书籍获取大量的信息和知识，不再完全依赖于传统图书馆。这也意味着传统图书馆需要重新思考如何建立与读者之间的信任关系。在传统图书馆中，信任关系的建立往往是通过单方面的监督来实现的。图书馆会对读者的借阅行为进行监督，以确保图书的安全和归还。这是由于社会观念对于失信行为的认识，人们普遍认为借阅图书是一种责任和义务，需要遵守规定和约定。受到社会观念对于失信行为的认识，失信标准认定的困难，形成信用报告的标准难以统一和界定，图书馆在适用信用制度的态度上有所顾虑。评价体系的复合性，是指在评价失信行为时，不仅仅依靠货币量化，还需要考虑其他非货币化的控制办法和修复渠道。有些失信行为不适合仅仅用货币来衡量和修复，因此需要综合考虑其他因素。这样可以更全面地评价失信行为，并采取相应的控制措施和修复措施，以达到更好的效果。

（二）读者信用的评价指标范围

图书馆读者信用的评价内容，主要包括信用评价的初始状态、信用评价的当前状态以及信用评价的执行效果。信用评价的初始状态应当包括读者信用的历史评价以及读者信用评价记录等。信用评价的当前状态需要建立在对读者在图书馆中所有行为进行评估的基础之上，具体包括所借文献按期与逾期归还记录、馆藏资源的合理与违规使用记录，以及损坏图书记录等。对于信用评价的执行效果，既包括读者满意度，又包括图书馆对读者客观的评价以及设计激励机制等。

二、读者信用在图书馆办证管理中的作用

（一）读者信用对办证流程的影响

读者利用信用数据到馆办理借阅证，称之为用读者信用办证。借助的是信用平台提供的其个体在其他空间产生的行为数据，只要达到图书馆设定的数值，就能在图书馆快捷办理借阅证。这个数据具备多方面的信息，真实可信且有权威性。办证流程顺畅，体验感强。

（二）读者信用对借阅行为的影响

借阅行为是指读者在阅读过程中发生的各种现象和结果。具有良好信用的读者，会主动按社会公德要求自己，同时在阅读过程中不断自我强化，从而惠及他人，如按时归还所借文献，提高图书馆文献利用率，保护文献不受污染、不私自占有文献等。

（三）读者信用对违规行为的影响

读者违规行为是指读者在借阅图书馆藏书时违反图书馆规定的行为，如文献借阅逾期、污损、丢失文献、不办理外借手续私自将文献带出等。发生类似行为一经发现，读者需要接受图书馆惩戒。读者信用档案也会记录在案，降低读者信用积分，达到一定程度作为失信数据上报信用平台，平台共享失信信息。

三、图书馆办证管理中的问题与挑战

办证管理中的信用风险是指公共图书馆办理借阅证时所需要承担的来自读者不按约定如图书借阅期限、文献保护、国有资产利用等方面产生的风险。基层公共图书馆办证管理发展一般经过几个阶段：第一代读者证为纸质卡片式，办证时读者需所在单位出具介绍信或工作证、学生证等相关证件验证本人信息，在借阅图书馆书籍之前，读者需要做一些准备工作。他们需要准备好一些照片，并在照片背面填写上自己的姓名、地址等个人信息。这些照片可能会在办理借书手续时使用。另外，读者还需要向图书馆缴纳一定的押金，作为保证金。这个押金可以在归还书籍时退还给读者。这些准备工作都是为了确保借阅过程的顺利进行。第一代读者证信用载体首先是读者所在单位、学校等具有行政企事业职能的组织团体，其次是缴纳押金。图书馆信用风险相对较小。第二代读者证采用了 RFID 技术，即无线射频识别技术。办证时读者需提供身份证、户口本

证件等相关证件验证本人信息，同时向图书馆缴纳押金。图书馆员使用图书馆管理系统来记录读者的个人信息，包括姓名、地址和联系方式等。第二代读者证信用载体是读者个体，其次是缴纳押金。第二代读者证取消了读者注册门槛，吸引广大市民更多地走进图书馆、利用图书馆，读者借阅信息可通过业务操作系统随时调取，由于读者素质良莠不齐，图书馆承担了一定的信用风险。第三代读者证：电子形态和信用载体。基于公众平台历史积分，申请信用办证，利用支付宝芝麻信用分超过一定标准的公民可免押金借书，如孝感市图书馆芝麻信用积分达 650 分以上可免押金一次性借阅 1 册图书；苏州市图书馆芝麻信用积分达 650 分以上，可借阅 10 册图书或者书刊总金额不超过 500 元的若干本图书。另外，市民个人信用分达到要求积分可免押金借阅，如 2018 年厦门市图书馆实行厦门市民个人信用分达 600 分可持身份证办理免押金借阅，并可借阅 40 本图书；2019 年福州市根据福州市民个人信用分等级不同，即根据茉莉分的高低，实行不同标准的免押金借阅服务。第三代读者证特点是利用共享的历史信用数据，为到馆市民提供免押金的快捷办证服务，读者借阅数据同时纳入信用平台共享，读者在阅读过程中一旦出现失信行为，信息同步共享，对读者有很强的约束作用，理论上图书馆信用风险较低。

比如读者所在的孝感市图书馆，随着孝感市社会信用体系建设不断深入，"信用孝感"建设步伐加快，信用孝感平台的建立，2016 年，为了不断完善收集公共服务领域的信用信息数据，市信用办将孝感市图书馆列入首批数据采集单位，将读者开户信息、读者借阅信息和读者还回信息等数据纳入平台大数据，由图书馆每月上报，每年上报数据近 40 万条。

四、改进图书馆办证管理的建议

（一）加强读者信用评估

读者信用评估不是固化的，是综合性、动态变化的，为便于管理，需要设置个人信用等级办理借书证的有效期周期，在周期内，图书馆与市社会信用体系建设中心核实读者信用等级变化情况。商讨制订公共文化服务对象失信标准，对拒不按期还书或损坏不赔偿者等借阅失信行为，对照标准将失信信息录入个人信用档案，纳入个人信用评价体系，同样，在周期内，构建常态化个人信用修复机制，为个人提供多元化不良信用记录修复方式，使得失信个人以最低的经济成本完成自我纠错，重新评估。

（二）建立信用管理机制

读者信用管理机制应覆盖"信用信息共享、信用惩戒、信用修复、建设领域信用监管"四个方面。为了促进信用信息的共享，可以建立一个名为"信用联合体"的机制，该机制能够让不同部门之间共享彼此的信用信息。在信用惩戒方面，制定科学合理、便于操作、教育为主的失信行为标准和惩戒措施，为了对那些失信的读者进行惩戒，我们可以采取一系列措施，如公开公示他们的"黑名单"，并与其他相关机构合作，进行联合惩戒。在信用修复方面，激励失信读者提升信用水平；在信用监管方面，所有图书馆行业上线监管公示平台，并依托数字信用信息平台，不断完善信用监管服务功能。

（三）强化读者信用意识

依托城市公共信用信息平台，依法依规不断完善归集读者公共信用信息数据，建立读者信用评价体系，对读者开展诚信教育，信用等级评估，同时利用馆藏的图书资源，在图书借阅公共服务事项中，对于信用评价等级为优级的读者，采取守信联合激励措施，旨在提高个人诚信建设水平。提升个人诚信建设水平，强化读者信用意识，为自然人信用信息的分级分类应用场景建设奠定坚实的基础。

五、结语

但是，在我国，图书馆开展读者信用管理仍处于探索阶段，但一些国内先进发达的城市已经开始借鉴国外图书馆的做法，建立相应的如积分制度等鼓励读者的信用行为守信激励机制。图书馆向信用平台上报的读者有关信用信息也有待完整，读者失信行为界定范围、惩戒尺度有待慎重确定，读者失信行为修复方案还有待设计。

为了有效控制读者信用风险，我们应该遵循合理性、可操作性、读者参与性和教育性的原则来实施读者信用管理。这样做可以帮助我们建立一个健康的读者信用体系，提高读者借阅图书的质量和效率。同时，通过引入读者参与和教育的方式，我们可以增强读者对信用管理的认知和理解，增强他们的信用意识和责任感。这样一来，我们就能够有效地降低读者信用风险，保护图书馆的利益和声誉。

参考文献

[1] 司敬新. 在图书馆实行读者信用制的构想 [J]. 图书馆建设，2005（4）：

121-122.

　　[2] 任家乐，雷若寒. 读者信用制度的目的深化与思考 [J]. 情报理论与实践，2011，34（6）：52-54，22.

　　[3] 郭强，赵瑾，刘新新，等. 大学图书馆读者失信现象与构建信用评价指标体系研究 [J]. 图书馆理论与实践，2009（11）：84-89.

　　[4] 虞乐. 图书馆读者信用积分制度研究 [J]. 办公室业务，2020（3）：176-177.

基于数字孪生的智慧图书馆建设思考

何楚龙

（孝感市图书馆 432000）

摘 要： 文章以孝感市图书馆的智慧图书馆建设为例，介绍该馆的智慧图书馆建设现状，分析当前建设过程中面临的问题。针对该问题文章提出在智慧图书馆建设中采用数字孪生技术构建数字虚拟模型，在模型中对图书馆各项管理数据进行融合，消除系统数据壁垒，并对中远期的智慧图书馆建设做了规划思考。

关键字： 智慧图书馆；数字孪生；应用

一、智慧图书馆概述

"十四五"期间智慧图书馆被列为图书馆高质量发展建设重点，同时文化和旅游部也在《"十四五"公共文化服务体系建设规划》中进一步明确指出要推动实施智慧图书馆统一平台建设。智慧图书馆作为目前图书馆发展研究的热点，很多专家学者都对此进行了理论研究与实践探索。原国家图书馆馆长饶权在《全国智慧图书馆体系：开启图书馆智慧化转型新篇章》中对"全国智慧图书馆体系"进行全面系统论述。文中指出智慧图书馆不只是一种图书馆新发展形态，更是一种面向未来的图书馆新发展理念。一方面要求图书馆应用智慧化技术手段进一步提高管理水平和服务效率，为用户获取信息知识提供更加便捷高效的支持；另一方面突出强调图书馆应当基于人的智慧活动需求，主动提供更加专业、精准的信息知识服务。在智慧图书馆建设技术应用研究领域，田丽梅在《基于物联网的智慧图书馆建设研究》中对物联网的概念和技术特点进行了系统分析，对电子图书证、自助借还系统、智能书架系统等多项智慧图书馆建设内容提出建设性的意见。李嘉斌在《云计算下的智慧图书馆发展分析》中对云计算技术在智慧图书馆构建中的应用方法进行分析，认为云计算技术对于智慧图书馆在存储与检索海量信息中产生着至关重要的积极作用。赵静萍在《基于 AI 赋能的智慧图书馆：数据挖掘与精准服务》一文中分析了 AI 技术在图书馆应用中的优势与不足，明确人工智能技术在未来图书馆的应用途径，认为可以通过数据挖掘和精准服务提高图书馆服务的质量和深度。目前智慧图书馆研究已经从理论架构研究向实际建设技术研究不断拓展，不断有新的实践研究成果产生，成为图书馆发展中新技术新应用的研究热点方向。

二、数字孪生技术（DT)

数字孪生是集成众多学科、多种物理量、多尺度、多概率的仿真过程，在虚拟空间中完成多种数据的映射，从而反映对应实体的整个全生命周期过程。Michael Grieves 教授 2011 年在《几乎完美：通过 PLM 驱动创新和精益产品》一文中认为数字孪生由三部分组成，分别是物理空间的实体产品、虚拟空间的产品、物理空间和虚拟空间之间的数据和信息交互接口。数字孪生实现了现实系统与数字虚拟系统之间的映射与反馈，真正在全生命周期范围内保证数字与物理世界的协调一致。数字孪生技术的核心概念是通过将实体的物理特征和行为数字化，创建一个与之相对应的虚拟模型。优势在于它可以提供实时的、精确的数据和模拟结果，这使得决策者能够更好地了解物理实体的行为和性能，并根据这些信息做出更明智的决策。此外，数字孪生技术还可以减少试错成本和时间，提高工作效率。

三、数字孪生技术应用现状及存在的问题

（一）数字孪生技术应用现状

数字孪生因其技术特点，在许多领域都有着广泛的应用。最早应用于制造业，但不是每个产品制造业都能够使用到该技术，也要考虑投入资金和数据产出等相关因素，因此利用数字孪生技术最成功的实例为大型智能生产、制造业，如飞机制造、汽车生产、公共电力、煤矿等。随着技术发展、技术探索，应用场景也在不断拓展，城市规划、智慧电力、交通运输、油气运输、智慧农业等都有成功的应用案例，如中俄东线天然气管道工程，是我国第一条全部实现全自动化焊接的管道工程，是"智能管道"样板工程，它构建了一个"数字孪生体"。西气东输四线天然气管道工程也将建成数字孪生管道，为今后全生命周期管理提供支持依据。特斯拉也借助数字孪生占据行业领先地位，将原本 NASA 用于航天军工这种高端领域的数字孪生技术应用到民用汽车领域，重构了汽车

的设计、生产、使用体验，确定了特斯拉的江湖地位。在自动驾驶方面，特斯拉创建驾驶员及其行为、汽车及其行为方式、道路上的其他汽车和道路本身的数字孪生。通过捕获大量数据和深入分析这些数据，有助于解释自动驾驶中人、车的复杂行为，实现车辆的自动驾驶。

在图书馆领域，也有不少专家学者以及行业从业者对此进行了研究。李庆华等人在《基于数字孪生的智慧图书馆数据融合研究》中对智慧图书馆数据融合的必要性进行了阐述，对采用数字孪生技术的智慧图书馆数据融合体系及框架进行研究分析，并提出数字孪生数据融合的智慧应用场景。林良金在《数字孪生赋能的图书馆智慧学习网络空间构建研究》中阐述了在数字孪生赋能下图书馆智慧化服务的特点，从物理空间、虚拟空间和数字孪生技术三个层面构建图书馆智慧学习网络空间。杨晓婷在《基于数字孪生技术驱动的智慧图书馆场景化服务模式分析》一文中论述了数字孪生技术在图书馆资源、设备和环境的全面监测和管理方面的应用，认为物理实体与虚拟模型相融合可以获取图书馆的运行数据，并进行分析和预测。由此可见数字孪生技术已经在智慧图书馆建设中逐步应用，成为智慧图书馆的发展建设中不可或缺的技术力量。

（二）现阶段数字孪生技术应用存在的问题

尽管数字孪生技术有许多潜在的应用领域和优势，但数字孪生应用仍处于初级阶段，规模化、成熟化、商业化地应用数字孪生技术仍面临着一些挑战，还有很长一段路要走。

首先，数字孪生模型的构建和维护需要大量的人力和物力投入。需要有专业人员来建设和管理数字孪生系统，并购买和维护相应的硬件设备和软件工具。这对一些资源有限的单位和企业来说是一个巨大的挑战。

其次，数字孪生的数据来源和准确性也是一个问题。数字孪生技术需要大量的计算资源和数据来支持模型的创建和运行，需要实时获取和更新实际场景内部环境、设备和资源的数据。然而，这些数据的获取和更新可能会受到各种因素的影响，如传感器故障、网络延迟和数据不一致等。如果数字孪生的数据延时或者不准确，势必会影响正常运营和用户体验。

最后，数字孪生的安全性也是一个需要关注的问题。数字孪生系统需要与实际场景中其他信息系统进行数据交互和共享，这可能会增加系统被黑客攻击和数据泄露的风险。因此需要采取相应的安全措施，如加密通信、访问控制和数据备份等，来保证数字孪生系统的安全性和稳定性。

四、孝感市图书馆利用数字孪生技术推进智慧图书馆建设构想与探索

（一）孝感市图书馆的智慧图书馆建设现状

孝感市图书馆于 2000 年建设了图书馆网站开始数字化信息服务探索实践。2003 年被评为全省五个最早成立文化共享工程支中心的图书馆之一。2012 年启动数字图书馆推广工程建设。2015 年开始参与全国数字图书馆推广工程资源联合建设项目。2016 年又投入专项资金将图书自动化管理全面升级至 InterLib 集群管理系统，并在全馆实现了 RFID 图书自助借还。2017 年至今孝感市图书馆不断加大在智慧图书馆建设方面的投入，建设了图书馆服务数据分析显示系统，引进了智能书架，采购了电子图书、数字期刊、数字报纸、学术搜索等 10 余种数据库资源。同时自建了地方特色资源数据库，开发上线了手机移动 APP 客户端。实现了自助办证、自助缴费、24 小时自助借还书等智能化服务，提升了服务效率。另外在阅读空间拓展方面我馆还建设了云终端的电子阅览室和视频音像欣赏区以及 3D 打印、VR 体验等项目的青少年科普体验区。在城市书房建设上，建设了分布于城市多个网点的"澴川书房"，全面实现智能化管理和数字化服务。

尽管在智慧图书馆建设上孝感市图书馆做了实践探索并取得了一些实际成效，但也存在着一些问题，如目前的各类智能设备和系统都相对独立，缺乏统一的监测管理平台支持，有些数据和资源还不能很好地共享。随着智慧图书馆的建设不断深入，智能设备及数字资源的不断增加将给使用、管理及维护带来较大压力，因此迫切需要建立一个统一的监测管理平台打通各个系统节点数据孤岛，构建一个涵盖图书馆全生命周期的智能化数字平台。

（二）基于数字孪生技术的智慧图书馆建设构想与探索

数字孪生是采用信息技术对物理实体的组成、特征、功能和性能进行数字化定义和建模的过程。数字孪生体是计算机虚拟空间中与对应物理实体完全等价的信息模型。基于数字孪生技术可以建立一个与现实世界中图书馆相对应的数字虚拟图书馆，将图书馆运行全过程的数据和状态实时监控，同时将不同系统的数据融合到由数字孪生技术构建的数字孪生体中统一管理。基于以上设想和孝感市图书馆的实际情况，孝感市图书馆将数字孪生技术的应用纳入了智慧图书馆建设规划中。

智慧图书馆的建设涉及的技术繁多、资金需求量大、人员的培养和素质提升周期长。在基于数字孪生的智慧图书馆建设初始，从技术、资金和人员等多

方面综合考虑，孝感市图书馆制定了基于数字孪生的智慧图书馆项目建设规划。该规划拟分三个阶段，如图1。

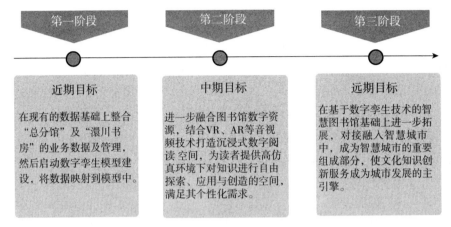

图1　基于数字孪生的智慧图书馆规划

　　在目前实施的第一阶段，孝感市图书馆已在数字孪生方面进行了一些基础应用探索。一是在孝感市"总分馆"体系建设中，将11个分馆和12个"澴川书房"的实时监控画面整合到了同一平台，随时可通过平台查看各分馆及书房的运行状态。在服务数据分析显示系统中对总馆、各分馆、"澴川书房"的借阅数据、读者来访数据进行了整合，可随时查看各分馆的图书借还数据、人流量数据、设备运行状态数据等。通过对相关数据分析统计，还可以获取一定时期内图书借阅频次，分析出读者阅读偏好，为采编部门提供图书采购依据。二是孝感市图书馆建设了馆藏地方文献全文数据库，将馆内近200册地方文献进行了全文数字化，共计超过4万余页，该数字资源库极具实用性和保存价值。将地方文献全文数据库纳入数字孪生模型中，既能方便读者数字化方式全文阅读，也对我馆纸质地方文献的保存起到重要作用。三是孝感市图书馆每年有近30次线下展览，将展览素材映射到模型中可以让读者足不出户感受到和现场看展览一样的效果，同时读者还可以在线上进行交流互动。

　　目前一些地区和图书馆在数字孪生方面已经有了一些先行探索，这也为我们在智慧图书馆建设的全局规划、统筹部署上积累了经验、奠定了基础。因此我们应充分学习利用已有的经验，全局统筹本馆智慧化体系，整合平台，整合资源，数据交互，采用数字建模技术建立图书馆的数字模型，即现实图书馆的三维孪生体。在此基础上将图书馆日常管理的数据融合到数字模型中，如监控数据、读者访问阅读数据、馆内环境数据、设备状态数据等。通过对这些基础数据的融合一方面可以打破日常管理过程中各类智能系统的数据壁垒，使得运行管理工作的效率得到提升，另一方面也可以检验数字孪生模型的有效性和稳定性，同时对相关技术进行实践检验，为项目下一阶段的实施打下坚实的基础。此外，在人员培训上孝感图书馆也同步跟进，早介入、早学习、早应用，及时向相关人员反馈使用过程中的问题和建议。在第一阶段完成后根据相关的评估数据和结论经验，及时对第二阶段的项目计划细节进行评审修订，该修改和调整的地方将及时作出对应的更新。

第二阶段计划在第一阶段构建的数字模型基础上，进一步融合图书馆数字资源，结合 VR、AR 等音视频技术打造沉浸式数字阅读空间，为读者提供高仿真环境下对知识进行自由探索、应用与创造的空间，满足其个性化需求。此外，还计划创建 AI 数字虚拟馆员，为读者提供导览、讲解、互动等个性化知识服务。在这一阶段涉及的数据量巨大，是数字孪生智慧图书馆建设的核心，也是技术应用的关键。

第三阶段计划在基于数字孪生技术的智慧图书馆基础上进一步拓展，对接融入智慧城市系统中。业界素来就有"图书馆是一个城市的灵魂""图书馆作为城市的第三空间"的共识，基于此，人们普遍认为智慧图书馆是智慧城市建设中不可或缺的组成部分，能够为文化知识创新服务，引领城市文明和社会发展。在此阶段，图书馆面向全民阅读与终身学习、面向科技创新与产业革命、面向政府科学决策与现代化治理的知识资源保障和智慧服务支撑能力全面提升。

五、结语

智慧图书馆是图书馆转型发展的新方向。随着科学技术的飞速发展和社会的不断进步，各种新技术不断涌现，为图书馆的智慧化转型发展提供助力。本文中孝感市图书馆基于数字孪生的智慧图书馆建设从技术应用的角度作了近期和长远目标规划，但智慧图书馆体系建设不仅仅是技术应用层面规划，还应制定制度体系、评价体系、人才培养体系等，在建设过程中不可避免会遇到人员、资金、技术等方面的困难，但我们会抓住机遇、攻坚克难、锐意进取、创新探索，为全国智慧图书馆体系建设贡献自己的力量。

参考文献

[1] 饶权. 全国智慧图书馆体系：开启图书馆智慧化转型新篇章 [J]. 中国图书馆学报，2021，47（1）：4-14.

[2] 田丽梅. 基于物联网的智慧图书馆建设研究 [J]. 图书馆学刊，2020，

42（10）：101-104.

　　［3］李嘉斌.云计算下的智慧图书馆发展分析［J］.信息系统工程，2022（11）：10-13.

　　［4］赵静萍.基于AI赋能的智慧图书馆：数据挖掘与精准服务［J］.西安文理学院学报（社会科学版），2023，26（3）：79-83.

　　［5］于勇，范胜廷，彭关伟，等.数字孪生模型在产品构型管理中应用探讨［J］.航空制造技术，2017（7）：41-45.

　　［6］胡权.案例｜特斯拉利用数字孪生体获得领先地位［EB/OL］.数字孪生体课堂公众号，2020-02-04.

　　［7］李庆华，洪丽平，徐姗姗，等.基于数字孪生的智慧图书馆数据融合研究［J］.四川图书馆学报，2023（4）：36-41.

　　［8］林良金.数字孪生赋能的图书馆智慧学习网络空间构建研究［J］.河南图书馆学刊，2023，43（7）：109-113.

荆门市图书馆开展阅读疗法的实践与经验

宋照丽

（荆门市图书馆　448000）

摘　要： 阅读疗法是"以文献为媒介，将阅读作为保健、养生以及辅助治疗疾病的手段，使自己或指导他人通过对文献内容的学习、讨论和领悟，养护或恢复身心健康的一种方法"。荆门市图书馆进行了一些尝试性的阅读疗法服务，供同行们探讨。

关键词： 图书馆；阅读疗法

十多年前一位患癌症的读者，情绪低落地来到荆门市图书馆寻求帮助，本馆工作人员根据她的情况和需求，在专业人员的指导下，持续为她提供一些疾病科普、情绪调节、运动饮食等方面的书籍，有计划地和她一起阅读探讨，对她的康复提供了有效支持。这次尝试性阅读疗法的成功，打开了本馆开展阅读疗法服务之门。下面笔者将对荆门市图书馆开展阅读疗法的情况进行综述和分析。

一、什么是阅读疗法

（一）缘起

阅读疗法也被叫作读书疗法或图书疗法，它由希腊语 biblion（图书）+therpeia（疗法）组成，在西方很早就有阅读疗法的相关记载，比如，中世纪开罗的曼苏尔医院由阿訇为病人朗读《古兰经》，辅助病人治病的案例，到了 20 世纪美国对阅读疗法的研究已非常活跃了，《图书馆为医院病人和残疾人服务纲要》的发表，标志着阅读疗法开始明确纳入全世界图书馆服务体系中。

虽然阅读疗法在中国的系统研究只有 30 多年，可从北京大学图书馆学者王波在《阅读疗法》一书中总结的中国各个时代阅读疗法思想和案例中，可以看出阅读疗法在中国也是源远流长，比如，吴师机《理渝骈之》中写道："七情之病也，看书解闷，听曲消愁，有胜于服药者也。"因此，当代图书馆员开展阅读疗法服务有根有据，且意义非凡。

（二）阅读疗法的定义

韦氏词典中对阅读疗法的定义是，用阅读材料来帮助解决个人问题或辅助精神病学的治疗。北京大学图书馆学者王波出版的《阅读疗法》一书中对阅读疗法定义为"以文献为媒介，将阅读作为保健、养生以及辅助治疗疾病的手段，使自己或指导他人通过对文献内容的学习、讨论和领悟，养护或恢复身心健康的一种方法"。从这些定义中可看出阅读疗法是利用文献解决个人问题，它是一种辅助治疗的工具和方法，具有消除不良情绪、保持健康心态、提升生活品质的功能，也是文献聚集地图书馆的一种重要读者工作形式。

二、图书馆开展阅读疗法的可能性

美国精神病学专家高你特曾说："图书馆是一座心智药房，存储着为各类情绪失常者治疗的药物。"图书馆安静舒适的环境、丰富的文献资料、广泛的服务人群，使其具备了开展阅读疗法的优势。

（一）图书馆人性化的环境设计，是一个轻松舒适的疗愈场所

"服务第一，读者至上"一直是图书馆的办馆宗旨，其馆内空气流通、灯光明亮、设施合理，开宗明义、条理分明的制度既尊重了读者又提高了馆员的素质，让和谐有序的氛围像春雨一样润物无声浸润着读者。据大数据调研，读者进入图书馆会松弛紧张的心情，有助于读者找到合适的文献，通过阅读提高认识，安抚情绪，达到疗愈的作用。

（二）图书馆丰富的文献资料是阅读疗法的基础

图书馆丰富的馆藏，形式多样的阅读活动，能够指导读者进行有效阅读的图书管理员是实施阅读疗法的坚实后盾。

（三）图书馆服务对象广泛，阅读疗法能在需要帮助的对象中发挥有效作用

图书馆提倡平等自由原则，任何人都可享受图书馆的服务，特别是现文化和旅游部、财政部出台的关于推进全国美术馆公共图书馆文化馆（站）免费开放工作的意见，更多的人可以无障碍、零门槛走进图书馆，为许多弱势群体、

特殊人群提供了制度保障，更体现了图书馆实施阅读疗法的优势。

三、阅读疗法在荆门市图书馆的应用

荆门市图书馆十多年来在阅读推广工作中尝试着多形式、多途径的阅读疗法实践与应用，有成绩也有缺陷，下面笔者做些简要阐述。

（一）培养专业人才，为阅读疗法提供保障

本馆从事阅读疗法的馆员主要是流通阅览和读者服务的馆员兼任，这些馆员都具有图书馆学、编目学、文献学、图书情报学等相关专业背景，具有很强的信息查询提取能力，可以帮助读者获取所需的资源，但缺乏相应的心理学、医学等背景知识，无法对读者心理、情绪进行有效的科学预判，在开展阅读疗法时会感到力不从心。本馆通过参观、座谈、专业培训、自学奖励来提升馆员的倾听、交谈和共情能力，为馆员在进行阅读疗法服务时助力，同时招聘具有医学心理学等相关背景知识的志愿者来充实服务队伍。目前专职阅读疗法馆员还是比较欠缺。

（二）用阅读疗法，助力特殊人群获得精神慰藉，矫正不良心理

特殊儿童、养老院的老人、服刑人员、残疾人这些特殊群体是产生心理问题的高危人群，他们相对来说敏感多疑。阅读疗法温和，且带有主动性，不会给他们带来抵触情绪，往往在潜移默化中矫正了不良心理。近二十年荆门市图书馆逐步在特殊学校、陈家山监狱、市看守所、市光荣院（养老机构）设立图书流通服务点。其主要任务是定期更换流通点的图书，在一些节日里和合作单位一起开展丰富多彩的活动。更换流通点图书前，图书馆的工作人员都会去各个流通点采集信息，与各流通点的工作人员交流，充分了解每个流通点阅读人员的心理状态，抓住他们的阅读特点、兴趣，定制书目，组织书刊进场。对一些有特殊需求的人，我们会为其建立档案，邀请专家对其进行一对一的阅读处方处置，并通过布置作业督促其完成。在节假日，我们会聘请专家教授做读书报告，组织新书进场举办书市，把阅读的主动权交到读者手里。这些规范长效化的阅读疗法服务受到欢迎认可，也取得了一些成效。荆门市图书馆先后获得了"助残扶残先进单位""社会帮教志愿者先进集体"等荣誉称号。

（三）成立未成年人心理辅导中心，与心理咨询师合作开展阅读疗法

2010 年荆门市图书馆和荆门市亲子教育互助小组共同发起成立荆门市未成年人心理辅导中心，其任务就是对孩子进行心理辅导，配合家长做好孩子的教

育转化工作。该中心由荆门市图书馆少儿部的工作人员和 10 名持证的心理咨询师组成，在图书馆设专室，室内环境舒适私密。工作中本馆人员积极与心理咨询师对接，在咨询师的"精准把脉"下为来访者开具合适的书目处方，通过阅读帮助来访者认识情绪，改变认识，走出心理阴影。未成年人的心理问题与家长密切相关，定期开展心理讲座，帮助家长更好理解孩子，在讲座中插入好玩的亲子读书、体验等活动，可以更好改善亲子关系，对未成年人的心理健康意义重大。十年来，我们遵循保密安全的原则，用尊重、接纳、理解、关爱式的工作方式，帮助 2 个因网瘾休学的孩子成功复学，20 个因学习、人际关系压力大而厌学的孩子重拾学习的信心，近 40 个孩子处于青春叛逆期的家庭改善亲子关系，让该中心真正成为未成年人健康成长的安全港湾。因该中心纯公益性质，心理咨询和所有的活动全免费，受资金的限制，接待力不强，今后可以考虑通过赞助增强该中心活力。

（四）举办读书会，集体交流，助推阅读疗法

传统的阅读疗法让读者阅读特定文献，使其心理产生触动，发生改变。有学者提出：同样的文献不同的读者阅读后会有不同的感受，有的读者会向好的方向发展，达到其治疗的目的，有的会向相反的方向去理解，变得严重。如果大家在一起同读一本书，并进行分享，那么有人在第一时间内会纠正理解偏差，得到积极、准确的信息会大大增强，更有效地淡化读者的心理障碍。读书分享会的举办让大家在集体中交流，实现了读者面对面的沟通，助推了阅读疗法。2017 年我馆开始策划"那些年我们读过的书分享会"，分享会的主旨是平等交流，友好对话，保护个人隐私。每次分享会主题确定后，先甄别图书，责任馆员进行专题培训，招募匹配的读者，根据实际情况确定地点。分享会形式不限，可朗读、可做游戏、可说唱、可谈感受、可做冥想等。近六年间读书分享会已成功开展 67 期活动，参与人数 5000 多人，分享主题涉及文学、摄影、医学保健、亲子教育、婚恋关系、投资理财等多个方面。参与活动的人群，年龄跨度从 15 岁到 67 岁，可以说老少皆宜。参与者职业也是各行各业都有，企事业单位员工、个体从业人员、学生、老师、退休人员等。举办地点有图书馆阅览室、书吧、社区活动室、学术报告厅、咖啡吧、学校读书角等。参与者反馈：在读书会这个场域中感到安全、温暖和爱，能勇敢地打开心扉，有力量去平衡内心的冲突。不知不觉中阅读欣赏变成了阅读治疗。随着新媒体的迅猛发展，如何借助新媒体让读书分享会的形式更多样化，更易于推广，这是我们今后的工作方向。

四、结语

西汉刘向说过："书犹药也，善读之可以医愚。"阅读伴随着每个人的一生，它对个人、家庭、社会、国家有着不可估量的作用，图书馆必须利用其自身的优势积极开展阅读疗法的研究与探索实践。荆门市图书馆在开展阅读疗法活动中进行了一些有效的探索实践，如何让阅读疗法更科学化和合理化是今后努力的方向。

参考文献

［1］严莉，彭琰. 不同图书馆开展阅读疗法的对比分析［J］. 中华医学图书情报杂志，2014，23（1）：45-47.

［2］王梅. "交互式阅读疗法"的实践尝试与趋势研究：以山东理工大学图书馆阅读推广工作为例［J］. 高校图书馆工作，2017（3）：23-26.

智慧图书馆体系建设与智慧服务

吴成诚

（来凤县图书馆 445700）

摘 要： 智慧图书馆体系建设是一个长期工程，它会随着社会和技术的进步不断调整和更新，它应当具有前瞻性和可拓展性。建设智慧图书馆可优先建成国家智慧云平台，各图书馆节点串联，资源共享、服务同行。在基于一个技术支撑、两个智慧服务管理体系的框架下建设智慧图书馆体系。

关键词： 智慧图书馆；国家智慧云平台；智慧图书馆体系

一、引言

随着人类文明的发展和进步，人们一直在不断探索和利用科学技术，进步的脚步从未停歇，社会也在技术革新下不断变革，人们思想随着社会和技术进步而不断演化。人工智能、5G、大数据、云计算、物联网、虚拟现实和增强现实等技术的革新，让人们深刻领略到了科学技术带给人类社会的进步。人们的思想迅速跨越，提出了"智慧地球"的理念，这一理念带来了智慧城市、智慧医院、智慧校园等建设构想。在这个历史背景下，智慧图书馆也被提及，国内外的专家学者就如何建设智慧图书馆提出了大量的理论设想。大家有一个共识：智慧图书馆是图书馆的最终形态，是图书馆必须发展到的终极目标。

二、智慧图书馆体系建设理念

2003 年，奥卢大学图书馆的艾托拉在论文中首次提出了智慧图书馆（Smart Library）的概念，指出智慧图书馆是可被感知的、不受空间限制的移动图书馆。关于智慧图书馆体系建设，专家学者们提出了很多富有建设性的意见和建议。国家图书馆的饶权馆长提出了"1+3+N"智慧图书馆模型，"1"是指一个"云上智慧图书馆"，"3"是指搭载其上的全网知识内容集成仓储、全国智慧图书馆管理系统和全域智慧化知识服务运营环境，"N"是指在全国各级图书馆及其基层服务点普遍建立线下智慧服务空间。上海图书馆的刘炜馆长则提出了一个平台、智慧图书馆两大系列四个方面，即智慧图书馆产品和智慧图书馆服务、智能楼宇、智慧空间、智慧数据和智慧业务的智慧图书馆概念，非常具有代表性和现实意义。柏忠贤、夏如意、赵磊、杨玉辉提出的《通过四个要素、九个层次模型构建元宇宙下智慧图书馆模型》很有启发性意义。有专家学者提出信息技术和人的智慧服务结合形成了智慧图书馆，且在这种理念中特别强调了人的智慧服务的重要性。

三、图书馆建设发展历程

图书馆作为人类知识保存和传播的重要机构，在其发展过程中经历了不同的形态和阶段。从最早的物理图书馆，到数字图书馆，再到现在的复合型图书馆，每种形态都反映了人类文明发展的不同阶段和需求。

物理图书馆的出现可以追溯到古代，人们开始用物理载体来保存知识，如石头、竹简、纸张等。这种图书馆的形式单一，只能提供静态的阅读服务，无法满足人们更加多元化和个性化的需求。

随着数字技术的出现，图书馆也开始向数字化方向发展。数字图书馆利用计算机技术将图书、期刊、论文等知识载体进行数字化处理，并存储在服务器上，读者可以通过网络进行远程访问和阅读。数字图书馆的出现打破了物理图书馆的时空限制，提供了更加便捷的阅读服务，但是其局限性在于无法提供更加智能化的服务，无法主动感知读者需求，也无法进行个性化推荐和服务。

复合型图书馆是一种将物理图书馆和数字图书馆相结合的图书馆形态，它既保留了物理图书馆的书籍、期刊等实体资源，也提供了数字图书馆的数字化资源和服务。复合型图书馆可以通过信息技术和传感器等设备，主动感知读者需求，提供个性化的阅读和服务。但是，复合型图书馆仍然无法满足智慧型图书馆的要求，其智能化程度还需要进一步发展和完善。未来，智慧型图书馆将成为图书馆发展的新方向，它将成为更加智能、个性化、主动化的阅读和服务平台，为读者提供更加便捷、高效、个性化的服务。

四、智慧图书馆建设是一个长期工程

智慧图书馆是一种基于现代信息技术和智能化设备的新型图书馆，旨在为读者提供更加便捷、高效、个性化的服务。智慧图书馆不仅可以主动感知读者需求并提供服务，而且更能主动创造服务。在智慧图书馆中，信息技术得到了

广泛应用，包括人工智能、大数据分析、物联网、云计算等。这些技术使得智慧图书馆可以更好地了解读者的行为和需求，从而提供更加精准的个性化服务。同时智慧图书馆还可以通过智能化的设备和技术，实现智慧化管理，提升图书馆的管理水平和服务质量。

基于当前的理论和技术条件限制，智慧图书馆建设还停留在初级阶段。智慧图书馆的建设不应该局限于短期的目标，应根据现有的技术标准和人们的服务需求来定义智慧图书馆体系建设标准。随着人们文化需求的变化和技术的进步，智慧图书馆体系也会不断调整和更新。未来科学技术不断进步，智慧图书馆建设目标必能实现。

在智慧图书馆的建设中，我们需要考虑多个方面，包括极速化、数字化、智能化、人性化等。极速化是智慧图书馆联通万物的前提，人们生活节奏不断加快，大家获取知识信息时追求及时性，智慧图书馆在强大的高速通信技术的支持之下，才能满足读者需求。数字化是智慧图书馆建设的基础，通过数字化处理和存储大量图书、信息、情报等资源，并以此为内容提供数字化的阅读服务。智能化则是智慧图书馆的核心，需要通过智能化的技术和设备，主动感知读者的需求，提供智能化服务。人性化则是图书馆智慧服务的体现，需要为读者提供更加便捷、高效、舒适的阅读环境，创造出顺应读者需求的独特性服务。

五、信息技术和人的智慧服务是构成智慧图书馆的基础

智慧图书馆是建立在人类的科学技术和人的智慧服务基础之上的。人类的科学技术不断发展，从而会因为技术进步演化出新的文化需求，人的智慧服务也会根据人们的需求而做出相应的调整或创造出新的文化服务。反过来，人的智慧服务会利用信息技术更好地适应人们新的文化需要，两者相辅相成，共同促进。特别是随着 VR、AR 和人工智能等技术的发展，带来的沉浸式文化体验应用场景，能让读者"身临其境"地享受科学技术进步带来的新文化服务，而群众追求更高质量的沉浸式文化需求时，又倒逼高质量的智慧服务的产生。智慧图书馆的建设需要不断更新和调整，以适应不断变化的社会和文化需求，同时也要不断推广和普及，让更多的人能够享受到智慧图书馆的优质服务，进而推动科学技术的发展和文化的传承。

六、国家智慧云平台是迈向智慧图书馆最重要的一步

笔者认为，构建智慧图书馆，应该从建设国家智慧云平台开始。优先建设国家智慧云平台的意义在于：一是全国范围内统一构建一个平台，可有效节约

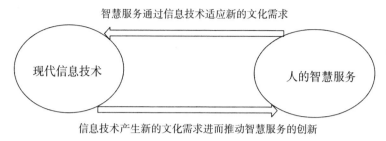

图1 智慧图书馆下信息技术和人的智慧服务的关系

资源，避免因资源的重复建设而产生的浪费；二是可极大地改善因发展不平衡带来的不同地区资源多寡的现状，使得全国范围内的人们均可享受高质量的云服务；三是人们文化需求的改变，倒逼文化服务的转变，数字服务、移动服务、云服务已经成为当下图书馆服务的主要方向，建设云平台是历史必然。

在万物互联、信息高速、便捷交互的未来，新的信息技术将帮助我们无限拉近彼此的距离。全国的公共图书馆将依靠国家智慧云平台链接在一起，形成环路。通过构建统一的标准、规范、管理和运行模式，以一个国家级云中心、省级副中心和各个图书馆为节点的建设体系，构筑涵盖全国的国家级智慧图书馆云生态。国家级中心将承载全域互联互通的使命，而副中心将辅助国家级中心承载本区域内的互联互通。各个节点在智慧云生态中，将形成相互串联的神经末梢。智慧图书馆云生态将实现全国范围内所有节点资源的共享和利用，提供更加便捷、高效、智能化的服务。读者可以通过智慧图书馆平台，随时随地获取全国范围内的云上服务。

七、智慧图书馆体系建设构想

笔者认为，根据现有的技术条件构建现代智慧图书馆建设体系。智慧图书馆包含云上和云下两个主要的智慧服务管理框架，以及一个重要的技术支撑。技术支撑是手段，服务和管理是目标。

首先，技术支撑是智慧图书馆建设的关键。所有的智慧化服务都需要依赖人工智能、云计算、大数据、VR等的技术支持。如果没有这些技术，智慧图书馆的建设将如同空中楼阁。智慧化图书馆建设智慧化程度的高低依据的是人工智能AI的智能程度的强弱，只有更加优化、高效、能深度学习的智能AI，才能让智慧化图书馆变成现实；而要想精准把控读者需求，大数据则是必不可少的；读者要想获得更加优质的云上服务，新一代通信技术和云计算等技术应用则不可或缺；读者要想获得更加生动和精彩的沉浸式服务，VR和AR则提供了这种

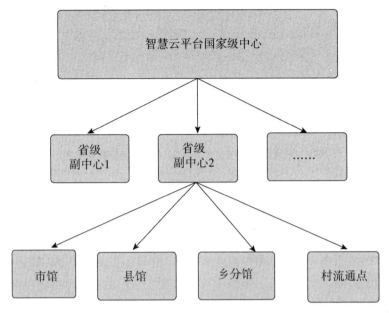

图2　图书馆智慧云平台网络拓扑

可能，而物联网使得图书馆智慧化设备互联互通，互相协调，构建起智慧服务纽带。未来出现的量子计算、量子通信、脑机技术等也会带来新的技术革新，并产生新的文化需求，进而出现新的文化服务。

其次，云上智慧服务和管理体系框架，简称"云上智慧空间"，面向服务端和管理端包括以下内容：

一是全域内资源集成一体化服务管理系统。全域内数字资源集成库将云上所有节点的数字资源有机整合成整体，在智慧服务端，全网的读者可以不受时间和空间的限制享受智慧云上数字资源服务；在智慧管理端，管理用户则可根据读者的需求及时调整、更新资源，满足不同读者的个性化需求。全域上架资源索引实现全域节点内上架的资源云上流通，全域内资源通借通还。读者可利用服务管理系统定位所需资源的相关信息（如所在馆位置、数量、可借天数等）规划出借阅流程，并提供额外的智慧物流服务。智慧管理端则提供便捷的业务管理功能，可在线实现图书采编、上架等功能，对读者实时在线管理。一体化系统实现线上线下资源的有机结合，可根据读者的不同需求提供数字和纸质、线上和线下的资源服务。

二是云上智慧服务品牌可满足传统意义上的信息服务之外新的文化需求。基于知识信息情报构建的人工智能对话机器人，在读者获取知识时可起到很好的辅助作用；元宇宙的出现则可为读者带来沉浸式的文化体验；智慧物流则是实现全域内上架资源通借通还的有效助力；未来还会出现其他具有显著特色的智慧云服务品牌，所以它是开放的、可拓展的。

云上智慧服务管理体系将图书馆所有节点串联成一个整体，构建出极速化、数字化、智能化、个性化的云上智慧服务空间，根据不同身份构建分层分级别的访问和管理规则，同时建立读者和用户的深度反馈机制优化云上智慧服务管理环境。

另一个框架是云下智慧服务管理体系框架，即云下智慧空间包含以下三个内容：一是智慧楼宇，如服务大厅、书库、采编室、多媒体中心、数据中心、阅览室等传统功能服务空间，应当进行智慧和智能化升级和改造。二是智慧软硬件设备，智慧空间需要智慧设备填充，无论是面向读者的服务设备如智能阅读机、智能借阅机等，还是面向馆员管理的智能分拣上架一体机、智能采编机、智能书架等都是不可或缺的。三是智慧品牌，智慧软硬件设备的大范围使用，构建出图书馆自有的智慧服务品牌。无论是基于 VR 的虚拟导航和索引，还是基于 AR 的 3D 投影，又或是向导机器人等，都可以满足读者最前沿的文化需求。云下智慧空间也应具备高速、数字、智慧、个性化等特性，应当满足不同身份人群的独特性需求，且智慧空间建设应当具有前瞻性和可拓展性，从而不断顺应时代发展的潮流。

笔者认为，智慧图书馆建设绝不能一蹴而就，更不能裹足不前。我们不仅要集思广益，各行业管理机构、图书馆、第三方都应该积极参与到智慧图书馆理论的构建、技术的革新、产品的创新上面来，而且更要把握时代的脉搏，顺应时代需要，满足人们不断变化的文化需求。图书馆人不仅是智慧图书馆的创造者，也将是智慧图书馆的管理者。我们需要不断提升自身的业务管理和服务水平，做图书馆新发展阶段的引领者，让智慧图书馆高质量发展成为现实。

参考文献

［1］饶权．全国智慧图书馆体系：开启图书馆智慧化转型新篇章［J］．中国图书馆学报，2021（1）：4-14.

［2］刘玮．智慧图书馆十问［J］．图书馆理论与实践，2022（3）：1-6.

［3］柏忠贤，夏如意，赵磊，等．元宇宙视域下智慧图书馆学习空间构建：原则、模型、特征与挑战［J］．图书馆理论与实践，2023（3）：86-93.

［4］初景利，任娇菡，王译晗．从数字图书馆到智慧图书馆［J］．大学图书馆学报，2022（2）：52-58.

［5］李书宁，刘一鸣.ChatGPT 类智能对话工具兴起对图书馆行业的机遇与挑战［J］.图书馆论坛，2023，43（5）：104-110.

［6］魏大威，谢强，张炜敦，等.智慧图书馆建设的思考［J］.国家图书馆学刊，2022（3）：3-11.

老龄化背景下公共图书馆适老化服务建设的实践研究

——以湖北省图书馆为例*

段雪晴 聂 曚 戴 梦

（湖北省图书馆 430071）

摘　要：公共图书馆适老化服务构建是我国老龄化社会建设进程中不可忽略的一部分。随着我国老年群体的逐年扩大，公共图书馆在日常服务中如何应对老年读者数量增加带来的需求增加；如何调节老年读者的传统阅读方式与图书馆数字化、智能化建设方向的矛盾，以及图书馆应如何发挥社会教育功能，引导老年读者掌握新型生活技能，切实感受到智能化社会的便利，跟上社会发展的步伐。本文以期梳理湖北省图书馆近十年来老年读者服务实践工作，研究探索公共图书馆应重视哪些方面的适老化服务建设。

关键词：公共图书馆；适老化服务；老年读者

公共图书馆是保障公民基本文化权益的单位，在《中华人民共和国公共图书馆法》（下称《图书馆法》）第四章中明确提出公共图书馆的服务要求："第三十三条　公共图书馆应当按照平等、开放、共享的要求向社会公众提供服务。"公共图书馆的日常服务不仅面向有正常行动能力、已建立健全认知的成年人，还应照顾到有明显的生理缺陷的群体，包括身体上的疾病导致的能力缺失，或者年龄原因导致的。包括残障人士、老年人、孩童等。《图书馆法》另有规定："第三十四条　政府设立的公共图书馆……应当考虑老年人、残疾人等群体的特点，积极创造条件，提供适合其需要的文献信息、无障碍设施设备和服务等。"

---

* 本文系 2023 年度湖北省图书馆科研项目"公共图书馆特殊人群"服务研究成果之一，项目编号：鄂图科 2022-18。

公共图书馆适老化服务构建是我国老龄化社会建设进程中不可忽略的一部分。随着我国老年群体的逐年扩大，公共图书馆在日常服务中如何应对老年读者数量增加带来的需求增加；如何调节老年读者的传统阅读方式与图书馆数字化、智能化建设方向的矛盾，以及图书馆应如何发挥社会教育功能，引导老年读者掌握新型生活技能，切实感受到智能化社会的便利，跟上社会发展的步伐。本文以期梳理湖北省图书馆近十年来老年读者服务实践工作，研究探索公共图书馆应重视哪些方面的适老化服务建设。

一、老龄化社会的公共文化需求

我国正在疾步进入老龄化社会。以湖北省为例，2010 年第六次全国人口普查时，全省 60 岁及以上人口为 797.4 万，占总人口的 13.9%；与 2000 年第五次全国人口普查相比，60 岁及以上老年人口增加了 242.46 万人，年均增幅为3.79%。2020 年"七普"时，全省 60 岁及以上老年人口为 1179.50 万人，占常住人口的 20.42%，比 2010 年上升 6.49 个百分点。数据表明近 20 年来湖北老年人口的数量、比重、增幅都呈快速增长之势。比照联合国的划分标准，湖北已进入中度老龄化社会。预计 10 年后将进入深度老龄化社会。而从社会现状来看，老龄友好程度并不高。随着我国互联网、大数据、人工智能等信息技术快速发展，智能化服务得到广泛应用，深刻改变了生产生活方式，提高了社会治理和服务效能。但老年人不会上网、不会使用智能手机，在出行、就医、消费等日常生活中遇到不便，无法充分享受智能化服务带来的便利，老年人面临的"数字鸿沟"问题日益凸显。基于此，国务院办公厅在 2020 年 11 月 15 日发布《关于切实解决老年人运用智能技术困难的实施方案》，提出七条重点任务，其中第五条"便利老年人文体活动"的具体要求是"提高文体场所服务适老化程度、丰富老年人参加文体活动的智能化渠道"。

关爱老年群体的社会需求，不仅在于顺应老年群体的生活习惯，也在于通过多种手段、方式教育引导老年群体掌握新型生活技能，切实感受到智能化社会的便利。

二、公共图书馆的适老化建设现状及老年读者使用公共图书馆的特点分析

（一）公共图书馆阅览资源的适老化建设

老年读者的阅读习惯受时代影响，对报纸、期刊类读物十分青睐。阅读当天出版的报纸是其了解时事新闻的主要途径。以笔者熟悉的湖北省图书馆为例，

该馆开辟了约 200 平方米的报纸阅览区，征订《人民日报》《湖北日报》《参考消息》《健康报》《文萃报》等多种老年读者喜爱阅读的报纸。为能满足老年读者及时阅览的需求，提高阅览体验，湖北省图书馆中文报刊部优化上架环节，缩减上新准备时间。又增设多个电子读报屏，数字报纸更新快，操作简单，在投入使用后迅速为老年读者接受。

文学类、历史类、养生类杂志是老年读者群体非常喜爱的刊物，湖北省图书馆通过增订多个复本、扩充订阅范围等方式尽量满足阅读需求。对公共图书馆来说，老年读者多阅读正规出版刊物能达到一定社会教育目的。以养生类杂志为例，网络养生资讯鱼龙混杂，甚至暗含诱导广告，缺乏甄别能力的老年人容易上当受骗，通过阅读正规出版物学习养生知识更有助于他们的健康，也能避免财产受损失。

（二）图书馆面向老年群体的参考咨询服务现状

随着图书馆功能的不断延展，公共图书馆的参考咨询功能逐渐为读者熟知；近年来各级图书馆均着重于数字图书馆的建设与发展，读者对数字图书馆也在不断建立认识并感受图书馆数字化带来的便利，掌握了这一变化的读者能通过便捷访问各类数据库独立检索所需文献。但笔者十多年实际工作中，发现还有一定数量有参考咨询需求的读者（主要表现在老年读者群体）并不能接受或者独立使用数字资源。该群体因没有使用电脑的经验，或是不了解现代信息检索技术而受困于此，从而导致即使有明确咨询目的，也无法使用科学、便捷的方法查找到所需资料。还有部分老年读者不接受数字技术检索出的信息，更愿意相信纸质文献或者通过"人工+实物"方式查找所需资料，这类读者的观念需要培养和修正。

（三）公共图书馆的适老化社会教育现状

笔者浏览各省市图书馆网站、微信公众号平台等讯息发现，目前我国各类公共图书馆均有针对老年群体开展适老化帮扶措施，开展面向老年群体读者的专项活动。以我国中部省份为例，湖北省图书馆有"银龄 E 时代 网罗智生活"——老年人智慧触网系列主题讲座活动，教授老年人操作手机、电脑等智能化设备，解决生活中常见问题，如使用微信、查看地图软件、医院挂号等。安徽图书馆"老年读者微课堂"内容形式多样，有剪纸、插花等实操活动，也有摄影、航拍讲座，还有手机操作教学课程。山西省图书馆在 2021 年提出"阅读零障碍智享晚年乐"适老化服务品牌，打造适老化讲座、志愿者服务等；河南省图书馆特制作《河南省图书馆数字资源使用指南》（老年版）、《河南省图书馆自助机使用指南》（老年版）等多个文件放在官网，引导老年读者了解、使用馆内数字资源。

笔者在查询统计中发现这些讲座或活动的开展随机性较大，频率不高，一年最多三至四次且无规律可循，可见公共图书馆有适老化社会教育意识，但是并未形成规模，因而影响力不强。

（四）公共图书馆的适老化基础建设和人性化服务

公共图书馆面向人群广泛，在基础设施上应照顾到不同年龄段、不同体质读者的生理特点，老年人随着年龄增大，行动力明显减退、突发疾病、意外的可能性显著增高，针对老年人的适老化基础建设主要是无障碍设施、安全设施、舒适与便利设施、视觉与听觉辅助设备、健康服务设施等。对照来看，公共图书馆可协助优化公共交通站点到达图书馆的人行道路，开放电梯直达不同楼层；设置行动不便人群专用洗手间并安装防滑、防摔装置；提供老花镜、放大镜、轮椅、拐杖等；常备急救药物并确保生命通道畅通。值得一提的是，湖北省图书馆大厅装有 AED 自动体外除颤仪设备。

在人性化服务方面，应根据老年人群的使用习惯来设计图书馆提供的各种服务。例如，为方便读者参与活动，现在图书馆的活动报名均以网络报名为主，这是现代化和人性化服务的升级。但考虑到大多数老年人对网络报名流程不熟悉，湖北省图书馆"长江讲坛"读者活动的预约平台预留了老年人专属电话预约通道，这就属于升级的适老化人性服务。

三、老龄化背景下公共图书馆适老化服务建设的思考及建议

（一）尊重理解老年人使用图书馆的习惯

在图书馆基础设施建设方面，所有针对老年人群的设施应设置明确的区分方式，便于读者辨别。例如，明显的指示牌、不同于附近区域的家具等；已配备的设施应定期检修维护，以保证使用安全。

随着图书馆的智能化建设水平不断提高，办理读者证、检索图书信息、借阅图书等基础行为对智能化机器的依附度越来越高。但是对老年人来说对智能化产品的认知和使用障碍是客观存在的，公共图书馆发展一方面要跟上智能化建设的社会趋势，另一方面，要充分认识到自己服务的群体存在显著差异，尊重理解老年群体的使用习惯，在智能设备的投入和实际使用中，多主动了解老年人群的使用体验，并进行有针对性的改善。

（二）带动老年人了解使用图书馆数字资源，重视参考咨询业务对老年人群的作用

随着手机、平板电脑等智能阅读媒介的普及，电子媒介阅读变得更加便利，体验感也更好。我国公共图书馆现更注重投入资金进行数字图书馆建设。从内容上来说，不仅采购有数字期刊、数字图书等阅读资源，还有视频、音乐、课程教育等。这些更为生动、形式多样的资源对因生理机能减退导致阅读障碍或者不便到馆的老年人来说，是非常合适的。

例如，听书资源可以让视力减弱的老年读者也享有阅读乐趣；在线阅读可以让行动不便的老年读者足不出户即可使用图书馆资源；讲座课程等免费的视频资源让没有条件进行付费学习的老年人也能享受继续教育的权利。

在图书馆资源建设逐步偏重于数字化建设的趋势下，教育老年读者了解、学习、使用数字化资源应同步进行，通过不同群体的使用体验来不断修正数字化图书馆建设的策略，使数字图书馆也如实体图书馆一样，真正为全民使用。

除基础阅读外，老年研究型读者的参考咨询的需求不应被忽视。有些受教育程度高的老年读者在退休后依然从事相关研究工作，继续发光发热，他们从事的研究有非常高的价值，公共图书馆也应向这类读者提供智力和资源支持。

再者，有部分老年读者希望在退休后可以在自己喜欢的领域探索学习，如能带动老年人群利用图书馆数字资源，既能增强其学习效率，又能让老年人收获跟上时代节奏的成就感。

（三）公共图书馆适老化社会教育大有可为

从抽样分析来看，公共图书馆多集中关注"老年人使用智能化设备经验不足"这一社会现象，所设计的课程、讲座内容确实可以解决老年人部分生活困境。但整体活动频次不高，大多未设定固定时间举办，对老年人来说记忆难以深刻，也会削弱其对专项活动的关注度。

从笔者服务经验来看，喜爱图书馆生活的老年人生活模式固定，时间观念极强，参与活动黏性高。公共图书馆如能增加对适老化社会教育的关注度和投入，制作各类循序渐进的学习课程，组织老年人定期开展学习活动，完全可以形成有影响力的特色服务品牌。

（四）多方联动，开拓服务思路

老年人的公共图书馆使用需求是多样立体的，公共图书馆在适老化服务建设中不仅要从自身角度出发，多观察在馆老年人在使用图书馆过程中的不便之

处，搜集重视老年人反映的情况，及时处理调整；也可以联合与老年人服务相关的社会组织，如老龄化社区、民政部门等了解更多老年人对公共文化服务的需求意见，开拓服务思路，将老年读者服务下沉覆盖到更广泛的人群，丰富老年人的生活，使更多老年人受益。

参考文献

[1] 中华人民共和国公共图书馆法 [M]. 北京：法律出版社，2018.

[2] 陈显友，宋雯，靳延安. 湖北省人口老龄化发展现状、影响及对策研究：基于第七次全国人口普查数据的统计分析 [J]. 湖北社会科学，2022（3）：59-69.

[3] 山西省图书馆推出适老化服务 让老年人"阅读零障碍" [EB/OL]. 新华网，2021-02-28.

[4] 河南省图书馆数字资源使用指南（老年版）[EB/OL]. 河南省图书馆，2021-03-29.

基层公共图书馆助力乡村振兴路径探索

——以南漳县图书馆为例

张东明　石　浩

（南漳县图书馆　441500）

摘　要： 随着乡村振兴战略的实施，基层公共图书馆作为公共文化服务的重要组成部分，承载着推动乡村振兴的重要责任。南漳县图书馆通过完善总分馆服务体系、创新文化服务内容、拓展全民阅读推广活动、图书资源流通等方式对助力乡村振兴的主要路径进行了实践探索，在实践中发现了基层公共图书馆助力乡村振兴存在的一些制约因素，进而提出相应的优化措施，为基层图书馆助力乡村振兴走向深入提供一些参考。

关键词： 基层公共图书馆；乡村振兴；路径探索

习近平总书记在党的二十大报告中强调："加快建设农业强国，扎实推动乡村产业、人才、文化、生态、组织振兴。"这为新时代新征程全面推进乡村振兴提出了根本遵循，乡村振兴是我国当前的重要战略任务，也是促进农村全面发展的关键。乡村振兴不仅包括物质上的富裕，还包括精神文化的富足，乡村文化振兴是乡村振兴的灵魂，可以增强人们的精神力量。乡村文化振兴在实施乡村振兴战略中具有重要作用，面临新形势、新任务，基层公共图书馆应紧紧抓住乡村振兴战略的契机，充分发挥公共图书馆职能，积极向上争取政策资金支持，为乡村振兴、消除城乡差距提供智力支持，提高乡村公共文化建设水平，促进乡村可持续性发展。

一、基层公共图书馆在乡村振兴中存在的作用

（一）基层公共图书馆可以满足城乡居民的精神文化需要

党的十九大报告中指出，新时代我国社会主要矛盾已经转化为人民日益增

长的美好生活需要和不平衡不充分的发展之间的矛盾。随着人们的物质生活水平不断提高，精神文化需求也不断提升，因此在乡村振兴中不仅要重视物质建设振兴，还要注意精神文明建设振兴。基层公共图书馆作为传播文化的桥梁，拥有丰富的图书馆藏资源，为城乡居民提供了免费舒适的阅读场所，同时，基层公共图书馆形式多样的阅读推广活动也增强了城乡居民阅读的积极性，满足他们的精神文化需求，提升整体的文化素养。

(二) 基层公共图书馆为乡村振兴提供智力支持

基层公共图书馆为乡村振兴战略提供了智力支持。基层公共图书馆可以发挥社会教育、文化服务、信息传播等职能，向乡村居民提供现代农业、科学普及、素养教育等各类知识或服务。基层公共图书馆还可以发挥公共文化服务阵地作用，以文化服务推动乡村精神文明建设，激发乡村内生动力，通过分馆建设、阅读推广、送书下乡、农家书屋等灵活的方式，为广大乡村居民群众送去精神食粮，为乡村振兴提供精神动力和智力支持。

(三) 基层公共图书馆是推动乡村振兴精神文明建设的主阵地

基层公共图书馆在乡村精神文明建设中发挥着不可替代的作用。基层公共图书馆的总分馆制打通了公共文化服务的"最后一公里"，通过构建共享、开放、丰富、统一的图书馆总分馆服务体系，使广大乡村居民享受到优质、均衡、便捷的公共文化服务。同时，利用扎根乡村社会的优势，在乡村精神文明建设中开展以下工作：举办专题知识讲座、读书会，起到文化传播的作用；组织开展阅读推广活动，活跃乡村读书氛围；举行画展征集活动，展示乡村精神风采；收藏地方特色文献资源，传承乡村优秀文化；跨界融合开展全民阅读活动，为乡村振兴带去文化生机。

二、南漳县图书馆助力乡村振兴的实践探索

(一) 积极推动图书馆总分馆建设

图书馆总分馆建设是整合公共文化资源，提高公共文化服务效能，促进城乡公共文化服务均衡发展的重要内容。近年来，南漳县图书馆把图书馆总分馆制建设作为图书馆深化服务体系、拓展服务广度深度的重要着力点，扎实推进图书馆总分馆服务体系建设和城乡一体化图书馆服务体系建设：一是立足总馆，完善服务体系，提升核心能力；二是突出乡镇（社区）分馆和农家书屋的作用，建设标准化图书馆分馆；三是支援乡村图书流通服务点，提升图书流通服务点

的服务质量。

目前，南漳县图书馆已在全县各乡镇（社区）建设有 11 个设备完善、运行流畅的图书馆分馆，通过在 Interlib 系统中建立分账号的方式，让各分馆使用同一软件进行书籍的管理，从而实现总分馆之间图书的互联互通、通借通还；另外，还在全县各镇（社区）建有 302 个各种类型的图书流通服务点，且均已达标。依托县、镇、村三级图书馆（流通服务点）服务网络互联互通体系，保障各乡镇（社区）居民就近、方便的阅读学习和参加文化交流活动。

（二）做好免费开放均等服务

基层公共图书馆免费开放为求知若渴的人们提供了极大的便利，可以使全民的文化素养得到很大的提升。南漳县图书馆不断完善免费开放服务，在窗口接待、场所引导、资料提供、内容讲解等方面创造良好的服务环境，现有免费开放面积 5012 平方米，设立有少儿阅览室、残障人阅览室、中文阅览室、报刊室等服务区，馆藏书数量超过 32 万册，报刊种类超过 200 种，基本满足了全县城乡居民的阅读需求。同时，各乡镇分馆也为广大乡镇居民提供了良好的阅读环境和服务，乡镇分馆利用率越来越高，越来越多的乡镇居民开始喜欢并主动到分馆阅读学习，乡镇分馆已成为当地群众学习科学文化知识、休闲娱乐的好去处。

（三）推动公共文化服务数字化建设

运用数字技术整合文化资源，为人民群众提供多样化、精准化公共文化服务，已成为我国公共文化服务高质量发展的重要途径。南漳县图书馆始终重视推动基层公共文化服务数字化建设，解决基层群众基本问题。

1. 总馆和分馆之间实现"一卡通"通借通还

通过业务融合增强各分馆服务能力，将各分馆、流动服务点的图书文献资源进行整合，建立文献编目数据库，统一业务管理平台，为乡镇分馆提供更方便的业务支持。各分馆新进图书由县图书馆总馆统一进行加工编目、加盖印章、粘贴书标及条形码，图书数据进入总馆信息数据库，使用图创公司的 Interlib 管理系统服务平台，实现了总馆和分馆之间"一卡通"通借通还。

2. 构建"数字图书馆分馆"

通过文化信息资源共享工程等渠道，将各种数字化信息资源整合在一起，实现共建共享，目前总馆数字资源总量达到 7.6TB，各分馆达到 4TB。同时，加强微信公众平台、微博等数字平台建设，主动与优质资源提供商合作，推出"一网读尽""云图有声""读联体"等数字阅读平台，并加挂在南漳县图书馆的微信公众号上供全县读者免费使用。积极推广数字阅读，进一步满足了人民群众多元化阅读需求。

3. 农家书屋数字化升级

农家书屋数字化依托"书香荆楚"数字阅读平台，村民只需下载"书香荆楚"APP，再连接湖北数字农家书屋WiFi，即可完成认证，只要手机有网络，就可以随时阅览数字农家书屋里的内容，让村民足不出户就能免费阅读近万种图书和有声书。内容丰富的书籍，为村民开阔视野、增长知识、更新思想、学到致富本领提供了良好的支持。

（四）探索全民阅读推广工作新路径

为推进全民阅读，建设书香社会，南漳县图书馆积极探索全民阅读推广工作新路径，不断深化全民阅读推广活动，丰富群众精神文化生活，为新时期乡村振兴提供文化动能。

1. 送书下乡助力乡村产业发展

因地制宜、因人而异地开展送书下乡服务，根据不同乡村产业发展需要、不同群体阅读需要，将种植、养殖、老年人、儿童、健康等书籍精准送到村民手中，为村民讲解书籍内容，帮助村民学习农业生产、种植养殖相关专业知识，助力乡村产业发展，推动农民群众形成崇尚科学致富、健康生活、文明新风的观念。

2. 在乡镇学校设立流动图书点

开展"书香进校园"全民阅读推广活动，在乡镇学校设立流动图书点，将少儿文学、科普、历史类书籍送到偏远地区学生手中，解决乡村学生图书资源匮乏、读书难的问题，让孩子们不出校门就能享受到丰富的图书资源，满足偏远地区孩子们的精神文化需求，从而打通阅读服务的"最后一公里"。

3. 关爱农村留守儿童

通过招募暑期返乡大学生文化志愿者，在各乡镇分馆开展包括知识讲座、爱心课堂、作业辅导等内容的文明实践阅读推广活动，从而拓展农村留守儿童的知识面，关爱他们的心理健康，助力解决农村留守儿童暑期看护难问题，丰富农村留守儿童暑期精神文化生活，给他们带去精神上的关爱和鼓励。

4. "旅游+阅读"新模式

以"中国旅游日"活动为契机，将流动图书车开进乡村旅游景点，为游客们带去党史教育、南漳旅游介绍、南漳人文历史等相关书籍。图书馆工作人员在现场为游客讲解书籍内容，发放旅游宣传册，宣传本地特色农产品。"旅游+

阅读"的服务模式，将图书馆文化服务延伸到景区和乡村，让游客在欣赏美景的同时也能了解本地特色文化和特色农产品，给游客更好的旅游文化体验，助力乡村旅游发展。

三、基层公共图书馆助力乡村振兴的制约因素

（一）村民参与文化活动的积极性不高

乡村振兴，主体在民。然而，随着村容村貌的提升，乡村公共文化设施的逐步完善，村民参与文化活动的意识和兴趣却不是很高。第一，许多村民农事繁忙，很少有空余的时间去参加文化活动；第二，公共图书馆的宣传不到位，传统意义上的"守株待兔"形式不利于增强村民对公共图书馆的思想认识，不少农民认为公共图书馆与自己的日常生活关系不大；第三，部分村民的思想觉悟不高，沉迷于旧风陋俗，缺乏积极向上的引导，导致村民对文化活动参与程度不高，积极主动性不强。

（二）文化设施缺乏后期维护管理

虽然农村公共文化基础配套设施趋近完善，但仍存在一些问题和薄弱环节。乡镇分馆硬件设施陈旧，书籍资料更新较慢，无法满足人们对知识的渴求。再加上现代互联网技术的普及，导致人们获得知识的途径增多，图书馆已不再是人们查询资料的首选渠道。部分乡镇分馆的书籍外观崭新，积尘较多，借阅人数极少。部分乡镇分馆没有完全发挥出作用，仅少数时间开放，基本处于"半关门"状态，造成了大量场地和书籍闲置浪费。

（三）人才队伍缺乏

乡镇图书馆建设和运营普遍存在专业人员缺乏的问题，已成为制约乡镇图书馆发展的重要因素。受各种客观条件影响，现阶段许多乡镇分馆人才队伍建设没有受到重视。由于没有专职人员，导致人员素质参差不齐，几乎没有图书专业人才，且人员老龄化严重，对现代技术不熟悉，已不能为阅读者提供专业服务。同时，基层工资和福利待遇相对偏低，没有发展空间，直接造成了人员的流失。

四、基层公共图书馆如何更有效地助力乡村振兴

（一）挖掘乡村特色文化，主动服务广大人民群众

乡村文化振兴是乡村振兴的灵魂，只有提振农民群众精神，调动农民群众

的积极性、主动性、创造性，才能激发主观能动性，形成内生动力，更好地助力乡村振兴。基层公共图书馆可以挖掘本地农村独有的地方特色文化资源，结合广大乡村特征和群众特点，转变思路，拓宽服务面，改传统的等读者上门为有针对性的送书下乡，主动将专业的书籍送到群众手中。举办养殖、种植等专业知识技能培训活动，提供对口援助，切实解决广大农村的农业、养殖生产问题，有效实现文化效益和经济效益的双结合。另外，推动全民阅读不断向纵深发展、向乡村延伸，开展人民群众感兴趣的阅读推广活动，引导人们养成阅读的好习惯。

（二）积极争取政策支持，健全基层文化管理制度

建立健全资金保障机制，充分掌握乡村公共文化服务现状与需求，确保对基层公共文化服务定向财政投入的有效供给。同时，应广泛宣传动员更多的企业、社会团体通过募捐、合作等方式发挥资金补充作用，确保资金筹集主体多元化、筹集渠道多样化，形成资金保障合力。充实农家书屋的文献资源，购置适合发展农村经济的图书，建立农村文化资源特色数据库，为村民养殖、种植提供学习便利。建立健全运行管理机制，不断完善文化服务功能，拓展服务领域，提升服务水平。规范乡镇分馆、农家书屋管理制度，健全基层公共文化服务运行管理机制，加强文化设施维护，增大馆舍面积，改善图书配置，做好馆员培训。

（三）加强人才队伍建设，提高整体业务素质水准

基层公共图书馆在推动乡村文化振兴中，必须建设一支优质的基层馆员队伍。基层公共图书馆可以对乡镇分馆、农家书屋的图书管理人员开展业务指导培训，使其具备基本的图书管理知识，掌握图书管理软件，为村民提供专业化服务。另外，要提高馆员整体业务素质水平，推进馆员专业化队伍建设，建立相关职业资格认证机制，通过多种方式来提高基层工作人员的责任感、荣誉感、成就感，从而留住人才，稳定乡村馆员队伍，让他们心甘情愿为振兴乡村文化事业而奋斗。

五、结语

总之，基层公共图书馆作为公共文化服务体系的重要组成部分，在公共文化建设中彰显文化"主体"的作用，基层公共图书馆要趁着乡村振兴的东风，积极主动探索助力乡村振兴的新路径，充分发挥基层公共图书馆在乡村振兴上的作用，为乡村振兴贡献图书馆力量，让乡村文化焕发出活力与生机。

参考文献

［1］郝世英．基层公共图书馆助力乡村振兴的实践探索［J］．知与行，2022（2）：88-94.

［2］郭智惠．公共图书馆助力乡村文化振兴的路径研究［J］．农业经济，2022（2）：75-77.

［3］张晓东．乡镇图书馆助力乡村文化振兴研究［J］．图书馆工作与研究，2020（9）：45-51.

［4］张柏林．公共图书馆助力乡村文化振兴的模式与优化路径［J］．四川图书馆学报，2020（6）：18-21.

探讨"双减"背景下公共图书馆的作用和地位
——以南漳县图书馆为例

张东明　杨梅兰

（南漳县图书馆　441500）

摘　要:"双减"政策出台后,为公共图书馆的发展提供了契机。公共图书馆如何借助自身的优势发挥社会教育的功能,助力"双减"政策落地,成为当下需要思考的问题。文章以南漳县图书馆为例,探讨了公共图书馆自身具备的优势、助力"双减"中的作用以及下一步如何更加充分发挥其职能作用,以期为公共图书馆后续开展公共服务提供参考。

关键词:"双减";公共图书馆;社会教育

2021 年 7 月 24 日,中共中央办公厅、国务院办公厅印发《关于进一步减轻义务教育阶段学生作业负担和校外培训负担的意见》,要求各地区各部门结合实际认真贯彻落实。"双减"政策坚持学生为本,着眼学生身心健康成长,保障学生休息权利,减轻家长负担,提升学校课后服务水平,满足学生多样化需求,坚持从严治理,全面规范校外培训行为。由此可见,政策的出台对学校教育提出了更高的要求,同时让中小学生有了更多的时间参与到课外实践活动中去,有助于学生的全面健康发展,回归素质教育的初心。

公共图书馆被誉为除学校教育之外的"第二课堂",作为社会重要的文化阵地,对于服务少年儿童发挥着作用。在"双减"政策背景下可以利用自身的资源、空间优势,发挥社会教育的功能,与学校教育形成合力,共同推动中小学素质教育工程。

一、公共图书馆在文化服务中的优势

(一)丰富的馆藏资源和数字资源

公共图书馆馆藏资源丰富，主要包括图书、报刊、音像资料、电子资源和其他文献资料等，书籍涵盖哲学、科学、文学、艺术等各个领域。丰富的课外读物让青少年在知识的海洋中探索发现自身的兴趣爱好，投入相关领域中去求知，不仅激发了阅读的积极性，同时拓宽了眼界和知识面。少年儿童在阅读课外读物的过程中，锻炼自主学习的能力，对于日常课业学习起了重要作用。除了纸质书籍之外，公共图书馆依托现代数字平台为读者提供丰富的数字资源，让读者实现掌上阅读。南漳县图书馆藏书33.2万册，涵盖各个领域书籍，其中少儿阅览室书籍为5万余册，为县域内的少年儿童提供了更多图书的可选性，让更多的孩子爱上阅读。同时不定期通过南漳县图书馆官方公众号进行好书推荐，不仅有各类优质图书的数字资源，还能通过有声书边听边学，让孩子们在轻松的氛围中收获学习的快乐。

(二)良好的阅读环境和学习氛围

公共图书馆作为提供公共文化服务的公益性机构，为社会大众提供安全稳定的阅读空间，让精神交流有了归属地。目前，双职工家庭和留守儿童家庭普遍存在暑期"看护难"的问题，而图书馆作为免费的公共阅读场所，成为家长和孩子们暑期的首选之地。舒适宽敞的空间和安静的阅读环境是青少年选择公共图书馆的另一个重要原因，环境影响人的阅读兴趣和热情，而良好的硬件软件环境能够激发青少年阅读的积极性，为其汲取知识提供保障。

(三)科学合理的空间布局

双减涉及不同年龄段的学生，如何针对他们进行精准的服务是图书馆需要思考的问题。在室内结构布局，书籍的挑选和摆放都要有科学合理的规划，有针对性地发挥公共学习阵地的优势。以南漳县图书馆为例，少儿阅览室在建设之初，充分考虑到不同年龄段的特点，将少儿阅览室划分为三个区域，分别是高幼区、低幼区和亲子互动区，保证每个空间都能够充分发挥作用，尽可能满足大家的阅读需求。

(四)公众的文化信赖

由于图书馆的公益属性和长期积淀的浓厚的文化底蕴，受到社会的普遍认可。家长愿意也放心将孩子带到图书馆，基于这种信任，图书馆开展的一系列文化活动极具号召力和影响力。南漳县图书馆近年来不断加强软、硬件设施建设，坚持"全免费、零门槛"，积极发挥公共图书资源的传播服务作用，持续开展的一系列青少年阅读推广活动得到家长和孩子们的一致认可。

二、公共图书馆在助力"双减"中的作用

（一）调动青少年的阅读积极性

未成年人阅读是全民阅读的起点，是千万家庭关心、关系国家民族未来的大事，已成为全社会关注的重点。从小培养孩子的阅读能力和良好的阅读习惯，是家庭、学校与社会共同的责任。公共图书馆拥有丰富的阅读资源，成为青少年首选的课外阅读场所。图书馆常态化的阅读活动可以开拓青少年眼界，拓宽知识面，调动其阅读的积极性。南漳县图书馆暑期举办的趣味知识竞赛活动，参与人数众多，反响非常强烈。竞赛题目涵盖天文、地理、文学、数学等各个领域，是对青少年知识储备的一次测验。孩子们在竞赛抢答中感受知识的力量和学习的重要性，同时查漏补缺，激励青少年在课后不断汲取知识，丰富自身知识储备，养成终生学习的好习惯。

（二）帮助提高学生综合素质

"双减"政策是为了减轻义务教育阶段学生作业负担和校外培训负担，激发学生兴趣，提高学生综合素质，促进德、智、体、美、劳全面发展。图书馆作为校外文化活动的重要场所，利用场地和资源优势，以"公益课堂"为载体，普及课外知识，丰富青少年的假期生活。公共图书馆通过整合社会专业力量，开展形式多样、内容丰富的公益活动，包括各类知识讲座、艺术类公开课、让青少年儿童在轻松的氛围中，学习科学文化知识，提升个人综合素养，感受中华文化的博大精深。南漳县图书馆发挥文化主阵地作用，利用电子阅览室不定期开展各类丰富多彩的活动，如各类公益课、大学生知识讲座丰富了学生们的课外知识，补充了学校课堂的内容；美术公开课、书法公开课、音乐公开课等提升了孩子们的美学意识，一定程度上完善了美育教育；亲子手工课堂，培养孩子们积极的劳动意识，锻炼动手制作能力，又进一步增进亲子间的互动与合作，激发孩子们热爱学习、热爱生活、热爱劳动的热情和兴趣，在课外实践活动中体验合作与交往的快乐。

（三）提供社会实践平台

志愿服务是现代社会文明进步的重要标志，是加强精神文明建设、培育和

践行社会主义核心价值观的重要内容。习近平总书记强调:"要在全社会广泛弘扬奉献、友爱、互助、进步的志愿精神,更好发挥志愿服务的积极作用,促进社会文明进步。"公共图书馆作为公益性文化机构,日益成为文化志愿者服务的重要场所,图书馆主动搭建实践平台,通过公众号招募征集有意向的志愿者参与到日常读者服务中。南漳县图书馆目前已经成功举办了十期暑期"小小图书管理员"活动,志愿者招募后进行统一培训,合理分配到各个区域开展相关服务,如办理读者证、帮助读者借还书、图书的整理上架、制止不文明行为等。通过志愿服务实践,让青少年切身体会志愿服务精神的内涵,感受劳动的光荣,同时在交流中提升沟通能力,培养其规则意识和乐于助人的优良品质。

(四)搭建自我展示平台

"双减"政策下,孩子们拥有了更多的自主支配时间,图书馆作为公共文化服务资源,应当发挥公共文化服务体系的积极作用,通过整合优质资源为青少年搭建展示自我、发展自我、实现自我的平台,与校园生活互为补充,丰富学生们的精神文化生活。南漳县图书馆每年开春举办的绘画展,为全县热爱绘画的中小学生提供了展示自己作品的平台,以儿童绘画作品为载体共同搭建合作交流平台,孩子们在艺术创作和心得交流中收获灵感,提高自信;暑期举办的"小小朗读者"活动、趣味知识竞赛活动同样为不同的兴趣群体搭建了展示平台,通过在舞台上不断锻炼胆量、发挥特长,增强自信心和不断上进的动力。

三、公共图书馆如何更充分发挥其作用和地位

(一)创新宣传方式,做好阅读推广

"双减"政策的出台,进一步强化了图书馆的教育功能,而针对青少年群体,图书馆要想真正有效履行教育职能,就要通过阅读推广途径调动青少年的阅读意识和阅读积极性。为了迎合新时代青少年的阅读需求,图书馆开展的阅读活动也应紧紧跟上时代的步伐,转变工作理念和宣传方式,做好受众群体需求的调研,充分结合少年儿童的身心发展特点和兴趣爱好,将阅读推广通过大家喜闻乐见的方式开展。例如,及时掌握当下时事热点和最新技术方式,将优秀传统文化进行二次加工宣传,激发少年儿童的阅读热情,让阅读理念更加深入人心,形成全民阅读的良好风气。借助"4·23世界读书日"阅读推广活动的契机,在社会上组织开展各类宣传活动,调动大家积极阅读、主动学习的积极性,在活动中切身感受读书的快乐。县级图书馆在辖区内图书馆服务中处于中间位置,上连接着市图书馆下连接着乡镇图书馆,起着承上启下的作用,这

些因素决定了它在建设全民阅读活动中的地位，决定了它应该是活动的倡导者和有力的组织者和坚定的执行者。南漳县图书馆在"世界读书日"期间开展阅读推广宣传周活动，将中华文化的博大精深通过相声、诗歌朗诵、舞蹈表演、情景故事表演等艺术方式进行呈现，在潜移默化中将阅读理念传达给少年儿童，有助于他们从小养成阅读的良好习惯，在阅读中增强对中华优秀传统文化的热爱，厚植爱国情怀。

（二）主动承担社会责任，科学育人

现在中国社会大部分是双职工家庭，寒暑假期间孩子的看护和教育问题成了现实难题。公共图书馆作为学校教育的补充，应努力承担起社会责任，为积极解决青少年寒暑假"陪伴难、作业难、看护难"的问题尽一份力。充分发挥社会教育职能，拓展服务领域，承载假期托管的重要作用，通过"阅读+"的方式，探索适合现实需求的免费托管服务，在保证其安全的前提下发挥教育功能。为了更好地发挥其功能，要积极统筹协调各方力量，做好整体规划，在不断探索和实践中完善托管服务体系，帮助家长减轻负担。同时在托管期间积极发挥文化凝聚人、引导人、激励人、塑造人的作用，通过开展一系列特色活动，助力青少年在阅读的同时树立正确的价值观，帮助孩子们健康成长。南漳县图书馆在"文艺点亮生活"暑期系列实践活动中，通过招募返乡大学生志愿者，对县域内的少年儿童提供暑期课业辅导，解答青少年遇到的课业难题，同时大学生知识讲座，不仅拓宽了青少年的知识面，还丰富了他们的假期生活。由此可见，志愿服务活动在一定程度上发挥着暑期托管作用，同时补充了学校教育，实现科学育人的目的。

（三）延伸教育服务边界，实现文化普惠

公共图书馆在助力"双减"的过程中要紧紧围绕现实需求，不局限于既定的物理空间，哪里有受众，哪里就是社会教育的场地。公共图书馆可以通过流动图书车走进学校、走进社区、走进乡镇，解决因距离、图书资源匮乏等原因导致的看书难问题，实现资源共享。作为县图书馆，要积极联合各乡镇图书馆分馆开展各类阅读推广活动，让乡镇少年儿童在家门口就能享受读书的快乐。同时充分发挥乡镇图书馆分馆的作用，常态化进行文化服务，将工作做实做细。只有不断尝试，不断丰富服务范围，扩大受众群体，才能将普惠均等的阅读服务延伸至更多的少年儿童，争取让每一个孩子享受到"双减"政策下的公共文化服务。

四、结语

公共图书馆作为社会教育的重要场域，应主动把握"双减"契机，顺时而动，顺势而为，充分利用自身具备的各项优势，发挥公共文化服务的职能，创新工作方式，主动承担社会责任，延伸教育服务边界，做好学校教育的重要补充，帮助少年儿童提高阅读兴趣，培养良好的阅读习惯，树立正确的人生观和价值观，以期建立更高质量、更加科学、更加普惠的青少年公共服务体系，赋能"双减"政策落地。

参考文献

［1］中共中央办公厅 国务院办公厅印发《关于进一步减轻义务教育阶段学生作业负担和校外培训负担的意见》［EB/OL］.中国政府网，2021-07-24.

［2］沈芳."双减"政策下未成年人阅读推广之馆校合作模式探索——以嘉兴市图书馆为例［J］.图书馆研究，2023，53（1）：83-89.

［3］韩亚光."双减"政策驱动下图书馆的功能定位与服务策略研究［J］.河南图书馆学刊，2023，43（6）：138-140.

［4］赵家英.浅谈县级图书馆在全民阅读活动中的地位和作用［J］.大众文艺，2016（7）：218，2.

浅谈公共图书馆开展青少年航天科普教育推广工作的实践与思考

——以孝感市图书馆为例

李媛媛

（孝感市图书馆 432000）

摘 要：公共图书馆肩负着科普教育的职责和义务。本文论述了公共图书馆开展青少年航天科普活动的背景，并以孝感市图书馆青少年航天科普推广工作为例，阐述了对开展有关青少年科普实践工作的思考。

关键词：公共图书馆；青少年；航天科普

公共图书馆是城市开展科普教育推广的主要阵地，是青少年的"第二课堂"。孝感市图书馆在做好青少年传统科普教育工作的同时，也积极开创有特色的青少年航天科普推广活动，着力打造青少年航天科普教育品牌。

一、青少年航天科普活动开展的背景

《全民科学素质行动计划纲要实施方案（2016—2020 年）》于 2016 年 2 月 25 日由中华人民共和国国务院办公厅颁布。其中指出"强化图书馆等设施与科技场馆等两者间的联系与互动，拓宽科普活动阵地"。依据有关普及法指出"应当重视图书馆、科技馆等公共文化设施所具有的科学引导与科普教育作用"，落实贯彻公共图书馆科普工作，推广科普教育活动同样是其职责所在。习近平总书记强调："科技创新、科学普及是实现创新发展的两翼，要把科学普及放在与科技创新同等重要的位置。没有全民科学素质普遍提高，就难以建立起宏大的高素质创新大军，难以实现科技成果快速转化。"① 为实现中华民族伟大复兴的

---

① 习近平. 为建设世界科技强国而奋斗：在全国科技创新大会、两院院士大会、中国科协第九次全国代表大会上的讲话［N］. 人民日报，2016-06-01（2）.

"中国梦"，科技创新与科普教育两者缺一不可。孝感作为中国孝文化之乡，对于年接待读者近40万人次的孝感市图书馆，深知青少年是祖国复兴富强的未来与希望，他们的健康成长是实现"中国梦"的希望所在。我馆通过开展丰富的科普活动，使青少年对科技有更加明确的认知，产生探究的兴趣，学习其中相关原理，发展其创新思维并提高动手和创新能力，这对于推动国家文化和经济的发展以及增强国家创新实力、开辟全新的发展格局有着极为关键的影响意义。

借助航天可以在太空领域进行一系列的开发和探索，同时还能展开地球之外天体的各类活动。新中国的航天工业起步于1956年，当时的中国较为贫穷落后，不论是科技实力还是工业基础等都很薄弱，党和政府决定大力发展运载火箭和人造地球卫星等航天技术。40多年来，我国经过长期发展，在运载火箭、导弹武器等方面向世界展现出了辉煌成就，航天工业为中国的国防建设做出了十分伟大的贡献。在一个国家的发展过程中，科技发挥着不可替代的重要作用，想要实现中华民族伟大复兴，需要国家代代人的不断努力与奋斗。青少年作为国家未来的主力军，培育具备科学家潜质的青少年群体是科技强国的人才基础。孝感作为我国航天三江集团有限公司航天高科技产品研制生产的重要基地之一，在推动我国航天事业的发展中具有重要作用，重点负责生产制作特种越野车及底盘生产、固体运载火箭研制生产主体等零件，也是我国国防科技工业的主要构成部分。孝感市图书馆利用这一独特优势，从2016年开始与航天三江集团旗下的湖北航天三江红阳公司合作开展航天科普推广活动，8年来共开展了30场航天科普活动，参与活动的青少年近7000人次。

二、孝感市图书馆青少年航天科普教育推广实践

（一）举办航天科普讲座，普及航天知识

公益科普讲座是公共图书馆进行社会科学普及教育的重要手段之一。为增强青少年对"航天航空"等社会科学知识的认知和兴趣，让学生直观感受现代航天技术的魅力。近几年来，我馆大力开展品牌为"澴川文化讲堂"的公益讲座，每年举办的讲座数量均在20场次以上。其中，自2016年以来，开展了"热爱航天 放飞梦想""走近科学 畅想未来""逐梦苍穹，创新成长""我和蓝天有个约会——中国航天史的发展历程和中国航天的未来展望""逐梦星空 探索苍穹""热爱航天 你我践行"航模科普实践课堂、"爱科学、学科学"趣味科学小课堂等系列航天科普教育推广活动。

为了让孩子们更深入认识火箭，我馆举办"水火箭探究课"，主讲老师指导

孩子们自己动手组装属于自己的火箭模型，并逐一示范火箭模型在太空中的运行轨迹。又如"我和蓝天有个约会"航天科普讲座邀请中国航天三江集团有限公司科技委委员、湖北宇航学会理事张喜庆老师与大家分享了中国航天的发展历程和中国航天的未来展望。张老师结合自己的亲身经历，为孩子们讲述航天小故事、航天小知识。耐心解答各类航天问题，"如果外来小天体要和地球碰撞，我们如何避免？""到底有没有外星人？""国家花费巨额资金研究航天，意义何在？""如何才能成为一名宇航员？"等。通过航天人与图书馆馆员携手努力，同学们不仅学习了航天科技知识，拓宽了科学视野，也为青少年搭建了零距离接触航天科技的平台，增强孩子们科学实践能力。

（二）"水火箭"放飞竞赛，培养青少年科学实践能力

为进一步激发青少年探索的欲望，培养其创新思维，提高其实践动手能力。自 2017 年开始，由孝感市图书馆和湖北航天三江红阳公司团委主办，联合孝感市实验小学、诸赵学校，三利小学和红光小学，成功举办了两届"热爱航天 放飞梦想——孝感市青少年航天科普竞赛活动"，"水火箭"竞赛活动吸引了来自城区十余所小学共 1000 余人参赛。指导老师解答了"如何让小伙伴们了解火箭的发射原理？""水是如何助力火箭飞上蓝天的？""和水火箭有关的影响指标有哪些？""火箭与水火箭两者有什么共通之处？"。参赛学生通过利用废旧的塑料瓶，制作动力舱、箭体、箭头、尾翼。发射时把一定量的水注入"动力舱"，用打气筒充气加压，待充入的空气达到一定的压力后，利用科学理论原理，将瓶内水和气迅速喷出，推动饮料瓶冲向空中后发射成功。通过探索和动手制作，直观探究飞行力学以及空气动力学等领域的知识。

（三）举办航天科普知识竞赛，争做科普小明星

习近平总书记强调："航天梦是强国梦的重要组成部分。"[1] 为弘扬航天精神，普及航天知识，培养青少年科技创新能力，自 2017 年暑假开始，孝感市图书馆成功举办了十多场不同内容与形式的"青少年航天科普知识竞赛"。孝感市近 800 多名小学生参加了活动，竞赛以线下答题方式进行，并评选出航天科普小明星。竞赛不仅增强了学生们对航天知识的了解，更激发了青少年的爱国情怀。

---

[1] 许志峰，马占成，李涛. 电波飞架天地 梦想远航高飞：习近平同神舟十号航天员亲切通话 [N]. 人民日报，2013-06-25（1）.

（四）开展"图书馆+科普馆"的航天科普研学活动，弘扬航天精神，传播航天文化

为弘扬航天精神，传播航天文化，提高青少年科学文化素质，我馆组织优秀小读者走进中国三江航天研学基地，开展"走进航天三江 体验科技魅力"航天科普活动。活动中，同学们亲身感受航天三江科普馆、地震科普馆、5D 体验馆和三江精神展馆。在研学导师的带领下，了解中国航天发展历程和取得的成果，认识东方红卫星、载人航天等系列航天设备，学习通信、气象、定位导航等航天技术在我们生活中的应用，使同学们更深刻地领会到"航天创造美好生活"的深刻含义。同学们亲身感受到了 5D 和 VR 虚拟的神奇之处，在体验时也接触到了很多新的知识理论，直观地感受到高科技虚拟现实的独特魅力。通过"图书馆+科普馆"模式的深度融合，体验式的科普模式让科普学习达到知行合一效果。

（五）打造"航天航空"为主题的青少年借阅厅，设立航天图书专架，引导青少年科普阅读

馆藏文献是获取知识的最有效方式，也是开展科普教育实践的基础，我馆非常重视航天科普文献资源和特色馆舍建设。我馆青少厅以"航天航空"为主题装饰布局，建立青少年科技体验区，如航模展示区、3D 打印区、VR 虚拟现实体验区，3D 游戏和影院，让青少年沉浸式感受科技的魅力。同时，不断优化馆藏资源，订购航天科普书刊及数字资源，聘请孝感三江航天专家参与航空航天类书刊的挑选，以提高此类文献采集的质量。在丰富建设航天馆藏资源的同时，在青少厅设立航天图书专架进行宣传推荐，引导青少年阅读。

（六）"爱科学 学科学"趣味科学小课堂，动手实践探索科学原理

我馆定期举办"科学小课堂"活动，通过简单且富有趣味性的小实验，使用科学实验材料包、实验道具等进行 DIY 制作。如"双引擎滑翔机""马德堡半球实验""光纤机""电动平衡车""爬虫机器人"等实验活动，让小读者细心观察加自主动手，探索科学原理和科学方法。让孩子在"玩中学"，趣味性与科学性融于一体，通过讲解分析每个实验背后的科学原理及现实世界的实例，更好地理解科学原理，提升实际动手操作能力，让孩子爱上趣味科学。

（七）线上与线下相结合，多维度科普航天知识

2020—2021 年，受疫情的影响，我馆利用孝感市图书馆微信公众号、抖音

号、官网、少儿多媒体图书馆、博看微刊、超星读书等多种线上数字资源,定期向青少年读者推送如"美丽的太空家园——中国航天成就展"等与航天知识相关的数字资源,官网上推荐中国航天日专题图书,通过纸质图书和数字资源相互补充,将中国航天事业取得的重大突破和成就等航天系列精品科普内容推送给读者,使读者在家即可享受公共数字图书馆服务的便捷与丰富,不断深化了航天科普推广活动的效果。

（八）联手"红领巾读书基地",送科普进校园

目前,我馆已与城区 15 所中小学共建"红领巾读书基地"。青少年是科学普及的重点人群,馆校联合,增强创新发展意识,开阔视野,促进青少年群体的全面发展,这是对其进行科普教育的核心内容。在近些年中,十万余人次的中小学生参加了图书馆举办的各类科普活动。如我馆举办"航天科普知识进校园"活动走进孝感市高新区诸赵学校,现场特邀三江航天红阳机电有限公司的工程师,为该校 300 名小学生带来了关于航天知识的科普讲座。课堂上,工程师梅力围绕"航天和航空的差别""航天发展史""生活中的航天""你的航天梦"四个环节,对航天基础知识进行深入浅出的讲解。当工程师拿出迷你飞机、无人机等航模时,现场更是沸腾了,孩子们争相上前观摩,零距离了解航天模型。活动激发了青少年的爱国情怀,潜移默化中培养了青少年崇尚科学、热爱祖国的精神。

（九）关爱留守儿童,航天科普进基层

我馆十分重视基层中小学生的科学文化知识的普及工作。如我馆"红色文艺轻骑兵"小分队与中国三江航天集团团委到孝昌小悟乡仙人石村,为那里的留守儿童赠送科普图书及书架。为了关爱留守儿童,孝感市图书馆联合市总工会走进孝昌县小河镇开展"庆六一关爱留守儿童暨航天科普知识活动",并为沙窝八一爱民小学的同学们赠送科普图书。还组织孝昌县小河镇的留守儿童来我馆进行参观阅读活动,并为留守儿童播放《航拍中国》科普纪录片。

三、公共图书馆开展青少年科普实践工作的思考

8 年来,孝感市图书馆充分发挥科教职能作用,为普及青少年科学知识,培养青少年对于科学探索的热情,培养自身的科学创新精神,促进孝感市青少年科学素质的发展做了一些有益尝试,取得了良好的社会效果。在取得成绩的同时,有如下几点体会。

（一）公共图书馆要扩大开放合作，发挥科普联动效应

青少年航天科普工作和一般的阅读推广有着本质的区别，前者包含多个学科以及领域，是一项专业性极强的工作。因此，公共图书馆要联合自身资源的优势，树立多元化合作的理念，大胆寻求和加强外联合作。加强与本地科技馆、航天主题的研学基地、航天企业、政府和媒体机构的合作。联合社会优质团体，谋求专业机构的参与，以弥补自身科普认知的短板与科普资料设备资源的不足，不断拓宽科普工作的边界，多方联动，共同推进青少年科普教育工作。

（二）科普活动选题要以青少年关注需求的热点出发

青少年科普活动选题要坚持兴趣第一，贴近青少年的需求热点。要关注当下社会发生的热点事件、热点话题，以此为切入点来筛选科普项目，寻找青少年感兴趣的科普主题，策划新颖活动扩大科普的受众面，深入研发科普活动方案，增强活动的科普性、体验性和趣味性，使之更好激发青少年参与科普活动。

（三）科技引领科普，创新青少年科普体验模式

宣扬科学精神，贯彻其中的科学理念方法都需要新设备和技术的加持和使用，由于当前数字资源和科学技术的全面发展，图书馆的智慧化程度日益提高。公共图书馆应增加智能机器人、VR现实交互虚拟设备、智能交互大屏等高科技设备的投入，使青少年可以借助VR技术更直观地将自身和虚拟世界相结合，体验"身临其境"的感觉。通过借助VR虚拟设备，可以将图书中的平面知识变为立体，感受前沿技术的魅力，体验奇妙的数字世界，趣味学习科普知识，激发科普阅读的兴趣。VR体验项目中蕴含着许多有价值的科普内容，如自然地理和科学探索等多个领域，借助VR设备的使用，使图书馆智慧服务与科普教育有机结合，为传统科普推广模式注入了新的智慧化、科技化的创新元素。

（四）活动的深入开展，专项资金的保障是基础

科普活动的顺利开展离不开专项科普经费的支持。地方财政经费投入不足，导致科普活动不能深入和持久开展，如组织参观、展览，竞赛，专业老师聘请，购买模型与器械，虚拟体验场馆建设等。因此，公共图书馆要多方争取科普活动经费，为开展科普宣传推广活动提供资金保障。

（五）要打造图书馆科普工作的专业团队

图书馆受人员紧张和策划准备时间不充足的影响，科普工作专业化、精细化程度不高。因此，公共图书馆不仅要有专项经费保障，还要设置专业的科普

团队，从机制上为青少年科普工作的策划、宣传、执行、调研和反馈提供保障。同时，随着科普工作开展的深入，参与科普工作的图书馆馆员应当定期进行科普知识的专业培训，学习科普政策、如何策划科普活动，学习省馆科普推广的优秀案例，不断提升和完善自我，所以必须有一支专业化的图书馆科普推广团队，专人做事，专业化科普。另外，公共图书馆还可以在科普工作中寻找有特长的优秀志愿者，利用其学科特长，壮大图书馆的科普教育的队伍。

四、结语

筑梦航天，科创未来，探索浩瀚宇宙是人类的无限追求。今后，孝感市图书馆将充分利用公共图书馆的价值优势，使其更好发挥在科普工作中的重要作用，努力将航天科普活动打造成青少年科普活动的特色品牌，引导青少年树立正确的科学认知，激发学习和探索科学文化知识的热情，启蒙航天科学思维，让航天精神滋养他们的成长，启航属于新时代青少年的航天梦和中国梦。

参考文献

[1] 严娜. 试论公共图书馆推广亲子阅读活动可参考的国外经验：亲子阅读的意义、公共政策、图书馆责任与实践 [J]. 图书馆界，2018（10）：32-37.

[2] 中华人民共和国科学技术普及法 [EB/OL]. 国家自然科学基金委员会，2018-03-20.

[3] 全民科学素质行动规划纲要（2021—2035 年）[EB/OL]. 共产党员网，2021-06-25.

[4] 谭青海. 航天三江：以三江精神助力一流运载技术研究院建设 [J]. 企业文明，2023（3）：19-21.

[5] 杨榕，袁胜华，阮江东，等. 航天企业助推航天强国建设的几点思考 [J]. 航天工业管理，2017（6）：23-24.

浅谈智能化环境下图书馆业务与服务创新

韩 南

（孝感市图书馆 432000）

摘 要： 随着信息技术的发展与应用，智能化环境在各个行业得到了广泛应用，图书馆作为知识传播和信息服务的载体，也在智能化环境下进行业务与服务的创新发展。本文通过综述和分析智能化环境下图书馆业务与服务的创新发展，探讨了智能化环境对图书馆的影响，以及图书馆如何利用智能化技术进行创新，提供更高效、便捷的服务。通过研究发现，智能化环境为图书馆业务与服务的创新提供了新的机遇，但也面临一些挑战，如隐私保护、数据安全等方面的问题。因此，在智能化环境下图书馆业务与服务的创新发展中，需要关注技术的应用，同时注重用户体验和隐私保护。

关键词： 智能化环境；图书馆业务与服务；创新发展；技术应用；用户体验

引言在信息技术飞速发展的时代，智能化环境已经渗透到各个领域，对传统行业带来了全新的发展机遇。作为知识传播和信息服务的重要机构，图书馆也面临着智能化环境下业务与服务的创新发展的压力和挑战。本文旨在通过综述和分析，探讨智能化环境下图书馆业务与服务的创新发展。

一、智能化环境对图书馆的影响

（一）信息获取与共享

智能化环境为信息获取与共享提供了更加快捷、便利的方式。在这样的环境下，图书馆可以运用智能化技术，如大数据分析和文本挖掘等，对庞大的图书馆馆藏资源进行精细分类和整理。通过这些手段，图书馆可以为用户提供更准确、更直观、更个性化的图书推荐服务。同时，智能化环境还能够促进不同图书馆之间的资源共享和合作，以更好地满足读者的需求。无论是时间还是地域限制，图书馆都能够提供全天候、无地域限制的服务。通过智能推荐算法，图书馆可以为读者提供个性化的推荐，进一步扩大他们的信息获取范围。总之，智能化环境让图书馆成为更加高效、个性化的学习与知识服务平台。

（二）服务效率与体验

智能化环境下，图书馆可以借助各种智能化技术来提升服务质量。例如，现在流行的自助借还系统和智能导览系统等技术手段，能够显著提高图书馆的服务效率和用户体验。通过自助设备，用户可以方便地进行图书借阅、归还、续借、查询和预约等操作，无需排队等待，随时自行借阅和归还图书。这不仅节省了借阅和归还图书的时间，提高了办事效率，还减轻了图书管理员的工作负担。同时，智能导航系统为用户提供实时定位、实时盘点、定位导航和文献检索等功能，使用户更方便、更快捷地找到所需的资源。在智能化环境下，图书馆将进一步提升服务水平，为读者提供更好的学习和研究体验。

（三）阅读体验与互动

阅读体验与互动是图书馆服务中非常重要的一部分，通过提供丰富的阅读体验和促进读者之间的互动，可以更好地满足读者的需求，激发他们的阅读兴趣和参与度。

智能化环境提供了新的阅读体验和互动方式，如虚拟现实技术、增强现实技术等。图书馆可以通过智能化技术，将图书馆变成一个虚拟的学习场景，用户可以通过虚拟现实技术体验不同的学习环境，为用户提供沉浸式的阅读体验，使他们能够更好地理解和感受书中的内容。通过虚拟现实技术，读者可以身临其境地参观历史场景、探索科学实验，让用户更直观更高效地理解知识，提高阅读的乐趣和效果，增强学习的兴趣和体验。同时，图书馆还可以通过社交媒体、在线讨论等方式，促进用户之间的互动和合作，提升阅读的社交性。

二、图书馆业务与服务的智能化创新

（一）智能化图书馆馆藏管理与利用

在智能化环境中，图书馆利用大数据技术和数据挖掘技术，对馆内的藏书资源进行全面管理和高效利用。通过深入分析用户的阅读喜好、阅读习惯和借阅记录等相关数据，图书馆可以智能分析和优化馆藏资源，以更好地满足用户的需求。此外，智能化的图书推荐系统根据用户的兴趣和需求，为每位用户提供个性化的图书推荐服务。这种智能化发展使图书馆能够更准确地匹配用户的阅读需求，提供更优质的阅读体验。整个系统的运行具有较高的智能化程度，为读者提供更便捷高效的图书服务。通过充分利用大数据和智能化技术，图书馆可以成为读者的智慧阅读伙伴，丰富阅读体验，满足个性化的阅读需求。

（二）智能化图书馆服务模式

在智能化环境下，图书馆可以构建全新的智能化图书馆服务模式，为读者提供更高效、便捷的图书馆阅读体验。首先，图书馆可以引入智能自助借还系统和智能导览系统，使借还图书的过程更加便捷和自动化。通过智能自助借还系统，读者可以随时在图书馆内自助完成借阅和归还操作，无需等待人工服务，实现 24 小时不间断的图书馆服务。而智能导览系统则可以为读者提供准确的馆内导航，帮助他们快速找到所需的图书和资源。另外，图书馆还可以借助智能化技术与其他机构合作，提供更加综合性的信息服务。通过与学术数据库和出版社进行合作，图书馆可以提供强大的文献检索功能，帮助读者快速获取所需的学术资料和研究成果。同时，图书馆还可以搭建学术交流平台，为学者和研究人员提供丰富的学术资源和合作交流的机会。

（三）智能化图书馆环境设计与建设

智能化图书馆环境设计与建设是将现代信息技术与图书馆传统功能相结合的一种创新方式。通过引入智能化技术，可以提高图书馆的服务效率和用户体验，实现更加便捷的图书馆环境。

智能化环境下，图书馆可以通过智能技术和信息化手段对图书馆的环境进行设计和建设，以提高图书馆的管理效率和服务质量。智能化图书馆环境设计与建设的核心目标是实现图书馆的智能化，包括自动化的图书管理、智能化的借还书流程、智能化的导航服务、智能化的阅览环境、智能化安全监控系统、数据分析与智能推荐、无线网络覆盖、虚拟现实和增强现实技术、自主学习空间设计等。通过引入人工智能、物联网、大数据等技术，智能化图书馆可以更好地满足读者的需求，提供更便捷、高效的图书馆服务。智能化图书馆环境设计与建设需要考虑图书馆的空间布局、设备选型、系统集成等方面，并与图书馆的传统功能与文化内涵相结合，实现信息技术与图书馆的融合发展。

三、智能化环境下图书馆业务与服务创新的挑战

（一）隐私保护与数据安全

在智能化环境下，图书馆面临着保护用户隐私和数据安全的重大挑战。随着图书馆数字化转型和智能化设备的广泛应用，图书馆不可避免地需要处理用户个人信息和阅读行为数据的广泛收集和使用的问题。为了满足用户对更便捷、个性化服务的需求，智能化技术已经成为图书馆发展的趋势。然而，获取和使用用户隐私信息时，图书馆必须加强对用户隐私的保护，并确保合规处理用户数据，以确保用户的数据安全和隐私权得到充分保障。同时，图书馆还应采取相应的措施，确保用户的数据受到适当的保护，并遵循相关的法规和规范，以确保智能化环境既能提供便利，又能保证用户数据的安全性和机密性。在这个过程中，图书馆需要不断探索有效的隐私保护措施和数据安全管理方法，与用户建立信任关系，并确保信息的保密性和完整性。通过建立健全的政策和流程，图书馆可以在智能化环境下充分发挥其积极作用，为用户提供安全可靠的服务。

（二）技术应用与维护

技术应用与维护是确保图书馆正常运行和提供优质服务的关键，智能化环境下，图书馆必须不断采用和应用新的技术，以提供更高效、便捷的服务。然而，技术的应用和维护对图书馆的人员和资源管理提出了更高的要求，需要有专业人员进行培养和管理，并投入相应的资金支持。为了满足这些要求，图书馆需要加强技术人员的培养和管理，并进行合理的资源配置。通过持续引入新的技术，图书馆可以提升服务质量，满足用户的需求。同时，技术的应用和维护也需要关注系统的安全性和可靠性，以确保系统正常运行和用户数据的安全。因此，在这个不断发展和变化的智能化时代，图书馆需要积极应对挑战，不断创新和改进，以满足用户的需求，促进图书馆事业的发展。

（三）用户体验与参与度

在智能化环境下，图书馆需要关注用户体验和参与度，以提供更符合用户需求和期望的服务。为了实现这一目标，图书馆应积极与用户互动，建立起良好的沟通渠道。通过与用户的交流和反馈，图书馆可以深入了解用户的需求和意见，从而不断改进和优化服务。除了传统的服务方式，图书馆还应提供多样化的服务，以满足不同用户的需求。例如，引入智能化设备和应用、在线预约等便捷的服务方式。此外，图书馆还可以积极推广数字资源、在线学习平台等在线服务，以增加用户的参与度和便利性。通过不断提升用户体验和参与度，图书馆能够更好地满足用户的需求，营造积极互动的图书馆环境。

智能化环境为图书馆业务与服务的创新提供了新的机遇，但也面临着一些挑战。图书馆需要关注技术的应用，同时注重用户体验和隐私保护。在智能化环境下，图书馆需要不断创新和改进，提供更高效、便捷的服务，以满足用户的需求和期望。同时，图书馆还需要与其他机构和社区进行合作，共同推进智能化环境下图书馆业务与服务创新。

参考文献

［1］李秀娟. 新一代服务平台环境下的智慧图书馆建设：业务重组与数据管理［J］. 黑龙江档案，2022（1）：318-320.

［2］毛艳斌. 基于物联网的公共图书馆服务体系研究与应用［D］. 北京：北京工业大学，2015.

［3］董晓莉. 泛在智慧环境下的图书馆新媒体服务研究［J］. 图书馆界，2019（5）：8-13，46.

浅析公共图书馆信息用户需求层次分析及其对策
——以湖北省图书馆现阶段信息服务为例

张定高

（湖北省图书馆　430071）

摘　要：公共图书馆作为公众通向知识的门径，为个人和社会群体提供了终身学习、独立决策和文化发展的基本条件。本文从信息用户场地需求，文献内容本身或事实咨询需求，活动参与需求，高端信息服务需求四个层次分析其原因背景，并相对应提供了一些必要对策，以提高公共图书馆信息服务的质量。

关键词：公共图书馆；信息服务

一、公共图书馆的属性及需求层次简述

书籍是人类智慧的结晶，是人类进步的阶梯。公共图书馆作为公众通向知识的门径，为个人和社会群体提供了终身学习、独立决策和文化发展的基本条件。公共图书馆是指向社会公众免费开放，收集、整理、保存文献并提供查询、借阅及相关服务，开展社会教育的公共文化设施。

公共图书馆是图书馆用户和馆藏资源之间的积极中介，图书馆员的专业教育和继续教育是保证充分服务所必需的措施。图书馆和信息服务机构向用户提供获取各种媒介和各种信息见闻及富有想象力作品的渠道。公共图书馆的使命，包括促进信息用户的文化遗产意识、艺术欣赏意识、科学成就意识和科技创新意识。

公共图书馆作为信息服务的重要场所，信息用户有不同的需求，从需求层次简要分析一下，可以分为四个层次：信息用户场地需求，文献内容本身或事实咨询需求，活动参与需求，高端信息服务需求。

二、需求层次背景原因分析

（一）场地需求

自习场地需求。随着民众受教育程度的提高，市场竞争的加剧，内卷社会的提升以及自我提高、终身学习的需要，找一个安静的场所学习思考，成为信息用户（读者）的需求，而公共图书馆给予安静、免费舒适的环境更是应其所需。单纯个人自习的用户一般不利用馆内的图书资料，他们自己携带笔记本电脑、学习资料或备考材料到馆，一大早就排队等待进馆，在闭馆前才离开。自习备考的读者有的是考研考公，有的是考一级建造师、法律从业资格、会计金融从业资格、医师资格等；有的是中小学生，他们在家长或同学的陪同下一起到馆学习、做作业等。

纳凉、取暖场地需求。湖北武汉地处中国中部，夏季长时间受副热带高压控制，气温较高，酷暑难耐。省图书馆地址设置在武汉内环之中，沙湖之畔，层高很高、平面宽阔，提供免费的中央空调，方便许多市民夏季避暑。冬季时，武汉虽处秦岭淮河以南，室外温度不会低于-10℃，但天气湿冷，许多社区未主动供暖，市民又可以到省图书馆享用中央空调的舒适了。

参观游览场地需求。省图书馆新馆选址在沙湖之畔，背靠沙湖公园，有较浓郁的文化氛围，是武汉一个重要的旅游观光的景点。其主体建筑造型独特，建馆规模大，设备一流，建馆之初，有许多省市县同行到此学习参观交流。而今，还特地建设有廉政图书馆，是全省重要的廉政教育基地。省馆成为市民参观游览的重要场所。许多信息用户慕名参观，感受文化气息。

休闲健身、环保场地需求。省图书馆中部大厅有供休息的沙发，作为大型公共区域，部分市民可能会到此约会、交友、会客，在沙发上聊天，纵谈一下人生理想、职业规划，交流八卦消息。省图书馆建筑单体面积大，每层面积约一万平方米，市民在场馆内兜圈散步、快走拉伸，在休憩之余，做一些简单的健身活动。另外还有读者到此短暂逗留，到洗手间整理一下妆容后匆匆离开。有的信息用户利用免费公共网络看视频、回信息。武汉作为中国超大城市，信息用户较多，省馆内有瓶装饮料自动售卖机，少数老年读者从环保角度考虑，捡拾丢弃的空瓶，进行回收利用。

（二）文献内容本身或事实咨询需求

文献信息资源本身能为读者提供一手信息，是信息用户基本的需求。凝结在书籍上的丰富信息是信息用户到馆的基础诉求。公共图书馆，特别是大型的省级图书馆——湖北省图书馆拥有大量的纸质资源和电子资源。2023 年 8 月 15 日，湖北省图书馆实体馆藏达 1005 万（册）件，数字馆藏资源 918.2TB，中文普通书刊和报纸 910 万册（件），涵盖了人类知识分类体系全部 22 个大类。

其中有供大众休闲娱乐了解的可外借刊物，包含政治、经济、教育、文体、养生、军事、历史等多个门类；还包括专业性、研究性较高的馆藏刊物，包含各类核心期刊和原外借期刊的合订本。报纸含有武汉本地的主流报纸（如长江日报、湖北日报、楚天都市报、武汉晚报）、经济发达地区省市官方报纸、国家多个行业的专业报纸，另含几个文摘报、生活健康报等，能满足读者读报所需。报夹按拼音首字母排列，方便读者查找。电子资源有 40 余种数据库，电子书类有中华数字书苑，期刊类有知网、同方数据，报纸类有墨香华文数字报纸，视频类有万方视频等外购电子资源；此外还有本馆自建的电子资源。

信息用户可以根据自己需要解决的问题，通过文献检索，查找纸质文献的索书号，在纸质文献上找答案；查找相关论文，下载后阅读研究解答疑惑。馆藏丰富、免费且方便使用，信息用户可以自己查疑解惑、开拓视野、提升境界、解决生活中遇到的问题和困难。

事实咨询需求主要体现在信息用户在查找馆藏文献、利用图书馆各资源时要咨询的问题及其相关反馈。信息用户常咨询的问题如读者证的办证方式、使用范围、绑定方式，少儿馆、古籍馆、开水房的方位，书籍馆藏地归属疑问，借还规则与滞纳金产生、消除方法，用户自己查找旧报纸的规则和方法，馆内各活动的参与方法等。

（三）参与活动，综合提升的需求

公众获得信息的途径不仅仅停留在纸质文献上，还体现在参与活动中。发掘文献内涵，通过组织活动，以展演学研的方式，让信息用户在参与活动中感受中国传统文化的博大精深，现代科技的高效便捷，更容易让快节奏生活的人们接受。信息用户通过参与活动，获得灵感和启发，更积极地在浩繁的信息资源中搜索，从而得到自己想要的信息；在参与活动中，还能更明晰信息资源的检索方法与体现方式，更好地明晰信息资源作为一种资源的必然性，从而更好地珍惜、融入信息社会。

省图书馆现阶段常规大小活动有上十个，特色品牌活动包括长江讲坛、长江读书节、"童之趣"少儿读书节、楚天云递、沙湖书会、银龄 E 时代、家谱节等。此外还有小型活动，有奖答题竞猜等比赛、世界读书日活动、书籍进乡学研活动等。此外到馆观看怀旧电影、聆听经典音乐作品，陶冶情操，舒缓情绪。

听名家讲座，观大家书画，学智能用法，参健康讲座，一起读经典诗文，讲书中故事，学科普、创作文、网上借还书，成为非纸质阅读的文化生活体验方式。为进一步调动信息用户积极性，激发读书热情，省图书馆开通了微信、微博、抖音号、视频号、小程序等新媒体账号，信息用户可以看到图书馆最新动态、作品和各个活动信息，还能留言互动，线上、线下信息用户都能参与活动，获得信息，综合提升，基本满足信息需求。

（四）高端信息服务需求

随着时代发展，用户对信息内容的要求越来越高。许多信息用户，特别是有高端信息服务需求的用户，不满足于一般的文献信息或活动，而是要求馆员、研究馆员在提供信息检索、目录、提纲的同时，能依靠图书馆的丰厚信息资源，从专业的角度给予决策参考内容或提供可行的活动方案。在信息服务过程中，如在服务省人大会议、政协会议时能提供委员课题、提案的相关信息检索内容，提案资料整理、撰写参考等；紧跟时代发展和社会进步需求，收集整理湖北文化旅游方面的信息，并提供综述供领导参考；收集整理湖北省作家协会会员近一年创作（含创作作品名称、发表刊物或出版书籍名称、创作字数统计等），并整理成书；收集外宾国内习俗、接待礼仪、接待规格、经费开支规定等信息以方便接洽。

目前湖北省图书馆所拥有的文献资源中，图书馆学、中国近现代史、地方史志、中国医学、冶金工业、化学工业、轻工业、环境科学等学科领域馆藏文献达到研究级水平。为高端信息服务提供了有效信息资源保证。高端的信息需求，要求具有专业素养的信息服务者（副研究馆员、研究馆员），能开发和利用好馆藏资源，还能通过馆际互借、文献传递，甚至与馆外机构合作，着眼信息用户本身需求，从专业的角度提供给用户有用的信息，满足用户信息需求。

三、信息服务需求的应对措施

（一）继续改善场馆环境，满足用户场地需求

修缮灯具、座椅、书架、报架，定期对空调管道进行清理、维护，对爱心电梯、观光电梯进行维保。保持消防通道畅通，卷帘安全门下无杂物，让信息用户有个舒适的环境。在网站上、图书馆门口、宣传册上更新最新的开发时间表，告知读者。为进馆的用户购买公共安全人身险，防止意外事故发生。

在开馆之前，打开音乐喷泉，让读者开启视听盛宴的同时，保持乐观积极心态。闭馆期间，周一上午设置部分场地供读者避暑；晚上适当延迟自习区闭

馆时间；午餐时间开放空闲区域，供读者体面就餐。闭馆期间，归置好桌椅、纸质文献、保持场馆整洁。

设计、制作图书馆文创产品，体现图书馆文化特色，促进文旅融合发展。

（二）提升馆藏资源的数量、质量，做好参考咨询服务

做好信息用户调查研究，了解信息用户的阅读倾向和对文献信息需求的规律和特点，解决用户需求的多样性与文献信息内容的复杂性之间的矛盾，用户分散使用文献与图书馆集中收藏之间的矛盾，以便最大限度地满足用户所需的文献信息。

提升馆藏资源的数量和质量，增设专题书柜，将受欢迎的好书定期单独推荐。设置读者荐购意见本，积极采购优质好书。将期刊目录入库；设立文献借阅排行榜；参考书店销售排行榜，让信息用户能了解经典读物和时下流行书刊。设立馆外自助借还处、建设城市书房和馆外流通点，让不方便来馆借还书的用户也能享用公共图书馆资源，扩大信息服务的范围，扩大信息资源服务的影响力。

做好参考咨询工作，开展用户教育与培训。做好虚拟参考咨询，利用网上智能方式，以 FAQ 问答（Frequently Asked Questions，通俗地叫作"常见问题解答"）展示信息用户常见的疑问，让有相同需求的用户可以参考类似问答，解决事实疑惑。用户的培训，培训内容主要是检索方法、网络信息检索与利用、图书馆使用法、馆藏地分布、索书号含义介绍等。另外，做好窗口员工培训，提高员工素质。让员工了解馆内各部门情况，熟悉常规活动举办地点方法、方式，各文献布局、借阅规则。建立工作群，对近一周的新活动、新变动有最新的了解，以便准确回复信息用户。

（三）创新活动方式

创新活动方式，将藏、借、展、演等方式结合，以赶集、闹春、演读等方式，多部门联动，突出活动氛围。打造优秀的宣传团队，在挖掘优秀馆内资源和品牌活动的同时，让更多的信息用户知晓，并参与进来。提高员工的组织活动能力，与馆外专业机构人员合作，打造一批专业高效团队，提高活动的参与度、美誉度，突出品牌效应。积极开展馆际战略合作，让品牌活动走向更大舞台，提高品牌活动影响力。

（四）引进人才，做好高端信息服务

做好高素质人才招聘工作，引进高端信息人才、古籍专家、青年杰出人才，

选送员工到优秀图书馆、院校所培训学习，调动人才从事高端信息服务的积极性，让其对本馆资源、馆际信息资源、合作机构资源有充分了解，依托专业优势利用好纸质、电子资源数据库，耐心、快速、准确地为信息用户查找资源，节省用户时间，提高工作效率。

参考文献

［1］蒋永福，陈汝南，刘晓莹. 图书馆学基础简明教程［M］. 北京：知识产权出版社，2022.

［2］中华人民共和国公共图书馆法［M］. 北京：法律出版社，2017.

［3］湖北省图书馆实体馆藏总量突破千万册，位列全国第四［EB/OL］. 湖北省文化和旅游厅，2023-08-16.

［4］马费成，宋恩梅，赵一鸣. 信息管理学基础［M］. 武汉：武汉大学出版社，2018.

［5］龙宇. 西部公共图书馆信息服务实践与智慧化发展的思考［J］. 图书馆学刊，2018（9）：108-112.

［6］吴慰慈，董焱. 图书馆学概论［M］. 北京：国家图书馆出版社，2019.

浅析新形势下图书文化在群众文化道路发展的重要性

谢先樟

（安陆市文化和旅游局　432600）

摘　要：文化是一个国家和一个民族的灵魂和象征，是国家发展、社会进步和民族振兴的软实力。党的二十大以来，党中央、国务院高度重视建设文化强国，对推动文化改革发展做出了重大的决策部署，为文化建设指明了方向。随着社会文化的高速发展，人们对于文化的需求越来越高，越来越重视文化发展，文化工作的重要性日益明显。在新的形势下，图书文化依然在文化建设中占有较大的比重和分量，在群众文化整体中发挥着重要的作用。因此，浅析图书文化在群众文化道路上发展的重要性还是十分有必要的。

关键词：新形势；图书文化；群众文化；道路发展

一、新形势下图书文化在群众文化建设中的必要性

（一）建设的背景

文化是民族的血脉，是人民群众追求的精神，代表着一个国家的凝聚力、影响力。随着我国文化事业的蓬勃发展，为了更好地满足人民群众的文化物质需求，丰富文化精神，了解新形势下图书文化在群众文化建设中的必要性，开展具有地域特色的文化活动，为新时期群众图书文化建设奠定了良好的基础。从本质上来说，社会文化建设本身具有良好的服务功能和文化底蕴，在当前科技蓬勃发展的时代背景下，传统文化的发展和传承正在"日益流失"，如何做好传统文化的保护和传承，需要社会各界积极参与到传统文化保护的队伍中，为群众图书文化建设贡献更多的力量。同时，新形势下的文化建设中，不仅需要坚持理念初衷，同时还需要不断谋求创新和发挥，以求更好地满足现代社会人民群众对文化的需要，只有这样，群众图书文化才能健康持久地发展下去。

（二）建设的作用

基层文化阵地是我国建设文化强国的前沿阵地，也是文化建设的基石，对弘扬文化、营造文化、促进文化有着重要的建设作用。作为传播文化的重要载体，应当组织多种类、多元化的群众文化活动。通过展览、活动、讲座等形式，以满足不同群体的文化需求。为了吸引不同年龄段的人的参与，可以组织一些和年龄相符合的文化活动，例如，举办老年图书展、书画展、文化讲座、亲子阅读以及结合重大节假日举办各类群众活动。通过多样化的文化活动，图书馆可以吸引更多的群众参与，同时也能够丰富群众的文化生活。加强对外交流和合作，积极做好拓展外部合作，加强与上级部门及兄弟县市的合作，通过合作联合举办各类图书文化活动，通过交流合作和资源共享，学习更加丰富的文化知识，切实提高自身文化基础，加强自身软实力，实现文化互动、文化展示、文化教育和文化吸收，加强与群众的互动和交流，了解他们的需求和意见，进一步改进文化活动，为广大人民群众提供公共文化交流的平台。因此，图书文化在文化建设中起到基础建设作用。

二、新形势下图书文化在群众文化活动中的作用体现

（一）公共作用体现

长期以来，基层文化单位所采取的服务方式都比较接近群众生活，以群众喜闻乐见的方式开展各类群众文化活动。当前，我国已进入"高速互联网"时代，人们获取信息的方式更加多元化、便利化，导致传统的文化服务功能逐渐在弱化。但是，作为社会公共文化服务体系，公共服务功能是任何产物都替代不了的。在社会高速发展的现代，探索全新的公共文化服务，为人民群众提供丰富多样、充满亮点的文化服务，把握做好公共服务的"黄金甲"，促进社会文化高速发展和群众文化精神的进步就显得十分必要。从文化大方向的角度来看，图书、艺术、历史、文学等都属于群众文化类，重视文化建设和基础群众文化，积极调动人民群众参与文化活动，唯有夯实基础群众文化，才能体现出文化公共作用。在文化惠民政策的指引下，图书文化积极发挥着公共文化服务的作用，以助力公共文化服务建设为工作重点，大力推进服务理念和先进的服务内容，积极将"文化自信"落实到基层，贴近广大群众生活，走近群众身边，体现出人民群众对于文化艺术的追求，彰显出公共价值。

（二）方向作用体现

从目前的我国图书文化发展来看，绝大部分基层图书馆从业人员不仅担任

图书管理员，还是群众文化活动开展的重要骨干，这不仅需要从业人员具有丰富的文化知识，同时还需要其具备扎实较强的组织能力。随着社会文化的不断发展，人们所追求的文化需求也在潜移默化地发生变化，新形势下的图书文化的发展方向，为整体群众文化指明了方向。习近平总书记在文化传承发展座谈会上发表重要讲话，"在新的起点上继续推动文化繁荣、建设文化强国、建设中华民族现代文明，是我们在新时代新的文化使命"。培育文化自信就是建设和发展传播文化、传承文明，提高群众文化素质，推动社会文化高质量发展。站在历史发展的起点，坚持正确的图书文化方向，充分发展图书文化传播，弘扬优秀传统文化，以文化人，"举旗帜、聚民心、兴文化、展形象"，用书香润泽群众心灵，为加强公共文化服务体系和展示新时代文化指明了方向。

（三）价值作用体现

通过加强图书文化建设，塑造与时俱进的世界观、人生观、价值观，体现新形势下的图书文化和群众文化的价值作用，充分深挖文化原生价值，通过文字、图画、书法等载体形式展现出来。目前，图书文化不仅种类繁多，而且展示类型也具有多样性的特点，如何体现图书文化的价值，还是值得我们去思考的。社会的高速发展，群众对图书文化的理解也发生了根本上的改变，必须把文化价值放在首要位置，努力满足广大群众对文化的需求，提高图书文化在群众文化体系中的位置。所以，在群众文化体系中，文化建设是其首要的任务，没有文化价值的书籍是没有灵魂的，不管怎样烘托氛围、制造多大的噱头搞宣传，得不到群众的认可和社会的认同，都将很难在社会发展中长期生存和发展，只有正确把控好图书文化价值在群众文化中的整体前进方向，才能实现图书文化更高的价值作用体现。

（四）文化作用体现

文化是人类文化的遗产，是延续人类文明进展的产物，绝不单单只是承担着交流和信息互通的作用。文明图书文化作用是在价值作用基础上产生的。文化是引导群众文化前进的源泉和动力，中华文明五千年文明历史，从古至今，社会发展到现在，新时代的我们走在时代发展的前沿，图书文化在群众文化体系中变得越来越重要，充分发挥群众文化体系的文化效益，通过各类群众文化展演，切实有效地提高图书文化的文化价值体现，无疑是对图书文化发展最大的肯定。毕竟大众类型的文化活动始终是为广大的人民群众服务的，帮助广大人民群众获取更加丰富的文化信息。社会的进步发展，带动了群众文化活动开展的多样性，一个地区和城市的文化底蕴，往往都是通过各类群众活动体现出来的，所以，文化作用就显得更为重要。

（五）精神作用体现

精神文化建设是图书文化建设的核心，唯有精神文化是砥砺前行的源泉，在当代社会进程中，不管是人文精神还是物质精神，都是推动事物前进的动力。从古至今，图书文化都是一代人影响一代人，在不停地追求自身精神的过程中，实现人生价值体现，促进社会精神文明发展。精神作用的体现，展示了新时代图书文化在追求更高的文化资源的同时，也在紧跟时代文化的步伐，发挥着独特的、不可替代的作用。

三、图书文化在群众文化服务创新中的路径和措施

（一）增强文化基础设施建设

一个地区和城市的文化发展，往往都是通过各类群众文化活动来体现的，作为文化单位，有责任和义务为文化建设出谋划策，必须增强群众文化体系基础建设，提高图书文化活动的丰富度和认可度。但是，对于一些比较偏远的地区，受到自然环境和经济条件的制约，文化基础设施建设完善度不高，群众参与度不强，地区文化氛围不浓厚等相关因素，制约着文化的发展，这与国家关于做好和发展文化建设是背道而驰的。随着群众精神文化需求的日益增长，文化基础设施逐渐受到社会的重视，文化场所是文化活动开展的重要保障场所，是关乎群众文化活动质量的保障，是群众文化活动开展的前提条件，有了基础文化设施的保障，群众文化活动才有了有力保障。因此，政府部门应当做好文化基础设施的普查，从根源上解决限制文化发展的原因，加强文化人才的培养，加大资金的投入，加大文化基础设施的建设，只有从根本上做好建设，才能做好文化建设的前提保障和根本保障。

（二）有效开展群众文化活动的措施

首先，积极拓展群众的参与度和覆盖面，充分发挥自身的工作职能优势，调动群众积极参与文化活动，更好地服务广大的人民群众，唯有夯实基础群众文化，才能为广大人民群众提供更加丰富多彩的文化活动和文化服务，从而进一步丰富群众的文化生活，着力实施基础群众文化资源共享工程，切实有效地提高图书文化在群众文化中的普及率、参与率、覆盖率。其次，重视文化下乡活动，深入村（社区）开展图书文化进基层活动，扩宽村（社区）基层文化阵地。通过下基层活动的深入开展，使基础群众的视野和认知都能得到提升和开

拓，为群众的生活和工作提供文化便利，因此，重视文化下乡活动是打好基础文化建设的"第一枪"。最后，重视免费开放政策。文化场所免费开放是惠及民生的红利政策，应当着力用好和做好免费开放的政策。免费开放并不是一项全新的工作，图书场馆许多活动长期以来都是无偿服务的，全面重视免费开放政策，经常性地组织开展群众喜闻乐见的文化活动，以全新的理念和作为，吸引更多群众重视文化，最大限度地满足群众对文化生活的需求。

（三）增强公共文化服务创新的趋势

公共文化服务建设作为一项长期复杂的系统工程，既是文化工程，同时也是民生工程，更是民心工程。公共文化服务建设不但需要政府的主导和指导，更需要社会组织和广大人民群众等都积极参与其中，广大人民群众是公共文化服务的主要服务对象，在本质上，公共文化服务的本质特征就是具有公共性，没有社会力量的积极参与，公共文化服务就不能称之为真正的公共文化服务，只有多方的亲密协作、合作，才能真正实现公共文化服务体系的社会化、多元化。调动群众参与的积极性和主动性，让公共文化服务始终站在广大的群众身边，为建设公共文化服务贡献出文化力量。

四、结语

图书文化对我国建设文化强国发展有着重大的意义，特别是目前社会对文化的需求日益增大的情况下，社会各界要将群众文化工作作为系统的工程来建设和开发，以群众喜闻乐见的方式，加大图书文化宣传，切实提高群众对社会文化发展的保护意识，从而为建设富强、民主、文明、和谐、美丽的社会主义现代化强国贡献文化力量。

参考文献

[1] 刘莹. 浅谈如何做好基层群众文化工作 [J]. 内蒙古艺术，2015（1）：80-82.

[2] 陈浩义. 论图书馆文化建设 [J]. 图书馆建设，2005（3）：37-39.

[3] 王晓海. 充分发挥图书馆在公共文化服务体系建设中的重要作用 [J]. 内蒙古宣传思想文化工作，2014（12）：39-40.

全民阅读环境下的青少年阅读推广服务

连亚飞　雷雨晴

（孝感市孝南区图书馆　432100）

摘　要： 公共图书馆作为一个重要的文化活动场所，在青少年成长中的作用不可小觑，而阅读推广服务则在其中扮演着重要的角色。在全民阅读的风潮下，公共图书馆为青少年提供了丰富的学习资源、社交机会和文化体验，有力促进了青少年的全面成长和发展。本文通过探讨全民阅读环境下青少年的阅读推广服务，思考如何进一步优化和创新这项服务，为青少年提供更有益的阅读体验，提高公共图书馆社会阅读推广服务水平和质量。

关键词： 青少年；公共图书馆；阅读推广服务

一、引言

阅读对青少年来说是一项重要技能，通过阅读可以创造一个共享资源、互相支持的社会环境，让每个人在不同年龄阶段都能够充分参与、获得尊重和满足感。而对青少年儿童来说，阅读推广服务更加重要，因为通过阅读他们可以获得更多的知识；通过开展培训活动让他们学会更多的技能、培养自己的兴趣爱好；讲座、培训等活动能够锻炼他们的语言和思维拓展能力。

二、推广阅读服务对青少年成长的重要意义

（一）培养青少年养成良好的阅读习惯

阅读是一种交流方式，青少年儿童养成良好的阅读习惯至关重要，他们在阅读中可以提升自己的兴趣、培养良好的习惯。在阅读推广活动当中，孝南区图书馆（以下简称"本馆"）通过举办讲座、亲子活动、手工课堂等活动，吸引青少年走进图书馆，大家在活动中也可以和其他同学进行友好的交流并且分享自己的阅读成果。通过这些阅读活动，青少年可以养成良好的阅读习惯，从

而提升他们的阅读兴趣。

（二）推动优秀传统文化的传承与创新

"走进华夏文化——中国传统节日讲座""感受京剧艺术，弘扬国粹雅韵""戏曲课堂——让传统文化在传承中更自信"等系列阅读推广活动，以及连续开展的"迎新春，送春联""元宵节猜灯谜""孔子诞辰日系列活动"等中国传统节日系列活动，帮助青少年更好地了解中华优秀传统文化，感受传统文化中的浓厚气息以及传统文化的博大精深，从而不断激发爱国主义热情，增强爱国情感。

（三）促进青少年思维能力和创造力的拓展

阅读是一种思考和交流的方式，在阅读过程中，我们不仅可以获得知识，还可以拓展自己的思维能力和创造力。"悦读时光，共享成长"亲子阅读见面会、"书香校园，护苗成长"等阅读推广系列活动的开展，不仅丰富了青少年儿童的阅读兴趣，更让大家通过阅读学习到不同的知识，增长自己的认识，更好地了解这个世界。

（四）提高青少年自身的语言和表达能力

阅读和自身的表达能力是相辅相成的，本馆举办的"读经典，展风貌""少儿演诵比赛"等活动，以及在西河镇中心小学、玉泉小学、杨店镇解放社区、朱湖国家湿地公园等地开展经典诵读活动。青少年通过诵读活动感受经典文化和语言的魅力，进而提高自己的语言表达能力，拓展词汇量、提高对语言的感知力、培养自身阅读技巧。

（五）培养和塑造青少年积极向上的价值观

在信息高速发展的社会环境下，通过阅读或者阅读推广活动让青少年树立正确的价值观。"童心向党，强国有我""传承红色家风""我们的中国梦，文化进万家"等阅读推广活动，希望指引青少年找到今后自己人生的发展方向和生活追求的道路。在活动中，青少年通过阅读不同类型的书籍和文学作品，可以接触到多样的价值观和观点，有助于塑造积极的人生态度和价值观。

阅读对青少年认知能力的培养具有深远的影响。通过阅读，他们接触到不同主题和领域的知识，扩展了他们的视野。阅读能够培养他们的逻辑思维、分析能力和解决问题的能力。阅读推广服务不仅能够强化青少年多方面的发展，还能够为他们提供更多精彩的阅读体验和机会，促进全面成长。总之，阅读推广活动可以促进青少年各项发展，对青少年儿童有着不言而喻的重要性。

三、青少年阅读推广的主要目标

当前，阅读推广的目标在青少年领域当中更加突出，通过各种策略和活动，满足青少年的阅读需求，促进他们的认知、情感和社会发展，促进青少年的阅读兴趣和阅读能力的提升。

培养青少年的阅读兴趣和习惯，帮助他们建立起终身阅读的基础。本馆通过开展《记忆中的老濮河之文昌阁》《朝阳课堂》等文化讲座活动，还有手工制作、绘本故事、看展览、培训等活动，培养儿童的想象力、表达能力和情感认知。

阅读推广应该根据不同受众的特点和需求，设计相应的阅读活动。对青少年来说，鼓励他们广泛阅读、持续阅读，拓展知识领域，提升思维深度、情感共鸣和社会参与度，培养发散思维和文化素养。提供开展丰富的阅读推广活动，满足他们的不同兴趣和需求是至关重要的。青少年儿童阅读需求都是独特的，因此阅读推广的策略和内容需要多样化，以满足他们的阅读兴趣，创造一个良好的阅读环境。

四、阅读推广服务产生的影响

（一）对个人的影响

（1）可以帮助青少年进行知识普及与学习。本馆开展的"4·23世界读书日"活动、"热爱科学，崇尚科学——科普宣传周系列活动"等系列阅读推广，以及线上"诗心不改，与你童乐"答题活动，"每天一本小人书——连环画推荐""红色故事汇""云图有声"等线上阅读推介，为青少年提供了获取知识的途径，帮助青少年了解世界、历史、科学、文化等多个领域。通过阅读推广活动，青少年可以持续学习，不断扩展知识储备。

（2）帮助青少年提高认知。在区图书馆三楼少儿阅览室，配备有诗词一体机，学习强国线下学习机，博看期刊机等设备，还配有扫码听书墙，红色书籍专柜等，帮助青少年阅读，激发其思考能力，培养其深刻的理解和分析能力。青少年通过阅读不同类型的书籍可以促进认知发展，增强逻辑思维、创造力和思考能力。

（3）可以丰富青少年的情感。通过在线下举办公益讲座、绘本故事，以及公益电影放映等活动，这些阅读推广服务让青少年能够沉浸在不同的故事情节和人物世界中，从而培养共情能力，拓展情感体验的广度和深度。

（二）对社会的影响

（1）图书馆的阅读推广活动可以提供一个社交互动的平台，让青少年通过共同的阅读兴趣建立联系，促进社会融合和人际关系的发展。

（2）能够提高青少年的教育素养。通过阅读推广，青少年可以更好地理解社会、政治和文化议题，提升公民素养，参与公共事务，促进社会的发展与进步。

（3）可以增加社会凝聚力，阅读活动可以创造积极的社会氛围，鼓励人们参与共同的文化和艺术体验，增强社会凝聚力和归属感。

阅读推广服务不仅对个体的成长和满足有积极影响，也有助于社会的发展与进步，促进文化的传承和交流。通过阅读活动，青少年可以享受阅读带来的益处，创造一个更加丰富、包容和有活力的社会环境。

五、对青少年阅读推广策略的针对性设计

（一）以特色活动为载体持续提升影响力

表1　孝感市孝南区图书馆特色品牌活动表

序号	系列活动名称	具体活动主题或内容	年度	分类
1	元宵节猜灯谜	猜灯谜，赠送礼品	2009年至今	城区、乡镇、社区
2	孝南区文化夏令营	少儿暑期夏令营活动	2020年至今	关注留守儿童
3	看展览	丰富多彩的各种展览活动	2017年至今	展览类
4	仙女连环画	主题连环画活动	2020年至今	线上、线下
5	樊登读书文化讲座	樊登读书文化讲座	2020年至今	读书交流会
6	小蜗牛创意空间	少儿绘画、手工活动	2018年至今	绘画、手工类
7	孔子诞辰日系列活动	拜孔子、学礼仪，纪念孔子诞辰日系列活动	2017年至今	国学、朗读

1. 以更好满足人民群众高质量阅读需求为出发点，组织开展形式多样、内容丰富的阅读推广系列活动，用"小品牌"引出"大效应"，目前"元宵节猜灯谜""文化夏令营""帆书文化讲堂"等活动已经形成品牌推广活动，具有一定品牌效应，受到我区青少年和家长的一致好评，这些系列品牌活动突出了以下特点：

突出了引领力，2023年，我们共开展活动177次，其中品牌活动54次，占比31%，被央级、省级、市级、区级媒体共计报道231次，其中品牌活动被报道72次，占比31%。所有活动以公益的形式面向青少年，服务读者5000余人。

2. 注重实践性，少儿绘画、手工活动这些活动让青少年自己"动手、动脑"，从而增加趣味性和认知力。通过一幅幅优美的画卷，一次次有趣的手工，青少年在活动当中体会的是自己动手的乐趣和成功的喜悦。

3. 通过文旅融合，增强文化自信。本馆已经连续开展三届"文化夏令营"活动，五届"孔子诞辰日系列活动"，通过文旅融合的方式让青少年认识"孝文化"、了解"孝文化"，引导大家弘扬传统文化，抒发对家乡的热爱之情，不断增强民族自豪感和文化自信心。

（二）继续着力打造具有影响力、示范性的品牌活动

1. 《槐荫文化讲坛》《朝阳课堂》《帆书讲堂》系列文化讲座，目前已开展33次活动，被媒体报道41次，服务读者500余人。我们希望通过活动传达出所要表达的思想精髓和文化内涵，引导青少年自觉加入"爱读书、读好书、善读书"的行列中来，从而推广全民阅读的深入开展。

2. 科普讲座，已开展"宇宙的奥秘""我有一个航空梦"2场活动，被媒体报道7次。活动激发了青少年的求知欲和探索欲，青少年通过参与阅读推广活动，了解到祖国科技的飞速发展，感受到祖国的繁荣富强，增强民族自豪感。

图书馆作为一个重要的公共文化活动场所，应该结合当地特色文化优势，不断开发主题突出、体验感强、参与度高的图书馆品牌活动，创造品牌效应，服务广大读者。

（三）以创新策略吸引青少年参与阅读

通过数字化体验，开发阅读应用、在线图书馆等数字化工具，满足青少年的数字化阅读需求。本馆在微信公众号、官方网站、微博、抖音上分享相关阅读推广活动项目，大家可以在手机上实现随时随地的阅读体验。

通过多媒体阅读体验，将音频、视频等多媒体元素融入阅读，吸引更多人以不同的方式参与。在微信公众号上，我们通过分享阅读书单，超星读书、读联体等小程序，青少年可以在手机上进行听书、看书功能。同样的，在线上我们还有公开课、学术视频等相关服务，即可观看视频进行学习。在线下，我们建设扫码听书墙，青少年用手机扫码即可立即听书。

通过社会合作，与不同的组织、学校等进行合作，共同举办跨领域的阅读活动。本馆与方略书院、星概念教育有限公司、槐荫书画、小蜗牛美术、超星、

帆书进行合作，为我们提供阅读资源，吸引青少年参与阅读推广活动。与朱湖中心小学、肖港镇路西小学、西河镇中心小学等六个学校开展"图书漂移"活动，精心挑选 300 册图书参与服务，每学期服务 2 次，每年服务 4 次。为乡镇青少年送上精神食粮，用书籍促进青少年学习，让大家能在阅读中增长知识，享受阅读带来的乐趣。

通过创新策略，我们可以将阅读推广服务更贴近青少年的需求和兴趣，创造有吸引力的阅读体验。

六、青少年阅读推广所面临的问题以及持续推广的重要性

阅读推广不仅可以增强社会的凝聚力和和谐性，还能够培养青少年的阅读兴趣、知识和思考能力。在推广阅读服务的过程中，我们面临着重要挑战，跨代交流和文化传承的价值越发凸显。

（一）青少年阅读推广目前面临的问题

随着信息的高速发展，多媒体的应用已经蔓延到生活中的方方面面，而当前，网络和手机已经变成青少年主要的阅读方式，虽然方便，但也引起了许多问题。

1. 青少年丧失阅读兴趣，由于网络科技的高速发展，大多数青少年都沉迷于手机游戏或者短视频，阅读的时间越来越少，于是，青少年逐渐丧失阅读兴趣，从而更少走进图书馆。

2. 阅读推广宣传不到位，目前，阅读推广活动主要通过线下海报或者临时悬挂横幅进行宣传，从而导致大部分的青少年不知道阅读推广活动的开展时间，导致活动无法有效开展。

3. 活动形式单一，目前，我们的活动主要集中在讲座、展览等一些固定的模式，无法进行更深层次的活动，没有持续性，无法形成区块化。

（二）持续进行阅读推广活动的重要性

1. 有利于社会和谐，阅读推广有助于创造一个更加和谐、互相尊重的社会环境，减少隔阂。

2. 文化多样性，通过阅读传承，可以促进不同文化的交流与融合，丰富社会的文化多样性。

3. 认知升级，继续推广阅读服务可以提升整个社会的知识水平和认知能力，为社会的发展和进步做出贡献。

随着科技的不断进步和社会的发展，阅读推广服务在未来对青少年成长的

影响将进一步扩展和加强。未来的阅读推广服务将更加注重个性化、创新化和数字化。通过融合新技术，创新策略和多元化的内容，公共图书馆可以进一步提升服务效果，深化对青少年成长的积极影响，培养出更具有创造力、社会责任感和适应未来挑战的新一代青少年。

七、结语

综上所述，公共图书馆阅读推广服务在青少年成长中起到了至关重要的作用。未来的阅读推广服务将更加注重个性化、创新化和数字化。通过融合新技术，创新策略和多元化的内容，公共图书馆可以进一步提升服务效果，深化对青少年成长的积极影响，通过认知、情感和社交方面的积极影响，为青少年的全面发展提供了丰富的资源和机会。在现代社会，阅读不仅是获取知识的途径，更是培养思维能力、情感智力和社交技能的重要工具。因此，公共图书馆阅读推广服务的价值和影响将持续影响着青少年的成长，并为他们的未来发展奠定坚实的基础。

参考文献

[1] 王波. 图书馆阅读推广亟待研究的若干问题 [J]. 图书与情报，2011 (5)：32-35，45.

[2] 杨婵. 图书馆阅读推广活动的反思与重构 [J]. 四川图书馆学报，2011 (2)：58-61.

全民阅读时代城市书房建设的实践与探索

——以武汉地区城市书房建设为例

刘　欢

（武汉图书馆　430015）

摘　要： 城市书房作为全民阅读时代的新型阅读空间，是公共图书馆的延伸和有益补充。本文通过分析介绍武汉地区城市书房的建设模式、服务内容及读者活动等建设实践，积极探索城市书房可持续、高质量发展之路，以期对其他城市书房的建设提供有益参考。

关键词： 全民阅读；城市书房建设

最是书香能致远。中华民族自古提倡阅读。阅读是人类获取知识、启智增慧的重要途径，也是公民培养道德、提升修养的最佳方式。自 2014 年以来，全民阅读连续 10 年被写入《政府工作报告》，全国公共图书馆实际持证读者数量 10 年间增长 315%，目前高达 1.03 亿人。2021 年，文化和旅游部发布的《"十四五"文化和旅游发展规划》中又明确提出，要不断完善现代公共文化服务体系，创新打造一批"小而美"的城市书房、文化驿站、文化礼堂、文化广场等城乡新型公共文化空间。这一系列重磅举措，将共同助力公共文化事业和全民阅读事业加速推进。由此，许多城市陆续开始依托各地特色资源因地制宜地开拓各类公共文化交流新空间，以实现全民阅读公共服务网络的全覆盖，推动新时代全民阅读高质量发展，健全现代公共文化服务体系，丰富人民群众精神文化生活。其中，散落在城市大街小巷中的城市书房以其充满创意和个性化的特点，逐渐成为最受大众欢迎的新型阅读场所，它通过不断延展阅读空间的触角，使阅读成为新时代里市民喜爱的一种生活方式。

一、城市书房建设对深入推进全民阅读具有重要意义

为早日实现 2035 年远景目标"深入推进全民阅读，建设'书香中国'"，

目前全国已有许多城市加快了城市书房的建设步伐，以进一步完善全民阅读服务设施，扩大全民阅读服务网络。截至 2020 年 10 月底，全国已有 29 个省（区、市）的 193 个地级市建成了 3300 多个城市书房。其中绝大多数按照"政府主导、社会参与、统一管理、共建共享"的原则建设，依托公共图书馆总分馆服务体系，面向广大群众免费提供文献资源、阅读推广、休闲娱乐等公共文化服务，以实现阅读便捷化、均等化、社会化。

（一）建设城市书房是解决阅读"最后一公里"问题的有效方式

城市书房作为全民阅读的新型服务载体，无疑是公共图书馆这种传统阅读场所的延伸和有益补充。城市书房建设主要通过社会共建的形式，选址在书店、社区、商场、景区、企业等交通便利之地，以提高其使用率，让百姓真正享受到高效便捷的公共文化服务，有效解决阅读"最后一公里"的问题。例如，上班族在工作之余，可到单位或公司附近的商圈城市书房里以书会友，在学习交流中提升自我；老年人在家门口的社区城市书房读书看报，在晚年生活中排遣孤独；小孩子在课后或假期时间里，可就近到公园城市书房里看绘本、听故事，做手工，在趣味阅读中健康成长。

（二）建设城市书房是推动阅读融入百姓生活的重要途径

城市书房建设是提高城市公共文化服务水平，补齐全民阅读工作短板的重要基础工作，是提升广大市民文化素质，提高城市文化品位的重大民生工程，也是促进阅读融入百姓生活，深入推进全民阅读的重要途径。在全民阅读新时代里，城市书房"功在陶冶"，它不仅是居民在茶余饭后读书学习的好去处，更是大家在闲暇生活里参与阅读推广、主题活动、公益平台、社区服务等各类公共文化活动的最佳场所。因此，一个有温暖、有内涵的城市书房，可使阅读"润物细无声"地融入寻常百姓的日常生活中。

二、武汉地区城市书房的建设实践

近年来，武汉市以建设文化强市为目标，高度重视公共图书馆服务体系建设，已建成了以武汉图书馆、武汉市少年儿童图书馆 2 个市级图书馆为业务中心馆，13 个区级图书馆为区级业务总馆，多个街道社区图书室、特色书吧、城市书房为区级业务分馆，街头和地铁 24 小时自助图书馆、流动图书馆和市级特色分馆为补充的"中心馆—总分馆制"的四级图书馆服务网。其中，城市书房作为武汉市"12 分钟文体圈"构建中最亮眼的那盏灯，在优化市民阅读体验、提升城市文化品位、促进全民阅读进程中发挥着不可或缺的作用。

（一）借力发力，因地制宜地采用多种建设模式，让阅读抵达更广阔人群

自 2021 年开始，武汉市为深入推进全民阅读，推动公共文化服务高质量发展，不断加大城市书房建设力度，采取以政府为主导，依托武汉市、区各级中心图书馆，广泛发动社会力量联建联办的方式，引进新时代智慧化设施设备，在景点、公园、社区、工业园区、商场周边等人员密集、交通便利的公共场所，因地制宜，多头并举，打造起一座座富有书香气息的城市书屋、书吧、书房等新型阅读空间，沁入城市的文化肌理，助力城市的文化建设。截至目前，已建成开放 30 多家环境优美、各具特色的城市书房，更多的城市书房也正在紧锣密鼓的建设中。

表 1　武汉市 7 个中心城区建设的 18 家城市书房

所属辖区	城市书房	选址类型	建设特色
江汉区	江城书房	商圈	"图书馆+历史建筑"范式的代表
	达美口腔城市书房	商圈	伴着咖啡香气的图书馆
	德芭与彩虹书店	书店	享受临湖观景的阅读体验
	上海三联 READWAY 武汉店城市书房	书店	注重阅读活动创新与推广
	江汉人才之家城市书房	景区	服务企业青年人才
江岸区	铂仕汇城市书房	写字楼	写字楼里的智慧阅读
	兼霞城市书房	景区	建在长江边，公园里的图书馆
汉阳区	琴台书院	景区	传播以琴会友的知音文化
	阅秀公益书屋	景区	公益慈善基金会筹备的"全民阅读公益项目"
	"博艺·1890"城市书房	景区	书房+美术馆的创意组合
武昌区	云日书馆	景区	以电影文化为特色的网红书房
	YOYO 书馆	景区	具有心理学专业背景支持
	外文书馆	书店	特设儿童原创绘本馆
	39 文化书馆	写字楼	嵌入中心裙楼里的大型文化空间
青山区	红坊·城市书房	书店	武汉华侨城与"中国最美书店"钟书阁共建项目

续表

所属辖区	城市书房	选址类型	建设特色
洪山区	梦想岛城市书房	商圈	开通"创业+生活"主题云端直播
	新华书店城市书房	书店	打造"红色书店"特色阅读空间
硚口区	尚佳城市书房	商圈	内设文化创意展馆

以上为笔者整理的武汉市 7 个中心城区内已建的 18 家城市书房,除此之外,还有 12 家城市书房分布在 6 个远城区。这 30 家城市书房建设是根据各区实际情况、市民阅读需求等因素因地制宜地选用了不同的建设模式,使其各具特色,也让阅读循着城市发展脉络抵达更广阔人群。

例如,武昌区云曰书馆采用"城市书房+景区"模式,建在历史文化风貌景区中,以电影文化为特色吸引无数游客前往,有力促进文旅深度融合;江岸区铂仕汇书房选用"城市书房+写字楼"模式,借助社会力量建成 24 小时无人值守城市书房,就近满足楼宇白领及周边社区群众的阅读需求;而洪山区新华书店城市书房则是"城市书房+书店"模式的有效尝试。书店通过升级改造,增设各种文化交流活动区域,日益成为深受市民喜爱的阅读空间。

以上这些深藏于繁华都市各个角落的特色阅览空间,既有占地百余方,藏书千余册的小巧玲珑型书屋,也有占地数千方,藏书数万册的多功能型书店。但无论面积大小,藏书多少,它们都毫无例外地无缝连接全市图书通借通还业务管理平台,依托总分馆制,实现书房与公共图书馆的图书通借通还、双向流动,有力激活了公共阅读服务的微循环,让社区居民、观光游客、企业员工等更多人群都可享受无处不在、触手可及的现代化便捷阅读,也让每本书有其读者,从而不断提高公共文化的服务效能。

(二)巧思妙用,推陈出新地开展各类文娱活动,在阅读中追求更美好生活

城市书房作为全民阅读时代公共图书馆服务体系建设的有益补充,既是城市公共文化的宣传窗口,也是市民文化生活的重要阵地,除了提供图书借还服务之外,书房还承担着传递文化内涵、彰显人文精神的使命。因此,武汉市立足城市文化发展,植根地域文化,在各类城市书房建设过程中,不但注重阅读的便利性、广泛性,同时也非常重视书房的功能性和实用性,多方根据其自身的建筑特色和资源优势,积极思考,勇于创新,推出丰富多彩、喜闻乐见的公

共文化活动延伸服务深度，满足广大读者多元化的文化需求。

以琴为媒，传播"高山流水觅知音"的古琴台历史与知音文化。位于汉阳区月湖东畔的古琴台是武汉市著名的文化古迹，是春秋战国时期俞伯牙与钟子期结为知音和古曲《高山流水》的发源地。琴台书院则是依托知音文化及古琴艺术建设在古典静雅、湖景相映的古琴台亭院里，在五千余册馆藏书籍中，含有数百册古琴特色书籍。曾邀请武汉音乐学院国乐系主任谭军教授、著名作家伍剑老师、武昌理工学院周启元教授以及非遗古琴艺术传承人陈宜外等诸多各行业专家学者前往开展多场文化艺术讲座和文化雅集活动，日益成为文人会宾客，琴友觅知音的最佳去处。

以书会友，在优秀历史建筑里打造全场景沉浸式阅读体验。由武汉图书馆倾力打造的江城书房位于武汉市最繁华的商圈江汉路步行街上，是将一座百年历史老建筑升级改造而成。书房保留了大楼的建筑结构和原有室内格局，5.2米的挑高空间、古朴的拱形大门和楼顶雕花。橙色旋转楼梯和亮眼的克莱茵蓝圆形展架相映衬，还有别致多样的家具陈设，使整个书房时尚现代又不失老建筑的典雅庄重。馆藏文学、历史、生活类纸质图书2万册，云端电子图书3500册，是目前武汉市藏书最多的城市书房，近百个阅览座位分布在书房各处，电子图书瀑布屏、智能机器人、自助办证借还一体机、图书杀菌机、查询机等设施设备也齐全完备。江城书房依托微信公众号打造了"书房电台""领读者计划""非遗传承"等活动品牌，还组织了武汉剪纸、荆楚刺绣、绒花手作、纸鸢制作、布艺堆秀等非遗手工体验广受读者好评，开展的"真人图书馆：用音乐留住这座城的记忆——冯翔跟你聊创作"直播活动观看人次超17万。2023年第八届江城读书节暨武汉市公共图书馆服务宣传周重点活动"汉服盛宴·芳华共赏"也是在江城书房开展。活动围绕汉服和汉文化，通过走秀、舞蹈、游戏、器乐、朗诵、展览等丰富多彩的形式，全方位呈现汉服之美，彰显汉文化的吸引力、感染力。活动也吸引了一批汉服爱好者来书房参加，以书会友，让市民在繁华的江汉路，摩登又气派的百年建筑内，感受文艺与生活、现代与历史的完美融合，体验文化的多元魅力。

除此之外，上海三联READWAY武汉店城市书房在每周二的"汉派青口——九哥说书"活动中，邀请湖北评书文化非遗传承人九哥为大家倾情演绎；在每周三的"左邻右舍相声开放桌"活动中，又让武汉新汉派喜剧团体带着大家笑闹江城。在武昌城市书房·外文书馆里设有儿童原创绘本馆，孩子们在这里用画笔画出自己的故事，用画笔倾吐自己的心声，从故事的讲述，到画面的色彩，每一步都是由孩子们自己完成，逐步引导孩子们养成爱读书、读好书的阅读习惯。同时，书馆还会定期举办小型读书会、剧本围读、艺术沙龙、创作分享、亲子阅读等多种形式的阅读活动，为广大读者搭建交流思想、分享感悟的平台，让大家在阅读与交流中追求美好生活。

三、探索城市书房可持续、高质量发展之路

城市书房是新时代里利用"新技术+新模式"打造出来的多元化公共阅读空间，是提供全民阅读服务的重要阵地。因此，为建设开放共享、布局合理、运营规范的城市书房，用优质的服务、丰富的活动、舒适的空间激发基层群众的阅读热情，深入推进全民阅读，就必须不断探索和创新促进城市书房可持续、高质量发展之路。

（一）建立健全相关制度，保障书房规范运行

在全民阅读时代，随着社会科技的不断进步，读者文化需求的日益增长，人们对家门口的城市书房建设需求和服务要求也会越来越高。因此，书房的建设标准、服务规范、运行管理等相关制度和绩效考核长效机制也应随之逐步建立并完善起来，实现规范化、标准化、制度化的科学管理，保障书房正常运行。同时也应考虑建立城市书房发展基金，通过当地财政和社会力量的持续助力，有序推进城市书房的可持续发展。

（二）合理配置文献资源，满足读者多种需求

图书馆里丰富的馆藏文献是城市书房建设的重要资源，也是吸引广大市民坚持阅读的精神食粮。因此，为满足不同读者的阅读需求，应根据各地城市书房的建设选址、周边人群、服务特色等因素合理配置相应的文献资源，以提高馆藏文献使用率和读者满意率。例如，建在公园景区的书房可配置旅游、生活类期刊，建在商圈或写字楼里的书房可多上架经济、科技类图书，建在学校或社区附近的书房则应补充家庭、教育类读物。除了配置纸质文献资源外，还应加强数字资源建设，通过登录馆藏书目检索平台和数字资源远程访问平台，实现各城市书房数字资源共建共享。另外，可借助总分馆制优势，对全市图书通借通还业务系统进行功能升级，通过大数据平台了解各个城市书房的图书借还数据，形成阅读分析报告，主动将深受各地读者喜爱的图书或资源及时推送到群众身边。

（三）加强人才队伍建设，提升书房服务质量

在城市书房服务过程中，有无人值守、自助服务型，也有人工值守、现场服务型。但无论采取哪种服务方式，都离不开由专业服务人员组成的运行管理团队，而人才队伍建设的质量又直接关系到书房所能提供的服务内容和服务水

平。因此，应定期对城市书房的工作人员进行专业培训和业务指导，特别是从社会力量中招募的兼职人员或志愿者，引导他们了解图书分类知识、熟悉书刊排架业务，开展阅读推广活动，回复读者各类咨询等，并通过开展优秀馆员、最美志愿者、最佳运营团队评比表彰活动，促进城市书房的服务质量不断提升。

（四）搭建业务协同平台，提高书房服务效能

构建便于馆员交流、共享读者活动，实现业务联盟的城市书房协同管理平台，不但可以提高公共文化服务效能，还能使各地城市书房的服务内容更加丰富多彩。目前各地城市书房均是根据其地方特色和馆藏资源建设而成的，虽各具特色，但受众有限。当下新媒体快速发展，全民阅读热情高涨，我们应顺势而为搭建城市书房业务协同管理平台，方便各地书房的管理者们或运营团队能够及时相互交流与合作，协同创新，盘活资源，实现优势互补，并利用微信小视频、抖音直播等新型服务方式，使更多更好的名家讲座、主题展览、新书推荐、读者沙龙等各种阅读推广活动快速分享到全国各地，让书香浸润城市每一个角落。

四、结语

得一寸天地，享一缕书香。全民阅读是增强文化自信和建设文化强国的必要举措，因此，未来我们还要继续以满足人民群众多样化的文化需求为出发点，借助科技创新力量，加快建设为民所需、为民所用的城市书房，并使其可持续、高质量发展，让城市公共文化服务再现蓬勃生机，也让阅读的种子在百姓生活中生根发芽、茁壮成长，为纵深推动全民阅读进程、提升城市文化品质助力。

参考文献

[1] 陈则谦，孙金瑛，张博文. 新型公共阅读空间建设及服务效果研究——以扬州市"24小时城市书房"为例 [J]. 图书馆，2023（2）：63-71.

[2] 薛调. 天津城市书房可持续发展路径研究 [J]. 图书馆工作与研究，2022（11）：98-104.

[3] 王安君. 略论城市书房高质量发展的六个重要策略 [J]. 图书馆界，2022（4）：57-61.

[4] 金武刚，王瑞芸. 论城市图书馆服务体系高质量发展——以城市书房建设为突破口 [J]. 图书馆论坛，2022，42（10）：73-83.

[5] 郝伶俐，陶鑫. 襄阳城市书房可持续发展中的问题及对策研究 [J]. 图书馆理论与实践，2022（2）：60-66.

生成式人工智能（AIGC）对图书馆信息资源领域的冲击与影响

刘晓文

（武汉市少年儿童图书馆　430014）

摘　要：人工智能生成内容（AIGC）将驱动图书馆信息资源领域变革。本文通过系统化梳理 AIGC 发展历程为研究起点，从内容生产视角总结 AIGC 在信息资源建设中的阶段性应用，基于 AIGC 技术特点从资源建设、资源融合和资源服务三个维度探讨对信息资源领域的冲击和影响，得出其在应用中面临的问题，并尝试提出应对策略，以期为 AIGC 在图书馆信息资源领域的研究和实践提供一些启发。

关键词：人工智能生成；AIGC；信息资源

一、引言

2022 年是人工智能技术生成内容（AIGC）跨越式发展的一年，ChatGPT 强势来袭带动人工智能技术（AI）掀起新一轮的科技浪潮。2022 年 8 月，由 AIGC 绘画工具 Midjourney 创作的《太空歌剧院》艺术作品在美国科罗拉多州博览会艺术比赛中脱颖而出获得一等奖，而事先评委并不知道该作品出自 AIGC；2022 年 11 月，OpenAI 公司研发的 AIGC 代表性应用 ChatGPT，一经推出就创造了两个月活跃用户突破 1 亿的记录，引发全球高度关注。国内外科技企业纷纷向 AIGC 领域进军，2023 年 3 月，谷歌发布基于对话应用的语言模型 Bard，利用外部网络知识源进行高质量对话；Discord 的大模型 AI 图像生成工具 Midjourney 生成的"中国情侣"代表作图片成功出圈，引发国内外社交媒体的广泛转发；Meta 推出文本生成模型 PEER，通过计划（Plan）、编辑（Edit）、解释（Explain）、重复（Repeat）不断迭代，解决了传统语言模型只能生成最终文本的问题，完全模拟了人类的写作过程；北京智源人工智能研究院发布了国内首个 AI

大模型"悟道 1.0"和"悟道 2.0"，能同时处理文本和图片数据来进行诗歌创作、图像生成和智能问答。AIGC 引燃了新一轮人工智能技术的革新，开启了人工智能新时代，对包括图书馆领域在内的各个行业将产生重大且深远的影响。知名调查机构 Gartner 将生成式 AI 列入 2022 年十二大重要战略技术趋势，并在研究报告中预测到 2025 年，由 AIGC 生成内容将占所有信息内容的 10%。百度创始人李彦宏在 2022 年 7 月百度世界大会中提出："AIGC 未来十年，将颠覆内容生产行业。"由此可见，AIGC 将成为大数据与人工智能时代下信息资源内容生成的重要方式，驱动图书馆信息资源领域的创新和变革。

二、AIGC 的发展历程及研究现状

（一）AIGC 发展历程

AIGC 是互联网、大数据和人工智能等技术综合发展的产物，目前尚未形成统一和规范的定义，中国信息通信研究院和京东探索研究院 2022 年 9 月发布《人工智能生成内容（AIGC）白皮书》，将其概括为"AIGC 既是从内容生产者视角进行分类的一类内容，又是一种内容生产方式，还是用于内容自动化生成的一类技术集合"。学界普遍认为，AIGC 是继专业生产内容（PGC）和用户生产内容（UGC）模式之后，利用 AI 技术自动生产内容的新型生产方式。

AIGC 的提出最早可以追溯到 1950 年，计算机科学与人工智能之父艾伦·图灵在其发表的论文 *Computing Machinery and Intelligence* 中首次提出了"图灵测试"的概念，用来评估机器是否具有智能，这一论文被普遍认为是人工智能研究的起源，划时代地推动了人工智能发展。结合 AIGC 的演进历程可以将其分为三个阶段：早期萌芽、中期积累和后期勃发。

早期萌芽阶段（1950—1990 年）的人工智能是基于规则的，人类创建规则让机器采取相对应的行动来完成任务。1957 年，通过将计算机程序中的控制变量替换成音符，世界上第一首计算机创作的音乐作品《伊利亚克组曲》诞生，被看作早期 AIGC 的代表作品。由于规则之间相互作用会成倍增加，人工编写规则无法穷尽人类知识并且很难灵活修改，AIGC 在这一阶段没有取得重大突破。

中期积累阶段（1990—2010 年），AIGC 逐渐向实用性发展。2006 年，"深度学习"概念被提出，人工智能发展取得重大突破。深度学习成为人工智能获取和学习知识的主要技术，极大提升了机器从语料中自我学习和获取知识的能力，机器自动学习和分析语料中隐藏的知识，利用获取的知识完成任务，推动

了 AIGC 向实用性发展。2007 年，世界上第一部完全由人工智能创作的小说 1 *The Road*诞生，但逻辑错误明显导致可读性不高。这一阶段 *AIGC* 发展有了显著进步，但由于算法瓶颈的限制，创作作品效果有待提高。

后期勃发阶段（2010 年以后），AIGC 爆发式增长，进入勃发阶段。AIGC 的勃兴体现在两个方面：一是生成算法模型持续性创新，2014 年"生成对抗网络"GAN 出现，被看作 AIGC 代表性技术变革。GAN 是 AIGC 早期内容生成模型，用生成器和判别器相互对抗进行训练，不断迭代产生新的内容，成为 AIGC 主流模型，但 GAN 需要采用判别器来判别生成内容和其他内容是否同属一种类别，导致其生成内容是对现有内容的模仿，创新性不足。二是 AIGC 不断向多模态、大模型发展，引发 AIGC 从量变到质变的突破。OpenAI 推出的 GPT 系列模型训练数据数量由 GPT-1 的 1.17 亿跃为 GPT-3 的 1750 亿。2021 年，多模态模型 CLIP 的出现让 AIGC 跨模态生成成为可能，CLIP 模型利用互联网上超过 40 亿个带有文本描述的图片作为训练数据，实现了图像、文本和视频跨模态生成，推动了 AIGC 质的飞跃。2022 年 Diffusion 扩散模型出现，迅速成为主流图像生成模型，使 AIGC 绘画应用成为 AIGC 最热门的应用，长期占领 GitHub 热榜第一，直接引发 AIGC 被大众广泛关注。同时，Bard、ChatGPT、文心一言等 AIGC 大模型也相继成熟，ChatGPT、Midjourney 等 AIGC 代表性应用百花齐放，迎来了 AIGC 时代。

（二）AIGC 在图书馆界的研究现状

自 AIGC 强势来袭，我国图书馆界凭借敏锐的洞察力关注到 AIGC 对图书馆领域的影响，迅速开展了相关学术研究。储节旺等通过对 AIGC 的嬗变分析，从图书馆服务内容、服务方式和服务效果三个方面探讨了 AIGC 带来的冲击，提出 AIGC 在图书馆知识组织、信息检索、用户推广、参考咨询、阅读推广和特殊群体六个方面的应用创新；郭亚军等通过总结内容生产方式变革中图书馆服务的发展历程，从资源建设、科研服务、咨询服务和社会教育四个方面构建了 Chat-GPT 赋能图书馆服务的应用场景；赵瑞雪等从 ChatGPT 的发展历程和技术特点出发，提出图书馆在开展 ChatGPT 人工智能相关应用时，应加强文献全文本地化建设和知识组织体系建设，深化大规模语言模型应用，以实现更为智能的知识服务。总体来看，目前图书馆界对 AIGC 在智慧图书馆应用中的研究已取得初步成果，但已有的研究视角多集中在其应用 ChatGPT 上，而非 AIGC 整体。因此，本文尝试从 AIGC 整体出发，探索 AIGC 对图书馆信息资源领域的冲击和影响，以期为业界接下来的研究和实践提供一些启发和参考。

三、AIGC 在图书馆信息资源建设中的应用历程

（一）内容生产视域下的信息资源建设模式

在互联网、云计算、大数据、人工智能等信息技术革命的驱动下，图书馆在短短二十年间实现了从传统图书馆到数字图书馆，再到智慧图书馆的转型，信息资源建设模式以预想不到的速度发生了巨大变化。

从内容生产视角来看，传统图书馆时期资源建设主要生产方式是专业生产内容（PGC）模式，资源建设来自专业性高的数据库厂商、图书情报机构和专业图书馆员，信息资源的内容质量得到保障，但因参与人员较少导致资源量总体规模有限。互联网的发展使传统图书馆向数字图书馆转型，用户生产内容（UGC）模式作为资源生产方式开始扮演重要角色。欧洲数字图书馆是颇为典型的 UGC 模式资源建设案例，于 2014 年推出了 2015 至 2020 年战略计划，致力于打造用户既能访问，又能参与创作和建设的平台，开宗明义地欢迎用户以创新的方式开发图书馆的资源。同传统图书馆相比，数字图书馆时期信息资源建设模式从以图书馆和专业机构为主导的 PGC 模式，开始部分向以用户为主导的 UGC 模式转移，参与人员的增加有效提升了信息资源生产规模，但因专业性缺乏保障使得 UGC 模式下资源生产质量良莠不齐。移动互联网、物联网和元宇宙的兴起加速了数字图书馆向智慧图书馆的转变，PGC 和 UGC 的资源生产模式因其规模和质量的限制将无法完全满足智慧图书馆下信息资源的需求，人工智能生产（AIGC）模式作为新的信息资源生产方式可以弥补 PGC 和 UGC 模式的不足。相较于 PGC 模式下，专业人员有限导致资源建设规模受到制约的缺点，AIGC 是由算法产生劳动力，可以 24 小时全天运行进行内容生产，短时间内通过机器学习快速创作出大量的资源内容，实现时间和规模的飞跃。对比 UGC 资源建设内容质量无法保障的特点，AIGC 随着其算法和模型的不断优化演进，信息资源生产质量将持续提高，逐渐超越 PGC 和 UGC 模式。因此，AIGC 将逐渐成为未来智慧图书馆信息资源生产的重要模式，与 PGC、UGC 模式一起为智慧图书馆的信息资源建设提供支撑。

（二）AIGC 在图书馆信息资源建设中的阶段性应用

结合 AIGC 技术的发展历程，根据人工在图书馆资源建设中的参与程度，可以将 AIGC 在图书馆信息资源建设中的应用分为三个阶段：辅助生产的初级阶段，人机协作的中级阶段和自主创作的高级阶段。辅助生产的初级阶段，人工在资源建设中的参与度较高，前端的模型开发和后端的实际应用均需要人高度

参与，AIGC 主要充当助手角色辅助人工生产信息资源，如图书馆早期利用 OCR 技术实现资源数字化、文字识别、文献库建立等推动图书馆数字化。人机协作的中级阶段，人工在资源建设中的参与程度大幅降低，主要以开发者的身份利用算法和模型实现信息资源的生成，在应用端的参与程度显著降低。例如，瑞典国家图书馆使用 NVIDIA DGX 系统开发了 20 多个 Transformer 模型，利用庞大的图书馆资源训练构建最先进的瑞典语 AI 模型，将数万亿的瑞典语纸质资源转化为数字资产。目前，AIGC 在图书馆信息资源建设应用中正处于人机协作的中级阶段向自主创作的高级阶段演化的过程。随着算法和模型的不断创新突破，自主创作的高级阶段 AIGC 将具有自我开发和自我进化的功能，通过 AIGC 模式生成 AIGC 算法模型，在深入理解资源语义内容的基础上由 AIGC 自主进行信息资源的创作，促进人工智能时代智慧图书馆信息资源的繁荣生长。

四、AIGC 对图书馆信息资源的冲击和影响

（一）信息资源形式由单模态向多模态发展，提升用户体验感、沉浸感和互动感

从资源建设来看，AIGC 驱使信息资源呈现形式由单模态向多模态发展，给读者更强的体验感、沉浸感和互动感。从技术特征看，AIGC 算法模型的创新突破主要表现在大模型和多模态两个方面，多模态的信息融合和生成是 AIGC 的明确发展趋势，也是 AIGC 区别于 PGC 和 UGC 的显著特点。几年前，AIGC 生成内容主要以文字、图像等单模态信息为主，而人类从真实世界接收到的信息来自文本、语音和图像等多模态的数据源，单模态模型因涵盖信息单一化无法有效表示人类对环境感知、信息获取和知识学习与表达的主动学习过程，不同模态之间的隐式交互信息不能被充分利用和学习。2021 年跨模态深度学习模型 CLIP 的出现，让 AIGC 跨模态生成内容成为可能，CLIP 模型能够同时进行计算机视觉和自然语言的分析处理，实现文本、图像和视频的多模态识别、融合和相互转换生成，推动了 AIGC 质的飞跃。2022 年 9 月，百度发布的"2022 十大科技前沿发明"中跨模态通用可控 AIGC 位居第一，在通用性上提出跨模态的统一建模技术，构建视觉和语言统一的理解和生成模型，利用知识融合生成了图像、文本、数字人、视频等实用性落地产品，荣登 aNLI、VQA、VCR 三大国际权威榜单。在多模态技术的发展和支持下，新一代的 AIGC 多模态模型可以跨模态学习、处理、转换和生成包括文字、图像、音频、视频、3D 模型等多模态内容，实现图书馆信息资源多源、多维度、多层次的内容聚合，使信息资源建设

类型由单模态向多模态发展和突破。

AIGC 作为全新的内容生产方式，根据读者需求跨模态自动生成文本、图像、音频和 3D 模型等多模态信息资源，将极大提高用户的体验感、沉浸感和互动感。河南卫视制作的《唐宫夜宴》，依托 5G 和 AR 技术，立体化展现唐朝国宝级文物，沉浸式打造大唐仕女参宴的数字场景，节目播出短短一周，迅速霸占 B 站第一实时热门，《人民日报》和我国外交部发言人华春莹相继发文点赞，深受人们喜爱。随着虚拟现实交互技术的发展，图书馆提供沉浸式资源已有不少实践案例，中国国家图书馆 2021 年推出的 5G 全景资源《永乐大典》，使用 5G 和 VR 技术将书中的文字和场景进行立体化展现，全方位沉浸式讲述《永乐大典》的背后故事，受到读者广泛好评。由此可见，体验感、沉浸感和互动感是当前用户对内容生产的关键性需求，也成为图书馆 AIGC 信息资源生成的目标方向。图书馆通过 AIGC 构建多维数据生成 3D 模型，可以为信息资源提供全方位的虚拟呈现，给读者一目了然的直观感受；利用 AIGC 生成视频并结合 VR 技术，可以为读者提供更具体验感和沉浸感的资源阅读体验。AIGC 的赋能，为图书馆的信息资源建设提供了新的思路。

（二）信息组织模式由表层的资源整合向深层语义的资源融合转变，消除"数据孤岛"

从组织模式来看，AIGC 促使信息资源从表面信息组织的资源整合转为深层语义内容组织的资源融合。AIGC 跨越性突破的关键离不开在海量高质量训练数据的基础上大模型体现的"涌现"能力。由 OpenAI 推出的 GPT-3 训练参数数量已超过 1750 亿，ChatGPT 训练参数是 GPT-3 的十倍以上，训练数据集来源包括维基百科、期刊、书籍、Common Crawl 等，正是由于训练数据规模的不断扩大、质量的不断提升和模型参数的不断优化，使得 ChatGPT 实现了从量到质的飞跃。不难看出，如果没有大模型高质量数据进行训练，AIGC 的生成质量将受到很大制约。因此，AIGC 面临的颇受国内业界关注的一个问题是，在中文互联网内容质量堪忧的情况下，要保证训练数据的真实性和准确性，AIGC 的训练数据从哪里来。高书生等认为应该从中华民族积累沉淀了五千多年的文化资源数据中转化而来。图书馆是收藏和保存中华民族文化资源的文化记忆机构 GLAM（Galleries, Libraries, Archives and Museums）的主要成员，承载着大量的文化资源数据。

当前我国图书馆在国家大力发展公共数字文化工程的推动下都在积极自建数据库，但大多自建自用，各自为政，国家先后实施了全国文化信息共享工程、数字图书馆推广工程和公共电子阅览室建设计划三大公共数字文化工程，但各平台数据尚未全面互联互通，未能从根本上实现图书馆信息资源的融合，"数据孤岛"现象一直以来是图书馆信息资源领域面临的难题。中共中央办公厅、国务院办公厅于2022年5月印发的《关于推进实施国家文化数字化战略的意见》（以下简称《意见》）提出了8项重点任务，其中"统筹利用文化领域已建或在建数字化工程和数据库所形成的成果，关联形成中华文化数据库"位列第一，并明确指出要"按照统一标准关联零散的文化资源数据"，"关联文字、音频、视频等不同形态的文化资源数据"。《意见》的发布节点，正处于AIGC飞速突破的时期，为图书馆利用AIGC技术消除"数据孤岛"，实现资源融合提供了指引和方向。

不同于资源整合将信息资源进行简单的叠加、类聚和重组，资源融合要求要能在语义层面进行知识内容的融合，需要更细粒度地挖掘知识的隐含信息，建立起信息资源之间的语义关联，以实现深层次、大规模、多模态信息资源的融合利用。AIGC技术赋能图书馆信息资源，将推动信息资源组织模式的优化转型。传统的资源生产模式下，信息资源组织方式往往以结构化的表层外部特征为主，如文献资源按照题目、关键词、作者、摘要等表层特征信息组织，这种信息组织模式对资源的结构化要求较高且停留在词义层面。MIT的最新实验研究表明，基于文本形式训练、用于预测下一个token的大型预训练语言模型（LLM）能学习和表示文本的意义，即超越表面的统计关联，理解文本背后的概念和语义。随着AIGC的发展，AIGC强大的机器学习能力和多模态技术将深入信息资源内容，对多源、异构、大规模的信息资源进行语义层面的知识挖掘和语义关联，从语义层面描述信息资源组织并进行知识关联，实现图书馆资源融合。AIGC时代下，向大规模、多模态方向发展的信息资源是一种多源异构的新型信息源，针对这一新型信息源，未来图书馆还需要探索新的信息描述框架和组织模式，建设统一的信息资源描述标准规范体系，在统一的框架下进行语义层面的知识关联和内容对齐，这是实现图书馆大规模信息资源融合的必要过程。

（三）信息资源服务水平由不平衡向均等化推进，满足特殊群体个性化需求

从资源服务来看，AIGC促使资源服务覆盖对象由大部分人扩展到包括特殊人群的所有人，实现信息资源服务的均等化。微软公司创始人比尔·盖茨指出人工智能时代已经来临，利用AI技术可以减少世界上一些严重的不公平现象。在图书馆信息资源方面，AIGC可以使资源服务变得更加公平，尤其是对于贫困

地区和特殊群体，AIGC 赋能信息资源能够提供给他们更为平等的资源服务。2021 年 3 月发布的《中华人民共和国经济和社会发展第十四个五年规划和 2035 年远景目标纲要》中在分析我国发展环境时提到，我国发展不平衡不充分问题突出，城乡区域发展差距较大。这一点在我国图书馆提供信息资源服务上也是如此，互联网和信息技术的发展虽然为数智时代下图书馆信息资源的普及提供了技术手段，使图书馆信息资源服务覆盖范围从城市向乡镇拓展，但城乡之间不平衡不充分问题仍然存在。农村地处偏远，和城市居民能够方便熟练地使用图书馆资源不同，农村居民往往因为信息差、意识培养缺失和对计算机不熟悉，难以与城市居民平等享用图书馆信息资源服务。在推进贫困地区和特殊群体信息资源均等化服务的过程中，对于特殊群体如留守儿童、视障人群、听障人群和农村居民等的资源服务还需给予更多关注。针对留守儿童和农村居民等因为距离远、交通成本高和信息素养缺失等不能到馆使用信息资源的群体，图书馆在信息资源融合的基础上可以利用 AIGC 生成数字虚拟馆员嵌入信息资源服务平台，让此类群体在家打开计算机就能在数字虚拟馆员的交互和指导下，按照用户指示直接打开所需的信息资源进行讲解，个性化满足此类群体的需求。针对听障人群，图书馆一方面可以利用 AIGC 生成数字虚拟馆员，为听障读者开展带字幕和动画的展书服务，另一方面可以利用 AIGC 跨模态转换将音像读物转换成动画视频，并实时生成字幕方便听障读者阅览。针对视障人群，图书馆利用 AIGC 技术可以跨模态实现文本、图片等向音频的转换，帮助读者应用听觉接受资源服务。AIGC 赋能信息资源服务，能为留守儿童、视障、听障和农村居民等特殊群体获取资源服务消除障碍，帮助图书馆将信息资源服务的对象拓展到以前难以覆盖到的特殊群体，满足他们的个性化需求，使社会公众都能平等享受图书馆资源服务。

五、AIGC 在信息资源应用中面临的问题和对策

（一）生成内容不可控，推动常态化数据标注工作

AIGC 自诞生起，预训练模型生成内容的不可控性一直是人们广泛担忧的问题。AIGC 模型是依靠海量数据在大规模模型的基础上训练而来的，模型几十GB 到几十 TB 的训练语料中几乎不可避免地会包含一些不可信或者危险的训练样本，没有人能保证 AIGC 不会生成一些带有偏见性甚至有害的内容。为了使AIGC 生成内容不是完全只受到训练数据的影响，而能够人为可控，ChatGPT 引入了人工反馈的强化学习（RLHF），通过人工标注作为反馈从而使 AIGC 生成

内容与人类的价值观和认知保持一致。有学者在 TruthfulQA 数据集上对引入人工标注的 InstructGPT/ChatGPT 和训练数据不含有任何标签的 GPT-3 进行实验，实验证明甚至 13 亿小规模的 PPO-ptx 的效果也比 1750 亿参数数量的 GPT-3 要好。由此可见，AIGC 在图书馆信息资源领域的应用过程中，高质量的人工标注和持续性的人工反馈对于 AIGC 生成信息资源内容的可控性起着至关重要的作用。这一点与《关于推进实施国家文化数字化战略的意见》中提出的关于数据标注的明确要求，要"推动文化机构将文化资源数据采集、加工、挖掘与数据服务纳入经常性工作"是相通的。因此，在图书馆应用 AIGC 技术赋能信息资源领域的过程中，对于 AIGC 生成内容不可控的问题，可以将高质量的数据标注作为常态化工作，通过高质量的标注数据和持续性的人工反馈、评估来优化 AIGC 信息资源生成质量，以保障 AIGC 生成内容的可用性、可信性与无害性。

（二）传统基础工作面临挑战，促使图书馆人才转型

AIGC 技术的发展，可以将图书馆员从一些重复且简单的工作中解放，传统的人工重复性工作如资源推荐、资源分类、文学创作等都会受到 AIGC 不同程度的优化甚至是取代。而指令作为 AIGC 模型生成信息资源的重要线索，如何使用合适的自然语言作为正确的指令使 AIGC 产出更有价值的内容，如何准确辨别 AIGC 生成的资源是否真实可信、是否存在偏见，如何在 AIGC 生成错误或有害的结果时及时通过人工反馈快速纠正并解决问题，成为图书馆员今后在 AIGC 信息资源生成中需要深度研究和掌握的技能，也是图书馆员人才转型的方向。AIGC 在图书馆信息资源领域中的应用，要求图书馆员既熟悉图书馆具体业务流程，又能够了解 AIGC 的运行机制，从而将两者进行有效融合，以实现信息资源的自动产出，为读者提供更高质量的信息资源。

六、结语

AIGC 作为新型内容生产方式，颠覆内容生产行业已是大势所趋，势必会对图书馆信息资源领域产生冲击和影响。系统梳理 AIGC 的发展历程及应用现状有助于理解 AIGC 作为人工智能新技术推动图书馆信息资源领域发展的本质。本文从资源建设、资源融合和资源服务三个维度提出了 AIGC 对图书馆信息资源方面的影响，认为在 AIGC 的赋能下能够实现图书馆信息资源的多模态建设、深层语义的资源融合和均等化的资源服务。在此基础上得出了 AIGC 在信息资源建设应用中面临的问题和挑战，并尝试提出应对策略，以期为图书馆对 AIGC 在信息资源方面的研究和实践提供一些启示。

参考文献

［1］张智雄，于改红，刘熠，等.ChatGPT 对文献情报工作的影响［J］.数据分析与知识发现，2023，7（3）：36-42.

［2］储节旺，杜秀秀，李佳轩.人工智能生成内容对智慧图书馆服务的冲击及应用展望［J］.情报理论与实践，2023，46（5）：6-13.

［3］郭亚军，郭一若，李帅，等.ChatGPT 赋能图书馆智慧服务：特征、场景与路径［J］.图书馆建设，2023（2）：30-39，78.

［4］赵瑞雪，黄永文，马玮璐，等.ChatGPT 对图书馆智能知识服务的启示与思考［J］.农业图书情报学报，2023，35（1）：29-38.

［5］吴建中.从数字图书馆到智慧图书馆：机遇、挑战和创新［J］.图书馆杂志，2021，40（12）：4-11.

［6］王诺，毕学成，许鑫.先利其器：元宇宙场景下的 AIGC 及其 GLAM 应用机遇［J］.图书馆论坛，2023，43（2）：117-124.

［7］赵朝阳，朱贵波，王金桥.ChatGPT 给语言大模型带来的启示和多模态大模型新的发展思路［J］.数据分析与知识发现，2023，7（3）：26-35.

人工智能在智慧图书馆建设中的应用

陈　帆

（湖北省图书馆　430071）

摘　要：人工智能和图书馆的结合，是图书馆今后发展的必然趋势。人工智能在图书馆中的运用在智能排架、智能检索、个性化推荐、智能安防系统和数智化参考咨询服务等方面。未来，图书馆还要注重拓展应用领域、加强技术合作、完善数据管理和加强人才引进与培养等方面的工作，实现人工智能与图书馆结合的共赢局面，为图书馆的发展注入新的活力。

关键词：人工智能；书馆智能服务

一、引言

在科学技术迅猛发展的今天，人工智能已成为经济和社会发展的重要动力，并逐步深入我们日常生活的每一个领域，图书馆自然不能例外。人工智能技术的发展和应用使得图书馆的服务更加智能化、便捷化，为读者提供了更好的阅读体验。

（一）人工智能技术的发展

人工智能的核心特征是能够自动化学习各种知识、信息，不断自我优化；充分理解和流畅表达人类语言，逻辑推理强，实现了具备一般人类智慧的机器智能；拥有一定的自适应和迁移学习能力，可以适用于多种应用场景和任务。

近年来人工智能在我国得到快速发展，政府也颁布了一些促进人工智能发展的政策。2017年，国务院发布了《新一代人工智能发展规划》，明确了我国在2030年成为人工智能科技强国的宏伟目标，为我国人工智能产业的发展提供了政策保障。

我国作为世界第一大互联网与手机市场以及全球第一大电子设备与信息技术制造基地，大数据与云计算等基础设施对人工智能技术发展起到很好的支持作用。我国在人脸识别、语音识别、自然语言处理等方面取得了重大进展，这些技术已经成功应用于医疗影像诊断、风险控制、个性化教育等方面，为人们的生活带来了更多的便利和效率。

（二）图书馆向智慧图书馆的转型

智慧图书馆依托物联网、云计算和大数据技术，整合图书馆用户、图书馆资源与设备，通过智慧化转变用户与图书馆及图书资源之间交互方式，促进图书馆信息反馈速递、管理水平及服务针对性与智慧性提升，使用户获得知识时不受时空及使用模式限制。智慧图书馆是系统、功能、服务、管理全方位的智慧化。

二、人工智能在图书馆的运用

（一）实现智能盘点定位，自助借还

智能排架系统是一种基于 RFID 技术的智能书架系统，通过自动识别每本图书上粘贴的 RFID 标签，可以实现图书的查询定位、实时监控、自动盘点等功能。武汉大学图书馆 2017 年启动了 RFID 智慧图书馆项目，为馆藏的近 300 万册图书安装 UHF RFID 标签，同时也为书库所有书架安装了 UHF RFID 层架标，通过使用自动盘点机器人，实现了每天对总馆 70 多万册流通书库的图书进行全自动盘点、定位。图书馆员可通过该系统对书籍数量进行自动清点，迅速完成书籍整理与归架，并按指令对书籍进行自动编排与整理，从而提高了图书馆管理效率与服务质量。基于 RFID 技术，读者可以自行完成借书、还书、续借等操作，减少排队等待的时间，提高借阅和归还的效率。

（二）个性化推荐

近年来，智能检索与智能书目推荐技术应用引起了人们的重视，已成为一个研究热点。根据 2023 年第二十次全国国民阅读调查数据，2022 年我国成年国民人均纸质图书阅读量为 4.78 本，人均电子书阅读量为 3.33 本。同时，2022 年我国上市新书共 17 万余种，图书馆用户尤其是儿童和青少年读者面对这么多的书籍，不知道自己适合读什么书或者读什么书好，这时准确的检索服务和书目推荐就显得非常重要。传统书目推荐由馆员依据用户性格特征，兴趣爱好等来向有需求的读者推荐书目，馆员无法做到每本都懂，向用户推荐时，则需知道图书的大致内容，合适人群和阅读难易程度，造成书目推荐难度大。人工智能最重要的特点之一是机器学习，针对海量图书，从图书名称、简介、章节设置及书评等方面进行分析与研究，改进了图书评价系统并给出了阅读难度和适合人群两个方面的评价指标。通过这一指标来对书籍的推荐特征加以分析，在分析中学到知识，然后不断改进评价体系。同时从用户画像的角度出发，基于图书馆的借阅记录，利用分类与聚类挖掘技术将背景属性与兴趣相似的读者群根据读者身份、单位、借书类型等因素组成一个关联规则挖掘群，再利用关联规则挖掘技术在同一类群内寻找出最匹配的目录，为书目推荐提供参考。

（三）智能检索

人工智能以自然语言处理技术为技术优势。通过这项技术，读者可以使用自然语言进行检索，跳出传统关键词匹配机制的约束，能有效避免以往因关键词不匹配而错过检索结果。使用自然语言检索有效降低了读者的学习成本，提高了检索效率。

（四）智能安防系统

应用人工智能技术实现图书馆的智能安全防护，包括人脸识别进出管理系统、火灾预警系统、网络安全管理等。通过人脸识别技术实现对图书馆的读者进行出入管控、统计，提高图书馆的安全性。同时，后台也能收集读者学习大数据，绘制读者学习行为画像，提高图书馆的服务效率；通过监控系统和人工智能技术实现火灾预警和自动灭火，保障图书馆的安全；在智能防火墙识别能力的帮助下，对网络行为进行及时准确识别、快速判断其是否具有危险性，并对图书馆网络环境进行实时监测，当检测到网络攻击时，进行快速管控，从而有效提升网络环境安全系数。

（五）数智化参考咨询服务

传统图书馆数字资源将资源类型、学科、语种和出版时间作为文献的外部特征来描述资源，这种资源分类方式对文献资源内容的揭示是有限度的，用户的咨询问题一般从内容开始，造成资源分类不能完全贴合用户的需求。同时咨询馆员受个人教育背景、记忆能力、认知水平及信息素养的制约，总有一个知识储备上限，在面对大量读者提出的咨询问题时，个别馆员的能力往往无法适应读者的需要。

当前生成式预训练（Generation Pre-trained Transformer，GPT）技术快速发展。如美国 OpenAI 基于以英文为主的大规模语料库，在英文领域已形成较好的应用效果。GPT 技术将算法、数据、算力进行有效整合，通过对语料库中对应语言的文字内容、语法、风格、逻辑、智慧等各类表层和内涵信息的深度学习，建立起响应的反馈能力，能够根据用户的提问，通过语义分析，结合语言环境，并通过模仿学习来改进聊天机器人的回复结果，将最佳答案提供给用户。GPT技术能够帮助图书馆建立更智能化的人机问答系统，准确识别用户问题，智能解答用户疑问，同时也能够全天候对用户进行参考咨询服务。

三、智慧图书馆的优化建议

（一）科学规划，拓展应用领域

图书馆作为文化教育产业的重要组成部分，应该进行精确的规划和科学的布局，以加快人工智能工程建设为中心，进一步推动智慧图书馆的发展。从整体发展的角度出发，制定长远的愿景目标和分阶段的发展计划，有序推进智慧图书馆的建设，以保持其持续稳定的发展。图书馆应该在提供信息咨询、智能盘点和人脸识别服务的同时，积极开展知识采集服务，以便全面拓展其服务范围。同时，应该努力寻求人工智能为图书馆带来新的服务增长点。

（二）加强技术合作，提高数智化参考咨询服务水平

数智化参考咨询服务基础是GPT技术，而文字语料又是GPT模型学习的基础素材，语料库规模越大、内容质量越高，模型学习效果就越好。一个大模型的崛起绝非偶然，而是数据、算力、人才、资金等关键生产要素全面支撑的结果：在数据方面，需要大量开源或专用数据集配合海量多维度的高质量语料数据作为训练数据；在算力方面，需要通用、高性能且软硬适配完备的GPU算力生态体系。当前我国GPT应用发展主要依靠企业自建语料库，存在着自建难度大、公共语料资源开放不足等缺点。如百度的文心一言大模型语料来源于网页数据、搜索数据和百度自建的知识图谱；华为的盘古大模型训练语料来源于华为自主收集的多领域（如新闻、文学、科技等）内容。从内容类别来看，缺少来自书籍、期刊、学术论文、代码等其他渠道的信息。图书馆应该在现有法规框架内加强和有关科技企业之间的协作，促进公共语料资源的共享，并为建设大型语料库提供资源支持。

（三）完善数据管理，加强隐私保护

人工智能技术的应用在图书馆信息收集和管理方面带来了许多好处，既可以提高图书馆服务的效率，又能为用户提供更好的服务体验。然而，随之而来的隐私保护、伦理道德等问题也变得越来越突出。因此，图书馆必须建立完善的数据管理制度，加强对用户数据隐私的保护，严格防止信息外泄，真正维护

用户的权益。

在图书馆开始实施相关服务项目之前，必须设立完善的规章制度和操作流程，并对数据管理人员和操作人员进行全面培训，以履行对数据安全管理的主要责任。根据相关法律法规的规定，图书馆履行信息获取的告知义务，并且按照法律的要求收集合理且必要的用户信息。建立严格的安全等级管控制度，并确保其严格执行，及时发现系统漏洞，并对信息的收集、管理、维护、传输和保存等方面进行规范和限制，同时对所有类型的信息进行有效加密处理。如果涉及个人敏感信息的资料，应该及时向相关部门申请备案。

（四）加强人才引进与培养，强化技术保障力量

图书馆在全面普及人工智能技术的过程中，不仅可以加快智慧图书馆建设速度，还能提升图书馆的核心竞争力与综合服务能力，这也对图书馆员的技术素养提出了更高的要求。只有通过积极引进和培养高级技术人才，打造一支高水平的智慧馆员人才队伍，图书馆才能够提供更加全面的技术支持，并具备承接具有高附加值和广泛影响力的创新项目的能力，从而实现图书馆和图书馆员的同步跨越式发展。

图书馆应该制订一个详细的计划，有条不紊地实施人才战略：重点关注人才的招募，注重改善人才队伍的结构；健全图书馆员队伍的培训措施，包括提供多种渠道进行培训和交流，以促进创新思维的培养，培养复合型人才；重视馆员的实践项目培训和推广，积极激励他们申请科研项目并指导实践性创新项目研究；区域性馆际合作与交流的积极推进，有助于加强馆员之间的沟通与交流，并促进科研成果的普及与推广；与行业公司和科研团队合作，共同探索一种新的方式，使馆员能够参与新技术研发和升级工作，并提升他们的创新能力。

四、未来发展

人工智能对智慧图书馆的影响和潜力巨大，主要体现在提高服务质量和效率、促进数字化和智能化转型、拓展服务领域和载体以及增强读者参与度和黏性等方面。通过人工智能技术的运用，图书馆能够对各种资源进行数字化转型，促进资源利用率与共享率提升，还能够对图书馆进行智能化管理与服务，促进图书馆运营效率与服务质量提升；通过智能问答系统、智能客服等实现在线咨询和服务，满足读者的各种需求。同时，人工智能也可以将图书馆的服务载体从传统的纸质书籍向电子书、音频书、视频等多种形式拓展，提供更加多元化的服务；通过智能检索和智能推荐，读者可以更快地找到自己感兴趣的书籍和

其他资源，提高借阅和阅读的体验，增强读者的参与度和黏性。

随着人工智能技术的不断发展，将来与图书馆的结合会越来越紧密。未来，图书馆将会更加智能化、个性化和服务化，为读者提供更加便捷、高效和个性化的服务。同时，人工智能技术的应用还将推动图书馆数字化转型和资源建设工作，为图书馆的发展注入新的活力。

五、结语

人工智能和图书馆相结合，是图书馆今后发展的必然趋势。通过应用人工智能技术，图书馆的服务将会更加智能化、高效化和个性化，为读者提供更好的阅读体验。同时，还需重视人工智能技术在隐私保护，数据安全以及技术成本方面所面临的难题，以确保人工智能与图书馆的结合能够实现共赢。

参考文献

[1] 夏正伟，李全，端文慧，等.RFID 图书自动盘点机器人应用研究——以武汉大学图书馆为例 [J].图书馆杂志，2020（1）：61-66，55.

[2] 陈雪.《第二十次全国国民阅读调查》发布：多种阅读方式齐头并进 [N].光明日报，2023-04-24（9）.

[3] 张晓霞.人工智能在图书馆的应用与发展 [J].大学图书情报学刊，2020，38（2）：40-43.

[4] 杨倩.智能咨询机器人对图书馆参考咨询服务的革新 [J].农业图书情报学报，2021，33（5）：93-99.

[5] 郭亚军，马慧芳，张鑫迪，等.ChatGPT 赋能图书馆知识服务：原理、场景与进路 [J].图书馆建设，2024（3）：60-68.

[6] 李宇，鲁超，马波.创新驱动背景下人工智能在图书馆的应用研究与展望 [J].图书馆理论与实践，2022（3）：64-71.

"校地共育"模式下培养高校文化
志愿者的实证研究

——基于湖北科技学院图书馆与咸宁市
图书馆合作的实践思考

茹丽君[1] **孙彩霞**[2] **蔡 骏**[3]

（1、2湖北科技学院图书馆 437100；3咸宁市图书馆 437100）

摘 要：湖北科技学院与咸宁市图书馆以阅读推广为切入口，聚焦大学生与儿童阅读推广实践优势，结合新时代教育改革和国家文化发展战略，将公共文化建设纳入教育环境，构建协同育人的图书馆新生态，以"校地共育"理念探索出一条切实可行的育人范式和实践路径。

关键词：校地共育；文化志愿者；阅读推广

2023年3月，湖北科技学院以图书馆为负责单位，与咸宁市图书馆启动"校地共育"合作并正式签订协议。两馆以"湖科满天星计划"全民阅读推广为愿景，探索将高等教育与社会公共文化服务有机结合，推进协同育人、立德树人的教育路径。此项目在6个月的持续开展中，以阅读推广方式服务3000余人，取得了较为显著的社会影响力和教育成效。

本文在实践基础上，结合问卷调查采取定量和定性分析，研究"校地共育"模式下培养文化志愿者的教育成效和现实意义。

一、"校地合作"的实践背景

第一，党的二十大报告中明确提出，深入推进全民阅读，建设全民终身学习的学习型社会、学习型大国。这是时代赋予图书馆行业的职责与使命担当。

第二，党的二十大报告中明确提出要"加快建设高质量教育体系……健全学校家庭社会育人机制"。我国高等教育迫切需要加快人才培育范式的变革，提升学生创新创业、知识转化的能力。

第三，2022 年第三届世界高等教育大会公布了高等教育未来发展的 6 大变革方向，其中 2 个变革方向是：为学生提供更全面的学习体验；二是推动跨学科、超学科的开放与交流。面向未来，如何更好地帮助大学生学会学习、学会共处、学会做事、学会做人是我们面临的教育课题与时代责任。

第四，高校图书馆章程明确指出，高校图书馆的主要职能是教育职能和信息服务职能。2021 年 12 月，高教司提出以高校图书馆为中心建设"未来学习中心"，引导支持学生开展自主性学习、合作式学习、研究式学习、项目式学习，助力培育敢闯会创的高水平人才。

第五，党的二十大报告确立了以中国式现代化推动中华民族伟大复兴。但中国式现代化是人口规模巨大的现代化，尤其要以"政府主导、社会参与、志愿者助力"的方式解决人力资源不足与公共服务需求巨大之间的矛盾。而志愿者服务正是凝聚和服务社会大众的社会服务事业。"两法一条例"（即《中华人民共和国公共文化服务保障法》《中华人民共和国公共图书馆法》《志愿服务条例》）从国家层面将志愿服务纳入公共服务范畴。

北大校长蔡元培先生亦曾言："教育并不专在学校，学校以外还有许多的机关，第一就是图书馆。"综上所述，高校图书馆和公共图书馆携手"校地共育"，以阅读推广为切入口，带领大学生志愿服务社会公共文化建设，是探索教育新路径、共建图书馆新生态、建设书香中国极其有意义的实践探索。

二、"校地共育"的内涵解析

"校地共育"是办学模式的改革与创新，是学校"适应时代发展、服务地方社会"办学特色的凝练与确立过程；具体形式是指"高校和地方联合开展社会实践活动，通过组织大学生走出校园，走向地方，走进基层一线，在服务地方发展中提升认识、增长才干，从而实现校地共同育人"。通过这种合作，促进学生专业技能、品德、社会适应力的全面提升；成长为有社会责任感、具备创新能力和领导力的综合型人才，能够为未来做好准备。

本文特指湖北科技学院图书馆与咸宁市图书馆开展联合人才培养模式，联袂打造"校地共育"之"湖北科技学院满天星计划"（简称"湖科满天星"），目前以 2 个全民阅读推广公益项目为主要方向："湖科满天星·小 YUE 老师" & "湖科满天星·书香大使"。

"小 YUE 老师"是在学期内组织和带领学生志愿队，利用课余时间，进入咸宁市图书馆、香城书房及基层单位，开展儿童阅读推广服务。"书香大使"是在寒暑假号召大学生利用假期返回家乡之际，在家乡开展儿童阅读推广活动，反哺家乡传播书香。2 个项目均以儿童阅读推广为切入口，在书香校园、书香咸宁、书香中国的建设中展现两馆担当，在培养大学生综合素质中实现双向共赢。

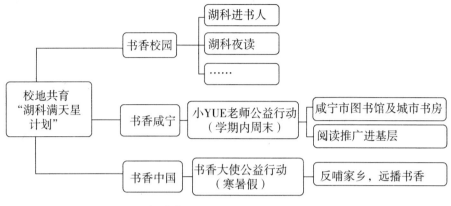

图 1　校地共育"湖科满天星计划"结构图

三、"校地共育"的育人成效

为客观评估"校地共育"的现实价值，本文自 2023 年 8 月 15 日至 2023 年 8 月 29 日期间，借助问卷星平台采用线上问卷调查，调查对象为湖北科技学院满天星项目组志愿者，共回收有效问卷 168 份。

调查结果显示，"校地共育"教育路径完全符合人本主义的马斯洛需求层次理论，在提高大学生专业素养、未来竞争力及身心健康、自我实现等方面具有显著育人成效和社会价值。

（一）学有所用助力培养高级应用型人才——以"小 YUE 老师"公益课堂为例

"小 YUE 老师"公益行动自 2023 年 3 月启动，目前已在咸宁市图书馆、香城书房及周边基层单位先后开展 31 场阅读推广活动，服务儿童 980 多人次。

从课程设计上看，各团队融入创新元素，扬弃地吸收传统学前教育及小学教育的方式，根据阅读主题及儿童年龄特点，前期将学科知识进行自我吸收、内化和转化，围绕"游戏＆主题阅读＆快乐体验"的"三要素"进行整体课程设计，尤其注重知识性与趣味性的结合，在丰富的学习体验与积极互动中，以通俗易懂的方式输出分享，并延伸设计 DIY 创作，支持儿童在愉快的获得感中深入阅读。

从课程内容上看，鉴于小 YUE 老师团队来自湖北科技学院不同院部专业，团

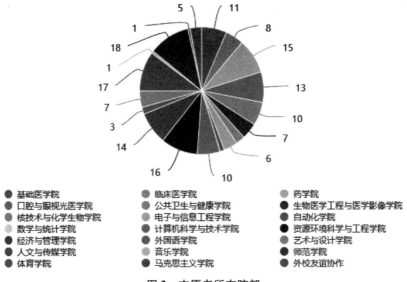

图2 志愿者所在院部

队借鉴 STEAM（科学、技术、工程、人文、数学）教学思路，采用跨学科的阅读引导策略，注重"专业＆生活＆科学"的有效整合，充分发挥团队成员各自专业、特长和兴趣爱好，辅以手工创作、自然观察、情景戏剧等多元表达方式，让儿童透过跨学科知识进行学习与探究。目前围绕阅读研发的主题课程覆盖面广："健康保护"如《牙齿大街的新鲜事》、"红色故事"如《鸡毛信》、"趣味科普"如焰色反应、"绘本童臻"如《月亮的味道》、"自然艺术"如巧手生花手工创作、"习惯养成"如《告别手机》、"美育熏陶"如古典音乐启蒙等；同时课题组注重开发融合现代性的中华优秀传统文化主题课程，如"非遗传承"榫卯、脸谱、纺织文化等主题，从传统文化中挖掘历久弥新的元素，培养儿童文化自信。

从课程管理上看，本项目由湖科图书馆阅读推广部全面负责志愿者团队建设及课程研发指导，运营管理采用"广招募、精选拔、多打磨"的方式精雕细琢，并实施"双向指导"：每场活动结束，咸宁市图书馆适时反馈活动执行效果，并提出完善建议；每学期聘请儿童阅读推广专家对志愿者队伍开展阅读推广人讲座与培训。整个项目"全流程跟踪辅导"，从不同角度确保文化志愿者的综合素养及活动质量不断提升，强化志愿者成长意识和自信心。

每一场精心设计、严格把控的课程均以高质量效果呈现，受到广大小读者及家长充分肯定，也多次受邀在咸宁市各香城书房和基层单位开展活动，每个主题受邀分享频次在3次以上。"小 YUE 老师"逐渐成为咸宁市公共文化建设中一道亮丽的风景线；而项目组成员在看似重复，实则不断迭代升级的项目打磨和落地的阅读推广过程中螺旋成长，逐渐成为复合型、高级应用型人才。

（二）融入社会发展综合素养提高竞争力——以"书香大使"公益行动为例

大学是进入社会的最后准备阶段，而社会实践是走向职场的桥梁。如何引导学生正确面对职场，顺利进入社会，一直以来是高等教育的重点课题。"书香大使"活动鼓励同学们反哺家乡远播书香。两馆指导全国各地的湖科"书香大使"对接地方公共图书馆及基层单位，在学校教育与社会教育之间达成有效衔接，引导学生深度融入"社会大课堂"，打造全方位、立体式实践育人体系。

截至 8 月 29 日，第二届"湖科满天星·书香大使"活动已有 64 个团队共118 名湖科志愿者，在各自家乡联动 27 所高校大学生志愿者共 145 人，在 16 省41 个地级市的各基层召开 189 场阅读推广活动，影响了 2200 余名青少年儿童。前期从"小 YUE 老师"中培养成长起来的志愿者，在本届"书香大使"活动中大展身手，取得不可忽视的成绩，成为同学们的学习榜样。

其中，A 同学带领的"YUE 乡传"6 人团队，以丰富的阅读推广经历、扎实的协作沟通与创新能力，获得中国乡村发展基金会支持的"公益未来·大学生就业力实践项目"支持，于 7 月暑假进行了为期 22 天的乡村阅读推广，在咸宁市各乡镇一共开展 4 次实地调研并举行了 11 场乡村阅读推广活动，滋养了207 位孩子的心田。他们开展的高质量阅读推广活动，受到乡村孩子们和基层单位的热烈欢迎，产生了极好的社会影响；其事迹被学习强国、湖北高校思政网、长江网、香城都市报、咸宁日报、云上咸安等多家主流媒体和地方媒体报道。

B 同学回到家乡随州，主动邀约中学伙伴组建了一支跨校合作、7 校联动的9 人文化志愿者团队。他们走进随州市图书馆开展儿童阅读推广，受到随州市图书馆的高度认可；并多次受邀跟随图书馆流动图书车，通过文化配送的形式，将生动有趣的文化互动体验活动送到基层社区。该团队假期共开展 8 场活动温暖了 320 多位孩子；他们将"校地共育"、传承文明的优秀风尚带回家乡，在志愿服务中建设家乡文化活动，彰显了全民阅读的社会新面貌。

C 同学也凭借"小 YUE 老师"丰富的成长经历和过硬的综合素养，以"书香大使"身份，与江苏省连云港市图书馆积极有效沟通，有幸成为第一位以个人名义在该馆开展公益课堂的大学生志愿者，并连续举办 2 场儿童阅读推广课程。

不过，虽然学校及咸宁市图书馆提供了公信力支持，但每位同学所处环境情况各有不同，大多数同学依然遇到各种意想不到的困难。但同学们敢想敢为又善作善成，他们耐心、主动地与各基层单位工作人员、家长、小读者……交流沟通，从解决问题的角度不断调整活动方案，由此发展出良好的共情、合作、谈判、领导力等社会化能力。

调查结果表明（见图3），90.48%的参与者认为最大收获是自身"人际交往与合作能力"有所提高；而这有助于帮助同学们认识自我，找准定位，学会客观、全面、理性面对社会实际，了解国情，并为面对未来严峻的就业形势，提前调整就业心态，储备融入社会所需要的综合竞争力。

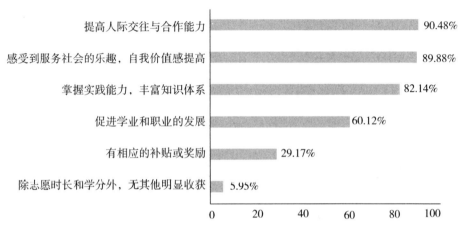

图3 "完成项目后，你获得了哪些方面的收获?"

（三）以德育人改善大学生心理健康水平及思政水平

大学阶段是人格、认知、思维形成的关键时期。大学生的心理健康是他们发挥潜能，培养专业技能的保障。根据"埃里克森人格发展八阶段理论"，18—25岁处于成年早期，大学生正处于此阶段，他们当下的心理任务是形成对自我认识的一致性、发展亲密的同伴关系、从原生家庭中逐渐分离出来，解决竞争和生存问题。《2022年大学生心理健康状况调查报告》蓝皮书显示：大学生总体心理健康状况良好，但容易受到不同程度困扰，其中学业、未来规划和人际关系是大学生主要的三大压力来源。

图3显示，90.48%的参与者提高了人际交往能力；82.14%的参与者认为丰富了知识体系，60.12%的参与者认为有利于未来职业发展；以上数据说明参与本项目非常有利于缓解大学生关于学业、就业和人际关系等心理压力。

如D同学说："我们遇到了种种困难，但依旧选择尽力克服；最后小朋友们脸上的笑意让我们觉得一切的坎坷仿佛得到了回应。"E同学说："这种氛围也引来了村里书记的探望和村民们的赞叹，让我们倍受鼓舞。"F同学说："这只是我们的第一步,虽只迈了一小步,但也是精神上的一大步。在之后的日子里,我们会永远记得这次的遗憾与不足,并激励自己不断改进,做到更仔细,更大胆,更自信,更完善,更高更远更强。"

图4显示,"在活动执行过程中,当遇到困难和挫折时,你是如何做的?"91.67%的同学当作锻炼来突破,实现自我成长。同学们在参与项目中逐渐具备爱自己、爱他人的品质和追求卓越的自我实现能力。根据马斯洛的需求层次理论,他们正在走向更高级的、自我超越的人生发展阶段。

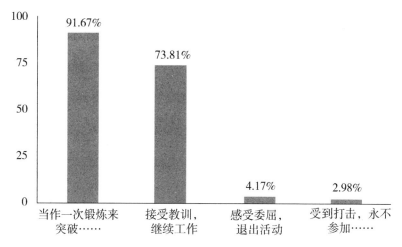

图4 "在活动执行过程中,当遇到困难和挫折时,你是如何做的?"

同时,社会支持对志愿动机具有较强的正向预测作用。本项目以教育和阅读推广为纽带,强调"奉献、友爱、互助、进步"的国际志愿者精神,唤醒青年"植根于中国大地"的家国情怀与内在发展动力;项目得到湖北科技学院及咸宁市图书馆的大力支持。湖北科技学院形成了由宣传部、学工部、团委等多部门分工协作,图书馆具体实施的工作机制,将其纳入学校第二课堂管理;咸宁市图书馆不仅提供平台、物资与志愿者补助,亦提供湖北省文化志愿者实践证书以增强志愿者的社会参与感和认同感,激励服务热情和积极性。

如上图3显示,89.88%的参与者感受到服务社会的乐趣,自我价值感提高。他们在实践中实现从"小我"到"大我"的转变,真正成为社会的栋梁之材;再次验证了前人的研究成果,"大学生在就读期间参与服务性学习等利他类实践活动,会显著地促进大学生的道德及整个精神性层面的发展"。

"校地共育"志愿者们在祖国广袤大地,跨越校际边界,克服重重挑战,用赤诚敬畏之心,将科学知识与真实的世界联系起来。他们携书融入基层一线,积极参与公共文化建设；他们用心感应时代脉搏，把对人类璀璨文明的敬仰与文化传承结合起来，在爱与付出的高频共振中，牢记初心使命，厚植家国情怀，将青春活力融汇到人类发展的命运共同体中，掀起一场"爱的蝴蝶效应"；他们谨记习近平总书记对青年的寄语，主动躬身实践，既读有字之书，也在公益服务中体会人生经验和社会知识叠加的无字之书；以实际行动推动社会进步，诠释当代大学生思想道德水平新面貌，实现社会、文化和教育的多方共赢。

四、结语

虽然两馆"校地共育"有了良好开端并取得一定成绩，但依然有诸多需要探索的方向，如：调查显示男女生参与比为 1∶3，见图 5；大一大二同学居多，见图 6；而心理健康方面"男生抑郁风险略高于女生"。如何鼓励和吸引更多男生加入项目，发挥男生个性优势解决潜在心理问题？如何解决参与意愿与限制因素之间的矛盾（见图 7、图 8）？如何进一步提升志愿者的获得感？如何建立项目整体运营效能及科学评价体系？如何提升教师专业水平，在创新中确保人才培养质量和服务水平高质量？……都值得结合本校本地区实际情况深入研究。

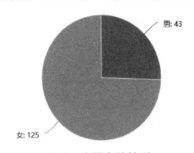

图 5　志愿者的性别

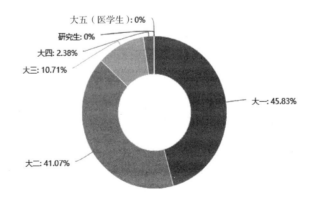

图 6　志愿者所在年级

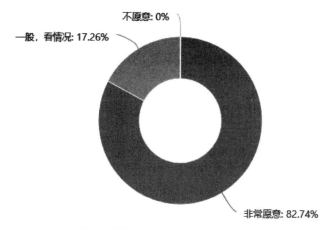

图 7 "是否愿意继续参加本项目"

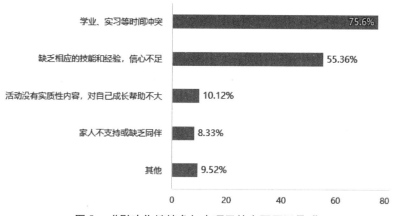

图 8 "影响你继续参加本项目的主要原因是?"

思考至此,湖北科技学院图书馆和咸宁市图书馆依然任重道远。未来两馆将持续聚焦大学生志愿者参与全民阅读推广的实践优势,结合新时代要求和乡村振兴战略,将公共文化建设纳入教育环境,构建协同育人的图书馆新生态,调动双方资源全面确保项目高效能推进,以"校地共育"模式将书香中国建设与立德树人的教育目标推向时代新高度。

参考文献

[1].卢东民,张红,沈志坤."校地共育"农村社区全科医学人才培养模式的构建 [J].黑龙江高教研究,2011 (11):125-127.

[2].李茂平,陈瑜.社会实践校地共育模式创新与实践——基于丽水学院

"青春丽行"专项实践的思考［J］.教书育人（高教论坛），2019（36）：24-26.

［3］.谢家华，范亚慧，惠沼沼，等.后疫情时代大学生社会支持与志愿动机的关系研究［J］.西安交通大学学报（医学版），2023，44（4）：621-625.

［4］.ASTIN A W，VOGELGESANG L J，IKEDA E K，et al. How servicelearning affects students［R］.Los Angeles，CA：Higher Education Research Institute，UCLA，2000.

［5］蓝皮书报告|《我国大学生心理健康状况调查报告》［EB/OL］.中国科学院心理研究所公众号，2023-03-05.

少儿图书馆开展志愿者活动的实践与思考

汪纪文

（武汉市少年儿童图书馆　430014）

摘　要： 论述少儿图书馆开展志愿者活动的必要性，结合武汉市少年儿童图书馆实践探讨如何开展少儿图书馆志愿者活动。

关键词： 少儿图书馆；志愿者；活动

一、少儿图书馆开展志愿者活动的必要性

志愿者活动是个体本着志愿精神而参加的公益活动。图书馆志愿者活动是依据个人意愿，为读者无偿奉献，提供自己的知识与技能的一种公益性活动。志愿者同时以此来实现个人终身学习、完善自我价值的目的。志愿服务体现着公民的社会责任意识，是人们自觉为他人和社会服务、共同建设美好生活的生动实践，是现代社会文明程度的重要标志，是新形势下推进精神文明建设的有效途径。随着图书馆事业的发展，人才的需求量增大，图书馆人力资源严重不足，给图书馆服务工作带来了一定的压力。志愿者队伍成为一股新生力量，参与图书馆读者服务，不仅有效解决了图书馆人员短缺的问题，也减轻了图书馆工作人员的工作强度和压力。因此，加强志愿者服务，合理运用社会资源，能够有效提高少儿图书馆的服务质量和社会影响力。

（一）有助于提高少儿图书馆的服务质量

一方面，通过图书馆志愿者在第一线的热情服务，既能加大图书馆对读者的宣传力度，也能提升读者对图书馆的关注度，从而改进图书馆工作作风。另一方面，图书馆志愿者也是图书馆读者，在服务过程中能够了解图书馆工作人员的辛苦与付出，多了一份理解和尊重，双重身份能够为图书馆提供合理性的意见和建议，懂得读者心理需求，提高读者咨询满意率，促进少儿图书馆各项业务工作的发展。

（二）有助于提高少儿图书馆的知名度

来自不同行业，不同年龄段的志愿者通过参加图书馆的活动、服务及管理工作，可以更加了解图书馆的历史、现馆的优势和存在的问题，通过他们多途径宣传，提高少儿图书馆的社会知名度，让社会公众多了解少儿图书馆，增强社会各界对少儿图书馆的关注和支持，让少儿图书馆事业发展得更加繁荣。

（三）有助于少儿图书馆事业的发展

少儿图书馆的发展不仅需要有图书馆专业人才，还需要计算机、教育、心理等多学科的人才。少儿图书馆受多方因素的影响，人员知识结构还不够全面，来自不同行业或不同专业的志愿者参与图书馆服务，既能弥补图书馆人员知识结构上的欠缺，同时把良好作风和奉献精神带到少儿图书馆，为少儿图书馆注入新鲜活力，从而促进少儿图书馆事业的高质量发展。

二、武汉市少年儿童图书馆的志愿者活动情况

（一）培育志愿服务资源

武汉市少年儿童图书馆（以下简称"我馆"）志愿服务工作由来已久。最初，志愿服务者是小读者，他们担任图书借还、阅览室管理、图书排架等义务工作。2011年起，为了保障稳定的志愿者来源，我馆与江汉大学、华中科技大学等高校建立大学生志愿者服务基地，大学生参与其中，利用课余时间到我馆进行义务服务，为读者查找图书，帮助读者使用智能借还图书机，协助工作人员整理书架，维持阅览秩序等，很多同学通过服务更深入了解了图书馆，为日后利用图书馆资源打下了良好的基础。我馆开展的阅读推广活动，通过多年持续培植和发展，已形成以志愿者为主体推动的一系列儿童阅读推广活动品牌，志愿服务也由单纯的借阅活动向多方面扩展。

（二）推动志愿服务转型

随着我馆服务品牌建设的发展，志愿者服务队也在茁壮成长。以"小脚印故事吧"讲故事起步，以"小种子图书流通车"进行阅读推广，以"小书箱"让好书常年在少儿中间流动，以讲座和咨询服务家庭教育，到"千字屋"项目激发孩子的想象力与创造力。我馆的志愿者队伍，由当初热爱阅读的小读者和大学生为主要成分，扩展到教育工作者、文化工作者、少儿家长、故事妈妈，节目主持人等一切热爱阅读的社会人士与社会团体参与。"千字屋"志愿服务团队建立以后，

我馆志愿服务队伍不断壮大，核心注册志愿团队成员已达 400 余名，年活跃志愿者 100 人，年志愿服务时长达 1200 余小时，逐步成为我馆志愿服务的主导力量。2022 年又组建了"小花伞"中小学生志愿者团队，现有团员 70 余人。全面实现了从阅览室管理的志愿服务模式向阅读推广志愿服务模式的转型升级。

（三）志愿服务活动广受好评

我馆近年来以"千字屋""小脚印故事吧"和"小种子流动阅读"推广三个活动项目为主体，开展志愿服务活动。

"千字屋"志愿服务项目。"千字屋"儿童想象力体验空间，是武汉和友城瑞典博伦厄市文化交流合作的项目。为了推动城市文明建设，倡导奉献友爱的志愿者精神，采用了创新的志愿教师运营模式。我馆志愿者服务团队不断对"千字屋"活动主题进行创新，设立了《自然》《宇宙》《记忆宫殿》《科学侦探》《生命的意义》等一系列主题，不断拓展了该活动的形式和内容，让活动保持着对孩子们的吸引力。"千字屋"自 2016 年开放以来，已开展活动 1000 多场次，惠及儿童 2 万余人次，拥有较高的知名度和好评，是我市志愿服务领域的一张亮丽名片，是孩子与志愿教师共同成长的摇篮。

"小脚印故事吧"志愿讲演活动。"小脚印故事吧"是为学前儿童设计实施的故事讲演活动，依托馆员阅读推广人和馆内阅读推广资源，大力吸纳社会力量组建儿童阅读推广服务团队，是大众参与率最高的公益性阅读推广平台。每期邀请 1—2 位爱心主讲人为小读者们进行故事演绎，主讲人除馆员之外，多数是来自社会各界爱心人士，如教师、阅读推广人、电台主持人、大学生、小学生、幼儿园小朋友以及爱心妈妈、爸爸们，他们志愿加入阅读推广志愿者团队，利用闲暇时间，精选童书故事，为少儿图书馆里 3—7 岁儿童及其家长讲演。通过童书故事讲演，激发儿童阅读兴趣、推荐优质童书、探讨阅读方法，共同推动国民阅读率的提升。"小脚印故事吧"不仅吸引孩子及其父母关注阅读、爱上阅读，还乐于参与其中。不仅仅作为读者听众，还可以参与活动的策划和实施，不仅仅是被影响的人，也成为影响他人的阅读推广人。所以"小脚印故事吧"也是社会志愿者共同搭建的阅读活动平台。

"小种子流动阅读"志愿服务下基层活动。"小种子流动阅读"是武汉市少年儿童图书馆品牌阅读推广项目，依托图书馆优质图书资源及儿童阅读活动资源，尤其是志愿者团队的力量，进行公益阅读推广。自 2013 年始创以来，行程数万公里，走遍武汉三镇及周边地区的学校、幼儿园、社区和乡村，将阅读送到孩子们的家门口，在他们心田播撒快乐阅读的种子。项目多次获得全国及省市表彰，两次获得文化和旅游部志愿服务示范项目称号。我馆志愿服务活动已逐步变成深受市民欢迎和喜爱的文化品牌。

三、关于开展志愿者活动的思考

（一）注重对志愿者的管理

志愿者活动是一项复杂的系统工程，其运作能否有序进行，是否落到实处，与管理密切相关。应全面贯彻文化和旅游部《关于印发<文化志愿服务管理办法>的通知》精神，把志愿者活动纳入正常管理，在公共图书馆内部成立主管机构，保证志愿者工作的顺利开展。具体措施是成立一个专门的图书馆志愿者管理组织——图书馆志愿者管理委员会或俱乐部，由志愿者推选的代表和图书馆选派的工作人员共同组成负责小组，具体负责志愿者活动的开展落实、志愿者的联络以及与图书馆的协调沟通。这样不仅有利于加强图书馆对志愿者的管理，也使来自不同团体的志愿者能够加深对彼此的认识，促进志愿者之间的交流。此外，建立完善的志愿者规章制度能够更有效地管理志愿者，稳定志愿者队伍，提高志愿者的服务水平。这种志愿服务管理自治的模式，能很好地规范志愿者招募管理和培育，扩大文化志愿者的社会影响，使文化志愿服务项目成为全社会关心、关注并积极参与的广阔平台。

（二）加强宣传推广

为了吸引更多关心与支持图书馆工作的爱心人士加入志愿者队伍，图书馆可以借助报纸、电台、学校、网络等媒体进行广泛宣传。第一，可以在图书馆宣传栏设立志愿者专栏，包括志愿者规章制度、加入条件与办法以及志愿者优秀个人的表彰等内容。一方面能够使读者认识我们的志愿者队伍，另一方面也扩大了我馆志愿者队伍的社会影响力。第二，还可以把志愿者宣传工作开展到学校。图书馆与学校合作，开办好人好事专栏墙报，评选志愿者之星等活动，加深志愿者活动在学生中的影响。第三，通过网络宣传推广志愿者工作，可以扩大影响面，加大宣传力度，起到事半功倍的效果。例如，设立"志愿者风采"栏目，展示志愿者组织结构、规章制度、招募机制以及志愿者感悟和优秀志愿者表彰等内容。特别是志愿者感悟，由志愿者个人撰写，既能够表现作为一名志愿者的骄傲与自豪，又能够加深社会大众对志愿者的认识与理解，促进志愿者队伍的壮大与稳定。

（三）面向社会招募

通过招募对儿童阅读推广有着极大兴趣和热情的各行各业社会爱心人士加

入阅读推广志愿服务团队，为图书馆开展各项阅读推广工作提供强有力的支撑。志愿者来自不同的领域，能够为图书馆注入新的活力，促进图书馆的发展与创新。少儿图书馆根据志愿者的年龄层次、知识水平等自身条件，合理规划，让他们各展所长，充实图书馆不同岗位的读者服务群体力量。特别是招募具有幼儿教育、英语、儿童心理、活动策划等专业特长的志愿者，有助于少儿图书馆更好地开展少儿阅读推广活动。志愿者通过系统的培训，既能为图书馆提供高素质的服务，又能完善自身的知识结构，从而获得成就感。

（四）接受专业培训

制定有针对性的培训方案，对志愿者进行岗前培训，可采用集中培训和个别辅导相结合模式。按不同的岗位，可分为普通借阅服务和阅读活动指导岗。培训内容包括志愿者参与志愿服务的目的和价值、图书馆历史背景、工作服务范围、图书分类知识、馆藏资源分布、书目推荐，读者阅读指导、社会热点、阅读推广活动等相关内容。通过系统培训让志愿者全面了解图书馆志愿服务的基本情况和具体要求，能更好地为读者服务。培训方式以专家讲座、实地参观、小组讨论为主。既有图书馆员对志愿者进行相关培训，也有与社会团体力量合作，不定期邀请儿童阅读、教育、文化等方面的专家来馆开展培训。志愿者经过严格的培训和考核，包括理论学习、观摩学习、见习考核几个环节，合格者方可上岗服务。

（五）建立激励机制

志愿服务是给予与获取的双向互动。少儿图书馆对志愿者实行年度考核制，记录每一位志愿者的服务时间、服务内容、服务效果，年终通过累积服务时长、综合服务业绩进行评议，评选出"优秀志愿者"进行嘉奖，颁发证书，赠送纪念品，优先获得图书馆活动的参与名额等奖励，在馆网站、微信公众号以及其他媒介上加大对志愿者服务的宣传报道，让志愿者从他人的评价中获得肯定和自豪。帮助他人，愉悦自己，让付出更加有意义，继续传播志愿者文化，弘扬奉献、友爱、互助、进步的志愿精神，为志愿服务注入源源不断的发展动力。

参考文献

[1] 杨清. 关于少儿图书馆开展志愿者活动的思考 [J]. 科技情报开发与经济，2015（3）：107-110.

[2] 张婉莹. 浅谈少年儿童图书馆志愿服务 [J]. 文学教育（中），2018（4）：151-153.

如何让志愿活动持续有机发展
——以武汉市少年儿童图书馆为例

陈昌龙

（武汉市少年儿童图书馆　430014）

摘　要：志愿服务是社会文明进步的重要标志，武汉市少年儿童图书馆志愿者（以下称"武汉少图志愿者"）们多年来不断实践总结，为武汉市少年儿童图书馆（以下称"我馆"）各项活动提供志愿服务，年服务活动400场以上，在本地区和行业发挥着引领作用，也获得了省内外多项荣誉。心中有爱，行中有善，武汉市少图志愿者践行着社会责任与担当，弘扬和促进向上向善、诚信互助的社会风尚。面对团队的成长我们不断优化制度、调整工作方式，让每位志愿者形成了极强的主人翁意识和凝聚力。面对困难我们砥砺前行，寻找到了一条能让团队有机发展的道路。

关键词：志愿者；少儿活动

一、志愿活动面临的困境

（一）随着孩子年龄逐渐长大，对图书馆利用率降低，参与度减少

从武汉少图志愿者团队的性别与年龄构成来讲，多为妈妈志愿者。这些志愿者加入武汉少图志愿者团队的原因就是自己的孩子对我馆少儿活动的喜爱，她们愿意参与其中，陪孩子一起成长。我馆也见证了一对对亲子在我们的少儿活动中一起成长。

随着孩子步入初、高中，学业任务加重，他们对于我馆图书利用率逐步降低，对活动的热情逐步消退，因为需要更多时间来照料孩子的日常生活与学习，这样就造成了部分妈妈志愿者来我馆进行志愿服务的时间减少，也暂时脱离了志愿者核心团队。

（二）志愿活动经费缺乏

志愿者参与志愿服务的日常经费问题一直以来是制约其发展的一个重要因素。随着服务型政府职能的确立，对公共服务行业来讲，所处机构都有着积极引导、融合社会资源进行公益服务的职能。但由于志愿服务活动开展时产生的交通费、误餐费、人员保障等费用得不到保证与支持，对于外部社会的捐赠也缺乏接收与管理体系。这些对志愿者基本保障的缺失会造成志愿者对志愿服务的热情逐步减退，最终导致志愿者流失。

（三）人员结构类型单一

在志愿者的选择类型上略显单一。以我馆为例，志愿者群里以女性志愿者为绝大多数，而且绝大部分都是妈妈志愿者，这类群体有极强的责任感与爱心，非常适合服务少年儿童。但她们兼顾着家庭生活与志愿活动，因此馆外服务会对志愿活动时间段、活动地点有较强的选择，且在活动的部分环节上，能力稍有欠缺，如拍摄、设备操控、器械使用等。

在一场场少儿活动中，我们不乏志愿者主讲，但面对教学辅助类的志愿者工作，时时感到缺乏，如活动的道具制作、环境布置，活动档案记录、资料梳理、总结报道等工作；又如线上活动的大力开发后，照片处理、视频剪辑、直播后台维护等也急需协助。这一类志愿者少之又少，他们虽然不能在台前展现，但对志愿者团队的建设来讲是至关重要的。

二、面对困难点，我们做出的努力

（一）保护志愿者积极性，给予成长空间

武汉少图志愿者来自各行各业，不少志愿者在自己的工作领域独树一帜，也非常乐意把自己的所思所想所长展现在少儿活动中。但有时志愿者们在活动设计环节中会产生行动、思想不统一的情况，在这种情况下，作为团队的管理者、协助者，我们会积极调和大家的分歧，认真听取各方意见，全局评判每种方案的优劣性。即便某位志愿者的意见暂未被采纳，也会与之积极商讨，达到互相理解的程度，更给予其在其他活动中的展现机会。此外，志愿者的性格各异，在组织少儿活动的每个环节中能力有长有短。面对这种情况，我们需要利用志愿者的长处和保护参与志愿活动的积极性。比如，部分志愿者教师在与人沟通、协作方面有所欠缺，但对作为主讲老师给孩子们讲故事、分享图书特别擅长。因此，我们会安排更多其作为主讲老师的志愿活动，而减少其参与过多

的团队协助活动。

2020年开始，我馆增加了各式线上活动，很多志愿者老师也随即加入活动的直播、录制中来。在活动执行中，我们发现部分老师录制的视频课程并不能达到我们播出的要求，我们也依然愿意给予大家充分的锻炼机会、足够的成长空间，让大家能完整体验线上录课的环节。虽然播放出来的活动视频时长往往只有录制时长的一小半，但看似无效的一多半时间却是我们陪伴志愿者成长的宝贵财富。不少志愿者经过学习，也成为独当一面的少儿活动组织者。作为武汉少图志愿者团队的管理者，我们把保护志愿者的积极性看得非常重，我们也一直把志愿者在我馆的成长当作我们的使命。

（二）保护志愿者劳动成果

在开展志愿者参与的少儿活动中，笔者常发现志愿者们习惯于第一时间找我们要活动的照片。这引起了笔者的思考，也改变了笔者的一些工作习惯，近些年我馆的少儿活动每年达到800场以上，形式各异、场次众多，活动档案资料非常庞大。因此在留存照片作为活动档案时，我们总习惯于大型活动多留存、小型活动适当留存的工作方式，这样可能就会错过某位志愿者的身影。对志愿者来说，每一次参与的少儿活动都值得留存，都是成长的见证与纪念，活动中的任何资料非常重要。因此，在每场活动中笔者会特意为每位志愿者多拍几张照片，甚至会拍摄一段视频，一并整理好其活动中用到的图片、PPT、音乐等资料，把这些活动档案以最快的速度回传给每位志愿者。同时，定时把我馆的志愿活动内容上传到我馆志愿者管理系统中，完善文化志愿者注册服务证和志愿者教师电子档案，让每次参与完志愿活动，大家都能获得一份拥有自己烙印的活动档案。就是这样一个小小的改变便激起了志愿者们参与活动的热情，也拉近了志愿者们与我们心灵的距离。此外，我们计划加大对志愿者个人的宣传工作，一改重宣传活动本身、活动服务效果，而轻志愿者个体的习惯。我们会在我馆公众号上以推文形式，介绍、宣传我们的优秀志愿者，对于志愿者参与的活动，明确标注参与服务人员概况，引导人们尊重志愿者和志愿者的劳动，营造有利于志愿服务的浓厚舆论氛围，让志愿者在工作中获得自豪感与满足感。

（三）不断完善志愿者规章制度

2023年我馆志愿者委员会进行了换届选举，更加明确了部门职责和岗位分工以及志愿者活动的相关制度，这一系列变化使得这个团队焕然一新。新上任的部长与新成员给我们的团队增添了活力。由于不少志愿者在加入各个部门时对自己的能力定位并不准确，因此有时会越俎代庖。这次换届，也让一些老志愿者重新审视自己的能力与所长，更换到新的部门中发挥更高效的作用。岗位分工更加细化，使得爸爸志愿者加入团队后有了更明确的工作方向，如拍摄、安全维护、设备操控、物资搬运等。这也印证了哲学中构成事物的成分在结构和排列次序上发生变化会引起质变，当各部分以合理、有序的结构形成整体时，整体功能就会大于各部分功能之和的思维。

武汉市少图志愿者委员会依托于 2015 年"千字屋"项目的启动，越发成熟与规范。以往的志愿者考核机制较单一的以千字屋活动的服务场次作为评判标准，而忽略了志愿者们参与的其他少儿活动的场次。在近几年的志愿者年度考核中，我们把武汉市少图志愿者参与的所有志愿服务活动都予以梳理，并形成档案记录在考核中，形成了更为完善的考核评判机制。这一举措也获得了所有志愿者的认同与赞誉。

（四）开拓少儿活动阵地，合理运用志愿服务时间

疫情后，我馆积极拓展少儿活动的形式，结合自身优势开创了少儿优质的线上品牌少儿活动，各式各样的线上阅读、竞答、展览、电台等活动从视觉、听觉、肢体语言、思维想象等方面带给了孩子们全新的活动体验。特别是在 2020 年 1 月底我馆陆续开展了风雨彩虹—云上读书会、云上嘉年华、千字屋创意营等线上品牌活动，活动覆盖面也从武汉市发展到湖北省乃至全国。在阅读与书籍的陪伴下，孩子们逐步消除了恐慌，也拉近了家长与孩子心灵的距离。

这一系列的活动之中，都有我们志愿者参与的身影。不少志愿者成为线上屏幕前的主讲人、主持人，还有一些成为幕后的直播导演、后台运营者、视频制作者、节目策划者和撰稿者。大家虽然会因为各种原因暂时减少到我馆参与志愿者服务，但他们对少儿服务的热情并未减少，我们以空间换时间，用新的活动形式让志愿者们在家中也参与到对少年儿童活动的服务工作中。

（五）积极寻求社会机构合作，融合行业发展

我馆少儿活动贯穿全年，365 日都有我们为少儿服务的身影。开展少儿活动会发生协助人手不足的情况。面对这样的困境，我们首先积极梳理活动参与人员易发生空缺的时间点，再根据这些时间点来合理调整我们的活动安排，最后积极寻求社会机构合作，优化人员安排，保障好每场活动的顺利进行。

比如周中，我们往往会把品牌活动"小种子流动阅读推广"带到校园、社区，这个时间段，由于孩子们都在学校，志愿者妈妈们时间就比较充裕，常来响应我们的活动。另外，我们也积极联络到了武汉市江岸区老教师协会的老师们加入我们的活动之中，这些已退休的教师们有的擅长国学，有的擅长绘画，

更有人把有趣的理科知识带入课堂，他们再次进入学校与孩子们探讨有趣的知识，令他们兴奋不已。

又如周末、节假日，活动主阵地在我馆，其中最有魅力的活动"千字屋"想象力体验空间，活动场场爆满，遇到过参与带队的志愿者老师不足的情况。面对这种情况，我们寻求与高校合作，如湖北幼儿师范高等专科学校实习团队，该校的美术教育专业是美术系一大特色专业，在我馆开展了"千字屋"绘画专场活动。湖北商贸学院儿童英语教育专业师生志愿团队，他们是湖北省首个本科层次的专注培养幼儿园和小学英语教师的专业团队，在我馆开展了"千字屋"英语专场的活动。武汉东湖学院青年志愿者协会，主要由经济学院的优秀学生组成，在我馆开展了"千字屋"经济专场活动。更有一些社会机构如惟淮堂国学馆志愿团队、武汉悠贝亲子图书馆志愿者团队等加入我们的活动中，给少儿活动带来了一波又一波的惊喜。弥补了周末、节假日带队老师不足的情况。特别是幼教类、艺术类的高校，最缺乏的就是上台的实践经验，我们的少儿活动给予这些未来走向讲台、舞台的大学生以成长的空间。他们对少儿教育的专业素养，不断增强活动的深度与广度。这样的良性循环，让志愿者团队不断壮大，健康成长。

（六）管理者以开放包容的心态面对志愿者的多重身份

我馆作为武汉市少年儿童阅读推广活动的前沿阵地，面对的是最基层的少儿服务。不少志愿者们以我馆的少儿志愿服务为起点，通过我馆的活动锻炼逐步成为优秀的阅读推广人、活动策划者、主持人等，各式各样的活动也让武汉市少图志愿者们载誉众多。我们也一直以鼓励包容的心态来面对我们培养出来的优秀志愿者走向更高、更广的平台，面对他们在其他领域取得的新成绩，我们也满心欢喜。我们也愿意接纳一些其他机构的志愿者，也欢迎他们在自己所在服务区外，能有机会和时间来到我馆进行志愿服务，面对不少志愿者的多重身份，我们秉承着开放欢迎的态度。因为我们的目标是一致的，我们都愿意为少年儿童奉献出爱的力量。在这种团队文化中，不少成熟的老志愿者又不断带来新的志愿者，不少因各种原因暂时离队的志愿者也重新回到团队，更有不少优秀的儿童文学作家、电台少儿节目主持人也加入我们的志愿者团队之中。大家真正把武汉市少年儿童图书馆当作了家，把每一位一起参与少儿活动的志愿者们当作了亲友，我馆的这片沃土也渐渐成为优秀志愿者的孵化基地。

三、结语

武汉市少图志愿者们因为爱、因为阅读走到了一起，大家聚在一起产生了耀眼的光芒，照射在城市各个角落，服务少年儿童。大家不问前程、砥砺前行，践行我们对广大少年儿童的使命担当。面对志愿者参与的少儿活动，我们用制度建设不断规范着活动细节，用爱心换取了每一位少图志愿者的真心。因为这群可爱的人，因为我们的努力，武汉市少年儿童图书馆服务少儿的志愿精神将生生不息。

参考文献

［1］朵永明. 少儿图书馆开展志愿者服务活动的探讨［J］. 管理学家，2013（22）：680.

［2］夏世美. 基于少儿图书馆开展志愿者服务活动的探讨［J］. 中华民居，2012（3）：651-652.

公共图书馆短视频运营策略与效果研究

——以湖北省图书馆抖音号为例

段雪晴

（湖北省图书馆 430071）

随着全媒体时代的到来和商业社会对信息传播工具的不断挖掘与孵化，用于进行信息传递的媒介工具正在迅速更迭和发展。社会受众接收信息的方式从广播、电视、报纸等传统媒体逐渐转变为一部手机了解天下。

政府机关、新闻机构、企事业单位的信息传播方式也因社会受众的行为习惯而变化，从建设官方网站、注册认证微博账户，到开通微信公众号、获得哔哩哔哩认证等，纷纷建立起自媒体宣传矩阵，作为社会公益事业单位的公共图书馆也不例外。在受众对信息内容选择权日益强化的背景下，短视频因其能为自媒体用户带来更加直观的视觉冲击而备受重视，其中以抖音、快手等为代表的短视频社交平台已成为公共图书馆非常理想的宣传端口。截至2023年4月，全国开通抖音官方账号的图书馆已超过50家，国家、省级、市级公共图书馆均有代表活跃在抖音平台上。

湖北省图书馆是国内较早开通官方抖音号的省级公共图书馆之一，从2019年4月22日发布第一条视频以来，至今已发展整5年。本文力图在对湖北省图书馆抖音号的内容及传播效果进行分析的基础上，探索公共图书馆在自主运营条件下，如何获取更多的社会关注度，以影响受众的阅读和学习行为。

一、湖北省图书馆抖音账号的现状

（一）湖北省图书馆抖音账号的运营模式

各类新媒体平台的运营在我国已经有非常成熟的商业模式。有新媒体传播需求的商家通常会选择对其销售模式、目标用户特点以及产品特点有清晰认识的新媒体公司负责官方账号的运营，从内容、阅读量、涨粉数、转化率、活跃度等多个维度对其运营效果进行考核。

因市场营销本就是商家推进销售的重要手段，历来就有专门的部门和员工负责广宣工作、有完善的财务预算制度，新媒体运营也就顺理成章得以科学推进。

与成熟商家的外包模式不同，多数政府机构或企事业单位选择的是自主运营。如果账号主要用于发布通知、通告或动态，对转化率要求不高，这类政府机构和企事业单位会安排对新媒体平台比较熟悉的员工兼任，如果希望打造高影响力，或者运营好抖音号有利于促进工作开展，则会根据实际需求成立单独的部门，招聘有专业背景的人员来负责。

湖北省图书馆作为面向大众的文化服务单位，肩负阅读推广、促进社会文明发展的历史使命，一直设有独立的宣传部门，长期面向读者开展各类宣传工作。现特组建了新媒体小组分别负责微信、微博、B站、抖音等平台的内容创作和账号日常维护。这个模式的优势在于责任明确，能确保内容更新频率，易于规划、制作发布内容，确保视频质量的稳定性。目前其抖音号和微信视频号内容保持一致，由一位员工单独负责运营。

（二）湖北省图书馆抖音账号的发展及相关数据

湖北省图书馆抖音账号开设于 2019 年 4 月 22 日，截至 2023 年 4 月，共发布作品 466 个，拥有 2 万粉丝，获赞 7.9 万次。视频的更新频率约为每周 2—4 次，时长间隔不等，有时一天发布好几条视频，有时能保持每日更新或隔天更新，也存在两条视频间隔 5 天以上的情况，目前并不能找到其发布规律。发布时间集中在 9—10 时、12—13 时、15—16 时、20—21 时，发布时间不太稳定。

点赞数是视频所获关注的直观体现，笔者将其数据统计如下

表 1　湖北省图书馆抖音作品获赞数统计表

获赞数（个）	视频数（条）
0—19	142
20—49	170
50—99	88
100—499	44
500—999	10
1000—9999	10
10000 以上	2
合计	466

从上表来看，作为一个运营了4年的抖音账号，湖北省图书馆抖音号有过爆款，获得了不少关注，也有漫长的低谷期。点赞数20个以下的视频占发布视频量的30.47%，按照抖音视频的被收看规律，这类视频大约仅在上新时被用户看到，并难以引起用户的观看兴趣。点赞数20—49个的视频占发布视频量的36.48%，当点赞数超过100，则意味着该条视频获得了约10000次完播，湖北省图书馆超过10000次完全播放量的视频有66条，意味着他们共获得约660000次完整播放。点赞数过万是抖音号运营的重要目标，湖北省图书馆有2条此类优质视频，且相隔时间很长，说明这两条内容是独立成长为优质视频的，互相并未为对方产生红利，该账号拥有成为优秀运营账号的潜力。

（三）从内容上分析湖北省图书馆抖音号的优势

短视频内容为王，内容是短视频行业持续不断发展的驱动力，用户的需求决定了内容的方向，受到更多用户关注、喜爱的短视频会为视频账号带来更多的曝光度和持续关注度。这个得到市场验证的理论对图书馆抖音号同样适用。通过沈丽红对图书馆抖音号发布的短视频中的热门视频的内容特征进行研究，研究结果表明：标题详尽，有话题引导，配有字幕的视频更易成为热门，实拍和采访视频易受用户青睐，知识普及和有关社会文化方面内容的图书馆短视频易成为爆款，有名人明星出镜的短视频更受欢迎，带有强烈感情色彩的短视频易成爆款。

湖北省图书馆抖音号设立5个视频合集《古色悠然》《你所不知道的图书馆员》《热点资讯早知道》《书香日记》《网红探馆》。其中，《书香日记》合集视频量最多，有61个，主要展现读者在湖北省图书馆的阅读、学习场景，或预告图书馆开展的活动及活动展示。《你所不知道的图书馆员》是该视频号前期打造的特色内容，通过视频展现图书馆各部门的工作内容，让对图书馆充满好奇的用户了解图书馆的工作流程。《热点资讯早知道》主要用于发布图书馆的开放信息，《网红探馆》则是湖北省图书馆线下品牌活动《长江讲坛》的讲座现场片段。近期重点更新《古色悠然》合集，展现湖北省图书馆方志与古籍特色内容。

从笔者统计的湖北省图书馆抖音号各项数据中，我们可以大致梳理出该抖音号的发展脉络：

2019年6月13日上传的周国平老师讲座视频第一次突破100个点赞，点赞数146个。2020年8月27日关于网络作家舒飞廉老师讲座的直播预告第一次突破1000个点赞，点赞数1077个。

2021年3月10日《带你看看晚上八点的图书馆》配以#学习#考研两个标

签，点赞数达到 2740 个，评论 327 条，被转发 114 次，成为第一个爆款视频。

2021 年 3 月 18 日《重回唱片时代》配以#周杰伦#儿时记忆两个标签，点赞数首次破万，评论 1521 条，被收藏 208 次，转发 318 次，虽说这条视频只有 15 秒，但是在 CD 唱片已成回忆的时代，看到熟悉的 CD 盒照片，还有记忆里的青春偶像封面，配以耳熟能详的旋律，直击用户心灵深处，从评论内容来看，很多读者第一次知道了湖北省图书馆有收藏唱片，也有很多曾经的读者留言表示马上来打卡，还有其他省市读者留言表示羡慕。

2021 年 4 月 28 日国际盲犬日，湖北省图书馆发布的视频《图书馆迎来一位 90 后读者和他的导盲犬》，获得 4339 个点赞，该读者是来参加湖北省图书馆专为视障读者打造的读书栏目《光明直播室》节目录制的，从视频中用户不仅能了解到湖北省图书馆服务范围的多样性，感知到公共图书馆的社会责任，也为该栏目收获了关注度。

2021 年 5 月 19 日，视频《早上八点的省图书馆》获 1402 个赞，作为第一个爆款视频的姐妹篇，未带标签也收获过千点赞，《端午假期，图书馆门口》获赞 1136 个，在 2021 年 7 月 12 日发布的《周一中午湖北省图书馆门口》获赞 1.1 万个，评论 860 条，可见用户对与自己相关度高的视频的喜爱。此后发布的有关实时场景短视频也均有不错的浏览成绩。

与图书馆工作相关的视频《怎样才能成为一名图书馆员呢?》与图书馆新动向有关的视频《这些细节你发现了吗?》《在家也能借书》等均获得超千位点赞，意味着这些视频都获得超过 10 万次阅览。

从以上内容和数据的关联度分析来看，以读者为主角的视频更容易引起用户共鸣、用户对图书馆的具体业务非常感兴趣，当图书馆"上新"的点打动了用户，他们也会对此予以回报关注。名人效应在各行各业都是吸引流量的法宝，有业界名人光临湖北省图书馆时，可获得一番实实在在的热度。

基于此，笔者尝试通过结合抖音账号的运营规律和公共图书馆抖音账号的特点来探讨公共图书馆抖音号运营策略。

二、公共图书馆运营抖音账号的策略探讨

(一) 重视培养全员营销意识和岗位工作人员的持续学习能力

首先，图书馆新媒体宣传岗位属于行政部门，与图书馆日常服务工作相对脱离，与读者直接接触沟通的机会较少，制作的抖音营销内容难以使用户产生共鸣。与之相对的是，在图书馆内产生的好素材难以及时传递至新媒体宣传部

门，失去最好的抓取时间，损失了大量图书馆与读者间的互动素材。而时效和亲民，是抖音事件营销的重要组成部分，容易形成热点，引起讨论。因此，对于短视频的内容抓取和生产意识可以打通一线部门和新媒体部门之间的壁垒，让一线部门的工作人员参与到内容创作中来，并对积极参与的部门和员工设计奖励机制，促进培养全员运营意识。

其次，对于新媒体部门专门负责抖音号运营的工作人员，则应加强培养该岗位工作人员的专业能力，尽量保证该岗位人员的专业水平能紧跟抖音平台营销环境的变化，深刻理解抖音平台的竞争规则，对短视频的内容策划、视频制作、运营逻辑方式保持高敏感度。同时，抖音作为一个社交型产品，对用户黏性要求高，高关注度、高频互动能为图书馆开展推广工作，因而抖音的运营人员应多关注评论区，与用户产生互动，让用户感受到账号的生命力，从而建立好感、产生账号忠诚度。

（二）挖掘馆藏优势，打造地方特色

图书馆抖音短视频营销从本质上来说属于细分市场的营销。在这类细分市场上，各级图书馆作为官方知识类账号有一定的地域优势和背景优势。可以影响自己所在的地理区域内用户的关注度，这点将其与其他公共图书馆区分开来。而与科普号、读书号等知识类账号相比，公共图书馆有海量自有资源，也有大量深耕长期服务于读者，协助解决读者需求的工作人员，无论是从资源的广度深度，还是专业度来说，公共图书馆的短视频可以做到更了解用户需求，制作出少见的特色内容。例如，湖北省图书馆抖音视频《<永乐大典>巡展盛大开启"大咖"邀您来打卡》，获得9316个点赞，评论155条，既对线下活动起到了非常好的宣传效果和转化率，又为账号本身获取了一条优质视频，获得了双赢效果。

（三）用好平台推荐机制和深耕用户是制造"爆款"的流量密码

图书馆的抖音短视频营销是与抖音全平台所有发布者在开展竞争，发布视频并不等于在进行抖音营销，因此只有紧跟抖音平台的竞争规则，才能获得平台的青睐。

抖音平台为了增加用户黏性，推送的视频都经过了非常明确的基于用户和内容的个性化推荐算法。只有了解抖音平台的推荐系统架构，才能更容易做出有关注度的短视频。抖音的内容推荐机制是从海量短视频中，通过用户标签和行为来进行用户画像，尽量将其感兴趣的话题和内容呈现在对应用户面前，从而影响用户的APP使用时长。

想要视频获得更多的播放量，账号获得更多关注度，抖音平台设置的"加权"机制起着非常大的作用，抖音会对某条触动加权机制的视频予以扶持，当数据达到一定级别，甚至会触发对该视频的长期推荐，这就可以一直享受红利了。所以运营好账号的后台数据，会获得平台给予的长期发展空间。由此反推，只有深入分析每条视频后面的数据，从结果导向出发，了解用户的喜好，分析视频的优缺点，并在后期进行优化，才能保证内容制作得越来越好，更容易打磨出爆款，提升品牌影响力。

另一方面，抖音本质上属于社交平台，具有非常强的互动性，公共图书馆进行阅读推广的根本就是让读者与图书馆产生连接，当我们在平台上与用户产生互动，使用户产生情感共鸣，自然会影响用户的阅读行为。而抖音号上用户的留言、讨论越多，就能越发影响到用户对账号的关注，从而触动平台的加权机制，为账号带来更多流量。

自主运营抖音账号是我国各级图书馆的主要运营方式，如何将一个知识领域成功融合到流量领域，需要不断摸索、学习和调整。公共图书馆各项业务的开展一直以读者需求为导向，抖音等短视频平台的流量通过精准挖掘用户需求而得到，加之图书馆本身最大的优势是海量知识储备，图书馆的短视频宣传内容打磨有先天优势。假以时日，必定有越来越多公共图书馆抖音号成长为一类知识号。

城市书房建设与公共图书馆文化服务高质量发展

陈　晔

（武汉市江汉区图书馆　430015）

摘　要： 随着知识信息的传播节奏不断加快，人们对文化空间和阅读体验的要求也越来越高，传统的公共图书馆文化服务已不再能满足群众对功能融合、交流交互、文艺审美等方面的需求。为探究公共阅读空间的创新建设模式与创意营造方式，本文将以城市书房为具体观察对象，梳理其在公共文化服务高质量发展背景下的演变历程与发展动力，结合武汉市江汉区公共图书馆典型实践，提出优化策略构想。

关键词： 公共阅读空间；城市书房；公共文化服务高质量发展

一、引言

作为城市文化发展的体现，公共图书馆是一个地区经济社会发展文明程度的典型标志，也是培育文化自信的重要阵地。文化和旅游部在《"十四五"文化和旅游发展规划》中提出，以"小而美"作为关键要素，支持城市书房、文化驿站、文化礼堂、文化广场等新型公共文化空间建设。近年来，由政府主导、社会力量参与建设和运营的"城市书房"大放异彩，成为嵌入百姓日常生活中的一处诗意空间，有的城市书房更是成为新的城市地标。

城市书房是如何兴起的？城市书房对于当前从供给侧化解文化需求与供给之间结构性矛盾有何意义？公共图书馆如何利用好城市书房建设，为推动全民阅读、促进公共文化服务高质量发展谋篇布局？值得讨论探究。

二、城市书房的产生背景

学界普遍认为，城市书房是图书馆总分馆服务体系迭代创新的时代产物。我国图书馆总分馆服务体系建设的开端源于 2000 年上海市中心图书馆的建设，自国家公共文化服务体系示范区（项目）建设工作逐步推进后开始繁荣发展。截至 2020 年年末，全国有 2397 个县（市、区）建成图书馆总分馆制服务体系，约占所有县（市、区）图书馆的 84%。

早期图书馆总分馆服务体系主要是以各图书馆为主体，在保证行政结构、人事关系等不变的前提下，与其他馆联合，实现图书文献资源的共享。例如，最早开始总分馆建设的上海市图书馆，就是将其他各区县图书馆、高校图书馆以及专业图书馆等纳入为分馆，通过搭建全市"一卡通"互通体系，使总馆与分馆之间的资源、信息、服务形成沟通共享。

在此之后，随着社会的不断发展与文化体制机制的优化，图书馆总分馆制度经历了多次创新改革。公共文化服务的社会化发展逐渐兴起后，图书馆总分馆制度迎来了第三次创新，城市书房这一由政府主导打造、社会力量参与建设的新型公共阅读空间顺应了创新发展的需求，因此开始兴起。

城市书房以图书馆总分馆制度为支撑，面向公众免费开放，这种由政府提供政策、资源、资金等方面的支持，社会共建力量提供空间场所、运营理念的建设模式，改变了公共文化服务由政府统包统揽的传统供给模式，是关于推动全民阅读服务全面推广覆盖的一份优秀答卷。

三、城市书房的发展历程

从 21 世纪初的 24 小时自助图书馆，到 2013 年诞生于张家港市的"图书馆驿站"，再到 2014 年"城市书房"在温州市被首次正式命名，"城市书房"并非一举得名，而是在新型公共阅读空间创新建设的长期探索中，逐渐被广泛认可的一种称法。

（一）萌芽阶段

21 世纪初，东莞市图书馆创设了全国首个 24 小时自助图书馆，被普遍认为是城市书房的前身。2005 年 9 月东莞市图书馆将馆内一处约 100 平方米的空间开辟为无人值守的自助图书馆，配备上万册馆藏图书、桌椅设施、自助借还设备，安装视频监控及门禁系统，即使在闭馆期间，读者也可凭借读者证进出这一阅读空间，享受阅览与借阅服务。东莞馆的行动无疑在当时引起了全国公共图书馆业界的普遍关注，许多图书馆纷纷效仿，阅读服务时间延长至闭馆之后，这是 24 小时图书馆的出现带给公共文化事业最显著的好处。但是，此时的 24 小时图书馆仍然受限于本馆的地理位置，无法满足本馆区位辐射半径以外的读者需求。

2008 年，深圳市图书馆打造"城市街区 24 小时自助图书馆"，将服务送入社区基层，使居民与图书馆之间的距离缩短，极大地增强了阅读服务的便利性。"城市街区 24 小时自助图书馆"很快就在全国各地相继落地，但经过一段时间的实践检验后，维护成本高、藏书量有限、使用率低等问题也逐渐凸显。

（二）雏形阶段

2013 年，张家港市杨舍镇梁丰社区建设的"阅读小木屋"，被视作城市书房的雏形。"小木屋"大多由乡镇文化站原有的阅览室改造而成，张家港市图书馆参与合作共建，居民凭借社保卡进出，通过增设门禁、优化环境、纳入全市总分馆体系等举措，将旧空间打造成 24 小时开放的便民阅读独立场所。而在城区，"小木屋"变为"玻璃房"，分布于各处商圈及公园，为城区市民带来全新阅读体验。张家港市将这些小屋统一命名为"24 小时图书馆驿站"，纳入市政府实事项目，在全市推广，逐步实现了城乡全覆盖。

（三）新发展阶段

到 2014 年，"城市书房"的命名正式出现。温州市图书馆将其分馆改造建设成 24 小时自助图书馆，为周边居民提供了一处随时可以办理读者证、借阅图书、享受阅读的人文空间，广受好评，得到了当地政府的重视与推广。在为该项目公开征名的活动中，"城市书房"一名拔得头筹，该市更为其取得了"城市书房"注册商标和"城市书房布局结构"实用新型专利。

自此，全国各地都开始探索这项建立在当地公共图书馆总分馆体系基础上的城市书房建设模式，城市书房的发展进入了全面兴起的阶段。经过不断实践，以政府为主导、社会参与建设的城市书房模式也不断完善优化，其选址布点更加科学化、建设投入更加规模化、阅读服务更加品质化，服务效能显著，既能弥补基层公共文化服务网络的最小缺口，又更好满足了人民群众日益增长的对高质量文化生活的追求。

四、城市书房对促进公共文化服务高质量发展的意义

针对"高质量发展"，习近平总书记曾指出：高质量发展，就是能够很好满足人民日益增长的美好生活需要的发展，是体现新发展理念的发展。城市书房是因时而生的产物，对促进公共文化服务高质量发展有着重大意义。

具体到公共文化服务领域，2021 年文化和旅游部、国家发展改革委、财政部三部委联合印发了《关于推动公共文化服务高质量发展的意见》，指明了公共文化服务高质量发展的四个方向：一是品质发展，要求提升社会主义先进文化内涵，举旗帜聚民心；二是均衡发展，要求推进区域协调发展，保障基本公共文化服务均等化；三是开放发展，要求创新体制机制，引进社会力量参与共建，多元化发展，提升公共文化服务供给活力；四是融合发展，要求探索文化与科技、文化与旅游、文化事业与文化产业融合发展新道路，构建协同共进新格局。

城市书房顺应时代发展而生，与公共文化服务高质量发展的这四个方面要求十分契合。

（一）城市书房建设促进公共文化服务品质发展

在建设标准与管理办法方面，城市书房按照图书馆总分馆体系下的标准规范统一管理，制度与要求由政府主导把关，强化政治引领，确保社会力量的依法合规参与。

在图书文献资源方面，城市书房的图书与资源由公共图书馆挑选输送，确保牢牢把握社会主义先进文化的前进方向。

在场馆建设方面，城市书房常常选址于风景绝佳之处，兼具自然与人文之美，在政府的支持引导下，不断向"城市地标"的高品质空间标准发展，融入居民日常生活中，以美聚人、以文化人。

（二）城市书房建设促进公共文化服务均衡发展

城市书房深入百姓居住区域的各个角落，在原有的基层公共文化服务网络基础上，根据区域人口密度与分布科学选址，星罗棋布于空缺的基层文化服务缺口上，进一步编实织密了公共文化服务体系。城市书房作为"12分钟文体圈"上的重要驿站，让品质阅读触手可及，阅读形成了氛围，推动全民阅读深化发展。

（三）城市书房建设促进公共文化服务开放发展

城市书房建设模式实现了体制上的重大突破，改变了基层文化设施由政府统包统揽的建设模式。社会力量的参与为公共文化环境带来了新风貌，社会主体各展所长，提供了主题化、个性化的全民阅读解决方案，打造特色鲜明、独具风格的城市书房，实现了全民阅读的共建共享，为新时代公共文化服务体系发展注入了无限活力。

（四）城市书房建设促进公共文化服务融合发展

城市书房充分利用科技信息化手段，保障24小时开放、无人值守、专业服务等，通过科技融合，不断吸纳满足数字阅读需求的资源、设备供应方，加入城市书房建设。通过与商圈、书店、景点等合作共建城市书房，设计茶饮销售、文创贩售、文旅活动等联动环节，将文化场景融入旅游图景中，促进文化事业和文化产业协调发展。

五、关于以城市书房建设推动江汉区公共文化服务高质量发展的思考

随着经济社会发展水平的不断提高，人民对享有更美好的文化生活的期盼也日益高涨，高质量发展公共文化服务是保障公民文化权益的基本途径，也是回应人民对更丰富、更高品质文化需求的重要方式。城市书房的出现是从供给侧化解文化需求与供给之间结构性矛盾的重要手段，在新发展阶段，建设好城市书房，既有利于完善"缺不缺、够不够"的问题，又有利于解决"好不好、精不精"的问题，为人民群众提供更高质量、更有效率、更加公平、更可持续的公共文化服务。

江汉区居武汉中部、长江以北，因长江与汉水交汇而得名，自古有"楚中第一繁盛处"之称。独特地理位置使得江汉区成为汉口文化之源、长江文明之心和长江主轴的核心组成部分，文化环境十分优越。江汉区以建设文化自信、人文荟萃的卓越江汉为目标，着力打造文化特质鲜明、人文内涵丰富的魅力城区，获评全市"书香城区"。

江汉区公共文化服务体系完备、阵地坚实。江汉区图书馆立足总分馆体系建设，将文化阵地覆盖至辖区内 12 个街道分馆与社区文化站，连续多年获评国家一级馆。江汉区探索建立"金桥书吧"模式，通过顶层设计、资源统筹、全域布局，在茶社、咖啡吧等休闲场所建立 30 余个金桥书吧读书点，将"全民阅读"纳入社会范畴，开创了政府与社会联动共建的"公助民办"读书形式，以润物细无声的方式让书香代代传承。

随着新时代的发展，江汉区与时俱进，积极开展城市书房建设。江汉城市书房以风景秀丽的西北湖、常青公园作为栖息之地，与德芭与彩虹书店、上海三联书店等新锐书店建立合作，走进星级酒店、达美口腔等不同生活场景，打造多家不同风格的城市书房，持续吸引社会公众的目光，为公共文化服务高质量发展不断注入活力。

为了更好地以城市书房建设为抓手，推动江汉区公共文化服务高质量发展，本文通过调研城市书房建设理论研究，借鉴学习优秀案例，并结合江汉区实际，提出以下几点思考：

（一）立足区域特色开展选址

选址是城市书房建设首要考虑的关键问题，应遵循以人为本原则、供需平衡原则、普遍均等原则，选址的过程也是对周边环境进行综合考量的过程。江汉辖区面积 28.29 平方千米，常住人口 64.79 万，人口密度居全省之首，因此，比起城市书房覆盖区域的广度，更要重点考量其选址对于覆盖区域活动人群影响的深度。江汉楼宇经济发达，汇聚精英人才；商圈星罗棋布，吸引时尚人气；多座绿化公园点缀在都市网格中，别具闲情逸致之美；新锐书店纷纷进驻，自成一方书韵天地。可以巧借商圈、楼宇、公园、书店等力量，充分发挥江汉现有资源的优势，打造具有江汉特色的城市书房，让书香漫溢江汉的同时，也能促进多种业态的融合。

如上海嘉定区图书馆围绕"我嘉书房"，提出全域服务理念，在全区范围内多点选址，兼顾经济中心、商业街区、旅游景区、工业园区等不同功能区域，从 2017 年至 2020 年以来，已打造十余家城市书房，与其原有公共图书馆服务网点相辅相成，共同构成了能够更灵活满足辖区群众阅读交流需求的公共文化空间。

（二）强调城市书房差异化、特色化打造

确定好主题定位是城市书房高质量发展的重要因素之一，也是使城市书房充分发挥彰显区域特色文化魅力的重要一步。江汉地域虽小，但城市书房更应在精细处做文章，可以根据参与各城市书房共建的不同社会主体性质、能力，以及周边环境氛围、居民阅读需求等要素，为每一处城市书房量身打造建设方案、配置主题图书资源、提供配套个性化服务。

一方面，可以从社会参与主体的特征出发，通过着重凸显其本身自带的文化价值属性，为其匹配相应的公共文化资源与服务，打造某一领域的主题书房。例如，在德芭与彩虹书店打造的第一座江汉城市书房，充分用好德芭与彩虹在自然博物阅读方面的优势特长，江汉区图书馆在对其图书资源输送上，注重挑选自然科普类书籍，并用好本馆在亲子阅读活动开展方面的经验，与德芭与彩虹书店联合开展自然教育读书活动，为读者带来独特的阅读体验，让这座城市书房在人们心中留下鲜明而深刻的主题印象。

另一方面，可以利用城市文化历史底蕴，以城区中的历史文化建筑为依托，在尊重原本历史脉络的基础上，创意融入新的文化元素，既能促进老建筑的活化利用，也能打造一处古今对话的公共人文空间。例如，上海的"思南书局"，其址原为爱国将领冯玉祥的寓所，而后革命诗人柳亚子也曾租住于此，经过不断发展，已成为高颜值的公共文化空间"样板房"，2018 年在"上海公共文化空间创新大赛"中当选"最美公共文化空间"。

(三) 用好用活精品文化招牌

城市书房区别于传统公共文化空间的主要特征之一就在于其承载文化交流活动的灵活性与包容性，有的城市书房的建立，也正是因为某一项阅读活动的逐渐发展壮大，吸引了越来越多的关注与追捧，最终应运而生，为文学爱好者提供了便于诗意栖息的坚实空间。同样，城市书房的建立也能进一步促进原有文化活动品牌的创新升级，在构建完备的基础性阅读服务功能的同时，探索与历史文化、旅游资源、艺术美育等领域结合的可能。

江汉区"金桥"书评活动，始创于1987年，初衷为"为读者找好书，为好书找读者"，通过江汉区图书馆牵线搭桥，加强读者、作者、编者之间的联系，到如今已成为江汉区精神文明建设的拳头产品。"金桥"的阅读精神与城市书房的建设理念两相契合，应发挥"金桥"品牌吸引力，借鉴"金桥"组织经验，结合新时代对阅读空间的新需求，通过联合城市书房开展特色主题活动，拓宽城市书房使用范围，丰富载体功能。可以合理安排、错时利用，在特定时段赋予城市书房绘本共读室、小型讲座、展览馆、多功能活动厅等功能使命，让"金桥读书"的精神在城市书房延续传承。

六、结语

随着城市书房的兴起，公共文化服务发展的传统体制也迎来革新，社会力量的加入使得公共文化服务效能大大提升，基层文化服务从"有没有"进入"优不优"的品质化发展阶段。未来城市书房的发展大有可为，在全国普遍开展城市书房建设的背景环境下，如何做到优中更优，是公共文化服务基础扎实的卓越城区需要不断思考的命题。

参考文献

[1] 吴晞. 大道之行有器之用——关于自助图书馆的几点思考 [J]. 图书馆论坛, 2008 (6): 170-173.

[2] 吴春燕, 张景华, 杜燕翔. 东莞: 首创无人值守"永不关闭的图书馆" [N]. 光明日报, 2009-12-09 (4).

[3] 陈世海, 巫志南. 一个自由而健康、有序而温馨的现代公共阅读场所——张家港市"24小时图书馆驿站"观察 [J]. 文化艺术研究, 2014 (4): 1-4.

[4] 金武刚, 李国新. 中国公共图书馆总分馆制建设: 起源、现状与未来

趋势〔J〕. 图书馆杂志, 2014, 33 (5)：4-15.

　　〔5〕李东来. 时代需求与文化担当——图书馆24小时自助服务十年回望与思考〔J〕. 图书与情报, 2015 (6)：1-5.

　　〔6〕胡海荣. 城市图书馆服务体系新模式——温州"城市书房"建设的研究与实践〔J〕. 图书馆杂志, 2016 (5)：4-8.

　　〔7〕邱冠华. 新世纪以来国内公共图书馆总分馆建设回顾与思考〔J〕. 中国图书馆学报, 2017, 43 (4)：18-31.

　　〔8〕胡海荣. 点一盏灯暖一座城——温州城市书房创新公共图书馆服务模式的探索实践〔J〕. 图书馆研究与工作, 2018 (12)：5-8.

　　〔9〕王世伟. 基于生动实践的中国公共图书馆理论创新——以"我嘉书房"为例〔J〕. 国外社会科学前沿, 2019 (7)：53-57, 84.

　　〔10〕金武刚, 王瑞芸, 穆安琦. 城市书房：2013—2020年——基层图书馆建设的突破与跨越〔J〕. 图书馆理论与实践, 2021 (3)：1-9, 21.

　　〔11〕王世伟. 略论"城市书房"高质量发展的若干要素〔J〕. 图书馆论坛, 2021, 41 (10)：23-27.

　　〔12〕金武刚, 王瑞芸. 论城市图书馆服务体系高质量发展——以城市书房建设为突破口〔J〕. 图书馆论坛, 2022, 42 (10)：73-83.

优秀传统文化阅读推广项目品牌化
发展设计与实践
——以十堰市图书馆"走近传统文化"为例

赵 璐 郝梦寅

（十堰市图书馆 442000）

摘 要： 本文以十堰市图书馆"走近传统文化"品牌阅读项目作为研究载体，分析并总结中小型公共图书馆针对特定馆藏资源品牌化发展阅读推广项目的意义和品牌化运作路径，思考在具体实践过程中存在的主要问题和解决办法，提出品牌化发展阅读推广项目的若干建议。

关键词： 品牌化发展；阅读推广；传统文化

一、前言

习近平总书记站在中华民族和中华文明永续传承的战略高度，不断强调保护传承中华优秀传统文化，为增强文化自信、激发中华优秀传统文化的生机与活力注入了强大精神动力。作为中华文化的记忆载体，图书馆担负着传承和发展中华优秀传统文化、保护和传播中华文化典籍、引导广大人民群众学习和热爱中华优秀传统文化的重要使命。

为加强资源统筹和阅读引领，提高文献资源使用率，有主题、有规划地推动中华优秀传统文化创造性转化和创新性发展，十堰市图书馆设计实施"走近传统文化"阅读品牌，重点优化阅读推广内容，创新阅读推广形式，通过纸质阅读为主、数字阅读为辅，线上专栏与线下活动共同推进等方式，加强读者对传统文化资源的关注和利用。同时，我们还致力于研究探索新型阅读空间的打造，以及中小型公共馆在文创产业中的提升策略，以保证项目的可持续发展。

二、发展现状与存在问题

2021 年年底，由十堰市图书馆与中国知网联合开发的《中华优秀传统文化百科知识库》于市图书馆官方网站、微信公众平台、移动图书馆 APP 同时上线，并在微信公众平台推出"走近传统文化"专栏，通过文字、图片、音频等方式，定期推介中华典籍。

十堰馆历来重视中华优秀传统文化的阅读推广，但在项目的专业化、大众化和品牌化设计上仍存在一定问题。第一，在阅读推广形式和推广内容方面存在局限性。在推广形式上，"重活动、轻阅读"的现象仍然存在，活动虽频繁但较为零散，缺乏系统规划，且多是为了配合某项主题活动临时开展的应景、应时的短效型、节日型、运动型活动，未形成一定规模和长效机制；在推广内容上，多集中在古典文学、诗词歌赋以及哲学思想，不能满足读者多元化的阅读需求。第二，在跨行业、跨机构合作方面，存在不平衡、不稳定与不充分的状况。如，部分基层馆、点由于资源、技术、人才的制约，缺乏跨界合作机会；合作内容同质化现象严重，缺乏系统性、主题性和创意性等。第三，在资源及品牌的全面呈现与深度开发利用方面仍有所欠缺。例如，《中华优秀传统文化百科知识库》上线后曾开展多次宣传推广与线上活动，但数据库在引发读者一段时间的关注后便无法持续提升。

三、品牌化发展的设计与实施

（一）系统规划，打造和发挥品牌效应

传统阅读推广方式形成的社会反响有限，因此，树立品牌形象，增加用户流量在阅读推广的发展道路上日趋重要。十堰馆将融合新时代的新路径、新方式，结合地方特色，系统打造"走近传统文化"阅读品牌，以提高图书馆服务效能，使传统文化资源推广有规划、有规则、有规律。

第一，打造独立品牌，形成长效机制。过去，十堰市图书馆开展了优秀传统文化阅读推广活动，为此，十堰馆应设置工作小组，拟定项目推广计划，专人专班打造"走近传统文化"独立品牌项目，促进传统文化资源推广朝品牌化、体系化方向发展。

第二，创新推广形式，盘活文化资源。因此，十堰馆应依托资源优势，在活动形式上，采用互联网技术和新媒体技术，增加情境化体验、沉浸式阅读、线上互动、讲演展读等多位一体的新颖活动形式；在推广内容上，丰富通识性阅读内容，增加戏曲舞蹈、饮食服饰、礼仪修养、手工科技、节日节气、山水建筑等阅读推广内容。同时，将重点深挖地方文化资源，宣传推广地方特色文化，增添地域特色和人文风情，增强文化自豪感和归属感，并对非本地读者进

行文化普及。

第三，有效利用"品牌"+"系列"+"主题"的推广机制与联合效应。"走近传统文化"品牌建立后，将开展常规业务，形成"系列"活动以确保持续性和系统性；在累积一定经验后，"系列"活动将增加维度，结合"主题"打造"系列主题"活动，线上推出系列专题，线下开展系列活动。例如，在"走近传统文化"品牌下设立"中华美诗词""华夏衣裳""节日·节气"等主题，通过微信公众平台发布系列推文，领读经典名篇并进行讲解和知识扩展；线下相应举办"阅享车城诗词大会""品中华诗词"读书沙龙等系列活动，通过线上线下联动模式，突破时间和空间限制，多维度研究传习中华典籍。

（二）跨界合作，扩大品牌服务范围

"走近传统文化"项目在呈现出体系化发展态势后，十堰馆将扩大与行政事业单位、优质商企、学校图书馆、街道社区的合作共享，联合开展各有侧重、各具特色的阅读推广活动，扩大宣传的辐射范围、资源的推广范围与服务的覆盖范围，既重视热点文化的传播效应，又重视小众文化的传播需求，推进新时代图书馆服务工作既横向到边又向纵深发展。

第一，与本地优秀企业联合，以中华优秀传统文化的现代格式，共同引导积极向上的社会风尚。例如，为实现资源优势互补，十堰馆与资金实力雄厚的优质商企联合开展"仙山武当太极拳表演赛""武当道乐《太和仙韵》音乐会"等全市大型演艺类活动，以中华典籍结合群众喜闻乐见的"歌、舞、乐、演、秀"等艺术表现形式阐释和传承中华优秀传统文化。

第二，与本地高校图书馆联合开展资源推介、影音赏析、展示表演、系列课程等活动。十堰本地三所高校图书馆拥有丰富的资源保障，并对优秀传统文化的阅读推广发展水平非常重视。公共馆与高校馆的通力合作，有利于实现资源、专家、读者的多元共存与共融共享。相较于门槛较高、互动性较弱的阅读推广形式，大学生群体更加关注环境氛围轻松、体验感强，能够交流互动的活动，同时，对"汉服文化""二次元文化"等小众文化有着多样化需求。因此，在每年的樱花盛开季，十堰馆可联合三所高校馆开展"悦赏汉秀·《重回汉唐》"汉服展演活动，通过汉服秀、舞台剧、服饰讲解、礼仪解说等环节，为现场师生和直播间网友打造文化视听盛宴，既能增添传统文化推广的氛围感和沉浸感，又为文化爱好者提供展示交流的平台。

第三，邀请本地作协成员定期进社区阅读点开展"十堰讲坛进社区""传统文化沙龙"等公益讲座、读书讨论会、展示演绎活动，并借助"抖音"直播进行线上线下联动。社区阅读推广活动需兼顾大众不同层次的文化知识需求，重在打造一个文化爱好者的学习交流平台。例如，在社区阅读点开展"家谱文化沙龙暨捐赠活动"，吸引社区群众前来阅读、参观、研究十堰馆地方文献中心收藏的家谱，同时号召市民将自己家族的家谱捐给图书馆收藏，为十堰各氏族人提供一个相互交流的平台；或邀请本地茶艺专家、国家茶艺高级技师走进社区开展"武当茶艺系列公益讲座"，围绕十堰本土茶文化的起源、发展、分类等内容，通过现场烹茶、品茶等环节，阐释茶道精神、茶人精神和中国茶文化。

第四，图书馆、档案馆、博物馆是我国公共文化服务体系中的重要组成部分，与文旅系统兄弟单位合力打造品牌活动，充分建立起 GLAM 沟通机制与合作平台，既能创新推动数字图书馆建设，又有利于建立全范围、全类型的文化资源覆盖网，实现文化信息资源共享。例如，十堰市图书馆与美术馆合力打造"中国花鸟画鉴赏"系列展演讲活动，梳理甄选两馆优秀书画资源，并在全市范围征集书画作品联合展出，同时，邀请各馆专家现场推荐优秀图书，讲解国画发展历史、艺术特色和欣赏方式。基于馆藏资源的联合品牌活动，不仅有助于推动中华优秀传统文化的创造性传播与发展，也对全市文旅融合发展走深走实起到积极作用。

（三）新品牌+老品牌，提升知名度和影响力

图书馆面对不同读者圈层，借助已具有知名度和美誉度的阅读品牌，进一步开发和拓展新品牌是非常有效的品牌战略，有助于将老品牌价值最大化传递至新品牌。

第一，与省、市级具有影响力和知名度的品牌互动合作，抓住新品牌推广时机和热度。由湖北省文化和旅游厅主办，各级公共图书馆具体实施的"'开启新征程，共话家乡好'万名司机讲家乡故事大赛"于2022年成功举办，其后，十堰市文化和旅游局主办，市图书馆、市电视台承办的"'讲好十堰故事，传递十堰精神'导游大赛"，以及"'共话山水车城·共享宜居十堰'全民讲家乡故事大赛"相继热烈展开。"走近传统文化"项目借此类品牌活动深挖地方文化资源，向参赛选手提供十堰故事、湖北故事，使家乡故事的讲述者成为优秀传统文化的传播人和品牌代言人，并推出线上活动专题，通过微信、微博等平台对活动进行宣传推广，直播比赛现场、上传比赛作品、发布密集式、高质量系列推文，面向社会大众提供文化信息推广服务，能够有效扩大品牌的辐射范围和影响力。

第二，与本馆自身阅读品牌深度合作，形成联合效应。"十堰讲坛"是重点

讲述地方文化的传承、历史典故及风土人情，以提升市民的城市文化认同感的特色品牌项目。"走近传统文化"项目可结合"十堰讲坛"开设周末国学讲堂，以推广中华典藏为主，弘扬经典文献中的科学精神、人文精神、艺术精神；还可以"一站一讲"，讲、演、展于一体的形式，在各分馆、点"读·文学经典、展·文化之美"，开启"地方文化与传统文化的魅力之旅"，系统展现中华传统文化的发展与传承。

（四）新技术+新思路，以现代意识赋能传统文化

受新媒体技术的影响，图书馆阅读推广工作正由传统时代的静态实体媒介模式转向电子时代的动态交互模式。推广优秀传统文化真正走入读者生活，获得更广大读者的价值认同，不仅要充分运用微博、微信、流媒体、直播平台等新媒体技术，还需摘去传统文化"高冷"的面具，积极吸收"新国潮""新国风"时尚、新鲜、有趣的元素，以创意化表达和精准化推送活化典籍，使优秀传统文化延续生命，焕发光彩。因此，"走近传统文化"项目需善用网络热度，把握营销时机，创新思路将传统文化与现代社会搭建连通，使之与当代审美、生产生活相契合，实现文字与生活的巧妙联结。

为了让沉睡在数据库里的文字与图片迅速活跃在读者的移动终端，"走近传统文化"项目还应立足数据库资源，常规化、系列化开展兼具趣味性、互动性、实用性的阅读推广活动，通过线上与线下、虚拟与现实相结合的方式，激发读者在学中玩、玩中学的阅读兴趣，感受传统文化魅力的同时提高数据库资源利用率。例如，《走近传统文化》专栏可追踪时下热点话题、出圈影视剧和网络热词，有效激发阅读兴趣，立体加深大众对传统文化的理解。

四、可持续发展策略研究

要保证"走近传统文化"项目的高品质、创新性发展，需要进行长期规划，精准把握项目的提升发展空间，对此，笔者做出以下研究与思考：

（一）结合新馆建设，打造特色阅读空间

2022 年 9 月，十堰市政府根据《十堰市国民经济和社会发展第十四个五年规划和 2035 年远景目标纲要》制定实施《十堰市新型基础设施建设"十四五"规划》，明确提出"推动智慧图书馆建设，提升公共文化设施信息化水平。推广线上线下互动式服务模式应用。运用人机交互、VR/AR 等技术，融合十堰地方特色文化资源，打造交互式特色文化体验专区，增强公共文化服务互动性、趣味性、科普性"。建立读者与传统文化之间的现实关联，需要有实物和空间的具

象展示。十堰馆应以新馆建设为契机，紧密结合中华传统文化元素与现代科技元素，全面打造具有较高审美水准和较强互动体验的特色阅读空间，古籍阅览室（古籍馆）、专题阅览室、经典阅览室、国学馆等，并运用多媒体影音设备、物联网技术、全息影像技术设置 VR 体验区，使读者既能从感官上体验到传统文化特色，又能在科技的力量中感受到阅读形式的丰富多彩。2022 年 10 月，杭州图书馆成立了"新型公共阅读空间研究中心"，建设一系列主题分馆，如"尚善主题分馆""诗歌空间分馆""茶文化分馆""南宋序集（艺术）分馆"等。这些分馆是基于特色文献建设的新型阅读空间，在多方位传播中华优秀传统文化方面具有很高的示范作用和参考价值。

（二）进一步加深对图书馆文创产业的创新开发

国家图书馆企业化运营文创开发是一个成功的实践案例，它不仅创新了典籍保护传承方式，提升了典籍活化利用水平，对创新图书馆服务方式、提升图书馆影响力和竞争力也具有重要意义。图书馆文创之路，并不仅仅在于打造文创 IP、开发具体产品，而在于在创新和创意中打造全新阅读生态链。在传统文化的文创开发道路上，重点要从优秀传统文化中挖掘具有时代意义的文化要素，并通过对这些要素进行创造性转化和再创造，形成有实用价值的文创产品。此外，中小型公共图书馆由于受到人力、财力和物力等方面的限制，需要动员更多社会力量参与文创工作，不仅包括地方文化学者、艺术家和技术专家，还应面向广大群众，特别是基层群众，鼓励他们参与文创开发和利用，以激发全民族的文化创新创造活力，增强实现中华民族伟大复兴的精神力量。

五、结语

中华优秀传统文化在人类文化长河与世界文化版图中独树一帜、蔚为大观，所蕴含的思想观念、人文精神、道德规范，是中国人思想和精神的内核。当前，"国潮"的东风已吹遍神州大地，凝结着古人智慧的传统文化如何通过图书馆的品牌化运作与日常生活进行碰撞与融通，已成为其"出圈"的关键。公共图书馆在中华传统文化的阅读推广工作中需要用开放、进步的思想进行品牌化运作，需要探索新路径、新方法使中华典籍中的文字"活起来""火起来"，以各类活动与产品为纽带，让广大读者产生强烈的情感共鸣和价值认同。

参考文献

[1] 谭翔尹. 游戏化：公共图书馆中华传统经典阅读推广的模式再造——

以广东省立中山图书馆"梦回大唐"为例［J］. 国家图书馆学刊，2022，31（3）：62-73.

　　［2］熊远明. 文化传承与图书馆创新：新时代新文化使命，努力建设中华民族现代文明专家笔谈［J］. 图书馆杂志，2023，42（7）：4-15.

　　［3］谭翔尹. 活化视角下公共图书馆古籍阅读推广形式和内容的研究［J］. 图书馆理论与实践，2023（4）：87-92，103.

　　［4］李珩. 古籍阅读推广的新媒体实践比较研究［J］. 图书馆理论与实践，2023（3）：110-115.

图书馆服务缺陷发现与防范路径研究

张　俊[1]　童保红[2]　徐小双[3]

（1 黄冈师范学院图书馆　438000；

2 黄冈师范学院图书馆　438000；

3 黄冈师范学院教育学院　438000）

摘　要： 大兴调查研究，发现和防范图书馆服务缺陷，会提升服务效能。本文参照 LibQual+TM 服务质量体系设计调研提纲，开展实地调研，发现整理服务缺陷，建立与图书馆内部业务的关联，生成了关联社会网络，采用 Ucinet 分析了网络节点的出入度和介度。分析表明，培训业务缺乏，内部业务未提升，以及检查督导未到位是产生服务缺陷的主要原因。因此，提出了开展多样化培训，加强、融合内部业务，以及在经费约束和科技创新驱动下创新图书馆业务等路径，以期提升服务质量。

关键词： 服务缺陷；社会网络；介数中心性；机器人；人工智能生成内容

一、引言

近年来，以 ChatGPT 为代表的人工智能、虚拟现实/增强现实、机器人、5G 网络以及元宇宙等技术和概念的发展日新月异，为图情领域发展拓展了新空间，创造了新机遇。同时图情领域面临着向读者完成学术信息增益者、开放学术交流平台、图书馆信息生态和知识信托机构的功能跃迁的新任务，面临着开源与开放、数智赋能、全数字化模式等方面的新挑战。新技术的发展与应用不仅可以提升图书馆的服务质量，增加读者对图书馆资源的依赖，也增加服务缺陷发生的频率。在党的二十大报告中，习近平总书记提出了新目标。图书馆着眼于文化服务，是推进文化自信自强，铸就社会主义文化新辉煌的生力军。在实际工作中，图书馆尽可能降低服务缺陷，满足读者需求，由此来提升图情服务的影响力。

二、图书馆的服务缺陷研究现状

图书馆服务缺陷指的是在服务过程中存在的不足或缺陷，可能会导致用户体验不佳、服务质量下降，甚至是用户流失等问题。图书馆服务缺陷一般分为两种类型：过程缺陷和结果缺陷。过程缺陷是指不能有效输出要求的产品或服务，以及输出效率低下。结果缺陷指读者对服务的需求未得到满足，如读者未能获得基本的核心服务。图书馆服务的无形性、馆员的差异性、读者的感知性、环境的多样性决定了图书馆服务工作要做到"零缺陷"是不可能的。图书馆中常见的服务缺陷有馆藏不足或不齐全，馆员服务态度差，设施陈旧、不足或发生故障、知识获取流程烦琐、知识服务不及时或不专业。只有明确图书馆的建设与使用存在着各种各样的服务缺陷，才能从系统上采取正确的应对策略，推动我国智慧图书馆的快速健康发展。

国内外通常采用评价体系来衡量图书馆服务质量，从而找到不足或缺陷。英美等国将定量评价 SERVQUAL 修正后来对图书馆的服务质量进行评价。美国研究图书馆协会（ARL）与 Texas A&M 大学合作，在吸收 SERVQUAL 的工作机制和评价原理基础上，提出了专门为图书馆设计的 LibQual+TM 服务质量测评指标。近年来，江苏大学改进 LibQual+TM 构建了由信息资源、图书馆环境、图书馆员和社会责任 4 个维度的智慧图书馆服务质量评价模型。然而，读者对调查问卷随意填写导致计算结果无法反映真实的图书馆服务，令发现图书馆的服务缺陷出现偏差或错误。曾强、丁媛等学者强调国内高校图书馆服务质量评价活动应该主客体多元化，质量评价主体应包括本校图书馆（自评）、其他院校图书馆（互评）、第三方机构评价。但是，过多的主客体加入不仅造成评价过程中人财物成本过高，同时可能会影响图书馆正常运行。实地调研坚持问题导向，读者与馆员能面对面交流。实地调研因馆员主动咨询和读者积极参与在帮助图书馆全面、客观地了解服务质量方面具有不可替代的作用。

三、实地调研

本研究采用实地调查，预先列写调研提纲在网上发布。图书馆集中半月时间分期分批组团到全校院所与领导、师生代表座谈，图书馆负责介绍馆藏资源、经费情况、主要业务和人员配备等，师生主要从文献资源建设及文献传递、读者荐购、阅读推广等创新型服务方面发表意见和建议，整个过程维持双方及时交流。

大多数高校图书馆利用 LibQual+TM 进行服务质量测评时，其评估模型基本包含馆藏资源、图书馆环境、图书馆员、设施设备等维度。我们从馆藏资源、图书馆环境、图书馆设施设备三个维度出发，根据读者服务缺陷反馈，整理出面向读者的服务，如表1所示。其中，馆藏资源类的二级服务分为纸质资源类、数字资源类和机器人资源类三个部分。

表 1　基于读者反馈的服务表

Table 1　Services based on reader feedback

类别	内容
馆藏资源类	传统资源类：（1）纸质图书借阅归还书；（2）文献打印与复印；（3）人工咨询；（4）现场导引；（5）教学与科研嵌入式服务
	数字资源类：（6）图书馆网站访问；（7）人工智能咨询；（8）图书馆虚拟漫游；（9）数字文献检索与访问；（10）教学资源库访问；（11）专用软件下载；（12）馆际互联文献传递；（13）图书荐购
	机器人资源类：（14）自动借还书；（15）机器人咨询与导引；（16）机器人清洁
馆内环境类	（17）自习室开放；（18）研讨室开放；（19）失物招领

从表1看出，图书馆在智慧化发展过程中越来越注重机器人的作用，图书馆的机器人使用涵盖从图书借还、存取、盘点到清洁、伴随、搬运等环节，由于知识和技术、语言和沟通、社会和伦理的限制，决定了机器人存在服务缺陷。所以防范机器人服务缺陷也是提升图书馆的服务质量途径之一。

根据调研材料，读者充分肯定图书馆的科学、规范、智慧和高效的运行，印证了图书馆是高校理想的学习中心，知识与信息传播中心和服务教学科研的中心。参与调研的读者从学科建设、教学科研、全民阅读、文献资源采购和引进、信息咨询、读者服务、环境设施等方面反映了服务缺陷。

根据反馈内容以及服务关联性，整理出面向读者的服务缺陷表，如表2所示。

表 2　面向读者的服务缺陷表

Table 2　Service defects oriented reader

服务序号	反馈内容	缺陷类别	严重程度
1，2	有时排队等候，晚上无服务	1	2

服务序号	反馈内容	缺陷类别	严重程度
3，4，5	馆员不主动，不深入	1	1
6	无馆舍使用介绍短片	1	1
7	回答相关性、满意度不高	2	2
8	无馆舍虚拟漫游	2	1
9，10，11	种类不丰富，外文资源有限	1，2	3
12，13	仅对部分读者开放	1，2	1
14	有时因故障停止服务	1	1
15，16	数量不足	1	1
17，18	数量不足，座位数不足	1，2	1
19	无认领记载	2	1
20，21	维修不及时	1	1
22	有时断网	1	1
23	掉线，部分场所无信号覆盖	1	1

在表 2 的缺陷类别中，1 代表过程缺陷，2 代表结果缺陷。在 23 种服务中，存在 13 种服务体验为单纯的过程缺陷，占比 56.5%，表明服务尚有欠缺，但读者终究获得了所需服务的结果。有 3 种服务体验为单纯的结果缺陷，虽然占比 13.0%较少，但无法达成读者的期望结果。有 7 种服务从过程到结果都存在缺陷，占比 30.4%。我们推测，这些服务既花费了读者时间和精力，又未获得理想结果，这足够引起警惕。

表 2 的服务缺陷严重程度由反映此服务缺陷的调研单位累加数与调研单位总数之比决定，设立一般（1）、比较严重（2）和严重（3）三个等级。占比小于 20%评定为一般，在 20%至 50%之间评定为比较严重，大于 50%评定为严重。

从表 2 看出，在 23 种服务中，存在 17 种服务存在一般性缺陷，占比 73.9%，说明图书馆的服务基本上受到读者认可，对存在的服务缺陷得到了读者的理解。结合表 2，13.0%的服务缺陷读者认为比较严重，主要集中在信息咨询和人工服务方面；数字文献检索与访问、教学资源库访问、专用软件下载等 3 种服务被认定为严重，主要因为读者通过图书馆无法获取相关资源。

四、建立与图书馆内部业务的关联

(一) 服务的事件链

任何面向读者的服务执行，都离不开图书馆内的业务支持。围绕图书馆人员的职责和分工，整理出与表1相关联的内部业务，这些业务最终由馆内职员执行，如表3所示。

表3 图书馆内部部分业务表

Table 3 Internal part business of library

类别	内容
馆藏类	传统资源类：(a) 读者培训；(b) 员工培训；(c) 新书编目；(d) 图书上架；(e) 期刊上架；(f) 过刊编目；(g) 过刊上架；(h) 图书修补；(i) 嵌入团队
	数字资源类：(j) 数字资源管理；(k) 馆际合作；(l) 图书推荐；(m) 数字服务外包
	机器人资源类：(n) 机器人使用
环境类	(o) 场馆管理；(p) 设施搬运；(q) 清洁卫生；(r) 失物管理
设施类	(s) 馆内网站更新；(t) 馆内网络维护；(u) 专有数据库管理；(v) 设施维护
行政类	(w) 检查督导；(x) 发展规划；(y) 图书馆建设

从表3看出，表1中面向读者的服务，在图书馆内部必有对应的业务支持。在环境管理类和设施管理类中，都涉及馆内设施，设施包含信息化硬件如电脑、打印复印机、扫描投影机等终端设备，还包括网络设备、机器人及附件、自动化设备、馆舍桌椅、图书等，即与读者服务相关联的有形资产。

根据调研材料，从反馈出发，梳理表3中的馆内业务，形成了馆内业务对每个服务的直接支撑关系，如表4所示。如表4中的第一行，表明表1中的"(1) 纸质图书借阅归还书服务；(2) 文献打印与复印服务能够顺利完成"一方面需要表3中的"(a) 读者培训；(c) 新书编目；(d) 图书上架；(e) 期刊上架；(f) 过刊编目；(g) 过刊上架；(h) 图书修补"的直接支撑；另一方面，还需要"(p) 设施搬运；(v) 设施维护；(w) 检查督导"等业务的支撑，才能保证服务的数量和质量。

表4 图书服务和业务的逻辑关联

Table 4 Logical relations between services and business

服务或业务号	关联内部业务			
	馆藏类	环境类	设施类	行政类
1, 2	a, c, d, e, f, g, h	p	v	w
3, 4, 5	a, b, i, j, k, I, m, n		o, r	w
6			s	x, y
7	a		u	y
8	j, k, m		u	y
9, 10, 11	j, k, l, m			x, y
12, 13	j, k, l, m			x, y
14	n	p	v	w, x, y
15, 16	a, b, n	o	u, v	w, x, y
17, 18	a, i	p, q	v	w, x, y
19	a, b	o, q, r	s	w
20, 21	a, b	o, p, q, r	v	
22	a, b	o, q	s, t, u, v	x, y
23	a, b	o	t, v	x, y
a, b, c, d, e, f, g, h, i				w
j, k, l, m			s, t, u, v	x, y
n	a, b			x, y
o, p, q, r	n			w
s, t, u, v	b	j, k, l, m		w, x, y

基于馆内业务内部流程，整理了表2中业务的逻辑关联，如表4最后5行所示。根据表4，从面向读者的服务到内部业务的关联，由此形成了服务—业务链，便于诊断具体服务缺陷防范的环节和过程。

图1 自动借还书的服务事件链

Fig. 1 Event link of automatic borrowing and returning book

例如，从表 4 中，发现其中 1 条事件链如图 1 所示。表明表 1 中的服务 14 完成好需要业务 p 的支持，业务 p 完成好需要业务 n 的支持，依此类推；反之，服务 14 不能及时完成，可能是由于归还书籍堆砌未搬运，或搬运机器人出现故障、员工使用新设备未得到充分培训、检查督导工作流于形式等等。

（二）面向读者服务的关联图

根据表 4，把它变换为关联矩阵，采用 UCnet6.0 画出了事件关联图，是对表 4 的可视化，如图 2 所示。图 2 展示了读者服务与馆内业务关联总体情况。

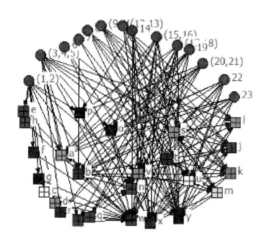

图 2　总体关联图
Fig. 2　Total relations graph

从图 2 看出，所有面向读者的服务节点只有出度，没有入度，说明服务必须依靠内部业务的支持。在馆内业务中，如 a、b、j、k、l、m 等节点出度与入度均不为零，说明这些内部业务一方面支持其他业务或服务的完成，另一方面，这些业务完成好还需要其他业务的支撑；对于图 2 中的 x、y、z 等节点，入度不为零，出度为零，说明这些内部业务是支持其他业务或服务的完成基础。总之，图 2 与表 4 反映的结论是一致的。

图 3 画出了表 4 的最后 5 行表达的内部业务关联图，它是图 2 的一个子图。表 5 展示了图 2 部分节点的入度、出度与介数中心性。节点入度表示指向这个节点边的数量，反映了该节点直接支持的服务或业务。出度表示从这个节点指出去的边的数量，反映了该节点需要服务或业务的直接支持。介数中心性表示其他成对的相连节点间的最短路径中通过该节点的情况，该指标也可用来评估当前节点起连接作用的重要程度。图 2 中部分节点参数值计算如表 5 所示

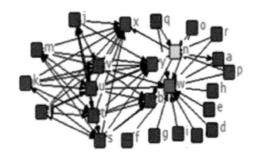

图3　内部业务关联图

Fig. 3　Relations among internal business

表5　部分节点参数值

Table 5　Parameters of part nodes

节点	入度	出度	介数（排位）
(1, 2)	0	10	0 (16)
22	0	10	0 (16)
a	9	1	0.968 (14)
u	9	8	23.575 (3)
v	11	8	47.468 (1)
s	7	8	24.625 (2)
n	7	4	17.90 (4)
j	9	6	14.350 (6)
w	23	0	0 (16)
x	16	0	0 (16)
y	19	0	0 (16)

（三）服务缺陷原因

1. 培训业务未能跟上读者需求

表2中的服务缺陷1—23都直接和间接与读者培训业务a、员工培训业务b关联。例如，在图2中，服务缺陷1—5、7直接与业务a关联，服务缺陷6通过业务j、k、i、m、n经过1—3条有向边与业务a关联。同样地，其他服务缺陷在图2中也可得到同样结论。按同样方式，也能找出服务缺陷1—23与业务b的关联。通过读者培训，不仅能让读者理解服务的流程以及自己做好服务前的准

备，避免自己准备不足发生服务缺陷，而且他们能知道服务开放和关闭时间，至少可以客观认识服务缺陷 1、2 产生的原因。另一方面，深入开展员工培训业务 b，既能促进日常有效开展业务，同时也能在出现服务缺陷时，给读者合理的解释和后期弥补办法，让服务结果缺陷转变为服务过程缺陷，达到读者与馆员相互理解。

2. 服务缺陷的关联内部关键业务未得到提升

表 1 中的服务缺陷 9—11 既是过程缺陷，又是结果缺陷，严重等级为 3，表明这些缺陷对读者造成的服务体验较为负面。从图 2 看到，它们与业务 j、k、l、m 关联。数字资源相对缺乏，是造成服务缺陷 9—11 的直接原因；同时，在数字资源获取上的馆际合作和数字服务外包业务如何走出创新之路还未得到突破。利用社会软件和校园信息平台，在全校范围内让师生参与图书推荐，兼顾智慧化和个性化自动生成图书购买清单，值得探索。

3. 检查督导未能全面到位

出于对读者的关心，失物管理成为图书馆的附加服务，由此衍生出服务缺陷 19。从图 1 看出，服务缺陷 14—19 直接与检查督导业务 w 关联；服务缺陷 20—23 通过场馆管理业务 o 后，也与业务 w 关联，因此，有效开展对内部业务和馆内员工的检查督导，能有效避免服务缺陷的发生，这也印证了科学管理能出效益、能提高服务质量。

五、防范服务缺陷的措施

根据服务缺陷回溯产生的原因，结合图书馆运行的实际情况，可以在三个方面采取措施来防范服务缺陷，提升图书馆服务质量。

（一）开展多样化培训

在表 5 中，业务 a 表现为节点入度高、介数中心性好，业务 b 也类似。服务缺陷 1—23 都直接和间接与读者培训业务 a、员工培训业务 b 关联，开展多样化培训读者和员工显得尤为重要。传统图书馆培训大多采用线下面对面培训，培训组织、内容、对象、场所和时间相互掣肘。有计划更新或拍摄制作图书馆宣传专题片推送给新读者，开展有针对性培训。将培训内容分制作成系列微视频，然后发布到图书馆网站、图书馆公众号、学校线上教学平台，让用户按需随时随地学习微课。更进一步，以交互式图书馆虚拟漫游游戏为依托，把培训内容有机融入，更符合当下读者，馆内员工也能体验到培训形式的变化。

（二）加强图书馆内部业务

在表5中，业务u、v、s、n有较高的介度值。这些业务关联了上下游业务，如设施维护业务v的重要性不言而喻。机器人使用业务n介数值为17.90，排位第4。说明机器人作用很重要，对许多工作起到中间连接作用。引入服务机器人完成清洁、消防、测温、搬运图书等工作，引入智能人形机器人，完成伴随引导、咨询问路，引入远程呈现机器人，让图书馆、博物馆和展览馆虚拟连接。形成人—机协作，既节省人力，又能提高效率。因此，大力引入机器人是智慧图书馆建设的重要内容。

在表5中，业务j的节点，它直接关联面向读者的服务缺陷3—5、8—13。防范服务缺陷发生的最好办法是购买数字资源。

在表5中，业务w、x、y出度都为0，入度值高，这类业务属于行政管理类，是提高服务质量的托底业务。业务w对馆员职责履行、业务水平提升既能起到检查督导的作用，也能及时发现图书馆运行的不足和薄弱之处。业务x、y是图2中的终极业务，图书馆只有做好发展规划，利用项目建设完成文献数字资源、机器人、虚拟数字人及其他设备物品购置工作，才能提升业务j、k、l、m、n，解决服务8—14缺陷。

（三）融合图书馆内部业务

表1反应的服务缺陷人工咨询（3）、现场导引（4）、人工智能咨询（7）、机器人咨询与导引（15）不仅服务内容相似，还具有相似的业务支持节点，如图4所示。整体规划业务开展会让服务提升。第一步重视培训，这些服务质量建立在对读者和员工培训基础上，读者对图书馆越了解，产生咨询的问题越少，员工对业务越熟悉，回答咨询越会得到认可。第二步重视常见问题解答（FAQ）语料库建设，这些语料库不仅可以分发给读者、馆员，而且可以借助网络平台部署在智能机器人程序中，以及部署在虚拟数字馆员、人形咨询机器人中，从而形成多种咨询路径，即使发生一种服务缺陷，读者也能获得其他服务。

（四）创新图书馆业务

发展经费缺乏是图书馆服务缺陷产生的因素之一。诸如数字资源管理业务需要投入大量资金，规模不大的学校单独购买小众数据库在理论上并不划算。联合多所大学共同采购能深化馆际合作，或引入第三方外包数字服务。这些不失为避免结果服务缺陷的有效途径。

发展滞后科技应用也是服务缺陷产生的因素之一。科技发展为图书馆运行

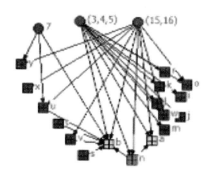

图4　咨询类服务与其关联业务
Fig. 4　Relation graph about advisory service

提供便利，提升了读者对服务的期望，也扩大了服务的人群。节省图书馆运行成本，提高了图书馆资源利用率，"机器人+"教育、图书、环境和特殊读者等拓展了图书馆的应用场景。另一方面，人工智能在图书馆中的应用也是一个重要趋势。人工智能生成内容（AIGC）技术向读者提供智能推荐、自动摘要、实时翻译、辅助写作等服务，将为图书馆注入新的活力。

五、结语

高校图书馆正朝着信息化、数字化、智能化发展，图书馆提供的服务种类、方式越来越丰富，面向的服务对象、环境越来复杂，服务缺陷将一直伴随服务质量提升而存在。保持与各层次读者的联系，通过实时了解读者需求和检视内部业务，采用科学手段分析服务缺陷产生的原因，为提升服务质量的科学化决策提供依据。在后续研究中将更精细分析内部业务及相互关联，探讨利用校园信息平台大数据自动计算服务质量和智慧生成改进方法，以此深化图书馆的个性化和智能化服务。

参考文献：

[1] 斯科特.社会网络分析法（第2版）[M].刘军，译.沈崇麟，校.重庆：重庆大学出版社，2007.

[2] 郭亚军，郭一若，周家华，等.元宇宙基础技术在我国"双一流"高校图书馆的应用现状与发展策略[J].图书馆建设，2023（6）：69-79.

[3] 张俊，吴恒梅，李晋瑞，等.机器人赋能高校图书馆创新服务的路径研究[J].黄冈师范学院学报，2022，42（3）：114-120.

［4］王向锋. 高校图书馆服务缺陷及成因研究［J］. 宁波工程学院学报，2010，22（4）：15-18.

［5］吴建西. 数字图书馆数字化服务中的缺陷［J］. 曲靖师范学院学报，2006（3）：114-115.

［6］施国洪，刘凯. 基于 LibQUAL+的公共图书馆服务质量评价研究：以江苏部分公共图书馆调查数据为实证分析［J］. 图书馆，2014（1）：81-84.

［7］曾强，丁媛. 国内高校图书馆服务质量评价述评［J］. 大学图书情报学刊，2022，40（4）：92-97.

［8］李卓卓，黄劼，金磊. LibQual+TM 的应用及其中国化进程研究［J］. 图书馆杂志，2023，42（1）：51-61.

［9］VERMA M. Novel Study on AI-Based Chatbot（ChatGPT）Impacts on the Traditional Library Management［J］. International Journal of Trend in Scientific Research and Development，2023，7（1）：961-964.

［10］BENNETT E E，MCWHORTER R R. Dancing in the Paradox：Virtual Human Resource Development，Online Teaching，and Learning［J］. Advances in Developing Human Resources，2022，24（2）：99-116.

［11］Evidence to Support the Analysis of Impacts for Artificial Intelligence Governance［EB/OL］. Department for Science，Innovation and Technology，Office for Artificial Intelligence，2023-03-29.

文化传承与服务创新

2023年湖北省图书馆学会年会论文集

（下）

刘伟成　杨　萍◎主编

光明日报出版社

图书在版编目（CIP）数据

文化传承与服务创新：2023 年湖北省图书馆学会年
会论文集：上下册 / 刘伟成，杨萍主编 . -- 北京：光
明日报出版社，2024. 10. -- ISBN 978 - 7 - 5194 - 8327 - 2

Ⅰ. G250 - 53

中国国家版本馆 CIP 数据核字第 2024LN9357 号

文化传承与服务创新：2023 年湖北省图书馆学会年会论文集（上下册）
WENHUA CHUANCHENG YU FUWU CHUANGXIN：2023NIAN HUBEISHENG
TUSHUGUAN XUEHUI NIANHUI LUNWENJI（SHANGXIACE）

主　　编：刘伟成　杨　萍			
责任编辑：刘兴华		责任校对：宋　悦　龚彩虹	
封面设计：中联华文		责任印制：曹　净	

出版发行：光明日报出版社

地　　址：北京市西城区永安路 106 号，100050

电　　话：010-63169890（咨询），010-63131930（邮购）

传　　真：010-63131930

网　　址：http：// book. gmw. cn

E - mail：gmrbcbs@ gmw. cn

法律顾问：北京市兰台律师事务所龚柳方律师

印　　刷：三河市华东印刷有限公司

装　　订：三河市华东印刷有限公司

本书如有破损、缺页、装订错误，请与本社联系调换，电话：010-63131930

开　　本：170mm×240mm			
字　　数：799 千字		印　　张：44. 5	
版　　次：2025 年 1 月第 1 版		印　　次：2025 年 1 月第 1 次印刷	
书　　号：ISBN 978 - 7 - 5194 - 8327 - 2			

定　　价：148. 00 元（上下册）

智慧图书馆背景下公共图书馆
实现期刊自助借还路径探析

聂　曚　王　黎　赵　颖

（湖北省图书馆　430071）

摘　要：智慧图书馆已经成为公共图书馆建设与发展的重要方向。公共图书馆期刊借阅是满足读者阅读需求的重要方式，但仍有一部分图书馆在期刊借阅中采用人工借还的方式，不符合智慧图书馆的建设大趋势。通过对41家国内一级公共图书馆期刊借还方式进行调研分析，结合湖北省图书馆工作实例，对公共图书馆实现期刊自助借还进行了可行性分析，同时提出了相应对策和建议。

关键词：智慧图书馆；期刊；自助借还

一、引言

文化和旅游部在《"十四五"公共文化服务体系建设规划》中明确指出，要依托人工智能、云计算、大数据、区块链等新型信息技术，推动实施智慧图书馆统一平台建设，加强云端数据挖掘和分析能力，推动公共图书馆实现包括智慧服务、智慧分析、智慧评估和辅助决策等功能在内的智慧化运营。随着科技的不断进步和图书馆智能化发展，智慧图书馆已经成为公共图书馆建设与发展的重要方向与实践指南。

图书馆智慧化建设主要有共享性、高效性、便捷性、公平性等特征，但现阶段仍有很多图书馆对智慧化图书馆的认识存在不足。为了满足读者快速借阅、自主操作的需求，提高工作效率和服务质量，实行期刊自助借还已经成为大势所趋。

二、调研情况梳理

湖北省图书馆报刊部职工通过电话、网络查询等方式，调研了国内41家一级公共图书馆的借还系统的实际应用情况，其中 7 家期刊不可外借，17 家已实现期刊 RFID 自助借还，17 家实行人工借还。在期刊可外借的图书馆中，自助借还占总数的 50%，所采用的方式大多为 RFID。

在实行期刊自助借还的图书馆中，辽宁省图书馆可外借期刊种类多达 5000 余种，6 万余册，广州图书馆自 2012 年以来开始期刊自助借还，至今已有十余年，可外借种类 3000 余种，湖北省图书馆目前外借期刊种类 700 多种，全年 6 万余册，根据调研结果和馆内实际情况，开展期刊自助借还在实践中具有可操作性。

表 1　41 家一级图书馆的借还系统的实际应用情况

序号	图书馆名称	是否提供期刊外借	外借期刊种类（现刊或合订本）与数量	是否自助借还	借还方式
1	首都图书馆	是	较多	自助	RFID
2	天津图书馆	是	3000 多种	人工	
3	河北省图书馆	是	1800 多种	人工	
4	石家庄市图书馆	是		人工	
5	山西省图书馆	是	小部分	人工	
6	内蒙古自治区图书馆	否			
7	辽宁省图书馆	是	5000 多种，6 万余册	自助	RFID
8	沈阳市图书馆	是		人工	
9	吉林省图书馆	是	仅中文社科期刊可外借	人工	
10	长春市图书馆	是	1800 余种，副本热门刊最多每期 5 本	自助	RFID
11	上海图书馆	是		自助	RFID
12	浦东图书馆	是		自助（一小部分）、人工	RFID
13	南京图书馆	是		自助	RFID
14	金陵图书馆	是	2000 余种	人工	
15	浙江图书馆	是	400 余种	自助	RFID
16	杭州图书馆	是		自助	RFID
17	合肥市图书馆	是		人工	
18	厦门市图书馆	是		自助	RFID

序号	图书馆名称	是否提供期刊外借	外借期刊种类（现刊或合订本）与数量	是否自助借还	借还方式
19	江西省图书馆	是		自助	RFID
20	南昌市图书馆	否			
21	山东省图书馆	是	300 余种	人工	
22	济南市图书馆	是	2200 种	人工	
23	郑州图书馆	否			
24	湖北省图书馆	是		人工	
25	武汉图书馆	是		人工	
26	湖南图书馆	是		人工	
27	长沙市图书馆	是	1 千种，10 来本复本	自助	RFID
28	广东省立中山图书馆	是	700 多种	老馆人工	新馆即将建成可自助
29	广州图书馆	是	3 千多种	12 年开始自助	RFID
30	重庆图书馆	是		自助	RFID
31	四川省图书馆	否			
32	成都图书馆	是		自助、人工都可	RFID
33	贵阳市图书馆	否			
34	云南省图书馆	是		人工	
35	昆明市图书馆	是		人工	
36	陕西省图书馆	是		人工	
37	甘肃省图书馆	是		自助	RFID
38	兰州市图书馆	否			
39	宁夏图书馆	否			
40	银川市图书馆	是	400 余种（官网）	人工	
41	乌鲁木齐市图书馆	现刊不可外借，过刊装订外借	110 种，副本 2 本	自助	RFID

三、期刊自助借还系统优势分析

外借期刊与图书不同，具有更新速度快、复本量大、单本相对较薄等特点，因此公共图书馆推行期刊自助借还，需要综合考量加工成本、人工成本、预期效果等多方面因素，结合本馆实际制定相应策略。

（一）实行期刊自助借还的优势分析

1. 节省人工成本，提高工作效率。近年来读者文献信息服务的要求逐渐提高，通过 RFID 自助借还机进行期刊借还，可以同时有效识别数本期刊，保证了工作效率，并节约读者等待时间。RFID 自助借还服务的实现，可以缓解图书馆工作人员的工作压力，将一线员工从单调、繁杂、重复的体力劳动中解脱出来，有时间去做更多深层次的文献信息开发与服务工作，进一步优化图书馆人员的结构，提高服务深度和广度，有助于提高工作质量服务。

2. 减少人工失误，避免产生纠纷。以湖北省图书馆为例，图书借阅量为一张读者证 12 本，在大多读者持有 2—3 张读者证的情况下，借阅量较大，人工操作量过大且时间过长，容易出现错漏，读者等待时间长。自助借还系统是读者自主在相关终端设备上进行操作，自助借还书终端机通过技术验证用户身份，自动扫描条码或 RFID 标签，极大降低了借还书中出错的可能，提高数据的准确率，从而减少读者与流通馆员因沟通交流产生的误解，同时读者证信息及借阅信息仅读者可见，能有效保护读者隐私。将有人服务与无人服务有机结合，能使公共图书馆期刊阅览服务水平进一步得到提升。

3. 提高图书馆自动化程度。近年来，图书馆的智能化、自动化发展是各个图书馆所关注的课题。引入 RFID 标签后，可以实现纸质期刊高效管理。期刊清点、定位等工作都可以通过这一装置快速实现。一些图书馆在已经实行期刊自助借还的基础上开始开发更便捷更先进的借还方式，如上海市图书馆的手机借还，读者只需在手机上操作即可完成借阅期刊，自助借还书终端机可与图书馆管理系统进行联网操作，实现自动借还书，自动更新借还书的数据，大大提高了图书馆自动化程度。未来如何将 RFID 的应用扩展到图书馆的智能化、人性化定位管理，并深入文献的采集、信息存储、流通效率、上架效率等各项基础业务领域，是图书馆面临的一个崭新的课题，因此，自助借还是实现进一步智能化发展的重要基础。

（二）实行期刊自助借还的劣势分析

1. 加工成本变高。以湖北省图书馆为例，每年订购外借新刊 7 万册，预计每年增加购买 RFID 标签、条码 7 万个，新增自助借还机 1-2 台，数据加工维护人员预计 2 人。

2. 加工与下架工作量增加，同时伴随期刊缺失问题。目前外借期刊采取简单编目，用商品码外借的形式，人工借还。要推行自助借还，必须给每本期刊翔实的加工数据，并贴上财产号与 RFID 标签。

3. 过渡时期较长，仍然需要人工与自助借还同步进行。自助借还系统可能无法完全匹配所有读者的需求。例如，部分老年读者不擅长自助机器操作，此时则需要人工辅助完成操作。

四、自助借还系统的实施中工作流程变更

（一）目前人工借还流程

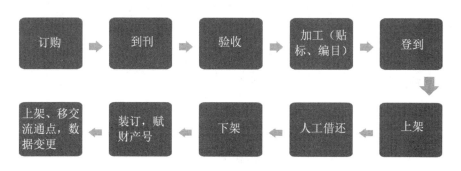

图 1　人工借还流程

（二）更新自助借还流程

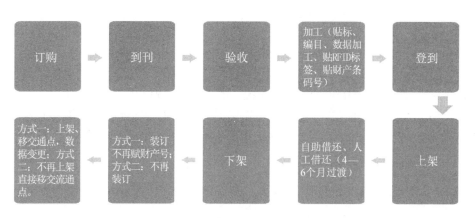

图 2　自助借还流程

五、自助借还实施中的问题分析

在前期电话、网络调研交流，并听取其他图书馆建议基础上，梳理一下实施中可能存在的问题：

（一）硬件采购与更新

采购自助借还终端设备、RFID 读写器、标签打印机等硬件设备；进行系统软件配置和测试等。预计每年增加购买 RFID 标签、条码 7 万个。需加工板 3 个，自助借还机 3 台，加工电脑 4 台。

（二）拟定自助借还时间节点及过渡时间段

人工借还与自助借还同步开展的过渡时期，以不同颜色标签来区分人工借还期刊与自助借还期刊，如 2023 年 11 月开始自助借还，即原人工借还期刊贴有红色标签，自助借还后所有期刊贴绿色标签自助借还。过渡期间，2023 年原人工借还期刊还回后，改绿色标签重新加工编目。

（三）过渡时间预计 4—6 个月

拟安排 4 人集中突击做现有期刊数据，书架存放与读者借出共计 10 万册期刊（每年期刊约 7 万册，书架存放约 1.5 年期刊，共计 10 万册），加工时间预计 4—6 个月。（馆内文献资源建设部相关加工工作量数据参考：在完成编目数据的基础上，4 名工作人员流水线作业，承担贴 RFID 标签、贴财产条码号、录入文献数据等工作，每天可以完成约 1000 册，平均每人每天完成 250 册。拟定每人每天完成期刊加工 400 册，4 人每天完成 1600 册，10 万册期刊预计需要 4 个月。）

（四）新刊加工时财产号如何给定

方式一：新刊加工时，直接在 RFID 芯片上写出期刊信息，不给条码号，不纳入财产登记；在装订时再给合订本统一的条码号（财产号）。

方式二：新刊加工时，给条码号和财产号。加工时在期刊模块以合订本形式对单本期刊进行加工；或在编目模块将期刊以图书的方式进行加工。装订时不再给条码号，或者不再装订。

（五）装订环节的变更

外借期刊过期下架装订成合订本后录入馆藏，如实行自助借还后，期刊上架前就分配财产号录入馆藏，如装订合订本再次分配财产号，会造成资产重复。

外借期刊是否还需要装订,装订后的数据信息及标准需要重新制定。

方式一:下架期刊后仍然进行装订,由于每本刊已有财产号,不再给合订本财产号,只装订给流水号或顺序号。

方式二:下架后期刊等同于书处理,不再装订,直接移交流通点做数据馆藏地变更。

（六）分工及人员变更

抽调出 2 人,做数据加工与下架装订与流动管理。文献加工工作量大幅增加,每年新增 7 万册期刊贴 RFID 标签、贴财产条码号、录入文献数据,每人每天加工 200 册;同时,期刊下架及数据变更不能再批量处理,需由专人负责期刊下架管理、期刊移交流通点、数据变更。

（七）服务台变动

目前,湖北省图书馆中文报刊部对外服务分为外借组与阅览组。外借组主要进行现刊的人工借还,阅览组主要进行过刊、报纸的调阅工作,在实行期刊自助借还后,两个小组可合并成一个对外小组,承担为读者提供参考咨询、辅助人工借还、调阅报刊、还刊上架等工作,并同步推进部门内部岗位轮换制度。

六、相关对策和建议

（一）期刊借阅册数限制

自 2023 年 4 月 23 日起,一张读者证一次最多可借阅 12 本图书或者期刊,但考虑到自助借还机器在一次性放置 12 本期刊时读取可能受到限制和干扰,另不少读者拥有多张读者证,在大量借阅期刊后,会造成其他读者无法借阅到热门期刊、新刊,因此建议一张读者证最多可借阅 8 本期刊,让期刊的自助借还过程更为灵敏和顺畅,同时增加期刊流通率,服务到更多有需要的读者。

（二）技术支持与人员培训

实施自助借还系统期刊编目的培训,具体操作需要结合其他公共图书馆实操经验,以及其他图书馆工作流程与经验来实施。对窗口服务人员来说,工作要求进一步提高,不仅要熟悉期刊加工方法,对期刊验收、编目、登到等整体流程都需要有清晰的认知,同时需要处理图书污损、赔付、剔旧等环节。

（三）采用纸电同步、互为补充的方式满足读者阅读需求。

随着时间的推移,传统的以纸质资源为主的馆藏模式正在逐渐被打破,电子资源在馆藏中的比例正在不断提升。尽管纸质期刊和电子期刊各自具有独特的优势，但是在互联网技术高度发达、数字移动阅读盛行的今天，纸电一体化的发展已经成为一种必然趋势。这种趋势意味着纸质图书和电子图书不再是相互竞争的关系，而是相互依存、同步融合的关系。这种融合不仅可以提高图书馆的馆藏数量和质量，还可以满足读者的多样化需求，提高图书馆的服务水平和读者满意度。

七、结语

图书的自助借还已实行多年，在如今科技发展日新月异的时代，为了适应全馆的智能化发展，期刊借阅也应尽快实行自助借还。不仅可以为图书馆节省人力成本、提高运营效率、提升服务质量，同时也为读者提供了便利的借还体验、提升了图书馆的自动化程度，是推动图书馆智能化发展的重要途径。

期刊自助借还无论是从提升服务质量还是从节约人力成本等方面来看，都有不可忽视的优势，并在提高服务效率、用户体验的基础上收回更多的工作时间，为读者提供更加智能、便捷的图书馆服务。

湖北省公共图书馆适老化服务模式研究

汪慧娟

（湖北工业大学图书馆　430068）

摘　要：公共图书馆作为城市文化的重要组成部分，应当积极调整服务策略，满足老年读者的阅读和学习需求。本文从图书馆适老化服务的理论依据出发，提出湖北省公共图书馆适老化服务模式框架，并探讨了相应的实践策略，旨在提升湖北省公共图书馆适老化服务的质量和水平。

关键词：湖北省公共图书馆；文化养老；适老化服务

湖北省公共图书馆通过探索适老化服务模式，旨在满足老年读者日益增长的阅读需求和个性化服务要求。湖北省公共图书馆通过与社会组织构建合作机制，建立和完善适老服务机制，以达到为老年读者提供适老化服务的目的。同时，湖北省公共图书馆还从老年人个性需求出发考虑，努力为其创造一个舒适、友好、便捷的阅读学习空间，促进老年人积极参与社会文化生活，实现老有所乐、老有所为。

一、公共图书馆适老化服务的理论依据

随着社会老龄化程度的不断加深，老年人群体在整个社会中的占比也日益增加。这使得老年人的需求与权益得到了更多的关注，也为公共图书馆提供了一个新的服务挑战和发展机遇。老年人作为社会的重要组成部分，享有平等获取信息与文化知识的权利。在信息化时代，老年人也积极参与社会、学习新知识和娱乐。公共图书馆应该充分尊重老年人的权益，借助信息化平台的优势为老年人提供多样化的馆藏资源和服务方式，并为老年人创建一个开放、友好、无障碍的服务环境，让他们可以感受到信息时代的红利，从而踊跃参与到社会发展进步中。

社会支持理论强调加强人与人、人与社会之间的联系，以增强个人的社会

支持网络，从已有的社会关系中获取物质和精神方面的支持，进而增强个人应对挑战的能力，缓解自身紧张的精神状态，提高社会适应能力。Uchino Bert N 认为，社会支持一方面通过对个体的行为过程产生影响而改变其身心健康情况；另一方面通过对个体的心理过程进行影响来提升其身心健康。基于此，公共图书馆适老化服务应时刻围绕老年人的实际需求展开服务，为老年用户提供无障碍性、易操作性、友好性等服务。

此外，随着年龄的增长，老年人可能会面临两个关键性的问题：一是部分老年人可能会面临社交孤立的问题。二是老年人在阅读和学习过程中，可能会面临阅读障碍、记忆衰退等问题。而公共图书馆就可以成为老年人进行交流和结识朋友的重要场所，通过组织读书俱乐部、文化讲座、手工艺活动等，促进老年人之间的互动与交流。A. 罗斯提出老年亚文化理论，该理论指出同一个范畴内的成员之间的相互作用会多于与其他范畴内的成员之间的相互作用，这种情况下会形成亚文化，社会趋势和人口趋势是形成老年亚文化的催化剂。公共图书馆如何明确自身服务和功能，为老年人提供优质服务是重点研究的新课题，而老年亚文化理论为其提供了理论依据，老年人只有能够多参与图书馆活动，就能在图书馆及其服务中找到文化认同。基于此，公共图书馆应该理解并关注老年读者的心理需求，为他们提供更多耐心、细致的服务，让他们在图书馆中获取精神上的满足。公共图书馆对老年人来说，并不仅仅是提供阅读和学习的场所，更是引导老年人积极参与社会生活的平台。通过举办座谈会、志愿活动等，鼓励老年人分享自己的经验与智慧，参与社区建设，充实自己的晚年生活。

总之，公共图书馆可以根据老年人的特点和需求，积极调整服务模式，为其提供更加贴心、专业的适老化服务。促使老年人在信息社会中保持与时俱进，享受丰富多彩的晚年生活。同时，图书馆适老化服务也有助于促进老龄化事业发展，并在此基础上构建出更加包容、和谐的社会环境。

二、湖北省公共图书馆适老化服务模式框架

湖北省公共图书馆适老化服务模式框架应该与社会资源进行充分结合，且与相关组织建立合作关系，构建健全的服务机制，以此满足老年读者多样化、个性化需求。而且公共图书馆还能通过构建适老化服务模式为老年人提供更加贴心、专业的服务，进而为老年人打造一个丰富多彩的阅读学习天地。本文为社会支持理论和老年亚文化理论为依据，结合自身的实际情况，提出了适老化服务模式框架（如图1所示）。

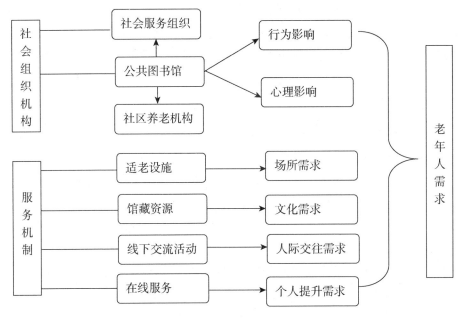

图1 公共图书馆适老化服务模式框架

（一）与社会组织构建合作机制

湖北省公共图书馆应该积极与老年人福利机构、社区养老中心、老年学校等各类社会组织建立合作机制。公共图书馆通过与之建立合作关系可以更加深入了解老年读者的实际需求和兴趣爱好，从而开展具有针对性的服务活动。同时，合作机构也可以提供更多老年人群体的信息，如老年人喜欢的阅读内容、阅读方式等，帮助公共图书馆制订出更加准确的适老化服务计划。在与社会各类老年组织机构合作过程中，公共图书馆可以举办联合活动，如组织老年人到图书馆参观、开展共读活动、举办文化讲座等，增加老年读者的参与度。此外，公共图书馆与社会组织合作还能实现资源共享，共同开发适合老年人的数字化资源和服务，如提供在线课程、数字图书等，满足老年读者在家学习的需求。

（二）建立和完善适老服务机制

湖北省公共图书馆应该结合自身实际情况构建出完善的适老服务机制，以确保老年人能够得到高质量的服务体验。在构建适老服务机制的时候需要针对公共图书馆工作人员制订合理、详细的培训计划，以便提高他们对老年读者特点和需求的认知与理解。培训内容需要涉及老年心理学、老年学、老年文化等方面的知识，只有经过专业化的培训才能使工作人员更加细致入微地与老年读者进行沟通和交流。另外，建立老年读者档案也是一个重要的举措。公共图书馆通过建立档案的方式，可以定期了解老年读者的借阅习惯、阅读形式、兴趣爱好等信息，从而为他们提供更加个性化、更具针对性的服务。例如，可以根据老年读者的兴趣推荐相应的书籍、资源，定期为他们举办感兴趣的活动，提高服务的针对性和有效性。

（三）满足老年人个性化需求

老年人在兴趣爱好和阅读需求上具有多样性和个性化的特点。湖北省公共图书馆应该根据老年读者的不同需求，提供多样化和个性化的服务，如开设专门的老年读者角落，为他们提供舒适的阅读环境和大字体书籍，方便他们进行阅读。与此同时，针对老年读者的不同兴趣爱好，公共图书馆还要多举办多样化的文化活动，如传统文化讲座、手工艺制作课程、音乐欣赏会等，这种类型的活动不仅可以丰富老年读者的精神生活，还能促进老年人之间进行更好的交流与互动。除此之外，公共图书馆还可以借助数字化信息技术的优势开发适合老年人的在线服务，如建设老年人友好型网站、提供手机 APP 等。这些服务可以让老年读者在家中也能轻松获取图书馆的资源和信息，满足他们个性化的阅读需求。

三、湖北省公共图书馆适老化服务模式实践策略

随着老龄化现象加剧，老年人数量也呈现出大幅度增长的趋势，在这种背景下，老年群体的阅读需要也显示出多样化的特点，为了能够更好满足老年群体的多样化和个性化阅读需求，湖北省公共图书馆需要从老年读者的需求特征出发分析，找到有效的路径来开展适老化服务模式实践，以便为老年读者提供高品质的适老化服务模式。

（一）加强对老年读者的需求特征分析

由于每个老年人性格、脾气、爱好不同，所以他们的阅读兴趣、阅读习惯、阅读内容等也不尽相同，并呈现出显著的阅读需求差异化，同时对公共图书馆的个性化服务和综合性服务要求也较高。为了更好地让老年人享受适老化服务并提升服务的精准性，湖北省公共图书馆需要站在老年人的角度进行思考，深入了解并分析老年读者的需求特征。在对其特征进行分析时，可以通过开展问卷调查、座谈会、访谈等方式进行调研，也可以利用大数据的信息挖掘技术和公共图书馆内已有的追踪设备对老年人在图书馆中的阅读浏览痕迹进行跟踪。通过上述调研活动和跟踪方式获取大量老年人的阅读需求信息，经过分析从中了解老年读者的阅读喜好、兴趣爱好、文化水平、数字素养等方面的情况。同时，还可以了解老年读者对图书馆服务的期望和建议，然后将这些信息记录并编辑成实用专题手册，供老年读者使用，以此改进服务质量，为老年人提供更加便利和优质的适老化服务。

（二）丰富馆藏资源，满足老年读者的个性化需求

第一，基于对老年读者需求的了解，湖北省公共图书馆应该从现有馆藏资源出发考虑，搜集各种文献资料，增加与老年人相关的馆藏资源，如大字体书籍、老年期刊、影视资料、有声读物等，并结合老年人的喜好，从中选取最受老年群体喜欢的阅读资源，并为老年人设置专门的阅读区域，让其享受高质量的服务。第二，在丰富馆藏资源的同时，公共图书馆还应该根据老年人的兴趣爱好，丰富休闲娱乐、人物历史、健康养生等方面的资源，或开展读书推荐活动，如"名家讲座""书友分享"等，以此增加老年读者对图书馆的亲近感和满意度。第三，可以加大数字化资源的建设力度，开发适合老年人的数字图书馆平台，并对平台上的阅读资源进行实时更新，方便老年读者在线阅读、借阅资源，满足他们的多元化需求，让老年读者充分感受到来自公共图书馆的关怀。

（三）为老年读者创建多样化的活动

目前，大部分公共图书馆开展的老年阅读服务模式都较为单一化，且内容的丰富性不足，很难得到老年读者的认可与满意。基于此，湖北省公共图书馆应该根据老年读者的特点和兴趣，定期举办多样化的文化活动和社交活动，如传统文化讲座、老年学习班、手工艺制作课程、音乐欣赏会、诗歌朗诵等，让老年读者享受多元化的服务。促进老年读者在这种愉悦的活动氛围中学习新知识、分享生活经验、结识志同道合的朋友、扩大社交圈子。除了上述活动之外，湖北省公共图书馆为了吸引更多老年读者参与活动，可以与社区进行合作，联合举办一些具有特色的文化活动。例如，在社区公园开展野外读书会，组织读者到美丽的自然环境中共同阅读，也可以为老年读者开展网络防诈骗、金融知识等相关培训活动，这样不仅可以增加活动的趣味性和互动性，还能提升老年人的防范意识，防止资金被骗。

（四）为老年读者提供居家远程服务

对于不能到图书馆阅读的老年人，湖北省公共图书馆不仅要为老年读者提供传统的到家服务活动，还应该利用先进的信息化技术为老年人提供线上文化养老服务。由于部分老年读者因身体原因无法频繁出门，针对此种情况，公共

图书馆可以通过居家远程服务满足他们的阅读需求。一是，建立老年人友好型网站和手机 APP，提供在线阅读、借阅、续借等功能，让老年读者可以在家中轻松获取图书馆的资源和服务。二是，公共图书馆可以开展电话咨询服务，为老年读者解答阅读和学习中遇到的问题。三是，可以与快递公司合作，为老年读者提供送书上门的服务，让他们在家中也能尽情享受阅读的乐趣。四是，建立老年人特色资源数据库，根据老年读者的阅读习惯和信息搜索行为设置类目，并按照不同的主题进行分类，设置语音听书选项，完善各项功能，保证老年读者可以从服务界面找到自己想要的阅读产品，通过数字图书馆为老年人提供居家远程服务，以此提升公共图书馆的适老化服务品质。

（五）利用智能设备提升服务效能

湖北省公共图书馆可以借助智能设备和信息技术提升馆内适老化服务效能，让老年读者享受到更加便捷高效的服务体验。湖北省公共图书馆不仅为方便老年人阅读提供了老花镜和放大镜等阅读设备，而且还为老年人提供了视听功能，通过让老年人佩戴图书馆内的智能耳机和数字化 3D 场馆的方式实现交互。同时公共图书馆还引入了自助借还书机和导览系统，这在一定程度上缩短了查找书籍和借阅书籍的时间，不仅便于老年人快速找到所需图书的位置，还有助于提高借还效率。此外，湖北省公共图书馆还推出了在线咨询服务，通过社交媒体、微信公众号等平台，让老年读者能够及时咨询图书馆相关问题，获得快速回复。可见，智能设备的引入，大大提升了公共图书馆的服务效率，也为老年读者带来了更加便利和愉悦的阅读体验。

四、结语

综上所述，新时代背景下，越来越多的老年人已不满足于"老有所养"，而是开始追求"老有所乐""老有所学"等高品质生活。而公共图书馆作为城市发展过程中重要的文化体系构成部分，应该从老年人的需求出发考虑，承担起为老年人提供适老化服务的责任和义务，以此提升老年人的生活质量，推动适老化服务实现高质量发展，让老年人能够在物质满足的基础上实现精神上的满足，真正过上"老有所乐""老有所学"的幸福生活。

参考文献

［1］李洵. 多措并举推进公共图书馆适老化服务创新［J］. 文化产业，2023（18）.

［2］燕欣钰.山西省公共图书馆文化养老服务研究［D］.太原：山西财经大学，2023.

［3］纪玉梅，陈伟力，王照林.基于智慧图书馆的公共图书馆适老化空间服务研究［J］.图书馆学刊，2023，45（5）.

［4］刘一鸣，吴壮波.基于老年人获得感的公共图书馆适老化健康信息服务研究［J］.图书馆研究与工作，2023（5）.

［5］李依诺，袁曦临.文化养老视野下公共图书馆适老化服务模式研究［J］.新世纪图书馆，2023（4）.

［6］陈刚.基于老年人行为心理需求的公共图书馆适老化研究初探［D］.天津：天津大学，2017.

老龄化背景下公共图书馆老年教育服务探析

——以中部六省省级公共图书馆为例

王　黎　谢正芬

（湖北省图书馆　430071）

摘　要：老龄化背景下，老年人对公共图书馆的教育需求随着社会的飞速发展将不断提升，本文以中部六省省级公共图书馆开展的老年教育活动为调研对象，分析了公共图书馆老年教育服务的现状和存在的问题，并提出了相应的对策。

关键词：老龄化；公共图书馆；老年教育

一、老龄人口现状与老年教育

（一）老龄人口新变化

人口老龄化是人类社会面临的共同趋势，它也成为我国实现第二个百年奋斗目标征程中的重要国情，如何积极应对老龄化是全社会关注的重点，第七次人口普查的数据显示，我国60周岁以上老年人口达2.67亿，其中，拥有高中及以上文化程度的人口比重为13.90%，比10年前提高了4.98个百分点。这意味着，现在的老年人比以往任何时候都有更高的教育背景，老年人对学习、文化、情感等方面的精神需求将持续增加。同时，社会的发展日新月异，智能化、信息化对老年人的生活和学习提出更高的要求，如何在当前的国情下，针对老年人口新变化，不断满足老年人的多元化教育需求，让老年人跟上社会发展的节奏，让老龄化发挥积极的社会意义是社会各界需要重点和持续关注的。

（二）开展老年教育的意义

人口老龄化不应该仅仅被当成一个问题，而应认识到老年人也能成为可持续发展的积极参与者。所谓"活到老，学到老"，教育为更高层次的精神需求，继续受教育既是老年人的权利，也是他们的现实需求。一方面，通过老年教育维持老年人健康积极的身心状态和生活方式，可以减少家庭和社会的经济负担；另一方面，积极开展老年教育可以提升老年人生活技能和水平，适应信息时代变化，让老年人有更高的自身认同感和获得感，是有效应对老龄化，将老年人发展融入社会可持续发展中的有效举措，对社会的发展具有更积极的意义；最后，老年人在接受社会教育的过程中，通过积极的社会参与，与社会进行了良好的互动，有利于学习型社会的建设。我国在老年教育方面已颁布一些政策，如《老年教育发展规划（2016—2020 年）》《国家积极应对人口老龄化中长期规划》《"十四五"国家老龄事业发展和养老服务体系规划》《中共中央国务院关于加强新时代老龄工作的意见》，这些政策都提出，要将老年教育纳入终身教育体系，推动扩大老年教育资源供给。

二、中部六省省级公共图书馆开展老年教育的现状分析

老年教育作为应对人口老龄化的一种社会机制，实际上已经超出了单纯的教育机构的界限，需要通过全社会各种不同类型的机构来共同承担教育资源的传播，建立多层次的教育网络，满足老年群体多元化的需求。公共图书馆具有社会教育职能，在馆藏资源和馆舍硬件设施的基础上，可以为老年人提供各类教育活动。

笔者对中部六省省级公共图书馆开展老年教育服务情况进行调研，如下表

表 1　中部六省省级公共图书馆开展老年教育服务情况汇总表

图书馆类别	老年教育形式	品牌/主题/内容
湖北省图书馆	系列讲座	沙湖书会·智海杏林医学养生讲座 银龄 E 时代·网罗智生活老年人智慧触网 长江讲坛·健康讲座
	展览	书画展
	数字资源服务	雅乐经典影院、湖北数字国学馆、湖北戏曲多媒体库、荆楚名胜专题片等
湖南省图书馆	系列讲座	湘图讲坛·健康科普讲座
	培训班	湘阅一生·创享空间助您上网
	读书会	夕阳红读书会

图书馆类别	老年教育形式	品牌/主题/内容
安徽省 图书馆	系列讲座	新安百姓讲坛·健康讲座 摄影讲座
	数字资源服务	老年读者空间（涵盖养生保健、运动健康、生活休闲、旅游天地、隔代教育、技能学习、文学艺术、红色记忆八大类）
	读书会	老年人英语沙龙、读报沙龙
山西省 图书馆	系列讲座	文源讲坛·户外摄影系列讲座
	培训	阅读零障碍·智享晚年乐系列培训
河南省 图书馆	系列讲座	豫图讲坛·健康讲座
	培训	玩转手机·智享生活中老年读者电脑基本知识操作培训
江西省图书馆	系列讲座	赣图大讲坛·健康讲座

通过分析，公共图书馆在提供老年教育服务方面存在以下问题：

（一）老年教育的形式不够丰富

六个省级公共图书馆开展专门针对老年人的教育服务形式以较为传统和常规的系列讲座和培训为主，仅湖北省图书馆和安徽省图书馆建立了针对老年人接受学习和教育的数字资源服务，老年教育形式最多的图书馆也未超过3种，可见公共图书馆在为老年人提供教育服务的形式方面有待丰富，随着信息技术和社会的飞速发展，老年人的教育需求在不断增加，传统的教育形式恐难满足更多老年人多元化的教育需求，可能导致教育活动的参与度不理想。形式是活动重要的载体，丰富多彩的活动可以激发老年人的兴趣和创造力，产生更有价值的社会意义。

（二）老年教育的内容比较局限

在六个省级公共图书馆专门开设的老年人教育服务活动中，主要是针对老年人的健康知识以及摄影、基础上网技能的讲座和培训，这些的确是老年人教育内容中最热门的，但同质性太高，缺乏创新性和特色性，如果不能因地制宜充分利用馆藏条件创造出富有新意的老年教育内容，将很难满足老年人日益增长的教育需求。在国内公共图书馆中，只有为数不多的图书馆开展了较为丰富的老年教育内容，如家庭代际类、历史特色类、手工类等特色教育内容，公共图书馆在老年教育的内容上还有很大的开发空间。

（三）老年教育服务的可持续性不强

根据图中六个省级图书馆开展的老年教育服务情况来看，除了开展的系列"讲坛""讲座"为固定周期活动，其他的老年教育活动没有呈现系统性的计划和频率，多是偶发性的活动，非常态化的老年教育服务可能导致老年人参与教育活动的黏性不高，难以形成长效的、有影响力的品牌活动。

三、国内外公共图书馆开展老年教育的成功实践

（一）联合老年大学开展老年教育

2014 年 10 月，文化和旅游部老年大学国家图书馆分校正式挂牌成立。除了设置常规的如舞蹈、音乐、绘画等课程外，还充分利用国家图书馆古籍馆特色资源开设了装裱课，完成课程学习的学员都能独立完成一幅装裱作品。同时为了方便更多老年人学习课程，老年大学还开发了小程序，这种可以反复观看的教学方式也深受老年人喜爱。

重庆图书馆老年大学于 2011 年 9 月成立，位于重庆市图书馆内，目前已开设 25 个科目、62 个教学班。课程包括音乐、舞蹈、书法、绘画、时装风采、太极拳、智能手机、旅游英语、瑜伽、茶艺等，自开办至今，共培训学员 10827人次，办学成果显著，为全市老年教育工作贡献了一份力量。

（二）开展"乐龄行动""创意老龄化"相关计划

新加坡政府的"乐龄行动"计划，旨在帮助老年人自信优雅地享受老年生活。图书馆领域也积极参与其中，为老年人提供数字素养教育，鼓励 50 岁以上的读者通过利用图书馆资源推动终身学习。开发了 S. U. R. E 老年人课程、老年人科技与阅读、银发数字创造、老年人数字诊所、图书馆学习之旅等项目。

"创意老龄化"（Creative Aging）项目是美国公共图书馆在"积极老龄化"应对中的成功实践。它是指为老年人提供各类艺术培训活动，不限于视觉艺术，还包括戏剧、舞蹈、音乐、诗歌等，鼓励老年人参与并通过艺术表达自己，促进艺术领域的终身学习。利用公共图书馆的公共空间和丰富的文献信息资源，为老年人提供艺术教育，通过艺术参与、艺术教育改善老年人的认知、协调和心理健康。

（三）推行终身教育理念

在澳大利亚维多利亚州，老年人是图书馆公共资源的主要使用者，可以在图书馆内浏览电子文献、交流、合作和学习，图书馆通过提供多样化课程、延伸社区服务、虚拟游客服务、培训项目等途径实施终身教育。布里斯班市利用图书馆来普及老年教育，通过使老年人充分利用图书馆，为老年人提供交流、阅读、学习、工作和放松的机会。

四、公共图书馆开展老年教育的对策

（一）以需求为导向开展丰富的老年教育服务

老年人教育需求主要分为工具性需求和价值性需求，具体如下图：

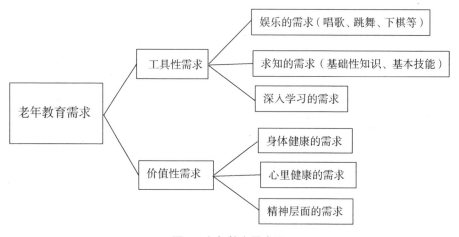

图1　老年教育需求图

当前，公共图书馆在工具性需求方面的老年教育集中在满足老年人休闲娱乐和基本技能方面，在针对某一方面内容的深入学习需求的关注度较低，价值性需求方面，对老年人所需的身体健康知识关注度较高，但对于老年人心理健康和精神层面、社会交往和人际关系方面的教育服务较少，但社会的发展和变革给老年人的生活和心理产生了较大的影响，老年人的精神需求值得社会的关注。因此，公共图书馆应该根据老年人的实际需求，因地制宜地开展丰富的老年教育服务，不局限于传统的教育内容，积极开展互联网、保险、金融、电信、信息素养等与时代发展密切相关的信息教育，满足老年人如理财、防诈骗、健康保养、智能手机应用等个性化的教育需求，提升老年人适应时代发展的技能，促进老年人与社会的发展相适应，让老龄化具有更积极的社会意义。同时，通过丰富的老年教育形式，包括讲座、展览、培训班、数字资源服务、艺术欣赏、读书会等等，关注老年人的身心健康和社会参与，让老年教育从以娱乐、保健为主的消极现状转变为发挥老年人积极性、主动性和创造性的老年教育，让老年教育的效果达到最优。

（二）加强与老年教育服务机构的合作

公共图书馆虽然拥有较为齐全的设施设备、丰富的馆藏资源和不同专业背景的馆员，但是与其他参与和推进老年教育服务的机构和团体相比，缺乏一些系统性和专业性，偶尔组织一群老人参与公共图书馆举办的老年教育活动难以将老年教育服务形成品牌和连续性活动，因此，公共图书馆应该与社区、老年大学、社会养老服务机构开展合作，充分利用公共图书馆丰富的馆藏资源、服务功能、硬件设施，实现资源互补，开发出更多符合老年人现实需求的老年教育服务，吸引更多老年人参与，充分发挥公共图书馆的社会教育职能。

（三）开发新的教育模式

在信息化、数字化以及老年人口如此庞大的背景下，传统的线下学习方式如讲座、培训等形式难以满足大规模的老年教育需求和个性化学习的需求。公共图书馆应根据老年人的身心特点，积极探索适合老年人的远程教育模式，不仅可以让老年人不受身体条件和地域的限制参加教育活动，也能缓解教育资源的缺乏，满足不同年龄、教育背景、文化程度的老年人的学习教育需求。

（四）注重人才培养

公共图书馆在开展老年教育活动中，馆员的专业素质和专业知识也是关键一环。美国各地公共图书馆在实施"创意老龄化"计划中，有一项很重要的内容，就是为提升馆员的职业能力而准备的专业培训，包括艺术与衰老的研究知识，关于衰老的偏见、该领域的最佳实践，老年学习问题，艺术教育知识以及如何开发、规划、实施项目，如何发展跨部门和社区伙伴关系等，有了这些基础认知和知识，才能在实际的教育服务中发挥馆员最大的积极性和创造力。公共图书馆应重视老年教育服务相关人才的培养，增设老年服务的调研、管理、实践、国内外经验等相关专业与课程。

中国即将迈入中度老龄化，积极应对老龄化是整个社会共同的责任，作为承担社会教育职能的公共图书馆，为老年人提供社会教育服务的能力也将成为检验公共图书馆的重要指标，因此公共图书馆应积极开展老年教育，为老年人创造一个"老有所学，老有所乐"的生活状态。

参考文献

［1］统计局网站.第七次全国人口普查主要数据情况［EB/OL］.中国政府网，2021-05-11.

［2］魏兵，王祝康，王兆辉.公共图书馆举办老年大学推动老年教育发展的实践调研——以重庆图书馆老年大学为例［J］.图书馆研究工作，2020（9）.

［3］卜淼.新加坡图书馆老年人素养服务实践及启示［J］.图书馆，2023（5）.

［4］黄佩芳.美国公共图书馆"创意老龄化"项目实践及启示［J］.图书馆学研究，2023（6）.

［5］卡恩斯.澳大利亚老年教育研究：内涵及价值阐释［J］.开放学习研究，2018（10）.

［6］李晶.中国老年教育的现实需求和供给对策［J］.中国远程教育，2022（5）.

文旅融合背景下公共图书馆地方文献创造性转化路径探析

——以武汉图书馆为例

王　钢

（武汉图书馆　430015）

摘　要： 文章阐述了公共图书馆地方文献实现创造性转化的现实意义，并以武汉图书馆地方文献资源建设和服务创新实践为例，探讨文旅融合背景下公共图书馆地方文献创造性转化的可行性路径，提出挖掘地方文化资源内涵、开拓文旅融合服务阵地、打造文化旅游特色品牌、利用数字技术赋能文旅产业等方式，为公共图书馆在文旅融合发展道路上开辟新的服务模式，以实现图书馆在新时代滋养民族心灵、培育文化自信的责任和使命。

关键词： 文旅融合；公共图书馆；地方文献；创造性转化

为推动传统文化的继承和发展，习近平总书记多次指出：弘扬中华优秀传统文化，要处理好继承和创造性发展的关系，重点做好创造性转化和创新性发展。创造性转化就是要按照时代特点和要求，对那些至今仍有借鉴价值的内涵和陈旧的表现形式加以改造，赋予其新的时代内涵和现代表达形式，激活其生命力。2018年4月8日，文化和旅游部正式挂牌，标志着"文旅融合"成为国家发展战略。文旅融合目的在于推动文化和旅游的转型升级，满足人民美好生活需要，推动优秀传统文化创新，增强和彰显文化自信，这为公共图书馆与旅游业融合实践提供了契机。

公共图书馆作为文化传承和传播的主阵地，承担着地方文献资源建设及发展的职责。《中华人民共和国公共图书馆法》第二十四条规定："政府设立的公共图书馆还应当系统收集地方文献信息，保存和传承地方文化。"在文旅融合新形势下，公共图书馆积极响应政府号召，实行地方文献创造性转化是提升区域文化软实力的必然选择；是促进文旅融合、增强文化自信的重要举措；是让信息化时代下的地方文献服务突破时空局限，顺应特色化、多元化、智慧化的图书馆服务发展趋势，提升图书馆公共文化服务与社会职能的有效途径。

一、地方文献实现创造性转化的现实意义

地方文献是地域历史文化发展到一定阶段的产物，具有鲜明的地域性和时代特色。随着信息技术、互联网技术的发展和普及，人们获取知识和信息的方式发生很大改变，地方文献传统的载体形态和服务模式已难以满足时代发展的需求。创新是支撑图书馆事业发展的不竭动力。推动公共图书馆地方文献创造性转化、创新性发展，赋予其新的时代内涵和表现形式，激发其持久生命力，对于实现文旅融合、坚定文化自信具有重大现实意义。

（一）弘扬优秀传统文化，坚定文化自信自强

中华优秀传统文化积淀着中华民族最深沉的精神追求，是中华民族生生不息、发展壮大的丰厚滋养。党的十九大报告明确指出，要坚持创造性转化、创新性发展，不断铸就中华文化新辉煌。图书馆是滋养民族心灵、培育文化自信的重要场所，有着丰富的典藏资源和完善的服务体系，为传播和弘扬优秀传统文化提供了良好的条件和环境。传承中华文化经典，推动社会发展进步，是新时期公共图书馆责无旁贷的文化使命。

地方文献是公共图书馆最具特色的文化资源之一，对传承中华优秀文化、保存地方文化遗产发挥着不可替代的作用。地方文献承载着丰富的历史史料和文化信息，记录了地方历史和文化的发展轨迹，不仅是一个地区独特的精神文化财富，更是优秀传统文化的重要组成部分，是不断丰富和创新传统文化的根基所在。公共图书馆发挥自身资源优势，挖掘地方文献中的传统文化价值，创新传统文化的现代表达方式，创造更多契合时代发展潮流、人民群众喜闻乐见的文化产品，让人们从中汲取传统文化精华和民族精神，让优秀传统文化在新时代焕发更强生命力，对于持续推动文化繁荣、建设中华民族现代文明影响深远。

（二）传承地域文化脉络，满足社会文化需求

地方文献反映了地域的历史变迁和独特的文化背景，是对地方文化的记录和见证，但只有不断传承、发展和创新的文化典籍才具有生命力。对地方文献的创造性转化，有助于产生适合时代发展的新文化，推动地方历史文脉传承下去，并以文化力量赋能本地区发展，是繁荣地域文化的必然选择，也是建设文化强国的必要条件。

中国特色社会主义进入新时代，随着社会的发展和进步，人们对美好生活更加向往，对精神文化的追求变得十分迫切。与此同时，信息技术的广泛运用及全媒体时代的到来，使读者获取文化资源的途径更趋多元化，图书馆只有不断创新服务才能吸引更多读者，获得高质量发展。优秀地方文化是中华文明的智慧结晶，代表着一个地区独特的文化标识。对地方文献实行创造性转化，促成其文化内涵的创新性发展，使之与时代发展相结合，不仅可以提高地方文献的利用率，强化图书馆的核心竞争力和服务职能，而且能够增强地方文化的亲和力和吸引力，让更有生命力的新文化来满足人民群众日益增长的精神文化需求。

（三）以文塑旅，以旅彰文，助推文旅融合发展

自 2018 年文化和旅游部组建以来，就明确了"宜融则融，能融尽融，以文塑旅，以旅彰文"的工作思路，为文化行业和旅游行业的发展方向指明了道路。文旅融合本质上是文化资源与旅游资源的融合发展，文化是旅游的灵魂，通过文化提升旅游的吸引力；旅游是文化的载体，通过旅游传播文化，赋予旅游以文化内涵，两者相得益彰，共荣共生，对实现文化传承和旅游转型升级作用巨大。

地方文献记载了特定区域的自然风光、名胜古迹、民风民俗等重要信息，包含着丰富的地方文化资源和旅游资源，能给游客带来别样的人文体验。因而，地方文献可以与旅游资源相结合，成为文旅融合发展的有力支撑。作为文旅融合发展的重要文化机构，公共图书馆利用馆藏文献将具有地方特色的文化资源、名人资源、景点资源开发为文化产业资源，将优秀的地方文化转化成内容鲜活、形式新颖的旅游产品，可以更好地为文旅融合提供内容支持，丰富旅游景点的文化元素，通过"以文塑旅、以旅彰文"打造特色文化旅游产业，为地方旅游业注入源源不绝的内生动力。对公共图书馆而言，文旅融合不仅可以成为图书馆地方文献对外展示的窗口，也能够成为地方文化向外传播的平台，意义重大。

二、文旅融合背景下地方文献创造性转化的路径探索

地方文献相对其他文献资源而言，具有地域性、资料性和时代性等特征，其所蕴涵的丰富的地方史料、丰厚的文化积蕴及丰硕的研究成果，成为促进文旅融合发展最直接、最有力的文化源泉和资源保障。武汉图书馆利用文旅融合的契机，依托馆藏资源与服务优势，挖掘地方文献的文化内涵与时代价值，探索地方文献创造性转化助力旅游产业的路径，推动地方文化资源转化为旅游产品，以文化赋能旅游产业发展，绘就文旅融合"诗和远方"的时代画卷。

（一）加强地方文献专题研究，深化文旅融合发展内涵

在文旅融合发展趋势下，地方文献是最能反映地方文化的承载体，能够为地方文化产业提供内容资源服务，提高文化产业挖掘的深度，而文化产业则能够将地方文献的内容和价值实质化，转变为有内涵有意义的特色旅游产品，实现文化产业和旅游产业的深入融合，提升文化旅游的竞争力。整理地方文献是创造性转化的基础，是文旅融合发展的需要。武汉图书馆充分发挥地方文献专题研究的文化价值，将鲜明的文化内涵和地方特色融入旅游产业中，践行"阅读+旅游"服务新模式，让"活起来"的地方文献走进大众视野，提升武汉城市的知名度和影响力，丰富和深化了文旅融合的内涵。

2016 年，为了配合中山大道的综合改造及重新开街，彰显其丰厚的历史风貌与人文底蕴，武汉图书馆编纂出版《武汉中山大道》，图文并茂地介绍中山大道沿线 58 处老建筑、老里份和老字号，并设计了文化景观导览图；另请武汉音乐广播电台对这些建筑的故事进行录音，在音乐广播电台及武图微信公众号平台连续推送；又将录制好的音频制成一张张二维码，张贴于中山大道相关建筑的外墙面，让市民和游人通过扫码即可聆听该建筑的"前世今生"，提高了中山大道旅游的文化内涵。2022 年武汉图书馆参与编撰《武汉历史文化概览》，介绍武汉悠久的历史、灿烂的文化和民俗风情，为市民和游人了解武汉提供了最佳城市文化读本，让文化阅读与城市旅游有机结合起来。

（二）探索"图书馆+"服务模式，拓展文旅融合服务阵地

文化与旅游的结合，为公共图书馆的文献资源服务、阅读推广活动、特色空间建设等工作带来前所未有的机遇与挑战。顺应时代发展，"图书馆+"模式日渐成为当前图书馆界的实践热点。武汉图书馆积极探索"图书馆+"服务模式，创新打造文旅融合特色阅读空间，拓展地方文献创造性转化及地方文化传播的途径，引导市民和游人在文化旅游中品味书香，体验城市文化的魅力，助推文旅融合的可持续发展。

2015 年 2 月，武汉图书馆在汤湖公园设立分馆（汤湖图书馆），开武汉市第一个"图书馆+公园"模式之先河。这座全国"最美基层图书馆"与公园优美的自然风景和良好的生态环境融为一体，不仅借助图书馆的文化教育辐射力为景区增添吸引力，而且依托景区的旅游资源优势为图书馆注入更多生机和活力，让"诗和远方"走到一起。在汤湖职工文化艺术游园会等活动中，汤湖图书馆在公园内以文化摆摊的形式，邀请武汉非遗传承人展示绝活技艺，其中古籍传拓体验活动尤受欢迎，使游人感受到武汉非遗文化的博大精深。

2022年，武汉图书馆推出"图书馆+老建筑"模式，将城市书房开进百年中山大道，入驻历史建筑大孚银行旧址，使之成为汉口中山大道历史街区文化旅游中一道亮眼的风景线。书房开辟"江城映象"特色书架，展示以武汉地方文化为主题的图书，定位于地方文献的推广及城市旅游的宣传，打造城市文化窗口，对外分享城市记忆；并定期邀请武汉文史专家来书房举办讲座，在书房微信公众号推文中推介武汉文化书籍，开展城市文化知识竞答，在潜移默化中滋养读者文化情怀，激发其对地方文化的认同感，营造独特的城市人文环境。

（三）开展特色阅读推广活动，构建文化旅游特色品牌

在文旅结合新形势下，文化走出去需要旅游市场的激活，而旅游开发需要文化内涵的加持。文化和旅游的融合发展要求公共图书馆立足地方文化特色，整合文献资源服务与旅游宣传活动，构建具有影响力的文旅融合服务品牌。武汉图书馆紧跟时代的步伐，寻找地方文化与旅游产业的对接点，开发富于地方特色的阅读推广活动，对地方文献的创造性转化及地方文化的传扬践行文化旅游服务功能，推动全民阅读和文化旅游的双向发展。

特色阅读推广是地方文献创造性转化的重要途径之一。武汉是国家历史文化名城，历史源远流长，文化厚重璀璨。为挖掘武汉地方文化资源，给城市旅游加入新的内涵，武汉图书馆策划了"品读武汉"系列主题展览及读者沙龙活动，如《我爱我城·筑梦武汉图片展》《壮阔江汉潮——庆祝武汉改革开放四十周年图片展》《明信片上的武汉风情》《文献中的年味——武汉春节习俗文献展》，以及地方文化藏品赏鉴沙龙等，展示了地方文献创造性转化的丰富成果，吸引更多读者前来参观和感受城市文化底蕴，彰显公共图书馆作为城市文化客厅的重要职能；在七夕节举办中华传统晒书活动，展示刊有《黄鹤楼》等名楼诗词的古籍文献，再现千古名楼的文化风韵。

为唤起武汉市民的城市记忆与文化传承，武汉图书馆江城书房向社会征集老物件，举办"寻踪·武汉老物件与影像记忆"特色展览；打造"漫步江城"研学活动，邀请读者成为江城漫步者，分享其眼中的街巷民居、风景胜地、特色小吃等，将人文景观与城市文化进行整合；举行"江城诗画"体验活动，让嘉宾和读者一起分享音乐、诗词、绘画、摄影等，感受诗画江城的迷人风采；策划"武汉剪纸""荆楚刺绣""湖北茶文化"等系列非遗活动，邀请武汉各非遗项目传承人讲故事、做手工，带领读者体验传统技艺，让非遗文化融入现代生活，促进了文旅融合实践。

（四）以新媒体技术为依托，解码文旅融合新形态

随着"互联网+"时代的到来、大数据技术的飞速发展，各公共图书馆广泛应用新媒体技术，创新公共数字文化服务推广方式，为地方文献创造性转化开拓了新渠道。文旅融合视域下，武汉图书馆以新媒体技术为依托，超越传统线下阅读推广活动的时空限制，拓展线上新媒体地方文献传播途径，通过自建或与其他文化机构跨界合作的新媒体平台，展示公共数字文化服务的创造性转化成果，扩宽地方文化宣传的辐射面，解码文旅融合新形态，开拓文旅发展新格局。

自2015年起，武汉图书馆与武汉音乐广播电台联合打造"武图之声"品牌，每天在电台不间断播出，每年近500万人次收听。其中"悦读武汉"栏目以讲好武汉故事、传播武汉声音为主旨，展示武汉城市的人文风情和社会变迁，将地方特色文化带到千家万户，受到广大听众的好评，被认为是一张特别的武汉城市形象"文化名片"。武汉图书馆名家论坛创办于2007年，至今已举办讲座近800场，荣获"武汉市十大读书品牌""全国全民终身学习活动品牌100强"称号。论坛设有"地方文化"专题讲座，邀请专家学者主讲武汉城市历史和文化，深受欢迎。除在武汉图书馆设主会场外，名家论坛另开辟武汉教育电视台电视版、武汉音乐广播电台广播版专栏节目，每周固定时段播放，让市民多渠道聆听名家的声音，领略城市文化的魅力。

为庆祝建党百年，传承红色文化，2021年武汉图书馆策划"典籍中的武汉红色记忆"线上专栏，由馆员编纂系列党史故事以呈现武汉党的发展历程，由武汉音乐广播电台录制音频，在音乐广播电台和武图微信公众号上推送，并被"学习强国"平台转载播出，提高了红色文化的传播力和影响力。结合重大纪念日和岁时节令，武汉图书馆在微信公众号平台开展武汉"红色记忆"与新时代英雄城市知识竞答，推送由馆员撰写的武汉民俗文章；在本馆网站开辟"地方文献"子站，下设"文化武汉""地方书讯"等专栏，打造地方文化的宣传阵地。

（五）以文创产品为载体，激发文旅融合活力

2016年5月，文化部、财政部、国家发改委、国家文物局四部委联合下发《关于推动文化文物单位文化创意产品开发若干意见》的通知，要求图书馆等文化文物单位行动起来，做好文创开发工作。"依托文化文物单位馆藏文化资源加强文化创意产品开发工作，有利于推动中华优秀传统文化创造性转化、创新性发展，有利于培育和弘扬社会主义核心价值观，有利于社会主义文化强国建设。"文创开发由此成了公共图书馆的一项新的业务职能。具有地方文化元素的

文创产品是地方文献创造性转化的提升，是优秀地方文化的展示，能够提高人们对公共图书馆的关注度，增强地方文献的影响力及地方文化的传播力，进一步激发文旅融合的活力。

武汉图书馆从馆藏文献中提炼地方文化要素，并结合城市特色和时下热点，创意开发不同主题的文创产品，力求文献资源的创造性转化效益最大化，延伸并丰富了图书馆的增值服务和旅游特性。汉剧是最能代表武汉地域文化的戏曲剧种，被列为国家级非物质文化遗产。武汉图书馆将汉剧元素融入文创产品中，设计制作了汉剧脸谱 U 盘。2021 年为纪念党的百年华诞，武汉图书馆精选 5 种馆藏珍贵红色文献的封面，包括《共产党宣言》《伟大的中国共产党》《二万五千里长征》等，设计了一套具有纪念意义的红色文献明信片，让红色文化鲜活起来，丰富了文创产品的内涵。

武汉图书馆江城书房所在建筑为优秀历史建筑大孚银行旧址，所处街道为武汉历史文化名街中山大道。江城书房制作了以大孚银行为原型的印章，为前来打卡参观的读者和游人盖章留念；并定制以"中山大道·阅见美好"为主题的帆布袋、铜书签及笔记本等，创意设计具有江城元素的书房 IP 形象"江小城"，向读者和游人宣传推广书房品牌，展现了鲜活的地方文化新风景，丰富了武汉城市文化新形象。

（六）强化地方文献信息服务，为文旅部门提供决策参考

在文旅融合新时代，公共图书馆开展地方文献资源研究，推动地方文献信息服务创造性转化，能够了解不同事物的发展规律，从中发现并提炼具有普适性的经验，为地方政府决策提供重要的参考依据。武汉图书馆作为知识管理和信息传播的中心，发挥自身文献信息资源优势、平台优势与人才优势，围绕时事热点、文化建设、旅游发展等内容进行梳理与分析，为政府机关提供颇具深度的信息咨询服务，包括具有地方特色的专题信息服务。如在为武汉市文化和旅游局等部门编印的《领导决策参考》等内刊上，开辟武汉"文旅融合"和"非遗文化"专栏，编制武汉文旅融合特刊，对武汉文旅产业融合、非遗文化传承进行资料汇编和专题研究，为政府部门科学决策提供资料支撑与参考依据，从深度分析和顶层设计的角度推进文旅融合发展。

三、文旅融合背景下地方文献创造性转化的思考

在文旅融合时代背景下，公共图书馆地方文献创造性转化有着更加广阔的前景。但是，地方文献创造性转化是一项长期而系统的工程，需要公共图

书馆顺应时代发展趋势，服务地方政府决策，结合本馆资源优势和服务特色，从资源、内容、形式等方面创新地方文献服务，推动公共图书馆与文旅的深度融合向前发展，以实现图书馆在新时代滋养民族心灵、培育文化自信的责任和使命。

为打造文旅融合服务新业态、新模式，公共图书馆地方文献创造性转化要以建设文旅融合新高地为目标，强化责任担当，积极主动作为，多途径开拓文旅融合发展空间。譬如多方征集地方文献，丰富地方文献馆藏，开展地方文献专题研究，为文旅融合发展提供坚实的资源保障，为文旅相关部门提供深层次决策服务；树立开放合作、共建共享的服务理念，联合其他文化机构和社会力量开展合作，促进各自资源和服务优势的整合利用，实现文旅融合合作共赢的目标；开展地方文献资源数字化加工，建设具有地域代表性的特色专题数据库，为读者提供快捷而精准的地方文献资源服务，为文旅融合的可持续发展奠定服务基础；创新地方文献的载体形态和服务方式，通过多元、特色、专业的地方文献服务，打造文化旅游特色项目和体验活动，促进文旅融合服务品牌化；借助数字化多媒体技术与融媒体平台，在"互联网+"环境下宣传推广地方文献，用数字技术赋能文旅高质量发展。

参考文献

[1] 中华人民共和国公共图书馆法 [EB/OL]. 中国图书馆学会，2018-01-04.

[2] 宁阳. 地方文献中优秀传统文化价值的挖掘与弘扬推广研究——以湖南图书馆为例 [J]. 高校图书馆工作，2022（4）.

[3] 莫黄燕. 文旅融合背景下公共图书馆对优秀传统文化的传承及创造性转化情况分析 [J]. 内蒙古科技与经济，2022（3）.

[4] 黄黔梅. 文旅融合背景下地方文献创造性转化路径探寻 [J]. 文化产业，2020（21）.

[5] 盛兴军，张璐. 文旅融合背景下公共图书馆地方文献资源宣传推广研究——以浙江省地级市图书馆为例 [J]. 图书馆学研究，2020（5）.

[6] 关于印发《关于进一步推动文化文物单位文化创意产品开发的若干措施》的通知 [EB/OL]. 中国政府网，2021-08-17.

[7] 顾美雯. 文旅融合背景下公共图书馆地方文献挖掘研究——以上海市嘉定区图书馆为例 [J]. 图书馆理论与实践，2020（5）.

[8] 魏海燕，罗倩倩. 文旅融合背景下公共图书馆特色资源的开发与利用研究——以长沙市图书馆为例 [J]. 办公室业务，2023（11）.

文旅融合背景下公共图书馆文创产品开发现状及发展探析

——以襄阳市图书馆为例

孟子祎[1]　李雪西[2]

（1 襄阳市图书馆　441106；

2 襄阳市少年儿童图书馆　441106）

摘　要：本文以襄阳市图书馆文创产品开发现状为例，以点带面地剖析了当前公共图书馆文创事业的发展现状及存在问题，接着从公共图书馆文创产品开发的各项优势条件及当前所做的有效尝试中分析出，公共图书馆在文创产品开发上还有着广阔的发展空间。由此笔者通过调查了解分析，从多个方面对公共图书馆文创产品开发提出建议，以期能够助推我国公共图书馆文创产品的发展。

关键词：公共图书馆；文创产品；文旅融合；发展建议

2016 年 5 月，国务院办公厅转发文化部、国家发展改革委、财政部、国家文物局等部门《关于推动文化文物单位文化创意产品开发若干意见的通知》，对推动博物馆、美术馆、图书馆等文化文物单位文化创意产品开发工作做出安排部署，这是国家首次出台的关于文创开发的指导性政策文件，正是由于此文件的出台，我国关于图书馆文创开发方面的研究呈现了井喷式增长，多个公共图书馆开始进行了自我文创产品的开发。十九大以来，国家更加重视公共文化服务发展，增强民族文化自信，加快推进"文化强国"战略，更是颁布了一系列促进文创产品开发的政策法规，帮助其发展壮大。为了指导图书馆行业文创产品的开发与建设，文化和旅游部将文创产品的开发情况列入了《第七次全国县级以上公共图书馆评估定级工作评分指南及细则》中，通过"以评促建"的方式，推动其发展。

随着国家旅游业的发展，大众对于旅游背后的文化内涵需求也越来越高，越来越多的人会将博物馆、图书馆、文化馆作为旅游打卡的地点之一，正是这样的改变促使了"文旅融合"的发展，也为图书馆拓展新的服务方向，充分发挥公共文化服务职能提供了新契机。

一、公共图书馆文创产品开发现状——以襄阳市图书馆为例

襄阳市图书馆新馆于 2020 年 4 月 30 日建成并投入使用，因其独特的造型、极大的面积、丰富的藏书一度成为市民的休闲打卡之地，更是成为襄阳旅游的一张名片。为了配合宣传，扩大知名度，襄阳市图书馆于 2021 年开始进行文创产品的开发，目前已有部分成型的文创产品。

表 1　襄阳市图书馆文创产品统计表

序号	名称	素材说明	首推日期	是否售卖	图片
1	《襄阳城市阅读地图》	手绘	2021 年 4 月 24 日	否	
2	借书证	手绘	2021 年 4 月 24 日	否	
3	环保书袋	手绘	2021 年 4 月 24 日	否	
4	纸杯	手绘	2021 年 4 月 24 日	否	

续表

序号	名称	素材说明	首推日期	是否售卖	图片
5	书签	手绘	2021年4月24日	否	
6	纸巾盒	手绘	2021年4月24日	否	

　　根据上述情况统计表，襄阳市图书馆已开始关注文创产品的开发，但就现状来说，还存在一系列问题。首先，文创产品品类少，且形式单一，仅仅停留在复制粘贴 Logo、图书内容、馆舍外观等简单设计上，创意不足，且与图书馆的关联性偏低，不具有独特性与代表性，与其他公共图书馆产品出现同质化问题。其次，馆藏资源利用率低，未能充分挖掘本馆特色馆藏，进行再创作，使文创产品缺乏文化内涵，价值偏低。最后，现有文创产品不够新颖、精致，缺乏趣味性，对于文创产品的主要受众群体年轻人的吸引力不足。正是由于当前文创产品开发面临的一系列问题，才使公共图书馆文创发展比较滞后，未能实现挖掘、弘扬、传承文化的目的。

二、公共图书馆文创产品开发优势

（一）外部环境的支持

　　近年来，为了大力推动文化产业发展，国家先后出台了多个规划、意见及通知，用于指导、扶持文化文物单位进行文化创意产品开发，其中《关于推动文化文物单位文创产品开发的若干意见的问题》指出，要求和鼓励文化文物单位依托馆藏资源开发各类文化创意产品，并给予一定的政策支持。2018年国务院进行部门职责整合，文化部与旅游局合并为文化和旅游部，正式开启了文化行业和旅游行业的交融发展之旅。公共图书馆作为文化领域中的重要机构，此次合并为其提供了文创产品的发展机遇，使其更便于进行部门合作，依托自身文化资源，开展文化创意产品的开发工作。更是在 2022 年开展的"第七次全国县级以上公共图书馆评估定级工作"中将"馆藏开发与文创产品"纳入评分指标，用这样的方式提升公共图书馆对于文创产品开发工作的重视程度，从而"倒逼"其进行文创产品的创新开发。

（二）重视图书馆空间打造

公共图书馆由于自身的特点，通常被视为衡量地区文化水平的一个重要标准，是一座城市的文化灵魂。所以，当前各地政府都十分重视图书馆空间的打造，力求其外部建筑和内部结构具有标志性特征，因此很多公共图书馆都具有极高的历史与文化价值。例如，天津滨海新区图书馆通过打造"书山"造型，展现"书山有路勤为径"的设计立意，被网友称为"中国最美图书馆"，吸引了大批游客前来打卡。深圳盐田区图书馆"海书房"阅读空间则是"把最美丽的海景留给读书人"，并秉持着"一书房一主题一特色"的建设理念，充分展现地域特色。襄阳市图书馆新馆外观形态为"智慧树"造型，以北宋著名书画家米芾"城市山林"的哲学思想为设计灵感，坚持建筑与自然和谐统一、传统与现代相互融合，一开馆瞬间走红，成为"网红打卡地"。各具特色的空间打造，使得公共图书馆建筑本身就成为重要资源，为文创产品的开发也提供了更多的方向与思路。

（三）强大的资源优势

公共图书馆作为公共文化服务体系的重要组成部分，具有收集、整理、保存文献信息的职能，因此各大公共图书馆都拥有大量的纸质及数字文献资源，其馆藏优势是其他任何单位都无法比拟的，如襄阳市图书馆现藏有纸质文献 223 余万册（件），包含 22 大类所有学科。其中，古籍 40416 册，其中善本 5394 册。最早的善本为元至正元年（1341 年）集庆路儒学刊刻的《乐府诗集》和元刻明递修本《国朝文类》，还藏有明刻本 189 种、清代版本 4672 种。中文报纸期刊约 30.5 万件，内容涵盖文学艺术、经济法律、历史地理、工业技术等各个领域。每年征订各级各类纸质期刊 700 余种，报纸 100 余种，5 万余种的数字报刊资源，这些丰富的资源也就为文创产品开发提供了强有力的支持。

（四）服务形式的创新

为了更好地服务读者，引导全民阅读，助力书香社会，各大公共图书馆纷纷创新服务方式，除了传承传统的进馆文献借阅、信息检索、报纸杂志阅读等服务外，更是创新了讲座、展览、研学等多种形式的阅读推广活动，使图书馆成为大众"艺术课堂"，这些新型的服务方式，既开拓了图书馆员的思维，增强其创新创造能力，又能够为文创开发提供更多的素材、思路与方向，从而帮助文创产品事业的发展。

三、当前公共图书馆的有效尝试——以襄阳市图书馆为例

（一）邀请专业人士，进行开发指导

襄阳市图书馆先后多次邀请在文创开发方面成果优秀的专业人士来我馆进行专业指导，并开展馆员专家座谈会，通过案例分享、思想交流等方式提升馆员文创开发能力，并结合馆员对于馆藏资源熟悉这一优势，开发具有本馆特色的文创产品。

（二）组织参观学习，激发创新思维

为了做好文创开发工作，襄阳市图书馆还组织年轻干部去优秀的文创公司进行参观学习，用这种实地感受的方式，激发年轻馆员的创新思维、开阔眼界，从而更好地开展文创开发工作。

（三）挑选优质企业，进行联合开发

由于公共图书馆的现存弊端，导致当前其文创产品开发工作处于低端且缓慢发展阶段。为了促进发展，襄阳市图书馆便与襄阳华侨城、襄阳日报社跨界合作，推出了一系列融合图书馆和华侨城元素的文创产品，填补了襄阳市图书馆文创开发的空白。

四、公共图书馆文创产品开发发展建议

我国公共图书馆文创产品开发起步较晚，且相关的政策、基础组织机构等尚未完善，所以大部分公共图书馆都如同襄阳市图书馆一样，目前处于文创产品开发的初级阶段，如何确定发展方向，采取发展措施则是未来各大公共图书馆需要思考、实践的方向。

（一）制定发展策略，寻求政策扶持

各大公共图书馆可根据各馆实际、发展现状等情况，结合各地政府出台的关于文创产品开发工作的意见，制定合适的文创工作发展战略及专项管理制度，

规范产品设计、业务合作、营销组织等各环节，用于指导发展。其次，由于公共图书馆的公益性及财政全额拨款的属性，注定用于文创产品开发的资金是不足以支撑其快速发展的，所以各大公共图书馆可以寻求其他部门专项政策资金支持，一定程度上解决"无源"问题。国家图书馆作为行业领导者，为了指导、促进各大公共图书馆文创产品的发展，建立了"全国图书馆文化创意产品开发联盟"，推出了图书馆文创在线交易平台，成员单位可以通过平台上传各自的文化元素，也可以通过平台联合开发产品，有专业的设计公司会结合各馆上传的文化元素选取有价值的符号取得授权进行开发等，各大公共图书馆可以充分利用这一平台优势，使各馆文献资源得以开发利用，从而推动我国文创事业的发展。

（二）充分挖掘资源，丰富开发元素

文创是将文化内容通过创意创造凝结到实体物品的一个过程，所以文创产品就是将文化物化。公共图书馆作为人类文化遗产的搜集和保存者，丰富的文献信息资源就是其进行文创产品开发的最大支撑。各大公共图书馆应该紧紧依托自身馆藏资源优势，加大挖掘，尤其是对地方特色文献及古籍的挖掘，可以依托其内容、书籍元素、创作故事、背后故事等多角度进行挖掘。除此之外，当代图书馆为了充分发挥职能，创新了许多服务方式，进行了品牌活动建设及活动形式创新，所以也应该加大对阅读推广活动的关注与积累，如活动现场场景、活动故事等，并可通过建立元素库，将挖掘到的有开发价值的元素进行汇总，这样在进行创意创造的时候，可以提供更多元素与思路，帮助文创产品开发。

（三）引入多个主体，增强创新能力

公共图书馆文创产品开发起步较晚，且缺乏专业人才，对市场及受众群体的喜好也不了解，所以要想促进发展，必须多主体参与，综合发力。

1. 进行馆员培训。各图书馆可以根据馆员自身情况，挑选创新能力强的馆员组建一支文创团队，并通过"引进来""走出去"相结合的方式对其进行培训，不断提升其调查分析、创新设计、制作推广等多项能力，为文创产品开发奠定良好的人才基础。

2. 引入受众群体。揣度对方心理，不如直接问其所需，虽然公共图书馆由于其特性，无法准确掌握受众群体需求，但是在长期服务过程中，积累了一大批忠实度高的读者，他们可以成为我们了解受众群体的有效渠道。公共图书馆可以通过互动、有奖征集等活动形式，引入读者进行共同开发，一方面可以了解读者需求，拥有更多、更实际的创意及思路，同时也可以调动读者积极性，增加热度，创造"爆点"，促进发展。

3. 进行专业合作。据调查了解，现在各大公共图书馆在文创产品开发上大都采用与专业文创产品开发企业合作开发、授权开发等形式来弥补自身创新理念落后、文创产品开发缓慢的现状。经实践，这一探索确实对于公共图书馆文创产品的开发起到了积极推动作用，所以后期发展可以延续这种模式，同时也应不断进行规范、创新，让这一模式更加科学化。

4. 寻求部门合作。随着文旅融合的发展，越来越多的景区、展览馆、主题公园、博物馆等部门都开始进行文创产品的开发，所以公共图书馆在此大背景下，可以主动去寻求部门合作，融入更多的本地人文、建筑、历史、文化等多种元素，设计出能够体现地域色彩、具有纪念价值的文创产品。

（四）丰富展现形式，激发最大活力

据调查了解，当前各大公共图书馆开发的文创产品大体一致，以帆布包、书签、中性笔、文件袋、笔记本等学习用品为主，产品类型比较单一化且同质化，设计上也比较简单，缺乏创意。针对当前困境，各大公共图书馆除了丰富文化内容，也应该进行形式创新，除了学习用品外，还可以设计成日用品、衣服、食物等其他产品，供受众群体选择。此外，还可以利用图书馆的文化属性及优质的建筑空间资源，进行当代年轻人比较追捧的剧本杀开发，一方面可以创新文创开发形式，推动公共图书馆文创事业发展，另一方面可以利用"沉浸式"体验传播文化，实现图书馆阅读推广的目的。

（五）利用多个渠道，扩大宣传影响

文创产品作为图书馆文化资源的再创造，凝结了丰富的文化内涵，不仅能够宣传图书馆，扩大图书馆影响力，还能够进行文化输出，助力"文化自信"。随着互联网的发展，新媒体以其巨大的流量、精准的对象、迅速的时效等特点成为推广宣传的主要手段，所以公共图书馆也应该与时俱进，积极运用各类互联网平台，发布文创产品小视频、对文创过程进行直播等进行宣传，这样既能宣传文创产品及图书馆，也能够积累更多的忠实读者，从而达到推广阅读的目的。

在党的二十大报告中，明确提出要繁荣发展文化事业和文化产业，健全现代公共文化服务体系，增强中华文明传播力影响力，推进文化自信自强，铸就社会主义文化新辉煌，这为公共图书馆的未来发展提供了有力支撑。虽然当前大部分公共图书馆在文创产品开发上仍处于初级阶段，但是随着国家对于文化事业的扶持，各单位、企业在文创事业上的探索积累，一定能够实现公共图书馆文创事业的快速发展，让书籍里的文化资源活起来。

参考文献

［1］赵宇波．公共图书馆文创产品开发的优化建议［J］．吉林省教育学院学报，2022，38（12）．

［2］范新美．基于SWOT分析的公共图书馆文创产品开发研究［J］．图书馆工作与研究，2022（S1）．

［3］田磊．基于阅读推广的公共图书馆文创产品开发策略研究［J］．河南图书馆学刊，2023，43（1）．

［4］靳国艳．基于知识图谱的我国图书馆文创研究可视化分析［J］．图书馆工作与研究，2022（12）．

［5］王扬轩，李仲良．文创开发视角下图书馆剧本杀开发研究［J］．四川图书馆学报，2022（6）．

［6］王晟，吴春兰．文创与科技融合：创新、思考与探索——以甘肃省图书馆为例［J］．发展，2023（1）．

［7］纪理想，陈铭，赵馨平．文旅融合背景下公共图书馆文创产品IP构建研究［J］．图书馆工作与研究，2023（3）．

［8］谭宜敏．文旅融合下公共图书馆文创产品发展及启示探析［J］．办公室业务，2023（1）．

公共图书馆儿童绘本阅读推广的服务实践

李雅茜

（武汉图书馆　430015）

摘　要：如今绘本已成为中国儿童文学中一个重要部分，其阅读方式与表现形式和以往常规的看图画书大不相同，对儿童想象力和审美的提升有着促进作用。绘本阅读推广也已成为公共图书馆的常态化服务，本文分享了武汉图书馆儿童绘本阅读推广服务的案例实践，在此基础上探讨现有服务下该如何提升服务效能，促进可持续高质量发展。

关键词：公共图书馆；儿童绘本；阅读

武汉图书馆青少年阅览室于 2006 年 6 月 1 日正式对外开放，现有面积近1000 平方米，拥有少儿类藏书近 10 万册，向儿童提供丰富优质的书籍、便捷高效的图书流通服务。

2012 年，紧紧围绕服务未成年人精神文明建设主线，武汉图书馆开创了以"小图爱阅"为品牌的面向全市青少年的系列阅读推广活动项目，并于 2015 年已成功注册"小图爱阅""小图 TUTU"商标，均属于第 41 类"教育娱乐"商标，分属 4102"组织和安排各类文化活动"，打造专属于武汉图书馆的青少年阅读推广活动 IP。

儿童绘本阅读推广是近年来武汉图书馆青少年阅览室重点打造的读者活动内容。为配合活动开展，青少年阅览室引进了绘本阅读机、开辟绘本阅读空间，在最早的"图书漂流""小小图书管理员""e 视界"等传统青少年活动基础上，进一步丰富活动策划、提升活动影响力，目前已形成小图创意会"我们的节日"主题系列活动、小图创意会绘本故事手工课、小图创意会趣味美术课、小图 e读会音乐主题系列、小图当家志愿者主题活动等品牌活动，受众更广，参与者众多。据统计，2018—2021 年期间，武汉图书馆及汤湖分馆共开展"小图爱阅"品牌活动 900 余场，参与读者 5 万余人次，品牌影响力也在不断提高，获评湖北省图书馆学会"十佳阅读品牌活动"。

一、武汉图书馆儿童绘本阅读推广服务实践

经过多年发展，武汉图书馆已形成了较为完善的儿童服务体系，拥有完善的儿童服务制度、个性化的独立阅览区，以及专业的儿童阅读推广人员。根据儿童的兴趣爱好、成熟程度、需求和能力特征，提供有针对性的教育、信息、文化和消遣方面的服务，促进他们文化素养、终身学习、信息能力和休闲阅读能力的提高。小图创意会、小图 e 读会、线上绘本阅读服务都是武汉图书馆以阵地服务为基础，结合新媒体技术经年打造的阅读推广活动品牌，深受青少年读者喜爱。

（一）传统绘本阅读推广服务——小图创意会

"小图创意会"糅合了绘本演绎、绘本美术和英语主题交流等形式，围绕着"阅读+"的创意理念，加入创意游戏、手工、表演等多种元素，在寓教于乐的过程中激发儿童读者在人文艺术领域的兴趣潜能，培育儿童读者的基础文化素养，开发儿童读者的智力与创造力。"小图创意会"手工课、创造课，主要是以围绕讲绘本故事再结合绘本内容多元延伸的形式来展开，在老师充满童趣的教学中，有效激发孩子对阅读的兴趣，提高孩子的想象力和创造能力。"我们的节日"系列活动则着重在传统佳节期间，以及国内国际重大节日和事件等时间节点，举办多种形式相结合的创意绘本故事阅读分享活动。如举办"我们的节日之端午节的故事""我们的节日·小图爱阅之中秋礼仪文化知多少"等活动，传播弘扬传统文化。

（二）新媒体时代绘本推广的创新——小图 e 读会

新媒体时代的文学阅读发生了许多变化，新媒体信息的开放性、传播的便捷性、接收的互动性，让儿童读者的阅读有了新的特点，在新媒体时代，屏幕永远都是亮着的，儿童的目光总是被它吸引，所以新媒体时代的阅读推广服务也亟须改善和创新，单纯传统的纸质阅读推广活动已经满足不了他们的好奇心。

顺应时代发展趋势，武汉图书馆为广大少儿读者提供数字化智能化的服务，将"小图爱阅"系列品牌升级衍生出了"小图 e 读会"，活动突显学习、探究和互动的特性，充分利用馆内电子资源提高少儿读者的科普素质和人文素养，吸引了众多儿童及家长的参与。结合 AR 技术，开展"AR4D 阅读体验"活动，通过 AR 镜头、数字阅读包等智能化方式让传统书籍和生动立体的画面结合在一起，为读者带来别开生面的阅读之旅。如在建党百年之际，开展"百年党史 阅

临其境——庆祝中国共产党成立 100 周年"主题阅读推广活动，并设立主题图书专架。围绕主题，挑选《红船》《闪闪的红星》《西柏坡纪念碑》等讲述革命故事的红色绘本作为"小图 e 读会"系列活动的内容，一位位英雄人物、一处处革命根据地、一段段动人心弦的历程，经过配套智能平板设备或 APP 的扫描，出现了立体动态的画面，瞬间形象鲜活了起来，再辅以老师娓娓道来的故事讲述，让孩子们身临其境地体会到了中国共产党艰辛而伟大的奋斗史，这次崭新的阅读形式也调动起了孩子们的探索兴趣，引起了不错的反响，不仅被长江日报、文旅中国等多家媒体报道，也获得了许多儿童读者家长的好评，专架图书的借阅量也大幅提升。

（三）持续开展线上绘本阅读服务

现阶段武汉图书馆为最大限度满足儿童读者需求，创新活动方式，充分发挥资源优势，加大线上阅读推广的活动力度，通过图书馆微信公众号、官方微博、抖音等多平台发布线上活动，并成为后续常态化的服务内容。如"小图荐书"于每周二在图书馆微信平台上发布优秀图书信息，荐书主题囊括了文学名家读本、亲子共读绘本、科技强国、红色经典、科普游记等，方便读者随时随地扫码阅读。同时，开展"小图爱阅"绘本讲故事作品线上征集评选活动，引导小读者自己演绎，完成视频音频的录制。图书馆还根据征集到的作品，为每位参与者订制了个人专属的图书馆声音档案卡，并制作成线上宣传海报以便于更大范围内的分享阅读。此外，还开展了"我们的节日"绘本阅读时光线上系列活动，以文化志愿者老师和 3 至 5 名小读者讲故事、做游戏等形式，制作阅读分享短视频，将静态被动性的图书推荐工作与动态互动性的活动相结合，实现以点带面，推进主题推广工作的有效开展。

二、绘本阅读未来服务优化策略

武汉图书馆一直以来都十分重视面向儿童读者的绘本阅读指导工作，也取得了良好的成效，但随着 2021 年中央《关于进一步减轻义务教育阶段学生作业负担和校外培训负担的意见》（双减政策）的正式出台，对本馆馆藏资源的丰富度和阅读推广活动的质量都提出了更高要求，而现有的经费支持、人员配备、推广实效等方面都存在着一定问题。如何在有限的条件下加大资源利用、扩大宣传影响、促进服务提升，是值得进一步探讨的课题。

（一）完善阅读推广服务机制

为持续深入地开展绘本阅读推广工作，就必须不断完善常态化的阅读推广机制。在服务品牌打造方面，要结合儿童读者阶段性的心理生理特点和文化需求，有层次、有重点、分类别地建设活动品牌，系统化规范地开展活动。

如在绘本选择方面，就要根据主题和参加儿童的年龄进行综合考量。在活动宣传方面，应注重采取多元渗透式宣传推广策略，借助馆内馆外、线上线下等渠道，形成宣传矩阵，不断提升活动知名度和参与度。

同时，在推广队伍方面，加强志愿者团队的建设，构建科学高效的管理办法、完善的培训机制和激励机制等等，充分调动志愿者的服务热情。此外，要对活动的开展效果进行及时的反思总结，通过组织职工交流分享会、读者座谈会、读者问卷调查等多种形式，不断调整推广策略，优化推广效果，确保绘本阅读推广活动具有发展性和创造性。

（二）探索协同阅读推广模式

图书馆应注重和学校、少儿教育机构，以及社区、媒体等机构的通力合作，构建资源共享、优势互补、协同发展的推广格局，共同促进儿童绘本阅读推广事业的长效发展。可借鉴国内部分公共图书馆的实践经验，加强与社会力量的跨界合作，如南京图书馆"姐姐故事汇"与江苏公共新闻频道合作，"南图姐姐故事汇"与南京必胜客城市书吧的跨界合作，不仅开阔了图书馆绘本阅读推广的空间，而且也是在文旅融合的新背景下，公共图书馆寻求创新阅读推广方式的有益探索。在双减政策下，可主动出击，通过与馆校共建教育基地、服务点，开展课外活动支持等形式，共同打好阅读推广组合拳。同时，也要注重发挥儿童自身的参与热情，可通过指导儿童参与绘本制作的过程，培养儿童创作能力和参与活动兴趣，进而增强活动的传播度和影响力。

三、加强人才队伍建设

高质量的绘本阅读推广工作需要推广人对主题策划、绘本选择、儿童心理都有充分的了解，这需要相关知识的积累和经验的沉淀。所以培养和持续打造一支高素质的绘本阅读推广人才队伍十分关键。

（一）在阅读推广实践中打造高素质的馆员队伍

首先，在选人环节，要注重结合馆员本人的综合素质和专业属性，可在全馆范围内通过阅读推广竞赛、案例征集等方式，发掘适合绘本阅读推广的人才。其次，随着时代的发展和读者需求的变化，对于阅读推广人员的能力要求也在逐渐提高，图书馆应结合经费预算、业务开展情况和具体的职工需求，制订科学的人才培养计划，积极组织馆员分批、有计划地参加馆内馆外、线上线下的业务培训班，逐步提高绘本阅读推广专业化服务。最后，为了激发馆员的干事热情，可通过绩效奖励机制调动员工的积极性和主动性，推动阅读推广工作更好地开展。

（二）吸收社会力量参与其中，打造志愿者阅读推广队伍

为壮大阅读推广队伍，广泛发动志愿者的力量，每年开展志愿者招募活动，发掘阅读推广达人，动员其参与到本馆活动中。在志愿者阅读推广队伍打造中，结合志愿者的爱好和专长，创新性运用到绘本阅读推广中，有意识地招募不同的人才，建设结构更丰富的志愿者队伍。同时，通过组织志愿者参与各类培训和文化活动，在实践和学习中，不断提升阅读推广的能力。

四、结语

帮助儿童形成健康的人格，是儿童教育的首要问题。一个健康的人格，应该有丰富的情感体验，能理解别人；有自信、勇敢、不怕困难的品质，能独立面对世界；有能与他人分享、合作的能力，能融入社会，而武汉图书馆绘本阅读系列活动的目的，正是希望通过一本本书、一个个故事、一场场活动完成与小读者的心理对话，向孩子们输送知识、情感；提供展示的平台，引领孩子求真、向善、为他们的成长增添色彩。儿童阅读推广是一项长期的工作，在这个互联网飞速发展、海量信息快速扩张的时代，图书馆的阅读推广者们除了要有耐心的沟通态度，提供细致的借阅服务之外，也应当更加主动、深入地了解当代儿童读者的阅读习惯、需求和目标，调整优化基层服务和阅读推广的方向，做到与时俱进，为儿童读者提供切实有效的帮助。

参考文献

［1］汤素兰．新媒体时代中国儿童文学发展趋势研究［M］．杭州：浙江少年儿童出版社，2019．

［2］曹玲玲．公共图书馆开展绘本推广阅读的实践与思考——以南京图书馆少儿馆为例［J］．甘肃科技，2021（9）．

乡村振兴背景下公共图书馆乡村阅读推广服务探析

——以十堰市图书馆为例

涂小红　李　悦

（十堰市图书馆　442000）

摘　要： 推广乡村阅读是公共图书馆在提升乡村公共文化服务水平的挑战和任务之一。在乡村振兴战略的支持下，公共图书馆积极探索全新的乡村阅读推广途径，对于提高乡村公共文化服务水平，具有重要的现实意义。本文以十堰市图书馆为例，探讨了乡村振兴战略背景下公共图书馆进一步提升服务水平，推广乡村阅读的实践、困难和思考。

关键词： 乡村振兴；公共图书馆；乡村阅读推广

2018 年 1 月《中华人民共和国公共图书馆法》正式施行，强调"促进公共图书馆服务向城乡基层延伸"。《乡村振兴战略规划（2018—2022 年）》提出要推动全民阅读进家庭、进农村，提高农民科学文化素养。"十四五"规划提出要"支持高水平公共服务机构对接基层、边远和欠发达地区，扩大优质公共服务资源辐射范围"。2023 年中央一号文件又指出，"全面建设社会主义现代化国家，最艰巨最繁重的任务仍然在农村"，要求"深化农村群众性精神文明创建"。作为乡村公共文化服务体系重要组成部分的公共图书馆，推广乡村阅读是其在提升乡村公共文化服务水平的挑战和任务之一。在乡村振兴战略的支持下，公共图书馆积极探索全新的乡村阅读推广途径，对于提高乡村公共文化服务水平，推进乡村文化振兴，具有重要的现实意义。

一、公共图书馆在乡村振兴中的地位和作用

公共图书馆在乡村振兴中扮演着多重角色。它们为乡村居民提供了知识和资源，促进了乡村社会、经济和文化的全面发展。

（一）信息服务中心

乡村居民可以通过图书馆丰富的信息资源获取最新的社会、经济和科技信息，了解市场动态、政策法规等，为农业、农村产业发展和乡村经济提供支持和指导。

（二）教育培训资源中心

它们收藏了各种类型的图书、期刊、报纸和电子资源，为居民提供了广泛的学习机会。乡村居民可以通过图书馆获取知识、提升技能，从而增加就业机会和创业能力。图书馆还可以组织培训，提供职业技能培训和终身学习的机会。

（三）交流中心

公共图书馆是乡村居民的共享空间，具有促进交流的作用。图书馆不仅提供了阅读和学习的环境，还是乡村居民交流和互动的场所。图书馆可以组织各类文化、艺术、娱乐活动，如书展、讲座、放映电影等，促进乡村居民之间的交流和合作，增强乡村居民间的凝聚力和归属感。

（四）乡村文化传承中心

公共图书馆在乡村振兴中起到了文化传承的重要作用。它们收藏、保存和传播乡村的文化遗产、文献和艺术作品，如民间故事、传统音乐、手工艺品等。通过举办文化活动、展览和演出，图书馆促进了乡村文化的传承和发展，激发了乡村居民对本土文化的兴趣和自豪感。

二、十堰市图书馆推广乡村阅读服务实践

（一）依托总分馆，建立乡村分馆（基层服务点）

2015 年，"湖北省十堰市图书馆总分馆体系+建设"顺利通过国家公共文化服务体系建设专家委员会评审，成为第三批创建国家公共文化服务体系示范项目，2018 年 9 月顺利通过了国家第三批公共文化服务体系建设验收集中评审，2019 年被文化和旅游部、财政部列为验收合格示范项目。经过几年的建设，已建成包括柏林镇柏林村农家书屋、张湾区西沟乡黄土村、西沟乡相公村基层服务点等在内的 67 个分馆和基层服务点，覆盖人群达 54 万人以上。通过由 67 个馆点组成的四级图书馆总分馆服务网络和体系，实现了"一卡通用""通借通还"和图书资源的共建共享、有效利用，为解决部分乡村文献资源和服务提供了保障。

（二）依托流动图书车，开展文化下乡

十堰市图书馆依托流动图书车定期开展文化下乡志愿服务活动。开展图书阅览、送书、送展览、送视频、送农业实用科技资料等形式多样、内容丰富的新春走基层活动；在双休日、寒暑假、重大节日、纪念日，先后走进顾家村、白浪村、垭子村、东沟、花果、西沟等地开展了"我们的中国梦"文化进万家主题活动；开展线下"同城共读""阅读分享""亲子阅读""名家导读"和线上竞答、讲座、展览、观影等系列红色文化主题教育活动。让乡村居民在家门口就能获取知识、了解信息，丰富他们的精神生活，享受文化大餐。

（三）依托"十堰讲坛"，开展公益讲坛进乡村

十堰市图书馆积极探索与社会组织合作的新途径，与市社科联、市农业农村局等单位合作，持续举办"十堰讲坛专家学者进基层活动"，打造乡村居民教育新平台。邀请当地农业技术专家、高校教授专家、学者定期到本市各区、县乡村宣讲，并与十堰电视台联合录制下来，在全国文化信息共享工程、全国数字图书馆及互联网学习平台分享，同时在图书馆微信公众号上推送。

三、十堰市图书馆开展乡村阅读推广服务存在的困难和不足

（一）文献资源不均衡

十堰市图书馆和流动图书车辐射范围有限。由于地理位置的原因，大部分文献资源和重点服务往往集中在离市区较近的公共图书馆或乡镇分馆。

（二）专业人员不足

缺乏专业化的阅读推广人员。这是由于图书馆编制和人员结构造成的，图书馆无法招聘足够数量的专业图书馆员，这影响到提供高质量的服务和阅读指导。

（三）设施和设备限制

乡村地区图书馆（室）的设施和设备条件有限。有些乡村地区的图书馆缺乏良好的图书馆设施和读者空间，缺乏先进的技术设备和数字化资源。

（四）阅读氛围和阅读意识不足

乡村居民更喜欢娱乐化的休闲活动，看电视、刷视频、跳广场舞、聊天。目前，乡村居民的阅读意识和阅读习惯有待提高，乡村地区的阅读氛围和阅读

推广活动也相对较弱，缺乏更有效的阅读活动和推广计划。

（五）网络覆盖限制

一些偏远乡村地区互联网连接的不稳定和数字技术设施的缺乏限制了他们获取在线资源的积极性和能力。

四、十堰市图书馆乡村阅读推广发展的策略和思考

乡村地区由于交通不便、资源匮乏等困难，造成乡村居民面临阅读机会受限的问题。公共图书馆作为文化和知识的殿堂，在乡村阅读推广方面，可以发挥重要作用，提升居民的阅读水平和文化素养。

（一）扩大服务覆盖范围

设立乡村分馆、移动图书馆或书车，将有条件的农家书屋尽快纳入总分馆体系，将文化资源和服务延伸到更远的乡村地区，让更多的乡村居民都能够受益。打破交通和地理限制，增加乡村居民参与文化活动的机会。2023年十堰市图书馆的重点工作之一就是建设乡村分馆和景区分馆。

（二）创建乡村新型阅读空间

为乡村居民提供一个舒适、安静的阅读环境以及个性化的阅读空间，包括安静的阅读空间、舒适的座位、良好的照明和通风设施。设置多功能阅读区，如阅览室、休息区、学习角等，满足不同年龄读者的需求。此外，合理布置书架和书籍陈列，使乡村居民更容易找到自己感兴趣的书籍。张湾区西沟乡黄土村的零夕图书馆也是市图书馆总分馆黄土村基层服务点，因其独特的建筑布局，被称为星空图书馆，成为当地村民休闲读书的据点和外地游客的打卡地。浙江省绍兴市柯桥区的云松书舍、浙江省杭州市余杭区的小强公益书屋等，不仅是功能空间，还融合了乡村文化特色，具有鲜明的美学色彩，成为当地的文化地标。

（三）个性化阅读推荐服务

根据乡村居民的需求进行个性化的阅读推荐，与乡村居民进行交流，了解他们的兴趣爱好、读书偏好和需求。也可以通过问卷调查、面谈等方式获取信息，以便更好地了解他们的阅读需求。根据他们的兴趣爱好、需求和阅读习惯提供定制化的推荐。这种方法可以有针对性地满足他们的阅读需求，提供符合他们口味的书籍和作品。也可以收集和推广一些优秀的书评和书目，如中央宣传部印刷发行局指导推选的"农民最喜爱的百种图书"等，让他们从中选择适合自己阅读的书籍。

（四）创新阅读推广活动

1. 定期举办各类阅读推广活动，吸引乡村居民参与。可以通过联合社会力量，引入专业的讲师和讲书人，向乡村居民介绍优秀的图书和作品，帮助他们发现阅读的乐趣和价值。例如，邀请知名作家或学者到乡村图书馆开展讲座和读书分享，激发乡村居民对阅读的兴趣。此外，可以组织阅读比赛、故事大赛等互动性强的活动，激发乡村居民的阅读兴趣和参与度。举办乡村文化节，读书节。根据本地乡村文化特色举办具有本地传统文化特色的文化节，挖掘宣传本地特色文化，这些活动通过丰富多彩的文艺演出、讲座和展览等形式，吸引乡村居民积极参与、融入其中。

2. 建立阅读小组或读书会。组织乡村居民参加阅读小组或读书会并开展交流活动，这样的活动可以提供一个互相交流和分享阅读体验的平台。让他们分享阅读经验、推荐书目和互相交流。通过与他人的互动和分享，乡村居民可以获得来自不同角度的推荐，并且激发彼此的阅读兴趣。

3. 宣传榜样的力量。发掘宣传乡村居民中的阅读榜样和成功故事，让他们分享自己的阅读收获，激励其他人加入阅读行列。榜样的力量可以激发乡村居民的阅读兴趣和动力，让他们看到阅读对个人发展的积极影响，以此改变村民的阅读心态，让村民主动融入阅读推广中去。2022"乡村阅读榜样"揭晓仪式上，20多位来自全国各地的优秀乡村阅读代表入选。他们中既有致力于推广农村少儿阅读的志愿者，也有农民作家、基层干部和农家书屋管理员，通过发挥示范带动作用，引领乡村阅读风尚，在广大农村营造爱读书、读好书、善读书的浓厚氛围。

（五）加强数字化阅读服务

随着互联网和数字技术的发展，数字化阅读逐渐成为主流。图书馆加强数字化阅读平台建设，提供电子书、在线杂志和数据库等数字化阅读资源，让乡村居民可以随时随地通过电子设备进行阅读。同时，图书馆可以提供相关的阅读设备和技术支持，帮助乡村居民克服数字化阅读的障碍。例如，可以设置公共电脑和无线网络，让乡村居民可以免费访问数字化阅读资源。此外，图书馆还可以开展数字阅读培训，为乡村居民提供技术支持或提供在线教程，引导乡村居民接触多媒体阅读资源，提高他们的数字化阅读能力，并推荐适合的数字阅读资源，以便他们在不同的媒体上获取需要的内容。同时，和教育机构、非营利组织等建立合作伙伴关系，共同提供多媒体阅读资源给乡村居民。通过合作共享资源，扩大多媒体阅读资源的覆盖范围，并提供更多的支持和服务。

综上所述，公共图书馆开展乡村阅读推广对于提升乡村居民的整体文化素养，缩小城乡之间的文化差异具有重要作用。乡村是我们精神和文化的根脉，中华传统文化根植于乡土之中，让我们汇聚合力，多措并举，为全面推进乡村振兴添砖加瓦，凝聚精神力量。

参考文献

［1］中华人民共和国公共图书馆法［EB/OL］.中国人大网，2017-11-04.

［2］新华社.中共中央 国务院印发《乡村振兴战略规划（2018—2022年）》［EB/OL］.中国政府网，2018-09-26.

［3］文化和旅游部关于印发《"十四五"公共文化服务体系建设规划》的通知［EB/OL］.中国政府网，2021-06-10.

［4］新华社.中共中央国务院关于做好二〇二三年全面推进乡村振兴重点工作的意见［EB/OL］.中国政府网，2023-02-13.

［5］虞华君.推进乡村振兴 文艺如何赋能［EB/OL］.光明网，2022-12-14.

以乡村振兴助推基层图书馆的建设与探索

杨 柳 熊 蕊

（十堰市图书馆 442000）

摘 要： 图书馆是人类社会发展过程中的文化精神产物，是一个伴随人类千年业态而不断发生变化的地方，是我国社会主义思想文化储存以及传播的重要方式。实施乡村振兴战略就是要实现乡村全面振兴，建设美丽宜居的乡村生态，推动农业农村同步现代化。基于乡村振兴战略的背景，我们思考如何使基层图书馆在乡村扎根基层、服务乡村、优化发展格局，如何使获取知识有效传承与利用，从而激发乡村振兴过程中的基层图书馆角色转化，进一步维护社会主义思想文化阵地，助力人民物质文化生活的全面提高。

关键词： 乡村振兴；基层图书馆；农村

全面建设社会主义现代化国家，最艰巨最繁重的任务仍然在农村。党的二十大报告提出，全面推进乡村振兴。其中，乡村文化振兴是对中国传统文化的保护与传承，更是推动农村全面振兴的关键力量。当前，大力实施乡村文化振兴是乡村振兴中必不可缺的重要环节。在这种背景下，如何做好做实基层图书馆的文化职能，在复杂多变的社会环境中更加合理化，从而发挥其根本功能，提升服务能力，对全面实施乡村振兴战略中的文化传播和知识普及做强有力的支撑。

一、基层图书馆开展乡村振兴的意义

（一）实施乡村文化振兴的背景

乡村振兴是实现中华民族伟大复兴的一项重要任务。习近平在党的十九大报告中首次提出"乡村振兴战略"的概念，对统筹推进经济、政治、文化、社会、生态文明等方面建设有着重要的现实意识。中国历史悠久，文化不断层，但从历史发展的演变，新中国成立后，加速中国工业化的同时农业经济停滞不前，经历了实行家庭联产承包责任制，虽然农村的发展有所改善，但历史的沉淀和现实条件的制约，迫使农业现代化发展缓慢。我们要清醒认识到，我国目前仍然是农业大国的本质。农业大却不强，想要强国富民，首要就是强农，农强才能国强。

在推动乡村文化振兴建设方面，我们基层图书馆要思考如何与农村农业结合，充分发挥图书馆的资源以及宣传文化阵地的服务作用，结合自身的工作方向，把当地传统优秀文化与振兴文化乡村融合。切实了解当地农村的发展情况，由于普遍农村的老龄化、落后化、停滞化的问题存在。农民受到大环境的影响，其价值观呈现多元化的现象，农村传统文化思想的忠厚老实、勤俭持家、孝敬老人、与人为善等朴素的民俗民风、道德观念日渐淡薄；农村对传统文化的认识和传承度薄弱，造成农村本土的优秀传统文化日渐丧失。

（二）基层图书馆是实施乡村振兴的重要组成部分

随着社会主义现代化的建设全面发展，农村社会和谐稳定，人民的生活水平有了明显改善。但还是能看到，农村社会经济、文化思想、生态保护等方面的困境和暴露的问题。如何把农村文化振兴与现代农业融合是实现乡村振兴的重要途径。作为传承和发展人类文明的重要载体，基层图书馆肩负着保护和传播文化遗产、普及教育、推广文化知识、利用文献资源、开展文化活动等重任，这是图书馆工作者的初衷和使命。站在新时代的发展基点，在思想上，不忘初心、牢记使命；在传播宣传文化事业上，我们要以中华优秀传统文化作为文化支撑和精神动力，在乡村振兴实践活动中，我们要结合国家、各省、市（县）、乡的实际情况，培育和传播建设优良的地方文化、优良家风、美丽乡村。让乡村活起来，行动有更足的干劲和勇往直前的闯劲，从而为促进乡村振兴战略和实现共同富裕提供良好的舆论环境。

（三）基层图书馆弘扬传承优秀乡村文化的活动阵地

乡村文化是一种源远流长的历史遗产，它源自农耕、家庭生活、民间风情等各种活动，蕴含着丰富的物质和精神财富。随着社会的发展，西方思想文化的渗透，价值观念的破坏，农村各地方文化在传承中出现了断层、裂变、衰落等众多问题，在乡村文化中出现资源匮乏、底蕴浅薄、种类单一的问题，一些村民对法律法规意识不强，对事物的认知辨别能力较差，对绿色低碳问题意识淡薄，个人品行不端，社会道德观念不强，乡风民风不正等现象，这些对乡村振兴实施过程中有着根本性的阻碍。基层图书馆是农村文化的核心场所，应该以此为起点，推广中华优秀传统文化，努力提供优质的公共文化服务，使广大农民享受到更加丰富多彩的文化娱乐。在传播优良家风、淳朴民风、美丽乡风

文化传承与服务创新 >>>

等实践过程中，实现基层图书馆对于乡村振兴战略的可持续发展。

二、基层图书馆开展乡村振兴现存的问题

（一）基层图书馆基础条件不完善

基层公共图书馆由于财政资金投入不足，缺乏购置专业书架、阅览桌椅、电子阅览等现代化设备问题，更谈不上馆际数字化、网络化的开发和建设。造成在基层图书馆的基础条件较差，信息资源较为落后停滞，无法与时俱进，不能切实有效满足人民群众的精神文化需求。当前在乡村振兴战略中，基层图书馆建设是一种公益事业，在乡村文化振兴实施的过程中基层图书馆不能对社会产生良好的经济效益，在运行过程中短时间内获取的价值利益无法体现。这种停滞的恶性循环，使基层图书馆难以有效开展阅读服务工作。

（二）基层图书馆文献资源不足

在社会发展的背景下，基层公共图书馆藏书过于单一落后，掌握的地方文献资源更是不够齐全。对读者来说不能产生吸引力和求知欲，也不能激发读者的兴趣，更无法全面了解当地的乡土文化、民风民俗、悠久地方历史。在乡村振兴的过程中，对基层公共图书馆来说，主要资源是纸质版的文献，不仅陈旧且信息得不到更替，也不利于保存，还会产生资源的浪费。如何合理地根据当地乡村的需求，整理适合的文献资源，进行人性化分配流程以解决人民群众对精神文化的需求。

（三）基层图书馆管理观念不够规范

一个地区的图书馆总会有服务盲区，在乡村振兴的背景下，基层图书馆工作人员的文化素质、专业程度普遍偏低，很少有科班出身的人才队伍，更多的只是以"守"部门为主，很难有图书馆创新服务理念的意识，导致基层图书馆的影响力较差，活动开展宣传能力较差、工作服务的多元化完全没有。基层图书馆根本无法与乡村文化振兴结合，无法发挥宣传的作用。

（四）基层图书馆共建合作不够深入

多数基层图书馆在乡村只能维持一般的借阅功能，存在硬件条件的缺失、服务水平的低下、制度不规范等一系列问题，导致横向开展基础工作、图书流通、阅读推广、分馆合作得不到基本的保障。行业自律较差、服务质量跟不上、主体责任定位不明确，无法正常发挥好图书馆分馆和流通服务点公共服务功能，从而无法确保图书资产安全和高效利用。

三、基层图书馆开展乡村振兴的资源优势及努力方向

乡村振兴战略是政府治理的重要组成部分，其中包括对乡村文化的深入挖掘和传承。每个村庄都拥有自己独特的地域文化特色，这些文化在过去几十年中一直保持着鲜明的特色。基层图书馆基于乡村地域文化的独特优势，结合实际落脚点，推动实现乡村振兴中的文化自信和建设文化强国。

（一）基层图书馆建立健全各项服务保障机制

为了促进基层图书馆的发展，必须建立完善的资金保障机制，并与社会团体合作，在乡村振兴战略的指导下，深入学习和理解有关的扶持政策，充分利用社会大众的力量，整合乡村资源和社会力量，形成联合办馆、协同发展、整合资源优势的多样化发展模式。

（二）基层图书馆注重特色乡村文化的建设

从古至今，图书馆文献资源的基本职能都是以藏为主。图书馆"以藏为中心"的服务思想已经不再适用于"藏是为了用"，服务效能将成为衡量公共图书馆服务效率和服务能力的重要标准。一方面，随着社会的快速发展和网络信息化、智能化、数字化等多种方式的信息资源，同时获取文化知识的方式不再仅限于基层图书馆。另一方面，伴随着社会发展，人们不仅对物质文化需求有更高的要求，对精神世界的追求更为迫切。精神文化成为一种常态需要，基于文化资源的本质还是通过引导传播为主，因此，图书馆有着更加基础的文化资源和地域特色文化优势，满足农村发展的多元化需求，进一步推动乡村文化的建设。

当前，我国社会发展更多是向现代化与共规划转型。衡量文化产业发展质量和水平，最重要的不是看经济效益，而是看能不能提供更多既能满足人民文化需求、又能增强人民精神力量的文化产品。在发展的过程中，基层图书馆有责任和使命将传统文化加以继承与传承。作为基层文化宣传的推广者，基层图书馆有责任有效收集各种地方传统文化、民俗文化以及流域文化等相关文献，能够有效确保文化根源的不断发展，并将传统文化资源推广到乡村，推进全面阅读，提升群众的文化素养。

（三）基层图书馆工作者把文化建设摆在突出位置

人、空间、文献是基层图书馆的三大必备资源，缺一不可。人是决定性因素，这里的人不仅仅是读者，也包括为读者提供服务的馆员。基层图书馆工作者应结合当今社会的大环境，坚定文化自信，推动当地农村传统文化造型转化、创新性

发展，到馆的读者，不仅仅是来读书，可能是来休闲娱乐，是来享受图书馆的空间资源、人文气息、智慧服务。我们要做一个有温度、有情感、有技术的图书馆工作者，坚持以文塑旅、以旅彰文，这样才能促进乡村振兴实施的可持续发展。

（四）基层图书馆助力继承乡村文化

国家通过对农业现代化的不断投入，以及对农民的持续支持，改善农民的生活水平，完善农业发展规划，来支持农民的经济增长；通过完善农业发展规划，支持农民就业，帮助他们摆脱困境，确保农业能够持续健康发展。随着乡村振兴的推动，基层图书馆必须跟上时代的步伐，充分利用数据管理专家、精神文明宣传阵地和信息素养教育机构的优势，把基层群体视为自己的主人翁，积极参与到文化扶贫的行动之中，以"共建美好家园"的思想，加强图书馆和各级行业的联系，以期望能够在推动乡村振兴的过程中取得积极的成果。通过充分发挥当地的文化底蕴和独特的自然环境，提升当地的经济发展水平，从而推动当地的社会经济发展，并有效推动当地的经济复苏。

随着时代的发展，我国正在朝着现代化的方向进行转型。作为基层图书馆，我们有责任和义务保护传统文化，并将其融入当代文化，以促进乡村文化的复兴。作为一个负责传播文化的机构，基层图书馆应该积极搜集和整理当地的历史、民俗和流域文化等资料，以确保文化的持续传承和发展。并将传统文化资源推广到乡村，推进全面阅读，提升群众的文化素养。

四、结语

中国的古代文明一直建立在农牧文化的基础之上，形成了传统的农耕文明。中国根据自己的实践道路，创造了中国式的现代化国家。历史上，没有任何一个国家可以单靠外部力量、模仿他者、照抄照搬别国模式就能实现现代化。在以文化促发展这条未来之路上，我们图书馆人任重道远，我们需要更多的实践发展与创造。

参考文献

［1］向天成，赵微．社会交往理论视域下乡村文化振兴的实践理论［J］．贵州民族研究，2020，41（6）．

［2］徐蕾江，潘文佳．公共图书馆流通服务店建设与服务创新研究［J］．河南图书馆学刊，2020（12）．

［3］余雪丽．公共图书馆文化精准扶贫模式研究［D］．大连：辽宁师范大学，2018．

乡村振兴背景下基层图书馆建设研究

——以孝感市孝南区图书馆为例

周 雯 曾思琦

(孝感市孝南区图书馆 432100)

摘 要：近年来国家持续推进乡村振兴战略，而文化振兴作为乡村振兴的重点，是全面实现乡村振兴的动力和源泉。在乡村振兴战略的实施过程中，基层图书馆的建设应当在文化振兴战略体系中发挥应有的文化支撑作用。本文通过分析当前基层图书馆建设现状及面临的困境，阐述了在此背景下基层图书馆的发展路径。

关键词：基层图书馆；乡村振兴

一、乡村振兴战略下基层图书馆建设的作用与意义

乡村振兴战略的实施一定程度上要依靠乡村文化的振兴，我国农村人口的庞大基数决定了中国经济发展的局限性以及乡村振兴战略实施的必要性，因此乡村文化的发展在乡村振兴战略上有意识形态层面的指导作用。

乡村文化的发展在一定程度上决定了我国的经济发展总量和经济发展质量，现阶段我国的主要矛盾——人民日益增长的美好生活需要和发展不平衡、不充分的矛盾也体现了乡村文化振兴的必要性。我国社会主义初级阶段的最大阻力发生在农村，乡村文化的振兴可加快发展速率，提升发展步伐。

乡村文化振兴主要依托于基层图书馆的建设，在实际应用中，基层图书馆承担着多种文化职能，而且是文化资源体系中覆盖最广的基础文化服务机构。近年来，各地大力建设乡镇图书馆，基层图书馆网络基本构成并初具规模和影响。首先，基层图书馆把图书资源搬到了基层民众身边，很大程度地提高了基层民众的思想认识和科学文化水平；其次，基层图书馆作为乡镇文化的有效载体，促进了乡镇文化的发展，有利于乡镇文化的振兴繁荣。

二、乡村振兴战略下孝南区基层图书馆建设成效

（一）基层图书馆发展势头迅猛

在 2018—2022 年里，孝南区图书馆将基层图书馆建设延伸至各乡镇中，建成并投入使用的乡镇分馆有朋兴乡分馆、新铺镇分馆、西河镇道店分馆、杨店镇分馆、肖港镇分馆、陡岗镇分馆、卧龙乡分馆、毛陈镇分馆、三汊镇分馆、祝站镇分馆、朱湖分馆、东山头分馆、开发区黄香分馆，建成面积达 4000 余平方米；同时，在乡镇学校设置图书流通点，有肖港杨林小学、新铺小学、新铺中学、杨店桃花驿小学、陡岗小学等；在部分乡镇设置文化驿站，其中包括朱湖三合村、陡岗沙畈村、卧龙书院等。以上基层公共文化服务点均已开放接待读者，不仅能在乡村振兴的基础上巩固脱贫攻坚的成果，还能够为农村提供知识文化，助力乡村文化振兴。

（二）馆藏资源丰富

根据 2022 年年底对孝南区图书馆部分直属分馆入藏图书（含古籍）馆藏量情况的统计，目前乡镇分馆图书馆藏量超 55000 册，包括以图书、期刊、政府出版物为主的纸质资源和电影、计算机、录音磁带等电子资源。乡镇图书馆馆藏资源发展成果显著，馆藏资源的进步不仅说明了乡镇图书馆在数量和体量上的发展，也进一步表明了孝南区图书馆在乡村振兴上所付出的巨大努力。统计表如下

表 1　孝南区图书馆直属分馆入藏图书（含古籍）馆藏量情况登记表

序号	分馆名称	地址	图书及馆藏量（含古籍）	电子设备
1	朋兴分馆	孝感市丹阳古镇凤来路 1 号	5000	电子借阅机一台（其他途径捐赠）
2	新铺镇分馆	新铺镇水岸新城小区	7000	监控设备一套，电脑 6 台（自购）
3	西河镇道店分馆	西河镇道店村道店街 199 号	3000	
4	杨店镇分馆	杨店镇解放社区	2000	

续表

序号	分馆名称	地址	图书及馆藏量（含古籍）	电子设备
5	肖港镇分馆	肖港镇永久社区	9000	计算机 10 台、自助借还书机一台、电子借阅机一台、博看期刊机一台、投影音响设备一应俱全、开放式 WiFi 全覆盖
6	陡岗镇分馆	陡岗镇宝林路特 1 号	6500	计算机 10 台、开放式 WiFi 全覆盖
7	卧龙乡分馆	卧龙乡金星村	2000	
8	毛陈镇分馆	毛陈镇文体中心二楼	8000	自助借阅和还书机一台、开放式 WiFi 全覆盖
9	三汊镇分馆	三汊镇计划生育大楼旁	1000	计算机 10 台、自助借还书机一台、投影音响设备一应俱全、开放式 WiFi 全覆盖
10	祝站镇分馆	祝站镇政府	1000	
11	朱湖分馆	朱湖办事处文化路中段	4000	
12	东山头分馆	东山头办事处（沧河大道特 1 号）	1000	计算机 6 台（自购），投影仪及音响功放等设备，开放式无线网络覆盖
13	开发区黄香分馆	黄香小学东侧星博士教育城一楼	6000	
		合计	55500	

注：数据截至 2022 年年底。

根据 2022 年年底对孝南区图书馆建成并投入使用的文化驿站情况统计，到 2022 年年底开放文化驿站总计 12 所，藏书量超 20000 册，面积达 1280㎡。文化驿站建设工作的推进，不仅让公共文化志愿服务与乡村振兴工作结合起来，将优良的文化资源向乡镇辐射，还让文化服务活动与当地特色文化相结合，加强了民众的文化认同感。文化驿站的建设进一步打通了公共文化服务"最后一公里"，实现了有效资源的共建共享，为乡村振兴提质赋能。统计表如下。

表2　孝南区"文化驿站"情况登记表

序号	项目名称	开放时间	藏书量（册）	面积（m²）
1	朱湖农场三合村文化驿站	2022年5月25日	2000	100
2	朋兴乡王新亭上将红色教育基地（红色旅游）	2021年7月27日	500	80
3	杨店解放（乡村振兴）	2022年10月1日	2000	60
4	卧龙书院（卧龙乡卧龙潭村）	2022年10月23日	950	300
5	肖港镇金神村（非遗文化村）	2019年8月19日	2000	200
6	沙畈村（陡岗村乡村振兴）	2022年年底	2000	60
7	滨河社区（新华街）	2021年11月1日	1800	80
8	七一社区（南大经济开发区）	2021年11月1日	2000	60
9	郑阁社区（车站街）	2022年12月1日	2000	80
10	沙沟社区（新华街）	2021年11月1日	2000	100
11	金卉庄园（旅游景区）	2020年4月10日	300	60
12	胜利社区	2022年12月1日	2800	100
合计			20350	1280

注：数据截至2022年年底。

（三）创新服务形式

1. 在2018—2022年，孝南区图书馆先后与朱湖湿地公园、肖港镇金神村、金卉庄园、朋兴乡王新亭上将红色教育基地、朱湖三合生产队五个地区签订协议，共投入25万元资金，以创新服务方式和载体，不断推进文旅融合发展，以"阅读+旅游"模式，将图书馆元素融入全域旅游，致力打造新型文化旅游阅读空间，推动乡村旅游事业发展，并取得了良好成效。统计表如下。

表3 文旅融合项目一览表

序号	项目名称	合作伙伴	项目内容	起始时间	完成时间	项目经费
1	朱湖三合生产队"文化驿站"	朱湖三合生产队	区图书馆准备了一千册图书，完成了图书管理系统的安装、调试，培训文化驿站图书管理员一名，赠送条码枪一把，赠送儿童图书25册、发放《童心向党 喜庆六一》宣传册300份	2022年2月28日	2022年5月25日	5万
2	朋兴乡王新亭上将红色教育基地	朋兴乡	开展"赓续红色基因 争做时代新人"阅读系列活动，让同学们接受了革命传统教育	2021年7月27日	2021年10月27日	5万
3	肖港镇金神村文化驿站	孝南区肖港镇金神村委会	开展庆祝新中国成立70周年成就展览、播放孝感楚剧《槐荫谣》、参观肖港抬故事展示厅、举办"鸡蛋托乐园"手工培训活动	2019年8月19日	2019年11月19日	5万
4	朱湖湿地公园图书流通点	朱湖湿地公园	开展了全民阅读活动，图书流动车免费阅读书籍，观看湿地宣传展板，分发湿地保护宣传资料。孝南区图书馆向朱湖国家湿地公园赠送了鸟类及野生动植物保护书籍百余册；湖北省工艺美术大师、国家级剪纸艺术非物质文化传承人池福新现场示范制作鸟类作品	2019年4月3日	2022年5月29日	5万
5	金卉庄园文化夏令营活动	金卉庄园	开展以"关爱留守儿童，助力精准扶贫"为主题的文化夏令营活动。活动内容包括：孝南区文旅局领导致辞、赠送学习用品、游览金卉庄园、参观丹阳古镇博物馆、参观孝感雕花剪纸所、非遗文化孝感剪纸讲座、云梦皮影展演、赠送图书72册	2020年4月10日	2020年7月10日	5万

注：数据截至2022年年底。

2. 在2018—2021年，孝南区图书馆开展文化扶贫项目9个、乡村振兴实践性项目7个。开展文化扶贫项目主要内容为赠送书包、文化讲座、图书漂移、线下展览、广场舞培训、皮影演出等；开展实践性项目主要内容为阅读辅导、

革命故事会讲座、少儿手工制作、赠送文具、经典诵读等。统计表如下

表4 文化扶贫实践性项目一览表

序号	项目时间	项目名称	项目地点	项目内容
1	2018年3月22日	文化扶贫	杨店镇桃花驿小学	赠送书包、阅读辅导等
2	2018年4月24日	文化扶贫	杨店镇桃花驿小学	文化讲座、图书漂移、展览、图书免费借阅等
3	2019年6月13日	文化扶贫	杨店镇解放社区	免费办证、非遗展览、非遗视频学习
4	2019年10月9日	文化扶贫	杨店镇解放社区	赠送书架、桌椅等
5	2019年11月7日	文化扶贫	陡岗镇沙畈村	流动图书车服务、庆祝新中国成立70周年展览、赠送《中华人民共和国公共图书馆法》和《中华人民共和国公共文化服务保障法》、国家扶贫政策等宣传资料
6	2019年12月1日	业务指导	杨店镇解放社区	图书分类、排序、整理
7	2019年12月10日	文化扶贫	杨店镇解放社区	赠送暖手宝、扶贫挂历、《中华人民共和国公共图书馆法》和《中华人民共和国公共文化服务保障法》等
8	2020年7月10日	文化扶贫	金卉庄园、丹阳古镇、孝感雕花剪纸所	组织贫困村30名儿童，赠送学习用品，开展培训、讲座活动
9	2020年8月6日	文化扶贫	杨店镇解放社区	暑期安全教育、阅览室整理、广场舞培训、皮影演出等

注：数据截至2022年年底。

表5 乡村振兴项目一览表

序号	项目时间	项目名称	项目地点	项目内容
1	2021年3月24日	乡村振兴	三汊镇李巷小学	阅读辅导、革命故事会讲座等
2	2021年5月27日	乡村振兴	朱湖农场中心小学	少儿手工制作培训、赠送图书、赠送非遗书签、赠送学习用品等

一、新型公共阅读空间的概念及特点

新型公共阅读空间是政府和社会力量针对日益提高的公众阅读文化需求，为拓展阅读服务、弥补传统公共阅读空间在覆盖面、时空可及性和亲和性等方面的不足，在公共图书馆等传统公共阅读空间以外，以提供公共阅读服务为中心，同时兼顾活动、休闲等多种功能的复合型社会性文化活动场所。例如，十堰市传媒中心堰汇厅是十堰中心图书馆十堰日报社分馆，全力打造十堰市民的"文化客厅"；十堰一丢城市书房，努力打造"阅读引领、精神引领、红色引领"的红色新阵地；十堰阳光栖谷社区图书馆，为社区居民提供宁静的阅读空间；丹江口大坝公园书房以其特殊的旋转式阶梯与四周弧形回旋书廊融为一体，寓意在知识的阶梯上向书山攀登；房县西关印象景区的悦诗阁，仿古建筑古色古香，别有一番风味。

笔者根据对以上这些新型公共阅读空间的资料收集与实地走访，总结出新型公共阅读空间区别于传统公共阅读空间的几个特点：

1. 新型公共阅读空间的选址往往是群众较为聚集的地方，如社区、公园、街道、商业街、景区等人流量较大的公共场所，开放时间更加贴近读者的实际需求。

2. 新型公共阅读空间在满足读者借阅图书的基础上，还提供咖啡、轻食、观影、文创产品展览销售等多元服务，还有一些特色主题服务，如一丢城市书房打造"红色书店"，传承红色文化。

3. 新型公共阅读空间拥有优雅的阅读环境和方便实用的便利设施，在内部空间装修上力求时尚、贴近生活，举办丰富多样的读书文娱活动，既方便阅读学习，也增添了社交和休闲的作用，扩大了使用群体的范围。

4. 新型公共阅读空间采用政府与社会合作的模式，广泛开展形式多样的、互动性强的文化活动。在阅读空间运营上，吸纳志愿者提供志愿服务，减少运营成本。

5. 新型公共阅读空间采用"公共服务+经营"的复合型运营模式，读者既可以享受到舒适的阅读环境，也能体验到满足个性化需要的消费。例如，一丢城市书房在经营书刊销售获得盈利的同时，也凸显了作为企业的文化责任和人文关怀，属于经济效益与社会效益相结合的新型公共阅读空间。

二、主题特色服务的概念

在公共文化服务领域的主题服务已经在国内多地图书馆进行实践和探索。

如东莞图书馆建设了我国大陆第一家动漫主题图书馆——东莞动漫图书馆；佛山市建设全国首家金属行业公共图书馆——澜石金属图书馆。总分馆体系创建过程中，主题分馆拥有特色服务和馆藏，更容易打造独特的文化品牌。杭州图书馆建立十余个主题特色分馆，有诗歌特色分馆、自然分馆、江南健康主题分馆等；黄山市图书馆在文旅融合背景下建设了徽文化主题分馆，设计保留了徽州古建筑特色，为读者提供独特的文化体验。十堰武当山是中国道教圣地，每年都有很多游客来武当山朝拜、旅游。位于武当山下剑河旁的武当城市书房的文创区内设置了红色的许愿树、留言墙，摆放着《道德经》，武当山的画册、文化衫等，不仅宣传了独特的武当道教文化，也是诸多游客休闲、购书、祈福的最佳选择。

根据以上公共阅读空间对主题服务的开展，可以理解为主题特色服务就是结合当地特色文化、特殊馆藏资源、读者文化需求等因素开展的服务，这些服务能为读者带来独特的阅读体验。

三、十堰市一丢城市书房主题特色服务分析

新型公共阅读空间开展主题特色服务，应包含空间内外部建设和服务内容两个方面。空间建设是第一眼感觉，可以直接对读者产生视觉感受上的吸引，达到引流作用；服务内容则是通过凸显亮点和特色，持续性为读者输出文化，达到流量黏性。接下来就针对建设环境、馆藏资源、活动开展几方面来分析十堰市一丢城市书房的主题特色服务开展情况。

（一）建设环境

一丢城市书房，建设于 2018 年 10 月。一丢城市书房的名字来源于汤显祖《牡丹亭·寻梦》"嵌雕阑芍药芽儿浅，一丝丝垂杨线，一丢丢榆荚钱"中的"一丢"，寓意一丢丢回馈社会的情怀，希望更多人来"烦恼丢门外，灵魂丢书海"的一丢阅读充电。书房位于十堰市上海路吉祥小区，上海路是十堰市一处重要的商业地标，邻近北京路、人民路、重庆路，既是商业街，也有居民区，毗邻高校、医院、写字楼、商超，公共交通设备方便，附近公交线路对市内各区域有较好的覆盖。

一丢城市书房是一家集智能化书店、文化创意产品、咖啡馆、文化沙龙、手工 DIY 等多种业态为一体的复合式书店。书房设计利用体块交叉和白墙木色来呼应城市的既有景致，为整个建筑空间提供了精致的景观陪衬，室内外一体的规划，给人一种整体的安宁之感。十堰是秦巴山区汉水谷地定义的城市，充

满了人情和生活气息的场域。以此为据，一丢书房努力用简、素二字，创造一片温暖的阅读质感空间。书房内部整体去繁就简，一个转角的白色墙面和落在地面的木色铝板来平衡比例，强化建筑本身干净利落的体貌。红色主题教育区进行专门分区，有阶梯式观影，悬挂、摆放较多红色元素装饰，氛围浓厚。书房采用原本装饰与美学空间陈列，为读者打造"一书、一阁、一墙、一窗皆是风景"的读书环境。舒适的桌椅、通透的落地玻璃墙，把单一的书店集合成"生活、阅读、社交、亲子、党建"于一体的当代城市新型文化生活空间。

（二）馆藏资源

书房占地 1000 余平方米，藏有图书 2600 余册，并做了专门的特色分区，包含了哲学宗教、文学、社会科学、经济艺术、历史地理等类别。其中，最受读者欢迎的以儿童读物和精品文艺、社科、生活类图书为主。配备了党建阅读专区、红色书籍专区、党员活动室等。

（三）活动开展

一丢城市书房是湖北省第一家"红色书店"，是十堰市茅箭区探索党建和文化融合发展的新途径，以实体书店为载体，打造出红色文化传承、党员免费借阅、打折、积分兑换等制度，夯实了党史展示、红色实践、党员服务、区域党建交流基地等为一体的红色新阵地。多次举办"一丢红色读书分享会""一丢红色精品书屋""红色文创工艺区"等活动，吸引党员群众参与，走出一条"阅读引领、精神引领、红色引领"的特色之路。在上海路商圈党群活动服务中心党务工作者张裕看来，"一丢红色书屋"活动中心就是党员群众的"幸福家"、非公组织的"孵化站"、党员红色实践的"微课堂"、区域交流的"会客厅"，使城市中的"口袋党员"主动现身，让在这个城市的流动党员找到了家。

据一丢书房负责人介绍，2020 年，一丢城市书房策划执行"女大学生成长营公益木兰项目"，本着自尊、自信、自立、自强的"四自"精神和主体意识，在十堰市四所高校试点实施为期 5 个月的女大学生的思想引领行动 10 场，服务近 1000 多名女大学生，培养出上海路高校大学生志愿者 15 人。2020 年—2021年，一丢城市书房成立校外少工委，开展"红色故事汇"百姓宣讲活动 7 期。关爱贫困山区儿童服务活动的"金秋行动"10 场，持续每周周末组织亲子红色公益电影展、红色历史故事读书会、红色绘本剧大赛、"小小志愿者 大大正能量"暑假小店长职业体验、少年历史读书会等少年队员的文化体验活动达到 100多场。2022 年—2023 年开展节日喜乐会、312 植树研学、环保日湿地公园观鸟、《长空一号电影》研学、无线电日的科技研学等共 60 多期，在活动形式、内容和意义上宣扬了廉洁家风、绿色环保、科技兴国等新时代文化精神。

一丢城市书房除了传统的阅读区域，还划分有未成年人活动室、四点半学校、上海路妇女儿童微家，不仅可以看到最新的图书和文化产品，还可以参与亲子阅读、手工创作活动、绘本阅读活动。店内还有各种极具个性和艺术感的设计，各种充满童趣的阅读格子间，让适龄读者可以在舒适轻松的环境中享受读书的乐趣。来到这里，还可以在美食区品尝香浓的咖啡、甜点等，慢读一本书，悠然沉浸在书香世界里。一丢城市书房与居民区邻近建设，未成年群体在书房使用者中占有较大比重，既是他们的消遣场所，也是他们的重要的"第二课堂"。在未成年人读书学习时，陪伴的家长也会挑选自己喜爱的书籍阅读，提高了其他年龄层的到馆率和阅读率。

2022年，十堰"一丢城市书房"被评为"2022年度湖北省最美公共文化空间优秀案例"。

四、对一丢城市书房主题特色服务的几点建议

（一）加强人才培训，提升专业性

公共阅读空间主题特色服务的开展需要具有专长的人才以保障主题活动顺利进行。一丢城市书房工作人员往往身兼多职，不仅要负责读者借阅服务、文化活动的执行、书籍和文创产品销售、商品收银工作，以及阅读空间内日常卫生与图书整理等多种工作。建议一丢城市书房的运营方参与到校园招聘之中，按照阅读空间主题重点招聘对应专业的毕业生，以精准吸纳匹配度较高的人才。也可以与阅读空间周边的高校建立校企合作项目，为相关专业的学生提供实习机会。还可以面向社会招募志愿者，根据志愿者的个人意愿，发挥特长，让志愿者有选择地、较灵活地参与到阅读空间志愿服务中来，如活动创意、日常宣传、拍照摄影等。

（二）加强宣传，打造品牌

目前一丢城市书房活动开展主要集中在十堰市茅箭区内，活动范围和影响力不足以覆盖全市。作为新型阅读空间的推广者，经营方应加强对一丢城市书房的宣传，多方联动形成合力，抓好活动的整体策划；通过区里、市里两个层面，积极组织有针对性、趣味性的特色活动，有效传播红色文化、传统文化、民俗文化等。通过小视频、直播的形式在抖音、微博、小红书等年轻人应用较多的数字媒介开展体验宣传，通过体验每次活动最直接的感受，扩大流量，打造成为十堰本土的文创品牌。

新型公共阅读空间在城市的文化肌理中举足轻重。一丢城市书房作为一个重要的文化场所与人文符号,从某种意义上来说,它是一座城市沉淀人文气质不可替代的载体,具有文化"摆渡"的作用,是对城市文化的拾遗补阙。其独具特色的主题服务,形式多样、内容丰富,群众参与广泛,具有重要的积极意义。未来在政府的大力支持和社会各界的共同参与下,此类新型公共阅读空间一定会在探索中不断前进,更加广泛地参与到市民的日常生活中,发挥出更加重要的文化作用。

参考文献

[1] 赵爱杰. 专题图书馆建设路径——以东莞漫画图书馆为例 [J]. 图书馆论坛,2017,37(8).

[2] 程焕文. 岭南模式:崛起的广东公共图书馆事业 [J]. 中国图书馆学报,2007(3).

[3] 刘沣,罗丹. 湖北十堰:书香漫车城 传承如初心 [EB/OL]. 共产党员网,2019-12-20.

精准服务视域下公共图书馆网借服务研究

杨 彦

（湖北省图书馆　430071）

摘　要： 为满足读者的个性化阅读需求，公共图书馆越来越重视精准服务。本文基于广泛调查，对公共图书馆网借服务现状进行研究，分析网借服务存在的问题，从网借文献资源供给、网借平台功能建设、精准阅读推广、成立网借联盟四个方面提出建议，以期为公共图书馆提升公共文化服务效能提供参考价值。

关键词： 网借服务；公共图书馆；精准服务

一、引言

公共图书馆网借服务，最早于 2014 年由苏州图书馆推出。经过 9 年的发展，网借服务已成为部分公共图书馆图书外借的主要方式之一。如浙江图书馆 2022 年年报显示，2022 年服务读者 71.5 万人次，外借文献 153.3 万册，其中服务网借读者 27.3 万余人次，网借图书 37.6 万余册次，网借平台点击量达 563 万次。

本文对公共图书馆网借服务现状展开了网络调查，通过对文献资源供给、网借平台建设、网借读者阅读推广、成立网借联盟等方面进行分析，探讨提升网借服务精准度，以期为公共图书馆提高公共文化服务效能提供参考。

二、图书馆精准服务及研究现状

近年来，图书馆界对精准服务展开了多方面探讨。有学者从读者服务方面考虑，认为精准服务是满足读者个性化需求，提供针对性服务。唐斌认为，图书馆精准服务是以促进用户发展为目的，以用户需求活动为导向，采用科学的方法和策略，通过分析用户行为特征数据为用户提供针对性服务，满足用户个性化需求的过程。牛勇认为，图书馆精准服务是指图书馆在普适服务基础上面向用户个性化需求而建立的以用户问题为导向的服务模式，重点是发现、研判用户群（个人）的个性化需求，提供解决用户特定问题的服务和资源配置方案。有学者从阅读推广方面考虑，如彭欣提出精准化阅读是指有目的的阅读思考，又称指向性阅读，精准化阅读推广营销是指为满足读者对资源短时高效的需求而提供的指向性资源推送服务。

值得注意的是，精准服务不仅包括图书馆为满足读者个人的个性化需求而提供针对性服务，也包括图书馆针对一类人群，提供面向群体的精准服务。

三、网借服务及研究现状

（一）网借服务定义

网借服务，又称图书馆网络借阅服务，指读者在图书馆网借平台用读者证在线选书下单，利用物流将读者所借的馆藏文献传送到读者指定的地址；当读者阅读完毕后，也可通过物流归还给图书馆，或直接（就近）归还到图书馆体系。

（二）网借服务研究现状

笔者于 2023 年 5 月 20 日在中国知网以"网借""O2O借阅""图书馆""网约书""网上借阅"为检索词进行主题检索，共获 46 篇论文。从文献内容来看，有论文是对"天一约书""吴江·悦读"等单馆网借服务进行剖析，改善网借服务；有论文是从"O2O借阅"模式探讨网借服务优势；有论文是从信用借阅角度探讨信用网借服务为读者提供便利，助推信用社会体系建设，如韩波从图书馆信用服务角度分析南京图书馆"陶风网借"平台建设亮点。王洪波等总结了网借服务现状，从规模、宣传、费用等 5 个方面分析网借服务存在的问题，提出普及网借服务等 5 个方面的改善策略。但目前少有从精准服务视角对网借服务进行分析研究的文章。本文从精准服务视角切入，总结网借服务现状，分析网借服务存在的问题，提出提升网借服务精准度的建议。

（三）网借服务现状

作为突破以往图书馆阵地服务模式的一种新型服务形态，网借服务满足了读者个性化、多元化阅读需求，为读者节省了时间成本和交通成本，实现了公共图书馆文献服务的精准化供给，提高了文献资源利用效能，提升了公共文化服务水平。网借服务是图书馆文献精准服务的实现形态之一。

表 1　部分公共图书馆网借服务开展情况

公共图书馆及其网借服务	平台情况	库藏规模、书库类型及库存管理	服务模式	物流情况	服务范围	是否开通线上读者荐购	阅读推广形式
浙江图书馆（信阅）	后台使用嘉图，前端由发图图创开设"信阅"。设置取消预约借、还书功能	库藏120万，密集书库，使用流水号管理；新书与旧书分类标识	社区+物流网借模式，在"信阅"平台上下单，完成新书借书，还回到馆	全省EMS5元3本，超过一本一元；杭州市内各区图书由省馆将书定期发给杭图，其他市区的图书由各市图书馆分拣，邮费按照原则支付	全国	开通线上荐购，读者可以通过线上平台采购图书，由京东图书和浙江新华书店将快递书到读者手中。推出"信阅书店借"，读者可到线下新华书店借阅新书	线上阅读推广活动，线下网借服务推广活动
贵州省图书馆（黔图约）	使用嘉图网借平台，仅设置取消预约借书功能	单设网借智能立体书库，库藏60余万册图书	物流网借模式。快递覆盖贵州全省，物流送书上门或读者送书到柜。贵阳市内有3处自助点	送书上门邮费，4元3本（借），6元3本（还），多1本增加1元，每单上限5本	贵州全省	未开通线上读者荐购	线上阅读推广活动，线下服务借阅推广活动
湖北省图书馆	后台和前端均使用嘉图平台，仅设置取消预约借书功能	单设网借书库，库藏3万册，闭架书库。层架排架	物流网借模式。物流面向全国，负责上门取送服务	武汉市内EMS1-3本5元，京东快递1-3本4元，增加1本1元；武汉市外，京东快递1-3本7元，加1本1元，最多5本	全国	未开通线上读者荐购	线上阅读推广活动，线下服务借阅推广活动

续表

公共图书馆及其网借服务	平台情况	库藏规模、书库类型及其管理	服务模式	物流情况	服务范围	是否开通读者荐购	阅读推广形式
苏州图书馆（网上借阅社区投递）	使用嘉图网借平台，仅设置取消预约借书功能	馆藏160万种572万册均可网借，为了解决空间问题，放空间，后追加4.8亿建立苏州图书馆北馆，整个智能书库总投资3000万	社区+物流网借模式	全市铺设135个投递点（分馆+智能柜），邮局负责投递。物流送书上门。每单5元，每单上限5本	苏州全市	未开通线上读者荐购	线上阅读推广活动，线下网借服务推广活动
宁波图书馆（天一约书）	使用嘉图网借平台，仅设置取消预约借书功能	成立网借中心，离宁波图书车程40分钟，馆藏3万册图书。闭架借阅，层架标排架	社区+物流网借模式	全市铺设22个智能柜，可现场借还续借图书，投递到12个人工借还柜点。与京东物流合作配送图书	宁波全市	开通"我要荐书"功能，荐购范围是浙江新华书店网上书城可购书籍，读者提交荐书信息后，可以随时查看荐书状态	举办线上线下阅读推广活动

续表

公共图书馆及其网借服务	平台情况	库藏规模、书库类型及管理	服务模式	物流情况	服务范围	是否开通线上读者荐购	阅读推广形式
廊坊市图书馆	使用自主研发的网借服务九小程序九思畅阅网借平台	网借书库位于廊坊丝绸之路国际艺术交流中心地下一层，库藏20万册图书，普通书库	物流网借馆模式。廊坊图书馆服务体系所有成员馆读者均有使用网借服务的权限	与中国邮政合作，推出"外卖式"送书上门服务，全市借（还）5本书5元邮费，前2000单邮费仅1.25元	廊坊市全辖区	未开通线上读者荐购	与丝路中心合作开展阅读推广活动
青岛市市南区图书馆（青云图）	使用青云图互联网借阅服务平台	未专设网借书库，可借1万3千余册馆藏图书，可选1万余种新书订购	社区＋物流模式。馆方负责图书还借手续办理。中通快递负责配送	市南区内借图书免费邮寄，线下70处通借通还服务点	市南区	开通线上"新书借阅"，读者可在线上城选新书，等待新书免费邮寄到家	开展了线上线下相结合的阅读推广活动
成都市成华区图书馆"熊猫·云书房"	使用嘉图公司网借平台	单设网借书库，1万册少儿馆图书，传统层架标准层架、普通闭架书库	物流网借模式，嘉图团队负责维护和运营	成都范围内：EMS3册起价6元，每增加1册加1元，京东3册起价7元，每增加1册加1.4元。全国其他地区参考当地物流收费	全国	未开通线上读者荐购	举办线上阅读推广活动

（数据来源于江苏嘉图网络科技股份有限公司及相关图书馆官网）

截至 2022 年 12 月底,全国共有 153 家公共图书馆开通了网借服务,分布在除西北地区以外的 150 个城市。笔者按照我国东部、中部、西部地区,兼顾省级、市级、区级,挑选了有代表性的 8 家公共图书馆开展网借服务的情况,制成表 1。

1. 网借服务模式

结合表 1 可以看出,网借服务已发展出两种服务模式。

(1)"社区+物流网借"模式。如苏州图书馆"网上借阅社区投递"、青岛市市南区图书馆"青云图"等。服务以图书馆总分馆体系为依托,读者用移动终端在网借平台选书下单,图书馆找书后,通过物流配送到读者指定的社区分馆或者社区投递点,读者免费凭证刷卡取书,还书时可就近还到社区分馆或者投递点。物流企业作为合作方起到支持作用。若读者选择"送书到家",读者支付快递费,图书由物流企业送到读者家中。

(2)物流网借模式。如湖北省图书馆"楚天云递"、廊坊市图书馆网借服务等。服务主要以物流公司快递图书为支撑。读者在移动终端登录网借平台,选书后,填写信息,在线支付运费。图书馆找书、打包后,交给快递公司。图书由快递公司物流配送至读者手中。读者通过线上平台预约还书,在线支付快递费后,等待快递员上门取书。图书的空间转移由物流快递系统完成,读者支付快递费。

2. 网借服务与数字阅读服务融合

目前,有两个图书馆将网借服务与数字阅读服务融合,开发推出了综合阅读服务平台,实现了网借纸质文献和在线阅读电子书在同一服务平台办理,为读者提供了综合阅读服务。

青岛市市南区图书馆以读者需求为导向,整合公共图书馆、快递配送、通借通还服务点、自助图书馆等多方资源,推出"青云图"互联互通阅读服务平台,实现集在线办证、新书借阅、馆藏借阅、线上阅读、线上听书、滞纳金缴纳等线上实用功能和线下区内免费配送、通借通还于一体的综合阅读服务。

浙江图书馆和浙江省各地级市公共图书馆已接入浙江省政务服务平台"浙里办"。读者可以在"浙里办"APP 和小程序中,在线续借图书馆图书、"一键借阅"网借图书、在线免费阅读电子书、在线报名公共图书馆活动。

3. 网借服务联盟

目前,全国较大的网借服务联盟是"长三角公共图书馆网借图书服务联盟"。它是 2020 年 9 月 15 日,由上海市杨浦区图书馆倡议,"长三角"地区昆山市图书馆、吴江图书馆等 11 家公共图书馆共同发起成立的。区域网借联盟成立后，通过线上线下结合的方式，举办了多次富有地域色彩的长三角区域内网借服务联动的阅读推广活动，构建了区域知识分享交流的文化阵地。"长三角"网借联盟主要是对长三角网借读者举办联合阅读推广活动。

四、网借服务存在的问题

（一）网借文献资源供给不精准

目前，公共图书馆的网借文献资源主要有三种来源。一是新建网借专属书库，如湖北省图书馆等，专为网借服务而选采的一批图书，一般包括成年人的中文图书，如热门畅销书、经典文学名著、社科新书等，以及少儿图书。二是从馆藏中筛选建库，如上海图书馆。该馆从已下架图书中挑选出借阅率较高仍有阅读价值，但现场借阅已借不到的书，加上部分专业书籍，组成网借书库的 15 万册图书。三是新建书库与馆藏开架借阅书库结合，如苏州图书馆。

2021 年宁波图书馆开展了关于"天一约书"的电子调查问卷，读者意见高频词排名第 9 位为"儿童"，可得出读者对童书需求较大。湖北省图书馆网借服务实践发现，大部分网借读者对近 2 年出版的社科类畅销书、小说、童书等需求较大，对自然科学类书需求较小。从表 1 可以看出，并非所有图书馆的网借服务都开通了网上"你选我买"功能。这些都说明，网借文献资源建设与读者需求不完全匹配，网借文献资源供给不精准。

（二）网借平台功能不精细、不完善

如表 1 所示，目前大多数公共图书馆网借平台使用江苏嘉图网络科技股份有限公司开发的平台，个别图书馆使用自主研发平台。网借平台的基础功能包括网借书目展示、在线检索、在线选书下单、在线预约还书、网借书籍推荐、网借活动预告、在线取消借书等。

随着网借读者规模不断扩大，因网借书复本数有限，读者借不到想看的书的情况时有发生，网借活动日益增多，平台的基础功能已不能满足读者们对网借服务操作简单、方便、快捷、高效的期待。部分图书馆的平台融合了更多功能，如线上新书荐购、在线借阅预约、电子书阅读、在线活动预约等。另外，平台现有推荐图书功能也不够精细。笔者使用嘉图网借平台，将《塞雷三分钟漫画中国史 3》加入借书架，平台"猜你喜欢"推荐的图书没有区分成人书和童书，而是将所有书名包含"历史"的图书都推荐。

（三）网借阅读推广有待精准、精细

从表 1 可知，大多数图书馆网借服务开展了多种多样的阅读推广活动，部分图书馆将阅读推广活动交给网借服务运营公司策划、开展，针对网借读者在社群中开展如读书打卡、借书送礼、主题书目推荐等线上阅读推广活动；部分图书馆一方面开展线上社区阅读推广，一方面在线下推广网借服务。但网借阅读推广活动在选题策划、内容确定、目标达成和效果评估等方面，与传统阅读推广区别不大，存在推广内容不精准、不专业，活动形式少、老旧等问题。

（四）区域网借服务联盟合作不深入

东部沿海地区在区域网借联盟方面发展较快。"长三角"网借服务联盟主要是对长三角网借读者举办联合阅读推广活动，并未实现区域内网借服务深度合作和网借书通借通还，合作不够深入。许多省的省域内公共图书馆网借服务，因网借读者规模有限，省馆网借服务范围覆盖全省，省域内开通网借服务图书馆较少等原因，尚未达成网借服务联盟合作。

五、提高网借服务精准化建议

（一）提高网借文献资源供给精准度

一是网借服务"你选我买"功能应开尽开。技术和操作层面的网借平台"你选我买"功能已经成熟，各图书馆应尽力满足读者借阅新书需求。二是可以探索接入部分热门书籍的数字图书资源，限定数字图书复本数，满足读者阅读需求，提高阅读满意度。三是提高网借文献资源配置的专业性和引领性，在精准供给的基础上，引导读者扩宽阅读范围和学科领域。

（二）提升网借服务平台功能精细化

一是将网借服务纳入图书馆大数据管理分析项目，依托读者管理系统和GIS技术，提取读者属性数据、行为数据、图书馆资源利用数据、住址周边数据等，构建核心读者画像，进行馆藏（库藏）资源个性化推送，提高资源推送的精细化和准确性。二是完善平台综合功能。如增加热门书籍在线预约借阅功能；与豆瓣网等书评网站合作，开放书评展示功能；增加网借活动预约参与、提醒参与功能等。

（三）推进网借阅读推广精准化、精细化

一是明晰网借阅读推广服务主体责任。精准阅读推广建立在阅读推广主体责任明晰的基础上。图书馆员是网借阅读推广服务的第一责任人，网借阅读推广活动的策划和效果评估应以图书馆员为主，网借服务平台运营公司工作人员负责活动执行。二是丰富活动形式。如利用直播举办阅读推广活动，举办短视频分享比赛、社群共读一本书、社群阅读交流会等。三是增加网借阅读推广活动的社交性，注重维护社群阅读氛围，友好互动。

（四）成立区域网借服务联盟

推广长三角网借联盟的模式，由较大的图书馆牵头，组成区域网借服务联盟，借鉴"粤港澳大湾区公共图书馆联盟"中心化的机制，实行双主持单位制，通过统一联合书目数据库达成馆际资源共建共享；通过联合举办阅读推广活动、开展合作交流项目，建立区域内网借读者归属感和荣誉感；开发具有网借服务特色的知识服务、知识产品、文创产品，满足联盟网借读者的心理需求。

相信，随着科技的发展，网借服务将成为图书馆越来越重要的服务形式之一，满足用户个性化、多元化阅读需求，为用户提供精准有效的服务，提升公共图书馆的公共文化服务效能。

参考文献

［1］浙江图书馆业务办公室.2022年浙江图书馆年报［R］.杭州：浙江图书馆业务办公室，2022.

［2］唐斌.图书馆精准服务：内涵、机制与应用［J］.图书馆工作与研究，2017（5）.

［3］牛勇.图书馆精准服务研究［J］.图书馆学研究，2016（5）.

［4］彭欣.基于读者行为大数据的图书馆精准化阅读推广营销研究［J］.图书馆学刊，2018，40（4）.

［5］苏州图书馆.网上借阅社区投递［EB/OL］.苏州图书馆，2016-11-15.

［6］韩波.图书馆信用服务模式探讨——以南京图书馆"陶风网借"项目为例［J］.图书馆杂志，2020（11）.

［7］王洪波，田广琴，耿晓宁.图书馆网借服务现状与分析［J］.图书馆工作与研究，2018（11）.

［8］厉害了！喜提国家大奖！"青云图"入选［EB/OL］.市南区图书馆公众号，2020-10-30.

［9］顾杰尉.长三角城市图书馆互融互通的探索实践——以"长三角公共图书馆网借图书服务联盟"为例［J］.图书馆研究与工作，2022（2）.

［10］毛锦伟.不出门，就能在上海图书馆借书了！15万册藏书可"网借"

背后有故事［N］. 上观新闻, 2022-12-08 (5).

［11］丁若时, 毛婕, 胡冰迎彦. 基于数据可视化与词频分析的后疫情时代网借服务研究——以"天一约书"为例［J］. 晋图学刊, 2023 (1).

［12］石钰冰. 区域性公共图书馆联盟建设研究——以粤港澳大湾区公共图书馆联盟为例［J］. 图书馆学刊, 2023 (5).

以评促建，推进十堰地区公共图书馆事业高质量发展

熊　蕊　何珍珍　杨　柳

（十堰市图书馆　442000）

摘　要： 公共图书馆评估是公共文化发展的需要，是公共图书馆创新驱动的动力，同时也是图书馆事业发展的重要抓手。截至 2022 年，十堰地区公共图书馆先后共参与了七次全国县级以上公共图书馆评估定级。通过以评促建，十堰地区图书馆事业呈现稳中向好的发展态势。文章以十堰地区公共图书馆为例，以第七次评估定级统计上报的数据为依据，全面分析总结了我市公共图书馆事业发展的现状和存在的问题，并对未来发展提出了自己的想法。

关键词： 推进；公共图书馆；发展

十堰地区县级以上公共图书馆共有 7 家，其中市级公共图书馆（以下简称"市级馆"）1 家（十堰市图书馆）、县级公共图书馆（以下简称"县级馆"）6 家（竹溪县图书馆、竹山县图书馆、房县图书馆、丹江口市图书馆、郧西县图书馆、郧阳区图书馆）。截至 2022 年，十堰地区公共图书馆先后共参与了七次全国县级以上公共图书馆评估定级。2018 年文化和旅游部公布的第六次全国县级以上公共图书馆评估定级结果显示，十堰地区有一级馆 1 家、二级馆 2 家、三级馆 4 家。2022 年全国公共图书馆第七次评估定级工作中，十堰地区 7 家公共图书馆都积极参评，其中十堰市图书馆保一级馆，竹溪县图书馆在二级馆的基础上申报一级馆，竹山县图书馆和丹江口市图书馆在三级馆的基础上申报一级馆，郧西县图书馆和房县图书馆在三级馆的基础上申报二级馆，郧阳区图书馆保二级馆。各县级馆在目标确定后，广泛宣传动员，积极汇报，争取各级领导、社会各界的重视和支持。总体来说，通过评估定级增强了十堰地区公共图书馆的服务意识，树立了新的服务理念，稳固了公共图书馆在公共文化服务体系中的重要地位。

一、十堰地区公共图书馆事业发展现状

近年来，十堰地区公共图书馆始终坚持公共文化服务"公益性、基本性、均等性、便利性"的要求，不断夯实基本服务内容，大力开展阅读宣传推广、特殊群体服务、参考咨询和数字化服务，有效提升服务效能和阅读满意度，保障了人民群众基本阅读权益。

（一）狠抓新馆建设，夯实事业根基

"十三五"期间，十堰各级政府加强对公共图书馆的统筹规划，启动了多个公共图书馆的扩建、新建。十堰市图书馆正视馆舍面积不足、设施较为陈旧的现状，坚持在争取建设新馆的同时，不断完善服务功能，合理布局服务空间，优化提升设施设备适用性水平，努力满足读者日益增长的文化需求，目前拥有阅览座席 2805 个、每千人 2.3 个。与此同时，新馆建设于 2022 年立项，预计 2025 年能投入使用。另外，6 家县级图书馆，已有 4 家搬迁至功能齐全的智慧化新馆，1 家新馆建设项目已立项。截至 2022 年年底，十堰地区公共图书馆的总藏量达 407.8 万册，比 2018 年的 266.7 万册增长 35%，其中年新增人均藏量 0.58 册。市级公共图书馆比较注重文献收藏的深度和广度，形成了以十堰地方文献为馆藏特色，与十堰地区的经济社会发展相适应的纸质、电子文献并存的文献建设体系。

（二）政策保障有力，投入稳定增长

十堰市委、市政府高度重视图书馆事业高质量建设发展，认真贯彻执行《中华人民共和国公共图书馆法》（以下简称公共图书馆法），积极出台与贯彻落实公共图书馆法相配套的政策、措施，在评估周期相继出台了《十堰市国民经济和社会发展第十三个五年规划纲要》《十堰市国民经济和社会发展第十四个五年规划和 2035 年远景目标纲要》及《关于推动十堰市公共文化服务高质量发展的实施意见》等，推动了图书馆事业高质量融合发展；我馆为贯彻执行公共图书馆法，除组织干部职工系统学习、专题培训、理解掌握外，还充分借助世界读书日、全民阅读月、图书馆服务宣传周等重要时间节点和流动服务、网站微信平台、展览讲座、LED 显示屏等广泛宣传《公共图书馆法》，形成了全社会关心关注、帮助支持图书馆事业发展的良好局面；为科学规划图书馆事业发展，各级公共图书馆制定了"十三五""十四五"发展规划，并通过落实"十三五"发展规划，充分发挥公共图书馆在文化惠民、公共文化服务、书香社会建设、全民阅读推广、公民文明素质提高等方面的职能作用，取得了良好的社会效益。

为保障群众基本阅读权益，提供高效优质服务，在评估周期内，全市财政拨款总计6346.74万元、年均2595.25万元，用于文献购置、免费开放、活动开展、人员经费、运行保障等。

（三）服务效能提高 读者满意率攀升

一是免费开放深入实施，服务时长保障有力。深入实施免费开放工作，通过制定、完善免费开放相关制度、措施，将免费开放服务项目、服务时间、服务联系电话制作成公示内容和公示牌，在网站、微信公众号、馆内醒目位置进行公示，让群众更加明了便捷地享受设施场地、文献借阅服务。坚持全年对外开放，市级馆每周开馆达84小时，每周延长开放总时长10.5小时，县级馆每周开馆56小时，较好满足了群众的阅读需求。二是讲座展览培训活动形式多样。为丰富群众文化生活，十堰地区公共图书馆以线上线下的形式开展了"十堰讲坛""网络书香过大年""新春书展""嘉年华新书好书推荐展""廉政主题书展""童声童趣故事会""公共文化空中大课堂""党史学习教育""书香作伴酿快乐假期"等丰富多样的主题、专题、品牌讲座展览培训活动。三是服务宣传与阅读推广不断深入，读者满意度逐年提升。为增强、提升图书馆服务的读者关注度、社会影响力，注重对资源、服务、活动、工作的媒体报道和宣传推介，在世界读书日、全民阅读月、服务宣传周、重要纪念日、重要节假日等重要时间节点，开展宣传活动百余次，媒体宣传报道千余次、年均250余次；坚持阅读推广月月有安排、周周有活动，以线上线下相结合的方式，通过馆内阵地推广和走进机关、企业、社区、校园、军营、乡村、特殊群体等场所推广，大力开展阅读服务体验、阅读素养提升、阅读习惯养成、信息资源推广等专题、主题阅读推广活动，有力推动了全民阅读走向深入，让活动贴近群众，让阅读深入人心。为改进图书馆工作，满足群众服务需求，提升读者满意度，建立完善了读者评价、意见建议处理反馈等制度，设置设立了读者意见箱、投诉处理意见簿、网站微信留言平台，安排专人处理读者意见、建议、投诉，做到事事有着落、件件有回音，服务满意度逐年提升，全市公共图书馆此次评估定级网上读者满意率调查均为99.5%以上。

二、存在的主要问题

"十三五"期间十堰地区公共图书馆建设与事业发展虽取得了可喜的成绩，但与"十四五"规划的要求还相差甚远，滞后于社会经济高速发展的形势，难以满足读者的多元化需求。

（一）政府保障力度有待加强

通过第七次评估定级的统计数据不难发现，十堰地区公共图书馆的年财政拨款总额基本达标。在评估周期，市财政拨款总计 5001.98 万元、年均 1250.49 万元，用于图书馆文献购置、免费开放、活动开展、人员经费、运行保障，截至 2021 年年底普通文献馆藏总量 226.25 万册件，其中入藏图书馆藏量 217.91 万册件、期刊报纸合订本馆藏 7.79 万册件、光盘馆藏量 0.46 万册件，年人均新增文献入藏量 1.31 册件。其他 6 家县级馆的财政拨款总额虽达标，但这 6 家县级公共图书馆年均文献购置费总合仅 23.25 万元，人均年购置纸质文献经费 0.104 元。这些经费，只够各馆每年订购上级规定的党报党刊和少部分报纸杂志。截至目前，我市县级馆文献总藏量共计 100 万册，人均文献藏量只有 0.45 册，远远达不到国际图联人均文献藏量 1.5～2.5 册的要求。各县级馆年人均新增文献入藏量虽然都达到 0.1 册件以上，这其中不仅包括电子文献、期刊和报纸的合订本、小册子、手稿、录像录音带等，还有相当大一部分藏书每年受惠于中央文明办、文化和旅游部、新闻出版署等部门的联合捐赠，及湖北省文化和旅游厅、湖北省图书馆在全省区（县）级图书馆建立馆外图书流通点所配置的资源。购书经费和文献资源的不足严重制约了图书馆各项服务工作的开展。

（二）人力资源配备水平和业务研究能力有待提高

专业技术人员的占比及科研论文的发表情况是公共图书馆评估的一项重要指标，能够反映出其业务研究能力和水平，同时还能客观展现公共图书馆发展现状。截至 2022 年年底，市级馆有工作人员 63 人，专业技术人员占比 87%，大学本科及以上学历占比 71%，高级职称工作人员占比 21%，2018—2021 年人均接受业务培训 73.3 学时，拥有政府专项津贴专家 1 人、全市优秀中青年拔尖人才 2 人、武当人才 3 人，集体和个人获得国家级各类奖项 23 个、省部级 51 个、市级 27 个。6 个县级馆共有工作人员 68 人，其中在职在编 35 人，专业技术人员 33 人，仅占总人数的 48.5%。馆员的年龄结构、学科结构、梯队结构不合理，业务研究能力薄弱。比如，"业务统计与研究"项中各馆填报材料几乎都是空白。培养和引进智慧图书馆、数字图书馆建设实施过程中能够掌握计算机、网络、通信、多媒体等技术的业务骨干和资源采集、整理、加工开发等方面的信息化管理人才是当务之急。公共图书馆从业人员的现状不足以支撑图书馆事业的发展，人才队伍建设需进一步加强。

（三）公共图书馆服务效能未能完全发挥

从文献资源建设来看，十堰地区公共图书馆人均文献资源馆藏量还未达到国家规定的水平。从数字资源开发利用来看，无论是市级馆还是县级馆，数字资源建设水平远不及人民日益增长的文化需求和信息化需求。从服务体系建设来看，我市虽基本实现了图书馆总分馆体系全覆盖，但运行过程中仍存在资源共建共享效益差、可持续利用率不高等诸多问题与困难。从人才队伍建设方面来看，我市公共图书馆人才队伍中还存在图书馆专业人才稀缺、信息素养匮乏、科研探索欲淡薄等问题。

三、总结经验，以评促建

评估定级工作是对公共图书馆事业发展的一次全面检阅，评估不仅让我们看到图书馆事业发展的美好愿景，也使我们从中看到了差距和不足。因此，我们要把评估标准作为日常工作规范和努力的方向。

（一）加强政策保障体系建设

文化是人们的精神家园，是一个城市的根脉和灵魂，是一个地区综合实力的重要体现。随着公共文化服务体系建设的不断深入，应全面贯彻落实《中华人民共和国公共文化服务保障法》《中华人民共和国图书馆法》，强化各级政府作为各级公共图书馆建设和发展的主体责任，明确公共图书馆是政府部门提供的不可或缺的公共服务产品。各级政府须依法承担保障公共图书馆事业发展运行的经费及政策保障，建立制度化、法治化的图书馆保障机制。

（二）多措并举持续推进基层图书馆（室）建设

为进一步推动公共文化服务体系建设，推进基层公共文化服务标准化、均等化、共享化发展，提升公共文化服务水平，中央办公厅、国务院办公厅和省委办公厅、省政府办公厅出台的《关于加快构建现代公共文化服务体系的实施意见》国家公共文化服务体系示范区（项目）创建方案作出了全面部署，我市结合"生态十堰、人文十堰、创新十堰、开放十堰、幸福十堰"这"五个十堰"新发展理念，打造"半小时阅读圈"，解决城乡群众读书难"最后一公里"问题成为建设人文十堰和绿色低碳发展示范区的迫切需要。图书馆作为公共文化服务体系建设的重要一环，需主动适应时代的发展及变化，积极探索公共图书馆的发展之路。例如，十堰市图书馆以"流动图书车+数字资源""流动图书车+品牌活动""流动图书车+总分馆建设"等形式着力构建"流动图书车+"的服务模式，打造全新的多元化城区半小时阅读圈；十堰地区公共图书馆积极探索文旅融合发展模式，开发文创产品，创新服务内容与手段，以景区图书分馆建设为抓手，打造文化旅游阅读新空间。例如，十堰市图书馆把分馆、书房建在旅游景区，提升了景点的文化品质，也助力了全民阅读。目前，市图书馆已在张湾区西沟乡长河湾景区、茅箭区东沟红色革命教育基地、武当山等景区景点建成景区图书分馆 4 所；丹江口市图书馆已建成均州书房、大坝公园分馆、沧浪洲分馆等主题分馆 3 所；竹山县图书馆已建成龙井书苑、上庸书院、梅花谷梅林书屋等景区图书馆。十堰地区逐步形成了多元化合作的城乡一体化阅读空间，将多维空间扩展成为图书馆阵地，有效扩展了图书馆服务空间和服务内涵。

（三）加强地方文献建设，重视古籍保护

习近平总书记在中国人民大学考察调研时强调："要运用现代科技手段加强古籍典藏的保护修复和综合利用，深入挖掘古籍蕴含的哲学思想、人文精神、价值理念、道德规范，推动中华优秀传统文化创造性转化、创新性发展。"古籍从 5000 年历史深处走来，承载着中华儿女历史记忆、思想文化、智慧结晶、华夏文明和知识养分，是国家厚植文化自信的源泉和动力，是民族生存发展的精神基石和心灵依托。各级公共图书馆要做好古籍保护规划，梳理好地方文献脉络，同时加强古籍数字化管理，做好地方古籍普查及数字化录入工作，统筹实施地方古籍数字化保护工程，推进古籍数字化版本资源建设与服务，将古籍或者古籍内容制作成数字文本，刻录、复制或转移到光盘、U 盘、互联网等载体和平台上，实现古籍数字化资源共建共享，推动古籍保护和利用转型升级。

参考文献

［1］文化和旅游部办公厅关于开展第七次全国县级以上公共图书馆评估定级工作的通知［EB/OL］.文化和旅游部官网，2022-05-26.

［2］贾莹."以评促建"契机下的广西公共图书馆发展现状及对策分析［J］.河南图书馆学刊，2020，40（2）.

现阶段公共图书馆打造以人为本的阅读空间的主要特点及前景探讨

刘佳丽

（武汉图书馆　430015）

摘　要：本文采用文献调研和网络调研相结合的方法，以国内外公共图书馆打造阅读空间的典型案例为基础，从阅读空间与人文要素、社交空间、主题元素、文化产业等多方面的融合分析了现阶段国内外公共图书馆阅读空间的显著特点，并用具有代表性的案例进行阐释。最后依据上述阅读空间的主要特点，对国内公共图书馆阅读空间的发展前景进行了探讨。

关键词：公共图书馆；阅读空间

一、引言

"全民阅读"作为国家的一项重要发展战略，使公共图书馆的阅读活动得到迅速推广，在提高国民素质、促进社会和谐发展、推动经济发展、传承文化遗产等方面发挥了举足轻重的作用。随着 2021 年"十四五"规划的提出，全民阅读活动迈向了更高一层台阶，公共图书馆在提供阅读服务的同时，更加注重建筑空间的打造，为阅读空间融入更多人文元素。吴建中馆长曾在《转型与超越：无所不在的图书馆》一书中指出人与图书馆关系的三个层次："第一层次，即从以书为本向以人为本转移；第二层次，即从服务馆内读者向服务利益相关者延伸；第三层次，即从书的图书馆向人的图书馆拓展。"这三个层次体现了阅读空间从单纯的物理空间向人文空间的转变，与社会学家雷·奥尔登堡的第三空间理论不谋而合，其特点就是更高的包容性、更丰富的交流语境、更舒适的阅读体验。文化和旅游部也在《"十四五"公共文化服务体系建设规划》中提出，我国公共图书馆事业发展的目标方向为"建设以人为中心的图书馆"，"优化公共图书馆环境和功能，营造融入人民群众日常生活的高品质文化空间，建设有温度的文化社交中心"。在实践层面，随着国家对公共文化服务体系建设的越发重视，各级政府也在不断地加大财政投入，各地逐渐出现了建筑空间各具特色的公共图书馆，它们具有艺术性、新颖性、前瞻性，富有人文情怀并融入对可持续发展方面的考量，这些多元化的空间设计构成了新时代的读者服务语境，极大地提升了读者的阅读服务体验，拓展了图书馆事业的发展空间，对阅读空间的研究具有非常重要的现实意义。本文结合国内外打造阅读空间的典型案例，梳理了现阶段阅读空间的显著特点，并探讨阅读空间的发展前景。

二、以人为本的阅读空间的主要特点

阅读空间的打造并不仅仅是对空间内部进行设计装潢，而是要为读者创造开放、舒适、和谐的学习氛围。将以人为本作为核心理念，打造体现人文关怀的学习交流环境，是图书馆阅读空间设计的最终目标。国内外公共图书馆在阅读空间的打造上都有各自的侧重点，学习型、共享型、体验型各具特色。但诸多案例也存在着许多共性，它们都表现出人文理念、社交语境、主题元素、地方文化等特点，这些特点使图书馆成为一个多功能的、满足人们不同需求的场所，既提供了丰富的知识资源，又提供了交流空间和文化体验。

（一）阅读空间与人文要素的融合

谷歌办公室的设计理念一度让人们眼前一亮，其舒适自在的环境设计打破了人们对办公场所的固有印象，告诉人们办公场地也可以是轻松惬意的。阅读空间的变化也同样会改变人们对阅读的刻板印象。在进入图书馆之后，图书馆内的环境氛围是影响读者在图书馆内体验是否舒适的关键。两者需相互配合、相辅相成，共同构成符合使用者行为习惯的空间布局。图书馆空间吸引读者的不仅仅是书籍本身，而是一种场所的情感精神，即一种"空间体验"的延伸。当代公共图书馆阅读空间的设计重点是"以人为本"，一切围绕人的需求而设，打造成形态宜人且有文化品位的体验场所，呈现出富有人文情怀、以创新为核心的特点，主要表现在以下三方面：

1. 人性化的空间设计：阅读空间设计注重舒适性和美感，采用自然光线、舒适的座椅和明快的色调。同时引入绿植、艺术品和装饰物等，营造出温馨、雅致的氛围。

2. 开放性和多功能性：阅读空间是一个多功能的公共空间，提供各种不同的活动区域，如阅读区、创作区、社交区、展览区等，这些功能区域没有传统意义上的隔离，共同构成一体化空间。

3. 创新科技提升阅读体验：引入虚拟现实、智能导览等技术支持，为读者提供全新的阅读体验。通过数字化资源和互动技术拓展阅读的边界，提升阅读的乐趣和参与度。

以人性化设计著称的芬兰赫尔辛基中心图书馆打破了人们对于图书馆的传统认知，其馆建筑外部遵循"自然主义"设计理念打造成花园式建筑，内部基于功能美学分区原则创建了"城市客厅""书的天堂""创新工作实验室"等主要区域，既保持了空间的通透性，又独具艺术美感。馆内氛围空间与创客研修空间并行，寓教于乐。该馆将功能向非传统藏阅空间拓展，包括创客工作室、办公工作、团体会议、电影院、咖啡馆、画廊、展览、多功能厅等多种功能区，甚至还设置了虚拟研讨、智能玻璃墙、3D打印机、琴房和录音棚，以及一个能容纳多人就餐的餐厅与厨房，形成集学习、休闲、娱乐于一体的人文空间。赫尔辛基中心图书馆还致力于提供兼具艺术美感与高科技含量的设备，为用户带来沉浸式艺术体验。比如，在图书馆二层设置旨在启迪用户创意灵感的"立方体房间"，这是一个由人工智能技术、虚拟现实技术打造而成的智能墙壁空间，通过视、听、触、嗅全感官体验集成，帮助用户成为虚拟主角，并在模拟环境中体验到强烈的在场感、科技感、艺术感。随着阅读空间设计理念和数字技术的提升，身处其中的美学感受和创意体验也越来越丰富多彩。阅读不再是正襟危坐、机械式的读书学习，而是享受知识、激发创造力的过程。

（二）阅读空间与社交空间的融合

阅读不仅仅强调"读"，更重要的是知识的交流和思想的碰撞。阅读是一种与作者进行交流的方式，是读者本人的独享体验。同时，阅读也是一种与其他读者进行交流的方式，可以是处于同一空间下的读者之间的共享体验。荷兰建筑师赫曼·赫茨伯格在《建筑与结构主义：空间的秩序》一书中探讨了如何让独享与共享和谐共生，那就是打造共同的社交空间，让彼此之间严格的界限划分变得不这么明显。社交如同助推剂，人们可以在这个空间里不期而遇或提前安排好见面，让公共领域变成每个人都可以表达社会想法的空间。为阅读空间赋予社交属性，常见的途径有三种：

1. 提供开放的休息区、咖啡厅、休闲座位等多种类型的公共交流空间，为读者提供舒适和轻松的环境，以促进交流和互动。

2. 合理划分和布置空间，使不同区域组合起来构成共享空间。例如，将提供小组讨论和学习交流的合作学习区域与休闲区域巧妙地按照读者的习惯和动线串联起来，打破区域限制，构成方便交流的知识共享空间。

3. 通过引入社交活动和项目，进一步增加阅读空间的社交属性。例如，举办读书俱乐部、讲座、研讨会等活动，吸引读者参与和互动，为读者提供更多交流的机会。

美国 Hunt 图书馆十分注重为用户提供具有社交属性的服务空间，在学习共享空间里既有开阔的阅览区，也有游戏实验室、视觉实验室、创意工坊及各种数字媒体的制作场所，各实验室之间没有围墙的阻隔，整个共享空间呈现出开放一体化的格局，方便用户在不同功能区域之间转换。Hunt 图书馆在空间设计上注重分割出群体活动所需要的空间，设置研习室、会议场所、讨论室及实验室等，让用户能够利用图书馆的空间资源开展沙龙、小组讨论和实验设计等交流活动；设置足够的绿化和休闲空间，利用这些元素巧妙地连接各个功能分区，增加图书馆空间的流畅性和整体性。

阅读空间与社交空间的融合为读者提供了丰富的交流语境，使图书馆成为一个充满活力和社交氛围的场所。交流促进了知识的共享和合作：读者可以通过交流获取他人的知识和经验，也可以通过交流将自己的知识和经验分享给他人，共同探讨和解决问题，推动思想和知识的进步。

（三）阅读空间与主题元素的融合

与主题元素相融合是指图书馆根据不同的主题或特定的需求，打造出独特的阅读空间，包括两种类型：

1. 公共图书馆为特定人群打造专属空间。例如，设立儿童阅读区、老年阅读区、创意展示区等，这些主题元素的引入，使得图书馆的空间更加多样化和个性化，能够更好地满足不同年龄段和不同群体的需求。

2. 公共图书馆为特定主题打造沉浸式体验。通过空间设计和布置，营造出与特定主题相关的氛围和环境；通过展示特定主题的书籍和资料，为读者提供更加全面和深入的阅读体验；通过举办与主题相关的活动，如展览、讲座、读书会等，让读者有机会与专家学者深入探讨特定主题；利用技术手段，比如，引入虚拟现实（VR）技术，让读者穿越时空，亲身体验历史事件、文化场景。

相较于传统阅读空间，专属空间能够更加全面地满足特定读者的需求。英国是世界上最早倡导图书馆为儿童提供服务的国家，英国图书馆面向儿童的空间设计具有主题化的显著特征，甚至专门为儿童开设玩具图书馆。儿童的主题空间会从孩子的角度去设计，利用森林、海洋、城堡等充满童话气息的主题元素来吸引儿童的注意力，充满趣味性、互动性和多元性，让他们更加喜爱在这里读书和玩乐。

武汉青山区图书馆新馆打造了众多主题阅读空间：主打室内露营风的地理主题书房，读者可以坐在户外椅上，背靠戈壁荒野读一本旅行游记；哈利·波特主题书房，这里能借阅《哈利·波特》系列全集，书迷们围坐在可容纳 16 人的魔法圆桌边交流讨论，可以铺上投影桌布，一边读书一边播放《哈利·波特》电影；三味书屋主题书房，以书法作品作为室内装饰，主打中式美学，室内陈设斗柜、太师椅等老物件，书卷气十足，这里也是文学沙龙、研讨的专用场地……图书馆将阅读空间与多种主题要素相融合，打造沉浸式阅读体验，不仅能够满足不同读者的知识需求，还能够激发他们的兴趣和想象力，促进深入思考和学习。

（四）阅读空间与文化产业的融合

地方文化是地区在社会发展中形成的物质和精神成果的总和，反映了一个地区各时代、各方面的发展面貌，在促进当地经济社会发展中发挥着重要作用。公共图书馆阅读空间的塑造与城市的人文历史、艺术文化保持相对统一性，并通过城市人文艺术元素的延伸和融合突出阅读空间的特色，发挥陈设装饰的艺术美学性与方向引导性作用。可以说，图书馆天然具备展示地方文化的条件和优势，为图书馆与地方文化产业的相互融合奠定了基础。文化和旅游部发布的《"十四五"文化和旅游发展规划》中提到，要"提高文化和旅游发展的科技支撑水平，优化文化和旅游发展布局"。在《"十四五"文化产业发展规划》中也提出"推动文化产业融合发展"。阅读空间与地方文化产业的融合具有多重意义：

1. 共同推动文化的传承和发展。通过与本地文化产业的合作，图书馆可以提供更多与地方文化相关的资源和服务，满足读者对地方文化的需求，同时也为本地文化产业提供了一个展示和推广的平台。

2. 促进创意和创新的交流与合作。通过举办创客、讲座、展览等活动，图书馆可以为本地文化产业提供创意和创新的灵感，同时也为创意人才提供学习和展示的平台。

3. 促进经济的发展和就业的增加。文化产业是涉及创作、制作、发行、销售等多个环节的产业，图书馆作为文化消费场所，可以为本地文化产业提供潜在的消费者和市场，推动本地文化产品的销售和推广。同时，图书馆也可以与本地文化产业合作举办文化活动和展览，吸引游客和参观者，促进旅游和文化产业的发展，从而带动经济的增长和就业的增加。

北京西城区探索公共文化服务领域和 PPP（社会资本）的合作道路，打造了一系列别具一格的公共阅读空间。"砖读空间"是北京首个在文保单位中建立的公共阅读空间，该空间利用现有的古建筑实体，通过对其修缮改造，并结合地方历史文化特色，打造成集图书馆、博物馆、档案馆为一体的公共阅读空间，收集与北京有关的文献资料；西城区的什刹海皮影文化酒店，以中国皮影戏为主题，在酒店的大堂开辟了公共阅读空间，命名为"书香酒店"；还有不少公共阅读空间建在了景区、街道以及人流密集、交通便利的地方。这些公共阅读空间如同文化交流"样板间"，展现了北京市作为历史文化名城的深厚底蕴。

图书馆阅读空间与本地文化产业的互相融合可以形成优势互补的关系，通过提供地方文化资源、促进创意和创新、推动经济发展和社区凝聚力的增强，共同推动地方文化的传承和发展。这种互相融合的合作模式有助于实现文化产业和图书馆的共同发展，同时也为社会和经济的可持续发展做出贡献。

三、阅读空间的发展前景展望

（一）设计和服务风格差异化

阅读空间的打造始终与读者的服务需求相匹配，以更好地满足公众对多元文化服务的实际需要。首先，不同人群对图书馆的需求各不相同，通过差异化的风格，可以为不同的读者提供适合他们需求的空间与服务；其次，每个地区都有自己独特的文化和特色，因地制宜的设计可以融入当地的建筑风格、自然环境和文化需求，提供更具吸引力和认同感的阅读空间；最后，数字化服务和技术创新的差异化可以为读者提供更加个性化的阅读体验，打造图书馆独有的亮点，吸引更多读者进入图书馆。因此，图书馆阅读空间的设计和服务风格差异化是未来的发展趋势，每个地区的图书馆都有自己的主题和特色，多样化的设计和服务能够满足多样化的需求，强调地域特色和文化，创造独特的体验，促进社交和互动，这将使图书馆成为更加吸引人的文化场所，为读者提供丰富多样的阅读体验。

（二）依靠人力支持的智慧型阅读空间

基于国家对公共文化服务行业的重视以及各地政府的资金投入，许多公共图书馆跟随时代发展的潮流，通过实体环境、数字信息技术的支持实现了智能化阅读空间的打造，逐步向智能化、信息化的智慧型服务发展，极大地提高了读者体验和服务效率。但阅读空间的完善不光依赖技术和实体空间，更需要人力资源的支持。优秀的专业人才可以为阅读服务制定智慧化战略，明确智慧型阅读空间的目标和发展方向；可以有选择地引入新技术和服务，整合现有资源和服务，提升读者体验和满意度；可以推广数字资源和技术应用，提升阅读空间的智慧化水平；可以改进图书馆的服务流程和管理机制，提高工作效率和服务质量。未来的公共图书馆需要更广泛的专业人才，涉及信息技术、艺术设计、数字资源等多个专业领域，依靠他们丰富的知识和技能应对新兴技术和数字化阅读的挑战，为图书馆提供专业的服务和支持。公共图书馆的人力资源应该具备持续学习和创新的能力，参与学术研究和专业交流，不断提升自身的能力和素质，成为打造智慧型阅读空间的中坚力量。

（三）虚实结合的复合型阅读空间

随着文献信息资源的数字化进程不断加速，读者的阅读体验也因载体的变化而变得更加多样化。现代信息技术的普及，比如物联网、数字媒体、VR 等技术在公共图书馆的应用，改变了传统空间的界限和形式，将阅读服务向虚拟空间继续延伸。虚实结合的复合型阅读空间融合了传统的实体图书馆和现代的数字化阅读环境，为读者提供多样化的阅读体验，并通过数字化技术和网络连接，将全球范围内的阅读资源和服务引入到实体图书馆中，促进知识的共享和合作。得益于数字化技术和社交媒体平台，读者可以与他人，甚至直接与专家学者进行交流讨论，分享阅读心得和观点，提升阅读的深度和广度。此外，复合型阅读空间可以通过虚拟现实、增强现实和交互式技术，增强沉浸感和互动性，提供更加丰富和生动的阅读体验。虚实结合的复合型阅读空间将会是未来公共图书馆阅读空间的主要形式。

（四）未来的综合性文化中心

19 世纪末至 20 世纪初的新图书馆运动促使人们重新审视图书馆的定位与价值，将图书馆从藏书楼转变为惠及全民的公共书房，开启了图书馆的现代化进程。如今，图书馆的形象随着社会需求的多元化正逐步由公共书房演变为开放式的文化中心。"阅读空间"也有了更加丰富的释义，其中不仅包含传统的学习和教育，还增加了交流、娱乐、展示、休闲等新要素。互联网和数字技术的发展为图书馆提供了多样化的馆藏资源以及个性化的服务模式，图书馆既可以作为学习平台为读者提供学习和分享知识的机会，也可以作为娱乐和社交场所为读者提供娱乐和休闲活动，促进读者之间的交流和合作，增强社会凝聚力和文化认同感。未来的公共图书馆将是集教育、娱乐、研究、社交、展示等多种功能于一体的开放式文化中心，同时也是一个城市的文化地标。

四、结语

未来的阅读空间的设计必然以读者需求为导向，图书馆的服务形式和内容会随着社会需求的变化而变化。在有终身学习需求的信息时代，图书馆的阅读空间已不仅仅局限于建筑之内，而是作为无所不在、无边界、无门槛的知识共享空间和文化交流空间，充分地融入线上线下为大众提供丰富多样的阅读体验和文化活动。公共图书馆将作为信息和思想的共享平台，在公共文化服务体系中扮演更为重要的角色。

参考文献

[1] 吴建中. 转型与超越：无所不在的图书馆［M］. 上海：上海大学出版社，2012.

[2] "十四五"公共文化服务体系建设规划［EB/OL］. 中国政府网，2021-06-10.

[3] 张静. 基于视觉心理学的图书馆空间设计研究［J］. 艺术科技，2018，31（2）.

[4] 冒卓影，肖大威，邵松. 突破传统思维和规范探讨图书馆空间设计［J］. 南方建筑，2020（1）.

[5] 李薇. 芬兰赫尔辛基Oodi中央图书馆的空间营造策略［J］. 山东图书馆学刊，2021（2）.

[6] 赫茨伯格. 建筑与结构主义：空间的秩序［M］. 荆宇辰，译. 天津：天津大学出版社，2023.

[7] 朱纯学. 美国Hunt图书馆空间设计分析及启示［J］. 新世纪图书馆，2017（4）.

[8] 刘欣，董瑞敏. 英国儿童图书馆空间设计：历史与启示［J］. 济宁学院学报，2019，40（5）.

[9] 24小时图书馆+1! 就在青山，欢迎"刷夜"［EB/OL］. 澎湃网，2022-04-14.

[10] 钟伟. 美国公共图书馆空间布局设计研究［J］. 图书馆工作与研究，2022（9）.

[11] "十四五"文化和旅游发展规划［EB/OL］. 中国政府网，2021-04-29.

[12] "十四五"文化产业发展规划［EB/OL］. 文化和旅游部官网，2021-05-06.

[13] 刘艳. 公共图书馆构建城市公共阅读空间的策略研究：基于深圳"In Library"与北京特色阅读空间的比较分析［J］. 图书馆研究与工作，2018（1）.

智慧图书馆建设中基于自然语言
处理技术的应用探析

朱 玲

（武汉市江岸区图书馆 430014）

摘 要： 智慧图书馆作为信息服务的重要载体，在数字化时代面临着诸多挑战和机遇。本文探讨基于人工智能的自然语言处理（Natural Language Processing，NLP）建设智慧图书馆的实践中，在提升的服务和管理水平方面带来的全新思路。深入分析公共图书馆领域的现状和问题，并讨论了 NLP 技术的特性和公共图书馆的智慧化建设中的应用场景。

关键词： 自然语言处理；服务创新；知识图谱

一、引言

新一代信息技术中，人工智能是核心，它在阅读服务中的应用是未来的研究热点。近年来，随着以机器学习、深度学习、自然语言处理等为代表的人工智能技术（Artificial Intelligence，AI）的飞速发展，特别是在这一过程中，智能技术驱动的自然语言处理工具（Natural Language Processing，NLP）方面的重大突破，使得公共图书馆向智慧图书馆的转型之路出现了更多可能性。

智能技术驱动的自然语言处理工具具备更高级别的语言理解和处理能力。它们能够理解和解释人类语言的含义、上下文和语境，并能够进行语义分析、情感分析和执行语言生成等任务，如文本分类、信息提取、机器翻译等。利用机器学习和人工智能技术，通过训练和模型构建，还可以进行智能化的文本处理和分析。

图书馆作为信息资源的承载和传播机构，需要管理和处理大量的图书、期刊、报纸、电子资源等信息。而在这些业务领域里，恰恰涵盖着众多 NLP 技术能发挥所长的场景。

可以预期，充分运用 AI 和 NLP 技术，将能够帮助图书馆快速、准确地处理、分析和分类这些信息，提高信息处理效率和质量，并在改善读者体验、促进知识传播和文化交流的方面发挥作用，同时为图书馆提供更多数据支持和决策依据，使图书馆能够更好地实现智能化、创新化的服务与管理，以顺利完成向智慧图书馆的转型，更好地满足读者需求。

二、现状与挑战

根据中国图书馆学会的统计数据，截至 2020 年年底，中国公共图书馆数量已达到了 3.5 万余个，服务覆盖城乡各地。2022 年 6 月至 7 月，有研究者采用网络调查法，对 31 家省级公共图书馆"三微一端"平台进行调研。结果显示，31 家公共图书馆（占总样本的 100%，下同）都开通了门户网站及官方认证的微信公众号，29 家公共图书馆（占 93.5%）开通了官方认证的新浪微博账号，26 家公共图书馆（占 83.9%）开通了官方认证的抖音账号，10 家公共图书馆（占 32.3%）提供 APP 移动客户端服务，9 家公共图书馆（占 29%）提供今日头条 APP 客户端服务，2 家公共图书馆（占 6.5%）提供百度 APP 客户端服务。此外，上海图书馆、浙江图书馆支持本馆 APP 服务嵌入微信小程序中，读者无须安装 APP 即可享受图书馆的服务。

可见，一些大城市的公共图书馆在智慧化建设方面取得了显著成绩，与此同时，公共图书馆行业在建设智慧图书馆方面还存在一些不足之处。

（一）数字资源的可访问性和在线服务

虽然公共图书馆已经在数字资源建设方面取得了一定进展，包括逐渐增加了数字资源的建设和采购，如电子书籍、期刊、数据库、音视频资料等。这也使得许多公共图书馆可以提供在线图书检索和借阅服务，读者可以通过图书馆网站或移动应用程序查询图书馆的藏书情况，进行在线预约和续借。还有一些公共图书馆提供数字化文献传递服务，读者可以在线获取论文、学术期刊和报纸的电子版本，提升了研究和学习的便利性。

但总体看来，公共图书馆的数字资源可访问性仍有待提升，移动化和在线服务的普及还相对较低。一些图书馆的移动应用功能有限，在线服务的覆盖范围不够广泛。部分较小的图书馆或地区可能无法提供丰富的数字资源，限制了读者的选择范围。另外，由于缺乏相应的培训和支持，老年读者群体和非科技熟悉者，在使用数字资源和在线服务时，也存在一定的困难。

（二）检索系统的精确性和全面性

在公共图书馆数字化的过程中，传统的信息检索方式通常是基于简单的文本匹配。这种方式将读者的检索关键词与图书馆资源的元数据（如标题、作者、主题词等）进行匹配，然后返回匹配度较高的结果。然而，这种简单的文本匹配方式存在一些缺点。

1. 精确度有限

传统的文本匹配方式主要依赖关键词的匹配，往往不能准确捕捉读者的意图。它可能会产生大量不相关或低相关的结果，导致读者需要花费更多的时间和精力来浏览和筛选结果。

2. 语义理解不足

简单的文本匹配方式无法理解语义和上下文关系，仅仅依赖关键词的匹配，而忽略了文本的语义信息。这导致了一些相关但不包含关键词的资源无法被准确地检索到，降低了检索的准确性和全面性。

3. 无法处理复杂查询需求

传统的文本匹配方式难以处理复杂的查询需求，如多个关键词的组合、排除特定关键词、范围查询等，这限制了读者对图书馆资源的深入检索和精细化查询。另外，传统的文本匹配方式通常要求读者输入简短的关键词或短语来进行检索，对于使用自然语言进行查询的需求无法满足，而这也进一步限制了一些读者，特别是老年读者群体和非科技熟悉者对图书馆资源检索的效果和体验。

（三）个性化需求的识别和服务达成

为了满足读者的个性化需求，公共图书馆普遍的做法是，首先要求读者注册成为会员，并收集一定的个人信息，如姓名、性别、年龄、兴趣爱好等，在之后的服务过程中，进一步收集读者的阅读记录和借阅历史，或者鼓励读者提供反馈和建议，从而通过管理和分析这些信息，来了解读者的偏好和需求，为其提供个性化的服务。然而在实际运用中，这样的方式还是存在一些困难：

1. 数据分析和模型建设复杂性

个性化需求识别和达成涉及大量的数据分析和模型建设工作。这需要专业的数据分析和机器学习团队以及相应的技术和资源支持，对一些资源有限的公共图书馆可能是一个挑战。

2. 准确性和误差问题

个性化需求识别和达成的准确性取决于数据的质量和分析算法的精度。如果数据不完整或噪声较多，或者算法模型不够准确，可能会导致个性化推荐结果的误差或不准确性。

3. 多样性和推荐局限性

个性化需求识别和达成通常倾向于推荐与读者兴趣相似的资源，这可能会导致过度推荐和信息过滤的问题。图书馆需要权衡推荐的个性化程度和多样性，以免忽视读者可能的其他兴趣和需求。

三、NPL 技术特性与对比

与此前应用在公共图书馆的传统的数字化技术相比，智能技术驱动的 NLP 具备以下优点。

（一）机器学习和深度学习

NLP 工具通过大规模数据的学习和模型训练，可以更好地理解和处理自然语言。它利用机器学习和深度学习算法进行语言分析和处理。相比之下，传统的数字化技术主要依赖规则和模板，需要手动编写规则来处理语言，而不具备自动学习和适应能力。

（二）语义理解和情感分析

NLP 工具能够更准确地理解和解释文本的语义和情感。它们可以识别文本中的实体、关系和主题，进行进一步的情感分析和语义推理，而传统的数字化技术往往只能进行表面级的文本处理，无法深入理解语义和情感。

（三）文本生成和自动摘要

传统的数字化技术主要依赖于手动编写规则和模板来生成文本，而 NLP 工具可以学习大量的语言模式和结构，以生成更自然、流畅和准确的文本，甚至自动进行摘要和总结。

（四）语言多样性和适应性

传统的数字化技术通常对特定语言和规范化的文本有较好的适应性，而难以处理非规范化的语言和多样性的表达方式。但这方面 NLP 工具却表现优秀，它们可以处理不同语言、方言和口语，并能够识别和适应不同的语言风格和文化背景。

（五）上下文理解和对话交互

传统的数字化技术主要基于静态的规则和信息，难以实现动态的对话和上下文理解。而 NLP 工具能够理解上下文并进行对话交互，它们能根据先前的对话历史和上下文信息进行响应和回答，从而带来更自然的对话体验。

四、NPL 的应用潜力

可以看出将 NLP 工具运用到公共图书馆向智慧图书馆的建设转型过程中，在以下几方面有着巨大的潜力。

（一）资源知识化建设

NPL 工具可以帮助图书馆分析和处理大量文本资源。通过文本挖掘技术，可以自动提取文献中的关键信息、关系和主题，并将其整理成结构化的知识图谱。

知识图谱的应用可以支持更精确的信息检索和推荐服务。读者可以通过输入简短的查询，得到与其兴趣相关的结果，而不仅仅是关键词匹配。

知识图谱还可以帮助实现跨学科的知识发现，将不同领域的资源和知识连接起来，促进创新和跨领域的学习。

（二）数据服务

AI 和机器学习技术可以分析图书馆的大数据，包括读者的借阅记录、阅读偏好、读者反馈等。这些数据可以帮助图书馆了解读者需求和行为模式。

数据分析可以揭示隐藏在数据中的模式和趋势，帮助图书馆改进服务，优化资源分配，提供更加个性化的推荐和定制化的服务。

数据服务还可以支持决策制定和规划。通过对数据的分析，图书馆可以更好地了解社区的需求，调整和优化馆藏资源，制定发展策略。

（三）自动化和智能化服务

自然语言处理和问答系统可以用于构建自动化咨询服务。图书馆可以提供 24 小时不间断的在线咨询机器人，回答读者的问题，提供资源推荐和帮助。

智能机器人可以在实体图书馆中提供导航服务，帮助读者找到所需资源的位置，并提供实时的指导和解答。

（四）创新的服务模式

通过 AI 技术匹配读者之间的资源共享和交换。图书馆可以建立平台，帮助让读者之间共享闲置书籍、笔记和文献，促进合作和互助。

利用区块链技术建立数字版权管理系统，确保数字资源的安全和权益。区块链技术可以提供去中心化的验证和交易机制，增加数字资源的可信度和可控性。

NPL 工具为公共图书馆提供了更智能、个性化、高效的服务和管理手段，可以增强读者体验，拓展服务范围，实现智能推荐，加强信息检索能力，支持多语言服务，促进知识共享与合作的探索有了更多可能。

五、应用场景

随着技术的不断发展和创新，智慧图书馆将能够更好地满足读者的需求，并为社会提供更广泛的知识服务。运用 NPL 工具，特别是文本挖掘和知识图谱应用，可以在公共图书馆的管理和服务方面发挥重要作用：

（一）文本自动标注和分类

NLP 技术在智慧图书馆的文本自动标注和分类方面具有广泛的应用场景。首先，文本自动标注可以帮助图书馆处理大量文本资源，并为其添加合适的标签和元数据。通过自动标注，图书馆可以快速、准确地对图书、期刊文章、报告等文献进行主题分类、内容描述和关键词标注。这将有助于提高资源的可检索性和可发现性，使读者能够更方便地找到所需的信息资源。

其次，文本自动分类可以帮助图书馆将文献和资料按照主题、领域或类型进行分类。利用 NLP 技术，图书馆可以对文本进行语义分析和模式识别，自动将其归类到相应的分类体系中。这种自动分类的方法能够加快分类过程，减轻人工工作负担，并确保分类的一致性和准确性。例如，对于科技类文献，可以自动将其分类到物理学、化学、生物学等相关领域，为读者提供更精准的主题检索和资源浏览服务。

此外，文本自动标注和分类还可以用于知识图谱的构建和扩充。通过对文本进行语义解析和实体识别，可以自动识别出文本中的实体、关系和属性，并构建知识图谱。这将为图书馆提供丰富的知识资源和语义关联，为读者提供更深入的信息发现和知识探索。例如，可以自动提取书名、作者、出版社等信息，并与其他相关资源建立关联，为读者提供更全面的阅读推荐和相关资料。

（二）文本挖掘和知识图谱

NLP 技术在智慧图书馆的文本挖掘和知识图谱方面具有广泛的应用场景。首先，通过文本分类和标注，图书馆可以自动识别文献、文章和图书中的关键信息和主题，提高知识资源的组织和管理效率。其次，文本摘要和提取技术可以自动从大量文本中提取核心信息，帮助读者快速了解文献的内容，节省时间和精力。实体识别和关系抽取技术还可以构建知识图谱，将不同文献中的实体和关系连接起来，为读者提供丰富的知识导航和检索功能，方便读者更深入地了解特定领域的知识。

（三）信息检索和搜索

将 NLP 技术应用于智慧图书馆的信息检索和搜索，能够实现多种场景的改进和增强。首先，具备自然语言查询能力的系统，能正确理解读者以口语化的方式提问时的意图，最终提供准确、相关的搜索结果。其次，相似性搜索根据语义信息，找到具有内容相关性的文档，帮助读者了解特定主题或领域。而多语言搜索则可以支持不同语言查询，扩大读者群体，提供更广泛的服务。

（四）问题解答和咨询

NLP 技术在智慧图书馆的问题解答和咨询方面具有广泛的应用场景。首先，NLP 技术可以实现自动化的问题解答系统，通过语义分析和知识提取，准确地回答读者的问题。系统能够理解读者以语音或文字形式提问时的意图，从大量的文献和知识库中提取相关信息，以快速而全面地回答读者的问题。

其次，NLP 技术可以用于智能咨询服务，自动化地提供准确、个性化的咨询建议。系统通过自然语言处理和机器学习算法，理解读者的咨询需求，并根据已有的知识库和常见问题数据库，提供及时的解答和帮助。读者可以通过在线聊天工具向图书馆咨询常见问题，系统可以利用 NLP 技术解析问题，并根据已有的答案库或相关资源，提供准确的回答和指导。

此外，NLP 技术还可以构建智能推荐系统，为读者提供个性化的图书推荐和信息服务。通过分析读者的阅读历史、兴趣偏好和行为模式，系统可以建立读者画像，并利用 NLP 技术从图书馆的资源库中推荐适合读者的图书、期刊文章、报告等。这样的推荐系统可以帮助读者发现新的阅读材料，提升阅读体验，并满足读者的个性化需求。

（五）情感分析和读者反馈

首先，情感分析可以帮助图书馆了解读者在阅读过程中产生的情感和态度。通过分析读者评论、书评和社交媒体上的讨论，可以确定读者对特定资源的喜好、满意度和情感倾向。这些情感分析的结果可以用于评估资源的质量和读者体验，以及改进图书馆的服务和资源选择。

其次，情感分析还可以用于自动化读者反馈的处理。通过识别读者的情感和意见，可以快速了解读者对服务的满意度和改进建议，以便图书馆针对性地采取措施。例如，当读者发表评论时，NLP 技术可以自动提取其中的情感和关键词，帮助图书馆快速了解读者的需求和反馈，以改进服务。

此外，情感分析还可以用于发现潜在的读者需求和趋势。通过分析大量读者反馈数据，可以发现读者的偏好、需求和兴趣，从而为图书馆提供参考，优化资源的采购和推荐策略。例如，如果某个类别的图书得到了积极的情感评价，图书馆可以加大对该类别图书的采购力度，以满足读者的需求。

六、结语

AI 和 NLP 技术在图书馆行业领域具有广阔的应用前景，它们既可以处理海量信息，帮助图书馆快速、准确地处理和管理大量的图书、期刊、报纸、电子资源等信息，也可以借助它们实现智能搜索和推荐系统，提供个性化的搜索结果和资源推荐。此外，AI 和 NLP 技术还可以构建智能问答和咨询系统，回答读者问题并提供咨询服务。在减轻图书馆员的工作负担方面，也可用来完善自动化流程，提供数据分析和决策支持，在提高信息处理和管理效率，改善读者体验，促进知识传播和文化交流的同时为图书馆提供更多数据支持和决策依据。随着技术的进一步发展和创新，相信公共图书馆将能够更好地利用 AI 和 NLP 技术来实现智能化、创新化的服务与管理。

参考文献

［1］茆意宏，朱玲玲，韩燕．智慧阅读服务概念界定及国内相关研究评析［J］．图书情报工作，2020，64（1）．

［2］徐怡．我国省级公共图书馆"三微一端"服务运营现状及对策［J］．河南图书馆学刊，2023，43（1）．

智慧图书馆体系建设与智慧服务探究

许灿灿

（当阳市图书馆　444100）

摘　要：我国各个地方图书馆通常拥有非常丰富的馆藏资源。近年来图书馆开始向线上发展，很多图书馆都开通了自己的官方网站，然而，仅通过网站浏览和检索的形式，不能让群众对图书馆的馆藏进行精准的挖掘。为解决这一问题，图书馆开始以智慧建设为基础，构建读书推广平台成为图书馆建设的重点。该平台可以为群众提供更方便、更快捷的书籍和文献查找方式。同时，该平台也可以根据用户的个性化需求和兴趣爱好，为其推荐相关书籍和文章，从而完善读者的阅读体验并提高读者的学术水平。通过读书推广平台，群众可以参与各种线上的阅读活动和文献研究项目中，探讨和分享自己的阅读心得和研究成果。

关键词：图书馆；智慧化建设；智慧服务

一、引言

在大数据环境下，智慧图书馆成为图书馆界研究的一个热门课题，在此基础上，图书馆学术界和产业界都对其进行了大量的研究。图书馆在面临着用户的多样化和众多不确定因素的同时，传统的管理方式已不能满足新时期的发展需要。科学技术是发展的首要力量，纵观历史，每次图书馆管理的巨大变革，都会产生全新的科学技术成果。早在 2005 年，突尼斯就出现了"物联网"这个概念，它把一切可以用来交换的东西都用来建立一个互联网，并由此产生了"智慧图书馆"这个概念。在 2008 年，"智慧地球"概念被第一次提出，随着这一概念的出现，引申到了智慧城市、智慧图书馆、智慧医疗等各个方面。现如今，人工智能、"互联网+"、大数据等新技术的广泛运用，"智慧化建设"必将是一种新的图书馆服务方式。

二、智慧图书馆概况及图书馆阅读推广智慧化建设现状

（一）智慧图书馆的概念

随着数字化时代的来临，传统的图书馆服务体系已经不能满足人们的需要，于是智慧图书馆就产生了。智能图书馆（Smart Library）是一种综合数字化、智能化图书馆，利用现代信息通信技术，通过图书馆、云计算、大数据、人工智能等技术，实现图书馆的自动化、数字化、智能化和网络化管理。智慧图书馆不仅具备文献资源的采集、整理、存储和服务等传统图书馆的基本借阅、查询功能，而且充分利用现代技术，开展智能化、个性化、多元化服务。它将传统的图书馆服务与现代科技融合，搭建了一条数字化信息服务的通道，为读者提供更为便利、快捷的借阅、查询、阅读等服务。智慧图书馆的出现，是图书馆服务模式的一次升华，更多的是知识共享，服务高效，使用便捷。由于图书馆空间范围不断扩大，基础设施负荷极重、文献信息资源难以整合，智能化管理成为图书馆前进的必要手段。

智慧图书馆建设需要政策、科技、管理、人才等各方面的支持，需要图书馆工作者不断学习，积极创新，为用户提供更加高效、便捷、个性化的信息服务，使图书馆资源不断优化、配置更加完善、服务质量不断提高。智慧图书馆将成为图书馆服务的新标准，对于推动智慧城市建设、提升人民群众的文化素质、促进经济发展等方面都具有重要的意义。

（二）智慧图书馆的特点

现代的图书馆已经不再是单纯的报刊书籍整理收藏和借阅场所。随着现代信息技术的不断革新发展，人们也认识到信息技术与自己的生活密切相关，因此智慧图书馆的概念也就应运而生。智慧图书馆是一种无形的存在，它渗透到馆员、读者及人群中，影响着馆员的工作方式和效率，影响着读者学习和研究的行为习惯。智慧图书馆通过数字化技术、图书馆管理系统等手段，将馆藏资源和读者信息无缝链接，实现信息共享和交流。这种方式打破了传统文库和阅卷者之间固化的界限，使他们之间的联系更加紧密。此外，不需要借助任何实体装置作为媒介，智慧图书馆永远是客观存在的，它已经不是传统图书馆的标志，而是更高级的信息服务的高级化和便捷化程度。

未来，随着信息技术的不断发展，图书馆将成为众多信息流中最权威、最稳定的信息资源提供者。同时，智慧图书馆也会在这一趋势下不断完善和发展，成为更加智能化、更加贴近读者需求的信息服务平台。

1. 高度智能化

智慧图书馆是在大数据技术、人工智能技术、5G 通信、增强现实（AR）等技术的加持下创建的新一代图书馆，通过这些技术充分赋能图书馆，从而实现图书收藏统计更精准、馆员管理图书馆更高效、读者借还更轻松的作用，智慧图书馆已成为当代图书馆的标准配置。站在图书管理员的角度，利用智慧图书馆 RFID 技术，实现图书的自动盘点、分拣、排架等，使以往烦琐的借阅工作变得更加轻松便捷，从原来的图书保管员，到现在的图书导读员，图书的流转效率也随之提高。智慧图书馆的第一大功能就是可以在任何移动设备上自助检索、借阅书籍、预约座位等，这能够让读者更好地享受到自助阅读的便利和愉悦。

2. 知识共享性

传统图书馆也好，智慧图书馆也罢，都是社会知识、信息、文化的记忆装置和扩散装置，图书馆是科学文化教育和信息服务的机构，通过图书馆提供的文献资料和信息服务，人们获得各个领域的知识和信息。为个人的学习、工作、生活提供强有力的支持。时代的变迁与发展，要求图书馆知识分享的方式也应随着变化而变化。智慧图书馆将读者、馆员、文献资源通过大数据、人工智能等技术串联起来，实现共建共享资源，方便馆员管理和读者借阅。

3. 阅读推广服务

对于读者来说，智慧图书馆利用各种智能自助设备，如自助借阅机、自助取分机、自助还书柜、自助办证机、图书检索机、图书管理系统、图书消毒柜等，不受时间的限制，全方位地为读者提供知识服务，让读者尽享图书馆的各项智慧建设。智慧图书馆还能筛选出每个用户不同的阅读书籍种类，通过读者借阅的历史数据，将个人喜欢的相关书籍推荐给用户，并有针对性地为每一位读者提供个性化阅读推广服务。读者应用智能设备，不仅可以与馆员实时沟通，还可以与场馆形成良好互动，与图书形成互动，与自助智能设备形成互动。智能技术的引进和利用，对于图书馆馆员来说，既能从日常的传统图书馆采编中摆脱出来，将繁杂而庞大的工作量进行整理，也可以将更多的精力投入服务创新上，通过智能设备的合理运，更好地成为阅读引导者。

（三）图书馆智慧化建设与发展现状

1. 自助服务

在 1995 年，新加坡第一次对 FRID 技术进行了试验。从那时起，RFID 技术被许多大学引入图书馆中。多项研究表明，当前大多数图书馆只是将这种技术用于自助借阅和图书定位。上海市图书馆不仅将这种技术用于借阅，还研发出一种利用RFID识别技术，将计算机视觉技术与智能机器人技术融合，生产了根据精确的图书摆放情况进行清点的智能图书清点机器人，图书摆放可及时上报，而图书馆馆员会重新整理那些放错了的书籍。还有几家图书馆推出了全新的智能借阅业务，比如基于人脸识别和无线射频技术的手机借阅业务，以及让读者更有感觉的"刷脸"借阅业务。

2. 阅读推广智慧系统

在大数据时代的背景下，出现了冗杂和信息孤岛的现象，为了整合各种学术资源，根据数据算法更大限度地得出读者的用户喜好，对于图书的阅读推广工作进行更精准定位，让用户实现信息资源发现和获取的一站式体验，智慧知识发现系统应运而生。以智慧装置展示或索引方式归类或以偏好直接推动阅读，更贴合民众需求，带给民众更舒适的阅读体验。

3. 智慧参考咨询方式

目前，图书馆除了提供面对面的咨询服务外，还使用多种社交软件进行咨询服务，所有读者都可以通过微信公众号、QQ、微博、邮箱等方式咨询图书馆，馆员随后进行意见反馈。目前，北京、上海、南京、广州等地已有多家城市图书馆利用智能机器人开展智慧咨询服务。除了能和读者自主聊天外，广州图书馆的智能机器人还具有借阅提醒、学科导航、百度答题、资源检索等功能。

4. 移动图书馆

近年来，各图书馆为给读者快速获取信息、高效利用资源带来便利和更好地进行阅读推广的建设，纷纷开设了移动服务平台，其服务模式有：APP、微信公众号、网页等，同一图书馆提供多种服务模式，为用户带来多样化体验。可针对同一手机IP的搜索历史进行算法分析，精确分析到当前用户的阅读偏好，从而进行更好的阅读推广。目前，手机图书馆APP已成为图书馆移动服务的主流，主要有三种开发方式，分别是独立开发、依托APP开发、与第三方合作开发，其中在各图书馆中，超星的使用率达到了100%。

三、图书馆阅读推广智慧化建设中存在的问题

（一）管理机制僵化

不断涌入的新技术、新设备将严重制约图书馆事业的发展，传统管理机制在发展过程中缺乏创新能力，无法及时适应时代的变化和更新。

1. 组织结构设置不合理

组织结构对于馆员工作效率的提升和创造力的发挥具有重要影响。在传统的馆员工作方式中，直线结构是一种普遍采用的形式，但它存在许多问题。领导掌握决策权、部门间缺乏沟通等问题使得馆员的创新能力受到限制，降低了他们参与工作的积极性，很难为馆员的专业能力提供有效的发挥空间。随着各地图书馆向智慧图书馆转型，对技术和管理人员也提出了更高的要求，馆员需要有创新的思维和智慧，运用更先进、更科学的技术来促进智慧图书馆的有效发展，也需要自身素养不断提高，以适应智慧图书馆管理工作的需要，传统的工作方式在一定程度上限制了馆员创造性地发挥，这也是我国图书馆发展缓慢的重要原因，过于清晰的部门职能划分，也使得各部门之间缺乏技术、研发等方面的沟通，从而出现步调不一致的情况，这些使得智慧图书馆的发展进度迟缓。

2. 人员结构不合理

我国图书馆人员结构不合理，智慧图书馆未来的发展急需大量相关方面的专业人才，这是我国图书馆人员结构不合理的通病。在图书馆转型发展的进程中，一支高素质、多技能的专业人才队伍也将成为中坚力量。例如，秉承智慧化建设高素质理念的计算机信息处理技能型人才。智能设备的综合应用是智慧图书馆建设过程中必不可少的，必须有专业的技术人员在智能设备运行过程中对其进行全方位监控和维护。在专业操作人员的引进和培养上，大部分图书馆没有给予足够的重视。对于现在的智能图书馆来说，一旦运行中智能设备出现状况，就会影响读者正常使用各种服务设备，对读者体验也会造成一定的影响。图书馆专业操作员不足，对维护、修复智能系统产生很大延误，对馆内业务处理和工作人员办事效率造成影响，使读者满意度降低。

(二) 智慧建设滞后的阅读推广技术力量

许多县级城市图书馆可能只有自主借还机、RFID 安全门禁以及工作电脑等智能化设备，图书馆高层对智慧图书馆建设所需的技术和新的智能设备重视程度较低，大部分地区相应的资金投入所占比例很小，这导致智慧图书馆在引进、升级、维护、技术更新等方面存在较多的问题。在图书馆智能化改造过程中，因为技术部门的设置过于独立，各部门之间的协作沟通能力较差。创新显得极为匮乏，不能很好地完成智慧图书馆的改造。图书馆阅读推广智慧建设主要依靠对民众的阅读数据分析来进行，所需的原数据库必须足够丰富，但目前在数据库和馆藏资源录入方面进展缓慢，部分图书馆由于馆藏资源相对丰富，无法快速录入馆藏资源名称、种类、作者等信息，这也是我国图书馆归集阅读偏好效率不高导致大数据算法容易出现偏差或者显示不够全面等问题。

（三）馆员专业素质薄弱

新型智慧图书馆的建设与阅读推广离不开智慧馆员，图书馆对智慧图书馆建设中馆员的定位认识模糊，培训工作开展不到位。驱动图书馆成功转型的核心不在于文献资源的多寡，也不在于大量引进自助式的智能设备，而在于图书馆有没有高素质的图书馆馆员为读者提供他们所需要的文献资源。特别是针对阅读推广智慧设备使用时需要智慧馆员的指导，让阅读推广与智慧服务充分融合。在科技迅猛发展的今天，很多已经在团队的运作下，尝试将普通馆员的实际工作替换成电子化的智能馆员，而不是一味追求用智能设备代替人工服务。要构建人工与智能相结合的全新运营模式，这就要求馆员在服务技能不熟练、信息庞杂分析能力不足等情况下，必须掌握丰富的专业知识，这对智慧图书馆的建设和阅读提升过程无疑是重大的掣肘。

四、文库智慧化建设发展战略解析

（一）创新图书馆组织结构

图书馆阅读提升和智慧服务的对象主要是人，从人口基数看，提升个人文化内涵和素养对文献信息资源的需求很大，这意味着读者对获取文献的内容和方式会有更高的要求。图书馆可以将结构相近、职能相近的部门合并起来，并将精简后的相应服务提供给读者。部门合并不局限于原来的职能范围，要打破原来部门之间的条块分割，把不同的职能部门化整为零，把职能相近的部门归并到一起，为读者提供了一个全方位阅读的基础平台。在科学研究后，整合学科服务与数字资源，提供研究平台给研究组与讨论组，使图书馆资源得到合理配置。

（二）打造智慧学习空间

随着知识经济的不断发展，人们对于学习的需求也变得多样化和复杂化，因此图书馆需要提供多功能、多样化的智慧学习空间来满足读者的需求。为满足这一需求，馆内必须配置覆盖全馆的多功能智能设备和无线网络，为读者提供平台进行自主研发学习和学术交流。在这个平台上，读者可以自由地获取知识、分享信息和交流想法。图书馆的学习空间设施各不相同，有些提供报纸杂志图书、桌椅等基础设施，有些则提供图书借还机、移动还书箱、图书检索系统设备、人工智能机器人、OPAC 查询机、电脑、电子读本、3D 打印机等智能化设施，满足不同人群的需求，提高读者学习效率和学习体验。

（三）优化自助服务

自助预约选座机的出现解决了人工强制占座的问题，读者可以通过网络预约图书馆内所有可以使用的座位，只要预约系统上的通信网络正常，都可以进行预约。预约系统的好处在于，一人不能预约多个座位，读者在预约的时间范围内没有到达预约位置上进行确认，系统会自动登记该读者一次违规行为，被记录三次违规后该用户会被停止使用网上预约位置的权限。此举不仅实现了馆内座位使用率的提升，也避免了座位被强行占用的产生。图书馆在能力范围内，提供自助借还机、自助打印机、自助咖啡机等，部分还提供 3D 打印机，图书馆自助设备的引进很大程度上缓解了图书馆员的工作压力，提高了图书馆运作效率，给读者带来了智慧化、高效率的体验，拉近了图书馆与读者彼此之间的距离。

（四）提升馆员素质，培养智慧馆员

随着社会的不断发展，图书馆的智慧化建设也随之升级。馆员要适应这种变化，就必须不断提高自身素质。构建馆员的智慧化体系，培养馆员队伍，具备与专业相关的学科知识。高层应该更加重视智慧馆员的培养工作，鼓励他们踊跃参与，通过参加各种培训班、研讨会等活动，馆员可以不断学习新知识、掌握新技能，不断提升自己的专业素养和综合能力。同时，建立跨"时空"的平台，互相学习、借鉴经验、交流沟通也是非常必要的。这些平台可以是线上的，比如各种论坛、博客等；也可以是线下的，比如专门的研讨会、交流活动等。通过这些平台，馆员可以与国内外的同行沟通交流，了解不同图书馆的运营模式和管理经验，从而不断优化图书馆智慧化建设模式。图书馆智慧化建设是一个不断发展的过程，馆员必须紧跟时代潮流，不断提高自身素质，构建馆员智慧化体系，积极参与各种培训和交流活动，以推动图书馆智慧化建设不断完善。

（五）提高个性化推荐服务水平

馆藏服务内容主要集中在文献基础资源服务上，缺乏个性化的特色服务。随着读者对个性化需求的不断增长，个性化推荐系统在促进读者与图书馆之间的交流与互动方面发挥着重要作用。图书馆必须为充分利用智能技术获取读者个人阅读偏好建立基础，开发个性化推荐系统，进一步向读者推荐相关信息，通过对读者借阅历史的详细分析和研究，提高个性化电台频率、人脸识别、文献检索等新技术，充分利用智能技术，为读者提供优质的智能推荐服务。

五、结语

随着信息技术的不断发展，各行各业都将智慧建设作为自身发展的一部分，从宏观上来讲，取得了良好的结果。图书馆作为人们获得知识、汲取能量的主要途径，也亟须进行智慧化转型，本文立足于智慧图书馆的发展实际，发现在智慧图书馆的建设中存在的管理机制僵化、阅读推广智慧建设技术力量滞后、馆员素质薄弱等问题，提出创新图书馆组织结构、打造智慧学习空间、优化自助服务、培养智慧馆员、提高个性化推荐服务水平的对策。希望我国的图书馆智能建设能在研究和实践的推动下得到高质量发展。

参考文献

［1］韩嵩岳.基于智慧服务的图书馆阅读推广策略研究［J］.淮南职业技术学院学报，2022，22（6）：109-111.

［2］孙彬彬.云时代公共图书馆智慧阅读推广的困境与路径［J］.河南图书馆学刊，2022，42（3）：13-15.

［3］马江宝，赵苹，杨琴.图书馆智慧阅读推广策略［J］.大学图书情报学刊，2022，40（1）：48-51+61.

［4］廖紫莹.基于智慧图书馆的阅读推广模式研究［J］.沈阳干部学刊，2021，23（6）：50-51.

［5］尹伟宏.智慧图书馆背景下大学图书馆阅读推广转型研究［D］.重庆：重庆大学，2021.

［6］吴源渊.智慧图书馆背景下阅读推广特征及发展趋势探析［J］.图书馆工作与研究，2021（2）：118-122.

［7］袁学垠，孙海英，范明智.智慧图书馆技术对阅读推广模式的作用与影响：以佳木斯大学为例［J］.中外企业家，2020（8）：148.

［8］曹意.基于智慧平台的图书馆阅读推广对策研究：以宿迁学院图书馆为例［J］.河南图书馆学刊，2019，39（11）：47-49.

［9］孟晓丹．智慧图书馆建设与智慧阅读推广研究［J］．信息记录材料，2019，20（9）：231-232．

［10］王靖雯．新常态下图书馆智慧阅读推广研究：以绍兴地区为例［J］．智库时代，2019（5）：5-6．

［11］潘文佳．图书馆智慧服务现状与发展研究：以上海图书馆为例［J］．江苏科技信息，2022，39（28）：55-57．

智能化技术在图书馆服务管理中的应用

张华兰

（湖北工业大学图书馆　430068）

摘　要： 在科学技术不断发展的背景下，智能化技术应运而生。将其应用到图书馆服务管理中，不仅可以改变图书馆传统的工作方式，提高其服务的水平和工作效率，同时也能有效扩展图书馆的服务功能，更好地满足大众的个性化需求。本文分析了智能化技术在图书馆服务管理中应用的重要性，并提出了实际的应用策略，旨在不断提升图书馆服务管理的水平，更好地满足大众的精神需求。

关键词： 智能化技术；图书馆服务管理；应用策略

智能化技术是融合了各种信息技术的全新的技术形式，将网络技术、智能控制技术以及通信技术等进行有效的融合，并将其应用到某一特定的领域中，从而有效提升相关技术的智能化程度。在大众生活水平不断提升的背景下，大众对精神方面的文化产品也在逐渐提升。图书馆是为大众提供精神文化产品的重要机构，通过提供各种类型的书籍，充分满足大众的阅读需求，进而不断提升大众的精神文化水平。传统的图书馆服务管理模式已经无法满足大众逐渐提升的要求，亟须进行改进和创新。将智能化技术应用到服务管理中，是改变传统模式的重要方式，可以有效提升图书馆的服务水平，更好地为大众服务。

一、智能化技术在图书馆服务管理中应用的重要性

（一）提高图书馆服务管理工作的效率

传统的图书馆服务管理工作大都依靠人工完成，服务管理工作内容比较烦琐，管理人员不仅要做好日常性的借阅工作，同时还要做好图书馆的其他服务工作。管理人员需要具备丰富的工作经验和管理技巧，同时还需要投入大量的

时间。面对烦琐的工作内容，人工方式不仅会影响工作的效率，同时也会出现一些人为的失误，进而影响了图书馆服务管理工作的质量。另外，一些大型的图书馆，藏书数量巨大，单纯依靠人工工作方式，会大大影响服务管理工作的质量，在服务管理过程中出现各种不同的问题。智能化技术在图书馆中的应用，可以有效改善服务管理的现状，对提升工作效率有重要的作用。借助智能化技术可以使图书借阅更加灵活，读者可以通过自助借阅机器，完成借书和还书。图书馆还可以开发聊天机器人和智能咨询系统，通过自然语言处理和机器学习等技术，回答读者的问题，提供在线咨询服务。同时，图书馆服务管理工作还可以建立智能化的管理系统，将服务管理的相关数据以电子版的形式存储在平台中，可以提升数据查询和管理的效率，有效规避人工工作形式的弊端，提升服务管理工作的水平。

（二）提高服务水平，优化用户体验

在社会经济不断发展的过程中，大众的生活水平得到了显著的提升，在物质条件越来越好的背景下，大众更加重视精神方面的追求。图书馆服务管理是满足大众精神需求的重要方式，通过为大众提供各种类型的书籍，可以有效提升其整体的文化水平和素质。在图书馆的应用越来越普及的背景下，大众对其服务管理提出了更高的要求，不再局限于传统的借书和还书，同时还对图书馆的环境、服务质量以及藏书类型等有了新的要求。现阶段，传统的图书馆服务管理已经无法满足大众的需求，亟须进行改进和创新。在信息技术时代下，将智能化技术应用到服务管理工作中，对提升服务水平有重要的作用。图书馆可以利用数据分析与推荐系统对读者借阅数据的分析，构建自己的智能技术推荐系统，为读者推荐符合其兴趣和需求的图书。借助智能化技术可以及时而全面地了解用户的实际需求，通过分析读者的借阅情况，统计出最受欢迎的书籍，进而增加该类图书的藏书量。同时，借助智能化技术还可以有效改善传统的图书馆借阅环境，为读者提供更舒适的阅读空间，进而提升用户的借阅和使用体验。

（三）拓宽图书馆服务管理的功能

在社会不断进步的过程中，图书馆要在传统图书借阅功能的基础上，不断拓宽其服务的功能类型，为读者提供更优质的服务和体验。将智能化技术应用到图书馆服务管理中，对拓宽其功能类型有重要的作用，可以充分满足读者各种个性化的需求。将智能化技术应用到图书借阅过程中，可以通过人脸识别系统，完成用户的智能化识别，为读者进出图书馆提供更便利的条件。面对大量的馆藏图书，读者在查找特定书籍时，往往需要耗费大量的时间，给读者的借阅带来了一定的困扰。借助智能化技术，图书馆可以提供线上查询功能，读者通过线上查询系统可以快速地定位图书位置，使读者借阅图书更加高效、便捷。另外，一些读者在借阅过程中会有个性化的需求，传统的图书馆服务管理无法有效满足读者的个性化需求。智能化技术增加了图书馆服务的功能类型，为满足大众的个性化需求提供了更有利的条件。比如，一些对电子书籍有需求的读者，图书馆可以借助智能化技术创建线上阅读平台，读者可以随时随地完成书籍的阅读，为读者提供了更灵活的阅读方式，充分满足了其个性化的需求。

二、智能化技术在图书馆服务管理中的应用策略

（一）在图书借阅方面的应用

图书借阅是图书馆的主要功能之一，是为读者提供各种类型书籍的服务。读者可以通过相应证件，到图书馆选择需要的书籍，并在规定的借阅期内归还书籍即可。传统的图书借阅方式主要依靠人工形式完成。读者凭借借书证，到服务台进行登记，同时在还书时也需要凭借相关证件到服务台办理还书手续。人工借阅的方式存在一定的弊端，读者需要随身携带相关证件，而且在借阅量较大时，还需要消耗大量的时间排队完成借阅，大大影响了读者的借阅体验。同时，人工借阅方式也会大大增加工作人员的工作量，而且还会面临着人员失误带来的风险。将智能化技术应用到图书馆的借阅中，既可以改变人工借阅的方式，同时也能有效减轻工作人员的工作量，提升借阅服务的质量。目前，在图书馆借阅过程中，应用比较多的是人脸识别系统，充分实现了自助借阅图书的功能。在读者首次进入图书馆时，需要通过智能化的技术设备，对其进行人脸信息的采集，然后将采集的信息储存在系统中，读者再次进出图书馆和借阅图书时，通过刷脸的方式，就可以和系统中存储的信息进行比对，进而完成相应的服务，大大提升了图书借阅的效率，缓解了人工借阅方式的压力。一些图书馆在人脸识别系统应用过程中，还逐渐延伸出了更多个性化的服务功能，通过人脸识别系统对一些特殊人群进行标记，在这些人群进出图书馆或者借阅图书时，可以为其提供有针对性的服务，保证其较好的借阅体验。比如，一些残疾人通过人脸识别系统进行特殊的标记，在其进行图书借阅时，系统会发出一定的提示，进而安排特定的服务人员辅助其完成借阅，保证其更好的借阅体验。

（二）在图书数据更新方面的应用

在大众阅读需求不断变化的过程中，图书馆需要对馆藏图书进行及时更新

和补充，保证充分满足大众的各种不同需求。传统的图书馆服务管理过程中，对相关图书的更新速度较慢，主要是因为工作人员对图书数据进行整理的过程需要消耗大量的时间，而且面对动态的图书数据，人工的管理方式会存在一定的弊端，无法全面获取需要的数据，进而导致图书更新不及时，出现图书版本比较落后，无法满足读者的个性化需求的现象。借助智能化技术的优势，图书馆可以将馆藏图书的信息通过线上平台进行管理，从而保证相关数据的准确性，更全面地了解图书数据的动态变化，为图书的更新提供可靠的数据支持。另外，借助智能化技术还可以对读者的借阅情况进行有效的统计，根据读者的借阅数据，将书籍借阅情况进行分类统计，从而总结出不同类型读者的兴趣爱好，为图书的更新和补充提供可靠的依据。比如，对于一些热销书籍，管理人员可以借助线上管理平台，及时了解图书的馆藏情况，精准地计算出图书借阅的频率，从而决定热销书籍的购买数量，保证充分满足读者的阅读需求。总之，图书馆在不断地发展过程中，需要定期对图书数据进行整理和更新，才能保证为读者提供更优质的服务，借助智能化技术可以为图书的更新提供更可靠的数据支持，进而保证图书更新保持较高的效率和质量。

（三）在图书信息检索过程中的应用

在大众图书阅读需求不断提升的背景下，图书馆服务管理工作面临着更大的压力和挑战。图书馆服务管理人员面对的读者人群数量较大，读者年龄和需求各不相同，对馆藏信息的检索服务提出了更多样化的要求。传统的图书信息检索功能已经无法满足现阶段大众的需求，给图书信息检索带来了一定的困扰。图书馆服务管理人员不仅要提升检索的效率，同时还要提高检索的准确性，保证为大众提供更优质的服务体验。智能化技术为图书信息检索的改进和升级创造了良好的条件，可以有效提升检索功能的智能化水平，保证较高的工作效率。借助智能化技术将搜索引擎进行有效的改进，可以大大提升工作的效率。通过对搜索引擎的改进，可以实现语言系统查询的功能，通过对人类语言习惯以及语句使用规则的输入，在读者提出搜索需求时，能够通过对语言的分析，为读者提供更精准的图书检索信息。传统的图书检索方式主要是借助关键词、书名、作者等进行搜索，通过对检索词的对比，为读者提供相应的检索信息。智能化技术是借助模糊计算法、知识库技术等手段，实现信息的检索。通过前期对读者信息的收集和分析，将其按照一定的分类原则进行划分，在读者输入关键的搜索信息时，可以根据前期对用户的划分，结合其兴趣爱好和实际需求，为其提供更具针对性的搜索信息，进而不断提升搜索结果的准确性，同时也能提升搜索工作的效率。比如，公共目录检索系统的应用，可以将图书检索划分为简单检索、高级检索和浏览三种形式，读者结合实际的需求，可以更灵活地选择检索的方式，既可以充分满足读者的需求，同时也能大大提升检索的精准性。

（四）在图书资源方面的应用

在数字技术不断发展的背景下，传统的纸质图书表现出了一定的不足，已经无法满足大众的实际需求。在大众对各种移动设备的应用逐渐频繁的背景下，电子书籍已经取代了部分的纸质书籍，受到了很大的欢迎。电子书籍不仅有效减少了纸质资源的浪费，同时也为大众的阅读提供了便捷的条件。图书馆服务管理也要顺应时代的发展，在传统纸质书籍的基础上，加大电子书籍的引进，不断扩大图书的资源，保证为读者提供更优质的服务。智能化技术的应用对扩展图书资源有重要的作用，可以大大提升图书馆的数字化程度，进而充分满足大众的实际需求。通过建立集成化的访问系统，读者通过身份认证就可以通过相应的网站或者APP获取需要的书籍信息，充分满足个性化需求，还省去了线下借阅的环节，可以节约大量的时间。另外，智能化技术的应用，还可以为图书馆更新图书资源提供更便利的条件。互联网技术的发展，充分实现了图书资源的共享，管理人员可以通过相关的网站，收集各种图书资源，从而不断扩充现有的图书资源，提高图书资源涉及的范围，保证充分满足不同读者的需求，为读者提供更多样化的服务。比如，通过对大数据技术的应用，可以借助该技术的数据处理技术，更全面地统计读者的兴趣倾向，从而加强相关书籍的投放，更好地满足读者的个性化需求。

（五）在防盗报警系统中的应用

图书馆不仅有大量的书籍，同时还有一些相关的设备和设施，只有做好图书馆的安保工作，才能保证其正常的运转。因此，图书馆的安全是服务管理工作的重要内容之一。在安保工作开展过程中，可以充分发挥智能化技术的优势，提升工作的智能化程度，更好地保护图书馆的安全。通过对图书馆布局的深入分析，可以在不同的位置分别安装监控设备和电子报警系统，实现对图书馆全区域的实时监控。通过对电子报警系统进行科学的设置，在出现非法闯入行为时，报警系统发出警报，进而提醒相关安保人员，及时制止非法行为，有效保证图书馆的安全。电子报警系统不仅可以保护图书馆的安全，同时也能有效保护读者和工作人员的安全。在读者在馆阅读过程中，如果出现一些非法行为，报警系统会及时发出警报，引导安保人员及时采取相应的措施，从而有效降低非法行为造成的伤害。总之，智能化技术在放到报警系统中的应用，对提升图书馆的安全性有重要的作用，既可以保护图书馆各种资源的安全，同时也是对读者工作人员的有效保护。

三、结语

综上所述，智能化技术在图书馆服务管理中的应用，对改变传统的管理模式，提升其工作效率和服务水平有重要的作用。图书馆管理人员要加强对该先进技术的重视，结合实际的发展需求，将其应用到不同的服务管理工作中，进而为大众提供更优质的图书服务。智能化技术可以在图书借阅、图书信息检索、图书资源和数据的更新以及图书馆安保工作等领域进行广泛的应用，管理人员需要结合不同领域工作的内容以及实际需求，合理利用该技术的不同优势，进而不断提高服务管理工作的质量，给用户提供更高质量的体验感。

参考文献

[1] 卢滢. 智能化技术在图书馆服务中的应用 [J]. 电子技术，2022，51 (6).

[2] 马源婧. 人工智能技术在公共图书馆服务智能化中的应用 [J]. 产业与科技论坛，2021，20 (22).

[3] 蔡晓峰. 智能化技术在图书馆服务系统中应用 [J]. 电子世界，2021 (6).

[4] 张锐. 智能化技术在图书馆服务管理中的应用 [J]. 电子技术，2021，50 (3).

[5] 张锐. 智能化技术在图书馆服务管理中的应用 [J]. 电子技术，2021，50 (1).

生成式人工智能对公共图书馆信息服务的思考

汪　敏

（湖北省图书馆　430071）

摘　要：随着生成式人工智能（Artificial Intelligence Generated Content，AIGC）发展进入新时代，AIGC 对图书馆行业及社会其他行业带来的深刻变革，也成为当下图书馆员要思考的重要命题，未来将会如何？笔者认为，图书馆员理应主动拥抱时代，思想与时俱进，思考如何借助 AIGC 这个工具来提升工作效率，优化读者服务，帮助图书馆员将文字、图片、影音等各式媒体自动分类，图书馆员可以跳出重复工作，能投入更多时间、精力在创新业务上，可以使图书馆员快速地聚焦解决方案。本文探讨了人工智能发展的历史、基于人工智能驱动下的生产力变革、应用实践与展望，以期能为业界同仁带来工作启发。

关键词：人工智能；AIGC；图书馆服务；发展与应用；风险与挑战

一、生成式人工智能的相关情况

自 2017 年谷歌发布 Transformer 网络架构以来，短短五年多的时间，世界上迅速出现了一大群大模型，而这些模型又衍生出多种技术架构、多种模态、多种场景。

AIGC 在认知、决策、知识生产和智能代理等方面日益显现出超强能力，这使得人工智能成为各国科技领域的优先发展事项。从已发布大模型的全球分布来看，中国和美国明显领先，超过全球总量的 80%，其中美国的大模型数量一直位居全球第一。

ChatGPT 于 2022 年 11 月底一经发布，就凭借强大的对话能力和广泛的应用风靡全球，短短两个月的时间就让月活跃用户规模达到 1 亿，增速极其可观。此后，这些大型语言模型相继发布，从赋能个人、减轻企业负担等方面深刻影响了包括法律运作在内的各种社会实践场景，留下了一幅生成式 AIGC 物种大爆发的数字"寒武纪"景观。据不完全统计，截至 2023 年 5 月，中国科技企业和网络平台已上线各类人工智能语言模型 79 个，其中通用模型 34 个。

而在 2024 年开年，OpenAIGC 就发布了"王炸"文生视频大模型 Sora，它仅仅根据提示词，就能够生成 60s 的连贯视频，"碾压"了行业目前大概只有平均"4s"的视频生成长度。可以说，Sora 的出现，预示着一个全新的视觉叙事时代的到来，它能够将人们的想象力转化为生动的动态画面，将文字的魔力转化为视觉的盛宴。在这个由数据和算法编织的未来，以 Sora 为代表的 AIGC，正以其独特的方式，重新定义我们与数字世界的互动。

据麦肯锡数据预测，到 2045 年左右，有 50% 的工作将被 AIGC 替代，比此前的估计加速了 10 年。与此同时，具有创造力、深度思考能力等高阶智力的人才，将享受到 AIGC 带来的效率优势，成为 AIGC 的驾驭者，相应的工作需求也会增加。

长期以来，人工智能的变革潜力只存在于科幻小说中，而现在，它实际上已经来到了人类的家门口，并且开始影响社会生产力与社会生产关系，我们不能无动于衷，得正视问题与及时应对挑战，并做出关键决策与行动。

二、人工智能驱动下的应用实践

（一）人工智能绘图生成

AIGC 绘图技术可以通过机器学习和深度学习技术，从大量的图像和文字数据中学习并生成具有创意和艺术性的设计。这种技术可以快速生成多样化的广告、海报、产品包装等创意设计，帮助图书馆员快速地制作出吸引读者的视觉内容。

AIGC 绘图技术可以结合读者反馈和数据分析，实时调整和优化设计。通过分析读者的行为和反馈，AIGC 绘图技术可以自动调整设计的颜色、样式、布局等元素，以更好地吸引用户的注意力并提高转化率。

AIGC 绘图技术可以根据自身的品牌形象和风格进行个性化定制。通过学习品牌特点和风格，AIGC 绘图技术可以生成与品牌形象相符的创意设计，提升品牌的认知度和价值感。

目前市场上已经有了非常成熟的 AIGC 设计案例，2023 年 4 月，麦当劳特别呈现了一组别出心裁的 AIGC 宣传广告"M 记新鲜出土的宝物"，这些宝物由麦当劳与消费者、粉丝联手运用人工智能技术创作而成。这些作品不仅汇聚了麦当劳的经典元素，同时融合了青铜、白玛瑙和青花瓷等象征中国传统文化的材料，使得每件宝物都富有深厚的文化内涵。

这一创新性项目不仅向公众展示了麦当劳的招牌产品，更通过与中国文明的联动，增进了消费者与麦当劳之间的感情。这些以中国传统文化为背景的"M记新鲜出土的宝物"，以其独特的创意和精美的制作赢得了消费者的广泛好评，进一步增加了消费者对麦当劳产品的好感。

（二）人工智能视频生成

通过 AIGC 技术和虚拟现实技术，企业可以创造独特的虚拟人物和场景，增加视频的创意和吸引力。例如，利用 AIGC 技术生成一个虚拟代言人或虚拟场景，可以引起用户的兴趣和好奇心，提高营销效果。

可口可乐发布的创意广告运用人工智能 Stable Diffusion 技术完美还原了世界名画艺术展，并实现了多个世界名画的动态表现，帮助可口可乐寻找到了新的创意营销突破点

（三）人工智能文案生成

对营销行业而言，大模型带来最有用的能力主要有两点：一是数据总结，二是内容生成。其中，因为大模型能助力营销，将内容的广度和深度传达出来，所以内容生成文更为重要。

目前的 AIGC 写作工具主要是智能写作：只需输入标题大纲，即可生成全文初稿；当前 AIGC 大模型应用可以支持海报内容撰写、写稿助手、段落润色、知乎风格文案、商业新闻、娱乐新闻、数码产品评测、电商产品描述、简历续写、简历润色、智能写剧本等场景需求。

（四）人工智能办公生成

AIGC 的出现，让智能办公加速提效，解放双手。通过自动化、智能化的方式，AIGC 可以帮助图书馆员节省大量时间和精力，从而可以投入更有意义的创新工作中。

从市场需求和规模来看，整个 AIGC 办公是一个非常大的赛道。这个赛道里有千亿级，也有万亿级市值的公司，AIGCPPT.cn 自 2023 年 8 月正式上线以来，深度扎根"AIGC+办公"产业链，率先实现了 AIGC 产品在商业领域的变现。作为一款将 AIGC 大语言模型与 PPT 这一高频办公场景深度结合的产品，AIGCPPT.cn 已为国内数万家企业的白领人群提供 AIGC 一键生成 PPT 服务。

三、人工智能驱动下的未来展望

ChatGPT、Sora 模型的出现揭示了一个不争的事实：AIGC 的发展已达到了

一个新的阶段,智力资源在过去被认为是稀缺和珍贵的,现在开始被人工智能以惊人的效率和规模复制和扩展。从编程到写作,从图像设计到策略规划,AIGC 正逐步介入这些过去由人类智力垄断的领域。

我们不禁思考一个问题,未来,当 AIGC 能够模拟甚至超越人类的智力劳动时,图书馆的工作又会呈现怎样的新面貌?图书馆员又该如何面对这场智力劳动的科技革命?

(一)随着人工智能应用层面的创新,国内将会出现一批新型智慧图书馆

预计到 2030 年,AIGC 将深度融入图书馆业务,并催生众多新场景。随着应用价值链的延伸,AIGC 将重塑图书馆行业运营模式,对传统服务模式产生重大影响。

应用层创新将成为人工智能产业发展的核心方向。国内外诸多科技公司都已开始尝试人工智能的相关应用。

在通用人工智能时代,智能化应用将呈现爆发式增长,而人工智能将优先在企业端实现场景落地,特别是与日常办公、读者互动的场景。对于 AIGC 技术实践的创新型图书馆,找准落地场景是关键。

从技术角度看,AIGC 在知识管理、搜索、地图、数字人、智能对话、推荐和业务流程优化等场景中具有明显优势。

(二)人工智能正在由虚到实,工具化逐步落地

在这样的需求推动下,更多应用场景被发掘,大模型应用厂商也在积极寻找合作伙伴,力图快速树立行业标杆。AIGC 正在成为写作必备工具,掌握优秀工具的员工将更具效率。未来,不同工作环节的效率评价标准将发生重大变化。

图书馆能通过 AIGC 实现的主要目标包括提升读者体验、提高开发人员的生产力、创造差异化竞争优势以及创新模式,增强社会效益等。

AIGC 将承担 42% 的传统营销任务,如搜索引擎优化、内容与网站优化、客户数据分析、细分市场分析、潜在客户评分以及个性化营销等。

(三)专属、自建模型将率先在大型图书馆涌现

国内具有一定实力的图书馆会对大模型的要求不仅仅是实现通用功能,更需要其在特定领域(如读者专属服务、展览讲座等)展现出卓越能力。因此,产生更多专属、自建模型的需求是能预见到的,通过针对特定领域的适配,有望获得更理想的社会效益。

据了解，目前有60%的企业（组织）使用大模型的公开版本，但2年后会迅速降至17%，而更多的企业（组织）会将AIGC应用建立在私有、专属模型基础上；同时，高达88%的企业（组织）选择通过内部团队开发相关应用。

由此可见，行业专属大模型已成为企业（组织）未来的热点目标，图书馆需要持续加强自身的人才队伍建设，提升AIGC应用的实力。

四、生成式人工智能带来的挑战与风险

生成式人工智能（AIGC）为不同领域和应用带来了巨大的机遇，从增强用户体验到提高生产力。它也带来了人们担心的风险，可分为近期和长远两个时间维度来观察。专家们关注的近期风险和挑战包括：一是大语言模型的隐私和安全隐患；二是大语言模型生成的虚假信息和"幻觉"问题；三是模型的价值观偏差和缺乏解释性；四是模型滥用造成的道德和伦理风险；五是人工智能应用带来的知识产权和法律监管问题。而长远风险和挑战包括：一是人工智能可能导致经济和社会的重大变革，需要统筹应对；二是人工智能可能颠覆现有国际法律体系和世界秩序；三是人工智能存在全球共同的风险，需要建立国际规范和监管；四是不同国家和文化在人工智能价值观上存在分歧；五是强人工智能可能脱离人类控制，产生灾难性风险。

总体而言，近期的风险更多集中在个别模型和应用层面，而长期的风险和挑战更多关乎人工智能技术的整体发展方向和社会影响。但无论近远，建立国际合作和制定伦理规范对于应对人工智能风险都至关重要。

为应对生成式人工智能带来的挑战与风险，国内外的政策制定者、企业家、专家学者、工程师齐聚一堂，纷纷建言献策，整合而成的建议包括：一是建立多边组织和国际社会的共同努力。为了识别和缓解人工智能风险，需要全球性的参与和合作，推动建立国际人工智能组织来确保国际监督标准的实施。二是制定风险预警和应对机制。包括事后监管审查和预防策略，确保系统的安全性和可靠性。三是建立第三方评估机制。独立专家的第三方评估补充内部评估，以提供一个稳固的安全网。四是构建可互操作的合规体系。推动不同国家治理规则标准化和对接。五是制定国际公约。在全球范围内分享人工智能成果与利益。就人工智能治理原则和政策达成共识，并采取统筹协调的国际合作，以应对快速发展带来的挑战。

五、结语

我们要秉持负责任的态度，并遵循伦理道德地善用这门技术，探索作为专

业知识人士的图书馆员如何与这项技术保持协同，以提高组织工作效率而不是借机滥用它，造成不必要的损失。

参考文献

［1］国务院关于印发新一代人工智能发展规划的通知［EB/OL］. 中国政府网，2017-07-20.

［2］李峥. 美国推动中美科技"脱钩"的深层动因及长期趋势［J］. 现代国际关系，2020（1）.

［3］郭维嘉. 图书馆人工智能准备度影响因素研究［J］. 农业图书情报学报，2022，34（5）.

社会力量助力乡村振兴：来自省图书馆公益项目 "相约乡读" 实践案例的探究*

周紫丹

（湖北省图书馆　430071）

摘　要： 湖北省图书馆自 2019 年启动的公益阅读项目"相约乡读"，旨在为农村三留守人员提供精准优质服务，解决乡村文化振兴中的本土人才缺失问题。项目通过组建专业志愿者队伍，结盟社会资源单位，常态化推广阅读活动，将文化和教育资源下沉至乡村。项目以乡村学校为主阵地，依托市县图书馆，以"图书馆+社会力量"模式，提升留守儿童阅读素养，改善教育困境，激活乡村文化。主要做法包括启动公益阅读项目、实施图书馆总分馆制、全链条公共文化服务、组建志愿者团队和联盟社会力量。项目取得显著社会效益，提升了乡村儿童文化认同感，促进了乡村振兴。同时，项目也面临公共服务供给模式单一、内容实用性不足和设施匮乏等问题，需要通过组建特色志愿者队伍、加大资金投入和科技赋能等措施来解决。

关键词： 公共图书馆，相约乡读，公共文化服务，社会力量

公共图书馆以其具有的普惠性和社会性，一直是政府购买的重要公共文化服务。为更好地为农村三留守人员（即留守的妇女、儿童和老人）提供更加精准优质的服务，公益阅读推广项目"相约乡读"是湖北省图书馆于 2019 年启动的阅读项目，其主阵地为乡镇学校和图书馆。项目通过辐射全省各州、市、县的各级各类图书馆吸纳分散的社会力量，借助湖北省文化和旅游志愿者服务平台，组建一支具备专业能力的志愿者队伍；同时借助湖北省图书馆的信誉背书，结盟一批具有社会资源且有公益需求的单位组织，借助常态化阅读推广活动，

---

* 本文系 2022—2023 年度湖北省图书馆科研项目"数智融合推动下公共图书馆电子资源再利用实践与思考"的阶段性研究成果之一，项目编号：鄂图科 2022-09。

将诸如文化资源、教育资源、人才资源、城市资源以及各类服务可以输送、下沉到乡村，盘活乡村文化资源，为乡村的文化事业的振兴添砖加瓦。

一、背景起因

（一）乡村文化振兴面临本土人才缺失

2017年，我国乡村就业人员为3.29亿人；2021年，我国乡村就业人员为2.79亿人（见图2），短短四年间竟然下降了5000多万人，由此不难看出我国乡村就业人员降幅是巨大的。当前农村三留守人员（即留守的妇女、儿童和老

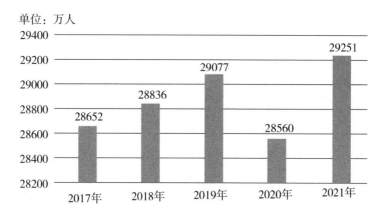

图1 2017—2021年全国农民总量

数据来源：国家统计局。

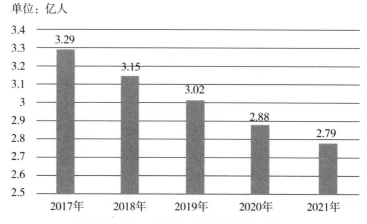

图2 2017—2021年全国乡村就业人员

数据来源：国家统计局。

人）不仅作为乡村常住人口的大比例组成部分，而通过以上两组数据的鲜明对比，也进一步佐证许多的村庄已经沦为"空心村"这种令人忧心的现象，青壮年的流失便引发乡村文化振兴面临的困境——本土人才缺失。

（二）湖北省乡村学生基数大且留守儿童处境堪忧

根据湖北省统计局《2022年统计年鉴》，截至2012年，全省小学5405所，其中乡镇小学4219所，约占78%；普通初中学校2080所，其中乡镇初中学校1458所，约占70%；小学在校生约37.65万人，其中乡镇在校小学生约21.74万，约占58%；初中在校生16.53万人，其中乡镇初中在校生约9.54万，约占58%；

2019年4月，湖北省农村留守儿童关爱保护工作联系会议办公室公布一则信息，目前湖北省有597753名留守儿童。而这些留守儿童中的79.78%是由其祖父母监护。根据2018年省文化和旅游厅关于贫困地区青少年精神文化生活的调研，在小学和初中阶段的留守少年儿童家庭普遍存在隔代监护的情况，由于乡村家庭祖辈文化程度普遍不高，故而留守少年儿童家庭普遍存在家庭教育管理缺失的情况。尤其是手机游戏沉迷问题、父母亲情的缺失，乡村留守家庭中的少年儿童更容易发生此类问题。并且，此类留守儿童的学习成绩、行为习惯也普遍不如非留守儿童。湖北省的乡村学生群体体量巨大，而其中占据大比例的留守少年儿童处境不甚理想。

（三）城乡优质教育教学资源供给不均衡

在我国"城乡二元结构"矛盾十分突出，城市和乡村之间的优质教育教学资源供应长期处于不均衡态势，即每个地区的优质教育资源普遍聚集在城市以及城市周边地区，伴随而来的还有农村学校的不断内缩消亡。尤其是近年来，我国不断加快城镇化进程，不断纵向推进义务教育各项改革，农村学校数量骤减。相比于农村寄宿制学校，城市学校在教学管理、素质教育、教学环境、优质教学资源供给方面优势明显，城乡差距依然显著。在教学设施方面，城市已基本普及多媒体教育，与此形成鲜明对比的是乡镇学校，尤其是在贫困乡村学校，很多基础教学用具老旧不堪，试想这样的条件下，教学质量如何能够得到保障。随着我国不断推进城乡义务教育一体化进程，国家和地方对乡村学校投入大量的精力进行帮扶，随着互联网络的不断发展，社会善款、爱心捐赠也不断涌入最贫困边远的山区学校，在一定程度上改善了一些学校的办学条件，但是由于缺少能够使用设备的人才，即使配套设施安置到学校，也落得无人问津，布满灰尘。此外，我国的乡村学校体量巨大，想要在短时间内全面解决以上诸多问题，绝非易事。

据文化和旅游部统计，截至 2021 年年底，乡镇综合文化站共计 32524 个，较上年减少了 301 个，基层文化发展开始收缩是大势所趋。目前，湖北省公共图书馆 116 所，从业人员 2101 名，而面对我省近 60 万的留守儿童，4000 余所乡镇学校，仅仅依靠图书馆发挥社会教育职能，提供公共文化服务，补给乡村学校教育资源，改善乡村儿童尤其是留守儿童的教育处境，这明显是远远不够的。所以，湖北省图书馆唯有通过组建志愿者队伍、联盟有社会资源的单位组织形成一股合力，通过支持乡村学校文化建设，促进乡村教师的教学能力提升，提高贫困地区少年儿童的阅读素养，从而将城市资源、文化服务、教育人才下沉到乡村，改善乡村儿童教育困境，激活乡村文化，助力乡村振兴。

二、主要做法

（一）启动"相约乡读"公益阅读项目

2018 年，湖北省图书馆走进省内乡村地区开展调研，通过座谈会了解当地公共图书馆以及其他文化单位现状，通过实地走访调研，了解乡村居民阅读情况，积极探索家庭阅读推广助力乡村文化振兴的有效途径。在此基础上，2019 年湖北省图书馆靶向瞄定乡村少年儿童阅读素养提升，联合各市、县图书馆、中小学校和乡村文化站，通过引入、培育、融合等方式，打造"图书馆+文化志愿者"服务模式，集结全省不同领域文化志愿者，协同志愿队伍等社会优势资源，以随州、孝昌、五峰、十堰、恩施、宜昌等地为试点，启动"相约乡读"阅读推广活动。

项目以"乡村文化振兴"为抓手，以留守儿童阅读素养提升为重要突破口，以乡村学校为主阵地，依托市、县图书馆，协同乡镇学校、文化站、村委会，以家庭和阅读为核心，以学校为主阵地，以文化志愿者建设为抓手，以图书馆的社会性为支点，撬动社会各界力量，促进儿童阅读常态化、系统化、专业化，助力家庭教育和全民阅读，探索乡村文化振兴的"图书馆+社会力量"模式。

值得一提的是，为确保此项目各项工作落到实处，项目由馆领导统一领导负责，多位部室领导统筹协调资源，专业人员（包括图书馆数字资源管理员、全省文旅志愿者平台管理员、宣传报道员、阅读推广人、活动策划师、家庭教育指导师、国家二级心理咨询师）负责策划、执行。

（二）"图书馆总分馆制"保驾护航

以图书馆总分馆制建设为抓手，优化乡镇阅读环境。例如，2019 年起，湖北省图书馆联合随州市、县图书馆，充分发挥图书馆资源优势，在试点乡村学校建立分馆或者流通点，通过帮建学校图书馆（室），做好乡村家庭的阅读推广工作。此外，湖北省图书馆和随州市图书馆积极探索合作建馆模式，在双河学校建立湖北省图书馆流通点和随州市图书馆分馆，为该校配置了近万册流动图书。通过流动图书车服务，让图书走进乡村，走进村民，营造良好的阅读氛围，仅 2019 年，与随州市图书馆联动开展汽车图书馆活动 9 次，接待读者 3340 人，共配送图书 3100 册，开展文化活动数百场。

（三）全链条公共文化服务串联"三元主体"

针对少年儿童群体，依托省、市、县、乡公共图书馆，在项目试点地区图书馆、文化站、村委会、学校设立"相约乡读体验式阅读服务站"，通过"小小领读者""小小讲书人"等活动，倡导青少年加入志愿服务队伍，通过拍摄培训视频、专题节目，开展线下班小组读书会、线上讲书以及阅读分享直播，打造乡村县域、校内读书"小网红"，不断激发乡村少年儿童群体的文化内生动力。

针对乡村教师及学校，每年在 4 月至 7 月、9 月至 12 月开展针对该地区教师的教育培训课程，带专家前往当地进行指导，每年举办的长江读书节表彰活动，对优秀的师生进行表彰。疫情期间，通过数字平台开设了"相约乡读"专栏，通过"早晚课堂""整本书阅读""馆员帮你问"等板块，与数字图书馆工作部联合开展"臻阅读"整本书阅读推广服务和"小豆伴读"电影课堂和辩论课，为乡村学校提供定制化服务和专业的阅读指导。与此同时，应乡村学校请求，我们还组织乡村学校老师到华侨城小学、省图来参观学习。

针对乡村家庭，为留守儿童家庭开展结对的城乡家庭读书会，打造"相约乡读·恋上我家"演诵汇、"悦读越亲密"城乡结对阅读打卡活动；邀请乡村家庭在长江读书节启动仪式上表演节目……目前在宜昌全域、襄阳、随州、恩施、孝感、黄冈等多地开展恋上我家演诵汇，基本实现周周有活动、月月有展演，以展示乡村孩子们的家庭阅读成果。组织城市志愿者和乡村村委会，通过城乡研学营、交流演诵汇等实现不同地区、不同形式的文化交流，开创城乡家庭融合的文化新实践模式。

"得益于湖北省图书馆公益项目'相约乡读'，我们和全国各地教育专家、老师们一起学习交流，我们的孩子可以走出大山，看到更广阔的世界。"2023 年 5 月 22 日，随县洪山镇第一中学老师李春艳受湖北省图书馆邀请前往襄阳市东津新区第二实验小学做文化交流时动情地说道。随县洪山镇第一中学与"相约乡读"项目结缘于 2019 年，当时学校反映，乡村学校教育经费紧张，社会资源有限，学生阅读书目不足，教师接受培训交流的机会不多，于是"相约乡读"项目组经过多方实地考察，采买了一批对标教育部必读书目的最新线上教育资源，无偿对接给乡村有需要的学校使用，同时启动为期两个月的"整本书阅读"培训，通过聘请教育专家线上授课，联动全省各级图书馆组织当地有需要的乡村学校参加，为全省乡村学校老师带去专业的培训。活动一经推出，备受热捧，来自全省 60 余所学校纷纷发来邮件，将他们老师的培训实践成果制作成课件分享给省图，李春艳老师的教学案例就在其中。如今，李春艳老师已经成长为一名出色的阅读推广人，她指导的"追光者"班小组读书会荣获湖北省图书馆第六届长江读书节"十佳班小组读书会"称号，她本人也因为出色的能力，成为该校最年轻的教务主任、班小组读书会活动负责人。

2020 年 6 月，随县洪山镇第一中学七组留守儿童学生家庭受湖北省图书馆邀请参加家庭研学营，与来自武汉的七组家庭一起到大洪山风景区旅行。

2021 年 3 月，该校任勇兵校长和留守儿童学生家庭受邀参加湖北省图书馆"第六届长江读书节"启动仪式，参演自创情景剧《相约乡读》，再现了"相约乡读"系列活动在洪山镇 10 所学校落地开花的真实场景。活动结束后孩子们收到省文化和旅游厅雷厅长、湖北省图书馆刘馆长的鼓励点赞。

2022 年 6 月，六一儿童节来临之际，湖北省图书馆"相约乡读"项目牵手阿里巴巴 UC 公益，在洪山一中开展了"飞向苍穹·益起筑梦"公益阅读活动，为学校建设图书室，并捐赠科技类书籍。

（四）组建志愿者团队

借助湖北省文化和旅游志愿者平台，通过吸引湖北省素质教育研究会、湖北省朗诵艺术家协会、湖北省演讲协会、湖北省大学生阅读示范基地等社会组织支持，组建了项目志愿者团队，将"名家走基层""领读者走基层""大手拉小手"等活动常态化走进乡村开展文化惠民活动。通过强带弱、城带乡、大带小等方式，从少儿阅读、亲子阅读、朗诵、家庭教育等不同领域，直击乡村阅读"短板"，将优秀的文化资源链接到乡村儿童身边，通过兴趣激发增强乡村儿童的文化认同感。在组建专业的志愿者团队的过程中，不断地吸纳有生力量，筛选出那些具备公益心但专业能力有待提升的志愿者，分级完成公益活动，从最基础的承担本地日常阅读推广运维工作到通过不断地培训和考察，选拔聘任优秀的乡村家长、老师为领读者，跟随项目组前往乡村开展阅读推广活动。以乡村学校为阵地，文教互联以班级为单位定期组织班小组读书会；倡导学生带动家长以家庭为单位持续开展家庭读书会。开展教师、学生、家长专项培训，培育优异的领读者和讲书人队伍，壮大乡村本土阅读推广人队伍。例如，倡导基层图书馆因地制宜推广"相约乡读"，如五峰土家族自治县图书馆的"茶乡领读者"特色凸显，成效显著；恩施州图书馆联动各基层馆开展的"相约乡读·悦读恩施"受到州领导和媒体广泛赞誉；随县教育局推动洪山镇九所学校常态化开展"相约乡读"系列活动，形成了"相约乡读·洪山模式"。这些活动不断充实乡村儿童的"家门口文化"。

（五）联盟有社会力量

联动企业公益项目"送文化"。联合融创华中区域公司和阿里巴巴等公益项目，将优质社会资源引入乡村，优化阅读环境。2019 年融创"英苗书屋"项目在随县洪山镇双河学校建立图书室；2020 年阿里巴巴"益起读书""UC 公益"在随县洪山一中打造书香教室、随县 10 所学校打造班级图书角；2021 年阿里巴巴夸克 APP、蚂蚁金服志愿服务团队走进恩施野三关镇红军小学和鼓楼小学，在该校建立图书馆、开展阅读活动……2018 年以来，引入多家企业单位在随县洪山镇、恩施州捐建图书馆 3 个，捐建班级图书角 69 个、书香教室 12 间。

三、经验分享

活动以留守儿童为突破口，通过不同形式的社会化合作，以家庭阅读为重点，以书香校园建设为着力点，以队伍建设为主要内容，以环境改善为补充，探索了一条全方位可持续的"图书馆+社会力量"乡村文化振兴创新路径。

（一）社会效益高

切入乡村振兴社会热点，通过共建共享各类阅读资源，在城乡、馆校、亲子等不同层级间架设起相互交流的桥梁，在基层乡镇广泛传播和推广家庭阅读理念，发挥了较好的社会效益。

（二）可持续性强

创新服务方式，利用电视台、媒体、微信平台，用线上线下相结合的形式，以活动代培训，注重乡村阅读推广队伍的培育，扩大辐射范围，促进乡村文化振兴的可持续发展。

（三）可复制性强

以乡村阅读情况调研为依据，发挥公共图书馆的资源和服务优势，将乡村文化振兴与家庭阅读推广有效结合，并形成理论成果，为农村"三留守"人员阅读素养的培育探索新途径。

四、存在问题

（一）公共服务供给的模式基本为单线程

在公共文化服务供给的实践中，目前的模式主要是以公共图书馆为供给主体，学校或家庭为受体，而且实行的供给制度是自上而下的单向输出，缺乏良好的互动，这就导致了活动来了是一阵热闹，活动结束就一片寂寞。这种模式不利于农村公共文化服务的可持续性供给。主要体现在：一方面，乡村的老人孩子缺乏表达自身需求的能力和渠道；另一方面，自上而下的单向输出方式产生的后果是供给缺乏活力，供给和需求两端缺乏互动，从而导致管理不当等问题

（二）供给的内容实用性不足

近年来由于城镇化的进程，许多乡镇学校都招不满学生，于是就出现多所乡镇学校合并的现象，产生了多个年级混班教学的情况。并且城市和乡村孩子教育基础不同，因此，公共文化服务供给难以精准匹配。此外，由于数字网络的普及，现代农村社会对多样化文化的需求日渐增强，有时候配置的文化资源缺乏实用性。

（三）供给的设施匮乏

我国广阔的农村地区经常忽视公共文化服务的供给，存在普遍的"空心化"现象。不少村庄缺乏基本的公共文化设施，甚至部分村里没有公共文化设施。笔者曾走访过孝昌山区的一所希望小学，当地教学用具还停留在黑板板书，没有数字化的教学工具，导致一些有声的数字文化资源无法适配到当地学校。

五、化解思考

（一）组建特色"志愿者"队伍

在农村，宗族是一股不可忽视的力量，要将乡村本土的宗族力量、乡贤能人吸纳到"志愿者"队伍，他们具备表达自身需求的能力，他们中的一部分人也具备帮助乡村群体发声的责任担当，要给予他们表达文化诉求的渠道，及时反馈，有效满足他们的合理诉求，将公共服务供给由单线程的模式转变为双程互动模式，激活乡村文化活力。

（二）加大资金投入

需要有效完善乡村公共服务文化、教育体系，通过多渠道增加乡村公共文化、教育的投入，大力投入资金，增进公共服务文化、教育及相关服务供给。转变公共财政支出结构水平，增进公共财政在乡村文化、教育建设中的实际水平，从而不断提升用于乡村文化、教育的相关服务体系及经费投入。可通过设置乡村文化、教育建设的专项资金，完善乡村文化、教育建设的经济体系，促进社会资金投入，以及社会人士的参与，大力帮助群众文化教育服务机构融入乡村振兴，从而有效提升乡村居民文化素质，提升乡村居民独特的精神面貌，提高乡村居民的幸福感和满意感。

（三）科技赋能提升农村公共文化服务水平

"数字技术的持续下沉与赋能应用，为以供给主体、内容、方式、机制为系统框架的动力机制运行提供支撑。"一方面，大数据等先进信息技术与农村公共文化服务相融合，可以借助现代信息技术准确及时了解乡村师生、家庭对文化偏好和需求，提高公共文化服务的精准性和实效性。例如，可以通过构建互联网信息平台，以个人为单位，乡村学校和家庭对文化知识的需求、偏好，进而点对点及时推送相关文化资源给个人或组织。另一方面，利用现代先进技术，可以简化农村公共文化服务程序，优化多元合作机制、信息共享和反馈机制以及监督评价机制等，提高农村公共文化服务水平。比如，农家书屋，增强科技赋能，将科技运用于农家书屋的运行全流程，能够简化线上线下借阅程序，最大程度上方便村民借阅图书和参与文化活动，从而提高农家书屋的社会效益和经济效益。

参考文献

[1]《我国公众网络安全意识调查报告（2015）》首次发布网络安全意识教育急需加大普及力度 [EB/OL].中央网络安全和信息化委员会办公室，2015-06-01.

[2] 钱婷婷，张艳萍.青少年网络素养：概念演进、指标构建与培育路径[J].上海教育科研，2018（7）.

[3] 王仕民.思想政治教育心理学概论 [M].广州：中山大学出版社，2015.

[4] 联合国教科文组织国际教育发展委员会.学会生存：教育世界的今天和明天 [M].北京：教育科学出版社，1996.

[5] 沈壮海，王晓霞，王丹，等. 中国大学生思想政治教育发展报告 2017 [M]. 北京：北京师范大学出版社，2018.

[6] 光明日报.《2017 青少年网络素养调查报告》显示：中国青少年网络素养有待提升 [EB/OL]. 光明网，2017-07-06.

（注：该论文《社会力量助力乡村振兴：来自省图书馆公益项目的实践案例》入选华中科技大学首届 MPA 发展论坛暨"中国式现代化与公共治理创新"研讨会。）

公共服务视角下城市书房的服务体系研究

张　弛

（湖北省图书馆　430071）

摘　要：随着城市空间的逐步扩大、科学技术的飞速发展、群众对图书馆服务的要求日益提高，城市书房作为一种新型的阅读空间和服务模式，为推动、引导、服务全民阅读的图书馆智能提供了新的发展思路。本文从城市书房的内涵及特点出发，分析以城市书房为载体的图书馆服务。

关键词：城市书房；公共图书馆；公共服务

阅读，是获取前人智慧、传承人类文明的重要方式，阅读时长以及阅读量的提升是社会文明进步的重要标志之一，引导、提倡、服务全民阅读是公共图书馆的重要职能之一，而城市书房的出现则为公共图书馆将为阅读服务的功能进行了外延。城市书房的服务范围往往覆盖周边的多个社区，为群众提供了较好的阅读环境，同时也为提高公共图书馆在阅读的覆盖率以及实效性方面作出了重要的贡献。通过认真思考以及科学的分析城市书房的发展脉络，有助于推动公共图书馆在总分馆体系建设、阅读推广工作等多方面的长远发展，使图书馆的服务水平迈向高质量发展的台阶。

一、城市书房的特点

从东莞市图书馆建成全国首个无人值守的自助图书馆，到张家港市出现了城市书房的雏形"图书馆驿站"，再到温州市正式出现以"城市书房"命名的阅读空间，最后到全国各地纷纷介入本区域情况围绕"城市书房"这一新事物开展了一系列的建设，城市书房经历从初步孕育到探索发展，如今迎来全面兴起的发展阶段。城市书房之所以能够不断得到各地图书馆以及读者的青睐，根本在于它既能够满足图书馆对于延伸服务、提高服务范围覆盖率及实效的需求，又能够满足新时代下读者对于高品质的阅读环境、阅读方式、服务内容的需求。

虽然各地结合自身实际情况，建设了具有本地特色的城市书房，但是各地的城市书房在空间环境、落户选址、专业服务等方面亦有共通之处，而这些共通之处公共构成了城市书房的基本特征。

（一）空间环境：体现美感，温馨舒适

城市书房的设计无论是建筑外形还是内饰风格通常都由专业人员进行了精心的设计。从建筑外形来说，既要保持自身的特色，同时又不能太突兀，影响了与周围环境的和谐感。对于部分图书馆采用租赁场地或者与社会力量合作的方式开设的城市书房，在外形上很难有所发挥，于是在内饰风格上下功夫就成了城市书房空间环境建设的重点。在空间色彩的搭配、内部设施的摆放、智能设备的选择、图书资源的统一、引导标志的设置等方面尽量采用统一的设计方式，从而达到营造温馨舒适的阅读环境的目的，确保每个城市书房能够提供同品质的阅读服务感受。高颜值、高品质往往是城市书房的空间环境的显著特征之一，而能够有效地吸引读者，使城市书房成为一个城市的网红打卡地和文化地标建筑。

（二）落户选址：随处可见，便民利民

城市书房在落户选址上，往往能够不受行政区划的限制，一般以覆盖区域尽可能广、服务人群尽可能多作为城市书房的选址导向。一般来说，大型公园、产业园区、人流量多的社区、大型商场、地铁口等往往是城市书房选址经常考虑的地方。交通便捷、人流量大，提高了城市书房的使用率和群众对图书馆服务的获得便利性。对于一些通过图书馆与社会力量相结合所建成的城市书房，由于减少了土地建设方面的成本以及无需经历复杂烦琐的政府审批手续，所以能够短时间内快速在城市的各个角落建设开来，同时由于城市书房具有公共服务属性，地方政府在推动民生项目工程时，也愿意积极配合城市书房的建设，所以较小的建设成本以及政府的积极配合这也是城市书房这一形式能够得到全国多地图书馆认可，从而能够在城市中遍地开花的重要原因。

（三）专业服务：丰富设施，自助服务

依托科技的发展、技术手段的变革，城市书房在管理上实现了无人值守的管理方式，减少了大量的人力成本，同时人员退、机器进的趋势越来越明显，大量的先进设备不断进入城市书房的空间中，出入口的门禁、图书的自助借还、线上活动的预约及开展，完全可以实现读者全程自助服务，充分体现了科技与文化相互结合，依托技术手段有效缓解了基层图书馆在开展活动时人力资源紧张的困境。人力资源不足是长期困扰图书馆开展读者服务的重要因素，一面是群众对于图书馆专业服务的需求不断增加，另一方面是图书馆普遍存在人手不足、专业人员缺乏导致无法提供读者满意的服务质量和服务内容。科技手段在城市书房的应用为图书馆发展提供了一个新的思路，即依托科技方式在提供高质量的读者服务内容的同时，减少对于人力资源的使用。当然，科技的使用也有其自身的局限，在这种情况下可以通过志愿者参与管理、社会力量的加入等方式来完成一些技术标准、科技手段等方式所无法解决的问题，但是总的来说，通过自助服务的方式来提高图书馆服务水平仍然是城市书房的重要特点，也是今后发展的重要方向。

二、城市书房的重要转变

城市书房是为了解决读者对于高品质文化需求与图书馆服务范围狭小、服务设施落后、专业人员较少等矛盾而出现的一种解决思路，城市书房的出现不仅改变了图书馆的服务理念、建设思路、管理体系，而且提高了服务受众、硬件设施使基层图书馆也能够集中力量提供高水平的服务内容，使公共阅读服务向前迈进了一大步。

（一）思路转变，重视基层发展

过去在公众的刻板印象中，基层公共图书馆的印象往往是馆舍建筑落后、服务内容单一、工作人员较少，基层作为公共服务的薄弱、落后地区，往往无法接触到高质量的公共服务。但是，城市书房的闪亮登场，用充满艺术感的外形不仅打破了公众对于公共图书馆的刻板印象，而且自助服务方式的运用既减轻了公共图书馆在馆员招聘、人员培训与管理等方面的压力，也给了读者较大的阅读自由，可以减少阅读时的打扰，根据个人喜好使用城市书房的相关资源。

城市书房的出现是图书馆读者服务思路的重要转变，而这种转变的发生绝非偶然，而是与社会的发展相适应的，主要体现在以下三方面。第一，与社会经济水平和科技发展水平相适应。过去的图书馆由于资金紧张、人员较少、技术水平较低，往往馆藏资源较少，服务形式也仅限于能提供简单的线下图书的借还，并且馆内藏书资源、人力资源、空间资源等长期得不到补充和更新。随着经济的快速发展，人民群众对于公共服务的要求也不断提高，同时国家经济的快速发展也使得政府和社会力量有更多的精力和资源投入公共服务中，而技术的发展也为图书馆打破时间空间的服务局限提供了可能。第二，与公共图馆建设现代化的公共服务体系的目标相适应。公共图书馆是一个生长着的有机体，在不同的发展阶段有着不同的建设目标，当前公共图书馆正大力建设普遍化、均等化的公共服务，力求能够实现覆盖范围广、惠及人群多、服务质量高的公共服务，而城市书房能够分布在城市的各个街道社区，以其高颜值和便捷服务的特点吸引读者，以最小的建设和维护成本使尽可能多的群众能够享受到同样的、高品质的服务。第三，与政府的政策导向相适应，随着群众生活质量的不断提高，对于公共服务的需求也不断增加，而这部分需求也得到的政府相关部门的重视，近年来国家也对公共服务从资金、政策等各方面都加大了支持力度，这也为城市书房的出现和发展提供了有力的支撑。

（二）建设转变，增强设施布局

城市书房在硬件设施建设方面的重大突破在于，城市书房的出现改变了公共服务设施由政府大包大揽的建设方式，转向为政府提供政策支持以及其他资源的支持，社会力量提供场地、设备、书籍资源等的建设方式，将政府、市场、公众三方的力量形成合力，共同参与公共文化服务建设。过去的公共图书馆的建设和硬件设施的采购更新对于政府财政和政策的依赖较大，虽然建立起了从省、市、县、乡各个层级的图书馆，但是一方面容易存在需求与资源的错位，即人数众多、需求较大的区域往往没有足够的软硬件设施为读者提供服务，另一方面由于公共图书馆的资金以及其他资源的来源单一，部分公共图书馆既无法做到服务范围面向所有人群的覆盖，也无法满足群众对于公共服务的要求。城市书房的出现首先是在开设城市书房方面，通过前期的调查可以保证城市书房能够在群众需求较多的地方进行开设，而且可以根据本区域的情况对书房内的各种软硬件资源进行调整，能够保证城市书房的最大化利用。而且，城市书房采用了多方力量共通合作的模式，一定程度上对自身的软硬件设备有了提升的可能，减少了对政府资源的依赖程度，能够最大限度地满足群众需求，有利于实现阅读服务的全覆盖。

（三）管理转变，提升专业水平

基层工作人员少、专业水平参差不齐一直是制约基层公共图书馆发展的重要因素之一，如何打造出一支精干、专业的图书馆员队伍是提高公共图书馆服务水平的一个重要议题。城市书房的出现为提升基层公共文化服务人员的专业水平提供了一个良好的思路，因为各地的城市书房往往会纳入公共图书馆总分馆建设体系当中来，所以在书籍的借还、书籍的流通、活动的组织开展、管理制度等方面能够做到统一化，使得城市书房的管理运营能够在专业人士的指导下开展，可以实现阅读服务的标准化，使得不同的城市书房提供的服务质量有所保证。同时，随着社会力量的深度参与，公共图书馆总分馆建设的管理内容也更加丰富。不仅打通了体制内各级图书馆的纵向联动，使得基层图书馆能够够得到上级图书馆的指导，提高了自身的专业水平和管理水平，而且还加强了同级别公共图书馆之间的横向交流，加强了各个图书馆之间的经验、信息、资源的流动，还通过与社会力量的交流，与各类信息、设备的互联互通。例如，通过支付宝信用评级可以免押金办卡、通过线上小程序可以实现预约借还书等内容，能够使公共图书馆资源与社会资源相衔接，对社会而言提高了公共图书馆信息资源的使用效率，对公共图书馆而言能够获得更多的信息资源，可以更加精准地找到自己的服务群体并为其提供个性化、专业化的服务，这也是公共图书馆专业化的重要表现之一。

城市书房既为公共图书馆在人员素质和管理水平上做"加法"，也在为基层图书馆的管理压力做"减法"，一同就科技手段的加持，通过无人管理、自助服务的方式减少了基层公共图书馆的管理压力，从出入门禁到图书借还，再到活动预约，可以实现全过程的自助服务，而且部分仪器设备无法完成的工作也可以通过招聘志愿者、政府购买服务等方式完成相关的服务工作，减少了管理压力。

三、城市书房发展的建议与举措

城市书房作为新出现的一种服务方式，是公共图书馆面向大众提供全民阅读服务的重要载体，是公共图书馆总分馆体系建设内容中不可分割的重要部分，也是公共图书馆在基层服务建设上的创新举措，城市书房的长远发展有利于公众的文化服务权利得到保障，从而提升公共文化服务治理能力。

（一）拓宽资源渠道，联合社会力量

城市书房要想获得长远的、可持续的发展，离不开长期、稳定的资源投入，包括但不限于资金、空间、政策等。从目前全国各地区对城市书房建设的探索中可以看到，虽然城市书房的发展仍然是以政府支持为主，但是也有越来越多的社会力量助力公共文化服务高质量的发展。以资金来源为例，目前城市书房的建设及维护的资金来源主要包括政府投入的财政资金、城市书房提供的收费服务的净利润以及社会人士或团体的无偿捐赠这三类。其中，政府投入的财政资金往往发挥中流砥柱作用，是城市书房建设和运营的主要资金来源，而政府投入的财政资金多少往往和当地的经济发展水平有着密切的关系；对经济欠发达地区的公共图书馆而言，城市书房提供的收费服务的净利润以及社会人士或团体的无偿捐赠对于城市书房的发展具有重要的帮助。对此，城市书房在提供公共文化服务的同时，也可以根据自身条件开展与社会机构开展合作，例如，部分地区的公共图书馆已经开展了创业项目孵化、教育培训活动、文创产品代销等多种形式的创收活动，同时对社会人士或团体的无偿捐赠也可以建立起相关奖励制度，对捐赠的组织或个人进行表彰，鼓励他们继续为公共文化活动做出贡献，多措并举，拓宽资源渠道。吸引更多社会力量的加入不仅可以为城市书房的创元发展打下坚实的基础，而且还可以有效缓解合作模式下政府或社会投入不稳定所带来的负面影响。

拓宽资源渠道，不仅是对公共图书馆"有形"的资源进行补充和更新，还是对图书馆管理体系、思想等"无形"的部分的重要变革。过去，基层图书馆为了延伸图书馆服务范围所进行的农家书屋、汽车图书馆等多种形式，本质上仍然是在公共图书馆总分馆体系建设中所进行的资源整合工作，所能够接触和使用的资源仍然是图书馆系统内的资源。城市书房的兴起打破了体质的束缚，将公共图书馆系统与社会相联系，社会力量的广泛参与使公共图书馆的服务效能得到了巨大的提高，城市书房的均等化服务、标准化服务、品质化服务也提升了基层公共图书馆的服务水平。

（二）完善制度建设，制定管理条例

无规矩不成方圆，完善城市书房的制度建设，用制度规范城市书房的建设和运营是发展的必然要求。城市书房从最初的公共服务创新项目，到现在公共图书馆开展公共文化服务的重要阵地，其服务范围不断扩大、服务效能不断提高，已经从创新项目变成了民生项目，不少地方建立与之相对应的标准规范。例如，2019 年 1 月，浙江省市场监督管理局发布了浙江省省级地方标准《城市书房服务规范（DB33/T 2181—2019）》。2020 年 7 月，温州市发布了《温州市城市书房建设和管理办法》，通过制度规范保证城市书房能够大力推广下去，也成了必然的选择。

从各地公共图书馆的建设经验来看，城市书房的制度往往与以下几方面有关：建设标准、规划布局、功能分区以及管理制度。从建设标准来看，城市书房往往以服务所在的社区或者街道为主，面积一般在 100～500 平方米左右，节约空间成本和建设成本。从规划布局来看，主要有两种方式：一种是面向公众通过各种媒体平台征集建设地址，另一种是由上级部门和本单位负责部门共同考察调研，结合读者需求、周边环境、配套设施等多方面因素共同决定馆舍的选址。从功能分区来看，部分城市书房在建设之初就被赋予了多种服务功能，不仅能提供基础的借还书服务，而且也能提供诸如文化展览、社教活动等服务，最大限度利用了城市书房的空间。从管理制度来看，城市书房大多具有统一 LOGO、统一标语、统一设计，既便于宣传与识别，为后期做成文化品牌打下基础，也能够保证每一个城市书房可以提供相同品质的公共阅读服务。

（三）承担载体使命，丰富精神生活

城市书房不仅是公共文化服务的重要场所，也是传播宣传思想文化和加强精神文明建设的重要载体。通过文化熏陶能够提高群众的思想觉悟、道德情操、文化素养，从而提高整个社会的文明程度。在满足社会大众对于文化需求的同时，丰富群众的精神生活也是城市书房作为文化载体应有的追求。

依托科技手段，城市书房能够以自助服务的形式开展工作。然而，机器与科技仍然有其自身的局限性，部分读者服务以及相关的工作仍然需要通过人力才能够完成，通常是由本馆工作人员、政府购买服务人员、志愿服务人员等来完成相关的工作，尤其是志愿服务人员往往在城市书房的管理中发挥重要的作用。通常，志愿服务人员的来源有图书馆对外招募的志愿者、社区组织的志愿者、相关单位志愿服务人员。志愿服务作为城市书房管理的重要工作，也是展现新时代精神文明风貌的重要组织形式，城市书房可以发挥在资源、组织能力、服务敬仰等方面的优势，创造更多的志愿服务的项目和活动，让更多的人参与到志愿服务中来，推动公共服务发展与丰富群众精神生活相互融合、共同发展。

四、结语

综上所述，在公共服务视角下，城市书房作为公共图书馆开展读者服务的一种重要举措，是根据社会发展以及图书馆自身需求所发展出来的综合性服务方式，是现代社会中新的阅读服务模式对传统阅读服务模式的一次大胆创新。城市书房作为发展中的服务模式，在未来发展中将会与时俱进，为广大群众提供更加便捷、高效、智能的文化服务。

参考文献

[1] 金武刚，王瑞芸，穆安琦 . 城市书房：2013—2020 年——基层图书馆建设的突破与跨越 [J]. 图书馆理论与实践，2021（3）.

[2] 胡海荣. 城市图书馆服务体系新模式: 温州"城市书房"建设的研究与实践 [J]. 图书馆杂志, 2016, 35 (5).

[3] 马洪亮. 社区文化治理视域下的城市书房内涵式发展研究 [J]. 图书馆, 2024 (5).

[4] 燕飞. 城市书房引领新型阅读模式 [J]. 办公室业务, 2018 (17).

浅析乡村图书馆参与乡村文化振兴发展策略

熊　蜜

（宜昌市图书馆　443000）

摘　要： 乡村图书馆作为我国公共文化服务体系的重要组成部分，与乡村振兴战略存在高度的内在契合，能够有效应对乡村文化建设困境，从而助推我国乡村文化振兴进程。探索乡村振兴时代背景下乡村图书馆参与乡村文化振兴的可行路径，需要从多维度、多视角出发，如何做到活化图书馆资源是助推乡村振兴战略成功的关键。本文简要梳理了乡村振兴战略背景下乡村图书馆建设与发展的必要性和面临的主要困境，分析了乡村振兴战略背景下赋予乡村图书馆的新定位，总结并提出了乡村图书馆参与到乡村振兴中的创新路径，为以后的相关研究和实践提供参考。

关键词： 乡村振兴；乡村围书馆；发展策略

乡村振兴战略目标的提出，是我党为推进我国社会主义现代化建设做出的伟大部署，是新时代"三农"工作的总抓手。《乡村振兴战略规划（2018—2022年）》明确指出要进一步"加强农村公共文化建设，繁荣兴盛农村文化"。在乡村振兴战略背景下，加快乡村文化建设是全面推进乡村振兴的重要举措，也是实现巩固拓展脱贫攻坚成果同乡村振兴有效衔接的重要手段，乡村文化的振兴必须依托乡村图书馆体系建设。因此，公共图书馆被赋予了更为重要的使命内容，使公共图书馆充分参与到乡村振兴融合中的实践模式和发展路径中。其中，以乡村图书馆、农家书屋等为代表的基层图书馆，既是公共图书馆的重要组成部分，更是乡村文化振兴的典型代表。乡村振兴战略提出以后，各级政府非常重视，进行了全程谋划并采取了政策措施，乡村图书馆发展形势较好。但是，乡村图书馆建设过程中落实不到位的现象仍然存在，大多数乡村图书馆都是"轰轰烈烈"地开张，"悄无声息"地存在，最终难以持续，渐渐演变成为"僵尸图书馆"。究其原因是多方面的，根本在于农村经济发展状况和农村居民文化水平差异化较大，导致乡村图书馆难以与农村实际、农村居民的需求和自身利益结合起来。因此，在当前大力实施乡村振兴战略的背景下，如何做好乡村图书馆的建设，并深度参与乡村文化振兴发展，很值得我们思考和研究。

一、乡村振兴战略背景下乡村图书馆建设与发展的必要性

乡村图书馆是实现乡村文化振兴目标的必要措施和关键举措。提升乡村民众整体文化素质是提升乡村文化首要目的，也是基于以人为本的理念发展必要，而建设乡村图书馆，并依托图书馆开展相关文化活动，推进全民阅读进程，有助于提升农村居民的文化素质，契合了乡村振兴战略的文化诉求，从而为乡村振兴提供强有力的文化支撑，可以加速实现我国乡村振兴的发展目标，更是建设文化强国的重要途径。

随着农村居民基本物质生活的满足，其对精神生活的追求也会逐步提升。农村居民由于缺乏娱乐活动，容易沾染不良风气，建立农村图书馆可为农民借阅书籍提供方便。通过丰富多彩的阅读活动，在长期的文化熏陶中培养农民的道德情操，自觉抵制不健康的文化，不断提升农民群众的精神境界，引导他们树立正确的价值观，使其成为具有社会主义精神文明的现代农民。

乡村图书馆建设对农村经济的发展具有现实的影响。通过建立乡村图书馆，可以从图书馆中获取更多信息资源，使农民通过阅读各种各样的科技书籍开阔眼界，成为掌握先进的科学知识的新型农民。同时，借助短视频和自媒体高速发展，可以拓宽乡村民众的学习渠道。

二、现实：乡村振兴战略下当前我国乡村图书馆存在的主要建设困境

近年来，我国公共文化服务体系逐步完善，农村公共文化建设取得了长足的进步，乡村图书馆成为农村传播科学文化知识的重要阵地。借助新媒体，完善乡村图书馆的管理模式，为乡村读者提供更加便利的阅读条件，从而引发全部农村居民阅读热潮，促进文化发展。但乡村图书馆的建设若要发挥作用，需要吸引广大村民参与其中。大多数图书馆面临馆内空空荡荡、没有读者的窘况。同时，当地政府对图书馆的发展不够重视，资金投入不足，仅作为地方一项形象工程来建设，不能有效发挥图书馆的各项功能。此外，缺乏专业高效的工作团队，无法为当地群众提供相应的文化培训服务。许多农村地区的公共图书馆成了摆设，违背了"文化服务"的初心，不能有效服务乡村文化建设。

（一）缺乏资金支持，硬件设施不到位

经费问题一直是困扰乡村图书馆发展的重要难题，造成乡村图书馆硬件设施不到位。一是图书馆规模和图书资源不能满足当地居民的阅读需求。乡村图书馆馆舍面积小，很多乡村图书馆仅是在乡镇政府内设置一间阅览室而已，可容纳人员不过十几人；馆内文献资源匮乏，乡村图书室的藏书数量少，乡村居民人均不到一本书，有用的书籍较少、质量差、类型单一，内容比较陈旧，尤其是少年儿童读物极少；书籍来源一般为上级调拨或爱心人士捐赠；书籍更新不及时。二是乡村图书馆信息化建设滞后，相关设施不健全，数字资源更新缓慢。乡村地区在信息利用方面效率较低，资源共建共享不足。

（二）缺乏有效宣传，服务供需不匹配

从乡村图书馆发展来看，近年来虽然乡村图书馆建设取得了较大进步，在乡村建设中起到了不可估量的作用，但乡村居民对于书籍的需求和图书馆对书籍的供给等方面依然存在服务供需不匹配。一是图书馆数量少，宣传不到位。我国公共图书馆的数量一直偏低，截至2021年，我国公共图书馆数量达到3217个，平均43.91万人一所。一些新建的乡村图书馆在选址上不方便群众就近阅读。乡村图书馆缺乏宣传意识，导致很多当地居民都不知图书馆的存在。二是服务供应需求发展不匹配。但从服务时间来看，提供给农村居民有效阅读时间有限。图书馆开放时间并未与农村居民作息匹配，白天农村居民忙碌于各种农事，晚上图书馆又处于下班闭馆的状态，两者的交集往往局限于极短的时间，无形中造成了进馆借阅的困难。

（三）缺乏管理人才，管理制度不健全

要实现乡村图书馆可持续发展，就需要专业管理人才。但由于资金投入不足，无法聘用专业的图书管理人才，大多数都是兼职图书馆员，馆员缺乏相应的专业管理、服务业务知识，对图书的管理和保存缺乏相应的认识，也无法为读者提供优质的服务，有的乡村图书馆甚至呈现"闲置"状态。乡村图书馆管理人才的缺失导致管理制度不健全，或者制度无法实行，带来图书管理缺失情况，出现书籍严重损坏直至藏书逐渐减少，乡村图书馆存在这些问题都阻碍了乡村图书馆的可持续发展。

三、方向：乡村振兴战略下赋予乡村图书馆的新定位

乡村振兴战略提出以来，建设乡村图书馆、大力发挥乡村图书馆的阵地作用有助于提升乡村的文化形象，满足群众的内在文化需求，实现文化扶农、助农的目标，打造农村发展新气象。

（一）树立乡村图书馆新形象

从需求出发明确乡村图书馆的功能定位。乡村图书馆在日常学习和生活娱乐方面为乡村人民群众提供了很大的便利；依托科技助力的新型农业发展需要新型农业人才，乡村图书馆的建设有助于村民获取相关知识，满足当下农业发展的需求；依托乡村图书馆开展的科技助农活动，有助于培养骨干人才，为我国建设美丽乡村提供人才支撑。因此，应改变人们传统认知里对乡村图书馆的刻板印象，不再停留在过去的一间阅览室和摆一些书，发展乡村自有的特色，鼓励打造多样化的乡村图书馆、树立新型的乡村图书馆形象。"乡村图书馆+文旅融合""乡村图书馆+红色教育"的探索值得推广，形式和内容都很重要。

（二）拓宽乡村图书馆服务新阵地

从环境上拓展，乡村图书馆要积极融入地方环境，凸显实用性。乡村图书馆所占的区域面积较少，但其设计要素不仅要包含一般图书馆宣传公益性文化的特点，可结合当地农村居民的特性来设计相应的阅读区。从管理人员上拓展，系统化改善工作环境，引进并留住人才。借鉴大学生村官制，乡村图书馆要注重培育挖掘提升基层人才的专业素养，鼓励高校毕业生特别是熟悉农村生活、有一定文艺专长的青年学生到农村从事公共文化服务工作。精细化拓展志愿服务，通过专业全面的志愿培训提高志愿者的服务能力，提升和健全农村公共文化志愿者服务体系。以此全面提升乡村图书馆专业性，培养造就一支懂图书信息管理、对农村农民有感情、专兼职相结合的管理队伍，有效拓宽乡村图书馆服务空间。从经营方式上拓展，开展文化结对帮扶，建设以镇图书馆为总馆、以各乡文广站为分馆、以农家书屋为网点、以图书流动车为补充和调节手段的三级图书馆服务网络。按照总馆—分馆—流通站的形式促进图书馆向基层延伸，实行"统一标识、集中管理、同一平台、共享资源"的特色模式。

（三）重视乡村图书馆需求新体验

乡村图书馆有其特殊性，其面对的农村居民年龄结构复杂，文化水平参差不齐，需求具有明显的差异性。乡村图书馆的建设要着重考虑不同年龄段读者的个性需求，馆藏图书方面可以选择相应的种植、养殖类图书。乡村的儿童及其父母是参与使用图书馆的主要群体，可以设置相应的亲子阅读区域，并提供一些儿童类、育儿类读物；可为老年读者设置露天阅读场地，提供相应的养生类图书。此外，图书馆建设需要考虑资金投入的问题，不能盲目扩大馆藏图书数量，需要认真分析当地乡村群众的年龄结构和阅读需求，有针对性地提供相应的图书。

四、策略：探索乡村振兴时代背景下图书馆的发展路径

乡村振兴战略下，高度重视乡村图书馆的建设和发展尤为重要，这就需要当地政府全力支持，健全保障体系，加强资源活化和人才培养才是乡村图书馆持续发展的有效路径。乡村振兴时代背景下，在保留完善传统图书馆的基本功能的基础上，还应可以从以下几方面着手。

（一）发挥政府主导作用，健全图书馆保障体系

为了促进乡村图书馆持续发展，弥补乡村图书馆存在资金缺口，不能仅仅依赖于政府财政支持，应该引导、鼓励、吸引更多社会力量和更多资本参与到图书馆的建设中，以财政小投入撬动社会力量大投入。着力做好顶层设计，健全图书馆保障体系，建立健全图书馆事业法规制度体系，为完善图书馆硬件和软件设施提供必要的支撑。在了解乡村文化需求的基础上，乡村图书馆也应该完善自我管理机制，从建设、管理、运营等方面构建完善的管理机制，才能奠定乡村图书馆长远发展的基础。

（二）加强资源活化，改善图书馆公众形象

开展宣传活动，乡村图书馆深入村庄，将馆内的图书，尤其对与当地村民生活息息相关的图书进行重点宣传、展览，方便当地居民了解馆藏图书的种类。还需要当地相关政府部门的协助，搭建一条便捷的宣传通道，提高图书馆的公益形象地位，改善当地居民对图书馆的认识。

（三）加强人才培养，提升图书馆专业素养

图书馆需要提升自身文化服务的内容和质量，首先就要加强人才培养，打造一支素质过硬的图书馆专业人才队伍。一方面，基层公共图书馆需要改善相关工作人员的薪金待遇，吸引人才投身基层文化建设；另一方面，基层公共图书馆需要向上级单位争取人才，形成坚实的人才输送通道，上级单位也应大力支持，建立相应的人才培训与人才升降机制。同时，提高基层公共图书馆相关工作人员的服务水平，在馆内营造和谐的氛围，逐步让读者把进入图书馆阅读当成一种日常习惯。

五、结语

在乡村振兴战略的背景下，农村公共文化服务是乡村振兴的重要方面。乡

村图书馆迎来了全新的发展机遇和挑战，要充分发挥本地区地域性资源的价值与作用，积极促进乡村振兴，实现我国政策方针的层层传递。可以借助农家小书屋的作用，实现乡村文化振兴。通过形式多样的主题活动，引导人民群众养成读好书、好读书和保护环境的思想，满足群众对美好物质和精神生活的期盼，提高村民的生活质量，实现乡村文化振兴，并推进我国文化软实力的进步。但同时，乡村图书馆也要具有一定的危机感，应当正确认知自身的职责与职能，保证自身转型的顺畅性，主动承担自身的使命和职责，在发展路径方面不断创新，实现更有效的持续发展。

创新服务方式 履行社会职责
——荆门市图书馆未成年服务模式之实践

常佩竹

（荆门市图书馆 448000）

摘 要： 荆门市图书馆充分利用馆藏资源，努力探索未成年人思想道德建设的特点和规律，通过培育图书馆文化，打造"快乐星期天"品牌，加强信息素质教育，开展亲子读书和未成年人心理辅导等活动，充分地履行了图书馆对未成年人的社会教育责任。

关键词： 图书馆；未成年人；服务

党和国家历来重视少儿图书馆的建设。自新中国成立始，国家越来越重视儿童图书馆事业的重建。当今社会，未成年人的教育问题日显突出，从上至下各个领导层面高度重视，要求各级图书馆充分发挥公共文化教育阵地作用，为未成年人创造各种有利条件，开展丰富多彩的特色少儿活动，为未成年人的健康保驾护航。

从古至今，图书馆的教育职能得到了许多教育学家和有识之士的高度评价，认为图书馆是学校之外的另一重要教育阵地，图书馆和教育有着千丝万缕的联系。日本学者把学校教育与图书馆看作"同一辆车上的两个轮子"。要达到教育目的，必须依赖图书馆。由此可见，图书馆的教育作用与学校教育同等重要，不容忽视。

"教育不专在学校，学校之外还有很多机关，第一是图书馆。"著名教育家蔡元培先生这样说。作为中小学生课外教育的重要阵地的图书馆，在未成年人的健康成长道路上肩负着义不容辞的社会责任。

近年来，荆门市图书馆始终坚持贯彻落实《中共中央国务院关于进一步加强和改进未成年人思想道德建设的若干意见》精神，发挥图书馆的社会职能，从自身实际出发，根据未成年人的身心特点和成长需求，致力于营造尊重未成年人、关心未成年人、爱护未成年人的良好氛围。通过培育图书馆文化，打造"快乐星期天""故事妈妈""少儿绘本剧场"等少儿活动品牌，加强信息素质教育，开展亲子读书活动和未成年人心理辅导等活动，为广大未成年人创造良好的阅读环境和丰富的精神食粮，激发崇尚读书、自力更生、立志成材、报效祖国的热情，培养道德品质高尚、有理想、有抱负和创造力的接班人。

一、培育图书馆文化，发挥环境育人的功能

习近平总书记指出，图书馆是国家文化发展水平的重要标志，是滋养民族心灵、培育文化自信的重要场所。图书馆要利用自身的馆藏资源禀赋，打造独树一帜、特色鲜明的文化场景，开创文化育人新局面，筑牢未成年人的文化自信。

荆门市图书馆在2022年8月新馆正式对外开放，本着"一切为了孩子"的服务宗旨，根据未成年人活泼好动、喜新求异的特点，最大限度地满足了小读者的阅读需要，一个充满童趣、创造力和想象力的全新少儿阅读环境向未成年开放。通过对未成年空间重塑，优化功能布局，达到文化再创造的目的，从而重构与未成年人相关的活动、理念、精神等文化系统，形成感染人和教育人的新介质。同时，深挖整理馆藏资源，不定期开展"雷锋精神与时代同行"主题图书专架、"欢度中国年"童书专架等，让未成年人在不同的文化场景中沉浸式体验，进而激发他们情绪和价值的生成。

二、创新育人载体，打造服务品牌

深入挖掘馆藏资源特色，依托"4·23世界读书日""象山读书节"等重大节点，创建具有未成年人特色的阅读推广品牌，组织开展了系列阅读活动。从组织育人、活动育人、服务育人等方面整体谋划图书馆育人品牌，通过在学校（特别是一些薄弱的乡村学校）建立图书流通点，为了让未成年人看到自己心仪的图书，图书馆每次活动前会与学校反复沟通，通过发放调查问卷等形式，把适合未成年人思想道德教育的书籍推荐给学生；与学校联合开展形式多样的读书征文与演讲比赛活动，与学校共建校园文化，达到共建校园文化的育人功能，加强对未成年人的教育。这些都是图书馆配合学校教育未成年人的有效途径。特别值得一提的是：荆门市图书馆少儿部从2008年开始就和荆门市掇刀区的一所乡村小学——斗立小学结对帮扶。不仅每年都把图书流动车开到该校，免费送书上门，还给该校的留守儿童做心理辅导，引起当地媒体的极大关注。

为了让公共文化的阳光洒满城乡每个角落，荆门市图书馆以服务品牌"快

乐星期天"为抓手，与社区、家庭等社会联合开展教育，形成教育合力，通过开展一系列健康、文明、科学、益智的活动，营造健康、文明的和谐社区氛围，协助社区建设健康向上的主流社区文化。少儿部现已在中心城区开通了10多家社区图书流通站，有力地促进了社区的精神文明建设，为青少年儿童的健康成长奠定了坚实的社会基础。与荆门市亲子教育互助小组精诚合作，选拔了一批热心亲子教育公益事业且具有一定教育经验的志愿者，不定期地举办"快乐星期天"亲子活动，增进了亲子感情，也丰富了孩子们的精神生活。

"快乐星期天"活动现已成为荆门市图书馆少儿部的常规工作，每月不定期举行活动。荆门日报、荆门晚报、荆门电台、荆门电视台等媒体每个月都会报道此项活动，在全市范围内产生了较大的社会影响。

同时，为了积极配合家庭教育，荆门市图书馆还经常聘请心理及教育专家举办诸如"中考前的亲子教育策略""亲子阅读指导""亲子沟通"等亲子教育讲座，以扩大家长的教育视野，拓展家长的教育方法。

三、加强信息素质教育，培养少儿自主学习能力

时代在进步，信息在发展，网络改变了人们的生活。为了适应此种变化，荆门市图书馆不断创新服务方式，引导青少年读者利用本馆的网站开展网上点书、网上检索、网上推荐好书等活动；为青少年开展绿色网络通道，不定期开展少儿电脑培训，指导青少年使用公共检索平台、上网浏览、发送电子邮件，开展企鹅童话故事阅读、"智慧空间"数字体验之体感互动学舞蹈、涂鸦海洋馆、笔墨书香、丹青绘古今、VR成语论箭、宝宝智库、数字连环画、智慧魔法墙、跑酷学英语等依托现代化设施设备的活动，提高青少年获取最新信息的方法，致力于提升未成年人的自主学习能力，实现寓教于乐，让少儿在快乐中成长，有助于拓宽少儿的知识面，丰富其学习知识的方式，增强其自信心、创造力和想象力。

四、开展亲子读书活动，加强阅读指导

学校是未成年学生接受教育的第一课堂。同时，未成年学生还在社会环境中接受文化知识和思想教育，比如，课外书籍、杂志、报纸、网络、广播、电视等。广泛阅读不仅能陶冶他们的情操、丰富他们的知识，还可以训练他们的思维，促进他们的心灵成长。而荆门市图书馆正是以其特有教育职能和教育方法来实现对学生系统性、经常性、多样性的阅读推广活动融入思想教育之中，从而达到对学生的教育。

在促进学生的课外阅读方面，荆门市图书馆除了通过读书、知识问答、灯谜、故事会、演讲比赛等灵活多样的形式，激发他们的读书欲望，还尝试了亲子共阅读活动。大量的研究表明：家长与孩子共同阅读好的书籍，不仅可以极大地激发孩子的阅读兴趣，还可以增进亲子感情，是一种十分有效的亲子教育方式。

荆门市图书馆联合荆门市妇联、荆门市亲子教育互助小组、荆门社区网站亲子论坛、荆门运动人网站亲子论坛多次举办亲子读书活动。在活动中还经常穿插手工制作、折纸、亲子故事会、亲子教育交流等活动，极大地激发了家长与孩子的读书热情。

荆门有很多年轻家长都是户外运动的爱好者，荆门运动人网站就是一个户外运动的专业网站。针对这种情况，荆门市图书馆在全国首次提出了"阳光下阅读"的理念，就是让父母带着孩子一起到大自然中阅读。不仅阅读大自然这本书，还阅读图书流动车上的书籍。这就是把亲子户外活动与亲子读书活动合二为一的大胆尝试。

五、积极开展未成年人心理辅导活动

随着社会的发展，未成年人的道德观念、行为方式都发生了深刻的变化。学习压力、行为问题、青春期问题、人际交往障碍、亲子沟通障碍以及情绪管理等问题不断困扰着未成年人，给其心理健康带来了负面的影响。"荆门市未成年人心理辅导中心"正是在这种背景下应运而生。2010年5月，荆门市未成年人心理辅导中心以荆门市图书馆少儿部为依托，为全市中小学生提供免费的心理辅导与心理保健服务，成为呵护未成年人健康成长的心灵港湾。

（一）建设专业团队

"荆门市未成年人心理辅导中心"面向社会招聘具有心理咨询师资格的10多名专业志愿者为全市的未成年人及其家长提供免费的心理咨询服务。"荆门市未成年人心理辅导中心"还从荆楚理工学院大学生心理咨询中心、荆门市精神卫生中心、荆门市二医院心理咨询中心、荆门市心理咨询师协会聘请心理专家作为专业辅助力量。

中心现有亲子教育志愿者近百人、心理咨询师18名、心理咨询专业督导近10名，形成了一支结构合理、专兼职结合的专业团队。

（二）健全服务网络

通过热线、QQ、E-mail、微信、网络论坛等，孩子和家长可以随时随地用自己喜欢的方式联系到未成年人心理辅导中心，并能及时获得帮助。问题严重的，中心可随时安排专业的咨询师提供面对面咨询。

（三）规范咨询与活动

心理咨询秉诚"以人为本""积极假设"的服务宗旨和"尊重、接纳、真诚、保密"的八字原则，以严格的保密制度和专业的督导制度，切实保障来访者的权益。

（四）完善服务设施

中心有设施完善的心理咨询室。咨询室开通了热线电话，还可以开展心理测试和沙盘游戏。心理测试不仅可以给咨询师提供参考，同时也可让孩子了解自己的心态和性格；沙盘游戏不仅可以促使孩子与家长、孩子与咨询师建立良好的关系，还可以提供更多的咨询信息。自中心成立以来，参与活动的未成年人及家长现已达数千人。有近百人在中心咨询室接受了免费的心理咨询。电话热线咨询近千人次，其中不少热线求助者来自外市、外省。中心的心理热线已经开始辐射到全国。

六、总结与反思

亲子读书活动、亲子户外活动、亲子教育咨询与心理辅导有机结合是荆门市图书馆少儿部在未成年全方位服务活动中的大胆创新与尝试。

参加亲子活动的家长大多能积极主动地改善亲子关系，调整教育方法。寻求咨询的未成年人大部分都能用积极的心态对待成长中的烦恼，心理冲突得到缓解。很多在心理咨询中不能解决或不容易解决的心理问题或教育问题，在亲子活动中都能得到很好的解决，有一种"随风潜入夜，润物细无声"的特殊效果。出现这种特殊效果的原因就在于，单纯的心理咨询往往是片面的，而在活动中，父母和孩子更真实、更完整，活动的影响更深远。有着相似生活背景的父母，有着相似年龄背景的孩子在一起开展活动，父母之间，孩子之间，以及父母与孩子之间，不仅能相互提供参照，让他们更准确地认识自己、认识对方，还可以相互倾诉、相互激励，从而得到更多的向上的力量。亲子小组中的许多孩子都是在亲子活动中逐渐抛弃一些坏毛病，建立起积极向上的生活方式的。

参考文献

［1］华斌. 充分发挥图书馆少儿部职能　迎接 21 世纪挑战 ［J］. 图书馆理论与实践，2006（1）.

［2］杨杰.论少儿图书馆在素质教育中的地位和作用［J］.图书馆工作与研究，2003（2）.

［3］文杰.少儿图书馆教育职能的延伸和拓展［J］.图书馆工作与研究，2006（2）.

［4］邓少滨，同光霞.少儿图书馆应成为少儿心智教育基地［J］.图书馆工作与研究，2004（4）.

浅谈基层公共图书馆在乡村振兴背景下的发展思路

李新星

（阳新县图书馆　435200）

摘　要： 本文探讨了乡村振兴背景下基层图书馆建设的重要性与挑战。通过优化资源配置、加强组织管理、丰富服务内容等具体措施，基层图书馆能够满足乡村居民的多样化需求，促进文化传承与创新，助力乡村振兴战略的实施。基层图书馆的建设将为乡村地区带来文化活力和知识普及，推动乡村社会经济的可持续发展。

关键词： 乡村振兴；基层图书馆建设；优化措施

随着中国乡村振兴战略的实施，基层图书馆建设作为一项重要举措逐渐受到广泛关注。乡村振兴的目标是实现农村经济社会全面发展，强调以人为本、注重生态文明建设、推动农村一二三产业融合发展。而基层图书馆作为文化设施的重要组成部分，承担着提供知识、文化与教育资源，促进乡村居民素质提升和社会进步的使命。本文旨在探讨乡村振兴背景下基层图书馆建设的现状、问题及对策，为推动乡村振兴提供理论支撑和实践指导。

一、基层图书馆建设对于乡村振兴的价值

基层图书馆作为乡村振兴的重要组成部分，具有不可忽视的价值。其建设对于推动乡村振兴战略的实施、促进农村发展、改善农民生活以及推动社会进步等方面都具有重要的学术意义和现实价值。

基层图书馆建设对于乡村振兴战略的实施具有战略性意义。乡村振兴战略旨在实现农村经济社会全面发展，其中教育与文化是重要的推动力量。基层图书馆作为文化设施，不仅可以提供丰富的图书资源，还可以举办各种文化活动，为乡村居民提供学习、阅读和文化交流的场所。通过基层图书馆的建设，农村

居民可以接触到广泛的知识和信息，提升自身素质和文化水平，促进农村社会的全面进步。

基层图书馆建设对于农村发展具有积极作用。乡村振兴旨在推动农村一、二、三产业融合发展，提升农民收入和生活品质。基层图书馆可以为农村居民提供有益的就业培训、创业指导和职业发展机会。通过图书馆资源和服务，农村居民可以学习各种技能和知识，提高自身就业竞争力，积极参与到乡村经济的发展中。此外，基层图书馆还可以引进一些农村经济发展的相关书籍和资料，为农民提供经济发展的参考和支持。

基层图书馆建设可以改善农民的生活质量。农村地区常常面临着信息不对称和资源匮乏的问题，而基层图书馆的建设可以弥补这一缺陷。基层图书馆为农民提供了获取信息、获取知识、了解社会动态的渠道，帮助他们更好地融入现代社会，提升生活质量。通过基层图书馆的服务，农民可以了解农业技术、市场信息、政策法规等方面的知识，提高生产效率，增加收入。同时，基层图书馆还可以满足农民的文化需求，丰富他们的精神文化生活。通过阅读、参与文化活动等方式，农民可以扩大视野、增长见识，提升自身修养和文化素养，在日常生活中更加有自信、有价值感。

基层图书馆建设还可以促进社会进步。图书馆作为知识的聚集地，是传播文化、推动社会进步的重要平台。基层图书馆通过提供多样化的图书资源、举办知识讲座和文化活动，可以培养乡村居民的思维能力、创新能力和社会责任感。这将有助于激发农村居民的创造力和创新意识，推动乡村社会的发展与进步。

二、当下基层图书馆建设面临的问题及现状

（一）资源缺乏

基层图书馆建设在资源方面面临着严重的缺乏问题，这是阻碍其发展和发挥作用的重要因素。资源缺乏涉及图书资源、资金投入、人力支持以及技术设备等方面，对基层图书馆的正常运营和服务能力产生了直接的影响。

图书资源的缺乏是基层图书馆建设面临的一大难题。由于基层图书馆在农村地区的建设规模较小，购置和更新图书的经费有限。相对于城市公共图书馆，基层图书馆的图书收藏规模和种类都较为有限。这导致基层图书馆往往无法提供丰富多样的图书资源，无法满足农村居民多样化的阅读需求。

资金投入不足是制约基层图书馆建设的另一个重要因素。基层图书馆的建

设和运营需要资金的支持，包括场地租赁、建筑改造、设备购置、图书采购、人员培训等方面的费用。然而，由于农村地区的经济基础相对较弱，政府对基层图书馆的投入有限，往往无法满足其基本需求。这导致许多基层图书馆设施简陋，设备老旧，无法提供良好的服务环境和阅读体验。

基层图书馆还面临着人力支持的短缺问题。农村地区的图书馆管理人员数量有限，很多基层图书馆只有少数工作人员甚至只有一人负责管理。这导致图书馆的服务能力有限，无法提供充分的服务和指导。同时，由于人力不足，基层图书馆在开展文化活动、阅读推广等方面的能力也受到限制。

技术设备的缺乏也是基层图书馆面临的问题之一。现代图书馆的发展离不开信息技术的支持，包括自动借还系统、数字资源服务平台、互联网接入等。然而，由于农村地区的网络基础设施薄弱，基层图书馆往往无法提供现代化的技术设备，限制了图书馆信息化服务的发展。

（二）管理不规范

基层图书馆建设管理不规范的问题给其正常运营和提供有效服务带来了一系列挑战。管理不规范主要表现在组织结构混乱、人员素质不高、制度建设不健全等方面。

基层图书馆的组织结构存在混乱的现象。由于乡村地区的图书馆规模相对较小，管理层次和职责划分模糊不清。缺乏科学合理的组织结构，导致决策流程不畅、资源分配不均、工作效率低下等问题。此外，部分基层图书馆缺乏有效的管理团队和专业人才，对图书馆的运营和管理缺乏科学性和专业性。

基层图书馆人员素质不高是管理不规范的另一个表现。由于农村地区的教育资源相对匮乏，基层图书馆的从业人员普遍受教育程度较低，专业素养和服务能力有待提高。这导致基层图书馆在读者咨询、图书推荐、文化活动组织等方面的服务质量不高，无法满足读者的需求。

基层图书馆的制度建设不健全也是导致管理不规范的一个重要因素。制度是组织管理的重要基础，缺乏科学合理的制度会导致工作流程不规范、权责不清等问题。在一些基层图书馆中，缺乏完善的借阅规章制度、图书采购管理制度、财务管理制度等，导致资源利用不当、服务质量难以保障。

（三）服务内容单一

服务内容单一的问题给基层图书馆的建设、发展以及满足读者需求带来了一定的限制。服务内容单一主要表现在图书资源、文化活动和社区参与等方面。

基层图书馆的图书资源相对单一。由于基层图书馆在农村地区的建设规模有限，图书采购经费有限，其收藏的图书种类和数量也很有限。很多基层图书馆的图书资源主要集中在基础教育教材、百科知识和小说等方面，缺乏更多元化、专业化的图书资源。这使得读者在图书选择方面的需求无法得到充分满足，限制了基层图书馆的服务质量和影响力。

基层图书馆的文化活动相对单一。部分基层图书馆在文化活动方面的开展相对较少，主要以传统的阅读推广活动为主，缺乏多样化、趣味性和参与性强的文化活动。这导致读者在图书馆外的参与度较低，无法满足他们对多样化文化体验和互动交流的需求。

基层图书馆的社区参与程度有限。基层图书馆应该是社区的文化中心，与社区居民紧密联系，提供多方面的服务和支持。然而，由于资源有限和管理不规范等因素，部分基层图书馆与社区之间的互动和合作较少，无法充分发挥图书馆在社区建设中的作用。这限制了基层图书馆在满足社区居民文化需求和推动社区发展方面的潜力。

三、基层图书馆建设的优化措施

（一）优化资源配置

1. 提高图书采购的科学性与多样性

优化图书采购策略，根据读者需求和社区特点，科学制订图书采购计划。重视多样性，涵盖不同领域和类型的图书，包括学术著作、文学作品、科普读物等。通过与出版社和图书供应商建立合作关系，获取优质图书资源，并充分考虑读者的反馈和建议，调整采购方向。

2. 引进数字资源与信息技术支持

积极引进数字资源，包括电子图书、在线期刊、数据库等，为读者提供更多元化的阅读选择。加强信息技术支持，建设数字化图书馆系统，提供在线借阅、图书查询、电子资源检索等服务，方便读者随时随地获取信息。同时，加强网络设施建设，提供稳定的网络连接，确保数字资源的正常使用。

3. 加强人力资源管理与培训

合理配置人力资源，确保基层图书馆的运营和服务质量。招聘具备图书馆专业知识和服务能力的人员，建立专业团队。加强员工培训，提升他们的专业素养和服务技能。培养图书馆工作人员的多元化能力，使其能够适应不同读者需求和社区特点，提供个性化的服务。

4. 开展社区合作与资源共享

与社区内的其他机构、组织建立合作关系，共享资源与服务。例如，与学校、社区文化中心、博物馆等合作，互相借用、共享图书馆资源，开展联合活动和展览。与志愿者组织合作，拓宽图书馆的服务范围和参与度。通过社区合作，最大程度地发挥资源的综合效益，提高图书馆的影响力和社会认可度。

5. 优化空间布局与设施配置

根据实际需求，合理规划和利用图书馆的空间，提供舒适、开放的阅读环境。配置安全、便捷、多功能的设施，如自助借还机、电子阅览室、多媒体设备等，以满足读者不同的阅读和学习需求。同时，优化图书陈列和分类布局，提高图书的可查阅性和可访问性，使读者能够方便地找到所需的图书资源。

6. 推行有效的资源管理和利用机制

建立科学的图书流通管理系统，确保图书馆资源的高效利用。采用先进的图书管理软件和技术手段，实现图书的智能化管理和快速检索。同时，建立借阅和归还的规范流程，优化借阅时限和预约机制，提高图书的周转率和利用率。

（二）加强组织管理

1. 设立科学的管理机构和职责分工

建立清晰的管理机构，包括图书馆主任、部门负责人和工作团队等，并明确各个岗位的职责和权限。科学分工，使每个成员都能在自己的领域发挥最大的作用。同时，建立良好的沟通机制和协作机制，促进信息流动和团队合作。

2. 建立健全的制度与规章

制定图书馆的各项管理制度和规章，明确服务流程、操作规范和工作标准。包括借阅规则、图书采购流程、服务时间安排等。通过制度和规章的规范约束，确保图书馆工作的有序进行，减少人为差错和不当行为的发生。

3. 强化服务意识与读者导向

加强对图书馆工作人员的服务意识培养，使他们认识到自己的工作目标是为读者提供优质的服务。推行读者导向的服务理念，关注读者需求，主动倾听读者意见和建议，并及时反馈和改进。建立良好的读者关系，提高读者的满意度和忠诚度。

4. 加强质量评估与改进

建立定期的质量评估机制，对基层图书馆的服务质量进行评估和改进。可以通过读者满意度调查、服务质量评估、图书流通率等指标进行评估，了解图书馆的优势和不足之处。根据评估结果，制订改进计划，并采取相应的措施进行改进，如加强培训、调整服务流程、改善设施和空间布局等。

5. 建立激励机制和奖惩制度

通过奖励和表彰优秀员工，激发工作积极性和创造力；同时，对工作不力或违反规章制度的行为进行纪律处分，以维护工作纪律和正常秩序。

6. 加强合作与交流

与其他图书馆、文化机构以及相关专业组织建立合作关系，开展资源共享、经验交流和合作项目，提高基层图书馆的整体管理水平。参与行业会议、研讨会和培训活动，学习借鉴其他地区和单位的成功经验，不断改进和创新。

（三）丰富服务内容

1. 多样化的阅读活动

组织丰富多彩的阅读活动，包括读书俱乐部、讲座、读者座谈会等。定期举办主题展览，展示图书馆馆藏资源和文化艺术品。邀请作家、学者、艺术家等开展文化交流活动，提供与他们面对面的交流机会。

2. 个性化的读者服务

提供个性化的服务，根据读者的需求和兴趣，为其推荐适合的图书和资源。建立读者建议箱，鼓励读者提供意见和建议，根据反馈改进服务。设立专门的儿童阅览区和青少年阅读角，提供针对不同年龄段读者的特色服务。

3. 社交互动平台

建立社交互动平台，如图书馆网站、社交媒体等，与读者进行在线互动和交流。开设读者论坛、在线讨论组，促进读者之间的交流和共享。鼓励读者在平台上分享阅读心得、书评和推荐书目，激发读者的阅读热情。定期举办线上读书会和线上交流活动，通过虚拟交互增进读者之间的互动和交流。

4. 开展社区服务项目

根据社区的需求和特点，开展具有针对性的社区服务项目。例如，提供就业指导和创业培训，帮助社区居民提升职业技能和就业竞争力。组织健康教育活动和心理辅导，关注社区居民的身心健康。开展社区文化活动，如艺术展览、文化节庆等，丰富社区文化生活。

5. 建立合作网络与联盟

与其他基层图书馆建立合作网络和联盟，共享资源和服务。通过联合采购图书和数字资源，降低采购成本，提高图书馆馆藏的多样性和质量。联合举办大型文化活动和展览，共同提升社区文化水平和知名度。通过合作，实现资源互补、优势互补，提供更丰富的服务内容。

6. 定期评估和调整服务内容

建立定期的评估机制，收集读者反馈和意见，评估服务的有效性和满意度。根据评估结果，及时调整和改进服务内容。关注读者的变化需求和新的兴趣点，引入新的服务内容和活动形式，不断提升服务的质量和创新性。

四、结语

在乡村振兴的大背景下，基层图书馆建设扮演着重要角色。通过优化资源配置、加强组织管理、丰富服务内容，基层图书馆将成为乡村文化建设的重要支撑和知识传播的阵地。为乡村居民提供多样化的阅读、学习和文化体验，推动乡村振兴取得更大成就。

参考文献

[1] 廖明. 乡村振兴战略背景下基层图书馆建设与文化信息服务探究 [J]. 厦门科技，2023（5）：46-49.

[2] 刘蓉. 乡村振兴战略背景下基层图书馆助力乡村文化建设研究 [J]. 智慧农业导刊，2023，3（6）：149-152.

[3] 陈子君. 乡村振兴战略背景下基层图书馆的角色转换分析 [J]. 图书馆，2020（8）：58-61.

[4] 崔维梅，范荣鹏. 文旅融合背景下基层图书馆服务乡村振兴的策略研究 [J]. 文化创新比较研究，2023，7（27）：126-131.

公共阅读空间的创新建设与创意营造

——以恩施土家族苗族自治州图书馆为例

谢黎黎　李光炼　汪泓成

（恩施土家族苗族自治州图书馆　445000）

摘　要： 公共阅读空间是地域文化标志，是现代文明象征，同时也是公共图书馆延伸阅读服务空间的新方式。随着公共阅读理念的不断更新，智慧化成为推动图书馆高质量发展的全新动力，恩施土家族苗族自治州图书馆不断拓展图书馆多元化服务内容，通过创新建设与营造创意阅读空间，持续提升图书馆服务质量，为公共文化事业高质量发展贡献力量。

关键词： 公共阅读空间；创新建设；创意营造

一、引言

习近平总书记指出，"图书馆是国家文化发展水平的重要标志，是滋养民族心灵、培育文化自信的重要场所"。2023 年 3 月 5 日，国务院总理李克强代表国务院，向十四届全国人大一次会议作政府工作报告。报告指出："实施文化惠民工程，公共图书馆、博物馆、美术馆、文化馆（站）向社会免费开放。深入推进全民阅读。支持文化产业发展。"《公共文化服务保障法》的颁布，"全民阅读"的国家文化战略客观上为社会创造了新的阅读空间。新征程上，恩施土家族苗族自治州图书馆创新服务内容，坚持"以书为中心"向"以人为中心"转型，利用现代公共图书馆的新资源、新服务和新定位，实现开放、智慧、包容、共享的现代图书馆文化综合体。

二、公共阅读空间的概念、特点及现状

（一）公共阅读空间的概念

新型公共阅读空间指通过政府部门、企业、社会力量和个人在图书馆、文

化馆、书店等空间建立的个性化、公益性的公共文化服务平台，并通过文献资源共享的形式向社会公众免费提供书刊借阅服务，是广大市民文化生活和城市发展的必备因素。

（二）公共阅读空间的特点

新型公共阅读空间除了具有公共性、公益性、开放性等特点，还具有以下区别于传统图书馆的特点：

多元化。为满足人民群众日益增长的多元化需求，在公共图书馆建设中，要具有多元性和前瞻性，体现建筑之美、内在之美、文化之美，打造特色地域的"城市会客厅"。同时，公共阅读空间的建设可以是政府部门、企业或个人。在服务效能上，以"图书馆+"的形式打造服务新业态。此外，在文献借阅中，还加入餐饮、咖啡馆等服务，呈现多元化特点。

自由化。公共阅读空间的创建是为了摆脱生活及工作的束缚感，享受自由感。在公共阅读空间在开馆期间，读者可自由出入，特别是自助图书馆，实行24 小时开放、随借随还、自由便捷。

（三）国内外公共阅读空间的现状

1. 国内现状

公共阅读空间是我国公共文化服务体系的重要组成部分，是推动全民阅读的主阵地。同时，各地公共图书馆相继出现了公共阅读服务空间创新建设热潮，围绕数字阅读、创客、创新的概念，通过空间升级、服务升级、业态创新等方式，逐渐转向服务项目创新、教育职能拓展和社会服务融合的探索，呈现出个性化、多元化等特征，不断开启服务功能上的转型和突破。例如，"广州图书馆南海天河城'阅读家'分馆""武汉图书馆汤逊湖分馆"等特色阅读空间，在5G 浪潮中，建成了智慧化体验中心。

2. 国外现状

国外在公共阅读空间创新建设与创意营造的探索比我国要早很多，通过功能布局和服务形式等进行创新创意，探索阅读推广服务活动空间再造。例如，荷兰阿姆斯特丹公共图书馆采用玻璃墙装饰元素，通过垂直的艺术线条营造现代时尚的阅读氛围，最大限度为阅读推广服务活动创造空间。挪威图书馆体现多元化特征，将多项公共功能空间融合在一起，满足多重区域功能要求，同时为社会大众提供休闲娱乐与欣赏服务。波兰罗兹市立图书馆利用优越的地理位置，将文化与艺术多重功能融合在一起，不仅设有咖啡厅和杂志阅览室，还设有交流空间提供休闲娱乐服务，使其成为综合性文化服务场所。

三、公共阅读空间的创新建设与创意营造的必要性

（一）有助于完善公共文化服务体系

在现代社会精神文明发展快速的时代，社会文化服务体系中公共文化服务体系占据了很大的比重，图书馆的传统服务方式已满足不了新时代新要求。新型公共阅读空间是对传统文化的传承和创新，是人民群众对多元文化的新需求，是公共文化服务体系中不可或缺的重要内容。

（二）更好地满足市民日益增长的阅读需求

随着 AI、VR、大数据、云计算、5G 等新技术的发展，人们对阅读、学习场所的需求量猛增。与传统阅读空间相比，新型公共阅读空间一般建设在人流密集、交通方便的地方，不断地缩短"阅读圈"，将"艺术性"融入平常百姓家的日常生活，让中华优秀传统文化遍地开花。

（三）有助于提升城市形象

新型公共阅读空间是一个城市的文化灵魂，不仅是文化交流之地，还是休闲娱乐修身养性之地，更是人们对美好生活的追求和向往。一个品质出众的新型公共阅读空间，将艺术性融入日常生活和经济发展中，用艺术性推动经济文化创新发展。同时，通过不断深度挖掘区域文化资源，融入地域特色，讲求空间美学，凸显城市的文化气质，改写城市的文化风景，使之成为城市文化新地标。

（四）有利于助推文化产业发展

新型公共阅读空间是商业与文化互为支撑的城市文化综合体，是一座城市的文化精神。城市文化综合体通过发挥经营性功能，推动相关业态蓬勃发展。

四、恩施土家苗族自治州图书馆公共阅读空间的创新建设与创意营造工作案例探析

（一）小空间大作为

恩施土家族苗族自治州图书馆总馆位于州城中心舞阳坝，其前身系抗战时期从武昌迁往鄂西山区的中华民国湖北省立图书馆。1946 年 1 月 8 日，在湖北省立图书馆迁回武汉后，恩施土家族苗族自治州图书馆在原址基础上正式成立。现馆舍老旧，"十三五"期间经过馆舍维修及阅读空间拓展，但读者的服务能力

有待提高，服务空间也有待创新。"十四五"规划实施以来，恩施土家族苗族自治州图书馆坚持以人为中心，聚焦读者需求，"微改造、精提升"，改变老旧状态，凸显恩施州的传统文化特色，不断拓展阅读空间，实现从传统图书馆向智慧图书馆转型。近年来，阅览席位增至 500 个，藏书量增至 89.3 万册次，累计到馆读者 109.7 万人次，图书流通册 49.6 万次，为读者提供了更优质的服务，营造了一流的服务环境，不断提升改善了读者到馆阅读学习的体验。

（二）小而美多而精

根据文化和旅游部、国家发展和改革委员会、财政部联合印发的《关于推动公共文化服务高质量发展的意见》，2021 年湖北省政府工作报告提出"要优化公共文化服务，推动基层文化场馆提档升级，建设群众身边的十五分钟文化体育圈"的要求。为此，湖北省文化和旅游厅专门发布《湖北省公共图书馆总分馆建设指导标准》，恩施土家族苗族自治州图书馆在湖北省图书馆的领导下，联动社区、企业等社会力量，积极推行城市书房建设，以数字化发展为引擎，将书房嵌入式融入群众日常生活，以文铸魂"1+N"服务全面铺开，不断地拓展服务覆盖面，打通公共文化服务的"最后一公里"，先后建成了 4 个"城市书房"、6 个直属分馆、42 个图书流动服务点，累计分馆服务读者 380 场次，服务读者 48.6 万人次，拓宽了全民阅读的幅度，延伸了全民阅读的广度，掀起了全民阅读的热潮，进一步完善了公共文化服务体系建设，织密"15 分钟公共文化服务圈"，以一种润物细无声的方式，让阅读走进千家万户，让越来越多的人惬意享受着美好"悦读时光"，让恩施这座城市书香浓郁。

（三）助力公共阅读空间创意营造

恩施土家族苗族自治州图书馆创新服务空间，将公共阅读空间创新延伸到乡村，建立恩施州图书馆高罗分馆，打造"四点半学堂"，助力乡村振兴。"四点半学堂"位于湖北省宣恩县高罗镇，是习近平总书记牵挂的深度贫困地区，是李克强总理的扶贫联系点，放学后免费开展课外活动和学习辅导，帮助留守老人辅导孩子学习解决难题。

近年来，"四点半学堂"亮点突出。一是与文化惠民相结合。分馆所在地安置有困难群众 200 多户 800 多人，分馆辐射全镇 4.6 万群众，其中贫困群众 1.3 万。二是与关爱农村留守儿童相结合。高罗分馆辐射周边学校师生 5000 余人，其中留守儿童 2000 余名。馆舍划分为阅览区、学习辅导区、手工互动区和亲情聊天室等功能分区。三是与社会力量合作共建相结合。恩施土家族苗族自治州图书馆与当地政府、教育、社区、志愿者多方合作。恩施土家族苗族自治州图书馆提供图书、自助借阅设备、图书管理系统等软硬件，并提供技术支持、设备维护、人员培训等服务。高罗镇政府负责馆舍、桌椅等设施设备，配备 2 名专职工作人员。恩施土家族苗族自治州图书馆建立多元化学生辅导模式，每天由社区安排 1 名工作人员，由镇中心学校安排 2 名老师，多个志愿者，参与辅导学生学习和开展阅读活动。四是与公共文化服务体系建设相结合。《中华人民共和国公共图书馆法》《中华人民共和国公共文化服务保障法》中明确提出了公共图书馆要延伸服务体系，特别要提升基层公共图书馆延伸服务能力。自开馆以来，恩施州图书馆高罗分馆现有藏书近 1 万册，共接待服务读者近 10 万人次。

五、公共阅读空间的创新建设与创意营造的建议

（一）坚持政府主导

2023 年，"公共图书馆"十年来首次写入政府工作报告，文化惠民工程、免费开放、全民阅读等重要理念进入政府施政指南，公共图书馆发展有了更有力的理论支撑。为此，政府应该按照公共文化服务发展要求，根据城市发展规划，为新型公共阅读空间的建设提供政策指导和资金支持，加强文化创意品牌设计，使之成为最美公共阅读空间，成了真正的文化名片。

（二）坚持公共图书馆主体

习近平总书记在致首届全民阅读大会举办的贺信中表示，"希望广大党员、干部带头读书学习，修身养志，增长才干；希望孩子们养成阅读习惯，快乐阅读，健康成长；希望全社会都参与到阅读中来，形成爱读书、读好书、善读书的浓厚氛围"。要充分发挥公共图书馆的阵地作用，联动社会力量，推进图书馆总分馆体制建设，促进新型公共阅读空间可持续性发展，助力全民阅读，打造"书香中国"社会。一是公共图书馆要联动社区、企业等社会力量，充分发挥社会力量参与图书馆建设、服务和管理，促进公共文化服务社会化。二是由公共图书馆"统一资源保障"，负责新型公共阅读空间的图书配送和定期更新，为读者提供精准的图书服务，实现资源共建共享。三是由公共图书馆负责专业指导和技术支持，努力实现新型公共阅读空间的标准化服务，确保服务质量和服务效能。四是组织开展各类阅读活动，学习贯彻习近平文化思想，繁荣发展社会主义先进文化，传承中华弘扬优秀传统文化，持续打造阅读推广品牌，促进服务水平提升，培育城市人文精神。

（三）坚持科学选址

公共阅读空间最早兴起于街头设立的 24 小时自助阅读机，后来由于效益不好，开始尝试 24 小时自助图书馆，从此诞生了阅读空间。随着社会的发展、人民需求的变化、全民阅读不断推广。公共阅读空间建设的选址关系到公共图书馆功能的发挥，在布局建设时，应遵循地理学原则、美学原则、风水学原则等，充分考虑人口分布、人员流动和百姓实际需求。在具体建设过程中，可以与街道、社区、单位等生活场景相结合，也可以根据城市发展要求，建设与之相匹配的艺术建筑，营造文化内涵丰富、设计感强、城市形象明显的氛围，通过入藏高质量图书、图书排架加大视觉冲击等方式，打造成公共文化空间网红打卡地，使其成为当地地标性艺术建筑。

（四）坚持完善服务内容

新型公共阅读空间必须始终坚持正确政治方向，聚焦"丰富人民精神世界"这一中国式现代化的根本要求，坚持以人民为中心的工作导向，牢固树立"读者第一、服务至上"的理念，时刻根据新时代群众阅读新需求，加强对阅读品牌的整合、提升，打造阅读品牌集群，同时还要坚持守正创新，强化数字赋能，创新新媒体推介方式，充分利用数字化、智能化手段，以特色资源、特色数据库、影像资源为重点，推进智慧图书馆建设，促进馆际联动和服务功能联通，共建共享公共文化服务，推出更多优质公共阅读产品和服务，让阅读滋养人的心灵，更好满足人民精神文化新期待。

六、结语

在全面建设社会主义现代化国家新征程上，恩施土家族苗族自治州图书馆将认真贯彻学习习近平总书记重要讲话精神，深刻认识中华文明的突出特性，深刻理解"两个结合"特别是"第二个结合"作为又一次思想解放的重大意义。把思想和行动统一到图书馆事业高质量发展上来，把智慧和力量凝聚到公共文化服务上来，不断加强公共阅读空间的创新建设与创意营造，担负起新时代新的文化使命，不断满足人民日益增长的美好生活需要，奋力谱写新的时代华章。

参考文献

[1] 习近平给国家图书馆老专家的回信 [EB/OL]. 新华网，2019-09-09.
[2] 政府工作报告：2023 年 3 月 5 日在第十四届全国人民代表大会第一次

会议 [EB/OL]. 中国政府网，2023-03-14.

[3] 张旭霞. 文化和旅游部第二季度例行新闻发布会 [EB/OL]. 国务院新闻办公室，2021-06-02.

[4] 王晓东. 政府工作报告：2021 年 1 月 24 日在湖北省第十三届人民代表大会第五次会议上 [EB/OL]. 湖北省人民政府网，2021-02-02.

[5] 习近平致信祝贺首届全民阅读大会举办强调 希望全社会都参与到阅读中来 形成爱读书读好书善读书的浓厚氛围 [EB/OL]. 新华网，2022-04-23.

色彩对公共阅读空间室内氛围的营造策略研究

王 玲 向红梅

（宜昌市秭归县图书馆 443600）

摘 要： 色彩在公共阅读空间中起着关键的作用，对人们的情绪、心理状态和行为产生显著影响。通过公共阅读空间的设计与布置，能够创造舒适、宜人的阅读环境，提升用户体验和满意度，在合理的色彩应用中，使公共阅读空间可以成为一个吸引读者、促进学习交流的理想场所。本文分析了色彩对公共阅读空间室内氛围营造的意义，重点探讨其营造策略，以供参考。

关键词： 色彩；公共空间；室内氛围；营造策略

公共阅读空间作为人们获取知识和文化的重要场所，不仅需要提供丰富的书籍资源和舒适的阅读环境，还应该注重氛围的营造，以吸引读者的注意力并促进其学习和交流。色彩作为环境设计的重要元素之一，对于公共阅读空间的氛围营造起着重要的作用，正确选择和运用色彩可以创造出不同的情绪和体验，进而影响读者的心理状态和行为。

一、色彩对公共阅读空间室内氛围营造的意义

（一）情绪和舒适感

正确选择和运用色彩可以创造出不同的情绪和感受，从而影响读者在公共阅读空间中的舒适感。温暖、柔和的色调如橙色和黄色可以营造出愉悦和放松的氛围，提升读者的舒适感。相反，冷静、淡雅的色调如蓝色和绿色则创造安静、专注的氛围，有助于读者集中注意力。适宜的色彩搭配能够让读者在公共阅读空间中感到愉悦、放松和专注，提升阅读体验，从而促进读者留下更长的阅读时间。

（二）创造独特的环境氛围

公共阅读空间不仅是获取知识的场所，也是社交和文化交流的平台。通过巧妙运用色彩，可以创造出独特的环境氛围，使公共阅读空间与其他场所区别开来。鲜明、活泼的色彩激发读者的好奇心和兴趣，吸引读者进入空间并探索其中的资源。同时，色彩还能够表达特定的主题和理念。运用温暖的色调营造温馨的家庭阅读氛围，或者运用鲜艳的色彩营造年轻、活力的阅读空间，都能为读者提供独特的阅读体验，促进参与和探索。

（三）提升品牌形象和认知度

公共阅读空间通常与特定的机构、组织或品牌相关联。通过运用特定的品牌色彩，在读者心中建立起品牌的形象和认知度。例如，一家图书馆运用其标志性的颜色，让读者在进入空间时就能感受到这家图书馆的特点和风格，增加读者的归属感和忠诚度。色彩的连贯性和一致性帮助公共阅读空间树立独特的品牌形象，并加强读者对该空间的记忆和认知，与品牌相关的色彩运用能够提高公共阅读空间的辨识度，吸引更多读者的光顾。

二、色彩对公共阅读空间室内氛围营造的策略

（一）考虑空间功能和读者需求

在色彩营造公共阅读空间的室内氛围过程中，深入了解公共阅读空间的功能和用途至关重要。不同的公共阅读空间可能有不同的定位和目标群体，学术图书馆注重安静和学术氛围，社区图书馆则更强调社交和互动性。了解空间功能有助于更好地选择适合的色彩方案，以创造出符合预期的氛围和体验。对于图书馆中学术研究区域，可使用柔和的中性色调，以营造专注和安静的氛围，而对于图书馆的其他区域，则采用更明亮、活泼的色彩，以增加活力和互动性。

考虑到读者的需求和喜好是制定色彩方案的重要策略。了解目标读者的特点、年龄段和偏好可以指导选择适合的色彩方案。例如，针对儿童阅读区域，可以使用明亮、鲜艳的色彩来吸引儿童的注意力，增加乐趣和刺激性；对于成人阅读区域，可选择柔和、温暖的色调，以创造轻松、舒适的氛围。此外，还可以通过与读者的互动和反馈，进一步调整和优化色彩方案，以满足读者的需求和期望。

在色彩营造公共阅读空间的过程中，要考虑到当地的文化背景和读者的文化偏好，不同的文化对于色彩有着不同的认知和象征意义。因此，在选择色彩

方案时，要结合当地的文化元素，创造出符合读者文化背景的独特氛围，以此增加读者的归属感和舒适度，促进文化交流和理解。

（二）运用色彩心理学原理

色彩在读者的心理中与情感和联想密切相关。通过了解不同色彩对情感的影响，可以选择适合的色彩来传达特定的情感氛围。例如，蓝色常被视为冷静、宁静和专注的色彩，适合用于学习区域或需要安静阅读的空间。相比之下，橙色可以带来温暖、活力和创造力的感觉，适合用于社交和互动的区域。通过运用色彩情感联想，能够在公共阅读空间中创造出有意义和有吸引力的氛围。

色彩在不同文化中有着独特的意义和象征。在选择色彩方案时，要考虑到当地文化的偏好和习俗，以确保色彩的意义与读者的文化背景相契合。例如，红色在中国文化中象征着吉祥和喜庆，用于营造喜庆和庆典的氛围；而在西方文化中，绿色通常与自然和平静联系在一起，用于创造出放松和和谐的氛围。了解不同文化对色彩的认知和偏好，可以帮助打造具有归属感和舒适度的阅读空间，而在春节期间，城镇图书馆的阅读空间可多用红色装饰物，提升读者视觉体验。

饱和度和明度是影响色彩亮度和纯度的因素。高饱和度的色彩通常更加鲜明和活跃，适合用于需要引起注意和刺激的区域。例如，在儿童阅读区域或活动区域中使用高饱和度的色彩，可以增加活力和趣味性。相反，低饱和度的色彩更柔和、舒适，适合用于需要创造放松和专注氛围的区域，如成人阅读区。此外，明度的调节会影响色彩的视觉效果，明亮的色彩提升空间的活力，而较暗的色彩带来温暖和宁静的感觉。

（三）合理利用光线和材质

光线是创造氛围的关键要素之一。自然光和人工照明可以影响空间的明亮度、色温和方向，合理运用光线可以为公共阅读空间带来舒适和宜人的氛围。充分利用自然光是理想的选择，通过窗户、天窗或玻璃隔墙，引入自然光可以提供柔和而温暖的照明效果，将阅读区域安排在靠近自然光的地方，有助于提供舒适的阅读环境。同时，人工照明在公共阅读空间中起着重要作用，选择合适的照明设备和灯具，例如，落地灯、台灯或壁灯，以提供足够的光线，调节照明的亮度和色温，可以根据不同的阅读需求和空间功能，营造出舒适和适宜的氛围。

材质在色彩的呈现和触感上起着重要作用。合理选择材质可以增加空间的质感和层次感，选择适合的墙面和地板材质可以增加空间的视觉效果。例如，采用亮色或反光材质的墙面可以增加光线的反射，使空间看起来更加明亮。木质或软质地板则可以带来温暖和舒适感。同时，不同材质的家具和装饰品可以为空间增添丰富的触感和质感。例如，布艺沙发或靠垫可以增加柔软和舒适感，而金属或玻璃材质的家具则带来现代感和清爽感。在选择材质时，还要考虑其与色彩的协调和搭配，以确保整体的和谐感。

照明和材质之间的协调对于营造室内氛围至关重要。管理人员可选择具有反射性的材质，如玻璃、镜面或光滑的表面，以此增强光线的传播和扩散效果，使空间更加明亮和开放，帮助阅读空间扩大光线的分布范围，提高整体照明效果。

（四）加强色彩调和、对比

色彩调和是通过选择相近色调或色相的颜色进行搭配，以创造出和谐、平衡的氛围。例如，在整个空间中使用类似的冷色调（如蓝色和绿色）或温色调（如橙色和黄色）进行搭配，使整体色彩呈现一致性。调和的色彩搭配可以让人感到舒适、放松，并营造出温暖、宁静的氛围。同时，应通过平衡不同色彩的使用，避免某一种颜色过于突出，保持整体空间的平衡感。

色彩对比是通过选择互补色或对比明度和饱和度进行搭配，以创造出强烈的视觉对比效果。互补色搭配是选择在色轮上相对的颜色进行组合，如红色和绿色、蓝色和橙色等。对比色搭配能够产生鲜明、有活力的效果，吸引读者的注意力。此外，调整颜色的明度和饱和度也是创造色彩对比的有效手段，通过在明度上选择明亮的颜色与暗淡的颜色进行对比，或在饱和度上选择鲜艳的颜色与灰暗的颜色进行对比，可以增加空间的层次感和视觉冲击力。

（五）进行实验和调整

在色彩营造公共阅读空间的过程中，进行小规模实验是一个有益的策略。选择一些特定的区域或样本进行尝试，通过在选定区域应用不同的色彩方案，并观察其效果，更好地评估不同色彩对阅读体验的影响。实验的结果可以提供有价值的反馈，帮助相关人员确定哪些色彩方案是成功的，哪些需要调整或改进。通过小规模实验，观察读者在不同色彩环境下的行为和反应，注意其注意力集中程度、情绪变化、舒适度以及与色彩相关的阅读行为，如阅读速度、阅读深度和留恋时间等。观察结果将帮助管理人员更好地理解色彩对阅读体验的影响，为最终的色彩选择提供指导。

在色彩营造的过程中，使用可视化工具和样本展示对于与读者共享和讨论色彩方案非常有帮助。色彩板、色彩样本或3D模型等工具能够模拟真实空间的色彩效果，使读者能够更好地理解和感受色彩方案。通过将可视化工具和样本展示给读者，并征求其意见和反馈，促进阅读空间与读者的互动和参与，读者可以表达对不同色彩搭配的喜好、感受以及与其阅读体验的关联，以此帮助管理人员更好地理解读者的需求和期望，为最终的色彩选择做出调整和改进。

三、结语

在色彩对公共阅读空间室内氛围的营造策略研究中，本文深入探讨了考虑空间功能和读者需求、色彩心理学、光线和材质的合理利用、色彩调和与对比和实验和调整等策略，策略的提出与运用旨在创造出一个舒适、引人入胜的阅读环境，提供令人愉悦的阅读体验。通过持续研究和实践，相关人员可进一步深化对色彩营造的理解，不断创新和改进，为读者提供更加优质的阅读体验。

参考文献

［1］张璐. 郑州城市区域特色文化公共阅读空间建设研究［J］. 黄河科技学院学报，2023，25（6）.

［2］刘艳. 公共阅读空间的创新建设与创意营造：以贺州市图书馆为例［J］. 图书馆界，2023（2）.

［3］赵希波，李传彬，常安军. 新型公共阅读空间助力城市文化软实力提升研究：以济南市新型公共阅读空间建设发展为例［J］. 山东图书馆学刊，2023（1）.

［4］方善姬. 浅析色彩对公共阅读空间室内氛围的营造策略［J］. 明日风尚，2022（15）.

艺术高职图书馆参与全龄友好社会阅读推广的探索

魏　翔

（湖北艺术职业学院　430072）

摘　要： 本文探讨了艺术高职图书馆参与全龄友好社会阅读推广的概述、优势、问题和策略等问题。介绍了全龄友好社会阅读的基本定义和特点，以及艺术高职图书馆参与该推广的优势。同时，也分析了艺术高职图书馆在参与全龄友好社会阅读推广中存在的问题，如专业阅读书目推荐体系缺失、专业阅读激励考核和评价机制缺失等，并提出了构建图书馆人力资源管理机制、构建专业课程阅读书目推荐体系、开拓数字阅读、构建专业阅读考评体系等策略，为艺术高职图书馆参与全龄友好社会阅读推广提供了建议。

关键词： 艺术高职图书馆；全龄友好社会；阅读推广

文化对于一个地区或国家的发展具有重要作用。文化建设也应当是推进人类社会发展的催化剂之一。艺术高职图书馆在为学生、教师及外来读者提供艺术相关文献资料的同时，也应当发挥自己在社会文化建设中的重要作用。全龄友好社会阅读推广是当今社会文化建设中不可或缺的一部分。艺术高职图书馆应如何参与和推进全龄友好社会建设和阅读推广？本文通过某艺术高职图书馆参与全龄友好社会阅读推广的案例，探讨图书馆如何推进全龄友好社会建设和阅读推广。

一、概述

（一）全龄友好社会阅读基本定义及特点

全龄友好社会是指一个能够支持各个年龄阶段的人群，提供一系列服务和设施，满足他们不同需求的社会。这样的社会在政策、文化、教育、医疗、住房等方面都为不同年龄段的人群提供平等的机会和支持，让人们不论是在学习、工作、生活还是娱乐方面，都能感受到公平、和谐、相互尊重的社会环境。在全龄友好社会中，每个年龄段的人都能够以自己独特的方式发挥作用，充分参与社会生活，从而实现自我价值和创造力。同时，全龄友好社会也强调不同年龄段之间的相互联系和共同合作，鼓励各年龄段的人们互相帮助和倾听，促进全社会的和谐与稳定。

在全龄友好社会中，阅读也是一个重要的方面。全社会应该为所有人提供平等的阅读机会和资源，并且关注不同年龄阶段人群的阅读需求，推广多元化的阅读活动，创造积极向上的阅读氛围，从而实现全民阅读的目标。全龄友好社会阅读，就是通过推广阅读，让所有人在阅读中获得乐趣、收获、成长和幸福，创造一个支持全民阅读的、公正、平等、和谐、健康、幸福的社会环境，让全民阅读成为一种生活方式和文化习惯，提高整个社会的文化素质和综合素养。

全龄友好社会阅读具有以下特点。①多元化。多元化指的是提供丰富多样的阅读材料和形式，能够满足不同年龄阶段和不同阅读层次的人群的需求。这里的阅读材料包括但不限于图书、期刊、报纸、数字资源等。同时，也要提供不同形式的阅读内容，如有声读物、电子阅读、电视剧和电影等形式的阅读内容。通过提供多元化的阅读资源和形式，可以更好地满足全龄友好社会阅读的需求。②全龄覆盖。全龄覆盖指的是关注所有人的阅读需求，包括儿童、青少年、成人和老年人等不同的年龄段。不同年龄段的人，阅读需求会有所不同。例如，对于儿童和青少年，应该提供适合他们年龄的儿童读物和文学作品，帮助他们培养良好的阅读习惯。而对于成年人，则可以提供更加有深度的阅读资源，帮助他们提高阅读水平。③公正性。公正性指的是为所有人提供平等的阅读机会和资源。这就要求全龄友好社会阅读不应该因为阅读者的身份或其他因素而有所区别，而是要为每一个人提供相同、公正的服务。例如，图书馆可以通过消除借阅限制、免费借阅、购买较为贵重的书籍等方式，保证每个人都能获得同等的阅读机会。④社会化。社会化指的是通过与政府、企业、社区、学校、家庭等多方面合作，共同推进全民阅读，创造一种全民阅读的文化氛围。全社会的力量可以为全龄友好社会阅读提供更大的支持。例如，政府可以制定法律法规来推动全民阅读，学校和社区可以开展各种阅读活动，家长也可以通过带领孩子朗读、阅读故事等方式鼓励孩子培养阅读习惯。⑤推广性。推广性指的是通过阅读推广活动、阅读社区等方式，积极地为全民阅读营造积极向上的文化氛围。阅读推广活动包括但不限于阅读比赛、阅读节目、阅读讲座、阅读营地等形式。阅读社区则是以阅读为核心的社区活动，包括书友会、读者群、读书榜单、在线阅读等社区服务。这些活动可以为全民阅读提供更多的机会和平台，营造更好的阅读氛围。

综上所述，全龄友好社会阅读是一个全方位、多角度、多层次的事业，需要全社会共同努力，营造一个阅读文化氛围，推进文化发展和文化进步。

（二）艺术高职图书馆参与全龄友好社会阅读推广的优势

与其他综合性图书馆相比，艺术高职图书馆具有丰富的艺术资源和专业性优势，在全龄友好社会阅读推广中能够通过独特的阅读活动形式和教育服务模式，为广大读者提供更加全面、深入和专业的阅读体验。艺术高职图书馆在参与全龄友好社会阅读推广方面具有以下优势。

1. 专业性

艺术高职图书馆收藏了大量艺术类书籍、期刊、音像制品等文献资料，拥有雄厚的艺术资源。这使得其在社会阅读推广中可以发挥更大的专业性优势，在艺术类阅读推广和教育方面有明显的优势。

2. 独特性

艺术高职图书馆定位于为提高学生、教师或者外来读者等的艺术修养和素质服务，因而具有独特的馆藏资源。针对不同的读者群体，艺术高职图书馆还能够积极创新阅读活动形式，如举办各种艺术类讲座、展览、演出和影视欣赏等活动。

3. 教育性

艺术高职图书馆与教育实践紧密相关，能够更加积极有效地参与到全龄友好社会阅读推广活动中。通过为学生、教师或者外来读者提供阅读指导、阅读素材和阅读环境等服务，以及为教师提供阅读推广和阅读教育培训等活动，提升学生和教师以及外来读者的阅读素养和阅读能力。

4. 推广效果

艺术高职图书馆的服务对象相对集中，因此在社会阅读推广方面更容易取得相应的推广效果。同时，艺术高职图书馆还与社会各界建立联系和合作关系，邀请知名艺术家、历史学家、文化名人等参与阅读推广活动，提高阅读推广的影响力和知名度。

二、艺术高职图书馆参与全龄友好社会阅读推广的问题

（一）专业阅读书目推荐体系缺失，阅读推广方向不明确

由于不同的用户群体需求和阅读兴趣不同，艺术高职图书馆需要建立起一

个相对完善的书目推荐体系,以便更好地满足用户的个性化需求。然而,在实际推广过程中,艺术高职图书馆没有建立有效的书目推荐体系,导致读者无法根据自身的阅读需求和兴趣找到合适的图书。比如,在推广少儿阅读方面,由于不同年龄段孩子的语言能力、认知习惯、性格爱好等差异很大,因此需要根据孩子们的年龄段和兴趣爱好,建立针对性强的推荐书单,为孩子们精准推荐适合阅读的书籍。如果图书馆没有建立有效的书目推荐机制,会导致读者缺乏针对性地阅读推广服务,无法满足不同读者的阅读需求和兴趣,进而影响到整个全龄友好社会阅读推广工作的效果和质量。

(二)专业阅读推广主体缺位或错位,团队协作与组织分工不到位

在艺术高职图书馆参与全龄友好社会阅读推广中,推广的主体包括图书馆工作人员、专业阅读推广人员以及志愿者等。然而,在艺术高职图书馆中,推广主体缺乏或者错位,推广人员素质参差不齐,组织分工不到位,往往导致阅读推广效果不佳。比如,在组织阅读活动时,如果缺少专业的阅读推广人员或志愿者,则无法为读者提供更加精准、及时的阅读推广服务,影响推广效果和质量。另外,推广人员素质参差不齐,也会影响到整个阅读推广工作的质量和效果。

(三)专业阅读激励考核和评价机制缺失,阅读推广效果不明显

为了提高阅读推广的效果和质量,需要制定相应的激励考核和评价机制,以便更好地激励工作人员积极参与推广工作,并且对推广效果进行评估和反馈。但在实际操作中,部分艺术高职图书馆缺乏有效的激励考核和评价机制,导致推广效果不明显,工作人员缺乏积极性和主动性,无法有效地推广阅读。比如,在制定激励考核机制时,可以按照推广活动的完成情况、推广效果和用户反馈等因素来进行考核。同时,在评价机制方面,可以采用用户满意度调查等方法,为推广人员提供及时的反馈和改进建议,提高推广效果和质量。

三、艺术高职图书馆参与全龄友好社会阅读推广的策略

(一)构建图书馆人力资源管理机制,提高图书馆人职业素养和职业认可度

加强和优化图书馆人力资源管理机制确实可以推进高校图书馆的阅读推广工作。图书馆专业馆员具备较高的学历和职业水平,可以提供更加专业、高效的服务,同时对于阅读推广的专业知识和技能也有更为深入的了解和掌握,这

有助于提升读者的阅读体验和满意度，促进阅读文化的传承和发展。同时，加强馆员职业发展规划和综合素质建设，建立配套的培训计划和激励机制，可以提高馆员的专业素养和服务水平，使其更好地扮演阅读推广的角色，并不断提升自身的能力和竞争力。总之，针对高校图书馆的阅读推广工作，优化馆员队伍建设、提高馆员专业素养、推进馆员职业发展，都是非常重要的工作措施。

（二）构建专业课程阅读书目推荐体系，实现阅读推广与课程教学的有效融合

首先，艺术高职图书馆可以结合艺术高校特色，推出与其专业相关的艺术类图书、期刊等阅读资源，并结合课程体系开展针对性的阅读推广活动。例如，在音乐专业中，可以选择针对不同音乐流派的专业书目、音乐作品等进行阅读推广；在美术专业中，则可以推荐与绘画、雕塑、设计、艺术史等相关的图书和艺术期刊，并定期开展主题展览、座谈会等活动。

其次，艺术高职图书馆也可以结合全龄阅读推广的需求，开展面向校外的阅读推广服务。例如，在社区、城市公共场所等地方设立艺术阅读角，推出与艺术、文化相关的书籍、音像资料等阅读资源，并定期开展诵读、朗诵、音乐演奏、现场绘画等形式多样的阅读推广活动，吸引更多的读者参与其中。此外，还可以加强与公共图书馆、文化机构等相关单位的合作，共同推进阅读文化建设。

总之，结合高职学校的特色，有针对性地开展阅读推广工作，不断拓展阅读推广服务的范围，以满足广大读者的阅读需求，提升阅读素养和文化品位，促进全龄阅读推广工作的深入开展。

（三）开拓数字阅读和在线阅读市场，构建阅读推广联动工作机制

艺术高职图书馆可以通过开拓数字阅读和在线阅读市场、联合其他高校及社会组织、建立阅读推广品牌和文化等方向，实现阅读推广工作的全面升级和提升。这需要艺术高职图书馆与其他相关机构和读者形成合力，共同推广和推崇阅读的重要性，为人们提供更为丰富、优质、有价值的阅读体验。

1. 开拓数字阅读和在线阅读市场

随着数字化和网络化趋势的不断加剧，数字阅读和在线阅读已经成为未来阅读推广的重要方向和市场，艺术高职图书馆应该积极开拓这个市场，拓展数字阅读和在线阅读服务。艺术高职图书馆可以与教学院系建立紧密联系，了解其教学内容与专业特点，开展针对性的阅读推广工作。艺术高职图书馆可通过

走进不同专业课堂、互动交流等方式，了解学生、教师或者外来读者阅读兴趣和需求，为他们提供正确的指导与服务。同时，艺术高职图书馆还应建立师生学习资源共享机制，为教师提供相关教学辅助材料，为学生、教师或者外来读者提供更优质的阅读资源与服务。艺术高职图书馆还可以建设数字化图书馆，推出相关 APP 和网站，提供优质的数字阅读和在线阅读体验，为师生提供多样化的阅读选择。

2. 构建阅读推广联动工作机制

艺术高职图书馆可联合其他高校图书馆，进行资源共享，扩大影响力。此外，艺术高职图书馆可以与图书馆、出版社、文化机构、社会组织等方面建立阅读推广合作机制和联盟，共同开展阅读推广工作。艺术高职图书馆与这些合作伙伴可以共享资源和信息，协同开展一些公益性的阅读推广活动，如义卖书籍、公益讲座、读书会、阅读分享、讲座等活动，形成合力。同时，这些合作伙伴也可以为艺术高职图书馆提供更加专业、优质的阅读推广服务和支持，促进阅读推广工作的精细化和创新化。另外，艺术高职图书馆还可以主动开展针对家长、教育机构等群体的阅读推广工作，为他们提供更具针对性的阅读服务和指导，促进家庭阅读环境的建立。

3. 形成阅读推广品牌和文化

艺术高职图书馆可以借助学校品牌和文化资源，打造个性化、富有特色的阅读推广品牌和文化，为阅读推广工作注入新的活力和影响力。艺术高职图书馆可以组织各类创意阅读活动，如名家阅读分享会、创新设计比赛、艺术书画展览等，营造积极向上的阅读氛围和文化氛围。艺术高职图书馆应制定具体的推广计划和落地方案，明确推广目标、内容和形式，确定推广时间和范围。推广活动可以包括读书分享、专业讲座、读书会等形式，涵盖艺术、设计等专业领域。同时，艺术高职图书馆还可以通过社交平台、专业期刊、阅读推广报告等方式，向师生发布阅读推荐和阅读资讯，增强宣传力度。

（四）构建专业阅读考评体系和推广激励机制，为阅读推广提供制度保障

建立专业阅读考评体系和推广激励机制是实现全龄阅读工作的重要途径之一。通过制定阅读推广的效果评估和反馈机制、建立阅读激励体系、推广阅读激励机制和实施阅读推广路径四方面的措施，艺术高职图书馆可以更好地促进全龄阅读工作的开展，帮助更多的读者发现阅读的魅力，提高他们的阅读素养，为艺术高职教育的创新和发展注入新的活力和动力。

首先，在实施阅读推广工作中，艺术高职图书馆必须注意到其效果评估和反馈的重要性。艺术高职图书馆应该注重对阅读推广工作的科学评估和管理，并采用相关指标和评价体系，对阅读推广工作的效果和质量进行全面评估和反馈，及时发现问题和短板，并加以改进和完善。这一措施不仅可以提高阅读推广的效率和成效，还可以为下一步的推广工作提供有力的支持和参考。

其次，在推广阅读激励机制的实践中，艺术高职图书馆应采取多种形式激励学生、教师或者外来读者阅读，如设置读书比赛、颁发阅读奖项等方式，不断提高学生、教师或者外来读者参与阅读的兴趣，同时规范学术道德，增强学生、教师或者外来读者的专业素养和诚信意识。在这方面，艺术高职图书馆可以加强与其他高校及社会组织的合作，共同开展阅读推广活动，形成合力，进一步提升阅读推广的效果。

最后，实施路径方面，艺术高职图书馆应借助其丰富的资源和服务，开展线上线下阅读推广活动，引导学生、教师及外来读者关注专业书籍，提高学生、教师及外来读者的专业阅读能力。另外，艺术高职图书馆还可以鼓励学生、教师及外来读者参加阅读分享会、读书交流会，让学生、教师及外来读者在阅读中形成分享和追求真理的集体活动，推进艺术高职教育的创新和发展。此外，为了更好地引导学生、教师及外来读者阅读，艺术高职图书馆还应加强对学生、教师及外来读者的专业指导和服务，将专业阅读与学科教学相结合，设计出科学、有序的阅读学习路线图，为学生、教师及外来读者提供更全面、更深入的阅读学习体验。

四、结语

本文重点探讨了艺术高职图书馆参与全龄友好社会阅读推广的问题、优势以及策略。在全龄友好社会阅读的定义和特点上，提出艺术高职图书馆作为文化机构应当积极参与推广的原因，并在分析问题的基础上提出了三方面的策略，包括构建图书馆人力资源管理机制、构建专业课程阅读书目推荐体系、构建阅读推广联动工作机制和构建阅读推广考评及激励机制，从而实现全龄友好社会阅读的目标。

总结来看，全龄友好社会阅读是一个重要的文化推广工作，艺术高职图书馆可以发挥自己在教育和文化传播方面的优势，开展多种形式的阅读推广活动，如读书分享会、读书报告会等，提高学生、教师及外来读者的专业素养和阅读习惯。同时，通过建立专业阅读考评体系和推广激励机制，加强对学生、教师或者外来读者的鼓励和支持，提高阅读推广的效果。综上所述，艺术高职图书馆作为学校的文化支撑机构，应当积极参与和推进全龄友好社会建设和阅读推广。只有不断发掘和提升自身的优势，才能更好地满足读者的需求，促进文化建设和社会发展。

参考文献

［1］安珈锐，田丽.全民阅读背景下的阅读推广人管理策略研究［J］.图书馆，2023（4）.

［2］钟金铃.数字阅读时代全民阅读的推进策略分析［J］.新闻研究导刊，2022，13（14）.

［3］刘梦格.全民阅读背景下公共图书馆阅读推广品牌建设研究：以潍坊市图书馆为例［J］.内蒙古科技与经济，2022（18）.

［4］钟金铃.数字阅读时代全民阅读的推进策略［J］.快乐阅读，2022（5）.

［5］黄梅珍.全民阅读时代大学生阅读素养的培养研究［J］.科教导刊，2022（24）.

基层图书馆助力乡村文化振兴的几点思考

陈 梅

（荆门市图书馆 448000）

摘 要：乡村振兴是国家近年来提出的发展"三农"问题的重要战略。基层公共图书馆应立足新时代文化建设的新使命新要求，发挥重要的信息服务功能，促进乡村文化振兴。现就基层公共图书馆助力乡村文化振兴展开研究，为提升乡村民众的综合文化素养，实现乡村文化振兴提出可行的思考路径。

关键词：基层图书馆；乡村文化振兴思考

解决"三农"问题是中国近年来的重要政策之一，乡村振兴是解决此问题的重要战略。为了推动乡村振兴战略，我们必须首先关注到乡村文化振兴，这意味着持续地提升农村人口的科学与文化水平。因此，公共图书馆，尤其是那些基层公共图书馆，应该积极响应新时代对文化建设的新的需求和任务，通过维护并发扬乡村传统文化的核心价值，建立起一整套能够覆盖城市及乡村地区的信息服务系统，从而助力于乡村文化的发展。

一、乡村振兴背景下乡村文化与基层图书馆现状

（一）乡村文化现状

随着乡村振兴的推进，各地"以农造景、以景带游、文景共赏"的乡村文化旅游服务模式随之兴起，各地乡、镇政府积极发展乡村旅游产业，积极探索全域旅游与城乡产业一体化发展，努力打造乡村特色经济与文旅特色小镇，主要关注经济发展而非文化的提升是普遍现象。此外，许多农民及官员都坚信唯有通过经济发展才能使人们脱贫致富，这使得农村文化建设变得表面化且无益于农村文化振兴。再者，农村的文化和娱乐设施往往不足以满足需求，居民的文化水平也有待提高，因此他们的文化生活方式过于单调乏味，富有地方色彩

的优良传统文化正在逐步衰落。

（二）乡村基层图书馆现状

随着移动通信和计算机科技的大众应用日益广泛，如社交媒体平台（例如，微信公众号）及视频分享网站（比如抖音或短片播放器）已成为大众日常生活的一部分并快速取代了传统书籍阅览方式；这使得许多人选择使用这些数字化的工具来获取信息而非去实体书店或者到图书馆借阅图书资料。这种转变对传统的图书馆产生了巨大的冲击，所以它们亟须通过技术革新以适应这个新的趋势并且提升自身的竞争力与影响力。然而，对那些位于偏远地区的农村社区来说，情况更不容乐观——他们的财政资源有限而且缺乏足够的经济支持用于改善基础设施和服务水平，这就使他们难以跟进城市地区的发展步伐并在信息化方面取得突破性的进展。乡村基层图书馆普遍存在供需不平衡的问题。

尤其对那些经济发展滞后的乡村地带来说，农家书屋构成了地方公共图书馆的主要形态之一。然而目前来看，现有的农家书屋藏书陈旧，没有及时补充新书，藏书数量短缺，而且其收藏量不足以适应时代的变迁及符合当地村民的要求。此外，它的运营和服务模式相对单调乏味，难以满足民众多样的现实需要。

再者，乡村群众大多文化水平偏低，他们的业余时间沉溺在麻将、扑克、电视、手机短视频的娱乐中，不愿意前往图书馆借阅图书。同时，由于某些政策落实上的偏差，农村图书馆的运营常常停留在表象上，这让如农村图书室这样的小型图书馆失去了对公众的吸引力，从而限制了其功能的发挥，不利于乡村民众文化素养的提升，也无法有效助力乡村振兴。

二、基层图书馆助力乡村振兴的重要意义

（一）有利于传播文化信息

基层图书馆是收集、加工、储存及传播信息数据的关键部分，是传承农村特色传统风俗文化、传播社会发展信息和先进文化的重要机构。满足乡村基层农民的根本需求，提高广大农民信息素养和知识文化水平是其基本职能。其主要职责是扩展信息的覆盖范围至农村地区并融合当地的数据资料。所以，基层图书室（馆）必须履行推广先进文化的使命、响应公众对资讯的多样化需求并且提高公众的知识水平和技能。加强农村公共图书馆的发展有助于解决农业区域缺乏基本网络设施的情况，缩小城市与乡间的差距并在最后一步实现数字连接，即所谓的"数字化最后的100米"。

（二）有利于保存和传承乡村特色传统文化

基层公共图书馆的主要职责之一是收集整理和保存中华优秀传统文化。中华优秀传统文化的根源和发展都与农耕文化密切相关。农村地区是保护和传承中华优秀传统文化的天然载体。许多非物质文化遗产，如监利秧田歌、石首跳丧鼓和梁山调等，都起源且传承于中国乡村。基层公共图书馆除了为农村居民提供文化服务外，还鼓励馆员参与挖掘和保护当地特色文化，确保这些传统文化能够有效保存和传承。

（三）有利于推进城乡文化融合

根据联合国教科文组织《公共图书馆宣言》，每个人都应该有平等享受公共图书馆服务的权利，不受年龄、种族、性别、宗教信仰、国籍、语言或社会地位的限制。公共图书馆是为了文化传播和社会教育而设立的公益性机构。农村基层公共图书馆致力于为全社会提供免费公益性文化服务，旨在为乡村民众提供优质教育和文化服务，确保他们享有与城市居民同等的基本公共文化服务。随着国家高度重视文化振兴工作，农家书屋等乡村基层图书馆建设蓬勃发展，有效促进了乡村文化发展，为推进城乡基本公共文化服务均等化提供了保障。乡村公共图书馆积极开展文化阅读活动，鼓励民众参与，让他们享受知识服务，促进乡村民众更好地参与文化振兴，逐渐缩小城乡文化差距，最终实现城乡文化整体融合发展。

（四）推动基层图书馆的持续发展是有益的

农村地区的公共图书馆面临着设备设施不足的问题，这影响其服务效率。相较于城市中的同类机构，农村地区公共图书馆的基础设施和服务条件仍有很大的提升空间。为了推进农村文化的振兴，政府部门正在增加对于这些地方图书馆（即农家书屋）的财政投资，加强业务指导与支持，统一服务规范，构建全面的农村文化建设服务体系。同时，我们还通过运用先进的信息科技手段来优化各种资源的使用，实现资源的共用共享，以此为农民们提供更高质量的公共文化书籍及服务项目，保证所有人都能平等地享受到文化服务，进而促进农村公共图书馆的可持续发展。

三、公共图书馆助力乡村振兴的几点思考

（一）优化阅读环境

阅读环境是基层公共图书馆（农家书屋）吸引民众进入阅读的主要因素之

一。所以，政府需要增加对基层公共图书馆的经济支持，强化馆舍的基础设施建设，包括图书、书架、智能服务终端和电子阅读设备等。这样才能保证为农村居民提供优质的阅读体验。让更多的乡村民众认识图书馆、走进图书馆、利用图书馆，培养良好的阅读思维和习惯，提升民众综合素养，助推乡村文化振兴。

（二）加快图书馆"总分馆"制建设

建立"总分馆"的联合建构策略，其中包括县级图书馆作为主导机构，镇级的文化和信息中心担任次要角色，而乡村层面的农家书屋则充当了服务的终端站点。这种方法旨在有效地整合全县范围内的公众阅读资料，并形成一套完整的网络服务系统。实施统一的"一卡通"图书和期刊借阅制度，通过"定制型""点餐型"的高质量服务来实现这一目标。此外，我们也采用馆内图书流转的方法，以便能够满足各类读者群体的独特需求，保证他们能找到自己喜欢的书籍。与此同时，我们也在尝试各种新的阅读推广手段，如组织读书指南讲座、朗诵比赛、读书分享会等，特别关注那些孤寡老人和孩子等弱势群体，向他们提供"为人找书、送书上门"等这样的贴心服务，以此提高基层图书馆的服务水平，满足各层次读者的需要，充实他们的精神文化生活。

（三）挖掘乡村地域特色文化，建立特色图书馆（特色藏书室）

地域性的乡村文化是基于农村实际生产活动，具有稳定的发展趋势和传承价值的地方物质精神成果，能为时代文化进步提供丰富的素材，具有显著的地方特色和广大的群众基础。基层公共图书馆要围绕地域特色全面收集此类图书、电子文献，建立专门的特色图书馆（藏书室），以供当地民众查阅。比如，湖北省荆门市双井村是闻名的西瓜种植基地，基层图书馆可以发挥图书馆力量收集各种西瓜种植以及西瓜文化的文献，成立西瓜特色图书馆（藏书室），供当地村民查阅利用。湖北荆门漳河镇是有名的柑橘种植基地，也可以建立柑橘特色图书馆（藏书室）。同时激励馆员积极探索本地独特文化，倡导公众参与其中，深度挖掘本地独特文化资源，增强对本地独特文化的收集、整理、保存和再创造，为乡村文化注入活力，以推广和传承本地独特文化。强化特色文化赋能，助力乡村文化振兴。

（四）加快基层公共图书馆数字化建设

现在信息交换方式已经发生了改变，人们日常生活中触目可及的都是数字化服务形式、数字化阅读。为了实现这一目标，地方图书馆应构建或升级其在线读物系统，以便能够收集整理各类资讯，形成统一的数据库，从而为农村居民提供包括搜索、获取及下载等多种功能的服务。这样可以提升他们对信息的访问质量，进一步拉近城市与农村之间的距离。此外，可以通过使用数字档案管理技术，结合农民喜欢的短视频等方式来记录本地的风土人情、传统戏剧以及其他具有地域特点的内容，这对于推进农村文化的振兴有着重要的作用。

（五）构建乡村文化建设联盟

为了更有效地推进农村文化的建立与发展，各级图书馆应该主动联系并合作地域内的博物馆、体育中心、文化场所等公众服务组织，共同创建乡村文化建设的联结体。同时，鼓励各级图书馆举办各类文化和艺术教育课程及普及科学知识的活动，以激发农民对这些活动的参与意愿。此外，借助诸如抖音、快手、微信等新兴媒体渠道，用人们喜欢且易于接受的形式去传播信息，以此增加文化的影响力和吸引力，进一步提高公共场所的使用频率，进而调动人们的读书欲望，提升他们的文化修养，优化乡土人情，最终为全面促进农村文化的进步做出贡献。

（六）联合社会力量，创新投入机制

为了推动农村地区的振兴，需要对基层图书馆给予有效的财政援助。这不仅依赖于政府的支持，也需要来自社会的各种形式的支援。因此，基层公共图书馆应积极寻求和利用外部资源，增强协作精神，并根据市场的需求来引导投资方向。基层公共图书馆应努力建立起与企业的、非营利组织的和社会团体的紧密联系，以此来吸引更多的资本投入，从而确保乡村图书馆的长远进步，为公众提供更加优质的服务。

（七）加强基层图书馆人才队伍建设

基层图书馆员是公共图书馆开展乡村文化振兴服务的主体。愿意扎根农村且精通农业农村发展及对数字化建设有深入研究人才目前在基层公共图书馆比较缺乏。为了应对这个现状，基层公共图书馆（室）需要采取以下措施：首先，增强对专职人员的招聘力度及对其的专业化教育投入，提升员工的教育水平以充实其相关的职业素养与技巧，从而奠定农村文化的稳固根基；其次，向公众开放志愿者的征集渠道，吸引那些具备专门领域学识且拥有深厚实践经历的人员加入推动乡村振兴的工作中。

总的来说，我们需要充分利用基层公共图书馆在社会教育方面的作用，推动全民阅读。这样可以提高广大群众的思想道德水平和科学文化修养，创造浓厚的阅读氛围，从而进一步推动农村文化基础设施建设和发展，助力美丽乡村建设，实现共同富裕。

参考文献

[1] 陈琦勇．公共图书馆助力乡村文化振兴：以莆田市图书馆为例 [J]．中国民族博览，2023 (1)．

[2] 陈雪．公共图书馆助力乡村振兴的实践与思考 [J]．文化产业，2023 (4)．

[3] 张阳．公共图书馆助力乡村振兴特色文化建设研究 [J]．河南图书馆学刊，2023，43 (4)．

[4] 黄成思．县级公共图书馆助力乡村文化振兴之策略 [J]．兰台内外，2022 (22)．

新时代图书馆智慧化服务路径

龙志安

（恩施州图书馆　445000）

摘　要： 本文探讨了新时代图书馆智慧化服务的发展路径和优化策略。通过分析图书馆智能技术的嵌入、智慧空间的重塑以及智慧化服务的探索，揭示了图书馆在智慧化时代的发展趋势。进一步探析了新时代图书馆智慧化服务的实践路径，包括主题学科特色的资源保障、精准情报服务、智能阅读推送和用户咨询服务。以恩施州图书馆为例，该馆作为少数民族地区图书馆，克服资金、人员和技术的困难，构建智慧化图书馆，完善了图书馆员人才队伍建设、知识服务品牌构建和用户中心的服务导向。本文旨在为图书馆智慧化服务的发展提供指导和借鉴。

关键词： 新时代图书馆；智慧化服务；智能技术；智慧空间；优化策略

随着信息技术的快速发展和国家智慧化战略的推动，图书馆作为知识传播和学术研究的重要场所，面临着转型升级的迫切需求。党和国家对数字化智慧化的政策导向，使得图书馆智慧化服务的探索与发展显得尤为重要。在新时代，图书馆智慧化服务的路径不仅涉及技术的嵌入和空间的重塑，更关乎智慧化服务的创新和提升。本文旨在探讨新时代图书馆智慧化服务的路径，并提出优化策略，以满足读者多样化需求，提升服务质量。通过深入研究和实践，本文希望为图书馆界提供借鉴和启示，共同推动图书馆智慧化服务的蓬勃发展。

一、新时代图书馆智慧化的探索与发展

（一）图书馆智能技术的嵌入

在新时代图书馆智慧化服务的发展中，图书馆智能技术的嵌入起着至关重要的作用。智能技术的引入使得图书馆能够更好地满足读者的需求，提供高效、

便捷的服务体验。首先，图书馆可以借助人工智能技术实现智能搜索和推荐系统，帮助读者快速准确地找到所需的信息资源。这些技术可以通过分析读者的兴趣偏好和阅读历史，为其提供个性化的推荐服务，提高信息获取的效率。其次，智能技术还可以应用于图书馆的自动化管理和安全监控。例如，利用物联网技术和传感器，实现对图书馆资源的实时监测和管理，确保资源的安全和有序。最后，图书馆还可以利用人脸识别和声纹识别等技术，提供便捷的借阅和归还服务，降低人工操作的烦琐程度。图书馆智能技术的嵌入不仅提升了服务效率，还为读者带来了更智慧、便利的图书馆体验。通过不断引入和应用智能技术，图书馆可以实现数字化转型，推动智慧图书馆建设，为读者提供更高质量的服务。

（二）图书馆智慧空间的重塑

在新时代图书馆智慧化服务的发展中，图书馆智慧空间的重塑具有重要意义。传统的图书馆空间主要以书籍和桌椅为主，但随着信息技术的快速发展，图书馆空间的功能和形态也发生了变化。智慧化服务要求图书馆提供更加多样化、更具灵活性和互动性的空间环境，以满足读者的多元化需求。首先，图书馆可以打造数字化空间，提供电子资源和数字化工具的使用环境。通过配置电子阅览区、多媒体展示区和虚拟实境体验区等设施，读者可以自由访问和利用数字化资源，开展学习、研究和创作活动。其次，图书馆可以创造社交化的空间，鼓励读者之间的交流和合作。引入社交媒体、在线讨论平台和协作工具，促进读者之间的互动和知识分享，构建学术交流和合作的社区氛围。此外，图书馆还可以设计灵活可变的空间布局，为读者提供个性化的学习和工作环境。通过移动家具、可调节设备和智能化控制系统，满足读者的不同需求，提升空间的适应性和舒适性。图书馆智慧空间的重塑为读者创造了更具吸引力和创新性的学习环境，促进了知识交流和合作，提升了图书馆的服务价值和影响力。

（三）图书馆智慧化服务的探索

图书馆智慧化服务是图书馆发展的重要方向，通过运用先进的信息技术和智能化手段，提供更高效、便捷、个性化的服务体验。在新时代，图书馆智慧化服务的探索正日益深入。首先，图书馆可以利用大数据分析和人工智能技术，进行读者需求预测和推荐服务。通过对读者借阅记录、阅读偏好和搜索行为等数据进行分析，图书馆可以精准地推荐适合读者的图书、文章和资源，提供个性化的阅读推荐服务。其次，图书馆可以探索智能检索和知识管理系统，提供高效的信息检索和资源管理功能。借助自然语言处理和知识图谱技术，图书馆可以实现智能化的文献检索、知识发现和信息整合，帮助读者更加快速、准确地获取所需信息。最后，图书馆还可以探索虚拟现实和增强现实技术，为读者提供沉浸式的学习和阅读体验。通过创建虚拟图书馆、数字展览和交互式学习场景，图书馆可以丰富读者的学习体验，提供多样化的学习资源和活动。图书馆智慧化服务的探索不仅可以提升读者的满意度和参与度，还有助于推动图书馆的转型发展和创新实践。

二、新时代图书馆智慧化服务路径实践探析

（一）"智慧+资源保障"凸显主题学科特色

在新时代图书馆智慧化服务路径中，将智慧与资源保障相结合，可以凸显图书馆的主题学科特色，为读者提供更加丰富和专业的知识资源支持。首先，图书馆可以通过智能化的图书馆管理系统和数字资源平台，实现资源的高效整合和智能化管理。通过对馆藏资源进行数字化处理和分类标注，利用智能检索和推荐算法，读者可以更方便地获取到所需的学术文献、图书、期刊等资源，提高学习和研究的效率。其次，图书馆可以开展主题学科的深度挖掘和资源整合。通过与相关学科领域的合作与交流，图书馆可以深入了解学科的研究热点和需求，针对性地采购和收藏相关的专业文献和数据库资源。同时，图书馆可以开展主题学科的学术活动和讲座，邀请相关领域的专家学者进行学术交流和知识分享，为读者提供学科前沿的动态和最新研究成果。最后，图书馆还可以利用智慧化技术和在线学习平台，提供主题学科的在线教育资源和课程支持。通过建设虚拟学习环境和在线学习社区，图书馆可以为读者提供专业学科的学习资料、在线课程和学习指导，帮助读者深入学习和研究主题学科，提升其学科素养和专业能力。

（二）"智慧+精准情报"提供科研学术前沿动态

在新时代图书馆智慧化服务路径中，将智慧与精准情报相结合，可以为科研学术提供及时准确的前沿动态和信息支持。首先，图书馆可以通过智能化的情报检索和信息分析系统，实现对科研文献和学术资源的精准搜索和筛选。通过利用大数据分析和机器学习算法，图书馆可以提供个性化的情报服务，根据用户的研究领域和兴趣，精准推荐相关的学术论文、会议报告、专利信息等，为科研工作者提供最新、最全面的学术资源。其次，图书馆可以开展学术数据库的建设和维护，提供科研学术的知识库和专业数据库。通过与学术出版机构和研究机构的合作，图书馆可以获取到权威的学术出版物和研究成果，并建立

起相应的数据库。这些数据库可以涵盖多个学科领域的文献和数据，为科研学术提供丰富的信息资源和研究工具。同时，图书馆可以利用智能化的数据挖掘和分析技术，对数据库中的内容进行整合和分析，发现学术趋势和研究热点，为科研工作者提供科学决策和研究方向的参考。最后，图书馆还可以开展学术期刊的管理和推广，为科研学术提供专业的期刊资源和发表平台。通过与学术期刊社的合作，图书馆可以提供高质量的学术期刊资源，支持科研工作者的论文发表和学术交流。同时，图书馆可以利用智慧化技术和在线平台，推广学术期刊的阅读和使用，提供全文检索、引文分析等功能，帮助科研工作者快速定位和获取所需的学术文献。

(三) "智慧+阅读推送" 打造智能阅读服务生态系统

在新时代图书馆智慧化服务路径中，将智慧与阅读推送相结合，可以打造一个智能阅读服务生态系统，为读者提供个性化、便捷的阅读体验。首先，图书馆可以通过智能化的读者分析系统，对读者的阅读偏好、兴趣爱好等进行精准的分析和识别。基于这些分析结果，图书馆可以推送适合读者口味的图书、期刊、报纸、电子资源等阅读材料，提供个性化的阅读推荐服务。通过智能推送技术，读者可以及时获得感兴趣的阅读内容，提升阅读的满意度和效果。其次，图书馆可以借助智慧化的阅读平台和应用程序，提供便捷的阅读服务和互动体验。通过移动设备、智能终端等技术手段，读者可以随时随地访问图书馆的电子资源、数字图书馆和在线阅读平台。图书馆可以提供阅读辅助工具，如文献管理、笔记整理、标注分享等功能，帮助读者更好地管理和利用阅读材料。同时，图书馆可以开展在线阅读活动、读书俱乐部等社群活动，提供在线交流和互动的机会，让读者在阅读中感受到社交和共享的乐趣。最后，图书馆还可以利用智慧化技术和大数据分析，对读者的阅读行为和反馈进行收集和分析。通过了解读者的阅读偏好、阅读习惯等，图书馆可以进一步优化阅读推送和服务，提供更加精准和个性化的阅读体验。同时，图书馆可以通过数据分析，发现读者的阅读需求和趋势，为图书馆的采购和馆藏提供参考，提供更符合读者需求的阅读材料。

(四) "智慧+用户咨询" 打造智能咨询人文服务平台

在新时代图书馆智慧化服务路径中，打造智能咨询人文服务平台是一项关键举措。通过将智慧与用户咨询相结合，图书馆可以提供更加智能、便捷的咨询服务，满足读者的信息需求和解决问题的需求。首先，图书馆可以建立智能咨询系统，利用自然语言处理、机器学习等人工智能技术，实现对读者咨询的自动化处理和智能化回答。通过智能咨询机器人或在线聊天系统，读者可以直接向系统提出问题，并获得及时、准确的回答。这样可以极大地提高咨询效率，节省读者的时间和精力。其次，图书馆可以通过智能咨询平台提供多样化的咨询服务。除了传统的书目咨询和参考咨询外，智能咨询系统还可以扩展到更广泛的领域，如学术研究、科技创新、学术写作等。图书馆可以整合丰富的数字资源和在线数据库，为读者提供学术文献检索、科研方法指导、学术写作辅导等专业化咨询服务。这样可以满足不同读者群体的多样化需求，提供更加个性化的咨询体验。最后，图书馆还可以通过智能咨询平台积累大量的咨询数据，并进行分析和挖掘。通过分析读者的咨询需求、问题类型等，图书馆可以发现潜在的服务痛点和需求热点，进一步优化咨询服务，改进图书馆的资源布局。同时，图书馆还可以利用咨询数据进行用户画像分析，了解读者的偏好和行为习惯，为图书馆的服务创新和决策提供依据。

三、新时代图书馆智慧化服务优化策略

（一）克服资金、人员和技术的困难

恩施州图书馆作为少数民族地区的图书馆，面临着资金、人员和技术等方面的困难。然而，恩施州图书馆深入思考和实践，在智慧化服务方面进行了积极探索。尽管资源有限，恩施州图书馆通过充分利用现有的资金，优化人员配置，并借助先进的技术手段，努力提升图书馆的智慧化服务水平。恩施州图书馆积极开展针对少数民族读者的定制化服务，以满足其特殊需求。同时，恩施州图书馆通过与其他图书馆的合作和经验交流，共享资源和技术，进一步提升服务品质。尽管面临困难，恩施州图书馆坚持努力、不断创新，为恩施州地区读者提供更便捷、多样化的智慧化服务。恩施州图书馆相信，通过持续的努力和合作，能够克服困难，推动智慧化服务不断发展。

（二）着力建设智慧馆员人才队伍

智慧馆员需要具备信息技术与图书馆学科知识的双重能力，注重沟通与协作，持续学习和创新。他们应熟悉技术工具，了解图书馆的职能，能够将技术与服务有效结合，满足读者需求。同时，他们需要与读者和技术人员进行良好的沟通与合作，理解需求并推动智慧化服务的实施。持续学习与创新精神是智慧馆员的重要素质，他们需紧跟技术发展，不断学习新知识与技能，积极参与培训与交流活动，探索创新的服务模式和技术应用，提升服务质量和效率。这些能力和素质将使智慧馆员成为图书馆智慧化服务的核心力量，推动图书馆不

断发展与进步。

（三）加强知识服务品牌构建

加强知识服务品牌的构建需明确图书馆的核心价值和特色，如通过建立主题馆、专业馆等形式，满足个性化需求。同时，注重宣传推广，利用宣传渠道和媒体传递品牌理念与优势，与其他机构合作推广。提升服务质量与体验，关注用户需求，优化服务流程与内容，引入智能化技术与多样化活动，增强用户体验与认可。建立良好的合作网络，与学校、研究机构、行业协会合作，共享资源、开展联合项目与培训，扩大知识服务的广度和深度。这些措施将有助于构建知识服务品牌的影响力与竞争力。

（四）坚持以用户为中心的服务导向

坚持以用户为中心的服务导向，需要建立全面的用户画像，通过调研、需求分析和行为数据分析等手段了解用户的信息需求、阅读偏好和学习习惯等特点。基于这些信息，图书馆可以提供个性化的服务，为用户量身定制智慧化服务方案，提供更精准、针对性更强的服务。改进服务流程和体验，优化借还书流程、查询检索系统和资源访问方式，确保用户便捷获取所需信息和服务。重视用户反馈和意见收集，及时调整和改进服务，提升用户满意度和体验感。提供多样化的服务方式，包括线上线下相结合的模式，通过移动应用提供远程咨询和借阅服务，组织线下活动和培训，满足用户多元化需求。持续改进和创新，关注用户变化和新需求，引入新技术、资源和服务，提供具有吸引力和竞争力的智慧化服务。鼓励用户参与服务设计和评价，建立良好的互动和沟通，共同推动服务的持续改进和创新。

四、结语

在新时代的背景下，图书馆智慧化服务已经成为推动图书馆发展的重要方向。本文通过对新时代图书馆智慧化服务路径的探析，提出了着力建设智慧馆员人才队伍、加强知识服务品牌构建和坚持以用户为中心的服务导向等优化策略。这些策略将有助于图书馆实现智慧化服务的全面升级，提供更加便捷、精准和个性化的服务。图书馆应密切关注智慧化技术的发展趋势，积极探索创新，不断优化服务模式，以满足用户不断变化的需求。通过不断推进智慧化服务的优化，图书馆将为人们提供更加丰富、便利和高效的知识资源，促进社会的智慧化进程。

参考文献

[1] 林志平. 图书馆智慧化服务刍议 [J]. 内江科技, 2023, 44 (5).

[2] 晁阳. 数智融合视域下高校图书馆智慧化建设探析 [J]. 参花 (上), 2023 (5).

[3] 吴素云. 大数据背景下高校图书馆智慧化服务的实践模式 [J]. 遵义师范学院学报, 2023, 25 (2).

基于儿童友好理念的公共图书馆绘本阅读服务策略

——以宜昌市图书馆为例

刘文涛

（宜昌市图书馆 443000）

摘　要： 本文从儿童友好的理念出发，阐释了公共图书馆绘本阅读服务对于儿童身心健康成长的价值和意义。以宜昌市图书馆为例，介绍了当前儿童绘本阅读推广现状，分析了公共图书馆绘本阅读推广服务中存在的问题，并探讨了相应的优化措施和服务策略，以期提升公共图书馆绘本阅读推广服务效能，为儿童友好理念下的绘本阅读服务优化提供参考。

关键词： 儿童友好；图书馆；绘本阅读

城市怎么样，儿童的未来便会怎么样；儿童怎么样，城市未来便会怎么样。建设儿童友好城市，事关儿童的健康成长和美好未来，也寄托着人们对美好生活的向往。近年来，随着联合国儿童基金会"儿童友好型城市"概念的提出，全球各国在城市规划和公共事业发展方面转换理念，为城市宜居化、设施人性化、公共空间优化升级等方面的建设提供了重要的发展思路。公共图书馆作为重要的公共文化空间，肩负着少年儿童教育的重要职责与使命，在为儿童提供友好成长空间和公共文化服务中发挥着主阵地的作用，理应积极参与构建儿童友好城市的进程，为儿童营造舒适、和谐、友善、积极向上的成长环境，为儿童友好城市建设贡献书香力量。

一、"儿童友好"理念

儿童友好型城市倡议，最早于1996年由联合国儿童基金会和人类住区规划署共同提出。该决议宣布为儿童谋福祉和提升生活质量是健康社会和健康城市的最终目标，也是建设儿童友好型城市的最初追求。2000年以来，儿童友好型城市的倡议在世界各地传播，目前已有43个国家参与了这项运动。保护儿童基本权利，打造适合所有人居住的环境已成为世界潮流。2021年3月，"儿童友好城市"正式写入我国"十四五"发展规划；同年9月，国家发改委联合22部门印发《关于推进儿童友好城市建设的指导意见》，该意见强调：儿童友好是指为儿童成长发展提供适宜的条件、环境和服务，切实保障儿童的生存权、发展权、受保护权和参与权。近年来，国内一些城市如南京、深圳、北京、杭州、长沙等陆续加入儿童友好城市建设的队伍中，将儿童友好理念纳入城市发展战略。2023年4月，宜昌市成功入围国家发改委、国务院妇女儿童工作委员会办公室第二批建设国家儿童友好城市名单。

具体到公共图书馆如何推进儿童友好服务建设，深圳市于2018年发布了《深圳市儿童友好型图书馆建设指引（试行）》，对于如何建设儿童友好型图书馆给出了具体的建设指导意见：在公共图书馆在现有基础上推进儿童友好服务建设，通过提供儿童阅读空间、丰富儿童资源和建设专业儿童服务等方式，将现有公共图书馆建设成满足各年龄段儿童服务的儿童友好型图书馆。该意见为各级各类图书馆建设儿童友好服务提供了参考依据。

二、绘本阅读推广对于儿童健康成长的意义

（一）有利于培养良好的阅读习惯

绘本，即通过精美的图画与简洁的文字，共同叙述一个故事，来表达意义深远的内涵，因其丰富的文学性和较强的艺术性，符合儿童心理特点和阅读习惯，被公认为儿童早期阅读的最佳读物。相关研究发现，儿童时期是培养阅读习惯的黄金时期，其中三岁至六岁是提升儿童阅读能力的关键阶段，四岁半至五岁半是儿童的阅读敏感期，阅读能够促进儿童大脑神经元的发育，提升其思维水平；在阅读的过程中，儿童可通过视觉、听觉、触觉探索世界，促进其认知功能发育。正确的绘本阅读活动能很好地激发这一阶段孩子的阅读兴趣，培养良好的阅读习惯。

（二）有利于提升语言表达能力

绘本阅读过程中，儿童通过与成人的沟通交流，可以提升语言敏感度和用词准确性，通过书籍初步认识世界、塑造性格并树立正确的世界观和价值观。综合了图画与文字之美的故事有利于儿童沉浸式阅读，理解绘本主题、复述故事内容、猜测故事结局、创编新故事等阅读过程有利于提升儿童阅读理解、语言表达、模仿表演等方面能力，促进其想象力的提升。

（三）有利于促进多元智能发展

公共图书馆作为儿童的"第二课堂"，是给儿童提供知识和技能培养的地方。与学校和培训机构相比，图书馆的普惠性、公益性、专业性使它的绘本阅读活动更具"儿童友好性"。这种宽容、有趣、和谐的学习氛围更能激发儿童学习和探索新知的热情，尤其在"双减"背景下，儿童从繁重的课业负担下解放出来，有更多时间走进图书馆，丰富多彩的绘本故事给了儿童广阔的想象空间，有利于发展儿童的审美意识、空间智能、数理逻辑智能、个人内在智能等多方面的探索和拓展能力。

（四）有利于培养儿童的同理心

同理心是儿童社会情绪能力中最重要的组成部分，是所有人际交往和品行养成的关键，是人产生同情心和怜悯的关键。绘本表现形式丰富，主题贴近生活，涉及情绪的题材如情绪调整、人际关系、生命教育等都容易引起儿童共鸣，使儿童产生同理心，学会站在主人公的角度来体验不同的社会情感，可以丰富儿童各种社会行为的经验和情感，有效帮助儿童释放不良情绪，促进儿童良好的社会性人格发育，同时在绘本阅读延伸环节开展的亲子互动场面可以强化儿童的情绪表达，这对他们保持心理健康、塑造积极人格有很大帮助。

（五）有利于增进亲子关系

图书馆开展绘本阅读推广的主要对象是儿童群体，其中又以 0~6 岁的学龄前儿童为重点人群，他们的年龄特点和心理特征决定了亲子互动在绘本阅读中发挥着极其重要的作用，而这种亲子共读的模式又为良好的亲子关系与和谐家风家教氛围的形成提供了很好的条件。

三、儿童友好理念下的宜昌市图书馆绘本阅读推广实践

随着儿童友好理念的日益深入，宜昌市也积极加入儿童友好城市的建设中来，围绕"社会政策、公共服务、权利保障、成长空间、发展环境"五大儿童友好理念，推动城市高质量发展。宜昌市图书馆适时而动，围绕"空间友好、资源友好、服务友好"的工作方向，推进公共阅读空间适儿化建设，丰富绘本馆藏，打造儿童阅读品牌活动，满足全龄段儿童阅读需求，为儿童友好型城市建设注入书香力量。

（一）完善适儿化建设，打造儿童友好空间

2022 年 8 月，宜昌市图书馆利用馆舍改造升级之机，践行儿童友好理念，完善公共阅读空间适儿化建设，将少儿阅览室改造成一个分区合理、功能齐全的公共阅读空间。扩大绘本阅览区面积，增设地台亲子区、英语原版绘本区、手工制作区等适合学前低龄儿童阅读的区域，布置了卡通坐垫、舒适的抱枕玩偶和适合孩子高度的环形书架，地面铺设了亮丽的彩色地胶；又设置了学生自习区、亲子休闲区、电子阅览区、艺术展览区等适合学龄儿童学习和提升的空间，为分龄分级分区阅读服务管理创造条件；同时还拓展了阅读服务，开辟出专门的绘本分享区、艺术培训区，让孩子们在周末固定的绘本故事会时间前来听故事、做手工、秀才艺、看表演，把以前单一功能的借还图书的"藏书楼"变为综合性少儿阅读、休闲、学习、自我提升的公共友好空间，助力儿童身心健康成长。

（二）丰富绘本馆藏，营造资源友好氛围

与此同时，丰富绘本资源馆藏，大力采购包括国外经典绘本、国内原创绘本、原版英语绘本、科普绘本等在内的优秀绘本，使绘本馆藏达到 2 万多册，形成蒲蒲兰绘本、启发精选绘本、凯迪克奖童书、安徒生奖童书、传统节日绘本等专架专区。以阅绘伙伴成员馆身份加入由东莞图书馆牵头举办的"阅绘999"绘本阅读书目推荐活动，积极落实入选绘本的采购及布展工作，固定在快乐小屋故事会时间优先分享"阅绘999"书目绘本，在官网、官微、公众号、抖音、读者粉丝群、电台电视台等平台分别以文字、图片、音视频等方式开展新书推荐、绘本分享、亲子共读等读书活动，让小读者能及时了解新入藏绘本，系统阅读更多更好的经典绘本，润泽童心，快乐成长。

（三）深耕阅读品牌，夯实儿童友好服务

宜昌市图书馆在绘本阅读推广方面进行了长期的实践和探索，早在 2012 年就创建"快乐小屋"故事会绘本阅读品牌，10 多年来不断地深耕细作，先后衍生创办了"蒲公英漂流书屋""公益英语乐园""快乐小屋悦读会""悦读领跑"等阅读服务品牌，推出"我们的节日""我是小小宜昌人""我是长江的孩子""云上读书会"等经典阅读活动，开展中华优秀传统文化普及、家风家教传承、红色文化宣讲、经典绘本讲读、诗文诵读表演、艺术手工制作等活动，影响近万组家庭爱上阅读。

"快乐小屋"故事会是专为 2~6 岁儿童开展的绘本阅读品牌活动，它以生动有趣的绘本故事讲读为主，以精彩的游戏、音乐欣赏、美术鉴赏及亲子手工活动等为辅助，每两周一次，固定周六上午 10 点开展活动。围绕故事会成立了快乐小屋读者沙龙QQ群和微信群，拥有会员 900 多人，讲课老师以馆员、绘本馆主、爱心妈妈和文化志愿者为主。截至 2023 年 7 月底,"快乐小屋"故事会已开展大小活动 279 场。疫情期间推出线上的"快乐小屋悦读会",已坚持举办了 280 余期,每天由各大童书出版社编辑、作家、绘本研究院老师在微信群内开展绘本音频讲读,和孩子们共话悦读乐趣、普及绘本阅读方法。"蒲公英漂流书屋"走进 27 所乡村小学和特殊教育学校,累计捐赠书刊 17000 余册,与 7000 余名留守儿童和残障儿童分享阅读的快乐,助力特殊儿童成长。品牌形成的示范效应引领带动宜昌地区公共图书馆相继推出"小童星故事绘""图悦童心""雏鹰关爱"等阅读品牌的形成,很好地营造了儿童友好书香氛围,推动了全民阅读的深入开展。

(四)探索"图书馆+"模式,共建友好文化场景

近年来,宜昌市图书馆积极探索"图书馆+"模式,联合社会力量,为少儿打造"萌娃走进图书馆""闭上眼睛听电影""特殊儿童的绘本疗愈""湾湾故事会"等诸多特色活动。联合市内各大幼儿园,在世界读书日期间组织近千名儿童走进图书馆,教给他们体验图书馆,学会使用图书馆,让图书馆的书香氛围滋润他们的心灵;联合市残联,走进近 20 个社区累为 800 多名残疾人提供"闭上眼睛听电影"服务,用精炼而准确的语言解说影片场景和人物的内心世界等未被赋予声音的部分,让视障朋友通过听"解说"来构建画面,获得独特的电影体验,实现由视觉到听觉的精彩转换;先后联合县市区特殊教育学校等单位联合在世界自闭症日、六一、中秋等节日期间开展了 5 场针对孤独症儿童的绘本阅读活动,根据节日特征和孩子身心发展特点挑选相应的主题绘本,把光影剧、绘画、智能机器人、心理拓展游戏等生动有趣的形式融入活动之中,使1000 多名特殊儿童收获阅读乐趣,度过了有意义的温馨时刻。

宜昌市图书馆同时依托全市总分馆体系,与各社区合作共建少儿阅读文化场景,邀请阅读推广专家及各类文化志愿者深入基层开展阅读活动进学校、进社区、进景区 88 次,吸引近百名儿童文学作家、心理咨询师、人民检察官、幼师、绘本馆主、爱心妈妈等组成志愿者,参加到少儿健康成长的阵营中来,通过讲座、心理辅导、绘本讲读等方式带给孩子们成长的智慧与力量。

(五)志愿服务助力绘本阅读,共筑书香友好环境

宜昌市图书馆常年招募培训学生志愿者,为数万名在校学生提供社会实践基地和志愿服务培训,在册志愿者达 2824 人。大中学生志愿者的主要服务内容是图书分类整理、阅览秩序维护、读者咨询和少儿阅读推广活动。目前已和三峡大学、武汉大学等部分大学学生联合开展阅读推广活动近 10 场,大学生志愿

者正在成为该馆绘本阅读推广的重要社会力量。此外，还有大量关心少儿健康成长的专家学者、童书作家、故事妈妈、绘本馆主、学校老师、教培机构、企业主等社会人士热心参与少儿阅读推广工作，他们常利用休息时间来给孩子们义务开展绘本讲读、作家面对面、心理辅导、体能拓展、艺术欣赏等活动，使孩子们足不出市就能畅享精彩资源，感受文化熏陶。社会力量的参与有力拓宽了儿童阅读服务覆盖面，提升了活动影响力，同时营造了崇文尚读的浓厚氛围，阅读成为引领儿童健康成长的重要力量。

四、公共图书馆绘本阅读服务存在的问题

目前各公共图书馆一般都比较重视少儿阅读推广，基本上都设置了专门的少儿阅览室，开展故事会等绘本讲读服务，取得了一定的成效，但还不够完善，仍存在一些问题，主要有以下几方面。

（一）绘本馆藏不足，区域发展不平衡

我国东西部和城乡区域在绘本阅读服务方面发展不平衡，东部经济发达地区，绘本馆藏充足，阅读推广活动丰富多彩，方式立体多元；而西部欠发达地区的一些基层图书馆绘本馆藏资源匮乏，品种较少，有的图书馆未设少儿阅读区，有的少儿阅读空间狭小，环境缺乏舒适感，阅读推广活动较少，不能满足读者需要。

（二）功能分区不合理，分级阅读机制缺失

很多公共图书馆未按儿童年龄科学划分少儿阅读区域，致使对环境要求各不相同的低龄幼儿、学龄前儿童、学龄少儿被迫同处一个阅读区域，阅读环境难以令人满意；绘本未按主题或中图分类法精细分类，也没有根据不同年龄儿童的认知、心理、语言特点把绘本分类排架摆放，致使读者找书困难，不利于开展分级阅读指导。

（三）推广形式单一，活动缺乏新意

部分公共图书馆绘本阅读推广形式仅局限于绘本故事会、新书推荐，活动缺乏新意；有的只是在读书日、儿童节等节点开展几场活动，没有形成固定的故事会时间；有的图书馆不重视活动策划和宣传，推广渠道狭窄，激励机制缺乏，读者黏性不够，难以对孩子和家长形成持久的吸引力。

（四）专业人才不足，志愿者队伍缺乏

绘本阅读推广工作不仅需要馆员具备专业的图书知识和绘本分享技能，还

需要具备教育学、儿童心理学等方面的知识背景及策划、宣传、新媒体等多方面技能；很多图书馆没有建立专业绘本阅读推广人才库或文化志愿者团队，面对家庭日益重视、社会需求旺盛、读者期望越来越高的绘本阅读推广活动，感到力不从心，难以满足读者需求。

（五）图书馆单打独斗，缺乏合作机制

图书馆多是独自策划、组织、宣传绘本阅读推广活动，缺乏与家庭、学校、社区的多元互动和资源共享，阅读覆盖面有限，社会联动不足，难以满足更多群体的需求。

五、基于儿童友好理念的公共图书馆绘本阅读服务策略

（一）营造良好的阅读环境，实现儿童阅读空间友好

良好的阅读环境是实现高质量阅读服务的重要条件，也是体现儿童友好阅读服务的重要一环。首先，在物理空间上注意适儿化改造，营造环境亲切、体验舒适的公共阅读空间，提供亲子阅读的趣味空间，设立绘本故事区、亲子阅读室、美术手工角、绘本剧舞台等不同功能室，让不同需求的孩子或家庭都能找到自己喜爱的阅读空间。其次，根据儿童成长的不同特点，分龄分区分级服务，建设适合各年龄层次多元儿童服务空间，满足不同年龄层次儿童的阅读与学习需求，如为低龄儿童建立视听区、益智游戏区、亲子互动区，为低学龄儿童设置绘本阅读区与手工作坊区，为大龄儿童创建非遗体验区、知识拓展学习区等。最后，借助现代数字技术，开辟数字化阅读体验区，让儿童体验音频听书、视频动画阅读、线上阅读等方式，将儿童服务延伸到广阔的网络空间。

（二）优化绘本资源配置，完善儿童阅读资源保障

绘本资源质量直接影响到阅读推广的效果，内容优质、设计精美、色彩亮丽的绘本会有助于激发儿童阅读兴趣。开展绘本阅读的图书馆，首先需要丰富和优化绘本资源配置，多渠道购置国内外优秀经典绘本，如获得过凯迪克大奖、格林威大奖、安徒生奖、丰子恺奖等优秀绘本，同时还要丰富绘本种类，可以采购多语种绘本、科普绘本等。其次，要细化绘本配置，如按其年龄段划分亲子阅读室，文献按年龄排架，同时设置相应的家长园地，配备相应的阅读指导资源，使家长也不断学习进步，这样可以方便读者快速寻找相应年龄段的绘本。整合数字化儿童绘本阅读资源，将有声绘本、嵌入动画、文本和音视频的多媒体绘本收集入库，按主题分类，纳入图书馆数字资源库，通过电子绘本阅读形

式提供给儿童使用。

（三）优化绘本阅读服务，探索儿童参与阅读的长效机制

1. 专业化策划

开展丰富多彩、形式多样的绘本阅读活动对绘本阅读推广是必不可少的环节。而精准的策划、周密的组织对于绘本阅读活动的顺利开展则至关重要。开展绘本阅读活动前，建议先拟定活动策划方案书，具体确定活动的主题、目标、方式、步骤以及期望得到的公众反馈等。在活动前期宣传、网上预热、招募公告，活动后的反馈总结及后期宣传推广等方面也需做好策划，确保阅读活动开展得有条不紊和宣传推广的放大效应。策划绘本阅读活动时，也可增加与活动相关的同主题同类型绘本推荐环节，以方便家长为孩子挑选合适的绘本，并在制订阅读计划时获得一些可资借鉴的建议。

2. 多元化演绎

在绘本阅读推广过程中，公共图书馆应改变传统单一的阅读推广模式，创新开展绘本阅读形式，实现多元化、立体式的绘本推广服务，增强绘本阅读的趣味性和吸引力。一是构建绘本数据库，将数字资源融入绘本讲读活动，例如加入 AR、VR 体验，融入动画、音乐、戏曲、非遗、舞蹈等元素，吸引儿童的注意力。二是立体化讲读绘本，在馆员带领亲子家庭共读绘本基础上，根据具体情况采用故事朗诵式、角色扮演式、预测问答式、讨论辩论式等多种活动形式，让故事得以立体化呈现，帮助儿童提炼故事情节和主题，提高阅读理解能力。三是延伸环节趣味化，通过创意美术、亲子手工、绘本剧表演等不同的艺术表现形式，激发儿童创造性思维，提高儿童动手能力。四是兴趣拓展多元化，如皮影戏、魔术表演、戏剧表演、野外植物或动物的鉴别等，与学校、出版社、书店、媒体或文化教育机构合作，开展读书征文、文学创作大赛、名著新编短剧大赛和研学等文化活动。五是志愿服务常态化，针对大龄儿童，可推出寒暑假或周末的"我是小小图书馆员"等志愿服务项目，让更多的儿童读者通过志愿服务走进图书馆、了解图书馆，进而学会使用图书馆。

3. 机制化运行

建立持续性的儿童系列活动开展机制，按照年计划和月计划的方式，将主题活动内容通过条目式向读者公开并引导更多儿童参与，逐渐形成稳定的读者活动模式。在图书馆读者群每天在固定时间推荐好书，组织童书编辑、电台电视台主持人、亲子家庭等将绘本录制成音视频资料，在微信公众号、视频号、抖音、快手等平台推送。举办"我最喜爱的童书"评选活动，由儿童进行票选

和阅读分享，达到以评促读的效果。制定相应奖励制度，吸引儿童多读书，如深圳少儿图书馆实施的"阅读积分计划"，积分可用来提升其单次可借阅图书数量，也可用来抵扣借书超期滞纳金，引导儿童多读书，培养他们的荣誉感和信誉度。

4. 多渠道推广

公共图书馆在实际工作中要从不同思路、多种途径宣传绘本阅读服务的意义，普及正确的绘本阅读理念和阅读方法，建立一站式绘本专题信息门户网站，一站式提供绘本阅读指引、特色资源供给、阅读推广活动展示等信息。从总馆网站、公众号、订阅号和视频号等各种渠道推送儿童服务或活动举办信息，和媒体合作共办读书征文、绘本故事会录播、线上大型活动直播等。将总馆的品牌活动延伸到基层社区分馆，或定期到社区儿童文体空间开展绘本故事会、特色主题阅读活动、阅读主题讲座等，传播绘本阅读理念，强化家庭阅读指导，以扩大现有品牌活动的影响力与参与度。

（四）完善阅读推广人专业化建设，为绘本阅读推广提供人才保障

公共图书馆要通过各类专业培训推动儿童阅读推广人队伍专业化、规范化建设。一是加强对现有馆员的培训，学习教育学、儿童心理学相关知识，加强图书管理专业技能，探索针对不同年龄段儿童的绘本阅读推广模式；二是提升馆员活动组织协调能力、人际沟通能力，为绘本阅读推广活动的开展奠定良好基础；三是按需引进人才，提高绘本阅读服务专业化水平，也可通过招募专业阅读推广人及文化志愿者的方式，缓解阅读推广人才不足的问题。同时，注重培养阅读活动的宣传推广人，通过图文并茂的媒体报道、微博、微信、抖音、快手等平台将绘本阅读活动开展情况广而告之，吸引更多人群参与绘本阅读。

（五）联动各方多元互动，推动儿童友好阅读服务建设

一是建立绘本推广服务联盟，共享绘本资源。可以将多家图书馆联合起来，定期进行绘本资源共享，建立公共图书馆绘本推广阅读服务大联盟，为读者提供更多优秀绘本作品。二是图书馆联合各方力量开展儿童绘本阅读推广，实现多方力量的资源共享和互动合作。与社区合作开展绘本阅读推广活动，有效拓展绘本阅读的范围和空间，与学校合作，将绘本阅读与课外阅读结合起来，使儿童在绘本阅读中增强阅读能力和思维能力。三是与政府相关职能部门合作，创新绘本阅读活动品牌，开展各项丰富多彩的读书活动，扩大绘本阅读推广影响力。

参考文献

[1] 吴金群，毛家楠．儿童友好城市建设的理论内涵和政策议程［J］．党政研究，2022（4）．

[2] 谭鹂，史钰，魏勇刚．我国儿童友好城市建设的现状与展望：基于四个城市的经验分析［J］．陕西学前师范学院学报，2021，37（1）．

[3] 王迪．建设儿童友好城市的保定探索［J］．民生周刊，2021（25）．

[4] 吴宝玉．深圳市福田区儿童友好型图书馆建设策略研究［D］．哈尔滨：哈尔滨工业大学，2021．

[5] 余婧妍，林洵怡．公共图书馆儿童绘本阅读推广探析［J］．新阅读，2022（11）．

[6] 在绘本阅读中培养儿童的同理心［EB/OL］．360文库，2021-01-03．

[7] 董瑾．浅析绘本疗法与新生代大学生心理健康教育［J］．图书馆界，2012（5）．

[8] 陆和建，郭婷婷．让绘本开启阅读人生：公共图书馆绘本阅读服务的实施策略探究［J］．图书馆理论与实践，2015（6）．

[9] 深圳少年儿童图书馆建立儿童友好型图书馆服务模式的探索［EB/OL］．广东省妇女儿童工作委员会官网，2018-05-11．

[10] 宫鲁闽．公共图书馆绘本推广阅读开展的实践与思考［J］．文化产业，2022（31）．

浅谈乡村振兴战略下基层图书馆的建设与发展

易娟娟

（监利市图书馆　433300）

摘　要： 在乡村振兴战略实施的背景下，农村社会经济获得了快速发展，但乡村文化的发展仍然相对不足。本文就基层图书馆建设与服务乡村文化建设方面存在的不协调、不充分等问题进行了分析。阐述了乡村振兴战略下基层图书馆建设的意义和要求，分析了目前基层图书馆建设与发展中存在的问题，并提出了改进建议。

关键词： 乡村振兴；基层图书馆；建设问题

我国是一个农业大国，民族要复兴，乡村必振兴。"三农"问题关系着我国社会稳定、国家富强、民族复兴。全面推进乡村振兴是解决新时代农民增收、农业发展、农村稳定的总抓手。随着乡村振兴战略的实施，农村经济获得了快速发展，村民们的物质生活水平也明显改善，但精神文化生活仍相对匮乏。乡村文化是乡村延续和发展的根基和灵魂，是乡村社会经济发展的重要支撑，丰富并发展乡村文化更是推动农村社会经济发展、实现乡村振兴的根本保障，加强乡村公共文化服务对乡村振兴战略的实施具有重要的推动作用。基层图书馆作为收集、整理社会信息、文献资源的专门机构，是传播文化知识、继承和发展中华民族现代文明的重要载体，是乡村文化振兴的主阵地，基层图书馆的建设是提供乡村文化服务的有力保障，对乡村文化的发展发挥着关键作用。本文就基层图书馆建设在促进乡村文化的繁荣与发展方面的作用、存在的问题以及应采取的策略进行了总结与分析。

一、乡村振兴战略下基层图书馆的建设价值

实施乡村振兴战略是党的十九大作出的一项重大决策，也是新时期我国全面建设社会主义现代化国家的重要组成部分。要实现产业兴旺、生态宜居、乡

风文明、治理有效、生活富裕的总体目标，则需要在加快农村现代化建设、提升乡村居民的生活水平的同时，必须加强基层图书馆建设，丰富乡村居民的精神文化生活，缩小城乡差距。

随着乡村经济的发展，乡村居民对精神文化的需求也逐渐发生了转变。在乡村开展公共文化服务的基础上，结合各自乡村的实际，加强基层图书馆建设可为乡村居民提供能匹配本地产业发展、地方传统特色的文化资源选择方案，构建好有鲜明地方特色的基层公共文化服务体系，打造地方持续发展的文化名片，满足乡村居民对精神文化生活的实际需求。

近年来，农村地区发展大多立足本地特点，打造乡村产业发展，追求"一村一品"，树立特色品牌，发展绿色农业。因此，乡村振兴中期望的产业兴旺更需要新型职业农民必须具备扎实的文化基础以及较强的管理、经营等综合能力。加强基层图书馆建设可为本地乡村居民提供产业发展所需的科学技术和理论知识，让人们从科学知识与科技咨询中获取需要的有效信息，进一步拓展致富的方向与技能。

实现乡村振兴中的乡风文明目标，也需要加强基层图书馆的建设。国家要发展，文化需振兴，文化是民族凝聚和永续发展的灵魂。振兴乡村文化更是实现乡村振兴的关键，基层图书馆的建设是传承与发展地方传统文化，增强乡村居民的科技意识，培育其科学精神，提升其科学素养、综合素质，振兴乡村文化的重要平台。基层图书馆在开展信息资源收集、筛选、传播的过程中就近为乡村居民提供科技报告、讲座、科普宣传、传统文化展览等更贴近生活需求的公共文化服务，能大大提升乡村居民的获得感，让公共文化服务更好地惠及人民。

二、乡村振兴战略下基层图书馆建设的问题

图书馆是我国经济社会发展中建立的基础性设施，长期以来，图书馆作为政府提供的一项公共文化服务，其建设与发展水平一直受当地经济发展水平制约，不同地区的经济发展水平差异对当地基层图书馆的建设质量产生重大影响。随着乡村振兴战略的实施，基层图书馆也得到了快速发展，其服务质量、服务水平等也得到了一定程度的提升，对乡村居民的生产、生活产生了较大的影响，但基层图书馆的建设过程仍然存在一定的问题。

（一）基层图书馆覆盖不全、基础设施不完善

受地方财政扶持资金的限制以及各乡、镇、村经济基础不均衡等因素的影

响，不同地区基层图书馆的建设规模、数量和质量均有差异，部分地区虽已建成基层图书馆，但馆内阅读、学习的环境简陋，服务设施配备不足。部分地区因建设资金不足，其基层图书馆建设只有形式，其日常运行维护管理经费投入不足，文献资源更新速度慢，硬件设备和软件水平均有待提高，缺乏实际服务功能，利用率低。

（二）文献资源不足、供需不匹配

在乡村振兴背景下，各地区的乡村建设也因地制宜，发展各自的特色产业、特色文化。人民群众对于文化生活的需求也逐渐多样化。虽然部分地区建有基层图书馆，但藏书少，专业书籍与产业方向不匹配。基层图书馆提供给乡村居民的公共文化资源并不符合农民对文化资源的需求，基层图书馆单一的文献资源不能引起读者的重视，难以吸引更多读者的兴趣，难以满足乡村居民对乡村文化发展的需求。

（三）管理队伍素质欠缺、管理观念陈旧

事业要发展，人才是关键。作为乡村文化振兴的精神文明建设阵地，受资金投入以及乡村居民专业能力的影响，基层图书馆管理人员整体素质不高，缺乏图书管理意识，思想观念相对陈旧，业务技术水平低，宣传能力较差，不能使用现代先进的信息化技术开展基层图书馆的建设与管理工作，难以为读者提供优质的服务，导致乡村居民不能形成合理化的阅读习惯，部分基层图书馆经常呈现出"无读者"的状态，这样的工作环境也会催生管理人员的倦怠情绪，从而难以提升服务工作质量，基层图书馆资源无法充分利用。

三、乡村振兴战略下基层图书馆建设要求

随着乡村振兴战略的实施，乡村经济社会发展日新月异。基层图书馆的建设要求也应及时革新调整，以便更好地适应与促进乡村文化的繁荣与发展。

（一）与时俱进、因地制宜

随着乡村居民生活水平的提高、网络设施与电子产品的普及，人民的生活方式也在悄然发生转变，越来越多的乡村居民愿意借助抖音、美团、微信等公众平台开展信息知识获取、农副产品销售等工作。由于传统基层图书馆的藏书大多由政府统一采购，少量源于社会机构与个人捐赠，馆藏书目少、更新慢、缺乏地方特色。加之受馆内基础设施条件限制，传统基层图书馆大多只具备开展纸质图书借阅和馆内阅读的单一性功能，难以激发乡村居民的阅读兴趣，无法有效发挥基层图书馆的功能。因此，在新的发展背景下，基层图书馆的建设应因地制宜，结合当地特点与实际需要来及时更新藏书，大力提升信息技术的应用。

（二）功能多样、富有特色

基层图书馆作为乡村文化宣传、发展的主阵地，应充分利用这一专业优势与平台优势，深度挖掘本地区乡村特色文化资源、历史文化和民俗风情，立足本地乡村居民生产、生活的实际需要，开展相应的文化活动，拓展基层图书馆的服务功能。让基层图书馆从传统的图书阅读、图书借阅、文献保存的单一机构转化为乡村居民信息获取、文化休闲、交友娱乐、科普宣传、政策传播与咨询的综合性服务平台，丰富乡村居民的精神文化生活。为乡村产业发展、升级和乡村文化振兴奠定坚实基础。

四、乡村振兴战略下基层图书馆建设策略

（一）完善基层图书馆保障制度，健全公共文化服务体系

基层图书馆在建设、运行、管理等过程中，需要充足的资金保障才能顺利开展相关工作。长期以来，资金不足都是制约基层图书馆建设与发展的重要因素，政府主管部门应大力宣扬特色乡村文化，积极引导、鼓励和动员社会资本与民间力量参与基层图书馆的建设，及时更新与完善基础设施建设，逐步形成以政府、上级文化部门为主导、市场和社会力量广泛参与的保障格局。在充分调研地方特色、产业发展方向、乡村居民实际需求的基础上，在上级文化部门的主导下，紧密联系乡村居民的实际生产、生活，制定并完善基层图书馆的日常运行、管理机制。建立馆际联盟，推进基层图书馆与农村阅览室、农家书屋、非遗传习社等文化场所的联结和共享服务，实现资源共建、共享。加强宣传、教育和培训力度，更新基层图书馆的工作人员和乡村居民的观念，转变职能，主动服务，开展丰富多彩的阅读日、有奖问答、科普进基层、全民阅读与书画摄影展等活动，不断丰富基层图书馆的服务供给，推动公共文化服务的改革创新，拓展乡村居民参与阅读、获取知识和文化的途径、方式，满足乡村居民的精神文化生活需求。

（二）立足地域特色需求，传承发展乡村文化

基层图书馆要立足于地方文献资源、历史背景、产业与民风、民俗特色，加强本地区乡土文化研究，传承好乡村文化遗产。注重对地方戏曲、民歌、手

工艺品等民间艺术形式，特别是乡村非物质文化遗产的文献资源收集与整理，提取本土乡村文化的特色元素，把乡村优秀传统文化和现代乡村生产、生活有机结合，培育好乡村振兴战略背景下的乡村文化精神。

基层图书馆要以乡村居民的发展需求为本，充分利用专业优势，立足本地群众的生产、生活实际，结合产业发展方向，积极优化馆藏书目和数据库，为乡村居民提供优质的精神食粮。对区域内老年人多的基层图书馆可增加人物传记、历史文献、养生类书目；对区域内青年劳动力人数较多的基层图书馆可增加农业生产技术类、法律类、育儿类、养殖类图书数量，如小龙虾、鱼、蟹等水产的养殖与加工类图书，助推本地产业发展；如果青少年人口数偏多，就增加青少年读物类书目，如科普类、连环画、学习资料等。要强化科普类、法律类书籍的馆藏建设，提升乡村居民的文化素养，推动乡村社会的健康发展。

（三）强化人才培养，提升基层图书馆运行管理水平

基层图书馆干部职工队伍的整体素质与业务能力水平，严重影响其建设发展水平，影响乡村居民的阅读体验感。基层图书馆的建设、运营、管理各环节必须重视团队的人才选配工作，选聘优秀专业人才充实基层图书馆的馆员队伍，创建一支高素质的管理团队。上级主管部门要积极开展基层图书馆馆员队伍的日常业务培训工作，通过组织形式多样的主题培训学习活动，开展馆际交流、学习，不断提升基层图书馆干部队伍的综合素质与业务能力。上级主管部门要引导基层图书馆结合本馆工作实际，科学制定完善的考核机制及奖惩制度，开展绩效考核，转变服务理念，使基层图书馆可以更好地为广大乡村居民提供更多、更优质的服务。

（四）加强信息化建设，提升基层图书馆服务水平

随着乡村振兴战略的深入实施，农村信息化、数字化、现代化进程必将加速发展。基层图书馆必须加强信息化、数字化的建设与发展。要结合当地生产生活实际，建设农业生产、服务的特色数据库，开设微信公众号，建立读者学习、交流群。为乡村居民推送农产品销售、农业技术专家培训、讲座，推送乡村居民感兴趣的知识内容。借助大数据、新媒体、网络、人工智能等信息技术手段，对图书资源进行合理化分配，科学分类归放不同类型的图书，对图书实现信息化管理，建立多元化的服务体系，宣传本土乡村文化的特色，提供数字化阅读服务，全面提升基层图书馆服务水平。

（五）丰富服务项目，提高基层图书馆资源利用率

基层图书馆的建设与发展，要坚持以人为本和不忘初心、牢记使命的原则，应始终坚持服务乡村的理念和发展定位。

随着乡村社会的多元化发展，越来越多的乡村居民开始追求独立、自我、鲜明的价值体现，加之移动电子产品在乡村的广泛应用，传统图书馆单一的借书、看书功能很难吸引更多乡村居民的关注，更多的青年人则是将阅读纸质图书的习惯转向阅读电子图书、听书、观看短视频，通过网络获取自己想要的知识。基层图书馆需革新管理模式，丰富图书馆的功能，结合乡村实际发展情况，建设电子图书数据库与电子阅览室。利用展板、短视频、现场讲授等形式定期为乡村居民开展针对当地产业的农业生产技术宣讲活动，推广培训先进的农业生产技能、高效农机设备等知识，拓展乡村居民的视野、提升他们的生产技术水平，增强他们致富增收的本领和途径，为农村经济发展提供保障。还可以不定期举办乡村居民感兴趣的文化娱乐活动，开展农技知识竞赛、公益科普讲座，设置亲子阅读空间以及文化氛围浓厚的休闲场所，积极增设信息化设备，提供交流、互动的空间，吸引更多乡村居民走进基层图书馆，提升基层图书馆资源的利用率。

五、结语

乡村文化的振兴与发展是乡村振兴战略的重要组成部分。作为乡村地区传播先进文化的主要阵地，基层图书馆是繁荣和发展乡村文化这一历史任务的重要推动者。在乡村振兴战略实施背景下，基层图书馆要正视困难与不足，抓住机遇，迎难而上，在充分调查了解各地乡村居民的需求实际后，凸显地域特色、整合资源、完善制度，加快推进基层图书馆的建设与发展。各基层图书馆的干部职工更应革新观念，求真务实，主动作为，以乡村居民的实际需求为导向，发挥基层图书馆深入一线的优势，充分利用基层图书馆的资源，开展多元化的文创活动，丰富基层图书馆的功能定位，为提升乡村居民综合素质，实现产业兴旺、生态宜居、乡风文明、治理有效、生活富裕的新农村添砖加瓦。

参考文献

[1] 刘贵振，张金峰，李健. 乡村振兴背景下民族村基层党组织建设路径研究 [J]. 沧州师范学院学报，2023，39（2）.

[2] 张守信，高坤. 县级融媒体中心助力乡村文化振兴的实践路径 [J].

中国编辑，2023（6）.

　　[3] 南君. 新农村建设中的基层图书馆发展研究［J］. 甘肃科技，2010，26（18）.

　　[4] 陈瑜. 乡村振兴与农村公共阅读空间的多维构建：以政社合作为视角［J］. 图书馆，2022（7）.

　　[5] 李晓军. 基于乡村振兴战略的乡村图书馆发展路径研究［J］. 农家参谋，2021（15）.

　　[6] 李翠亭. 科普文化产业赋能乡村振兴的理与路［J］. 科技风，2023（13）.

　　[7] 刘京京. 乡村振兴战略下的基层图书馆建设［J］. 山西农经，2022（2）.

　　[8] 段亚妮. 乡村振兴视域下基层图书馆的发展路径［J］. 河南图书馆学刊，2020，40（2）.

　　[9] 苏雅. 基于乡村振兴战略的基层公共图书馆建设［J］. 文化产业，2022（24）.

　　[10] 白珊珊，刘兹恒. 政府在基层图书馆建设中的角色与责任［J］. 图书与情报，2010（4）.

　　[11] 康美娟，崔扬. 新时代乡村人才振兴战略的实践路径探究［J］. 现代交际，2023（2）.

公共阅读空间的创新建设与创意营造

王传雄

（安陆市图书馆　432600）

摘　要： 随着公共阅读服务触角的延伸，新型阅读空间不断涌现。近年来，我国打造了很多以城市书房、阅读驿站、社区书吧、农家书屋、数字化阅读平台为代表的公共阅读文化设施，为我国的全民阅读提供了便捷、舒适的阅读环境和丰富的阅读资源。与此同时，各地不断探索创新，全民阅读服务网络不断扩大。本文针对公共阅读空间的概念及特点，创新建设及阅读环境营造的必要性展开分析，对公共阅读文化服务设施的创新和阅读环境营造进行探究，助力我国公共阅读的现代化建设。

关键词： 阅读；创新；营造

阅读是新时代精神文明建设必不可少的组成部分，也是人类获取知识、增长智慧、促进社会发展的重要方式。"十四五"规划纲要中，明确提出要深入推进全民阅读，建设"书香中国"。同时，党的二十大报告提出"提高全社会文明程度""深化全民阅读活动"。推进全民阅读、共建精神家园已经成为我国建设公共文化服务体系的关键举措。

一、公共阅读空间的概念及其特点

公共阅读空间一般是通过政府、社会组织、各类企业以及个人创办以文献资源的表现形式向社会大众提供文化知识服务的公益性场所。从大的方面来看，公共阅读空间包含各类图书馆、城市书房、阅读驿站、社区书吧、农家书屋、数字阅读平台以及书店等公共服务场所。公共阅读空间有如下特点。

（一）公共阅读空间具有公益性

公益性是公共阅读空间服务构建的出发点和最重要的基础，公共阅读空间侧重从政府、各类社会组织以及民营书店等层面建设，同时发挥了政府和社会力量。公共阅读空间可为社会提供有效的文化知识服务，目的是丰富公众文化生活，提升公众的文化素质，推动精神文明建设向更高层次发展。

（二）公共阅读空间具有便利性

公共阅读空间依托信息化技术构建智能化服务网络，以简单便捷的方式，向读者提供其需要的服务。便利性是公共阅读空间的灵魂，公共阅读空间往往选址贴近群众，地处人流密集之处，市民知晓率高，公众随处可阅读，随处可放松，不受时间限制，尤其是自助图书馆，智能化水平高，可实现24小时开放。

（三）公共阅读空间具有多元化特点

公共阅读空间营造的安静优雅阅读氛围，有利于大众放松身心，聚精会神地阅读。近几年涌现的一批批公共阅读空间，有的位于山水幽静之处，有的融入历史文化底蕴，有的设计新颖巧妙，它们的共同特点是个性化特色鲜明，极大地丰富了公众的阅读体验。同时，公共阅读空间不只是阅读，还可以举办读书会、艺术展、也可以开展艺术培训和文化交流，又兼有开展文创产品、新书、简餐等销售服务，呈现多元化特点。这样的公共阅读环境，具备多种功能，成为公众文化的聚集地，在提供阅读服务的同时，也成为城市文化体验的重要平台，为各类文化活动提供丰富的场地。

公共阅读空间丰富了文化服务产品供给，其数量多分布广，延伸到大街小巷，容易推广，为丰富公众的文化生活提供了极大的便利。

二、公共阅读空间的创新建设与创意营造的必要性

（一）适应时代变化

我们所处的时代是创新发展的时代，社会的进步极度依赖创新。随着计算机技术的飞速发展，数字化资源日益丰富，阅读空间服务的内容将向数字化延伸，从传统的以纸质文献为主的服务方式向多元信息化的服务转换，这样的转换实现了文献、信息传播方式的现代化，更利于现今社会的发展。

（二）适应需求变化

随着信息技术的快速发展，人们的工作和兴趣爱好以及成长和发展的需要等都随之变化，读者来公共阅读空间不仅是为了看书学习，更多地是为了寻找一种新的氛围、新的体验及休闲娱乐方式，这使得公共阅读空间要面对多元化

的需求，只有不断地探索读者的需求变化，才能更好地发挥公共阅读空间的教育、娱乐、休闲等各项功能。公共阅读空间应通过创新建设和创意营造来满足读者的学习、娱乐、休闲等多样化的需求。

三、公共阅读空间的创新建设与创意营造方法

（一）空间设计理念多样化

在绿色节能环保的前提下，我们进行公共阅读空间的创新设计时，可以从外形、材质、灯光、色彩等元素着手。

1. 利用空间的特点构造氛围

阅读空间的设计可以体现在空间的布局和家具形状两方面。在进行设计时，可以打造丰富多样的立体造型，同时依据读者的需求设立功能区，这样既能明确各空间的功能，还能保证各空间的隐私。在设计中，"线条"的作用很关键，空间中线形的变化会影响各个面的变化，使它们产生相得益彰的联系，在设计时依据需要营造的视觉效果来确定线条的类型。例如，使用平直的线形，可以使整体看起来简洁大方，直线能够避免空间出现错综复杂的环境，同时能体现理性、硬朗的效果；而曲线具有自然之感，让人产生流畅、轻松、柔美的视觉效果。

2. 通过材质提升空间质感

使用不同的材质装饰空间，会让其质感、肌理等得到体现，同时给公众的感受也不同。例如，钢材和玻璃等材质会让人产生清澈感；木材、竹质则能让人幻想自然之美；纺织物能让人产生柔软、丝鸣感。在营造阅读空间的氛围时，可以通过不同的材质来调节空间质感，使读者体验不同材质带来的不同感受，从而达到空间氛围营造的目标。

3. 通过灯光渲染塑造氛围

灯光效果在空间的设计当中必不可少，发挥着"画龙点睛"的作用。通过灯光的渲染能够塑造氛围、强调细节，将设计的氛围及风格衬托出来，从而提升档次。正确的灯光设置可将不同材质的肌理表现得更加突出，让整个空间感到温馨、放松，以缓解人们在日常工作中的疲惫，在具有特色服务的阅读空间可利用环境氛围灯进行空间色彩调节，强化场景的立体感以达到空间的动态氛围效果。

4. 通过色彩调节，回归自然

色彩设计是空间设计的基本元素，颜色对人的视觉、生理和心理都会产生

影响，和谐的色彩能够使人归于平静，并引起读者的阅读兴趣，在设计选色时应充分考虑读者的内在特质，各个功能区颜色应依其区域使用环境进行选择，色彩设计不仅要讲求美感，同时也要让色彩带给人氛围感觉，从而达到所需环境的效果。

（二）以需求为依据打造公共阅读空间

在设计中，家具的选择与摆放、装修材料的使用，电源、线路的布置等都需要重视，保证安全性与舒适性、美观同时具备。另外，最重要的是要满足读者的心理需求，这一点可阅读空间的外形、材质、灯光、色彩等的表现来实现，通过良好的设计使公众压抑的心理、情绪得到疏解。同时，为满足公众的日常休闲需求，可在空间内设置阅读咖啡屋、各类品牌饮食等休闲经营项目，将阅读与品牌饮食、休闲结合在一起，既满足公众的文化阅读需求，又满足公众的休闲娱乐需求。同时还可以拓展电子阅读服务，提供沉浸式阅读、互联网听书、交流等智能服务，给读者带来更丰富的阅读体验。

（三）建立特色服务

1. 阅读打卡得奖励

为激发公众读书热情、提高阅读效率，公共阅读空间可根据读者打卡阅读时长、阅读效果进行评估，对阅读时长、阅读效果进行分段设置奖励，在达到阅读奖励要求后可进行奖励，奖励方式可设置现金红包、线上红包，或兑换同等价值的空间文创产品、饮食、服务等，通过这种方式可以吸引更多的人来空间阅读，同时激发公共阅读空间经营项目的活力。

2. 医疗咨询特色服务

为了更好地服务青少年儿童和中老年人，公共阅读空间可通过与医院、诊所、药店合作的方式，定期在公共阅读空间设置医疗咨询服务，提供常用的医疗咨询和基本的检测项目，如体温、血压、心率等，让读者更好地管理健康，通过阅读和医疗咨询相结合的方式，公众不仅能在心灵上得到滋养，更能注意到自身的健康。这种方式不仅促进了全民阅读的发展，也对医疗卫生事业进行了补充，对广大人民群众的身心健康有着积极的意义。

3. 文艺创作交流平台

根据公共阅读的服务效能内容可知，公共阅读空间不仅仅可供人们开展社会交流、文创交流、阅读等内容，而且还可以根据需要拓展服务范围。所以在对空间进行创建营造时，可以设置线上文艺创作交流平台，读者可以把自己喜爱的文创产品，如朗诵、歌舞、音乐等上传到线上平台，供有兴趣的人群交流分享，优秀的作品可以获得阅读空间经营性文创产品、饮食、服务等奖励。同时开通隐蔽性交流通道，供群众互相交流难不方便公开谈论的隐私性问题，在一定程度上解决群众内心深处的精神诉求。

4. 送书上门服务

公共阅读空间是现代公共文化服务体系的一个重要部分，提高公共阅读的服务效能，是公共文化服务体系建设过程中的重要环节。我国正处于互联网蓬勃发展时代，云计算、大数据等正与现代产业无缝连接，大家可以想象，通过APP，选中自己想阅读的图书，就有专人快递送书上门，不用自己特地跑去阅读空间找书还书，这是一件多么便捷的事情。在"互联网+"时代，可以充分利用各公共阅读空间的本身资源，建立区域内甚至全国性的图书借还服务平台，各阅读空间通过共建共享，实现不管读者身处何地想借何书都能就近通过快递借还书，最大限度地发挥出阅读空间的服务效应，为读者带来方便与快捷的体验。

（四）新技术应用

1. 智能咨询服务

随着科技的飞速发展，人工智能正逐渐改变我们的生活。在这个信息爆炸的时代，人们需要一个高效、便捷的方式来获取解决问题的途径，智能咨询应运而生。

公共阅读空间可以打造智能咨询服务台，它能够基于在预训练阶段所见的模式和统计规律来生成回答，还能依据所聊天内容的上下文进行智能互动，特别是它会通过大数据分析和深度学习来训练模型，使其具备海量知识储备的能力，真正做到与人类几乎无异的场景交流。智能咨询提供的服务可涵盖诸多领域，如法律、医疗、教育、金融等。借助强大的人工智能技术，智能咨询能够迅速分析用户提出的问题，并在短时间内给出相关建议，大大提高了效率。智能咨询服务还可以根据用户的偏好和历史记录，为用户提供个性化的服务。

智能咨询虽然还存在一定的局限性，但随着 AI 技术的进步，我们有理由相信智能咨询会在未来为我们的生活带来更多便利和价值。

2. 应用 VR 技术

随着 VR 技术的不断积累创新，该技术已与计算机智能技术完美结合，给阅读的发展带来了翻天覆地的变化。VR 技术把"读万卷书"和"行万里路"相结合，给读者带来直接的亲身体验和临场感受。

公共阅读空间可以通过 VR 技术让读者能够共享虚拟 VR 资源和提供仿真场

景下的实时交流互动，依托创造性的理念和完善的服务模式，"VR 阅读"将为读者带来突破性的阅读体验。对服务方来说，需要尽可能多地更新 VR 设备的展示内容以及解决实体书籍、文献的数字化，持续对公众的各项行为和数据进行收集和挖掘，掌握读者日新月异的需求，利用 VR 系统中的智能服务主动为读者提供个性化阅读服务，对阅读空间的馆藏资源和特色资源进行多维度展示，形成以阅读空间为主体的 VR 体验平台，公众可以不受时间和空间上的限制，通过各种移动设备以第一人称的视角游览阅读空间，享受空间提供的各项服务。

四、结语

公共阅读空间是新型的全民阅读服务载体，它利用图书馆、学校、社区、商场、景区、企业等各类城市公共空间，为传统阅读场所带来现代化的延伸和有益的补充。通过环境的设计，新技术的应用、特色服务的开展，公共阅读空间得以为市民提供更加便捷、高效的公共文化服务，很好地解决了公共阅读服务"最后一公里"的问题。

参考文献

［1］傅家宝．公共阅读空间的创新建设与创意营造［J］．图书馆界，2022（3）．

［2］网络时代依然需要公共阅读空间［N］．杭州日报，2023-04-24（A03）．

［3］许芬荣．公共图书馆服务模式新研究：以"城市书房"建设为例［C］//汤旭岩，刘伟成．智慧图书馆建设与服务：2021 年湖北省图书馆学会年会论文集．北京：光明日报出版社，2022．

公共阅读空间的创新建设与创意营造

——以武汉市汉阳区新型公共阅读空间为例

李方迪[1]　谢玉清[2]

（1. 武汉市汉阳区图书馆　430000；

2. 武汉图书馆　430000）

摘　要： 本文以武汉市汉阳区新型公共阅读空间的创新建设与创意营造为例，研究在当今社会发展中公共阅读空间与推进城市公共文化服务高质量发展之间的关系，基于区域内公共阅读空间可持续发展的实际需求，对实践中存在的现实问题进行探讨，进而提出新型公共阅读空间创新建设思路，并为新型公共阅读空间的优化发展提出可行性的展望与建议。

关键词： 公共阅读空间；创新建设；创意营造

一、新型公共阅读空间概述

近年来，区域内新型公共阅读空间作为我国公共图书馆领域创新实践发展的成果，通过引入社会资源和力量来参与共建共享，这类公共阅读空间已经突破了传统公共图书馆发展的局限性，极大地提升了当前基层公共文化服务效能，为如今公共图书馆事业的高质量发展提供了有力的支持。区域内新型公共阅读空间在广泛意义上来讲，是能够包含传统公共文化服务的各种阅读功能，同时还具备公共属性的新型阅读空间，其中不仅包括了各类特色书店打造的新型阅读空间，还包含一些公共图书馆的馆外拓展空间，例如，城市书房、公益书屋等。新型公共阅读空间的特点主要体现在以下四方面：一是阅读环境"颜值"较高，阅读服务品质较好；二是嵌入式阅读空间与读者距离更近，网格化服务体系能进行精细化管理；三是借阅办证多为自助化服务，由企业进行自主管理；四是特定区域内服务效能较高，且纳入总分馆体系。

与传统的公共阅读空间相比，此类新型公共阅读空间在资源、服务、建设、环境等方面更加优质，可以更好地满足人民群众日益增长的精神文化需求，从而得到中央和各地政府更多的关注。文化和旅游部在 2021 年 4 月印发的《"十四五"文化和旅游发展规划》中强调，要"创新打造一批'小而美'的城市书房、文化驿站、文化礼堂、文化广场等城乡新型公共文化空间"。同时许多省市公共文化服务相关条例中也提到了新型公共阅读空间建设相关内容，例如，2022 年 10 月湖北省新修订的《湖北省公共图书馆条例》中就提出县级以上人民政府应当推动城乡公共文化空间创新，鼓励和支持城市书房、文化大院等新型公共文化空间开展图书阅读、艺术展览、文化沙龙等服务。由此可见，打造特色新型公共阅读空间已经成为当前公共图书馆事业高质量发展的必然趋势。

二、新型公共阅读空间发展现状

如今国家正积极推进公共文化服务体系建设工作，同时鼓励企业等社会力量共同参与到社会公共文化服务体系建设中来，并为公共图书馆等传统公共阅读空间的服务模式创新提供相关政策支持。各省市区域内的新型公共阅读空间建设正如火如荼，形成了内容丰富且各具特色的不同种类公共阅读空间。

（一）多元化发展模式探索

多元化的社会建设力量能够为新型公共阅读空间拓展更多主题，还能丰富服务内容从而推动新型公共阅读空间多元发展。例如，广东省开展"粤书吧"试点建设工作，在旅游景区、酒店、民宿和旅游交通集散地等旅游经营单位，设立当地图书馆分馆或服务点的文旅融合创新形态，拓展新的阅读空间；江阴市打造的"三味书咖"城市阅读联盟采用"图书馆+咖啡馆"的服务模式与花店、茶楼、咖啡厅等不同行业进行业态合作，从而为新型公共阅读空间发展提供了更多创新思路。

（二）智慧化发展研究

智慧化发展作为公共阅读空间发展的重要趋势，越来越多的公共阅读空间致力于打造新时代公共文化服务智慧阅读空间。通过智能设备的不断升级改造，智能化服务水平的不断提高，人工智能、大数据及 AR、VR 等技术的应用，充分展现了新型公共阅读空间的智慧化发展特点。例如，深圳市盐田区打造了一批集科技、文化、颜值和创意于一体的智慧书房，具有智能人脸识别进馆、智慧感知、阅读体验、旅游导览等特色功能。嘉兴市创新文化产品供给模式，通过数字信息技术建设了一批借阅便捷、智能自助、资源共享、开放时间长的智慧书房，从而大大提升了图书馆的公共文化服务效能。

（三）发展策略研究

通过调研、分析、总结、评价具体的实践案例，众多研究者为新型公共阅读空间的建设发展提供了多种策略。例如，杨松通过对北京市西城区的"宣阳驿站""砖读空间"等案例的建设路径及运营管理模式进行分析总结后，建议优化政策鼓励更多的社会力量积极参与新型公共阅读空间建设中来。苏怡通过对安徽省公共阅读空间进行调研，选取了"游园影梦·悦书房""芜湖书房·悦享书吧""诗歌邮局·城市悦书房"三家城市公共阅读空间进行案例分析，提出了优化人才队伍结构、拓宽宣传推广渠道、健全读者满意度评价体系等展望建议。戴艳清等运用 ArcGIS 系统对湖南省长沙市"可见·城市书房""水上清风阅读吧"等城区新型公共阅读空间进行分析研究，提出了科学规划阅读空间整体格局，加强城市边缘区的布点的发展策略，以期促进公共文化服务的高质量发展。

（四）存在问题

作为一种新出现的公共文化服务模式，图书馆新型公共阅读空间发展依然存在诸多问题和不足。主要体现在三方面：一是不能更好地满足不同年龄层次的读者阅读需求，城市新型公共阅读空间普遍服务于成人读者，对于少年儿童读者以及老年读者的服务资源较少。二是缺乏成熟的运营管理机制，有效的运营管理机制是长期积累的结果，如果没有良好的机制，管理者难以进行有效的监督和控制，从而难以及时发现和纠正问题。目前新型阅读空间还在发展探索阶段，不同地区的发展模式不尽相同，无法形成科学合理、因地制宜的运营管理模式。三是区域发展不均衡，覆盖面比较局限，不同区域的公共阅读空间也存在分布不均的情况，无法满足更多读者的阅读需求。

三、武汉市汉阳区公共阅读空间建设运营实践

新型公共阅读空间一般由各县级以上地方政府主导建设，社会力量在建设、管理、运营过程中广泛参与。以武汉市汉阳区城市书房为例，城市书房既是武汉市汉阳区的文化惠民项目，也是武汉市汉阳区营造公共阅读空间的探索模式，对武汉市汉阳区的公共阅读空间设计建造、运营管理两个主要生命周期阶段的建设实践进行探究具有重要参考意义。

（一）武汉市汉阳区城市书房实践

1. 参与主体

武汉市汉阳区城市书房采用 PPP（Public Private Partnership）模式，引入社会资源，政府主导、社会参与、共享共建。城市书房的建设管理和服务由三方面组成：一是建管主体，是市文化和旅游系统以外的企事业单位、社会组织等；二是监管主体，是各区文化和旅游局；三是指导主体，是市文化和旅游局。通过三方齐抓共管，形成科学有效的城市书房建设管理和服务体制机制。

2. 合作分工

市文化和旅游局对城市书房建设工作进行统筹指导，各区文化和旅游局在城市书房建设阶段为主导者，对项目进行建设规划、招标等。建管主体承担图书上架、借阅统计等工作，组织提供阅读推广等公益服务。

3. 经费构成

城市书房建设资金主要为政府支持和社会力量投入，由市级下拨城市书房建设补助资金，区级统筹分配，用于城市书房场地提供、建筑装修和设施购置等。管理服务阶段，按照市级考核结果给予资金补助。

4. 管理运营

一是服务管理。城市书房依托全市公共图书馆服务网络和业务管理平台开展各项服务工作。实行免费开放，为公众提供形式多样、内容丰富的服务。在满足基本功能的基础上根据区域特点，打造各具特色的新型公共阅读空间。由建管主体负责城市书房日常管理，区文化和旅游局负责安全、服务等方面监管。二是服务内容。城市书房应当具备图书借阅、数字阅读和举办各类主题活动等多种服务功能。为读者免费提供图书外借、阅览自习、阅读推广、数字阅读资源，举办阅读推广、亲子阅读、讲座论坛、读书分享会、书画艺术展示等各类主题活动。同时根据需要可增加视听体验、休闲水吧、智慧旅游服务、文化产品展示售卖等多种服务功能。三是服务资源。城市书房安排有专人负责，掌握城市书房运行情况，负责图书上架、下架和整理等日常管理工作，能指导读者使用智能化设备，开展文化活动，进行推广宣传、受理读者咨询等。

（二）古琴主题空间实践

琴台书院是武汉市汉阳区文化和旅游局扶持建设的特色阅读空间，集红色阅读、沉浸式阅读、交流式阅读于一体。琴台书院位于月湖之畔，在琴台大剧院这一武汉知名文化地标，为广大市民打造出了一方优质的阅读空间。读书之乐乐无穷，瑶琴一曲来薰风，阅读空间内部摆放有古琴、绿植、艺术饰品等，为读者营造古色古香的阅读环境，其运营阶段的管理、服务和维护主要体现在以下方面。

1. 以知音文化沉浸式阅读为核心

琴台书院的建设充分融合了武汉市汉阳区代表性的知音文化。空间内挂有"琴台"匾额和描绘"高山流水遇知音"故事的古风画卷，配合古琴色的书架与雕窗、书画等装饰，为读者营造出古典静雅的阅读空间。古典书架上书籍琳琅满目，其中古琴文化相关的图书较多，能够满足市民日常休闲阅读的基本需求。琴台书院还精心布置了读者休闲区域，让读者在阅读疲倦时，可以在区域内欣赏书画、赏鱼，愉悦身心，为读者提供良好的阅读环境和阅读氛围。同时，自助借阅机、自助办证机及刷卡门禁等设施也极大提升了居民的阅读体验。

2. 以交流式阅读为重点

琴台书院于2021年12月正式开放运营，成为读者学习古琴文化、深入了解知音文化的平台，也为汉阳区推广琴台知音文化品牌的重要场所。琴台书院以知音文化和古琴为依托，举办了读书、音乐、书画等类型的多种活动，且定期邀请文化艺术领域的知名人士来到书院与市民进行文化交流，从而扩大文化与市民的链接，让读者重拾"左琴右书"的古人之乐。通过举办读书交流等活动、增强城市书房特色、丰富文化艺术类书籍，让公共阅读空间影响力持续扩展延伸。

四、公共阅读空间的创意营造策略——基于武汉市汉阳区城市书房的实践展望

新型公共阅读空间是一种应时代需求而产生的全新的阅读方式和产业模式。城市书房已不是传统意义上的图书流通点，而是服务功能比较完善的现代城市阅读空间，集合交流思想、阅读学习、社会教育等多种功能于一体，成为一座城市的文化名片。

（一）合理布局，规范管理

城市新型公共阅读空间的优化发展，需要政府提供相关政策支持，且在建设、服务、运营、合作、考核等方面都应该有规范化制度进行管理，还要重视公共阅读空间相关标准及规范建设，通过各项政策制度以及法律法规的强制性、稳定性，保障城市新型公共阅读空间的可持续发展。武汉市汉阳区城市书房在管理运营的过程中，有武汉市文化和旅游局发布的城市书房建设实施规范政策支持，在实践中明确了三方主体的职责分工，从而使城市书房能够良好运转，但是现有的政策法规还需要更多的补充完善。一是新型公共阅读空间物理建设的标准规范，包括在公共阅读空间建设过程中的规划、布局、设计、施工、验收等流程。二是对新型公共阅读空间的借阅服务、文化活动服务、文化交流等相关服务进行规范化处理，从而保障服务水平及服务稳定性。三是对公共阅读空间的开放时间、设备使用、人员管理等方面进行规范，从而保障城市新型公共阅读空间的科学运转。

（二）多元探索，融合发展

城市新型公共阅读空间的创新发展，需要不断促进公共阅读空间与其他行业领域的融合发展。同时鼓励多种类型的社会力量参与到城市新型公共阅读空间的建设管理中，从而进一步增强社会资源的多元文化供给，丰富公共文化服务功能体系。武汉市汉阳区城市书房通过充分挖掘区域内知音文化特色，将其与阅读相融合，从而打造了区域特色文化阅读名片。因此，对区域内文化资源进行深入挖掘，使其与阅读融为一体，是探索多业态融合发展的重要途径。通过融入科技、康养、旅游等多种元素，传承中华优秀传统文化与城市特色文化，进行多元探索融合，打造一批主题鲜明富有地域特色的公共阅读空间，从而实现从单一阅读服务向多元公共服务拓展。

（三）创新服务，与时俱进

在人工智能、大数据、虚拟现实（VR）、增强现实（AR）等技术的支持下，新型公共阅读空间的建设形式更侧重于多种类型阅读服务功能的实现，而不是拘泥于传统的图书馆模式。武汉市汉阳区城市书房通过投入自助门禁系统、智慧阅读屏、自助办卡机、自助借还机等智能设备，能够实现 24 小时开放，从而满足读者在不同时间段的阅读需求。这种新兴技术可以更广泛地用于公共阅读空间的创新建设中，例如，可以提供区域特色文化智能浏览服务，为亲子阅读提供 VR/AR 童书沉浸式阅读体验服务，让更多读者享受到交互式或沉浸式阅读体验，同时定期开展专题阅读推广活动，包括地域文化展览展示、研学课堂、文化艺术讲座等活动，来满足社会公众个性化、差异化需求。还可设计文创产品、进行咖啡茶点经营等，保证公共阅读空间服务与时俱进、有序发展。

五、结语

城市公共阅读空间在共享共建、共创共赢的发展模式下助力公共文化服务高质量发展，形成"虹吸效应"，从而有效地解决公共阅读服务"最后一公里"问题。各区域应将重心放在更多新型公共阅读空间的创新建设上来，通过合理布局，规范管理，与不同领域进行多元融合发展，结合时代技术发展，与时俱进，为读者提供优质创新服务。让新型公共阅读走进人们的生活，不断提高公共文化服务的社会认知水平，为社会力量参与公共阅读空间创新建设打开渠道。

参考文献

[1] 赵希波，李传彬，常安军. 新型公共阅读空间助力城市文化软实力提升研究：以济南市新型公共阅读空间建设发展为例 [J]. 山东图书馆学刊，2023（1）.

[2] 文化和旅游部关于印发《"十四五"文化和旅游发展规划》的通知 [EB/OL]. 文化和旅游部官网，2021-04-29.

[3] 陆和建，李丽珍. 我国城市公共阅读空间运营模式分析与发展对策研究 [J]. 图书馆，2022（6）.

[4] 刘艳. 公共阅读空间的创新建设与创意营造：以贺州市图书馆为例 [J]. 图书馆界，2023（2）.

[5] 戴艳清，孙英姿. 基于 KANO 模型的新型公共阅读空间服务内容供给优先序研究 [J]. 图书情报工作，2022，66（22）.

[6] 林芳. 互联网背景下公共阅读空间智慧化建设路径 [J]. 绥化学院学报，2021，41（12）.

[7] 杨松. 将公共阅读空间打造成全民阅读事业的重要支撑点 [J]. 新阅读，2021（3）.

[8] 苏怡. 安徽省城市公共阅读空间主题特色服务实践探索 [D]. 合肥：安徽大学，2022.

[9] 戴艳清，孙英姿. 城市新型公共阅读空间可达性研究：基于长沙市中心城区新型公共阅读空间的调查 [J]. 图书馆学研究，2023（1）.

[10] 司新丽. 公共文化服务领域 PPP 模式的探索：以新型公共阅读空间为例 [J]. 学海，2021（6）.

智能图书馆借阅导航框架及相关数据应用

王文圣

（湖北省图书馆　430071）

摘　要： 随着信息科学技术的不断发展，智能化图书馆成为我国图书馆发展的一个重要方向的方向。而提升图书馆的服务质量是图书馆发展的重要目标。本文通过 FRID 技术、智能机器人、图书馆综合管理系统搭建一个智能化借书指引框架，该框架可为读者提供傻瓜式的借阅服务，优化文献借阅效率。同时，其所收集的数据，还可进一步挖掘，从而有目标地吸引和留住读者，为未来图书馆进一步提高服务质量提供一定的借鉴和参考。

关键词： 图书馆智能化；服务质量

一、智能化图书馆的发展背景

传统图书馆作为保存和传承人类文化遗产的重要机构，一直以来都扮演着提供知识、文化和信息资源的角色。随着信息化智能化的快速发展，新媒体也随之蓬勃发展，人们获取信息的途径也变得更加多元化，同时，新媒体带来的碎片化信息，也在潜移默化地改变人们的阅读习惯，这无疑对传统图书馆的业务形成了一定的冲击。但是，碎片化的信息虽然具备巨大的广度，却在信息的质量和深度方面较为欠缺，而经过整合、提炼的文献正好弥补了这个缺陷，因而，文献是不可或缺的，作为储藏文献的主体，图书馆也是不可或缺的。

信息技术与图书馆并不是相悖的，利用好信息技术，反而可以帮助图书馆扩大辐射面积，并挖掘潜在的读者。近年来，借助信息技术优势，图书馆通过门户网站、微信平台、短视频平台等多种渠道，开展了一系列阅读推广活动，如读书月、读书挑战、征文比赛、读者荐书、文化讲座、读书分享、推送优秀阅读资源、最新资讯、读者交流等活动，还依托世界读书日、传统节日等开展系列资源推送。为推进文化强国建设，提升国家文化软实力贡献了不可或缺的力量。中国新闻出版研究院公布的第二十次全国国民阅读调查结果显示，2022年我国成年国民人均纸质图书和电子书阅读量均较上年有所提升。其中，人均纸质图书阅读量为4.78本，高于2021年的4.76本；人均电子书阅读量为3.33本，高于2021年的3.30本，我国城镇成年居民中，使用过公共图书馆的比例为14.9%，45.5%的成年国民倾向于"拿一本纸质图书阅读"，与2021年的45.6%基本持平，纸质图书阅读仍是"第一阵营"。

探索信息技术与图书馆的融合方式，发展智能化图书馆成为新趋势。图书馆智能化是指在现代网络信息技术的支持下，以图书馆馆藏资源为基础，借助于计算机信息技术模拟人的智能行为，为读者提供更为个性化、精准的服务。智能化的图书馆不仅包含了传统图书馆的功能，更通过运用云计算、大数据、人工智能、多媒体等新型技术，实现图书馆资源管理和读者服务的有机统一。

二、智能借阅导航框架

智能化技术在图书馆服务中起到了至关重要的作用，它不仅提升了图书馆服务效率，提高资源利用率，使得图书馆资源的查找和定位更加精准和高效。还能优化服务体验，根据读者的借阅历史和阅读习惯，提供个性化的阅读推荐服务。

（一）传统图书借阅工作中遇到的问题

图书借阅工作是图书馆的常规工作，也是图书馆最常见的服务内容，提高图书借阅的便捷性意义重大。外国学者的两项研究表明，美国大学图书馆参考咨询服务中，读者咨询如时间、地点、规章制度、文献位置等普通问题占比高达62%和90%。山西省图书馆的李晋也提出，读者咨询最多的是询问地点，诸如洗手间在哪里、在哪里打水、某类书籍文献在哪里、小孩子的书在哪里、某某阅览室怎么走等，此类咨询占60%左右。根据笔者经验，读者咨询文献位置的问题在此类简单问题中又占比最多。目前对图书的检索定位，主要是通过中国图书馆分类法对图书进行分类编目，赋予每本书独一无二的索书号，然后分区分架位有序摆放，至于具体到每本书，则采用磁条加条码的方式或者射频识别技术（下称RFID技术），配合图书馆综合管理系统来一一对应。

这种方式确实简化了读者找书的流程，满足了图书馆图书流通的基本要求，提高了图书资源的流通效率，但也存在较多问题：这类方法无法直接指出文献的准确定位，通常是给出架号和序列号，最后再进行人工寻找。尤其是随着图书馆藏书数量的增大，对读者来说找书将会变得越来越困难；反过来对图书馆来说，读者找书的效率过低，又限制了图书馆开放图书数量，因为读者找不到书，开放图书再多也是没有意义的。具体实践上，存在的常见问题有二：一是读者不知道对应类别的图书在图书馆的具体地理位置；二是知道了类别也不知道图书在书架上对应的位置。图书的类别与其在图书馆的具体地理位置脱节，缺乏精确的对应。对于老年读者、少年读者及其他缺乏相关基本信息素养的读者来说，此类问题尤为突出。当然，对全民进行信息素养培训是必要的，但图书馆自身也应努力让图书借阅变得更加简单化。

对于这类找不到书的读者，如果能将书直接拿到他们的面前，当然是最合适的。但是，由于图书馆工作人员相对于读者来说，通常非常有限，仅仅依靠图书馆的工作人员，是很难精细地服务好每一位读者的，因此，有必要利用好智能化设备，引入物联网技术与智能机器人，为每个读者提供"点菜式"的服务。

（二）基于智能书架、智能机器人、图书馆综合管理系统的借阅导航框架

智能书架是一种高性能的在架图书实时管理系统，它利用高频 RFID 技术实现对图书单品级的物品识别，从而完成馆藏图书的监控、清点、查询定位以及错架统计等功能。深圳大学图书馆的吴元业利用 RFID 技术设计了一套图书取阅系统，能够实现在架图书自动盘点，这套系统具有通用性好、建设成本低、数据内容丰富、可靠性高、节能省电、可维护性好等特点。搭建好这套系统后，将系统获得的数据信息实时更新到图书馆综合管理系统，即获得了系统内所有公开文献的实时状态，以及其空间位置。

智能机器人导航技术是指机器人通过传感器实时感知周围环境，利用导航算法生成动作指令，从而在躲避障碍物的同时移动到指定的目标点或寻找到指定目标的技术。导航技术为机器人完成各类复杂任务提供了基础，被广泛应用于运输、清洁、迎宾等各类场景。非结构化复杂环境下机器人多维感知、场景理解、地图构建、定位与导航系列方法，在无人码头、轨道标记、无人驾驶等领域已得到成功的推广和应用。智能书架所应用的 RFID 技术对文献的定位一般可精确到书架的层。为了解决"最后一公里"的问题，真正直接指出文献的具体位置，还需要在机器人上搭载图像识别技术。基于图像识别的在架图书识别方法相对于 RFID 技术来说，可能受到更多环境因素的影响，且识别精度可能略逊于 RFID 技术。然而，图像识别技术具有灵活性和通用性强的优势，可以适应不同类型的书架和图书，配合激光设备搭载在智能机器人上，可直接指示出所

需的文献。且当图书位置已精确到书架层之后，定位剩下的书几乎不可能出现精度问题。

图书馆综合管理系统是一个集信息管理、读者服务、资源管理等多功能于一体的综合性系统。它具有信息管理、读者服务、资源管理、统计分析等功能，能够对图书馆各种设备采集的所有信息进行综合管理，目前在各大图书馆中广泛应用。图书馆综合管理系统可显示文献的属性信息，其中也包含借阅状态，实现在架图书实时管理之后，可对文献状态进一步细分，从而实现更精细化的管理。目前文献状态主要分为在借和在馆两种，而显示在馆的图书实际上还存在其他中间状态，例如，读者正在图书馆翻阅但未借出，图书丢失未能及时发现，或者图书已归还尚未上架等其他不可借状态。传统的解决办法是增加图书副本数量，但由于避免资源浪费以及图书馆空间限制等原因，通常许多图书都不会有副本，或者副本数不够，这造成读者有时明明在检索图书时，发现图书状态显示为在馆，而实际到书架上寻找时，却未能找到图书。尤其是随着大量推书活动的展开，以及图书馆门户网站的上线，读者可以足不出户地检索图书，确定馆藏位置，然后再到目的地借书，而如果读者屡屡跑空，无疑会打消其积极性，甚至会造成图书馆工作人员与读者之间的矛盾。

智能借阅导航框架具体实现方法如下：

读者在指定桌位落座后，可通过座位上的二维码或智能设备，呼叫智能机器人。如果当前智能机器人繁忙，则提示排队数量及预计等待时间。等待结束后，距离读者最近的一台空闲智能机器人自动响应，与读者沟通。读者在图书馆综合管理系统中检索所需书籍（值得注意的是，除了常规的键盘输入，还应配备可触摸手写输入的设备，以方便不会打字或打字慢的老年读者），若书籍状态为可借状态，即状态为在架（未借出、不在读者手中），则智能机器人迅速按照数据库中保存好的数据检索该书的具体位置，然后显示在可视化的屏幕上。接着规划好最短路径，带领读者移动到指定书架，智能机器人通过图像识别技术，迅速找出书籍在书架上的具体位置，接着通过配备的专用激光设备进行指引。如果读者想要自己去找书，则除了图示出书架及书籍位置外，还应通过视频动画的方式为读者介绍书籍书标各项信息的具体含义及排序方式，让读者能够在实践中提升自己的基本信息素养。如果出现读者检索的书籍不在本区或本馆，或已借出等情况，应给出结果，如提示所搜书籍在某层的某个区域。智能机器人服务结束后，继续服务下一名读者，或回到指定位置待机。

通过这种图书馆综合管理系统、智能书架、智能机器人联合的模式，图书借阅的便捷性将得到极大的加强，特别对于缺乏基本信息素养的读者来说，更是大大提高了借书的体验。不仅如此，此系统还将提高图书馆工作人员的效率，寻找图书无需依赖索书号，即不需粘贴索书号，上架图书也不需按顺序，仅需将书放至指定类别的书架即可，这大大减少了图书馆工作人员上架与盘书的工作量。

三、挖掘大数据价值，提供个性化的读者推荐服务

上述系统有效弥补了藏书—外借中间环节的数据缺失问题，为图书馆优化馆藏、提供个性化阅读推广服务，进而吸引和留住读者提供更可靠的决策依据。

大数据是一个巨大的宝藏，蕴含许多潜在的价值，但这些价值需要我们自己去主动发掘。在大数据资源方面图书馆具有得天独厚的优越条件，随着图书馆的数字化和智能化转型的进行，图书馆天然会存储大量的数字信息，这些信息涵盖外借图书的种类、借阅次数、借阅时间、搜索图书种类、电子阅读图书的种类、频次及时间等各种信息，而我们所搭建的系统，进一步收集了这些详细的信息，它们都蕴含着宝贵的价值，利用好这些数据，能更好地了解读者动态，既能吸引读者，也能留住读者。

基于读者借阅历史行为数据的协同过滤和深度学习算法融合推荐服务信息技术在吸引读者方面，与图书馆融合较深，利用较为普遍，但在留住读者方面，还较为欠缺。其实，它在留住读者方面也大有可为。例如，向已经初步建立阅读兴趣或已有较强阅读习惯的读者推书，不能再仅仅去做浅层次的普通推广，而应注重个性化的推荐，这样能够强化读者的阅读兴趣，帮助读者在阅读中找到快乐。

在以前，这类工作的难度是不可想象的，但现在，随着大数据技术的兴起，个性化的推荐系统给了我们这个机会。

个性化图书推荐系统是一种信息过滤系统，通过收集大量用户的个人信息、行为数据、图书属性、与系统交互的数据等，经过不同技术手段的分析，了解用户的兴趣和偏好，快速找到他们感兴趣的图书，提高检索效率。当用户发现推荐的内容与自己的兴趣和需求高度匹配时，将会加强他们对平台的信任和忠诚度。目前，推荐信息分析主要通过协同过滤、内容分析和深度学习等技术来实现。

协同过滤算法（CF），是推荐系统中最常用的算法之一。其原理是，如果某些用户在过去有相似的行为或偏好，那么他们在未来也会有相似的行为或偏好。协同过滤可以分为两种主要类型：基于用户的协同过滤和基于物品的协同过滤。基于用户的协同过滤以用户为中心，计算寻找相似用户，然后在相似用

户集中进行推荐。基于物品的协同过滤以物品为中心，给用户推荐和他之前喜欢的物品相似的物品。例如，有人喜欢 A 和 B，那么我们认为 A 和 B 是相似的，当第三人喜欢 A，则向其推荐 B。本文使用基于物品的协同过滤算法。

深度学习算法是机器学习领域中的一个重要分支，它模拟人脑神经网络的结构和功能，通过训练多层神经网络来解决复杂的问题。只要提供大量数据，就能使网络学习到更准确的特征表示和决策边界，而无须手动设计中间过程。深度学习在图像、语音和文本等领域有广泛的应用。在个性化图书推荐方面，深度学习也大有可为，它可以帮助我们处理大规模的用户行为数据，更准确地预测用户偏好。

融合协同过滤及深度学习的算法流程如下：

第一步：先将文献按一定的规则分类，例如，按照《中国图书馆分类法》将馆藏文献分为 5 大部类，22 个基本大类。此项工作目的是减少数据体量，提高系统响应效率。

第二步：应用基于物品的协同过滤算法，将每个类别的所有图书依据借阅历史关联起来，如借过 A 书的人还借过 B 书，则将 A 书和 B 书关联起来，依此类推，可以将所有图书形成网络。为防止新上架图书不被借阅，增加新上架图书流通率，新上架图书全部视作与所有同类图书紧密关联。

第三步：根据总借阅次数、近 1 年借阅次数、近 3 年借阅次数、总借阅时间、平均借阅时间，总搜索次数、初次上架时间、出版时间等，使用深度学习算法对每本书进行评价。将已收集的借阅数据分为两部分，一部分历史数据作为深度学习算法的输入，近期借阅情况视为推荐成功作为输出，计算出每个影响因素的权重，后期影响因素权重再根据实际图书推荐成功的情况实时进行调整。由于每一类文献的时效性不同，还可根据不同的类别分别计算影响因素的权重。最后利用训练好的深度学习算法模型计算出每本书的评分。

第四步：当读者借书或者还书时，根据其所操作的书目，依次推荐 3~5 本与本书关联最紧密、评分最高的书，且推荐的书应该在本区的架上，处于可借状态。当读者借书已达上限时，不作推荐。

四、结语

本文通过将智能书架、智能机器人、图书馆综合管理系统深度融合，提出了智能书籍借阅系统，能够将读者直接指引至书籍所在的具体位置，提高了图书借阅效率，符合银龄时代主题，对缺乏基本信息素养的群体更为友好。随着对智能机器人技术的进一步研究，也许未来机器人可以直接从书架上取出指定书籍并办理好手续后交给读者，让读者体验更加便捷的服务。本系统所收集的借阅数据，又无形中填补了除外借之外的，在馆阅读借阅数据的空白。在此基础上，本文提出了一种图书推荐算法，基于所收集的借阅数据，利用协同过滤和深度学习算法，能够为读者提供更加完善、优质的个性化推荐服务，增强用户黏性。

参考文献

［1］第二十次全国国民阅读调查成果［R/OL］. 国家新闻出版署，2023-04-24.

［2］DEMPSEY M. Blending the trends：A holistic approach to reference services［J］. Public Services Quarterly，2011，7（1-2）.

［3］TODORINOVA L，HUSE A，LEWIS B，et al. Making decisions：Using electronic data collection to re-envision reference services at the USF Tampa libraries［J］. Public Services Quarterly，2011，7（1-2）.

［4］李晋. 关于优化公共图书馆读者咨询服务工作的思考［J］. 科技风，2019（29）.

［5］姚陈鹏，石文博，刘成菊，等. 移动机器人导航技术综述［J］. 中国科学：信息科学，2023，53（12）.

［6］吴元业. 基于RFID技术的取阅系统设计与实现：以深圳大学图书馆为例［J］. 图书馆杂志，2023，42（8）.

［7］易忠芹. 智慧图书馆中智能化技术的应用［J］. 智能建筑与智慧城市，2023（9）.

使用与满足理论视域下省级公共图书馆抖音号传播效果探析

——以中部六省公共图书馆联盟为例

滕林林

（湖北省图书馆 430071）

摘　要：随着短视频行业蓬勃发展，短视频平台已经成为省级公共图书馆对外宣传推广的重要媒介平台。本文在"使用与满足"理论视域下，以中部六省公共图书馆联盟为例，对省级公共图书馆抖音官方账号传播效果及优化路径进行探析。

关键词：省级公共图书馆；抖音号；传播效果

一、概述

（一）背景

中国互联网络信息中心发布的第 52 次《中国互联网络发展状况统计报告》显示，截至 2023 年 6 月，我国网民规模达 10.79 亿人，其中短视频用户规模为 10.26 亿人，占网民整体的 95.2%。QuestMobile 数据显示，截至 2023 年 9 月，抖音以 7.43 亿月活跃用户居短视频平台首位，人均单日使用时长达 115.2 分钟，抖音平台已经成为人们获取信息、娱乐社交的重要媒介之一。基于其庞大的活跃用户群体，不少省级公共图书馆在抖音平台开通官方账号，就读者服务、阅读推广等工作进行宣传推广。

（二）核心理论

1. "使用与满足"理论

"使用与满足"理论是一种受众行为理论，起源于 20 世纪 40 年代。该理论把受众看作有着特定"需求"的个人，把他们的媒介接触活动看作基于特定的需求动机来"使用"媒介，从而使这些需求得到"满足"的过程。传播学家 E. 卡兹等人在 1974 年发表的《个人对大众传播的使用》中提出了"使用与满足"过程基本模式，日本学者竹内郁郎后期对该模式进行了补充，如图 1 所示。卡茨及后续学者的研究中，将个人使用媒介的需求总结为五方面：认知需求、情感需求、个人整合需求、社会整合需求、舒缓压力需求。

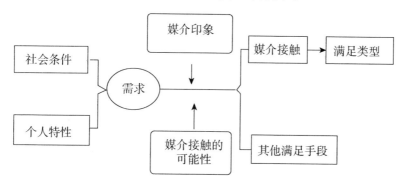

图 1 "使用与满足"过程基本模式

2. 传播效果理论

在传播学领域，传播效果有两重含义：一是指带有说服动机的传播行为在受传者身上引起的心理、态度和行为的变化；二是指在传播活动中尤其是报刊、广播、电视等大众传播媒介的活动对受传者和社会所产生的一切影响和结果的总体。传播效果根据其表现阶段，主要有三个层面：认知层面、心理和态度层面以及行动层面。而传播效果的产生与传播主体、传播内容、讯息载体、传播技巧、受众等多因素有关。

近年来，关于省级公共图书馆抖音号传播效果的研究较丰富，如张海郯、马秀峰的《省级公共图书馆抖音号传播力现状及对策研究》，高坤的《我国图书馆抖音号传播力评价研究》。"使用与满足"理论视域下对于抖音平台的研究，更侧重于全平台用户行为研究及某一行业效果研究，如周瑞英的《使用与满足理论视角下用户媒介依赖行为研究》、王梦兰的《基于使用与满足理论的抖音平台农产品短视频传播效果研究》等，目前基于该理论对省级公共图书馆抖音账号传播效果开展的研究鲜见。

抖音平台在其创作者学习中心"抖音推荐算法系统是什么"中明确提出：用户体验最大化，用户喜欢的内容就有流量。由此可见，在短视频领域尤其是抖音平台，受众是被动信息接收者的传统传播模式已被打破，在短视频传播链条中，受众处于核心地位，短视频对受众需求的满足程度，直接决定了传播效果，传播效果又影响了创作者后续的创作思路。故此笔者认为，从受众视角，在"使用与满足"理论视域下，对省级公共图书馆抖音号传播效果进行分析，能更好地为该类抖音号优化传播效果提出可行性意见。本文以中部六省公共图书馆联盟为例，从传播效果的行动层面进行分析，在短视频平台，行动层面的反馈主要有两点：一是隐性反馈，包括视频完播率等，二是显性反馈，即受众与账号的互动行为，如点赞、评论、分享等。考虑到数据的可获得性，本文主要以显性反馈数据为基础进行分析探讨。

二、中部六省公共图书馆联盟抖音号传播效果分析

中部六省（湘鄂赣皖晋豫）公共图书馆联盟是指 2020 年 9 月，湖南省图书馆、湖北省图书馆、江西省图书馆、安徽省图书馆、山西省图书馆、河南省图书馆成立的跨区域图书馆联盟，旨在加强中部六省公共图书馆的合作与交流，以更好地满足中部六省人民群众精神文化需求。笔者在抖音平台查询，湖南省图书馆、湖北省图书馆、江西省图书馆、安徽省图书馆、山西省图书馆注册了官方账号，其中湖南省图书馆抖音官方账号名为"湖南图书馆"河南省图书馆未注册官方账号，故本文以湖南图书馆、湖北省图书馆、江西省图书馆、安徽省图书馆、山西省图书馆抖音号作为分析对象。

（一）传播力分析

1. 数据来源及分析模型

本文数据来源于短视频数据分析平台飞瓜数据及新抖数据，在平台收集了湖南图书馆、湖北省图书馆、江西省图书馆、安徽省图书馆、山西省图书馆抖音号，2022 年 1 月 1 日至 2024 年 3 月 10 日期间的数据，包括截至 2024 年 3 月 10 日的粉丝总量、粉丝增量、发布作品数量、点赞量、评论量、分享量、收藏量及粉丝画像。在分析模型上，本文借鉴清博指数的抖音传播力指数公式 DCI（V1.0）及其指标体系（见表 1），该公式中互动指数占比最高，与本文核心理论"使用与满足"理论契合，同时能更加直观地体现受众在行动层面的传播效果。具体公式如下：

$$DCI = \{0.10 * \ln(V+1) + 0.76 * [0.17 * \ln(L+1) + 0.37 * \ln(C+1) + 0.46 * \ln(S+1)] + 0.14 * [0.11 * \ln(N+1) + 0.89 * \ln(F+1)]\} * 100$$

表1 抖音传播力指标体系

一级指标	二级指标	权重
发布指数（10%）	作品数 X1（V）	100%
互动指数（76%）	点赞数 X2（L）	17%
	评论数 X3（C）	37%
	分享数 X4（S）	46%
覆盖指数（14%）	新增粉丝数 X5（N）	11%
	总粉丝数 X6（F）	89%

2. 传播力指标分析

统计的数据结果，按照粉丝总量降序排列，见表2。其中江西省图书馆粉丝总量最高，是其他馆的数倍，但其新增粉丝量为负数，掉粉达7万余人次；作品发布方面，湖北省图书馆频次最高，其获得的点赞数、评论数、分享量、新增粉丝数量也最高。

表2 五省公共图书馆抖音号传播力指标

抖音账号	作品数	点赞数	评论数	分享数	新增粉丝数	总粉丝数
江西省图书馆	158	30379	1055	1484	−70451	35.6W
湖北省图书馆	256	105233	10199	2639	7604	2.4W
安徽省图书馆	172	5687	875	1020	1706	5362
山西省图书馆	82	12736	492	517	2650	4974
湖南图书馆	174	3802	669	618	1119	4330

由于传播力指数公式DCI（V1.0）在新增粉丝数为负数的情况下不成立，故将江西省图书馆新增粉丝这一指标设置为0进行计算，按DCI数值降序排列，见图2。

根据计算结果，湖北省图书馆传播力指数最高，达879，江西省图书馆虽粉丝基数最大，但由于其作品发布力度、作品互动量、新增粉丝数远低于湖北省图书馆，故整体传播指数低于湖北省图书馆。安徽省图书馆虽发布作品数比湖南图书馆少2条，但由于其粉丝量、互动量均高于湖南图书馆，故整体传播指数高于湖南图书馆。湖南图书馆虽总粉丝量为最低，但由于其作品发布量在五家公共图书馆中位列第二，且评论数、分享数高于山西省图书馆，故其整体传播指数比山西省图书馆高。由此可见，要提升抖音账号传播力，粉丝量、作品

抖音号传播力指数

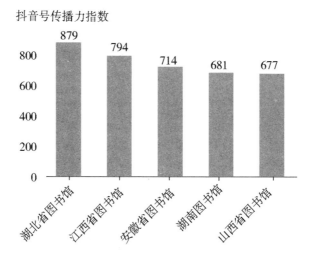

图2 五省公共图书馆抖音号传播力指数

数量、互动量的提升缺一不可，而这三项数据中，粉丝量对于传播力的影响相对较小，作品数量及互动量对传播力的影响更为显著。因此，坚持发布优质的作品，提升受众的互动意愿能助力公共图书馆提高抖音账号的传播力度。

（二）传播因素与传播效果分析

传播效果的形成受诸多因素及条件影响和制约，本文主要从传播主体、传播内容、受众三方面进行分析。

1. 传播主体

从传播学角度，同一内容从不同的传播主体传播，取得的效果不一，这由于不同传播主体的可信性不一致。可信性主要包括两个要素：传播者的信誉及专业权威性。湖南图书馆、湖北省图书馆、江西省图书馆、安徽省图书馆、山西省图书馆抖音号作为省级公共图书馆在抖音平台注册的官方账号，在传播主体的可信性上具有一致性。由于传播主体能充分发挥主观能动性，取舍发布内容，选择传播工具、技巧，因此传播主体在抖音平台的运营水平、内容制作水平，直接决定了传播内容的质量，从而影响传播效果。本文研究的五个抖音号在制作水平和运营水平上参差不齐，同一账号各作品间制作水平也有一定差异。

2. 传播内容

传播内容是整个传播链条的核心所在，笔者统计了湖南图书馆、湖北省图书馆、江西省图书馆、安徽省图书馆、山西省图书馆抖音号，自2022年1月1日至2024年3月10日期间，发布内容涉及的高频关键词及话题词，见表3。

表3　五省公共图书馆抖音号发布内容的关键词及话题词

抖音账号	关键词及话题词
湖南图书馆	湖南图书馆、湘图荐书、世界读书日、湘湘图图故事会、公共图书馆服务宣传周
湖北省图书馆	侧府千华、典籍展览、自习室、图书馆、古色悠然
江西省图书馆	书香赣都、千乡万村闹新年、读书、读书成长、百馆千万场服务来共享
安徽省图书馆	元宵节、安徽省图书馆、画说安图百十年、成语故事、一不小心拍到了语文课本
山西省图书馆	让阅读成为一种习惯、全民阅读、好书分享、五四青年、荐书

综合分析关键词和话题词，结合五家公共图书馆抖音账号发布内容，笔者发现，五个抖音号发布内容均以馆内资讯及阅读推广为主，本地及行业热点为辅。馆内资讯包括节假日开放信息，业务动态宣传等；阅读推广方面，各图书馆都开辟了荐书专栏，以馆员或邀请的嘉宾讲解、朗读等方式推荐优质书籍，此外还有各馆展览、讲座等活动的宣传视频等。在行业及热点方面，如2023年年底、2024年年初各地下雪，湖北省图书馆、江西省图书馆、山西省图书馆、安徽省图书馆都发布了相关作品，湖南图书馆则结合考研这一社会热点，发布了考研学子驻湘图系列短视频，在每年的公共图书馆服务宣传周期间，各馆均有相关内容发布。此外，抖音平台定期会推出一些创作热点话题，笔者注意到安徽省图书馆、湖北省图书馆参与创作了"一不小心拍到了语文课本"，湖北省图书馆在平台热点创作上更为积极，还参与了"和官方号一起解救ggbond""恼人的秋风"等热点话题的创作，其他馆在热点创作方面相对比较保守。

3. 受众

受众的属性对于传播效果的产生有重要影响，主要包括性别、年龄、人格、性格、个人经历与经验等，这些属性都在受众接触信息时，影响着他们对传播主体及传播内容的兴趣度、态度等。带有属性的受众，在使用媒介时带有自己的特定需求，能否满足受众的特定需求决定了受众是否会在行动层面对该内容进行反馈互动，从而影响传播内容的传播效果。根据新抖平台展示的五个抖音号受众基础情况，从性别维度来看，山西省图书馆、湖南图书馆、湖北省图书馆的粉丝以女性占比更高，分别为66.07%、60.83%、59.71%，江西省图书馆、安徽省图书馆粉丝男性占比更高，分别为55.52%、52.52%；从年龄维度来看，五个账号粉丝占比最高的均为30岁到40岁区间的粉丝，整体而言，五个账号粉丝同质性较高。从互动情况来看（具体数据见表 2），湖北省图书馆的点赞量、评论量、分享量均居于首位，相较于另外四个账号，其发布的内容更能满足其受众的需求，湖南图书馆、山西图书馆抖音号互动数据相对较低，在满足受众需求方面表现相对较弱。

三、使用与满足理论下，中部六省公共图书馆联盟抖音号传播存在的问题及优化路径

（一）存在的问题

1. 内容同质化，认知需求难以满足

如前文提到，五个抖音号发布内容均以馆内资讯及阅读推广为主，本地及行业热点为辅，虽具体内容有一定差异，但在主题上大同小异，受困于行业内的"信息茧房"，内容同质化严重。各省都有专属的文化脉络与地方文化特色，如湖北的荆楚文化、湖南的湖湘文化等，相较于自媒体账号，省级公共图书馆在深挖文化内涵与故事上有很大的资源优势，但五家公共图书馆抖音号内容上各省特有文化属性并不强。此外，在传播的具体内容上，各抖音号大都"浅尝辄止"，难以满足受众深层次认知需求。

2. 缺乏情感共鸣，情感需求难以满足

获取个人感情共鸣，放松心情、缓解压力是受众在抖音平台主要需求之一，尤其是阅读类作品，极易激发受众共鸣。《2023 抖音读书生态数据报告》中提到，读书类视频播放量同比增长 65.17%，收藏量同比增长 276.1%。五家公共图书馆抖音号都有荐书类内容，其中点赞过百的作品十分鲜见，从互动数据来看，并没有满足受众的阅读及情感需求。笔者注意到，五个账号的读书类视频大都以朗读片段、介绍图书内容为主，对于读书感受分享、带有观点的书评较少，而读后感及书评相较于书本片段、图书简介更能激发受众情感共鸣。

3. 缺乏运营思维，作品水平参差不齐

在"内容为王"的新媒体时代，在"用户体验最大化、用户喜欢的内容就有流量为导向"的抖音平台，账号传播力有限，归根结底是缺乏"以受众为中心"的运营思维，作品内容在文旅类视频大盘中没有优势。五家公共图书馆未能突破"公共图书馆官方抖音号"这个限制，是以"权威的信息发布者"身份进行账号运营，与其他文旅类视频号相比，不够接地气，与受众的互动方式较为单一，多以挑选部分评论回复为主，在视频内容上与受众互动不足。作品制作水平上，可以明显区分出图书馆馆员自采自编以及专业公司拍摄制作，水平

参差不齐，风格不一，难以给受众留下鲜明的印象。

（二）优化路径

1. 深挖，满足受众认知需求

一是结合各地本土文化特色，深挖馆藏资源，精选内容选题，制作有深度、有厚度的作品，全方位满足受众认知需求。二是大胆创新，在拍摄手法、制作方法、表现形式上下功夫，如江西省图书馆"别开生面的江西古籍"系列视频，以小短剧形式，结合生活日常讲述古籍里的故事，以其形式新颖、内容充实、制作精良，取得了不错的传播效果，点赞均破万。三是紧跟热点，将热点与馆藏资源、业务工作相结合，以达到最佳的传播效果。如湖北省图书馆与湖北文旅、随州文旅及"网红"随州文化和旅游局局长谢伟共创"新年重磅献礼，听诗词里的随州"，获 1.5 万赞，取得了不错传播效果。

2. 共情，满足受众情感需求

一是把握受众需求，将需求与馆藏资源相结合，提炼出值得传播的主题，如 2024 年春节，歌曲《上春山》引发全民讨论热潮，湖北省图书馆制作了《上春山中的古诗词》。二是转变角色定位，从受众角度出发，做会分享、会讲故事的"活人号"，将最真实的阅读感受分享给受众。三是根据粉丝画像，明确不同类型粉丝情感需求，由"共鸣"到"共情"到"共振"，强化情感渗透。

3. 创新，提升账号运营质量

一是不再"闭门造车"，要突破"公共图书馆官方抖音号"这个身份限制，创新选题与内容，从社会热点、影视热点、旅游热点中找选题，创作选题，提升传播力，如各省文化和旅游厅官方账号，在 2023 年年底和 2024 年年初，凭借追热点、接地气、强互动，打破受众对官方号刻板印象，多次出圈。二是制作精品，提升制作内容的技巧水平，统一账号作品风格，加深受众对账号的印象，提升受众黏性。三是提升新媒体团队人员专业化水平，构建和完善人才培育体系，既包括在短视频制作、账号运营方面专业化提升，也包括对于馆内业务、馆藏资源等图书馆专业工作上的提升，让两者相融合，全方位提高账号质量，从而实现账号传播力的提升。

参考文献

［1］郭庆光．传播学教程［M］．2 版．北京：人民大学出版社，2011．

［2］中国互联网络信息中心（CNNIC）．第 52 次《中国互联网络发展状况统计报告》［R］．北京：中国互联网络信息中心，2023．

［3］QuestMobile. 2023 中国移动互联网秋季大报告［R/OL］. QuestMobile 研究院，2023-10-31.

［4］2023 抖音读书生态数据报告［R/OL］. 巨量算数，2023-04-13.

［6］抖音推荐算法系统是什么［EB/OL］. 抖音，2021-10-29.

［7］周瑞英. 使用与满足理论视角下用户媒介依赖行为研究：以抖音短视频为例［J］. 新闻传播，2024（4）.

［8］张海郗，马秀峰. 省级公共图书馆抖音号传播力现状及对策研究［J］. 内蒙古科技与经济，2023（16）.

［9］高坤. 我国图书馆抖音号传播力评价研究［J］. 山东图书馆学刊，2020（3）.

［10］王梦兰. 基于使用与满足理论的抖音平台农产品短视频传播效果研究［D］. 长沙：中南林业科技大学，2023.

从第七次评估谈荆门市县级公共图书馆发展存在的问题与对策

何金涛

（荆门市图书馆　448000）

摘　要：评估定级工作能有效促进公共图书馆标准化建设和发展。现以荆门市县级公共图书馆为例，对照第七次公共图书馆评估指标，发现荆门地区各县级馆存在专业人员匮乏、服务效能不高等问题，从而针对性地提出了人员专业化建设、构建多元服务体系等对策，以促进县级公共图书馆高质量发展。

关键词：公共图书馆；评估定级；高质量发展

全国公共图书馆评估定级工作是对公共图书馆事业发展阶段性综合性检验和评定，为发挥评估定级工作对全国公共图书馆建设的重要推动作用，助推公共图书馆高质量发展，2022年，文化和旅游部对我国县级以上公共图书馆开展了第七次评估定级，荆门市5个县级馆全部参与了本次评估定级工作，通过本次评估的开展，全市公共图书馆服务效能、业务能力、管理水平等有了大幅提升，但从中也发现了很多不足。

一、荆门市各县级公共图书馆第七次评估定级分析

（一）高质量保障引领，保障力度大幅提升，持续推进阵地建设

从荆门市5个县级图书馆基本情况统计一览表中可以看出，荆门市公共图书馆的馆舍面积、文献资源数量、馆员队伍结构等方面有了很大的变化，在全国公共图书馆评估定级工作和公共文化示范区建设的推动下，各级政府对公共文化事业发展的投入不断加大，为县级图书馆的高质量发展提供了经费保障。在第七次评估期间，东宝区图书馆、京山市图书馆先后于2020年、2021年年底迁入新馆，掇刀区图书馆和钟祥市图书馆正在建设中。县市区图书馆的场馆条

件得到了很大的改善。2016 年京山市图书馆、2019 年钟祥市图书馆分别第一批和第二批成为湖北省公共文化示范区。2022 年东宝区也申请了第四批湖北省公共文化示范区。

表 1　荆门市 5 个县级图书馆基本情况统计一览表

序号	单位名称	年平均文献外借量（万册次）	读者满意率（%）	年财政拨款总额（万元）	普通文献馆藏量（万册件）	年新增文献入藏量（册件）	建筑面积（万平方米）	在编人员数（人）	专业技术人员占比（%）
1	京山市图书馆	25.29	99.9	236.2	21.58	0.040	0.80	11	90.0
2	钟祥市图书馆	13.29	99.95	80.75	13.00	0.227	0.740	19	87.5
3	沙洋县图书馆	22.00	100	240.61	23.1	0.098	0.410	10	70
4	东宝区图书馆	11.72	99.50	303.27	11.72	0.36	0.381	10	80
5	掇刀区图书馆	18.24	100	108.00	10.01	0.019	0.380	8	100

（二）高质量业务引领，业务建设更加规范，全面推进总分馆制建设

在第七次评估工作中，5 个县级图书馆业务工作水平大幅提高，基础业务规范、制度健全、流程清晰。馆藏发展政策符合馆情，重点突出；文献编目按照《中国图书馆图书分类法》（简称《中图法》）第五版分编，图书加工整理与排架流程规范，书标条码等规范、美观、整齐、统一，排架正确率高达 96.9%；文献保护和文献处置制度完善；地方文献收集工作各馆有专室专人，文献收藏各具地方特色，形成了人无我有、人有我优、人优我特的大好局面；志愿者服务在各县级公共馆已成为常态化的工作，由于各县级馆工作人员少，志愿者已成为各县级图书馆的后备力量和第二梯队人员，在图书馆建设和发展中起着举足轻重的作用。

在总分馆建设方面，总体发展水平的规范性和标准性强。总分馆体系建设成效明显增强。市图书馆为中心馆，各县级馆为总馆，各镇（街道）综合文体站、美丽乡村和部分企事业单位为分馆的总分馆制服务体系，做到了全覆盖、

共享无差别的公共图书馆服务。为推进总分馆体系建设，市、县级文化和旅游局及省市图书馆会学会邀请专家不定期对乡村文化站站长和工作人员开展专题培训和辅导，县级馆业务指导组织能力得到了提高。

（三）高质量服务引领，服务效能大幅提升，着力打造阅读推广品牌项目

根据文化部、财政部《关于推进全国美术馆、公共图书馆、文化馆（站）免费开放工作的意见》要求，2011年12月1日荆门市5个县级公共图书馆正式实行全免费对公众开放，实现了无障碍、零门槛、人性化服务。县级公共图书馆开放时间、年流通人次、文献借阅量、讲座、展览、培训、阅读推广活动等服务有了较大的提升。特殊群体服务工作各具特色，让公共图书馆服务的阳光洒遍城乡每一个角，对残障人士、进城务工人员、老年人、留守儿童、服刑人员都有具体的服务项目。可圈可点的是数字化服务和读者评价。数字化服务方面，各馆通过门户网站、自建数据库、移动图书馆、微博、微信公众号、云图书馆服务等多平台新媒体进行服务宣传，努力实现传统服务与数字服务的有机融合，数字化服务让数"智"赋能，让图书馆更"聪明"。读者评价方面，设有读者意见簿、读者信箱、馆长信箱、官网留言、投诉电话等，践行"以人民为中心"的服务理念，读者满意率达99%以上。

阅读推广是图书馆服务的主线。随着时代的变化、图书馆条件的改善，荆门市5个县级图书馆在本次评估期内，推出了线上线下相结合的阅读活动，扩大服务范围，取得了较好的社会效应。京山市图书馆的"向日葵绘本故事""文峰讲坛""乐享悦读""希望家园"等品牌受到了社会各界的一致好评，钟祥市图书馆的"乡土作品品鉴""快乐双休""亲子阅读"活动场场爆满，沙洋县图书馆的"你阅读，我买单""汉上讲堂""清廉文化大篷车"、东宝区图书馆的"东图讲堂""科普讲堂""东图之声""读书积分乐阅读打卡活动""悦读宝贝故事分享会"、掇刀区图书馆的"书香润掇刀 经典永流传"等阅读品牌活动已经深入人心，受众面广。

二、存在的问题

（一）量化指标不达标，服务效能不高

在量化指标中，部分指标与实际工作无法完全达到要求，与评估标准存在一定的差距，主要在基本服务、参考咨询服务、服务宣传与阅读推广等方面。其中，年总流通人次、年文献外借量、年讲座、展览等几项指标量化数据普遍扣分较多。在参考咨询方面，决策咨询有服务制度，但实际开展服务不多，得

分不高，两会服务只有东宝区图书馆、京山市图书馆开展了相关的服务工作。在服务宣传与阅读推广方面，佐证材料不完整，宣传媒体主要是网站、微信、报纸，缺乏视频宣传佐证材料。

（二）服务方式单一，创新能力不足

从此次评估资料看，县级图书馆服务主要以阅读推广、传统文献借阅等阵地服务为主，缺少个性化服务。在业务创新、业务统计与研究等方面创新不足。图书馆数字化、智慧化服务欠缺。智慧应用场景除京山市图书馆和东宝区图书馆以新馆建设为契机配置了 24 小时电子书借阅机、瀑布流阅览机、报刊阅览机、VR 全景体验、虚拟涂鸦等设施外，其他县级馆智慧应用场景建设力度不足。在馆藏开发与文创服务方面，印制了带有本馆 LOGO 的水杯、笔筒、书签等产品，几乎没有本土地方特色的文创产品。在业务统计与研究这一指标项目中，各馆都建立了年报制度，佐证材料充分，发表的论文、调研报告等理论成果少；在科研方面，除了东宝区图书馆有 1 项科研项目之外，其他馆均没有相关科研项目。

（三）缺乏专业人员，业务能力有待提升

根据《公共图书馆服务规范》要求，每服务人口 1 万~2.5 万人应配备 1 名工作人员。根据各县市区常住人口和工作人员情况来看，县级图书馆人员的配备数量严重不足。从本次参评的 5 个县级图书馆来看，因人员少，不能定岗定员，再加上人员结构老龄化，各县级馆没有时间和精力来开展科研工作、创新服务，阻碍了县级公共图书馆服务和业务能力发展。

三、推动县级公共图书馆高质量发展的对策

（一）加强人员保障，加大培训力度，提升专业能力

图书馆的高质量发展离不开高素质人才，县级公共图书馆因工作人员不足和专业能力匮乏而制约了图书馆的发展。针对上述情况，图书馆及有关部门应加大投入力度，改善人员严重不足的现状。同时，用学术理论与实践促进常规工作发展，多措并举提升馆员业务能力和科研水平。邀请专家开展专业培训、加大集中学习时间和力度，通过举办业务知识竞赛、脱产跟班学习等多种方式，提高人员素质。

（二）创新服务模式，形成多元服务体系

面对新的时代、新的挑战，图书馆应与时俱进，与社会各界紧密联系，加

强合作，拓展公共图书馆的服务半径，构建完整的公共文化服务体系，使图书馆的公共服务价值得到提升。图书馆要依托自身优势，创新"图书馆+"的多元化服务模式，构建新型公共文化阅读空间格局。加强横向和纵向发展，与文化馆、博物馆、乡镇文化站等公共文化机构融合发展，形成服务合力。同时，图书馆应拓宽思路，合理布局优化空间功能。在读者服务方面，有针对性、个性化地开展分层服务模式，对未成年人、特殊群体、老年人开展特色服务项目。对企事业单位、科研人员等人群利用地方文献和其他信息资源等，培养工作人员定题服务、专业服务的能力。

（三）加强区域合作，成立馆际联盟

各县级公共图书馆在参考咨询、自建数字资源、联合编目及地方文献等方面，与评估量化指标上有一定的差距。由此，各馆应该对标找差，加大业务工作，提升各县级馆的服务能力和建设水平。另外，各馆应加强合作，成立馆际联盟，在数字资源建设、地方文献建设方面，进行馆际互借，资源共享。同时，可以依托现有的数字平台，与国家图书馆、湖北省图书馆的数字资源共享。在阅读推广、讲座、展览等方面，各馆也可以利用联盟的力量，进行异地联动、巡展、相互交流，最大化地利用有限的资源，实现资源共享。

四、结语

通过本次评估，各县级公共图书馆对四年来的工作进行总结，对图书馆事业发展的方向有了更加深刻的了解，对自身的不足有了更加清晰的认识。未来，各县级图书馆面对图书馆转型发展，要树立"以人民为中心"服务理念，提升专业能力和服务效能，为用户提供便捷、高效、个性的服务，满足读者多样化需求，促进图书馆事业高质量发展。

参考文献

[1] 贾若虹. 中部地区县级公共图书馆发展问题与对策：以朔州市县级公共图书馆第七次评估数据为例 [J]. 文化产业，2023（5）.

[2] 陈益，唐忠. 基于数字图书馆的导向性阅读策略与评价机制研究 [J]. 大学图书情报学刊，2019，37（3）.

[3] 周德明. 以评估工作助推公共图书馆高质量发展：第七次公共图书馆评估标准研制专家周德明访谈 [J]. 图书馆杂志，2023，42（3）.

新型公共阅读空间建设发展研究

——以湖北省城市书房为例

刘林玲

（湖北省图书馆　430071）

摘　要： 新型公共阅读空间有效延伸了传统阅读空间的服务触角，完善了公共文化服务网络，为打造品质生活、提升民众文化生活的获得感和满意度提供了重要保障，是"书香社会"建设的重要抓手。文章以湖北省近年来城市书房的建设背景、发展现状以及管理模式为对象，分析了空间建设与运行中存在的不足，并提出优化策略和实施路径，以期为公共文化服务的高质量发展提供参考。

关键词： 新型公共文化空间；城市书房；公共图书馆

2021 年，文化和旅游部发布了《"十四五"公共文化服务体系建设规划》，2022 年 3 月，国家文化和旅游部、国家发展改革委、财政部三部委联合印发《关于推动公共文化服务高质量发展的意见》，多项政策都将着力构建新型公共文化空间作为未来的文化建设的重点目标之一，以"城市书房""书吧""文化驿站"等"小而美"的各类新型阅读空间成为公共文化建设的"新常态"。

2022 年 1 月，湖北省文化和旅游厅发布《关于推动湖北省公共文化服务高质量发展的实施意见》，明确提出创新拓展城乡公共文化空间，并将"15 分钟文化生活圈"纳入了 2022 年湖北省文化和旅游厅工作要点，在全省范围内推动城市书房、文化大院等新型文化空间的建设和完善。2022 年，《湖北省公共图书馆条例》修订通过，要求县级以上人民政府应当推动城乡公共文化空间创新，鼓励和支持城市书房、文化大院等新型公共文化空间开展服务。2023 年，湖北省文化和旅游厅在工作要点中指出，支持社会力量参与"公共文化新空间"建设。

本文以湖北省"15 分钟文化生活圈"为研究对象，研究城市书房的空间建设情况和运营效果，通过分析基于城市书房的新型公共阅读空间，探索新时期我国基层公共阅读空间新路径。

一、湖北省城市书房建设现状

2020 年，湖北省文化和旅游厅发布了《湖北省文化馆图书馆总分馆制建设指导标准（试行）》，对总分馆的场地建设、运行管理、人员队伍等进行规范，在政府的指导下，自 2021 年起，依托各级公共图书馆，积极引进社会力量，以"城市书房+社区""城市书房+景区""城市书房+商圈"等模式，将"书香浓""颜值高"的书房融入人民群众的日常生活，打造起一座座高品质、无边界的新型公共阅读空间。

（一）"嵌入式"布局 彰显地域特色

作为新兴的阅读空间，城市书房建设之初就以"15 分钟文化生活圈"为指导方向，不断延伸总分馆的辐射范围，让普通读者能够享受到触手可及的"诗和远方"。湖北省在充分考虑到各地风俗文化和群众需求的基础上，在城市最具特色、最繁华的地方为老百姓提供基础阅读服务，并将人工智能、空间设计和文化元素嵌入其中，在全省范围内形成了环境优美、主题鲜明、空间布局合理、设计感强的公共阅读服务网络。例如，武汉图书馆江城书房是武汉首家基于历史建筑改造的城市书房，书房所在建筑前身是大孚银行旧址，承载着武汉近百年的人文历史记忆。书房闹中取静，周围是繁华的武汉老街区，建筑既保留了大楼原有的结构和室内格局，又将馆内改造成以克莱因蓝与橙色为主色调的现代工业风，馆内还专设以"武汉"为主题的书架，让老建筑获得新生，也是最具有武汉文化风景的书房。被誉为"香城"的咸宁精心打造"香城书房"，将书房建在风景秀丽的景区，并将周边景区串联整合成研学旅游产品，成为咸宁的"文化符号"。

（二）品牌建设 打造特色新名片

各级公共图书馆在城市书房的建设方面，以总分馆制度为指导，以群众文化需求为导向，围绕"十五分钟文化生活圈"的目标，注重品牌建设，设计统一的城市书房 LOGO，并实现城市书房与公共图书馆的资源共享、通借通还等功能。在凸显服务的便民性基础上，城市书房还结合地方特色打造主题书房，为读者提供公益讲座、专业培训、读者沙龙、亲子活动、中小学研学等特色活动。湖北省图书馆联合东湖高新区、江汉开发区打造"楚天书房"，武汉图书馆以汉口老街、江滩、知音桥等地标性建筑为抓手，积极建设"12 分钟文体圈"，目前已打造汉口大孚银行旧址的"江城书房"，武汉欢乐谷的"欢乐书房"，知音大道琴台音乐厅艺术园的"琴台书院"等各具特色的城市书房47个，让书香氤氲城市的大街小巷。

（三）政府主导 积极引入社会力量

城市书房作为打通群众阅读"最后一公里"的新型阅读空间，选址会优先交通便利、人口密集的核心地段，甚至是配套设施健全的商务区，这就意味着投入相对较高。如果仅仅依靠政府的投入，那么最后势必会难以为继。因此，在政府对城市书房的选址、规划布局以及建设指导的基础上，积极引入企业、书店、商场、运营团队等各种社会力量参与建设、日常管理和运营的过程中，加以政策指引和监督，让城市书房更能彰显出活力的同时，书店商场等公共场所也焕发出新的生机。例如，湖北省图书馆打造的第一家城市书房就是与超星集团合作建立的楚天书房超星分馆。书房坐落于光谷创智谷产业园内，服务范围能够辐射到400余家企业和超4万周围居民。楚天书房超星分馆以科学、技术类藏书为主，设有瀑布流电子借阅屏、朗读亭、文化长廊等科技感十足的智慧化设备，还能够与湖北省图书馆通借通还，操作便捷，满足读者阅读、休闲、放松等需求。

（四）覆盖城乡 打造特色服务阵地

近年来，湖北省高度重视公共图书馆服务体系建设，致力于延伸传统总分馆的服务范围，为群众提供智能便捷、交通便利、环境优美的阅读空间。目前，湖北省以"四馆三场两中心"建设为基础，设立了文化分馆1309家、图书分馆1410家，建设各类城市书房160余个，实现了全面覆盖的省、市、县、乡、村"15分钟文化圈"。在城市书房的选址上，湖北省着力构建公共阅读服务城乡公共阅读一体化体系，在公共阅读空间的建设与选址上打造城乡"一盘棋"，将城市书房嵌入景区、社区、乡村，将公共阅读空间遍布城乡。如，襄阳市先后建立了星火书房、昭明书房、营盘书房等集休闲阅读、廉政教育、社群服务、文化艺术于一体的"小而美"阅读空间，被广大市民誉为"开在巷子里的宝藏图书馆"。荆州市依托长江大学，开设"我闻悦读书吧"体验式创意校园书吧，聘请大学生志愿者到书店开展荐书、讲书活动，为大学生提供文化创业平台。

（五）科技赋能 开启信息化新时代

湖北省在搭建城市书房这种全新的阅读空间之初，就坚持现代化图书馆高质量、数字化、智慧化等要求，从基础设施、空间设计、智能管理、数据监控等方面入手，着力提升阅读空间的"图书馆智慧"，将文化力量融入普通老百姓的日常生活。例如，襄阳市图书馆积极推进总分馆建设，通过手机借阅、电子借阅证、人脸识别等技术，实现了城市书房与市图书馆、城区分馆以及便民借阅点的通借通还，为读者提供方便快捷的"文化大餐"。武汉图书馆在铂仕汇国际广场打造了"24 小时无人值守"智能城市书房，馆里无须设图书管理员，读者只需"刷脸"，即可完成办证、借还书等业务。同时，该城市书房还通过智能分析技术，根据后台数据统计对读者借阅情况、借阅习惯等进行智能化分析，定期推送更新书籍，为读者提供个性化服务。

二、湖北省城市书房建设存在的问题

通过查阅文献资料、实地走访、工作人员交流等方式对公共图书馆新型阅读空间的建设和发展进行调查研究，发现公共图书馆城市书房发展中仍然存在着城乡发展不均衡、共建共享机制不完善、智能化程度不够等问题。

（一）城乡发展不均衡

由于城乡经济发展水平不均衡，公众的需求不断更新升级，以及各地资金投入不同等方面的原因，各地新型公共阅读空间建设和发展以及公共文化服务水平呈现出"城多乡少"，市、县、区发展不均衡的现状。2023 年全民阅读大会发布的第二十次全国国民阅读调查报告数据显示，我国城镇居民图书阅读率为 68.6%，而农村居民图书阅读率为 50.2%。可见农村居民的阅读量还有很大的上升空间，城乡公共文化服务一体化建设还需继续推动。

（二）智慧化水平有待提升

近年来，各地政府持续推进公共文化服务建设，新型阅读空间不断喷薄而出，城市书房以其交通便利、服务自助、空间布局灵活等独特优势，逐步成为城市文化建设中不可或缺的"精神粮仓"。但是，由于人工智能技术与阅读推广的运用和结合还未全面铺开，资源共享和服务平台的建设还没完全到位，图书馆员的大数据运用意识还有待提高，城市书房的智慧化建设方面还存在着种种技术难题。尤其是在乡镇新型阅读空间建设方面，如何利用大数据针对读者的阅读需求进行精准的分析和服务推送，提高用户体验和参与度，统筹解决城乡城市书房运营，都是需要思考并解决的问题。

（三）管理机制和保障措施有待完善

为了更好地满足在数字化、网络化时代人民群众的多样化阅读新需求，

2022 年 12 月 1 日，湖北省正式实施修订后的《湖北省公共图书馆条例》。条例重点关注城市书房、文化大院等新时代涌现的新型阅读空间，并鼓励将新型阅读空间纳入总分馆体系，实行统一管理。但是，由于新型阅读空间的数量增长迅猛，在运行管理和文化服务等方面难免出现一些新的问题。例如，由于许多城市书房都采用 24 小时无人值守的模式，缺乏专业性人员的阅读引导和指导，读者对城市书房的借阅规则以及资源利用不了解，出现突发问题不能及时解决等。

三、公共图书馆新型阅读空间发展策略

（一）坚持共建共享 打造均衡发展的"精神粮仓"

作为新时期公共图书馆总分馆体系的重要一环，新型阅读空间的管理、资源保障、书籍的配置与更新等方面都需实现共建共享，形成政府主导，全民参与、随处可见的公共文化服务。一方面，按照新型阅读空间建设的各项政策和要求，不断完善空间管理考核机制，对空间规划、设备配置、开放时间、服务标准等方面进行规范化管理，同时加强技术指导和实践经验交流，确保公共空间一体化的发展。另一方面，积极建立新型公共阅读空间共建共享平台建设，通过建立数据共享和协作机制，围绕城市书房、智慧阅读驿站等新型阅读空间的问题和未来发展等进行经验交流和资源共享，让高品质、暖人心、便捷化的"精神粮仓"无处不在。

（二）坚持与时俱进 推进数字赋能的"智慧港湾"

大数据时代，信息技术革新推动产业不断升级，数字阅读的读者数量持续增长，读者对阅读的需求也更多元化，利用人工智能、大数据实现图书馆的数字化、智能化已经成为行业研究和发展的热点。新型阅读空间也要紧跟时代步伐，创新运用现代化信息技术，打造智能借还、智慧书架、智能数据分析、智能化推送等功能于一体的智慧阅读空间。同时，以新型阅读空间为阵地，将城市历史文化融入智能空间，从书籍出发，以边走边读的沉浸式体验了解城市的人文历史，在阅读中延续文化基因，在"诗和远方"中增强文化的自信感和认同感。

（三）坚持城乡统筹 建设协调发展的"文化客厅"

公共图书馆要破解公共阅读空间城乡发展不均衡的难题，不断拓展基层阅读空间的阵地，必须以"公平"为出发点，不断拓展创新，补齐乡村文化建设

短板，提升文化服务效能，打造老百姓主动能都进去阅读的"文化客厅"。一是完善基层公共阅读空间建设和管理的相关政策。各级政府应该根据各地区经济文化发展的具体情况，制定出符合实际的有效措施和保障，实现"一县一策"，确保基层公共阅读空间的均衡发展。二是空间布局要做到统筹规划、全面覆盖，实现公共文化服务无盲区。立足于人口空间密度、读者需求以及本地特色，不断优化公共文化空间布局。三是与旅游相结合，突出当地文化特色，提高居民的文化认同感。保留地方历史文化、民风民俗的建筑和地标，通过举办讲座、展览、讲书等活动，让游客沉浸式了解传统文化的内涵和时代价值。

四、结语

湖北省高度重视新型公共阅读空间服务体系的完善，将"15 分钟文化生活圈"的建设作为重要抓手，不断完善城市综合功能，提升城市生活品质，提升城市在全省的公共文化空间地域分布均衡的基础上，向公共文化服务同质，资源共享体更加优质发展，为群众提供了"近在咫尺"的高质量文化服务。作为公共图书馆的有益补充，新型阅读空间还将继续散发独特的城市魅力，总结城市书房的发展现状和服务成效等情况，有利于不断优化运行管理和服务质量，加强城市书房的精细化管理，促进服务品质化提升，提升文化服务的力度、深度和温度。

参考文献

[1] 李国新，李斯. 我国新型公共文化空间发展现状与前瞻 [J]. 中国图书馆学报，2023，49（6）.

[2] 严贝妮，张永兴. 城乡一体化背景下基层公共阅读空间建设实践研究：以安徽省"15 分钟阅读圈"建设为例 [J]. 四川图书馆学报，2023（6）.

[3] 张启林，何泽，毛薇洁，等. 城乡 15 分钟新型公共阅读空间建设研究：以温州地区为例 [J]. 图书馆研究与工作，2022（10）.

[4] 文化和旅游部关于印发《"十四五"公共文化服务体系建设规划》的通知 [EB/OL]. 中国政府网，2021-06-10.

公共图书馆业务数据有效性研究述评

李 红

（湖北省图书馆 430071）

摘 要：本文概述了公共图书馆业务统计工作的重要性，分析了公共图书馆月报业务数据指标的特点，并对月报数据进行了深度比较分析，提出在业务月报统计工作中出现的问题及解决方案。

关键词：业务统计；月报；业务指标；数据分析

一、公共图书馆业务统计工作的重要性

图书馆业务统计是图书馆管理的重要方法之一，对提升图书馆工作质量、开展创新型工作促进图书馆发展具有重要作用。通过业务数据分析能够促进图书馆管理更加科学，起到监督和改善服务的作用；通过数据公布能够向社会和同行业展示各图书馆的基本业务发展现状、体现图书馆的服务能力，凸显图书馆的社会价值，提高图书馆的社会认知度。图书馆业务统计工作为图书馆及时调整读者服务工作、创新工作方法打开了新思路，在大数据、新媒体飞快发展的今天，公共图书馆应该重视业务统计工作，对比分析各项指标、从中发现问题、解决问题，进而提高服务效能。

二、大数据时代，公共图书馆业务统计概述

进入 2012 年以来，大数据（big data）一词越来越多地被提及，人们用它来描述和定义信息爆炸时代产生的海量数据，并命名与之相关的技术发展与创新。大数据时代是指利用相关算法对海量数据的处理与分析、存储，从海量的数据中发现价值，服务于生活与生产的时代。这个概念最初是由全球知名咨询公司麦肯锡提出，它强调了数据已经渗透到每一个行业和业务领域，成为重要的生产因素，对社会经济、文化生活产生广泛而深刻的影响。2024 年湖北省图书馆

合作辅导部为了深入了解各馆业务工作现状，促进新时代公共图书馆业务发展及工作创新，设计了填报业务月报表制度，下发到湖北省17个地市州100余家公共图书馆参与活动。月报具体内容涉及6项业务数据指标：一是持证读者，指在本馆计算机管理系统中能够查到的，以身份证、护照、市民卡等真实身份证件，通过线下或线上办理，且在统计时仍然持有本馆读者证（包括电子读者证）的读者；二是到馆读者，指当月到馆读者人次；三是外借图书，指当月外借图书册次；四是活动场次，包括由本馆主办、承办或协办的读者活动场次（包括阅读推广活动、讲座、展览、培训等，线上线下同时举办的只计1次）；五是参与人次，指由本馆参与主办、承办或协办的读者活动的人次；六是推荐当月借阅量最多的读者一名（包括读者姓名、性别、年龄、借阅册次）。此项月报数据计划以问卷星的形式，由各馆填写提交。经过对"问卷星"和"腾讯问卷"两种问卷多次的实践操作，决定使用"腾讯问卷"方式，原因有二：一是便于填写，有提示项；二是提交方便，便于统计。

以1月为例，问卷项目如表1所示。

表1 湖北省公共图书馆业务数据月报（1月）

序号	问题	题目说明	答复
1	单位名称		
2	所属地区（选填）	17个地市州	
3	本馆属于 级图书馆（选填）	副省级、市级、县（市、区）级	
4	持证读者（人）	指在本馆计算机管理系统中能够查到的，以身份证、护照、市民卡等真实身份证件，通过线下或线上办理，且在统计时点仍然持有本馆读者证（包括电子读者证）的读者	
5	一月份到馆读者人次（人次）	当月到馆读者人次	
6	一月份外借图书册次（册次）	当月外借图书册次	
7	一月份举办活动场次（线上+线下）	主办、承办或协办的读者活动场次（包括阅读推广活动、讲座、展览、培训等，线上线下同时举办的只计1次	
8	一月份参与活动人次（人次）	参与主办、承办或协办的读者活动的人次	

续表

序号	问题	题目说明	答复
9	一月份亮点工作	亮点工作请填写 300 字介绍，如没有则填无	
10	推荐一月份借阅量最多的读者一名（姓名、性别、年龄、借阅册次）	如小林　女　36　60	
11	数据报送人姓名		
12	数据报送人电话		

（一）公共图书馆月报业务数据指标分析

公共图书馆评估是四年一次对图书馆业务工作检查与检阅，公共图书馆评估标准也是图书馆界对动态工作发展中的较为前沿的业务标准。在第七次湖北省县级以上公共图书馆评估定级中，副省级、地市级公共图书馆评估标准里的第一部分服务效能里，年总流通人次 B1086 指每年到本馆、直属分馆（人财物均隶属本馆或与社会力量合作建设）、馆外服务点接受服务的读者数量；年文献外借量 B1087 指每年读者通过本馆、直属分馆、馆外服务点外借的文献数量；年流动服务文献外借数量 B1088 指每年以流动图书车或其他流动服务方式开展文献外借的数量；年讲座、展览、培训活动 B10891 指，一是每年面向读者开展的讲座、展览、培训数量，线上线下同时举办的只计 1 次，常设的展览、讲座等，二是年讲座、展览、培训参与人次；阅读推广活动 B1104 指为促进全民阅读、提高读者阅读素养开展的读者活动。其中已经将年总流通人次、年文献外借册次（流动服务文献外借数量）、讲座、展览、培训活动、阅读推广活动等指标作为重要的业务评估标准。

在《湖北省图书馆规章制度汇编》（2004 年 3 月印刷，内部资料）一书中，关于业务统计工作规定，主要统计以下内容：1. 接待读者的阅览人次、外借人次；2. 书刊阅览册次、书刊外借册次；11. 读者活动（内容名称、参与人数、主讲人或主持人、时间）；12. 发展持证读者。已将外借读者人次、书刊外借册次、读者活动、持证读者 4 项指标作为业务统计的规定范畴，是图书馆业务工作的重要统计指标。

由此可见，在月报业务指标的设计里，将持证读者、月到馆人次、月外借图书册次、月举办活动场次、月参与活动人次等 5 个指标作为统计项目是有依据的。

（二）公共图书馆月报业务数据指标特点

在常规的公共图书馆业务统计表里，常见的业务指标有建筑面积、普通文献馆藏量、年人均新增文献入藏量、年财政拨款总额、年文献外借量、读者满意率等指标。其中，馆舍面积、馆藏量、年财政拨款3个业务指标是比较稳定的，相对静态。在《湖北省公共图书馆业务数据月报》中，持证读者、月到馆人次、月外借图书册次、月举办活动场次、月参与活动人次等5个业务指标是变化着的，相对动态。月工作亮点、推荐月份借阅量最多的读者，更是动态数据，体现每个馆不同是特色亮点业务工作和读者服务工作。尤其是推荐本馆本月借阅量最多的一名读者，让问卷显得更有趣味性，特别是性别、年龄、借阅册次，根据数据的收集可以看出读者群的变化及走向，观察出哪个年龄段的读者是公共图书馆的读者主力军，掌握其特性，为他们提供更好更优质的读者服务工作，以达到数据为实际工作提供帮助，突出数据收集的重要性。

三、公共图书馆1月月报业务数据分析

1月月报收集情况（统计时间为2014年1月1日—1月31日）如下：全省公共图书馆共计117个（第七次湖北省县级以上公共图书馆评估数据），收集提交月报数据135份，有效数据116份，占比85%。经过对116份1月月报数据的统计、核对、核实，分别对地市州级图书馆和县区级图书馆，进行了6个业务指标的对应统计，在各单项指标里对排行前10名的图书馆进行了统计分析，具体排行如表2所示。

表2　市州图书馆基础业务榜单——综合榜单

排名	持证读者人数	到馆读者人次	外借图书册次	举办活动场次（含线上）	参加活动人次	读者借阅量
1	武汉图书馆	荆州市图书馆	武汉图书馆	十堰市图书馆	武汉图书馆	武汉图书馆
2	襄阳市图书馆	武汉图书馆	荆州市图书馆	武汉图书馆	十堰市图书馆	咸宁市图书馆
3	鄂州市图书馆	咸宁市图书馆	武汉市少年儿童图书馆	咸宁市图书馆	咸宁市图书馆	十堰市图书馆
4	荆州市图书馆	鄂州市图书馆	襄阳市图书馆	鄂州市图书馆	孝感市图书馆	武汉市少年儿童图书馆
5	十堰市图书馆	襄阳市图书馆	鄂州市图书馆	襄阳市图书馆	鄂州市图书馆	孝感市图书馆
6	荆门市图书馆	十堰市图书馆	十堰市图书馆	宜昌市图书馆	襄阳市图书馆	黄冈市图书馆
7	孝感市图书馆	孝感市图书馆	咸宁市图书馆	恩施州图书馆	荆州市图书馆	鄂州市图书馆

续表

排名	持证读者人数	到馆读者人次	外借图书册次	举办活动场次（含线上）	参加活动人次	读者借阅量
8	黄石市图书馆	武汉市少年儿童图书馆	孝感市图书馆	荆门市图书馆	随州市图书馆	恩施州图书馆
9	黄冈市图书馆	恩施州图书馆	恩施州图书馆	随州市图书馆	武汉市少年儿童图书馆	宜昌市图书馆
10	咸宁市图书馆	荆门市图书馆	宜昌市图书馆	孝感市图书馆	荆门市图书馆	襄阳市图书馆

综合榜单中，持证读者最多的为武汉图书馆（副省级），1月持证读者人数为660166人；到馆读者人次最多的为荆州市图书馆，到馆读者177353人次（含城市书房等新型公共文化阅读空间）；外借图书册次最多的武汉图书馆，共外借238635册次；举办活动场次最多的为十堰市图书馆，1月共举办活动76场；参加活动人次最多的为武汉图书馆，1月举办69场活动，143749人次参加；1月份图书借阅量最多的是来自武汉图书馆的一位读者，共借阅了120本图书。

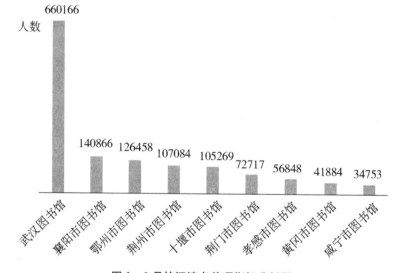

图1 1月持证读者单项指标分析图

数据中，持证读者最多的为武汉图书馆（副省级），1月持证读者人数为660166人，其次是襄阳市图书馆持证读者为140866人、鄂州市图书馆证读者人数为126458人、荆州市图书馆证读者人数为107084人、十堰市图书馆证读者人数为105269人、荆门市图书馆证读者人数为72717人、孝感市图书馆证读者人数为56848人、黄冈市图书馆证读者人数为41884人、咸宁市图书馆证读者人数为34753人。（如图1所示）由此可见，各地城市区域面积、经济总量、馆舍面积、馆藏总量等硬件环境，是各馆读者办证持证数量重要的数据支撑。读者活动、读者服务等软件环境是吸引读者，引导读者办证持证的内在驱动力，也是图书馆软实力的重要体现。图书馆工作的社会价值是"有为才有位"，只有利用服务场馆和丰富的馆藏资源，开展多元化的读者活动，吸引市民走进图书馆，利用图书馆，满足更多的市民的文化需求，提升社会影响力，才能体现图书馆有作为，图书馆也才会有社会地位。

表3　县区图书馆基础业务榜单——综合榜单

排名	持证读者人数	到馆读者人次	外借图书册次	举办活动场次（含线上）	参加活动人次	读者借阅量
1	武汉市东西湖区图书馆	襄阳市襄城区图书馆	天门市图书馆	孝感市孝南区图书馆	孝感市孝南区图书馆	武汉市东西湖区图书馆
2	宜城市图书馆	宜城市图书馆	武汉市东西湖区图书馆	阳新县图书馆	宜昌市西陵区图书馆	赤壁市图书馆
3	武汉市新洲区图书馆	武汉市东西湖区图书馆	樊城区图书馆	云梦县图书馆	武汉市青山区图书馆	武汉市武昌区图书馆
4	襄阳市樊城区图书馆	仙桃市图书馆	武汉市黄陂区图书馆	咸安区图书馆	襄阳市襄州区图书馆	武汉市蔡甸区图书馆
5	武汉市洪山区图书馆	武汉市青山区图书馆	武汉市青山区图书馆	宜都市图书馆	孝昌县图书馆	武汉市江夏区图书馆
6	武汉市青山区图书馆	蕲春县图书馆	蕲春县图书馆	宜昌市点军区图书馆	汉川市图书馆	孝昌县图书馆
7	仙桃市图书馆	宜昌市伍家岗区图书馆	宜城市图书馆	武汉市青山区图书馆	谷城县图书馆	公安县图书馆
8	蕲春县图书馆	松滋市图书馆	宜昌市伍家岗区图书馆	襄阳市襄城区图书馆	南漳县图书馆	谷城县图书馆
9	阳新县图书馆	罗田县图书馆	仙桃市图书馆	枝江市图书馆	丹江口市图书馆	武汉市新洲区图书馆
10	天门市图书馆	钟祥市图书馆	丹江口市图书馆	仙桃市图书馆	京山市图书馆	应城市图书馆

在县区图书馆综合榜单中，持证读者最多的为武汉市东西湖区图书馆，1月持证读者人数为49000人；到馆读者人次最多的为襄阳市襄城区图书馆，到馆读者52705人次（含城市书房等新型公共文化阅读空间）；外借图书册次最多的天门市图书馆，共外借62000册次；举办活动场次最多的为孝感市孝南区图书

馆，1月共举办活动58场；参加活动人次最多的也为孝感市孝南区图书馆，共47277人次参加；1月图书借阅量最多的是来自武汉市东西湖区图书馆一位小朋友读者，共借阅了78本图书。

1月为元旦新春，又适逢中小学生寒假放假，全省各地公共图书馆主要围绕元旦新春主题及少儿阅读开展活动，主要亮点包括：一是"庆元旦迎新春"活动，如十堰市图书馆的"流动图书车新春走基层"；二是举办丰富多样的少儿阅读活动，如宜昌市图书馆的"巧手绘童心·书香迎新年——2024新春灯谜你来画"少儿主题绘画征稿活动；三是"两会"服务，如襄阳市图书馆服务两会，开展"移动书坊"活动；四是其他亮点工作，如武汉少年儿童图书馆制定并印发《武汉市儿童友好图书馆建设指引（试行）》。

四、公共图书馆业务月报工作中遇到的问题

（一）月报数据来源的真实有效性

在收集1月、2月业务数据时，咨询较多的问题是如何填报数据。数据来源一是直接在本图书馆Interlib统计系统里下载实际数据；二是结合本地的经济指标填报营商环境数据；三是依据湖北省文化旅游厅季度报表填写数据。

（二）月报填报的规范性

在收集1月、2月月报数据中，存在着填写不规范的问题。如图书馆名称一项，有填写经开区图书馆（简称），而在地区上又有武汉市经济开发区和鄂州市葛店经济技术开发区，还有如东宝区（荆门市）图书馆、襄城区（襄阳市）图书馆。还有在填写时随意加入字符，如个、人、册、次、姓名、性别等，没有按照提示项标准填写。另外在填写时，选择市、县区时未准确选填。

（三）月报提交的重复性

在收集的数据中，有些图书馆存在着重复提交数据现象，有重复提交相同数据的，也有提交不同数据的。有重复提交2次数据的图书馆，占总数据的8%；有重复提交3次数据的图书馆，占总数据的4%。如武昌区、宣恩等9个图书馆提交了2~3次数据。

（四）月报提交的时效性

在收集1月数据时，因为面临新的工作方式，各馆都在积极参与填报，但是在第一个通知填报的时间内，仍然有14个图书馆未交月报，经过电话、微信、QQ沟通联系，累计20个工作日，收回1月有效月报116份。

五、公共图书馆业务月报工作中解决问题的途径

（一）月报数据需真实有效

真实可靠的原始数据是统计工作的灵魂，是一切管理工作的基础。例如，黄石市图书馆结合湖北省图书馆的月报制度，特别制定了"黄石市图书馆2024年月服务效益主要指标"，分别设置了分类、年度目标、当月数据、累计数据、完成进度、指标解读等类目。在湖北省图书馆合作与辅导部的月报6项指标里，其中第一个指标为持证读者，（黄石市图书馆指定为）是以借阅系统（计算机部）的统计为准。第二个指标为到馆读者人次，（黄石市图书馆指定为）服务读者数＝流通量＋馆外活动参与人数（办公室汇总），其中标注：1. 流通量＝新馆＋老馆进馆人数＋黄石书房＋流动点服务人数；2. 借阅部、城市书房，机读数据由计算机部统计，流通点数据由借阅部统计。第三个指标为外借图书册次，（黄石市图书馆指定为）外借册次＝机读新馆＋老馆＋书房借阅册次＋流动点册次；2. 借阅部、城市书房，由计算机部统计。第四个指标为举办活动场次，（黄石市图书馆指定为）活动场次＝展览、阅读推广、讲座、电影放映等各类型活动。第五个指标：参与活动人次，（黄石市图书馆指定为）每月3日前由各科室提供活动汇总表、活动方案、活动总结，交由活动部汇总，照片各科室留存。第六个指标：推荐借阅量最多的读者一名（姓名、性别、年龄、借阅册次），（黄石市图书馆指定为）机读数据由计算机部统计，流通点数据由借阅部统计，提供借阅数量最多的一名读者。在每一项指标的填报中，黄石市图书馆都做到了数据真实有效，有理有据，每一项原始数据都有源头可查。

（二）月报数据工作需规范

规范是指明文规定或约定俗成的标准，具有明晰性和合理性。例如，武汉少儿图书馆工作程序非常规范，结合湖北省图书馆月报制度特定设置了"湖北省公共图书馆业务数据月报"工作表，其中有6项指标数据，月亮点工作（300字以内），还设置了初审、审核签字，并注明：每月1—3日（本月前三个工作日）扫二维码提交数据报送省馆合作辅导部。

业务数据统计是公共图书馆业务工作的重要环节，创新是图书馆事业发展的动力。公共图书馆应顺应时代的发展，更新服务理念，创新利用业务统计分析技术推进读者服务，立足读者需求，积极发挥图书馆服务效能和社会效能，以满足读者精神文化需求，吸引更多读者参与为己任，打造全新服务型图书馆，实现文化共享美好愿景。

关于公共图书馆文化志愿服务工作的思考

李良军

（湖北省图书馆　430071）

摘　要： 本文通过介绍文化志愿服务的定义、志愿服务的工作背景，从实际工作出发，阐述了湖北省图书馆志愿服务实践工作探索，梳理了志愿服务中遇到的问题，提出优化文化志愿者服务工作的相关策略。

关键词： 公共文化；志愿服务；文化志愿者；公共图书馆

随着社会的发展和文明的进步，公共图书馆作为知识的储备与传播机构，其功能和价值越来越突出。但是，仅仅依靠公共图书馆的资源与人力，难以满足更多读者广泛的公益需求。此时，有更多的民众通过文化志愿服务的形式参与到公共文化服务发展中来，这为公共服务领域增添了新的动力与生机，也为公共图书馆的文化服务补充了重要力量。如何加强文化志愿服务工作，充分发挥好这一社会力量，为图书馆全面开展社会公益阅读推广服务提供有力保障，更好地促进社会公益服务的发展，是图书馆人需要深入思考和研究的课题。

为适应新时代新环境的挑战，满足多元化、个性化的公共文化服务需求，在公共文化志愿服务的过程中，公共图书馆作为公益服务机构要强化管理，对于文化志愿组织单位在事前、事中、事后的管理要流程化和规范化。同时，要培养一支符合新时期要求，适合新时代环境的公共文化志愿服务队伍，只有这样，才能更好地发挥公共文化志愿服务队伍的效用，满足人民群众日益增长的文化需求。

一、文化志愿者的含义

志愿者（Volunteer），联合国定义为"自愿进行社会公共利益服务而不获取任何利益、金钱、名利的活动者"，具体指在不为任何物质报酬的情况下，能够主动承担社会责任而不获取报酬，奉献个人时间和助人为乐行动的人。2017 年

648

通过的《志愿服务条例》这样描述"志愿者"：是指以自己的时间、知识、技能、体力等从事志愿服务的自然人。在此概念中，没有对"志愿者"设定年龄限制。那些无私奉献的人，他们在没有任何物质回报的情况下，依然主动承担社会责任，乐于助人而不求回报，他们愿意奉献自己的时间和精力，这样的人就是志愿者。公民通过公共志愿服务应用于公共文化领域，逐步形成了文化志愿服务这一模式。为了更好地推动志愿服务工作的开展，公共文化机构如公共图书馆、博物馆、文化馆、美术馆等，这些在相关上级部门的指导下，积极奉献于公益服务领域。加强志愿服务站点的建设，不断壮大志愿者队伍的力量，深入开展各类志愿服务活动，并确保相关制度的持续运行。文化志愿者作为志愿者群体中的重要组成部分，与普通志愿者相比，他们具备更强的专业素质和更高的业务能力。他们能够提供满足多元化、多层次、个性化文化需求的公益文化志愿服务，因此成为一支不可或缺的重要服务力量。

二、文化志愿服务工作产生的背景

中共中央办公厅、国务院办公厅于 2015 年颁发了《关于加快构建现代公共文化服务体系的意见》，意见指出要大力发扬志愿服务精神，建立形式多样、内容丰富、参与广泛的志愿服务体系。文化部《文化志愿服务管理办法》于 2016 年发布，其中文化志愿服务在这样的背景下得到了高速发展。第一条提出"为发挥文化志愿服务在构建现代公共文化服务体系中的积极作用，鼓励和引导文化志愿服务活动广泛深入开展，推动文化志愿服务常态化、规范化、制度化，根据文化志愿服务特点，制定本办法"。办法中对志愿服务工作有了明确的要求。

湖北省图书馆作为公益文化机构积极响应相关文件要求，始终坚持以人为本，服务读者的理念，通过积极为广大公众创建志愿者服务平台，构建志愿者服务组织，成立了湖北省图书馆志愿者服务团队。并在此基础上设立了志愿服务的岗位，通过线上湖北文旅志愿者网络服务平台、官方微博微信号、官方主页宣传区发布招募文化志愿者的通知，或通过线下总服务台报名的方式吸收文化志愿者，使志愿者们能够发挥自己的才能和热情，同时培养了他们的志愿精神和奉献精神。

三、文化志愿服务的工作探索

（一）设置组织机构

公益机构设置文化服务志愿总队，在此基础上，设立文化志愿服务小队以及文化志愿服务项目管理小组。总队的职责是负责全馆文化志愿者的统筹管理，制定志愿服务的制度及计划，完善志愿服务的相关流程，依法管理和使用志愿服务的经费、物资等，通过规范的程序对文化志愿者进行招募、培训、开展服务、考核反馈等工作，确保志愿者服务的质量与效率。

文化志愿服务项目管理小组负责开展和实施文化志愿服务项目，按照服务总队的计划安排，对于志愿服务项目的人员进行专题培训与指导，按照实际工作情况和岗位的要求，合理安排人员上岗服务，在后续持续跟踪志愿服务项目的总体进展情况和人员的任务完成情况。

文化志愿服务小队根据所在的部门的实际业务需求，拟定各小组志愿服务工作的项目与计划安排，包括细化的岗位与人员需求，并经文化志愿服务大队以及馆领导审批。再对上岗的文化志愿工作者进行必要的岗位培训和业务指导，在工作中记录和反馈志愿者的履职服务情况，并需要帮助解决志愿者服务过程中的问题和困难。通过上下协调组织实施，构建整体联动的志愿服务组织。

（二）志愿者服务业务技能培训

志愿者服务培训是开展志愿服务前期非常重要的环节。要逐步对文化志愿者开展业务知识训练、业务技能培训、文明礼仪培训和安全教育培训。培训内容主要包括岗前培训及在岗培训。

岗前培训：志愿者在正式从事工作前需要集中进行培训。如对公共图书馆的业务知识、规章制度、日常业务工作流程、图书馆史、文献学知识、图书馆服务事项、编目排架等，这些都是需要了解与熟悉的基础知识。

在岗培训：在文化志愿者正式从事工作后，需要安排专门的培训讲师以及业务熟练的志愿者进行业务辅导，帮助他们尽快适应服务环境与相关工作。

（三）志愿者服务业绩评定

对于已经上岗的文化志愿者要做好动态的服务登记管理，每次服务的时长要有规定，规定中要求服务时长不少于 2 个小时，年累计服务时间达到 100 小时的志愿者可以参加年终考核，考核的计划与完成情况要有记录。考核有相应的等级评定，分为五个层次以区分志愿者服务的成效。

（四）激励与保障措施

一是建立文化志愿服务工作的激励制度。可以采取多种方式来奖励文化志愿服务工作者。对于志愿服务工作达到一定的服务时长，且服务效果较好的志愿者，可以提供专门的免费读者证，获得免费读者证的志愿者可以免费参加图书馆的各类培训以及讲座，并且图书馆应给予其适当的奖励，以鼓励和表彰其为志愿服务做出的贡献。二是公益服务组织开展文化志愿服务的经费扶持。文化志愿服务需要必要的经费支持，经费主要用于包括租借场地、制作宣传用品、对志愿者开展培训、志愿服务的推广、志愿者的保险以及其他一些保障用品。在经费的使用上应该专款专用，严格执行财务规定，接受相关部门的审计及监督。三是需要引入多方社会力量来参与文化志愿服务。公共图书馆大力支持各方社会组织通过多渠道多措施参与文化志愿服务，比如，捐助设备、提供场地、捐物赞助等。四是要签订必要的书面协议，对于文化志愿服务的服务内容、范围、开展志愿服务的权利及义务，以及相关法律责任协商保持一致。文化志愿服务组织单位、文化志愿者在开展文化志愿服务活动中，如损害了文化服务对象以及其他人员的合法权益，相关责任方应该按照法律法规承担责任。

四、公共图书馆志愿服务工作的实践探索

湖北省图书馆积极开展志愿服务工作，拓展志愿服务的范围。图书馆作为文化知识的殿堂，不仅是人们学习、阅读的地方，更是传播文化、传承精神的重要阵地。图书馆的志愿服务工作尤为重要。不仅为读者提供了更为贴心、人性化的服务，更为图书馆注入了新的活力和生命力。湖北省图书馆志愿服务总队就是这样一支充满活力与激情的队伍。他们都是对图书馆有着深厚感情，对文化服务事业有着坚定信念的人士。他们来自不同的领域，有着不同的背景和经历，但为了图书馆读者提供更好的服务聚集在一起。

在湖北省图书馆的各个角落，都能看到志愿者们为读者寻找心仪的书籍、耐心解答读者的疑问、为图书馆的藏书进行细致的分类和整理。除了日常的服务工作，志愿者们还积极参与了图书馆的各类活动。目前湖北省图书馆志愿服务总队注册志愿者人数2300余人，2023年新增志愿者近700人，开展各类志愿服务活动和参与社会公益活动85项，参与志愿服务400余人次，共计服务时长约9500小时。服务涉及多个岗位，如日常文明督导、咨询解答、文献整理、宣传策划、活动协助等。志愿者参与了图书验收、数据整理、馆内服务窗口、大厅等区域秩序维护，宣传策划、廉政书画展览、讲书人、阅读市集、"长江讲坛""童之趣""相约乡读""楚天云递""长江读书节""文艺点亮生活""银龄E时代·老年人智慧触网""手制香囊·端午安康"沙湖书会智海杏林庆端午、中国盲文图书馆诗词邀请赛等多项志愿服务活动。他们不仅为读者提供了优质的服务，更为图书馆的发展注入了新的活力和动力。

湖北省图书馆还积极拓展各类文化志愿服务活动，组织志愿者走进京山市高潮村等地，以"文艺点亮生活"为主题，开展"数字阅读""绘本阅读""科普阅读""著名作家进乡村与小学生面对面"等各类阅读推广活动，发挥有专长的志愿者优势，将文化带入乡村。举办"志愿红闪亮一夏——书香致远，爱心捐赠"第三季，受到社会的广泛关注，共收到爱心图书近 500 册，已寄到随县洪山镇第一中学孩子们手中。此外，还招募和培训文华学院经管系青协、中国地质大学外语学院青协、华中科技大学航空航天学院科技志愿者团队、湖北大学楚才学院等四个团队志愿者，大学生志愿者团队定向参与"楚天云递"、湖北省图书馆省直机关党员干部学习基地新书上架、图书报刊整理、秩序维护等活动。

五、志愿服务工作中存在的问题

（一）文化志愿服务队伍管理能力需要加强

尽管文化志愿者管理队伍的机构设置相对完善，但由于管理人员大多并不是专职，且多是缺乏具备深厚理论知识和专业水平的人员，团队未能获得专业的管理指导和培训。这种情况限制了文化志愿者管理队伍整体服务水平的提升，阻碍了其进一步发展。

（二）服务项目缺乏系统性规划

目前文化志愿者服务岗主要有图书及报刊汇总整理、读者借阅服务、用户参考咨询、督导服务项目、公益活动开展项目、信息咨询服务项目等。根据图书馆实际开展的志愿服务项目来看，大部分都是馆内服务，基础性服务内容较多。而馆外开展的服务主要有走进地市州希望小学的公益捐赠活动、志愿者讲述红色故事等。文化志愿服务系统的规划还不足，解决了一些基础性工作，但还不全面。这对于发挥文化志愿者个人专长，以及在文化服务工作的专业度方面还有一定的局限性，不能更好地发挥个人优势，不利于提升文化传播的深度和广度。

（三）志愿者培训工作尚需提升

文化志愿者需要进一步提升服务质量和个人素养，必须接受相应的配套培训和辅导。在实际工作中，这类培训经常得不到及时提供，志愿者的服务效率会降低，服务质量还有所欠缺，甚至工作中会有一些负面情绪，这不仅会阻碍工作的正常推进，也会妨碍志愿者自身的发展与成长。

（四）服务的反馈机制需要加强

在文化志愿服务过程中，公共图书馆要给予文化志愿者相应的现场辅导，帮助其解决服务过程中的问题和困难，要保持志愿者与服务对象之间的良好交流，还要促进志愿者团队的相互协作。志愿服务的问题以及效果有时没有及时进行反馈，影响了服务质量，因此服务的反馈机制还需要进一步增强。及时的沟通合作、畅通的层级协调对于提高整体服务水平、提升服务质量意义重大。

六、文化志愿者服务工作的优化策略

（一）加强队伍管理、提升业务能力

加强志愿服务队伍的管理，通过专人专岗，提升图书馆文化志愿者管理水平。要对文化志愿管理人员做好思想建设工作，牢固树立"读者第一，服务至上"的服务理念。加强文化志愿管理人员的学习能力和沟通能力，通过各类专项专业技术培训班，强化管理能力，在管理中总结经验，为服务和管理好志愿服务工作者打下良好的基础。

（二）注重专业提升、有效发挥特长

在志愿服务的实践工作中，要注重服务的专业性。比如，开展各类阅读推广活动，把阅读活动带到学校、乡村。组织有技术有特长的志愿服务工作者开展讲座、培训、短视频授课等，多种专业活动更有利于志愿服务者提升自我价值，有效地发挥特长，促进志愿服务和阅读活动的多渠道开展。

（三）创新服务模式、增强团队协作

文化志愿服务工作还要积极的创新服务模式，发挥团队的服务效率和优势。比如，可以定向引入专业的服务人才，拓展学科人才，探索线上及线下相结合的志愿服务模式。还要加强团队的业务协作，由专门的培训人员或资深志愿者对服务团队上岗的志愿者进行业务辅导，加强图书馆历史、岗位职责、业务流程等相关的业务知识的培训，使其具备为读者提供文献信息资源搜索查阅的服务能力，帮助其更好地开展文化志愿服务，尽快适应工作环境。

（四）建立学习互助小组、及时反馈交流

建立学习互助小组，让文化志愿者可以在一起交流服务实践的经验，探讨服务中的有效方法，梳理工作中遇到的问题，共同提升服务的质量。公共图书馆还要对培训工作定期考核，进行有效的评估，保证学习交流和培训的成效。

文化志愿者在服务培训时，要加强学习、善于归纳总结，提升业务的熟练程度，结合图书馆志愿服务工作的岗位需求，发挥自身的专业与特长，并加强与图书馆以及服务对象沟通反馈，充分利用各种网络平台上的通信工具，建立 QQ 群或者微信群等，运用自媒体宣传交流，及时的处理服务过程中的各类问题，不断提升文化志愿服务的工作质量。

七、结语

公共图书馆文化志愿服务工作是一项具有深远意义的事业。在日后的工作中，图书馆应逐步打破固有的传统模式，招募更多有爱心、有善心的志愿者参与到志愿服务工作中来，充分发挥文化志愿者在社会中的重要作用，使志愿者在帮助、服务公益事业时实现自我提升。要加强宣传教育、完善培训机制、建立长效机制、创新服务模式并加强与社会各界的合作。要综合考虑志愿服务的特点，拓宽志愿服务的领域，根据志愿者的专长和社会阅历，结合本馆的馆藏特点和特色规划，更好地发挥志愿者自身的专长，提高文化志愿者的服务水平和服务本领，满足志愿者奉献社会的志愿精神追求。

参考文献

［1］陶诚. 大学生志愿者服务动机的调查研究［J］. 教育教学论坛，2018（4）.

［2］黄明静. 刍议公共图书馆志愿服务［J］. 内蒙古科技与经济，2021（5）.

［3］刘静. 高校图书馆面向公众开放模式下文化志愿者的管理实践研究［J］. 兰台内外，2020（32）.

［4］张靖，邱骋. 公共图书馆志愿服务体系化和专业化发展路径研究［J］. 图书馆建设，2023（5）.

［5］李梦雪. 公共图书馆的文化志愿服务与创新［J］. 河南图书馆学刊，2021，41（8）.

打造阅读品牌建设书香长阳

——长阳土家族自治县图书馆阅读品牌
"雏鹰关爱"的探索与实践

田丰华

（长阳土家族自治县图书馆　443500）

摘　要：公共图书馆是我国重要的社会教育机构，在儿童阅读推广中承担着阅读资源提供者和阅读教育实施者的双重任务，能够为广大儿童群体提供多样化的阅读体验服务。本文以长阳土家族自治县图书馆（以下简称本馆）为例，以推广全民阅读、关注少儿阅读状态、打造阅读品牌为中心，分析少儿阅读品牌在公共文化服务体系中的作用，以趣味性、知识性、娱乐性为主题，在启迪智慧、传播知识、提升阅读兴趣、彰显榜样力量、激励读者向上、排除困惑等方面开展探索及思考，对在新形势下怎样开展少儿品牌推广工作进行分析和研究。

关键词：长阳图书馆；少儿阅读品牌；探索实践

扎根于长阳土家山寨的阅读品牌"雏鹰关爱"，以习近平新时代中国特色社会主义文化思想为指导，充分挖掘长阳土家族自治县土家优秀传统文化蕴含的人文精神、道德规范、思想形态，结合时代精神继承创新，让土家传统文化展现出时代风采和永久魅力，在全县大力营造爱读书、读好书、善读书的浓厚氛围，推动全县全民阅读工作持续走向深入，培育优秀文化人才，为打造书香长阳、建设文化强县做出新贡献，构建以人为本、普惠均等、惠及全民的公共文化服务体系。"雏鹰关爱"阅读推广品牌以未成年人为服务对象，通过送爱心、送知识、送服务到学校，以期让知识成为点亮人生的火炬、为未来插上腾飞的翅膀，让阅读融入儿童生活。2017 年，"雏鹰关爱"阅读品牌获湖北省第二届长江读书节"十佳少儿阅读品牌"荣誉称号。

一、普及科学知识 开启儿童智慧

普及科学知识的目的在于满足人们的探索欲和好奇之心，从科学角度解释各种现象，反对迷信、拒绝愚昧等与科学文明相违背的事物，这些与现代文明严重违背的事物不仅危害社会，且对青少年的身心健康成长有着严重的腐蚀作用，"雏鹰关爱"为了满足少儿读者对科学的求知欲和好奇心，用科学文化知识武装少儿头脑、开启少儿智慧，让少儿从小学习科学、爱上科学，举办了"科学改变生活""宇宙奥秘解读""人类与环境"等讲座活动，希望通过讲座给少儿传授科学知识，帮助少儿从小树立学科学、讲科学、爱科学，达到学习知识、开阔眼界、增长智慧的目的。

二、注重知识实用性引导儿童阅读

在本馆有这样一个现象，有些文学作品摆放在书架上好长时间都没有读者借阅，而一部分儿童作文类书籍借阅率却很高。出现这种情况，一方面是学校的应试教育带来的影响，另一方面是图书馆员在指导少儿阅读方面工作做得不到位，少儿读者始终在语文课垄断作文模式下，与学校和图书馆指导阅读联系得不够紧密有关。为此，本馆与县作家协会合作，举办了"作家与小读者面对面作家谈写作讲座""少儿早期阅读引导专题讲座"，内容包括"国际儿童读书日绘本读书汇""快乐故事会""绘本阅读欣赏"等，讲座老师还列举出了中小学生必看的文学、自然、科学等书目，以供少儿读者参考。为了引导少儿读者阅读，本馆举办了"插上文学的翅膀""让我们的作文起波澜"等系列讲座，进一步激发了孩子们的学习兴趣和阅读热情。

讲座中，本土作家对优秀少儿文学作品进行解读，多维度地观察生活，将实用方法和写作技巧融入讲座，让孩子们在寓教于乐的学习形式中学会彰显个性、表达情感，把苦涩的作文变成有血有肉的作品。截至2022年年底，"雏鹰关爱"品牌讲座已成功举办67期，已组织少年儿童写作讲座达11讲。家长普遍反映讲座对提高学生的写作水平有一定的促进作用，在后续举办的童之趣征文比赛中，参赛的小读者中有1名获得一等奖、2名获得二等奖、6名获得三等奖。

三、突出讲座趣味性　激发少儿创作欲

少儿讲座与成人讲座相比有其独特的特点，面对的是学生群体及家长，讲座必须同时符合学生和家长共同兴趣爱好，要根据其特点强调互动性，比如，

在语言上要适儿化，语速要慢，内容要能激发孩子的兴趣和爱好。

（一）讲座的内容要符合家长和学生的共同兴趣和爱好

讲座内容应根据儿童的兴趣爱好进行设置，引导儿童开发智力和创造思维，促进儿童的特长个性化发展，如举办的"作文写作技巧""土家南曲唱法""长阳巴山舞"等讲座就很受学生及家长的欢迎，在寓教于乐中激发了孩子们学习土家民族文化的兴趣。

（二）根据少儿心理特征和行为特点，合理确定讲座形式

一节课的时间为40~45分钟，根据孩子好动的特点，讲座时间应安排在45分钟左右为宜。讲座内容和讲座方法要符合孩子的特点，要体现趣味性、参与性。比如，担任"长阳巴山舞"讲座的是《长阳巴山舞》创始人、长阳文化名人覃发池老师，讲座中为了能让复杂难懂的长阳巴山舞要领技巧能为少儿所接受，还专门制作了卡通动画片进行演示，制作了巴山舞示范幻灯片，配合视频讲解巴山舞的起源、演变和发展。覃老师以通俗易懂的语言配合肢体示范展示，为孩子们带来了一节生动形象的土家民俗文化课，深受少儿读者及家长的喜爱。孩子们通过聆听讲座及参与互动，学到了课本上没有的土家民俗传统文化知识，了解了灿烂的土家文化。

（三）讲座内容要适儿化、突出趣味性

讲座作为提高少儿读者对知识产生兴趣的手段，能够培养他们的兴趣，引导孩子们用科学的眼光分析判断问题，形成自己独特见解，注重讲座的趣味性，既能提高读者对科学知识的兴趣，也能最大限度地吸引读者入馆，提高入馆率。例如，本馆举办的"探索宇宙奥秘""土家民间故事"系列讲座便是基于此而举办。

（四）利用本地文化名人，彰显榜样力量，激励少儿积极向上

为了激励少儿读者奋发向上，提高写作水平和能力，本馆邀请长阳本土文化名人、作家彭绪洛前来讲座。彭绪洛毕业于武汉大学文学院，是著名的儿童文学作家，出版有《少年冒险王》《我的探险笔记》等多部儿童文学作品。讲座中彭绪洛就如何成为一名作家的历程，与少儿读者进行了面对面交流，他讲述了小时候在妈妈的引导下，如何成功发表完成第一部作品，讲到了当时写作时的辛苦和坚持，以及当时矛盾的心理，他朴实而接地气的叙述，紧紧抓住了少儿读者和家长的心，他的讲座深入浅出、通俗易懂，使少儿读者懂得了以身

边的作家为学习榜样。在"4·23"世界读书日到来之际，邀请《中国少儿百科知识全书》科普专家、兰州大学研究员赵序茅老师为长阳实验小学全校 2000 多名师生展开了一场神奇曼妙的科普知识讲座"中国少儿百科知识全书"，赵老师讲述了人与猴子的演变过程、人类从古非洲的开始发育诞生过程、自然界动物的种类和生活习惯、人与自然、动物如何和谐共存……赵老师告诉同学们如何建立科学的记忆和思考方法，鼓励大家积极探索，世界很大，每个地方都有奇妙的回答。组织的讲座以榜样的力量激发少儿蓬勃向上的事例还有很多，例如：原县歌舞剧团国家一级作曲家陈红老师身患癌症 10 余年，仍与病魔作斗争，完成了史诗般的大型歌舞剧《土里巴人》的创作；原长阳县文联副主席陈哈林以惊人的毅力同癌症作斗争，在病情十分危重的情况下仍然坚持写作；等等。

（五）以真实的感人事例，激励少儿自信自强

榜样的力量是伟大的、无形的、潜移默化的，人类进步和发展更是离不开榜样的力量，一个人在从少年到成年的成长过程中在遇到挫折和困难的时候就需要榜样的力量。为了使少儿读者在成长过程中树立坚强的意志，有所进步和成就，本馆邀请土家十大女杰、希望工程园丁奖获得者刘发英讲述自己在平凡的岗位上默默无闻开展网络助学的感人事迹。"英子姐姐"发起人刘发英为素不相识的困难学生和爱心人士之间架起了一座爱心桥梁，通过网络助学 32 年募集善款救助 460 多名贫困学生的感人故事；走进"英子姐姐"工作室，令人震撼不是琳琅满目的荣誉墙，而是自助学以来 200 多本手写账本，讲述了刘发英从 1991 年参加工作就开始进行网络助学，账本上有些字迹虽然已经模糊，但每一笔爱心款的来龙去脉都清清楚楚，刘发英说：我一天结束的标志不是天黑，而是处理完助学款，只有将每一笔爱心款一分不少地送到学生手里，我才觉得踏实和安心。在助学的过程中，不从善款中提取一分钱，善款全部足额发放给贫困学生，日常的工作生活中要做到"清清白白做人、干干净净做事"，"我们的家庭很普通，只是万家灯火中的一盏，用爱浇灌，越发明亮；我们的家庭又很特殊，汇聚小爱实现大爱，为困难学子点亮希望之光，架起一座爱心桥梁。一路走到今天，我们助学团队克服了常人难以想象的困难，创造了一个又一个网络助学的奇迹"。

系列讲座震撼着少儿读者稚嫩心灵，有位小读者在听完讲座后如梦初醒，才知道自己是多么的幸福，学习、生活方面得到了父母细致入微的关怀，但还是不能理解父母的一片苦心，还因为自己的不合理要求得不到满足而闷闷不乐，以后要向"英子姐姐"、赵序茅老师、陈红老师学习，做一个有抱负、有理想、

有担当、有爱心、勇于承担社会责任的人，在困难和挫折面前做一个锐意进取、乐观向上的人。通过开展主题鲜明、形式多样的阅读讲座活动，本馆营造了浓浓的阅读氛围，传递书香暖意，推进全民阅读，让孩子从小学会阅读，享受阅读，滋养人生。

（六）指导少儿阅读排除家长疑惑

怎样培养下一代和教育孩子，已经成为全社会几乎所有父母关切的热门话题，更是"雏鹰关爱"关注的焦点和今后工作方向。"雏鹰关爱"与长阳恩孝童书阅读馆的心理教育老师及儿童教育专家合作，推出"亲子伴读在孩子的成长过程中的作用""怎样与孩子建立良好的亲子关系、如何与孩子进行有效沟通"等讲座，分析了家庭教育在孩子成长过程中的意义及作用，以及如何加强亲子沟通，助力孩子快乐学习成长。开展讲座旨在排除家长困惑，指导家长发现孩子成长过程中的问题、心理健康及差异，让家长掌握解决问题的方法，助力孩子健康成长。在后续的讲座效果调查中本馆了解到举办讲座的目的和初衷与家长的期望还有一定的差距，家长不仅仅是关心孩子品德和能力培养，更关心孩子当下面临的问题，比如，上课不爱发言、不爱听讲、注意力不集中、不爱学习等与学习有关的问题。针对家长反馈的问题，"雏鹰关爱"对讲座计划进行了调整安排，邀请了宜昌市妇联家庭教育指导中心辅导老师郭丽丽带来以"不能让孩子输在起跑线"的专题讲座，探讨孩子的学习成绩、思想品德和能力都不能输在起跑线上的问题，郭老师作为儿童教育专家通过列举事例，强调教育与育人要充分结合，传授知识的同时对儿童人格意志和思想品德进行全方位培养，扎实开展素质教育，她还讲到少儿是养成良好的行为习惯和吸收知识的最佳窗口期，首先是要学习怎样做人，其次才是学习文化知识、懂得尊重他人、承担社会责任、学会自尊自爱。本次讲座对家长降低对孩子的期望值、培养健康心理和高尚的品格起到了积极作用，同时对后续举办的讲座如何更具有针对性和适儿化，也是一个参考和启发。

四、本馆少儿讲座旺盛现象的原因分析

（一）讲座持久原因分析

"雏鹰关爱"讲座品牌始终能够保持持久和旺盛的原因，笔者认为可以从以下几点进行分析。

第一，讲座在县域范围内具有一定权威性。权威性从两方面来讲：一方面是举办者为本县公共图书馆，具有权威性，长阳图书馆是政府办的公共图书馆，

公共图书馆保证社会公民可免费获得图书馆提供的多种多样的资源和服务，并且在儿童阅读推广工作中扮演着重要的角色，是阅读资源的提供者、阅读教育的实施者，公共图书馆在儿童阅读推广中体现了重要地位和功能，举办讲座产生的社会影响力是其他社会教育机构所无法替代的，体现了图书馆的社会教育职能，具有明显的公益性。另一方面是讲座内容具有实用性和权威性，内容覆盖面较大，聘请的主讲嘉宾是县域文化名人、幼教专家和本县知名儿童作家，如少儿作文写作知识讲座特邀长阳本土文化名人、儿童文学作家彭绪洛开展"作家谈写作"讲座；邀请宜昌市妇联家庭教育指导中心辅导老师郭丽丽带来以"不能让孩子输在起跑线"的专题讲座，探讨孩子的学习成绩，思想品德和能力都不能输在起跑线的问题等，本土名家精彩的演讲、渊博的学识，吸引到大批少儿读者和家长入馆，扩大了本馆社会影响力，带来充足人气。

第二，讲座内容面对少儿群体开展，具有特定性。少儿的成长需要社会、学校和家长的共同关注，为了充分体现一切为了读者、为了读者的一切的服务宗旨，本馆举办的讲座紧紧围绕这个宗旨展开，充分体现读者需求。在当今信息网络时代，有部分学生沉迷网络，逐步形成网瘾，已经成为一个社会问题，为此，本馆开展了"以孩子你如何面对网络媒体"专题讲座，并与家长和学生面对面交流，提出了合理建议，旨在引导少儿读者正确使用网络，从小树立良好的学习习惯和学习意识。

第三，少儿讲座发挥社会教育的功能，具备补充学校教育的特点。公共图书馆举办的品牌讲座发挥的是社会教育职能，是学校教育的补充形式，二者具有互补作用。少儿讲座不能像学校那样具有系统性和全面性，但是也有其独特优势，比如，讲座内容丰富、形式多种多样等，深深抓住了家长和学生的心。

（二）少儿讲座品牌未来发展的几点思考

"雏鹰关爱"品牌自2013年成立以来，通过近10年的实践，其讲座形式及内容还可以根据读者需求和自身特点进行创新，以谋求更好的发展，与时俱进。

1. 抛开场地束缚，迈出馆门，追求社会效益最大化

传统的讲座都是以本馆为主要阵地，每次讲座只能容纳几十人，受场地限制，后来的读者进不了活动现场。为更好地发挥"雏鹰关爱"品牌的社会影响力，可以让讲座走出馆门，在学校、社区等适儿化场所开展，扩大覆盖面和影响力，让更多的读者能够有机会聆听讲座；还可以对讲座进行资源整合，对讲座内容进行拍摄后通过单位网站或者公共媒体播放，扩大受众面，还可以将影响力较大的讲座进行排版后制成"雏鹰关爱"品牌丛书和光碟，供读者借阅。

儿童讲座应该抓住孩子们爱听故事、爱动手的特点，可以融入土家传统曲艺，采取实践与讲座结合的形式。比如，可以引入长阳南曲山歌、长阳故事、剪纸艺术，也可以讲本土的爱国故事、巴人故里清江长阳的历史等，丰富讲座的形式和内容，增强讲座的趣味性，让孩子们学习土家传统文化知识，增长见识、开阔视野。还可以尝试沿着我国的传统节假日的由来和形成历史举办讲座，使讲座更具连贯性和规律性，比如，年初"雏鹰关爱"把中国传统节日文化元素纳入讲座计划，在暑假期间组织读书会，邀请长阳恩孝阅读童书馆王琼老师以"中国古诗词—花木兰""土家织锦—西兰卡普""中国二十四节气的由来"为主题，配合实践活动组织的四次讲座，取得了良好的效果。通过讲座和课堂实践让孩子们了解长阳本土民族风俗和传统文化知识，起到了传承土家文化知识、坚定文化自信的作用，此类讲座活动应该充分发扬和拓展。

2. 打造阅读讲座品牌，建立良好三方合作关系

少儿讲座品牌推广除了在阅读推广、品牌定位、创新形式上下功夫外，还要对阅读品牌进行科学管理和制度设计，在品牌策划、活动结束后的档案管理、摄影等后期制作方面培养优秀人才；建立良好的三方合作关系，与学校、师生、家长、社会文化机构开展合作，取得他们的支持。举办内容和形式各式各样的讲座活动，既可以与社会各界共同参与和策划讲座、共同发展、互利共赢，又可以解决讲座嘉宾人选，为少儿讲座注入旺盛的生命力和强大的持久力。

五、结语

想要孩子爱上阅读，就要让他们在读书之前先爱上读书的氛围，因为阅读是一项长期的、日积月累的、潜移默化的精神活动，公共图书馆在儿童阅读推广工作中扮演着极其重要的角色，是阅读资源的提供者、社会教育的实施者，随着社会进步和发展，要让青少年儿童爱上阅读，就要为他们创造形式丰富的多元化阅读空间，在此呼吁政府应该认识到公共图书馆在儿童阅读推广中的地位和作用，将公共图书馆建设纳入城市整体建设发展规划，促进馆藏资源配置与服务优化，推动公共图书馆与学校、民间团体、社会文化服务机构的合作，充分发挥图书馆以文化人、文化育人的功能，"雏鹰关爱"阅读品牌经过十几年的实践和探索，告诉我们关注少儿成长，学校、家长和社会也应予关注，公共图书馆更应予以关注，唯有如此，少儿才能健康茁壮成长。"雏鹰关爱"在关注、呵护和培育少儿健康成长的同时得到了社会的认可、实现了社会价值、打造了阅读品牌。

参考文献

[1] 罗小红. 公共图书馆儿童阅读推广计划的制定策略研究 [J]. 图书馆建设，2013 (8).

[2] 张丽. 公共图书馆与儿童阅读推广：发展路径与推进方向 [J]. 国家图书馆学刊，2015，24 (5).

浅析公共图书馆空间服务转型及其人才培养

胡　盼

（湖北省图书馆　430071）

摘　要： 当下，"图书馆服务正在缓慢转向虚实并重。'虚'与'实'的融合共生关系演变逐渐发展成了图书馆事业发展的基本形态逻辑。面对虚拟技术给图书馆带来的改造冲动与转型诱惑，要特别注意避免图书馆被拖入脱实向虚的黑洞而失去自身的本真"。图书馆物理空间方面的服务转型恰是筑牢实体根基的重要举措。近年来，国内外已在空间服务变化方面做出积极尝试，如开辟录音棚、讨论室等，为读者提供新型服务。本文通过分析国内外空间服务新方式，研究图书馆人才培养方向，为读者提供更好的空间服务。

关键词： 公共图书馆业态变化；空间服务转型；人才培养

一、公共图书馆服务业态变化

随着数字化服务和人机交互式体验的兴起，数字阅读服务正在逐步代替传统的纸质阅读，成为新的阅读方式，各种电子阅读器的出现，给图书馆的传统阅读服务带来了前所未有的冲击。同时，在工业化社会向信息社会转型的过程中，人们的物质文化水平逐步提高，图书馆行业也意识到阅读不再是读者的唯一需求。读者开始更加重视自我感官体验，需求也逐渐从单一的阅读需求走向了求知、社交、休闲、娱乐等多样化文化需求。而公共图书馆所具有的场所和空间资源能为读者提供更多的文化休闲服务，这也是公共图书馆的真正的魅力所在。多元化、特色化、个性化的空间服务模式逐渐成为国内外公共图书馆馆舍建设探索的新方向。

（一）国内公共图书馆空间服务模式发展方向

2022 年 10 月，江西省图书馆打造以"知识·趣味科技·未来"为主题的视听空间入选文化和旅游部 2022 年文化和旅游数字化创新实践十佳案例，公共图书馆作为城市的公共文化基础设施，营造数字化特色文化休闲服务空间，满足公众对于高品质休闲服务需求，这也是图书馆的发展方向之一，而该视听空间正是满足了公众这一需求。江西省图书馆通过设置智慧座席、瀑布流电子书阅读设备以及朗读亭多媒体体验设备，为读者提供高品质的视频欣赏、音乐赏析等文化休闲服务。还通过 VR、智能球幕等科技设备，将阅读与交互式智能体验融合，为广大读者提供趣味的科普体验和真实的场景实践；当然，打造这样的空间服务，不仅要求图书馆在馆舍设计与建设时就要考虑建筑空间的功能布局，还要结合空间建设开展活动来开启新的文化休闲体验模式，打造图书馆品牌形象。

"文化自信是更基础、更广泛、更深厚的自信，是一个国家、一个民族发展中最基本、最深沉、最持久的力量。"① 公共图书馆作为城市的文化地标，"海纳百川"地保存和展示着一座城市的历史文化，在一定程度上反映着城市的文明程度和历史底蕴。因此，在弘扬传统文化和帮助公众充分了解当地文化和城市特色方面，公共图书馆具有无可取代的地位与作用。上海图书馆东馆 2022 年打造的上海通志馆是一个专业图书馆、地情展示馆、开发利用馆、学习教育馆以及人才培养馆"五馆合一"的多功能图书馆，它不仅在上海地方历史的资料收集、整理和研究上作出巨大贡献，还印了《上海研究资料》《上海市年鉴》等刊物，为大众更好地读懂上海故事打开了新的大门。地方志、古文、诗词曲等中华优秀传统文化是中国特色社会主义文化的重要组成部分，是中华民族生生不息、薪火相传的不竭精神动力，应当被大众所学习、研究以及应用。公共图书馆除了满足读者的阅读需求外，在打造地域特色、弘扬优秀传统文化上亦有其独特的地位。图书馆应当为广大读者提供了解、学习传统文化的场所，为传承中华优秀传统文化，推动中华优秀传统文化创造性发展夯牢基石。

（二）国外公共图书馆空间服务模式发展方向

目前公共图书馆大多为传统的纸质图书馆，在服务效率及管理上已不再适应当今社会形式下的读者需求。高效、便捷的整合性图书馆是数字化和智能化的发展过程中的新方向。2011 年建成的美国芝加哥大学曼索托图书馆，主体被巨大的椭圆形高科技玻璃所覆盖，作为当代令人惊叹的大学图书馆入选《建筑文摘》。其使用的智能堆叠图书管理系统实现了对 350 万册藏书的立体感知，比

---

① 中共中央关于党的百年奋斗重大成就和历史经验的决议 [EB/OL]. 中华人民共和国中央人民政府，2021-11-16.

传统图书馆节约了 6 倍的占地空间，可为读者提供更多空间服务。早在 20 世纪，西雅图市图书馆就开始提供实时图书馆资源状态服务，读者通过大厅大屏幕即可一眼获得各种图书、音频以及视频等资源的状态。实时图书馆资源状态服务为读者便捷高效的获取图书馆信息资源提供了重要支撑，目前，国内已有浙江等地图书馆已经实现与跟进此服务。

人类最基本的需求就是交流，在现代信息技术支持下的智慧图书馆节约了大量的空间成本，从而为读者提供更多样的交流方式便成为可能。在芬兰，赫尔辛基中央图书馆建筑面积只有 1.7 万平方米，藏书 10 万册，藏书空间仅有4500 平方米，比国内绝大多数图书馆的藏书空间都小得多，但在开馆三个月内到馆读者却能突破 90 万人次，创下了目前公共图书馆最高月均到馆人次的世界纪录，令其他公共图书馆望尘莫及。它吸引读者到访的秘诀在哪呢？原来它除了能提供更多样的文化休闲服务外，还是一个能提供各种生活体验服务的社交场所。赫尔辛基中央图书馆的面积虽然不大，但它中间层被分割成了多个功能丰富的体验空间，为读者提供了工作、会客、生活实验以及 DIY 实验的空间，读者可以在这些体验空间中获得不一样的生活体验、感受前沿科技的魅力。正好补了现代社会人们精神世界的空虚，满足了人与人之间的交流需求，重新建立起读者之间、读者与馆员之间的交流方式，为知识交流搭建平台，凸显出公共图书馆文化交流的功能。

二、公共图书馆空间服务方向探究

（一）人工智能下的智慧图书馆

用科学技术赋能图书馆。当前，图书馆利用物联网云服务，将自动识别技术运用到导览，图书分拣、传输以及借阅等服务中，使得图书采购、馆藏管理以及读者管理等业务实现自动化，获得了良好的经济和社会效益。在人工智能技术发展的大背景下，智慧图书馆还能继续在用户体验的终端上发展与突破。在物理空间服务上，图书馆通过在馆舍内设置人工智能终端提供全天候参考咨询、借阅指导以及个性化定制等服务。在虚拟服务上，为用户提供包括智能检索、基于个人小数据的个性化推荐、关联服务推荐在内的智慧服务。这些服务需要基于大数据技术，运应用数据挖掘技术发掘用户的喜好，为用户提供定制化的内容推荐。

（二）基于 VR 技术构建的虚拟图书馆

当前科技发展最火的赛道莫过于虚拟现实（VR），它是一种可以创建和体验虚拟世界的计算机系统，是一种先进的数字化人机接口技术。它利用计算机技术生成一个逼真的，具有视、听、触等多种感知的虚拟环境，用户通过使用各种交互设备，同虚拟环境中的实体相互作用，产生身临其境的交互式视景仿真和信息交流。公共图书馆也要紧跟互联网前进的步伐，享受科技带来的红利。将来，公共图书馆可以充分利用这一技术，在元宇宙空间打造一个虚拟图书馆，这个图书馆既不占用城市的空间，不需要读者驾车数小时穿过拥挤的街道，不用顶着大太阳汗流浃背。在自己家里，读者带上 VR 设备，走进这个数万平方的虚拟图书馆，自由遨游在知识的海洋里。在当今环境下，对公共图书馆来说，构建这样一个虚拟图书馆并不是天方夜谭。现在公共图书馆都有着自己的机房与服务器，拥有上千 TB 的数字资源，图书馆仅需要和专业的元宇宙公司合作，由元宇宙公司搭建虚拟世界，图书馆提供数字资源，二者相互配合建造虚拟图书馆。

数字化背景下，如何用数字化的方法整合图书馆资源将成为图书馆服务模式转型方向的关键。VR 是在 web3.0 背景下发展出的新兴技术手段。图书馆借助 VR 技术不仅能在虚拟现实空间内还原线下场景，还能实现线下设施不能呈现的情景，按读者自身需要，沉浸式选择自身喜欢的场景享受图书馆的服务。VR 技术的引进能有效地将智慧图书馆便捷、高效以及个性化的服务特点与传统图书馆的阅读体验结合起来，为读者提供新的阅读体验。

（三）基于数字孪生技术的公共图书馆建设

一些研究者认为，数字孪生技术广泛应用于绿色图书馆建设、图书馆设施健康管理、在线学习支持服务、用户画像及评估、创客空间建设、提升用户信息素养及再现图书馆文化遗产等方面。在图书馆建设上应用数字孪生技术能在图书馆馆舍建设初期建立虚拟图书馆与物理图书馆的双向映射，模拟实际中图书馆全生命周期，对物理服务空间中可能产生情况进行预测，采集服务空间用户的画像并评估，建立图书馆孪生服务体系运用到实际图书馆中，达到虚实融合，虚以控实的效果。以此构建面向数字型读者的知识需求体系，实现人机与环境之间的智能交互，满足元宇宙用户群体对传统图书馆服务的转型需求。

三、公共图书馆空间服务转型过程中人才培养策略

在传统图书馆逐步走向智慧化发展的新业态背景下，图书馆馆员是服务转型和创新图书馆的核心力量。图书馆目前的人力资源管理体系缺乏合理的统筹，并不能承担起智慧化图书馆的重担。因此，公共图书馆对馆员的培养计划应该逐步从以往的综合能力培养转变为培养专业型技术人才，为传统图书馆的智慧化服务进程提供人才保障。

（一）优化人员配置

现阶段，由于我国公共图书馆馆员招聘工作都是通过统一的事业单位招聘考试的形式开展，更多侧重于传统的行政能力、学习能力以及综合素养的考察。对专业性技术人才重视程度低，考察方向不明确，导致图书馆馆员大多数不具备图书馆专业背景，对图书馆行业的发展缺乏认知，最终形成图书馆人才结构性短缺的现状。因此，图书馆在人员配置上需要结合新业态提出图书馆服务发展转型工作中需要的人才计划，统一规划，分析岗位需求的专业人才。除了专业的图书馆管理知识以外，具备智慧图书馆所需要人工智能、虚拟现实技术等方向的专业知识，才能有效提升馆员队伍的基础质量，为图书馆智慧化服务提供技术支撑。

（二）完善培训体系

科学技术日新月异，图书馆也跟着时代发展不断变革。为新旧馆员提供专业的培训，提升馆员的综合能力以及专业技术不仅能满足图书馆的工作需要，还能为馆员个人能力的提升和职业生涯规划提供助力。但目前我国图书馆在馆员的培训上流于形式，基本没有设计专业技能的培训课程体系。通过建立完善的培训制度，针对图书馆智慧化、多元化以及特色化的转型要求，结合馆员自身的知识结构以及工作岗位的发展需要，合理规划培训内容和时间，采用授课、研讨会以及深造等多形式培训方式举办连续性的培训课程，构建一套完善且科学的培训体系。开发馆员自身潜力，使馆员成为图书馆空间服务工作需要的人才，是目前图书馆人才培养工作中最迫切的需要。

（三）建立奖惩分明的激励体制

大多数图书馆"铁饭碗"的现象依然存在且"论资排辈"现象严重。馆员一旦成为编制内员工，基本无生存之忧，馆员被"做一天和尚撞一天钟"的心态所腐蚀。工作是否认真，能力突不突出并不会改变他们的现状，"干好干坏都一样""多做多错""工作考核走个过场"等职业环境严重打击了馆员工作和自我提升的积极性。激励体制不仅需要调动馆员的工作积极性，还要激发创新精神。结合图书馆的业务特点，鼓励员工为图书馆的发展作出贡献。在基础工资上反映出馆员从事的工作岗位、职级的不同，奖励性工资上体现馆员创造性的工作价值，有效激励员工的工作积极性。同时结合考评机制，给予考核优秀的员工相应的物质、精神奖励，并将考评结果作为岗位晋升、竞聘以及职称评定的支撑依据。做到奖惩分明，以此构建起考评激励体制，重塑队伍核心竞争力，使组织充满活力。

（四）加强人才培养投入

经济基础决定上层建筑。上述提到的图书馆人才培养策略除了需要打破传统队伍建设中的人事体制，在人才管理、培训、考评以及激励等方面的改革创新都离不开经费的支持。只有在经费支撑下，图书馆新业态下人力资源管理路径的创新才有保障，馆员的物质环境才能得到改善，在一定程度上缓解图书馆高精尖人才流失的现状。

四、结语

今后，我们公共图书馆更要加强此类相关课题的研究与探索，在人才培养策略上攻坚克难，敢于向上级编制部门提出需求，增加人员配置，优化本馆专业技术人员结构。公共图书馆自身也要加大人才培养投入，建立健全的人才管理机制与考评激励体制，根据不同馆的发展方向，健全符合本馆特色的服务转型人才培养体系，积极寻求财政支持，加大在公共文化服务上的投入，公共图书馆的空间服务转型发展"道阻且长"。

湖北省图书馆口述史实践之初探

——以湖北省图书馆"阳海清口述史"为例

梅 琳 张雅俐

（湖北省图书馆 430071）

摘 要：湖北省图书馆通过"阳海清口述史"项目，开展口述史实践探索，充分借鉴了其他图书馆成功经验，圆满顺利完成了项目，并取得了一定成果，为湖北省图书馆开展口述史相关工作实践提供了可参考依据。

关键词：图书馆；口述史；中国图书馆界重要人物

一、"阳海清口述史"项目概况

国家图书馆中国记忆项目于 2012 年正式启动。该项目以我国传统文化遗产、现当代重大事件、各领域重要人物为专题，抢救性、系统性地进行口述史料、影音文献等资源的建设和保护，形成专题记忆资源体系，通过在线发布、到馆阅览等方式为读者提供服务，并通过出版物、展览、讲座、专题片和体验活动等多种形式进行推广。

2015 年 12 月 16—17 日，中国图书馆年会在广州召开。这届年会专门设有"中国记忆资源共建共享"分会场，国家图书馆与国内 30 余家单位（包括我馆）联合发起并签署了《全国图书馆界共同开展记忆资源抢救与建设倡议书》，得到了全国图书馆界的热烈响应。2016 年，自"中国图书馆界重要人物专题"资源建设开始，中国记忆项目将由国家图书馆自建阶段，进入全国图书馆界共建阶段。此次开展"中国图书馆界重要人物专题"资源建设，通过对我国现当代图书馆学家和为我国图书馆事业发展做出过突出贡献的人士进行口述史访谈，将他们的生活经历、事业成就、学术贡献乃至思想情感抢救性地记录下来，并收集照片、信件、笔记、日记、手稿、音视频资料、出版物（包括非正式出版物）等相关文献，形成专题资源，不仅能够为相关领域历史问题研究积累第一手资料，为中国图书馆事业的发展保存珍贵的历史资料，还能从一个侧面反映我国文化教育事业乃至整个国家发展中不平凡的历程。

湖北省各级图书馆领域的重要人物不少，有武汉大学图书馆的彭斐章、谢灼华先生，但公共图书馆进入中国记忆项目"中国图书馆界重要人物专题"名录的仅阳海清先生一位，堪称分量十足。

阳老先生也是我们青年图书馆员十分敬仰的前辈学者。初次见到阳老，是入职后不久馆里安排专家为我们进行业务培训。在阅马场湖北省图书馆老馆特藏楼二楼的一个教室里，我们新入职的几个员工坐在黑板前等待，不久就来了一位长者，笑眯眯的，和蔼可亲，后来才知道就是阳海清副馆长。他先是一个个和我们打招呼，就像对待自家的晚辈，然后再开始讲课。令我印象最深的还是阳馆长带着浓重湘音的"普通话"，有时候怕我们听不懂，还反复跟我们解释意思。那节课让我始终记忆犹新，是因为阳老一直强调，做图书馆工作要有心、用心、专心！而类似这样的话语，也是我们在参加"中国图书馆界重要人物专题"访谈中最常听到的语句。

二、"阳海清口述史"项目工作内容

（一）前期工作

1. 赴京培训

2017 年年底，我馆受邀参加中国记忆项目"中国图书馆界重要人物专题"资源共建工作。中国记忆项目"中国图书馆界重要人物专题"，不仅是中国记忆项目第一次尝试在全国范围开展资源共建共享，更是全国图书馆界第一次联合起来，对图书馆行业的佼佼者、中国当代图书馆事业的缔造者和推动者进行系统的口述史料搜集。我馆的阳海清老先生名列其中。

在当时湖北省图书馆领导的高度重视下，我们接受了馆领导布置的任务，负责该项目的具体推动工作，特别是对阳海清老先生的采访和记录工作。

2017 年 12 月 4 日—7 日，我们赴北京参加由国家图书馆举办的中国记忆项目"中国图书馆界重要人物专题"资源共建工作培训班。在本次培训中，国家图书馆宣布正式启动"中国图书馆界重要人物专题"第二批项目的共建共享，继续对那些在我国图书馆事业发展中做出重要贡献的老一代图书馆人进行口述史访问。这些珍贵的记忆资源将在国家图书馆和全国各共建单位永久保存，为我国图书馆的行业史及图书馆人记忆中的当代史及湖北地方文献研究增添新的史料依据，也为公众认识和了解我国图书馆行业的发展打开一扇生动的影像之窗。这些资源一旦完成，对当代中国图书馆事业溯源和发展将产生巨大的推动作用。

作为资历尚浅的图书馆事业晚学，能参加这样意义重大的专题工作，我们除了深感荣耀，更多的是倍感压力。为了尽快熟悉和掌握相关工作，我们在短短几天的培训里，与来自全国 31 家图书馆以及与图书馆相关的高校院系、研究机构等共建单位的 50 位口述史工作者，进行了不同程度的沟通和交流，像海绵一样，尽可能多地吸收其他单位的方式方法和经验。我们了解到第一批受到采访的 25 位图书馆界的老专家中，有几位受访人，在采访尚未完成时就已去世，这越发使得我们深深感受到这项工作的必要性和紧迫性。

2. 项目申报

培训学习结束回汉后，我们就着手进行这项工作。首先是将这项工作的具体内容向领导进行了汇报，得到时任党委书记贺定安的高度重视。贺书记指示我们要抓紧时间，严格按照申报要求开展项目申报工作，争取尽快赶上项目进度。接下来，我们草拟了中国记忆项目工作方案，在贺书记和分馆馆长刘杰民的推动下，成立了工作小组。明确我们负责统筹工作。

中国记忆项目"中国图书馆界重要人物专题"项目申请包括资源共建申报书、共建合作协议、工作团队人员信息表、工作人员保密协议等 17 份专业且翔实的申报材料。对材料的要求严格且复杂，贺书记和刘杰民副馆长多次提醒我们一定要把申报材料做实做细，确保没有遗漏和错误。

为了避免出错，我们做了大量的案前及走访工作：多次去阳老家寻访，数次和图书馆了老同事联系，查阅了大量馆藏数据和档案材料，充分搜集阳老的学术资料，等等。2018 年 2 月，将所有的申报材料寄送国家图书馆中国记忆项目中心审批，次月即收到国家图书馆中国记忆项目中心审批函。我馆于 2018 年 3 月 11 日和国家图书馆中国记忆项目中心签订中国记忆项目"中国图书馆界重要人物专题"资源共建合作协议。

直到合作协议签订的那一刻，我们长舒一口气，项目申报工作应该是顺利完成了。然而，这仅仅只是完成专题工作的第一步。

（二）访谈工作

对阳海清先生进行口述史访谈，是要将他的生活经历、事业成就、学术贡献乃至思想情感抢救性地记录下来，并收集照片、信件、笔记、日记、手稿、音视频资料、出版物（包括非正式出版物）等相关文献，形成专题资源，为我国图书馆古籍版本学、目录学研究积累第一手资料，为图书馆事业的发展保存珍贵的历史资料。

从 2018 年 9 月起，我们与拍摄公司负责人多次去到阳海清先生家中，以回忆录的方式对他进行采访，从求学经历，家庭环境、父母影响等方面慢慢展开，对采访内容进行录音和速记，经过几稿整理形成正式的项目采访提纲。

表1 "阳海清口述史"采访提纲

序号	大纲	具体内容	备注
第一部分	家庭背景和社会背景	家庭环境及父母对他的影响	
		进入武汉大学学习以及毕业分配的经历	
第二部分	专业经历	1961年担任古籍编目组的组长,主要做了哪些工作?	
		1980年5月,到北京去参加《善本编目》全国统编,有哪些收获?	(提示:对于丛书的认识和理解)
		1981年至1983年,担任湖北省图书馆特藏部副主任工作经历及成果	
		1984年至1988年,担任湖北省图书馆办公室主任的经历及体会	
		1989年至退休,担任湖北省图书馆副馆长经历及工作成果	
第三部分	学术思想及专业成果(重点)	1984年第一本书《中国丛书综录补正》	
		1987年出版《古今词语新编》	
		九年时间完成编撰工作,于2009年出版《中国古籍总目·丛书部》	
		《中国丛书综录补正》《中国古籍总目·丛书部》《中国丛书广录》这三部书,以及一组论文	
		《现存湖北著作总录》及其中的学术价值	提示:我确定了第一个选题"丛书研究",第二个选题就是"湖北著作研究"
		主编"湖北长江经济带文献信息开发丛书"	目前共出版20册
		《文字音韵训诂知见书目》	配合湖北省大型项目《中华大典》
		编写了《现存湖北著作总录》《中华大典·文学典·明清文学分典》,参编《中国现代文学大辞典》,参加了全国图书馆文献缩微中心主编的《中国公共图书馆古籍文献珍本汇刊》工作	不会用电脑,这几百万字的著作,都是用手写出来的
		《荆楚文库·方志编》的编撰工作	

在提纲的基础上，我们逐步与项目负责人、主要采访人刘杰民副馆长商榷采访台本以及采访细节等。刘杰民作为曾与阳老共事多年的同事，对提纲和台本提出了许多宝贵意见，并补充了一些材料上的细节。

（三）后期整理

采访中遇到的最大困难是阳老先生的口音问题和健康问题。阳老先生是湖南人，一辈子乡音未改，平时说话很有特色，采访起来却是一大障碍。每录完一段，我们都要请阳老的老乡——时任特藏部主任范志毅仔细听辨，然后反复与阳老确认，校对多稿。而在采访工作进行到三分之一时，刘杰民因个人原因退出采访工作，采访人更换为贺定安书记，我们不得不重新录制。这就导致了如果发现有不同的叙述，我们就不得不翻看不同的材料加以核实，力求准确。在采访工作快结束时，有一次阳老先生很真诚地感谢我们说，有很多记忆、很多人物，因高龄加上长期透析，他本来已经模糊了，但因为这次采访，因为我们求真务实的态度，他又回想起来很多过往。

三、"阳海清口述史"项目的不足

（一）理论研究较薄弱

图书馆在文献收集、整理、开发、传递等方面有着天然的优势，但容易导致在实践中将口述史变成口述史料收集。湖北省图书馆此项目中亦是如此，在花费了大量的人力、物力围绕访谈进行后续的资料整理之后，并未形成相关的口述史理论。

（二）实践尚不够深入

本次口述史项目虽然做了大量具体实践工作，但是阳海清先生早年的求学经历，由于历史久远，未能采访到相关人员；也未能对阳海清先生的日常生活、学习等情况进行追踪，导致信息采集的深度与广度还不够，完整性也有所欠缺。

四、结语

2020 年 5 月，项目获得结项审批。

2023 年 7 月，《中国图书馆人物口述史》顺利出版。

在我们从事专题工作的这几年时间里，始终伴随着紧张和压力，但在压力之外，我们从阳老先生、贺定安、刘杰民以及其他老图书馆员身上看到了他们最可贵的品质——对图书馆事业的专注和坚持！正是这样的专注和坚持，才造就湖北省图书馆事业的发展和繁荣。这是我们在专题工作中最大的收获。

最后，将阳海清老先生的一段录音文字分享给广大图书馆人："要时常怀着敬畏之心，重视自己从事的每一项图书馆工作。每当你在图书馆行业里多取得一份成就，同样的你对图书馆事业就多一份尊重。"

参考文献

［1］韩尉，戴晓晔. 敲开心灵之门，构筑记忆之所：中国记忆项目"中国图书馆界重要人物专题"资源共建工作培训班综述［J］. 高校图书馆工作，2018，38（1）.

［2］全根先. 口述史、影像史与中国记忆资源建设［J］. 国家图书馆学刊，2015，24（1）.

《藏书绝句》作者考

孙智龙

（湖北省图书馆　430071）

摘　要：《藏书绝句》是一篇以律诗形式概述存世藏书版本的特殊学术著作，关于其作者，一说是王葆心，一说是杨守敬，还有一说是江人度，至今众说纷纭。笔者梳理有关史料，揆度其中情理，确认王葆心先生是《藏书绝句》的作者。《藏书绝句》之作者，无论是王葆心，还是杨守敬，争议双方不存在人品有问题。真相是书商为谋利混淆视听，制造学术烟雾，招致产生学术公案。

关键词：藏书绝句；著者考辨；文史杂志

一、《藏书绝句》著述简介

《藏书绝句》于1913年陆续发表于《文史杂志》"词章·诗录"专栏，共述及32种藏书版本；皆各作一绝句，言简意赅，诗风统一；再于每首诗后以数百字详注相关资料，备述存世图书的典藏情况，涉及官府、私人、书院、寺院等收藏之所，以及书目、刊刻、版本等有关内容。其开篇之叙文，慨言宋、元、明、清以来私人藏书之盛况：

"天水蒙古两朝，刻书最盛，藏书亦最盛。叶石林聚书十万卷，周草窗三世积书四万卷。广揽刊本，兹肇其尤。有明季世，风尚继昌，分宜籍没八十八部，详天水冰山一录，季立秘册约三百种，有世善藏目可稽。王元美氏、叶文庄公各沂流波，以拓文轨，然而未极遐想，有憾蔚观，艺圃腾辉，断推昭代，若绛云楼之未火，述古堂之继兴，文字垂光，澜若球贝，犹未已也……"

其前12首绝句抄录如下，以见《藏书绝句》诗作风貌：

（1）监本　刊疑复古何纷纷，九类三朝尽右文，小字真书夸劲正，瀛王立法相斯群。

（2）殿本　臣向编摩校录工，三千宝牒启鸿濛，正经正史超精宋，更萃荆溪万丈虹。

（3）公库本　浙东台抚踞雄州，公库刊书次第收，戴记帙完陆音义，卢张新覆尽精雠。

（4）郡庠本　全史曾鸠四省资，刊书九路有先师，版心记字分明在，合压麻沙故纸堆。

以上叙文并诗，见于1913年《文史杂志》第一期"词章·诗录"。署名：晦堂

（5）藩府本　晋唐赵楚并秦藩，铅椠勤将秘籍翻，内府成均殊字脚，是谁染色乱玙璠。

（6）书院本　巨帙甄镌杜马书，雪窗尔谁属金吾，籀经柱史间评论，更让朱明撷道瘦。

（7）经厂本　经义尊崇古学微，尚于经厂见几希，合刊大字联篇韵，不受当年胄监讥。

（8）家塾本　荆溪勤有印犹新，座有藏书萃古春，价重寒中田十亩，建安遗简更殊伦。

（9）榷场本　班书勘校正讹讹，通鉴流传亦足多。持比漕司诸秘笈，不因字小废摩挲。

（10）书棚本　吴越残山立马看，流传文籍尚虬蟠，间翻六代唐人集，陈宅坊南一浩叹。

（11）梵夹本　证据精明元应书，钩沉小学戴三馀，长条阔本多欣赏，倘入慈恩载五车。

（12）道藏本　佚帙旁搜叩洞天，唐笺沈晦几多年，百家三易耽精本，揽取华峰十丈莲。

以上绝句见于《文史杂志》第三期"词章·诗录"。署名：王葆心

除以上摘引，所介绍的版本还有：（13）"支那本"、（14）足利本、（15）唐卷子本、（16）蜀大字本、（17）巾箱本、（18）书帕本、（19）五色本、（20）百衲本、（21）黑口本、（22）焦尾本、（23）麻沙本、（24）活字本、（25）密行小字本、（26）纂图互注本、（27）校本、（28）抄本、（29）孤、（30）残本、（31）满汉合璧本、（32）中西石印本。

《藏书绝句》刊载于《文史杂志》之第一至五期。第一期，叙文及诗四首，署名"晦堂"；第三期，诗八首；第五期，诗七首。自第三期起署名"王葆心"。后因该杂志停版，《藏书绝句》未能全部刊载完毕。

二、《藏书绝句》著者歧异始末

1913 年湖北文史社编辑出版《文史杂志》，为前武昌存古堂学生张仲炘等创办。《文史杂志》创刊之际，杂志社向王葆心先生征稿，而"先生即以所著之历朝经学变迁史、藏书绝句、天完徐氏国史、近世事笺等稿以应之"。

《藏书绝句》32 首，为王葆心先生 1898 年旧作，源于"清光绪二十四年（1898）王胜之同愈学使视学湖北时所作。当王氏胜之下车之初，即出题以观风，凡经诗赋均出有题，而藏书绝句即题中之一也。是时先生为终（钟）祥博通书院院长，见此题，遂成三十二首。是年冬，先生返里，其同宗某，倩先生代笔，先生即录此稿与之。及榜发之日，则列为第一，且于其下批云：'此题非杨惺吾不能作，今作者有此诗，杨氏后第一人也。'并赏银十两，书一部，以旌之。此诗脍炙一时，其后，"或杨惺吾将此诗抄置案头，而不知者见之，则以为惺吾先生所作也。不然先生没后，其遗书多刊行，而此诗独否也"。

刊发于《文史杂志》的《藏书绝句》，既有明确的作者署名，又有冯汉骥先生的证言，来源清晰，严丝合缝，不容轻易怀疑。

《藏书绝句》题为"清宜都杨守敬撰"，最早版本见 1927 年上海中国书店排印本，是为杨著《藏书绝句》之发端；1934 年 6 月《浙江图书馆馆刊》第三卷第三期载有《〈藏书绝句〉著者之疑问》一文，疑"王葆心""晦堂"是杨守敬先生化名，此系节外生枝。二者而后繁衍出：

（1）1957 年 2 月，上海古典文学出版社：杨守敬《藏书绝句》，此书"出版说明"承袭浙图馆刊观点，疑"晦堂""王葆心"是杨氏化名。

（2）1997 年 6 月，湖北人民出版社，湖北教育出版社：杨守敬撰《杨守敬集》（第八册《藏书绝句》）；此书序言，提及《藏书绝句》著者的讨论与辨析，关于著者是谁，没有定论，杨著《藏书绝句》仍收录其中。

（3）2009 年 2 月，苏州大学出版社：瞿冕良编著《中国古籍版刻辞典》，载杨守敬撰《藏书绝句》。

（4）2010 年 8 月，广陵书社：明祁承爜等撰《藏书记（图文本）》，收录明清 7 种有关藏书理论著作，包括清杨守敬著《藏书绝句》。

（5）网上诸多词条："杨守敬有《藏书绝句》一卷三十二首，曾以笔名'晦堂''王葆心'在一九一三年创刊的《文史杂志》上发表"。

《藏书绝句》学案，对原作者之讨论，肇始于民国，自 20 世纪 50 年代末，后学探研《藏书绝句》大多引用署名为杨著资料，沿袭至今。

三、《藏书绝句》著者真伪辨析

不难看出，辨明《藏书绝句》著者有两个关键点：第一，究竟是谁在《文史杂志》上为《藏书绝句》署名"晦堂""王葆心"？第二，上海中国书店排印本，首题"清宜都杨守敬撰"有何根据？

首先，让我们探求《文史杂志》发表该著作时的情节。

其一，有没有杨守敬误署王葆心之名的可能呢？

杨守敬与王葆心为同时代名人，又是同校师生关系。杨守敬先生是两湖书院聘请的名师，王葆心先生则是两湖书院的学生，杨守敬年长王葆心28岁。

从杨守敬方面说，假如他发表著作的笔名，一时与晚辈王葆心专用名号"晦堂"撞车，还可理解为事有巧合，那么到了续集干脆署晚辈"王葆心"本名，显然有悖于常理。

当然，人们也会发现：杨守敬一生著述达80余种，鲜见采用笔名。为何独在辞世前（1913年）两年，心血来潮，以晚辈名号玩起笔名游戏？

再从王葆心方面说，杨以王氏专用名号，不管借用名号出于何种原因，杨氏已构成署名侵权行为，在道义上应受到谴责，王氏必然在言谈之间有所反应，然而这一点在当年诸多回忆史料中却丝毫不落痕迹。

其二，杨守敬是否有故署假名以他的可能呢？

假定某些人的猜测成立，《藏书绝句》确为杨守敬所著，而先生故署晚辈名号为之扬名，这就涉及两个问题：一是选择为谁署名？二是谁需要扬名并接受如此署名？

民国史料鲜见杨守敬与王葆心有特殊交往的记载，即便常有往来，其关系也远不及侍奉扶助杨先生多年的弟子熊会贞。所以，如欲成就他人业绩，杨守敬何不暗助亲近弟子熊会贞？且王葆心意气风发，硕果斐然，又怎会为此一名而安然领受冒名贪功之惠？

其三，王葆心是否由于某种动机，暗署已盛名于世杨先生大作呢？

《文史杂志》第一期出版时，书法家杨守敬也曾题签"文史杂志"四字。也就是说杨先生手迹与王先生署其本名的诗作共载一刊，按杂志社常规凡有刊发均奉送作者样刊，则王葆心岂敢公然攘杨守敬著作为己有？况且杨守敬必然得见该杂志，也从未为此提出过异议。如此看来，当事双方都没有随意错乱署名的可能。

其次，考察杨、王二人的学术活动及学术品格。

其一，从学术实践看，杨、王二人谁最有可能作此《藏书绝句》？

杨守敬堪称近代大藏书家，对目录版本学也造诣颇深。难怪学使王同愈有"此题非杨惺吾不能作"之叹。但是有此学力不等于有此动机。杨守敬先生穷半生心血致力郦学研究，撰作《水经注疏》150 余万字。因憾其个人精力不足，又携门徒熊会贞等勠力同心，对郦书所引之书皆注所出；所述 1200 余条水道，一一考订来龙去脉。呕心沥血，钩深索隐，无间寒暑，历时 30 余载。至 1913 年《藏书绝句》面世之际，杨守敬先生已为 74 岁老者，其后二年便辞世。如此看来，杨先生当时也似乎无暇撇开郦学研究的浩大工程，别分心神来吟诵《藏书绝句》。

《藏书绝句》于上海中国书店排印出版时，冯汉骥先生记载了这样的读后之感："因亟购而读之，读既竟，深怪其不类杨氏生平之所作文字"。冯无意之中将《藏书绝句》于杨守敬其他著作进行了文字风格的比较，虽说是所谓第六感，却也具有特别的参考价值。

而从王葆心先生看，他纵横驰骋的学术领域异常开阔，与杨先生的专攻求精风格形成对比。其著书 170 余种，涉及经史学、文学、方志学、民俗学、教育学等。例如：方志学类，有《方志学发微》《重修湖北通志条议》《采访志书条例》《钞纂直省方志湖北人物长编》等；地方文献类，有《湖北文征》《湖北诗征长编》《江汉献珍录》《明季江淮七十二寨纪事》《天完志略》《续汉口丛谈》《再续汉口丛谈》《三续汉口丛谈》《青垞旧闻》等；经史类，有《民俗证古》《历史讲义前编》《历朝经学变迁史》《经学研究法前编》《史学表》《经文杂记》《群经图志》《经学讲演录》等；文学类，有《古文辞通义》《晚唐诗研究》《宋诗派别考》《中国文学历朝体派略》《青垞文钞》（初集、二集、三集）、《晦堂骈文》《晦堂诗》《晦堂文存》等；目录、校编类，有《青垞所有书目》《金石书目》《小说提要》《独弹集校本》《邓云山先生著述年表》《武冈邓云山先生〈幕府琐言〉校本》《武冈邓云山先生〈晓寒词〉〈拔秋词〉校本》《郝氏〈导引书〉校本》《独弹集校本》《校正〈故知录〉》《青陵山房文集》《楚三畸人集》等。另据民国史料记载："王季香（王葆心）先生共代人作六题，而六题皆居第一。时先生之友人笑谓先生曰：此后先生可称'六一居士矣'。"

有着如此研究背景与文章才情，说《论藏书绝句》出自王葆心之手，当然是令人信服的。

王葆心另一弟子谈瀛，1987 年曾发《〈藏书绝句〉确为王葆心所作》一文，介绍王氏生平与事略，证明《藏书绝句》为王氏所作。作为王氏弟子，谈氏长期追随左右，他所记王葆心事迹，应当较为可信。

其二，从学术品格看，是否杨、王其中一人有作伪嫌疑？

对杨守敬来说，说他故署王氏名号原是旁人妄言，中国书店所署杨氏名号也与他本人无关。因此，对杨先生来说，并不存在学术品格的问题。

而假若杨守敬著述说成立，则无异陷王氏于沽名钓誉之地，辱莫大焉！但是史实表明，王先生正直光明，心地坦荡，也决不应受此质疑。

自1927年上海中国书店排印本首称《藏书绝句》为杨著以来，人们不免猜测，健在的王葆心先生在其后17年中得知此事吗？如知晓将持何种态度？对此冯汉骥回忆道："余曾于武汉大学遇王季香（葆心）先生，（先生现为该校国学教授）而以藏书绝句询之。先生曰：'惺吾先生精于金石目录之学，书贾不过假其名以射利耳，亦何足深怪。古今来文人著作之张冠李戴者，岂止此数十首诗而已哉！'"

知其人方能论其事，人们感受到王葆心先生这种尊师重道、淡泊名利的大家风范，便自会从事件前因后果中得出正确的结论。

其三，我们来推详上海中国书店排印本署名的情由。

1927年《藏书绝句》以图书的形式出版，首次题署为杨守敬作，由于此时杨氏早已离世，当然不是杨守敬亲自主张，于是剩下两种可能：书稿提供者所为与书商所为。

查阅上海中国书店排印本所据，有一条"默庵识语"，云："乃同里赵森甫世丈自杨守敬手稿迻录者。"即赵森甫从杨守敬后人处抄录手稿，然后默庵又从同乡赵森甫处照录。那么，其后人又凭什么认定此篇为杨氏所作呢？杨先生著作浩繁，文稿堆积，而未能亲自指认，那就不能排除混入他作的可能。从一点看，冯汉骥的推测是符合一般情理的：由于前述王同愈学使对于《藏书绝句》的赞赏旌表，学界传为佳话，此诗脍炙一时，尤其是杨先生本人，自更会留意此"杨氏后第一人"的诗文。"或杨惺吾将此诗抄置案头，而不知者见之，则以为惺吾先生所作也。"于是，试作如下情景还原：

起先杨守敬先生乐于一读而抄置案头，而后因某缘故误入书箧，后人清理积稿时未能予以分辨（看上去也与杨先生素常所作别无二致），而后几易其手，辗转相传，更无从深究本原，最终导致上海中国书店的著者误署。

无论如何，事实是：《藏书绝句》发表在前，所署之名为王葆心，杨守敬在世之时并未提出异议，则如无特别情由自应判定王葆心为著者。假若1913年《文史杂志》与1927年上海中国书店排印本刊行时间易位，即图书出版在前，作者为杨守敬，期刊刊载在后，作者为王葆心，且二人同时在世，在不发生争议的情况下，可信度高的自然为杨守敬。

然而，就其对学界和社会的影响来说，上海中国书店的出版物显然压倒了昙花一现的《文史杂志》。加上在世的王葆心先生不曾出面发声，而后便有了"解释"《藏书绝句》初次署名的专文，再后来便有了一大批失于深考的学人与出版物的盲目跟进。

最后，梳理一下著者学案源流。

学案溯源是辨明著者真伪的最佳切入点，比较《藏书绝句》最初发行文献，益于直观分析，理性得出结论（见表1）。

表1　《藏书绝句》著者学案可信度一览表

著者	与两湖书院的联系	原始依据	著作署名	著作来源	可信度	对学界的影响
王葆心	高材生	1913年《文史杂志》	"晦堂""王葆心"	原创	最早面世，由其本人发表，著者名号未作更改	
杨守敬	教习	1927年上海中国书店排印本	"默庵识语：乃同里赵森甫世丈自杨守敬手稿迻录者"	据上条全文照录，一字不误	非杨先生本人所为，杨氏手稿出版，系后人整理	据杨著整理出版的著述有：1. 1957年上海古典文学出版社，杨守敬《藏书绝句》；2. 1986年书目文献出版社《中国著名藏书家传略》；3. 1997年6月，湖北人民出版社、湖北教育出版社：杨守敬撰《杨守敬集》；4. 2009年苏州大学出版社，瞿冕良编著《中国古籍版刻辞典》；5. 2010年广陵书社《藏书记(图文本)》等

续表

著者	与两湖书院的联系	原始依据	著作署名	著作来源	可信度	对学界的影响
江人度	高材生	1901年舒可卷撰《粪心室诗草》之《江作甫茂才出所藏书绝句见示口占以赠》	江人度	《江作甫茂才出所藏书绝句见示口占以赠》	仅据姚海泉同志文章提供线索,未见有原文面世	
共性	王葆心、杨守敬、江人度学问功底深,均具备创作能力					

以上学案例举著者三人,王著与杨著雷同,江著系另一篇同名之作,不足为据,实为王著与杨著《藏书绝句》可信度之比较。1913年《藏书绝句》以期刊形式面世,王氏专署个人名号在《文史杂志》上发表《藏书绝句》,杨氏亲题签刊名,未见杨有争议,当事双方均未涉及署名侵权问题,可视为王著取信度第一;1927年《藏书绝句》以图书形式出版,杨著与王著无异,且在王氏发文之后,杨已离世14年。杨著出版系后人整理,涉嫌作伪,可视为杨著取信度第二;江人度撰《藏书绝句》说明,王同愈学使"命题观风"对象是两湖书院(或是全省)所有生员,江氏有作在情理之中。

《藏书绝句》著者张冠李戴学案,源于1927年上海中国书店排印本惹的事端。王著易名杨著并非空穴来风,前述"且于其下批云:此题非杨惺吾不能作……"是诱因,为误认杨著作了铺垫。书商借此制造学术烟雾剽窃他人著作,实为"假其名以射利",蓄意混淆是非,玷污学术圣果,并且对原著者付出的辛勤劳动给予不尊重的态度和诋毁,给学界造成了不良的影响。

1934年6月《浙江图书馆馆刊》第三卷第三期载《〈藏书绝句〉著者之疑问》一文,疑"王葆心""晦堂"是杨守敬化名,更有来者将王氏名号讹为杨氏笔名。凡此种种,一是未加考证不知原委;二是妄称晚辈专用名号为杨氏笔名,实对杨先生不敬,极端扭曲先生长者身份和学者形象。纵观杨氏著作署王氏名号现象匪夷所思,情理混乱,纰漏太多;考《藏书绝句》确系王著,于学术顺理成章,不泛涟漪,无杜撰之嫌。

四、结语

王葆心先生著《藏书绝句》，前有王同愈学使之表彰，后有《文史杂志》署名之刊发，当事者杨守敬先生也从无异议，本来不应生疑。可惜由于一系列误解与误识，最终还是导致了关于创作者的异议。

所谓误解，是指杨先生后人未能识别先辈书稿之误，诸传抄者之误也由此而来；所谓误识，既是指众多学人与出版单位以"想当然"的态度对待学术，缺乏审慎明察的考证精神，更是指那些迷信权威者、囿于成见者，想方设法"曲为之解"，甚至不惜割裂事实，妄加猜测，玷污学者品格。

《藏书绝句》著者究为何人，在王葆心先生虽可不计功名，然而后世对其学案真相，"终不可不辨也"。笔者考《藏书绝句》原作者为王葆心无疑，期望为《藏书绝句》原著者讨回学术公道，更希望借此学案留下的深刻教训，为所有从事学术活动的人敲响警钟。

以下为 1913 年《文史杂志》书影：

詩錄

藏書絕句三十二首　拜序

晦堂

天水蒙古兩朝刻書最盛藏書亦最盛蓋石林聚書十萬卷周草窗三世積書四萬卷廣攬刊本益肇其尤有明季世風尚繼昌分宜籍沒八十八部詳天水冰山一錄季立秘册約三百種有世善藏目可稽王元美氏、葉文莊公各派流波以拓文軌然而未極遐想有憾蔚觀藝圃騰輝斷惟昭代若絳雲樓之未火逃古堂之繽興文字垂光爛若球貝猶未已也事觀常熟之毛泰興之季崑山之徐天一閣范氏澹生堂祁氏道古樓馬氏得求樓查氏小讀書堆之顧抱冲氏五硯樓之袁壽皆氏滋蘭堂之朱文游氏百宋一廛之黃蕘圃氏長塘鮑氏棟亭曹氏香嚴書屋周氏藝芸書舍汪氏開有益齋朱氏愛日之廬碧鳳之坊楹書之錄行素之堂孫氏之祠堂鼎山之草堂瓶花之齋稽瑞之樓拜經之樓賜書之樓鐵琴銅劍之樓觀海之樓爲世寶俪後先繼出蓋以遭逢聖世稽古右文內府之美富有四庫

文史雜誌　詞章

一

第二期

1913年《文史杂志》第二期　诗录　著者署名：晦堂

詩錄

藏書絕句三十二首 （續第二期）

王葆心

晉唐趙楚並秦藩，鉛槧勤將祕籍繙。內府成均殊字腳，是誰染色亂璵璠。

藩府本

儀顧堂續跋明成化唐藩本文選在諸學本記不失為善本，又宋文鑑一百五書目卷內，編明行趙十王府本黃帝素問十二卷，又明楚藩本刻脚不同，二行素堂日氏跋云半頁，鑑明晉藩翻刻宋本假本刻亦倘不染惜色缺扲去四作十餘卷，宋元所存舊本過三經之眼二錄故收錄之宋書文。

吳明晉蕃翻刻宋本刻假本亦倘不染惜色缺扲去四作十餘卷。

目眼附間錄萬曆二年宋史記二十卷者。

經眼答問明刻之秦蕃本朱氏原刊本乃正史授經圖刻木之書十卷者。

巨峽甄鐫杜馬書，雪窗爾屬金吾籤。經杜史間評論更讓，朱明擷道腴。

書院本

儀顧堂續跋元題通典文獻通攷板於西湖書院，余謹命貴與書之院塔與刊其子志有記仁。

文史雜誌 詞章

注三校始無完年代可致十首經雪注疏書校勘記校正引新壞刊各八字學體元鬃興唐石窗經書院較國雅譜注經 第三期

1913 年《文史杂志》第三期 著者署名：王葆心

公共图书馆移动阅读平台用户画像研究

湖北省图书馆　吴汶瑾

摘　要： 在移动阅读的需求日益增长的今天，智能化的阅读推荐服务显得尤为关键。本文探讨了公共图书馆移动阅读平台用户画像的构建及其更新方法，旨在通过精细化管理提升用户体验和服务质量。首先，本文介绍了用户画像的定义与重要性，强调了其在个性化推荐系统中的核心作用。文章通过分析用户行为数据和阅读偏好，详细阐述了构建初步用户画像的具体步骤，包括用户确立、标签分类和群组画像建立。其次，本文讨论了用户画像的动态更新机制，这一机制能够反映用户需求的变化，确保推荐系统的时效性和准确性。本研究不仅为公共图书馆提供了一种有效的用户服务优化方案，也为移动阅读平台的发展提供了理论和实践指导。

关键词： 公共图书馆；用户画像；画像更新

一、国内外研究现状

（一）国外研究现状

用户画像的概念最初由 Alan Cooper 在 1983 年提出，他认为用户画像是一种基于客户数据的模型，通过分析客户相关的多维度数据，如行为特征、年龄、性别等，构建出一个反映客户特征的用户模型。2009 年，Zhou Tao 等人提出，通过对现实生活中客户行为的数学建模，可以构建出用户画像，这种建模不仅涵盖用户的行为偏好和人口属性，还包括社会交往等其他重要信息。通过这种方式，可以从已知的部分信息推导出用户的其他特征，如消费偏好、习惯和重要喜好等。Gediminas Adomavicius 等人在 2011 年从关键词和评价方法的角度对用户画像建模进行了探讨。而在 2014 年，Qiao Dongchun 等人研究了如何利用集体知识本体来实现 Twitter 用户画像的构建。

国际上的研究主要聚焦于分析和研究现有客户信息，旨在通过分析部分信息来揭示客户的整体特征，并进一步挖掘重要的客户信息。构建用户画像，依据用户的行为特征和基本属性，能够深入解析用户的全方位特性，这些研究既促进了用户画像理论的发展，也为实际应用提供了重要的理论支持和实践指导。

（二）国内研究现状

国内学者严炜炜等人通过挖掘和分析多平台用户的知识交流特征来构建用户画像，可以明确用户在不同平台的行为偏好。这一过程包括使用 BERTopic 模型，从社交、兴趣及垂直知识平台收集的数据来精细化主题，并通过 K-means 聚类技术标识用户群体特征，揭示专业贡献型、综合共享型、社交求知型、话题潜力型等用户类别。这些洞察支持平台制定差异化策略、优化用户体验和提升用户黏性。曾燊基于五年的公共图书馆用户借阅数据，构建了用户和资源画像，通过聚类分析细分用户类别并挖掘借阅习惯和行为规律。这些画像帮助图书馆进行书籍推荐、活动推广、馆藏建设和空间布局等决策，旨在提升服务精准度并优化用户体验。这种基于数据的方法不仅深化了对用户行为的理解，还促进了图书馆服务从基础到精准的转型。朱东妹探讨了高校图书馆中基于读者属性、资源特征和阅读行为的用户画像构建方法。研究分别对结构化和非结构化数据进行融合处理，并设计了针对读者和资源的阅读推广标签体系。通过多表关联计算开发读者画像标签，结合资源内容分词处理开发资源画像标签，最后整合这些标签来构建个人和群体阅读画像，用于优化阅读推广活动。黄文彬等人基于移动用户的行为模式和移动速度建立了用户画像模型。其研究使用频繁模式挖掘和熵计算等方法，将用户数据和移动用户的行为特征结合起来，虽然这一方法在宏观上构建了用户画像，但缺少对用户微观行为的深入分析，未能充分结合用户的移动行为和网络访问属性。张兴旺等人基于天津移动阅读平台的实际情况，详细描述了用户画像的构建过程，并提出了用户关系图谱、可视化统计描述、多维度交叉分析等分析方法。武慧娟等人认为用户画像技术可以用于追踪客户的阅读偏好，构建新的用户画像。陈添源等人则结合国际上的相关研究进展，对用户画像的实践应用、定义与组成、模型构建等进行了深入的分析和说明。

这些研究显著推动了移动阅读与用户画像技术的融合，突出了用户画像在理解需求、增强服务个性化、实现精准营销等方面的潜力与价值。在大数据背景下，用户画像作为移动平台领域的研究重点，正逐步发展，但技术尚处初级阶段，主要挑战包括用户隐私和兴趣多变性。因此，行业需深入分析讨论，以优化个性化服务。随着技术进步，移动阅读平台拥有众多潜在用户和丰富数据，奠定了个性化服务的基础。用户数据不仅涵盖基础信息，如性别、年龄，还包括习惯和社交数据，助力定制化服务。构建用户画像面临数据来源复杂、存储量大、数据实时性等挑战，但通过精细管理和技术创新，有效解决这些问题并准确构建用户画像，对移动阅读平台至关重要，能够提供更精准的内容推荐，吸引并保持用户。

二、移动阅读用户画像建立

针对移动阅读平台的用户画像精准化问题，本研究提出了一种基于用户地理位置的群组画像构建方法。通过专注于特色图书类型，本方法能够显著提高用户画像的准确度，有效解决冷启动问题，从而更精确地刻画用户。

（一）用户确定

在本方法中，用户的地理位置是构建群组用户画像的关键第一步。由于特色图书类型的分布存在地域性差异——某些区域可能拥有丰富的地方特色图书资源，而其他区域则可能较为匮乏或完全没有，这一现象可能导致在某些区域构建的用户画像缺乏准确性和合理性。为了克服这一挑战，本研究采取了辐射策略，即在缺乏特色图书类型的地区，参考临近拥有丰富特色图书资源的地区，以提升用户画像的准确性。若用户所在地区拥有特色图书类型，则该地理位置被认定为用户的真实位置；若用户所在地区缺乏特色图书资源，将采用邻近地区的地理位置作为参考。用户的地理位置信息主要通过微信登录信息获取。考虑到微信账户绑定的城市信息可能存在不准确性，无法及时反映部分用户的实际位置，本研究同时考虑使用用户登录的 IP 地址作为地理位置的辅助信息源。地址解析可通过调用百度地图 Web 服务 API 实现，该 API 能够根据 IP 地址提供用户所在区域的名称及其地理坐标信息。

通过上述方法，本研究能够在用户登录时即时获取并确认用户的地理位置信息，为后续的用户画像构建和个性化推荐提供了坚实的基础。这一流程不仅解决了冷启动问题，还通过地理位置信息的精准获取，为移动阅读平台提供了一种新的用户画像构建和推荐优化策略。一旦完成用户地理位置的确认和特色图书类型的匹配，我们可以通过 K-d 树算法快速确定用户所在的具体地理位置信息。K-d 树是一种用于组织点在 K 维空间中的数据结构，能够在多维空间中进行高效的搜索，特别适用于地理位置信息的检索和匹配：

$$t = o\left(k\, N^{1-\frac{1}{k}}\right) \tag{2-1}$$

为了提高地理位置检索的效率，我们选择了 K-d 树结构来优化检索过程。

相比于传统的 KNN 算法，K-d 树在处理大量数据时能显著提高检索效率，特别是在像我国这样地理范围广阔、地级市众多的情况下。KNN 算法的时间复杂度为 O（N），而 K-d 树的平均检索时间复杂度为 O（log N），在大数据集下的表现更为优越。为了使用 K-d 树，我们需要将地区的地理位置信息转换为平面坐标。百度地图提供了一个便捷的服务，可以将地理位置转换为具体的经纬度坐标，这一转换是构建 K-d 树的前提。具体操作如下：

获取经纬度信息：调用百度地图的 IP 定位 API，输入地区的 IP 地址或名称，API 会返回该地区的经纬度信息。

构建 K-d 树：以获取的经纬度信息作为平面坐标，构建 K-d 树。每个节点代表一个地区，根据其经纬度坐标在树中定位。

地理位置检索：利用 K-d 树进行地理位置检索时，根据目标经纬度坐标在树中查找最近邻的节点，从而快速定位到相应的地区。

把经纬度坐标用平面坐标的形式展现出来，同时创建城市 K-d 树，一旦用户所处城市缺乏对应的特色图书类型，那么就通过 K-d 树来查询具备特色图书类型的地理位置最近的城市，并将其归属于用户。

（二）用户画像标签分类

朴素贝叶斯分类器因其简单性和高效性，在文本分类任务中得到了广泛应用。在移动阅读平台用户画像的构建中，通过朴素贝叶斯分类器对用户的兴趣标签进行分类，不仅可以避免单一标签带来的限制，还能提高用户画像的精准度，从而为用户提供更加个性化的阅读推荐。移动阅读文本分类步骤如下。

1. 创建移动阅读文本分类器

建立词库：首先，根据移动阅读文本（即图书类型）和各小类名称及其特征标签建立一个词库。这个词库包含了各图书类型及其可能的别称，这些别称在分类器的特征提取中起到了关键作用。

特征提取：从移动阅读文本中提取关键词汇作为特征，这些特征词汇通常来源于事先建立的词库。

训练分类器：使用朴素贝叶斯算法，基于特征标签和对应的图书类型（类别）训练分类器。

2. 自动化文本分类

利用训练好的分类器，对新的移动阅读文本进行自动分类，将文本归入最可能的图书类型类别中，实现细节如下。

数据收集：利用互联网资源收集各个图书类型下的代表性文本和别称，以丰富词库。

预处理：对收集到的文本数据进行预处理，包括清洗、去除停用词、词干提取等，以提高分类的准确性。

特征选择：选择有效的特征选择方法，如 TF-IDF（Term Frequency-Inverse Document Frequency），以减少特征维度，提高分类效率。

模型训练与评估：在训练集上训练朴素贝叶斯分类器，并在测试集上评估其性能，可能需要通过调整参数或特征选择来优化模型。

通过以上步骤，移动阅读平台能够构建一个有效的文本分类系统，该系统不仅能够提高用户画像的准确度，还能为用户推荐更符合其兴趣和偏好的阅读内容，从而提升用户体验和平台的服务质量。

在开始文本分类项目之前，选择关键的特征标签，并将它们纳入一个新的集合，这个集合在分类过程中起到初步筛选的作用。所有的标签先放在一起，然后在后续的步骤中根据需要进行调整，这个方法大大提高了分类的效率。在进行文本分析时，操作的便捷性和最终的有效性非常重要，而且选择合适的文本特征是此过程的关键。为了挑选这些特征，有多种技术可供选择，如卡方检验和互信息方法等。业界普遍认为，信息增益算法是所有特征选择方法中最有效的。这种算法的核心是评估特征标签在分类器中的数据量，这个数据量与标签的重要性成正比。在设立移动阅读文本分类器以及相应的分类后，借助于创立的分类器来将移动阅读文本做出类别区分，具体实施步骤可见图 1。

图1 移动阅读文本分类流程

（三）群组用户画像建立

一旦具体数据被准确捕获，便能够识别出特定的图书类别。此外，还会考虑该地区一半的图书种类，将其作为特色图书类别的标签。这些特色图书类别标签是基于市区范围内的分类而设定的，也能够通过这些标签推断出新用户的兴趣偏好。通常，获取图书类别标签的过程遵循图 2 展示的步骤。

在获取到图书类别标签之后，首要任务是对地名和特色图书类型进行分词

图 2　获取图书类型标签流程图

处理，这对于后续在特定地域范围内针对所有用户群体进行特色图书类型搜索非常有帮助。本研究采用了 jieba 分词工具来进行分词处理，但在实际开始之前，需要先导入一个定制的移动阅读词典，这个词典的信息来源是北京移动阅读信息网站。专业词汇以 txt 格式列出，jieba 分词的定制词典格式要求每个词占一行，每一行分为词汇、词频和词性三部分，其中词频和词性是可选项，用空格分隔，排列顺序是固定的。

三、用户画像更新

在用户画像更新方面，过去常用牛顿冷却定律或遗忘函数算法来更新移动阅读用户的画像。虽然这些方法操作简便，但不能真实反映用户兴趣的变化。为了解决这个问题，本研究使用滑动时间窗口来研究用户的短期兴趣，而长期兴趣则采用遗忘函数方法，通过追踪用户短期和长期兴趣的变化来不断更新用户画像。

（一）反馈信息收集

在收集反馈信息方面，用户行为记录与用户名、文章 ID、时间和行为代码一一对应。利用这些时间记录，滑动时间窗口算法能够得到改善，而其他四种行为标签在更新过程中也会发挥一定的作用。

（二）兴趣标签更新

在兴趣标签的处理上，我们需采取适当的策略。若配备了高效的交互界面，我们可以迅速完成兴趣标签的调整，并能在用户兴趣发生变化时即时做出反应。然而，对于长期跨度的兴趣演变，传统方法往往力不从心。面对这一挑战，我们引入了一种新颖的算法——遗忘函数算法，它特别适用于追踪和更新用户长期的兴趣变化。该算法以时间为轴，动态调整兴趣标签的权重，旨在实现更加个性化的内容推荐。

在这项研究中，收集用户反馈数据变得尤为关键。我们采用了两种独立的函数，各自针对特定场景独立运作，互不干扰。完成用户标签更新后，精细化的用户画像便自然成形。更新用户画像前，我们需构建一个模型来探讨如何有效表示用户的兴趣标签。基于之前论述的用户兴趣标签模型的数据理论基础，我们可以构建一个模型来精确描述个人的兴趣标签，其中公式（3-1）通过空间向量的形式，为我们提供了一个表达个人兴趣标签的有效方式。

$$M = \{(t_1,\ w_1,\ d_1),\ (t_2,\ w_2,\ d_2),\ \cdots,\ (t_i,\ w_i,\ d_i)\} \qquad (3-1)$$

其中，t_i 表示用户的每个兴趣标签，w_i 是与该兴趣标签相对应的权重，d_i 代表该兴趣标签的最近更新日期。

短期兴趣指这种兴趣只会维持很短的时间便会发生改变，根据其特点，选择滑动时间窗口算法来建立兴趣标签的模型。首先，将时间窗口大小设为 x 天，以代表窗口的时间范围。接着，利用用户反馈信息作为理论依据，调整权重比例。最后，通过更新，成功建立短期兴趣模型。

兴趣标签更新前，将记录表中的兴趣标签定义为集合 $U = \{u_1,\ u_2,\ u_3,\ \cdots,\ u_n\}$。更新时，设定最小时间窗 w_{min} 和最大时间窗 w_{max}，同时确定所需的用户反馈数据量为 N 条。取时间段 $S = w_{min}$ 内的 n 条记录，如果 $n < N$，在 $S < w_{max}$ 时取 $S = S + 1$，当 $S = w_{max}$ 还是不能实现，M 则转化变为长期兴趣模型。

图 3 表示的是更新的过程，在读取数据的条数达到 N 的时候，和记录相匹配的标签便会被拿出来，然后便出现一个新的标签集合，这里将其命名为 L。

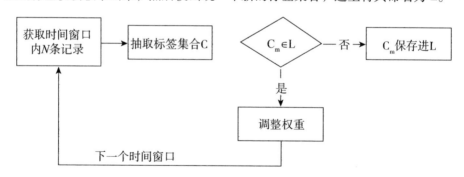

图 3　滑动时间窗口标签更新示意图

长期兴趣指的是用户在一段时间内持续不变的兴趣，可采用指数型遗忘函数进行兴趣更新，其表达式为：

$$F(t) = e^{-\frac{ln2 * (t-est)}{kt}} \qquad (3-2)$$

在这个公式中，$F(t)$ 表示遗忘因子，即兴趣的权重随时间衰减的比例。这个衰减比例是相对于兴趣最初的权重而言的。t 表示当前的时间，而 est 是兴趣最初出现的时间。hl 代表兴趣衰减到一半所需的时间长度。当 t−est＝hl 时，意味着兴趣已经衰减到一半。这些参数用于调节兴趣权重的衰减速度：参数值较大时，衰减速度慢；参数值较小时，衰减速度快。

实施用户个性化处理时，需引入新概念"明显出现"，即指多次出现且权重值较高的兴趣类别。兴趣标签具有明显特征，即出现次数越多，其维持时间越长。此外，系统需设定阈值，当短期兴趣标签超过该值时，转化为长期兴趣标签，并可反向转换。图 4 为兴趣标签更新模块结构图。

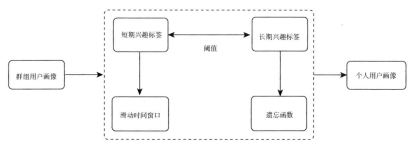

图 4　兴趣标签更新模块示意图

四、结语

本文对群组用户画像的构建进行分析研究，着重表述其在具体的构建过程中数据的搜集和处理、关键词的设置、用户的甄选、画像的构建和标签分类等，划分画像标签的类别，最后构建群组用户画像。不过当前用户画像的更新与优化过程中，存在与地理位置高度相关的群组用户画像过于复杂，数据量过大的情况下会导致系统运行效率降低的问题。未来研究可以考虑引入更高效的算法，如基于规则的协同过滤算法和基于用户的协同过滤算法等，以简化用户画像更新过程，减少不必要的数据处理，提高系统的整体运行效率。

参考文献

[1] PIERRAKOS D, PALIOURAS G, PAPATHEODOROU C, et al. Web Usage Mining as a Tool for Personalization：A Survey [J]. User Modeling and User-adapted Interaction, 2003, 13 (4).

[2] ADOMAVICIUS G, MOBASHER B, RICCI F, et al. Context-Aware Recommender Systems [J]. AI Magazine, 2011, 32 (3).

[3] QIAO D C, LIU X Y, FU X D, et al. An Ontology-based Recommendation System Model [J]. Computer Engineering, 2014, 40 (11).

［4］ZHOU T，SU R Q，LIU R R，et al. Accurate and diverse Recommendations via Eliminating redundant Correlations［J］. New Journal of Physics，2009，11.

［5］严炜炜，曹灿瑜．多平台视角下用户知识交流主题挖掘与画像分析：以 Chat GPT 话题为例［J］. 现代情报，2024，44（7）.

［6］曾粦．公共图书馆用户画像与资源画像初级实践应用及效果评价［J］. 图书馆研究与工作，2023（7）.

［7］朱东妹．多源数据融合视角下的阅读推广用户画像构建研究［J］. 图书馆理论与实践，2021（6）.

［8］黄文彬，吴家辉，徐山川，等．数据驱动的移动用户行为研究框架与方法分析［J］. 情报科学，2016，34（7）.

［9］张兴旺，李晨晖，麦范金．变革中的大数据知识服务：面向大数据的信息移动推荐服务新模式［J］. 图书与情报，2013（4）.

［10］武慧娟，孙鸿飞，尹慧子．基于用户认知的个性化微阅读自适应推荐模型研究［J］. 情报科学，2018，36（12）.

［11］陈添源．高校移动图书馆用户画像构建实证［J］. 图书情报工作，2018，62（7）.